D1870963

Archangelsk
Petropawlowsk
Swerdlowsk
70°
Perm
Petrosawodsk
Onega-
See
Kirow
Ladoga-
See
Wiborg
Leningrad
Reval
Nowgorod
Wolga
Kasan
Pskow
Gorkij
Orsk
Riga
Moskau
Kujbyschew
Düna
Tula
Ural
Uralsk
Wilna
Smolensk
Minsk
Saratow
Gomel
Kursk
Woronesch
Wolga
Aral-
See
Brest
Litowsk
Don
Stalingrad
Charkow
Kiew
Donez
Dnjepr
Astrachan
Dnjepropetrowsk
Winniza
Rostow
Dnjestr
Bug
Sereth
Cherson
Odessa
KASPISCHES MEER
Kuban
Kertsch
Maikop
Pjatigorsk
Terek
Krim
Ordshonikidse
ÄNIEN
Ploesti
Sewastopol
Jalta
Tuapse
Tiflis
Bukarest
SCHWARZES
MEER
Baku
Donau
Eriwan
ULGARIEN
Sofia
Täbris
Istanbul
Teheran
Ankara
TÜRKEI
Mosul
IRAN
Izmir
Athen
Tigris
SYRIEN
(frz.)
Euphrat
Bagdad
Rhodos
Zypern
IRAK
(brit.)
Kreta
Beirut
Damaskus
Abadan
Basra
MEER
PALÄSTINA
TRANSJORDANIEN
(brit.)
KUWEIT
Persischer Golf
Tobruk
Alexandria
Port Said
El Alamein
ÄGYPTEN
(brit.)
Kairo
Suez
SAUDI ARABIEN

Bernd Martin

Deutschland und Japan
im Zweiten Weltkrieg

Bernd Martin

Deutschland und Japan im Zweiten Weltkrieg

1940 - 1945

Vom Angriff auf Pearl Harbor bis zur deutschen Kapitulation

herausgegeben vom
Arbeitskreis für Wehrforschung in Stuttgart

Nikol Verlagsgesellschaft mbH & Co. KG
Hamburg

Deutschland und Japan im Zweiten Weltkrieg

© Copyright Muster-Schmidt Verlagsgesellschaft
Autorisierte Sonderausgabe für die Nikol Verlagsgesellschaft mbH & Co. KG
2001

Alle Rechte, auch das der fotomechanischen Wiedergabe
(einschließlich Fotokopie) oder der Speicherung auf
elektronischen Systemen und Übersetzung, vorbehalten.
All rights reserved.

Umschlaggestaltung: Callena Creativ GmbH, 19412 Jülchendorf
Bilder und Karte auf dem Einband-/Schutzumschlag
sind dem Buch entnommen.
Druck: GGP Media, Pößneck
Printed in Germany

ISBN 3-933203-50-3

Ταράσσει τοὺς ἀνθρώπους οὐ
τὰ πράγματα
ἀλλὰ τὰ περὶ τῶν πραγμάτων
δόγματα

Epiktet,
Encheiridion 5

Inhaltsverzeichnis

Verzeichnis der Karten und Photographien

Karten:

Photographien:

Bildnachweis:

1, 2, 4 Privatbesitz Botschafter a. D. Ott

3, 5 Bibliothek für Zeitgeschichte, Stuttgart

6, 7, 8, 9, 10, 11 Privatbesitz des Verfassers

Abkürzungsverzeichnis

AA	Deutsches Auswärtiges Amt, Berlin, Wilhelmstraße
Abt.	Abteilung
Abw.	Abwehr
ADAP D	Akten zur deutschen auswärtigen Politik, Serie D
Ag.	Amtsgruppe
AOK	Armeeoberkommando
Att.	Attaché
Ausl.	Ausland
betr.	betreffend
Chefs.	Chefsache
Dir Ha Pol	Direktor der Handelspolitischen Abteilung im Auswärtigen Amt (Ministerialdirektor Wiehl)
F	Film (gefilmte Aufzeichnungen von Unterredungen Hitlers bzw. Ribbentrops mit ausländischen Diplomaten; diese Filme wurden 1943 wegen der zunehmenden Bombenangriffe auf Berlin vom Auswärtigen Amt angefertigt.)
FHQu	Führerhauptquartier
Fr. H. Ost	Generalstab des Heeres / Fremde Heere Ost
Fr. H. West	Generalstab des Heeres / Fremde Heere West
geh.	geheim
GenSt d H Gen.St. d. H.	Generalstab des Heeres
GFM	Generalfeldmarschall
gkdos. g.Kdos.	geheime Kommandosache
gRs.	geheime Reichssache
H	Heer bzw. Heeresakten
H.Gr.	Heeresgruppe
HWK	Handelskrieg und wirtschaftliche Kampfmaßnahmen, Sonderstab unter Admiral Groos im OKW
IMT	International Military Tribunal Nuremberg, Internationaler Militärgerichtshof Nürnberg
IMTFE	International Military Tribunal Far East Tokyo, Internationaler Militärgerichtshof für den Fernen Osten Tokio
jap.	japanisch
KTB	Kriegstagebuch
L	Luftwaffe bzw. Luftwaffenakten
LR	Legationsrat
Mar.-Att.	Marineattaché
Mil.-Att.	Militärattaché
OB	Oberbefehlshaber

ObdH	Oberbefehlshaber des Heeres (seit 19. Dezember 1941 Hitler)
ObdL	Oberbefehlshaber der Luftwaffe (Göring)
ObdM	Oberbefehlshaber der Kriegsmarine (Raeder bis 30. Januar 1943, Nachfolger Dönitz)
OKH	Oberkommando des Heeres
OKL	Oberkommando der Luftwaffe
OKM	Oberkommando der Kriegsmarine
OKW	Oberkommando der Wehrmacht
Op.	Operation
Op.Abt.	Operationsabteilung
PS	Dokumentenserie der Nürnberger Prozeßakten
RAM	Reichsaußenminister, Joachim von Ribbentrop
RLM	Reichsluftfahrtministerium
RS	Reichssache
S.	Seite
Skl	Seekriegsleitung
St.S.	Staatssekretär (Ernst Freiherr von Weizsäcker bis 1. Mai 1943, Nachfolger Gustav Adolf Steengracht von Moyland)
USt.S.	Unterstaatssekretär (Dr. Ernst Woermann bis 1. Mai 1943, Nachfolger Andor Hencke)
V-Mann	Verbindungsmann, Spion
VO	Verbindungsoffizier
W	Wehrmacht bzw. Akten des OKW
WFStab	Wehrmachtführungsstab im OKW
WiRüAmt	Wirtschafts- und Rüstungsamt im OKW

Bemerkung zur Zitierweise

Um den kritischen Apparat so knapp wie möglich zu bemessen, werden bei Zitaten aus unveröffentlichten Aktenmaterialien nur die im Quellen- und Literaturverzeichnis (siehe S. 297 ff.) angeführten Zitiertitel verwandt. Bei Zitaten aus veröffentlichten Dokumenten, Memoiren und Darstellungen werden nur der Verfasser bzw. Herausgeber und die Seitenzahl des Werkes angegeben, es sei denn ein besonderer im Quellen- und Literaturverzeichnis angeführter Kurztitel.

Der Schreibung russischer Namen liegt bis auf wenige Ausnahmen die wissenschaftliche Transkription zugrunde; japanische Namen werden wie in der westlichen Literatur transkribiert.

Alle militärischen Personen werden möglichst mit ihrem jeweiligen Dienstgrad und ihrer jeweiligen Dienststellung angeführt.

Der Begriff „Rußland" ist immer im Sinne von „Sowjetunion" verwendet worden.

Vorbemerkung

Einleitend zu seinem grundlegenden Werk über das deutsch-japanische Verhältnis vor Ausbruch des pazifischen Krieges bemerkt Theo Sommer: „Ein planvolles Zusammenspiel zwischen Deutschland und Japan hat es in dem Jahrzehnt zwischen 1935 und 1945 nicht gegeben."[1] Dem steht die Behauptung der Ankläger in Nürnberg und Tokio entgegen, beide Nationen hätten nach einem gemeinsamen Generalstabsplan in einer Art von „Weltverschwörung" gehandelt.[2] Um diese Beschuldigung wenigstens für die Kriegsjahre 1941—1945 zu widerlegen, bedurfte es nicht eben großer Mühen.

Aber auch Sommers Schlußfolgerung erscheint gewagt und kann nicht unwidersprochen bleiben. Sein Resumé, wonach die Zusammenarbeit zwischen beiden Ländern zu Friedenszeiten im „Deklamatorischen" steckengeblieben sei, läßt sich nicht schlechthin auf den Zeitraum gemeinsamen Krieges übertragen. Mögen Sommers Thesen auch im Kern für das Verhältnis beider Staaten im letzten großen Kriege — denn erst mit dem Angriff auf Pearl Harbor am 7. Dezember 1941 wurde er zu einem Weltkrieg — zutreffen, so muß das Bündnis in dem folgenden globalen Ringen gesondert betrachtet werden. An Sommers Werk vielfach anknüpfend läßt sich so ein differenzierteres Urteil gewinnen.

Bei unserem Thema muß die Fülle der das Kriegsgeschehen darstellenden Literatur gegenüber den unedierten, mehr noch, unbearbeiteten Quellen zurücktreten. Ein großer Teil der Darstellungen ist ohnehin weitgehend überholt. Lediglich für das 1. Kapitel über die diplomatischen Sondierungen zwischen beiden Ländern vor Pearl Harbor liegt umfangreiche, allerdings recht kontroverse Literatur vor. Als wertvoller Wegweiser und als Gerüst für die Arbeit erwiesen sich nur zwei Publikationen: Die vorwiegend auf Prozeßmaterialien basierende Darstellung des britischen Historikers F. C. Jones: „Japan's New Order in East Asia. Its Rise and Fall 1937—1945" gilt seit mehr als

1 Sommer S. 2.

2 Stärkster Verfechter dieser These von einer „gemeinsamen Weltverschwörung" war der amerikanische Außenminister Cordell Hull, der bemerkte: „that Germany and Japan were linked together, operating together like any two highwaymen operate and as closely as any two could operate". (Sommer S. 15 nach Pearl Harbor Attack, II, p. 558).

Diese These wird von der marxistischen Geschichtsschreibung noch immer uneingeschränkt postuliert, die — insbesondere in Mitteldeutschland — jegliche Kritik am Nürnberger Prozeß als „ideologische Schützenhilfe für die revanchistischen Kräfte des westdeutschen Staates" bezeichnet und Sommer der „Revision des Nürnberger Geschichtsbildes" bezichtigt. (Drechsler S. 141 ff.).

zehn Jahren als Standardwerk über den mißlungenen japanischen Vorstoß in Ostasien. Ebenfalls vor einem Jahrzehnt unternahm die amerikanische Historikerin Johanna M. Menzel einen ersten Versuch, in einer — unpublizierten — Dissertation[3] den deutsch-japanischen Beziehungen während des Zweiten Weltkrieges gerecht zu werden. In dieser Abhandlung liegt das Schwergewicht auf dem Zeitraum vor dem japanischen Kriegseintritt. Wie auch sonst in Spezialstudien zum Zweiten Weltkrieg, gelang es der Autorin nicht recht, die vielen Ergebnisse ihrer Quellenstudien der Bedeutung entsprechend in den allgemeinen Verlauf des Krieges richtig einzuordnen. Trotz dieser Mängel war die Abhandlung von Frau Menzel zur Orientierung in den zahlreichen Dokumentenmaterialien von unschätzbarem Wert.

Nachdem das Manuskript der vorliegenden Arbeit abgeschlossen war, erschien eine überarbeitete Fassung dieser Dissertation unter dem Titel: „Hitler and Japan: The Hollow Alliance".[4] Da die Autorin die Quellenbasis ihrer Dissertation nicht erweiterte und auch kaum neue Literatur hinzugezogen hat, liegt zehn Jahre später in diesem Buch nur eine komprimierte Fassung ihrer Doktorarbeit vor. In der neuen Arbeit werden wichtige, das Bündnis betreffende Fragen überhaupt nicht gebracht oder nur am Rande gestreift.[5] Ohne näher auf Einzelheiten einzugehen, stellt die Autorin häufig „The Germans" und „The Japanese" als abstrakte Größen gegenüber. Hingegen bemüht sich unsere Darstellung, der Vielschichtigkeit dieses Bündnisses, den Wechselfällen, denen es unterworfen war, sowie den verschiedenen Zielsetzungen, den Rivalitäten und Mißverständnissen, die gleichermaßen innerhalb der eigenen Reihen wie im Verhältnis zum Partner anzutreffen sind, gerecht zu werden.

Die politischen Akten des Reichsaußenministeriums dienen als wichtigste Quelle für die deutsch-japanischen Beziehungen im letzten Krieg. Diese Bestände der „Wilhelmstraße", die inzwischen im Politischen Archiv des Auswärtigen Amtes in Bonn liegen, wurden nur teilweise über das Kriegsende hinweggerettet. An erster Stelle sind die Japan betreffenden „Akten des Büros Staatssekretär" zu nennen, im wesentlichen eine Sammlung von Telegrammen, die zwischen dem Reichsaußenministerium in Berlin und der deutschen Botschaft in Tokio gewechselt wurden. Des weiteren stellen die Protokolle der Unterredungen Hitlers bzw. Ribbentrops mit dem japanischen Botschafter in Berlin, General Oshima, eine wichtige Quelle dar. Diese Aufzeichnungen von Gesprächen der deutschen Führung mit ausländischen Diplomaten, die häufig nur als schwer

3 Johanna M. Menzel: German-Japanese Relations during the War 1939-1945. Chicago, Illinois, December 1957.

4 Johanna Menzel Meskill: Hitler and Japan: The Hollow Alliance. New York 1966. (Das Buch wurde erst Anfang 1967 ausgeliefert).

5 Ohne auf Einzelfragen näher einzugehen, sei nur vermerkt: Die deutsch-japanischen Absprachen vor Pearl Harbor fehlen ebenso wie eine ausführliche Darstellung des Indienproblems, der Timorfrage sowie der Umstände, die zu Otts Entlassung führten. Dem Bündnis in den Jahren 1943 bis 1945 werden lediglich 15 Seiten gewidmet. Die zentrale Frage der Allianz, das Verhältnis beider Mächte zur Sowjetunion, wird verkannt und nur ungenügend berücksichtigt. Ebenfalls bleibt der Abriß über strategische Zusammenarbeit Stückwerk. Hingegen wird das längste Kapitel Details einer wirtschaftlichen Zusammenarbeit gewidmet — aber die Verhandlungen zum Handelsabkommen vom Januar 1943 wie deren zentrale Problematik fehlen.

zu entziffernde Photokopien erhalten sind, reichen bis fast zum Kriegsende. Sie sind von der Historiographie bisher leider nur ungenügend berücksichtigt worden.[6]

Trotz ihrer Lückenhaftigkeit sind die Dokumente des Auswärtigen Amtes für die diplomatisch-politischen Beziehungen zwischen Deutschland und Japan ergiebiger als die fast vollzählig erhaltenen Tagebücher der deutschen Seekriegsleitung und die verschiedenen, nicht immer systematisch angelegten Akten des Heeres. Das in seiner Fülle kaum überschaubare militärische Material im „Militärgeschichtlichen Forschungsamt" (heute: „Bundesarchiv/Militärarchiv") in Freiburg i. Br. ist längst nicht vollständig durch einen Katalog erschlossen und dem Bearbeiter nicht eben leichter zugänglich als die politischen Akten in Bonn. Als besonders wertvoll erwiesen sich die vorbildlich angelegten Faszikel der Marine für die kurze Abhandlung der militärischen Zusammenarbeit, die sich wegen der geographischen Entfernung beider Länder hauptsächlich auf den seestrategischen Sektor beschränken mußte. Zusammen mit den Heeresakten bilden die Bestände der Kriegsmarine die einzig verläßliche Quelle für das politische Verhältnis der Verbündeten in den beiden letzten Jahren des Krieges. Für diesen Zeitraum, in dem die diplomatische Aktivität sicherlich nicht nachgelassen hat, liegen keine politischen Akten vor.

Die umfangreichen Prozeßmaterialien der Tribunale der Sieger in Nürnberg und Tokio können weitgehend unberücksichtigt bleiben. Soweit diese Dokumente relevant sind, hat sie die Historiographie — u. a. auch Jones und Menzel — zur Genüge ausgewertet. Auf die gedruckten Nürnberger Prozeßakten wurde nur einige Male verwiesen. Die Unterlagen des „Internationalen Militärtribunals für den Fernen Osten" (IMTFE) konnten bisweilen, allerdings nur sekundär, verwertet werden. Dessen unpublizierte, sehr umfangreiche Akten sind in Deutschland nur in Auswahl zugänglich.[7] Zudem beweist der provisorische Index der Dokumente des IMTFE[8], daß Detailfragen der deutsch-japanischen Partnerschaft bei den Verhandlungen nicht zur Sprache kamen.

Der Weltkrieg wurde von Deutschland und Japan getrennt geführt. Getrennt wurden auch die Schuldigen abgeurteilt, obwohl man sie einer gemeinsamen „Weltverschwörung" bezichtigte. Der Idee einer weltweiten Verschwörung lag nämlich die gleiche Fiktion zugrunde wie der von der deutschen und japanischen Propaganda hochgespielten Bedeutung der „Kriegsallianz" beider Mächte. Bei den Kriegsverbrecherprozessen ergänzten sich beide Fiktionen.

[6] Ende 1966 erschien eine Teiledition dieser Gespräche: Andreas Hillgruber (Hrsg.): Staatsmänner und Diplomaten bei Hitler. Vertrauliche Aufzeichnungen über Unterredungen mit den Vertretern des Auslandes 1939—1941. Frankfurt a.M. 1966.

[7] Die Dokumente lagern in dem „Midwestern Library Center" in Chicago, im „Hoover Institute" in Stanford und in der „Library of Congress" in Washington, D.C.

Die „Staatsbibliothek der Stiftung Preußischer Kulturbesitz" zu Marburg hat die stenographischen Protokolle der Gerichtssitzungen erworben, jedoch nicht in der englischen Fassung, sondern in der japanischen(!) Übersetzung.

Seit kurzem verfügt die „Bibiliothek für Zeitgeschichte" in Stuttgart über Mikrofilme mit wichtigem Material (in Englisch) des Tokioter Prozesses.

[8] P. S. Dull und M. T. Uehara: The Tokio Trials. A Functional Index to the Proceedings of the IMTFE. Ann Arbor, Michigan 1957.

Dem Verfasser waren japanische Quellen im Original nicht zugänglich. Daher soll in der vorliegenden Studie auf Grund des deutschen Materials das diplomatisch-politische Zusammenspiel beider Mächte in den Jahren des gemeinsamen Krieges nachgezeichnet werden. Der weiteste Raum der Untersuchung wird dabei dem Jahre 1942 gewidmet sein, dem für die „Allianz" politisch und militärisch entscheidenden. Beide verbündeten Staaten standen 1942 im Zenith ihrer militärischen Macht. Wohl war die Außenpolitik im engeren Sinne von den militärischen Planungen und Entscheidungen abhängig und zu einer Art Kriegsbündnispolitik geworden. Doch hätte sie bei geschickter Ausnutzung der militärischen Erfolge ein weltweites Betätigungsfeld gehabt. Ob die Möglichkeiten effektiver deutsch-japanischer Zusammenarbeit in diesem ersten Jahr des gemeinsamen Krieges hätten besser genutzt werden können, ob sie auf Grund des wachsenden Kriegspotentials der Alliierten überhaupt noch bestanden, diese Fragen können von uns nicht eindeutig beantwortet werden. Unser Ziel mußte ein bescheidenes sein, nämlich das überaus reichhaltige Material — weit über 100 000 Seiten — auszuwerten, die Fakten und Etappen darzulegen, zu analysieren und sie in den Ablauf des Krieges einzuordnen. Moralische Wertungen der aggressiven Politik beider Staaten werden nicht angestrebt; allein die Ratio der politischen und militärischen Entscheidungen soll beleuchtet werden.

Einleitung

Voraussetzungen für das deutsch-japanische Kriegsbündnis

Die wechselhaften Beziehungen des nationalsozialistischen Deutschlands zu dem fernöstlichen Kaiserreich waren bei Kriegsausbruch 1939 auf einem Tiefpunkt angelangt. Hitlers Pakt mit Stalin (23. August 1939) hatte alle Bemühungen um ein Bündnis der Achse mit den Japanern zunichte gemacht.[1] Vor allem fühlte sich die japanische Armee, der Träger des Bündnisgedankens mit Deutschland, von diesem eigenmächtigen Vorgehen des umworbenen und hochgeschätzten Partners desavouiert. Seit langem drängten junge Heeresoffiziere, die sich vorwiegend aus dem verarmten, noch völlig in der Tradition verhafteten Kleinbauernstand rekrutierten, darauf, in China und der Mandschurei neuen „Lebensraum" für das übervölkerte Heimatland[2] zu sichern. Diese „Kontinentalpolitik" des Heeres wurde von den beiden politischen Parteien, der Minsei-to und der Seiyukai, gleichermaßen unterstützt. Nunmehr, im September 1939, sahen sich die japanischen Heeresverbände auf dem asiatischen Festland zwei Fronten gegenüber: Ein Ende der Kämpfe mit Tschiang Kai-schek im Süden war nicht abzusehen[3]; im Norden hatte die sowjetische Fernostarmee bei den schweren Grenzzwischenfällen ihre militärische Präsenz nur zu deutlich bewiesen.[4] Der „Antikominternpakt" — wiewohl nur ein politisches Übereinkommen — war endgültig zur Farce geworden.[5]

Im Gegensatz zu der auf den asiatischen Kontinent gerichteten Politik des Heeres drängte die Marine, der ursprünglich die Seiykai-Partei mit ihren Finanz- und Industriekreisen nahestand, nach Süden. Ihre Kriegsplanung mußte vom Kampfauftrag der Flotte

[1] Das pro-deutsche Hiranuma-Kabinett demissionierte am 27. August 1939 wegen des deutsch-sowjetischen Paktes. Über die deutsch-japanischen Bündnisverhandlungen in den Jahren 1938/1939 siehe die ausführliche Darstellung bei Sommer S. 94-323.

[2] James S. 14 und S. 171:

1868	32	Millionen	Einwohner
1926	59	„	„
1936	70	„	„
1940	73	„	„

Seit dem Ersten Weltkrieg betrug die jährliche Zuwachsrate etwa 1 Million.

[3] Seit Juli 1937 (Zwischenfall an der Marco-Polo-Brücke vom 7. 7. 1937) führten die Japaner einen offenen, unerklärten Krieg gegen die Truppen Tschiang Kai-scheks.

[4] Tschang-ku-feng Zwischenfall vom Juli 1938, Nomonhan Zwischenfall vom Mai 1939. Siehe dazu die ausführliche Darstellung bei Lupke.

[5] Über den Antikominternpakt siehe Sommer S. 17-93 sowie die Darstellung von Presseisen, Germany and Japan, und die Memoiren Shigemitsus.

her auf den Zusammenstoß mit den angelsächsischen Seemächten abzielen. Während die Armee gemeinsam mit Kolonisten aus dem Mutterland nach Korea nun auch die Mandschurei erschloß, standen hinter dem nach Süden gerichteten Expansionsdrang der Flottenkreise wirtschaftliche Überlegungen. Die Mandschurei bzw. die ostsibirischen Weiten waren weder große Absatzmärkte noch Lieferanten jener Rohstoffe, an denen es der japanischen Industrie am meisten mangelte: Erdöl, Kautschuk und hochwertige Spezialerze. Völlig zu Recht bezeichnete die Marine den „Nordvorstoß" der Armee als ein Risiko, das, selbst wenn es gelänge, sich keinesfalls auszahlen würde. Die noch weitgehend von Zivilisten getragene Regierung versuchte zwischen beiden Richtungen ohne dauernden Erfolg zu vermitteln.[6] Japans Außenpolitik war uneinheitlicher und zielloser als die seiner späteren Feinde, der angelsächsischen Demokratien, oder die seines künftigen Partners Deutschland.

Durch den Kriegsausbruch in Europa fühlten sich alle drei Machtgruppen, Heer — Marine — Kabinett und Hofkreise, überfahren. Keinesfalls bezog Japan eine wohlwollend neutrale Haltung gegenüber dem kriegführenden Deutschen Reich. Die Führung in Tokio weigerte sich, die Exporte nach Deutschland zu erhöhen und lehnte es strikt ab, der deutschen Marine Unterseeboote zu überlassen oder auch nur deutsche Hilfskreuzer in japanischen Häfen aufzunehmen.[7] Vorübergehend hatte es den Anschein, als ob Japan wie im Ersten Weltkrieg der Koalition der Westmächte gegen Deutschland beitreten werde. Die tiefwurzelnden Aversionen gegen die imperialistischen Angelsachsen dürften Japan weniger von diesem radikalen Bruch mit Deutschland zurückgehalten haben als vielmehr der ungelöste Chinakonflikt. Ohne den Krieg auf dem asiatischen Festland wäre Japan zweifellos im Zweiten Weltkrieg zumindest neutral geblieben, wenn es sich nicht sogar wiederum den Angelsachsen angeschlossen hätte. Aus diesen Überlegungen heraus, weniger wegen ihrer militärischen Schwäche, waren die Engländer gewillt, den Japanern in der China-Frage entgegenzukommen.[8] Doch die Vereinigten Staaten hielten an dem Neunmächteabkommen von 1922, der „Politik der offenen Tür" in China, fest, das ihren Wirtschaftsinteressen weit mehr entsprach als denen der Japaner. Zu dieser Zeit — 1939/1940 — begannen die Amerikaner die von den Briten geräumten Positionen im Fernen Osten zu beziehen — über China sollten die U.S.A. dann auch mit Japan in den Zweiten Weltkrieg verwickelt werden.

Die unfreundliche Haltung Japans gegenüber dem Deutschen Reich wich nach dem Polenfeldzug einem distanzierten Interesse an den Siegen der deutschen Wehrmacht und schlug nach dem Vormarsch im Westen in ein diplomatisch-aktives Werben um.

6 Über die verschiedenen politischen und militärischen Ziele der beiden japanischen Streitkräfte sowie über deren Einfluß auf die Außenpolitik siehe die Darstellung von Maxon.

7 Lagevorträge ObdM vor Hitler: Unterredungen Raeder — Hitler vom 10. und 22. November sowie vom 8. Dezember 1939.

8 Am 24. Juli 1939, sechs Wochen vor Kriegsausbruch in Europa, erkannte Großbritannien (in der Craigie-Arita Vereinbarung) die „besonderen Erfordernisse" der japanischen Truppen in China für die Dauer des Konfliktes an (Sommer S. 262). Auch die Schließung der Burma-Straße von Juli bis Oktober 1940, die unter amerikanischem Protest erfolgte, und der Abzug der britischen Truppen aus Nordchina im August 1940 müssen — bei aller militärischen Schwäche Großbritanniens — auch als diplomatischer Versuch gewertet werden, die Japaner neutral zu halten, bzw. eventuell in das eigene Lager hinüberzuziehen.

Wachsende Spannungen mit den Angelsachsen über China[9] und die Kapitulation der holländischen Streitkräfte (15. Mai 1940) ließen es Tokio geboten erscheinen, sich wieder mit den Deutschen zu arrangieren[10]. Niederländisch-Indien mit seinen unermeßlichen Rohstoffen, das Ziel der Südexpansion der Marine, lag ungeschützt einem westlichen bzw. deutschen Zugriff offen. In einer Verzichterklärung der Reichsregierung auf diese holländische Kolonie[11] kam Ribbentrop den Wünschen der Tokioter Regierung auf Interessenabgrenzung nach, wirkte jedoch gleichzeitig mit diesem „Blankoscheck" einem immer noch möglichen japanisch-amerikanischen Rapprochement entgegen.[12] Nach der Niederlage Frankreichs, die den nationalistischen Elementen in Japan großen Aufschwung brachte, galt das wachsende Interesse von Heer, Marine und den zivilen Regierungskreisen Indochina. In dem Wunsch, dieses Gebiet zu kontrollieren, waren sich alle drei Instanzen einig: Die Armee versprach sich von einer Besetzung des nördlichen Teils (Hanoi) eine Unterbindung der Nachschublieferungen an Tschiang Kaischek. Die Marine unterstützte dieses Verlangen des Heeres und stieß es dabei unbemerkt weiter auf den Pfad nach Süden. Das Kabinett hingegen wollte deutscher Einflußnahme oder englischer Besetzung entgegenarbeiten. Die Konzeption der Armee eines Ausgreifens nach Norden verlor immer mehr an Bedeutung, zumal der deutschrussische Nichtangriffspakt auch die Gefahr eines Zusammenstoßes mit Rußland verringert hatte. Die antiwestliche Ausrichtung der japanischen Politik kam den ursprünglichen deutschen Intentionen einer Allianz gegen Großbritannien entgegen[13] und ließ es Tokio geboten erscheinen, mit Deutschland, dem möglichen Sieger über die Westmächte, deren koloniales Erbe in Asien und Afrika aufzuteilen.

Erste japanische Sondierungen stießen in Berlin auf wenig Gegenliebe. Hitler sprach von den Japanern als „Erntehelfern".[14] Der ungünstige Ausgang der Luftschlacht um England erweckte in ihm jedoch Zweifel über den Erfolg einer Invasion der britischen Inseln. Zudem mußte er sich im Juni/Juli 1940 davon überzeugen, daß die Vereinigten Staaten ihren natürlichen Verbündeten England nicht fallenlassen, sondern mit allen ihnen zu Gebote stehenden Mitteln weiter unterstützen würden[15]. Anfang August entschloß sich Hitler, auf das Werben der Japaner einzugehen. Ein Sondergesandter, der spätere deutsche Botschafter in Tokio Stahmer, wurde in die japanische Hauptstadt geschickt, um dort so schnell wie möglich ein „präventives Defensivbündnis"[16] auszu-

[9] Die Errichtung einer chinesischen Nationalregierung in Nanking am 20. März 1940 unter Wang Tsching-wei, einem ehemaligen Kampfgefährten Tschiang Kai-scheks, hatte heftige Proteste Londons und Washingtons ausgelöst.

[10] Siehe dazu Sommer S. 324 ff.

[11] Akten zur deutschen Auswärtigen Politik 1918-1945. Aus dem Archiv des Auswärtigen Amts. Serie D (1937-1945). Band IX. Frankfurt am Main 1962.
Dokument Nr. 280: Telegramm Ribbentrop—Ott, Nr. 412 vom 20. Mai 1940.

[12] Sommer S. 335.

[13] Über Ribbentrops Konzeption aus den Jahren 1938/39 von einem „Weltpolitischen Dreieck" Berlin-Rom-Tokio, das vorwiegend gegen England gerichtet sein sollte, siehe die Darstellung von Sommer, insbesondere Kapitel III: „Die gescheiterte Allianz. Bündnisverhandlungen 1938/39".

[14] Menzel S. 57 zitiert nach Aussage Erich Kordts im Wilhelmstraßenprozeß (transcript of proceedings, mimeographed p. 7472).

[15] Für Hitlers Hinwendung zu Japan siehe ausführlich Hillgruber, Hitlers Strategie S. 192-206.

[16] Ebenda S. 204.

handeln. Dieses deutsch-japanische Abkommen sollte die U.S.A. von einem Zweifrontenkrieg abschrecken und von einem weiteren Engagement in Europa abhalten sowie Großbritannien isolieren. Keinesfalls sollte das Bündnis gegen die Sowjetunion — wie ehedem der „Antikominternpakt" — gerichtet sein. Japan war für Hitler nur ein politischer Faktor gegen Amerika, aber kein militärischer im bereits insgeheim erwogenen Krieg mit Rußland.

Der am 27. September 1940 in Berlin gezeichnete „Dreimächtepakt", insbesondere der geheime Notenwechsel, offenbarte, daß es sich bei diesem Vertragswerk lediglich um einen „Verteidigungsvertrag mit Schlupflöchern" handelte.[17] Alle Beteiligten — Hitler — die Kaiserliche Marine — das japanische Heer — die zivilen Regierungskreise, hatten sich vorbehalten, ihre eigenen Vorstellungen zu verwirklichen. Auf Betreiben der Marine war die in Artikel III für den Fall eines amerikanischen Angriffes vorgesehene Bündnisautomatik durch den Notenwechsel aufgehoben worden. Ohne weiteres konnte die Führung in Tokio das Vertragswerk bei einer Einigung mit Amerika zu einem bedeutungslosen Fetzen Papier werden lassen. Auch die Hoffnung der Japaner, durch deutsche Vermittlung die Sowjetunion zum Beitritt zu dem Pakt zu bewegen, sollte sich als eitel erweisen. Wie beim „Antikominternpakt" hatte die veränderte Weltlage erneut eine zufällige Kongruenz der beiderseitigen Ziele ergeben. Da diesem Abkommen wiederum die Basis in Form einer zielstrebigen, einheitlichen Außenpolitik und weitreichender Interessengemeinschaft fehlte, stellte es lediglich eine kraftlose Deklamation beider Mächte dar. Nur in einem Punkt, in der Abgrenzung der „großostasiatischen Sphäre" von Hitlers „europäischer Neuordnung", waren sich die beiden „have-nots" einig und sollten es bis zu ihrer Niederlage bleiben. Allein mit dieser Substanz, des gemeinsamen Bekenntnisses zu einer Politik des „sacro egoismo", konnte eine Allianz kaum tragfähig sein. Wie der „Antikominternpakt" so wurde auch der „Dreimächtepakt" wenige Monate nach seiner Unterzeichnung von beiden Seiten gebrochen.[18]

Trotz aller „Schlupflöcher" war der „Dreimächtepakt" ein militärisches Bündnis, das den Militärs Möglichkeiten einer weltweiten strategischen Planung hätte eröffnen können. Doch war der Fall, daß Deutschland und Japan gegen gemeinsame Feinde Krieg führen würden, gar nicht vorgesehen. Im Gegenteil, beide Seiten beabsichtigten, mit diesem Militärbündnis eine militärische Zusammenarbeit, die ja erst im Fall eines amerikanischen Kriegseintritts aktuell werden konnte, zu verhindern. Über die Faktoren einer militärischen Kooperation zwischen Mitteleuropa und Ostasien machten sich daher die Politiker keine Gedanken und die Militärs nur ungenügende.

Von den Instanzen, die über die wechselvolle Geschichte der Beziehungen zwischen beiden Staaten befanden, hing auch im Kriegsfall die Entscheidung über die Art einer militärischen Zusammenarbeit ab. Waren sowohl die Führung in Berlin als auch die Tokioter schon zu Friedenszeiten nicht in der Lage, eine einheitliche Politik zu verfolgen, dann mußte sich die mangelnde Kooperation innerhalb der japanischen Streit-

17 So der japanische Reichstagsabgeordnete Kasai im September 1941 an der Universität von Chikago (Sommer S. 448).
Für den Paktabschluß und die Bedeutung des Notenwechsels siehe Sommer S. 426-449.

18 Siehe dafür das Schlußkapitel: „Die wirkungslose Allianz" bei Sommer S. 450-492.

kräfte auf eine gemeinsame Kriegführung negativ auswirken. Solange die japanische Armee allein in China in Kämpfe verwickelt war und die Westmächte nicht militärisch in diesen „Zwischenfall“[19] eingriffen, bestimmten die Generale die Politik des Landes. Auf ihr Drängen wurden im Juli 1940 die bestehenden Parteien aufgelöst und durch eine politische Einheitsfront, die „Bewegung zur Unterstützung des Kaiserthrons“, ersetzt.[20] Die alten, vorwiegend sozial bedingten Differenzen zwischen der Minsei-to-Partei und Seiyukai-Partei wurden fortan in den Rivalitäten der ihnen nahestehenden Wehrmachtteile, Marine und Heer, ausgetragen. Für die Armee blieb der asiatische Kontinent der neue „Lebensraum“; ihn zu pazifizieren und seine Grenzen zu sichern, stellte die Hauptaufgabe der zahlenmäßig starken japanischen Landstreitmacht dar. Die langwierigen Kämpfe in China konnte die Armee zwar nicht mit einem spektakulären Sieg abschließen, doch bildete Tschiang Kai-schek keine ernsthafte Bedrohung. Diese konnte nur von der Sowjetunion ausgehen. Solange eine solche Gefahr im Norden durch diplomatische Übereinkommen, wie den deutsch-russischen Nichtangriffspakt, gebannt war, konnte das Heer die Südexpansion der Marine unterstützen. Sollten sich die deutsch-russischen Beziehungen verschlechtern oder sollte sogar ein Krieg zwischen beiden Mächten ausbrechen, dann mußte die Armee ihr Augenmerk wieder auf die Nordwestflanke der japanischen Sphäre konzentrieren. Die Politik der japanischen Armee und somit die politisch-militärischen Entscheidungen Tokios wurden von dem europäischen Kriegsgeschehen, vor allem von dem deutsch-russischen Verhältnis, bestimmt. Ein Japan, das Deutschland zum Verbündeten hatte, war nicht frei in seinen Entschlüssen. Nur durch einen radikalen Bruch mit seinem Partner und ein Hinüberwechseln ins Lager der Alliierten hätte sich das Kaiserreich aus dem Zweiten Weltkrieg heraushalten können.

Die Kaiserliche Marine verfolgte diese Politik, konnte sich aber gegenüber der in China kämpfenden Armee nicht durchsetzen. In nüchterner Einschätzung der Kampfkraft ihrer Flotteneinheiten fürchteten die Admirale, mit dem vereinten angelsächsischen Potential zur See konfrontiert zu werden. Die Marine sträubte sich daher gegen politische oder militärische Absprachen mit Deutschland. Statt dessen bemühte sie sich durch Ausgleichsverhandlungen in Washington, ihre Ziele in Südostasien mit friedlichen Mitteln zu erreichen. Schlugen diese Bestrebungen jedoch fehl, und kam es zum Krieg mit Amerika und England, dann hatte sich das Heer den strategischen Plänen der Marine unterzuordnen. Sobald nämlich Japans Feinde Seemächte waren und das japanische Mutterland bedrohen konnten, mußte in Tokio die Entscheidung für den Seekrieg fallen und das asiatische Festland zum Nebenkriegsschauplatz werden. Der japanische Kriegsplan vom 20. Oktober 1941[21] berücksichtigte daher sowohl die strategischen Notwendigkeiten einer Seekriegführung als auch die wirtschafts-politischen

[19] Der Krieg in China wurde offiziell als „China-Zwischenfall“ bezeichnet.

[20] Shigemitsu S. 205 f.: „... eine japanisch-feudalistische politische Idee, geformt nach einem Nazi-Muster“.
Wie die NSDAP über parteigebundene Organisationen verfügte, so hatte auch die „Bewegung zur Unterstützung des Kaiserthrones“ ihre Ableger: Jugendverband, Erzeugerliga, Patriotischer Industriefeldzug usw.

[21] Siehe unten S. 132.

Ziele der Marine. Obwohl ein General — Tojo — an der Spitze der Regierung stand, konnte das Heer der Marine bei der Eroberung Südostasiens und der pazifischen Inseln nur assistieren. Sobald erst einmal die gesteckten Kriegsziele erreicht waren und die Kaiserliche Flotte die Seeräume unangefochten beherrschte, war es nicht nur „Ehrensache" der Generalität, sondern auch die logische Konsequenz des japanischen Kriegsplanes, daß die Armee sich sofort von der Rolle eines Gehilfen der Marine lossagen und mit Nachdruck ihre eigenen politischen und militärischen Ziele auf dem asiatischen Festland verfolgen würde. In einem solchen Fall mußte das Heer einer vorwiegend gegen die Sowjetunion gerichteten Zusammenarbeit mit Deutschland großen Wert beimessen; die Marine hingegen, die im Pazifik auf die Landungseinheiten des Heeres angewiesen war, mußte sich einem Nordvorstoß des Heeres und somit einer Vertiefung der Beziehungen zu Deutschland widersetzen.

Ohne Unterstützung des anderen Wehrmachtteiles konnten jedoch weder die Marine noch das Heer größere Operationen durchführen. In mühevollen Verhandlungen sollten laufend neue „Übereinkommen" ausgehandelt werden, in denen sich beide Streitkräfte immer vorbehielten, ihre eigenen Pläne zu verwirklichen. Die Unfähigkeit zum Kompromiß charakterisiert die strategische Planung Japans während des Zweiten Weltkrieges, insbesondere im Jahre 1942. Die verschiedenartigen Kampfaufträge von Heer und Marine, die sich aus der Lage Japans als See- und Landmacht ergaben, die unterschiedlichen, historisch bedingten politischen und nun militärischen Ziele beider Wehrmachtteile sowie ihre andersartige soziale Zusammensetzung mußten einer Kooperation diametral entgegenlaufen, so lange eine übergeordnete integrierende Instanz fehlte. Die oligarchische, semi-totalitäre Staatsstruktur Japans verhinderte im Frieden wie im Kriege eine einheitliche, zielstrebige Politik des Landes; Zusammenarbeit war nicht einmal in den eigenen Reihen möglich, geschweige denn mit dem deutschen Bündnispartner.

Von deutscher Seite hätten daher die Impulse zu einem militärisch offensiven oder — in späteren Kriegsjahren — diplomatisch-defensiven gemeinsamen Handeln ausgehen müssen. In Berlin befand allein Hitler über militärische und politische Fragen. Da er jedoch, teils aus rassischen Vorbehalten, teils aus politisch-strategischen Überlegungen heraus, eine enge Partnerschaft mit den Japanern ablehnte, konnten die von ihm abhängigen Instanzen, Ribbentrop und die Seekriegsleitung, mit ihren abweichenden Vorstellungen von dem Bündnis mit der ostasiatischen Macht nicht durchdringen. Seitdem Hitler sich noch dazu am 19. Dezember 1941 zum Oberbefehlshaber des Heeres ernannte, hatte er den mit Abstand stärksten deutschen Wehrmachtteil weit fester unter seiner Kontrolle als das Außenministerium oder etwa die Kriegsmarine. Hitlers Vorbehalte gegen eine Zusammenarbeit mit Japan bestimmten auch die Haltung der Generalität im Führerhauptquartier. Solange in Deutschland der „Führer" seine Auffassungen über eine militärische Allianz mit dem asiatischen Kaiserreich nicht revidierte, war von der deutschen Führungsspitze keine wirksame Kooperation mit dem Partner in Asien zu erwarten.

Neben diesen schier unüberwindlichen Schwierigkeiten, bedingt durch die Struktur beider Führungen, standen einer militärischen Zusammenarbeit weitere objektive Schwierigkeiten im Wege. Beide Mächte lagen räumlich so weit auseinander, daß sowohl die Frage einer unbehinderten Nachrichtenübermittlung wie die eines Warenverkehrs kaum lösbare Probleme aufwarfen. Da die weit überlegene britische Atlantikflotte einen deutsch-japanischen Seeverkehr leicht unterbinden konnte, blieb nur der transsibirische Schienenstrang als Verbindungslinie. Selbst im Falle wohlwollender Neutralität der Sowjetunion konnte die Kapazität einer Eisenbahnlinie nicht ausreichen, um einen großangelegten Wirtschaftsverkehr zu bewältigen, Allein dringend benötigte Mangelwaren konnten zwischen beiden Mächten ausgetauscht werden — allerdings nur, solange die Sowjetunion mit keiner Seite im Krieg stand. Fiel dieser Schienenweg aus, dann mußte ein Warenverkehr zwischen beiden Ländern schnell zum Erliegen kommen.

Eine zuverlässige Nachrichtenverbindung — der Nerv jeder militärischen Allianz — konnte nur durch Kurier erfolgen. Trotz komplizierter Enigma-Maschinen war es für die Angelsachsen nur eine Zeitfrage, den jeweiligen deutschen oder japanischen Code zu entschlüsseln[22]. Politische Grundsatzentscheidungen oder streng geheime militärische Informationen — etwa Angriffstermine — vertrauten daher beide Seiten nicht dem Telegrammverkehr an, der per Funk durch die jeweilige Post abgewickelt wurde. Da Kuriere für die Strecke zwischen Berlin und Tokio vor dem Ausbruch des deutschrussischen Krieges etwa 10 Tage benötigten, war eine schnelle Koordinierung militärischer Maßnahmen kaum möglich. Später mußten die japanischen Kuriere über die Türkei und die Sowjetunion reisen; die Deutschen waren sogar gezwungen, militärisches Geheimmaterial auf Blockadebrechern und Unterseebooten nach Japan zu transportieren. Allein ein regelmäßiger Flugverkehr hätte diesem Übel abzuhelfen vermocht.

Trotz dieser ungünstigen Ausgangssituation und der wenigen gemeinsamen Ziele zwischen Japan und dem Deutschen Reich bestanden Möglichkeiten einer globalen gemeinsamen Strategie, die andere Mächte vielleicht genutzt hätten. Bei der geographischen Lage beider Länder war ein Zusammentreffen der Streitkräfte sowohl zu Lande als auch zur See möglich. Die Sowjetunion stellte die Landbrücke zwischen beiden Sphären dar. Die friedliche Beherrschung bzw. gewaltsame Einnahme dieser Verbindungslinie hätte diplomatische Aktionen bzw. militärische Planungen auf beiden Seiten bestimmen können. Ohne Zweifel hätte ein eurasischer Block den angelsächsischen Seemächten größeren Widerstand entgegenzusetzen vermocht als die beiden getrennt kämpfenden Mächte Japan und Deutschland. Die Kampfkraft einer solchen

22 Siehe die „Intercepted Enemy Messages", die auf den Kriegsverbrecherprozessen teilweise als Beweismittel dienten. (z. B. Oshimas Bericht nach Tokio vom 8. Dezember 1941 über die zu erwartende deutsche Kriegserklärung an die USA. Anmerkung Nr. 108 unten S. 43).
Über die Arbeit der amerikanischen Nachrichtendienste im Jahre 1941 siehe die beiden Darstellungen von Farago und Wohlstetter:
Zur Überwachung des Funkverkehrs Berlin-Tokio richteten die Amerikaner im Frühjahr 1941 auf der Hawai-Insel Oahu eine besondere Station ein (Farago S. 91 f.). Auf Grund einer vertraulichen Meldung des deutschen Geschäftsträgers in Washington, Thomsen, vom 29. April 1941, die vom Auswärtigen Amt an den japanischen Botschafter Oshima weitergegeben wurde, wußte die japanische Regierung sogar, daß der amerikanische Geheimdienst den japanischen Code geknackt hatte (Farago S. 164 f.).

weltumspannenden Mächtekoalition wäre am größten gewesen, wenn die Sowjetunion diesem Bündnis freiwillig — wie von den Japanern Ende 1940 erwartet — beigetreten wäre. Weit geringer mußte die Widerstandskraft dieses Kontinentalblockes sein, wenn sich beide Mächte erst mit Gewalt des zwischen ihnen liegenden Territoriums zu bemächtigen hatten — ein Unternehmen, das mit einigen, wenn auch zumutbaren Risiken behaftet war. Völlig wirkungslos blieben jedoch alle Konzeptionen von einer „Kontinentalallianz", sobald eine Seite mit der Sowjetunion Krieg führte und die andere nicht eingriff, sondern versuchte, eigenständig ihre Ideen von einem gegen die Westmächte gerichteten Landblock zu verwirklichen.

Die zweite Möglichkeit einer militärischen Zusammenarbeit, die zur See, war weit lohnender und unter Umständen erfolgversprechender als gemeinsame Aktionen in den sibirischen Weiten. Suez und Singapore standen als Schlüsselpositionen einer vorwiegend maritimen Kooperation beider Mächte im Wege. Sobald diese britischen Bastionen fielen, stand der Nahe Osten mit seinen unermeßlichen Erdölreserven Deutschland offen und Südostasien, ebenfalls reich an Rohstoffen, den Japanern. Indien und der Mittlere Osten wären zum deutsch-japanischen Einflußgebiet geworden und die Gewässer zwischen Suez und Singapore zum „mare nostrum" der Dreierpaktmächte. Die besten Aussichten auf Erfolg hatte eine solche maritime Zangenoperation gegen die britische Nahost- und Indien-Stellung, wenn die Landbrücke über das Territorium der Sowjetunion gesichert war. Solange jedoch die Hauptstreitmacht eines Verbündeten auf dem russischen Kriegsschauplatz gebunden war, bestand die Gefahr, daß die Kräfte für ein solches Unternehmen nicht ausreichten. Doch trotz eines Krieges in Rußland lag hier, im Indischen Ozean, zumindest eine erfolgversprechende Chance für eine globale Kriegführung. Japan als starker Seemacht konnte es nicht schwerfallen, die Gewässer bis zum Suezkanal zu beherrschen. Für Deutschland wäre die Aufgabe geblieben, die britische Suez-Position von Land her einzunehmen.

Entsprechende Pläne entwickelte auf deutscher Seite die Seekriegsleitung, fand aber mit ihnen weder bei Hitler noch im Generalstab Gehör. In den traditionellen Formen des Landkrieges erzogen und Hitler direkt unterstellt, waren die Generale im Führerhauptquartier einer weltweiten Kooperation mit Japan abgeneigt. Auf japanischer Seite konnte nur die Marine diese Zusammenarbeit im Indischen Ozean einleiten. Sie konzentrierte sich jedoch auf Südostasien und den Pazifik; die Gewässer um Indien betrachteten die Admirale in Tokio lediglich als Nebenkriegsschauplatz. Die beiden mächtigsten Wehrmachtteile — die Kaiserliche Marine und das deutsche Heer — widersetzten sich aus verschiedenen Motiven einer allzu engen Waffenbrüderschaft. Das japanische Heer und die deutsche Marine, die beiden schwächeren Waffengattungen, befürworteten zwar eine enge militärische Zusammenarbeit, waren sich aber in deren Ziel naturgemäß uneins: Zielten die Überlegungen der Seekriegsleitung auf Suez und den Indischen Ozean ab, so richtete die japanische Armee ihr Augenmerk über die mandschurische Grenze hinweg auf das Gebiet der Sowjetunion.

Die Vorzeichen einer militärischen Zusammenarbeit waren somit eindeutig negativ. Zu wenig politisch-historische Gemeinsamkeiten verbanden Deutschland mit dem asiatischen Kaiserreich; zu ungünstig war die strategische Ausgangsstellung. Während der Offensive beider Mächte im Sommer 1942 obstruierten Hitler und die japanische Führungsspitze ein wirksames gemeinsames militärisches Handeln. In der späteren Defensive sollte dann allein Hitler die einzige politische Chance, den Separatfrieden mit der Sowjetunion, blockieren. Letztlich befand der deutsche Diktator über die Geschicke beider Länder. Ein deutsch-japanisches „Zusammengehen" hat es im Grunde nur einmal, im Jahr 1945, gegeben, als beide Mächte bedingungslos kapitulieren mußten.

Dieser totale Zusammenbruch beider Partner ließ sich bei Japans Eintritt in den Krieg keinesfalls mit Sicherheit voraussehen. Im Gegenteil, das Jahr 1942 sah die größten — wenn auch getrennt errungenen — Siege der Dreierpaktstaaten. Gleichzeitig wurden aber auch die ersten Anzeichen einer möglichen Niederlage sichtbar. Hitlers Meinung zur militärischen Lage Deutschlands dürfte in diesem Jahr zwiespältig gewesen sein. Hoffte er im Sommer auf einen Erfolg der Offensive im Osten und ein Bezwingen der Angelsachsen mit indirekter japanischer Hilfe, so dürften in ihm das Mißtrauen gegen den asiatischen Partner wie das Wissen um eigene Schwächen, die sich im ersten Winter in Rußland offenbart hatten, Zweifel wachgerufen haben. Nicht in einem momentan gewonnenen Entschluß wird Hitler den von ihm entfesselten und gesteuerten Weltkrieg für verloren gehalten haben — sondern 1942 dürften sich begründete Hoffnungen und ebenso begründete Zweifel noch die Waage gehalten haben. Retrospektiv mag Hitlers Entschluß, die Sowjetunion zu überfallen, seine Niederlage — und die Japans — besiegelt haben. Doch ein genauer Zeitpunkt, zu dem Hitler den Krieg verloren glaubte und zu dem er tatsächlich verloren war, beides wird sich, so sehr sich auch die Historiographie um eine schlüssige Antwort bemüht, nie ermitteln lassen. Nicht gewagte Spekulationen oder doktrinär gebundene Anschauungen, sondern nur vorsichtig wägende Mutmaßungen vermögen einer historisch offenen Situation gerecht zu werden.

Erstes Kapitel

Pearl Harbor und die Teilung der Welt

1. Die Verhandlungen zum deutsch-japanisch-italienischen „Nichtsonderfriedensvertrag"

Als der japanische Außenminister Matsuoka am 16. Juli 1941 zurücktrat[1], sah sein deutscher Kollege von Ribbentrop die Konzeption der deutschen Außenpolitik in Frage gestellt. Gerade in ihm hatte der deutsche Außenminister den Garanten einer japanischen Annäherung an Deutschland im Sinne einer Politik des Dreimächtepaktes vom 27. September 1940 gesehen. Glaubte doch die deutsche Führung, die japanisch-amerikanische Rivalität im Pazifik werde die U.S.A. daran hindern, in das europäische Kriegsgeschehen einzugreifen. In Berlin war man daher bemüht, die Tokioter Regierung von einem Ausgleich mit Washington abzuhalten. Zwar waren die Japaner nie geneigt, ihre Politik Berliner Wünschen anzupassen[2], doch hatte Matsuoka noch im Mai die Reichsregierung über die seit Beginn des Jahres 1941 laufenden Ausgleichsverhandlungen unterrichtet. Ribbentrop hatte energisch gegen die japanisch-amerikanischen Gespräche protestiert[3], ohne jedoch um die großen Zugeständnisse des Verbündeten[4] ent-

[1] Über Matsuokas Rücktritt am 16. Juli 1941 im Zusammenhang mit der japanischen Haltung zum deutsch-russischen Krieg siehe unten S. 98 sowie Kase S. 48 f. und 167, Hattori I (1) S. 154 ff. und Togo S. 72 ff.

[2] Hattori I(1) S. 95 ff.: Auf Drängen der Marine sei der anglophile Admiral Kichisaburo Nomura (nicht zu verwechseln mit Vizeadmiral Naokuni Nomura, Chef der japanischen Dreimächtekommission zu Berlin) Ende 1940 zum Botschafter in Washington nominiert worden. Am 27. November 1940 habe er den Posten angenommen und am 11. Februar 1941 Roosevelt sein Beglaubigungsschreiben überreicht, nachdem er in der Zwischenzeit China, Mandschukuo und Japan bereist hatte, um die Ansichten von hohen Militärs einzuholen.
Vgl. dazu auch KTB 1.Skl C XV 14. Januar 1941: „Japan im Dreimächtepakt".

[3] ADAP D XII: Dokument Nr. 454, Telegramm Ott—Ribbentrop, Nr. 675 vom 4. Mai 1941; Dokument Nr. 455, Telegramm Ott—Ribbentrop, Nr. 676 vom 5. Mai 1941; Dokument Nr. 480, Telegramm Ribbentrop—Ott persönlich, Nr. 577 vom 9. Mai 1941; Dokument Nr. 488, Telegramm Ott—Ribbentrop, Nr. 722 vom 11. Mai 1941; Dokument Nr. 518, Telegramm Ribbentrop —Ott persönlich, Nr. 622 vom 15. Mai 1941.
Die Interpretation Friedländers S. 189: „Ribbentrop wollte vor allem ohne Rücksicht auf die Folgen den Kriegseintritt Japans provozieren" läßt sich gerade durch das angeführte Telegramm Ribbentrop—Ott, Nr. 980 bzw. 1383 vom 25. August 1941 (ADAP D XIII: Dokument Nr. 239) nicht beweisen, sondern im Gegenteil: Der deutsche Außenminister benutzt den Hinweis auf die Schwäche Amerikas als ein zusätzliches Argument für einen Kriegseintritt

gegen den Abmachungen des Dreimächtepaktes zu wissen. Matsuokas Nachfolger, der anglophile Admiral Teijiro Toyoda, war den deutschen Forderungen — gegenüber den U.S.A. keinesfalls nachzugeben — noch weniger zugänglich.[5]

Trotz gelegentlicher Lippenbekenntnisse zu den Zielen des Dreierpaktes (Dreimächtepaktes)[6] informierte Toyoda den deutschen Botschafter in Tokio, General Eugen Ott, bei dessen mehrfachen Vorsprachen nicht über den Stand der Verhandlungen Japans mit den Vereinigten Staaten. Deren Ausgang wurde nach dem Ölembargo und dem Einfrieren der japanischen Guthaben durch die amerikanische Regierung (vom 26. Juli 1941) immer ungewisser.[7] Die japanische Regierung — weitgehend von Militärs beherrscht[8] — vertraute indessen auf die militärische Macht des Landes. Auf Grund des am 13. April 1941 geschlossenen Neutralitätsvertrages mit der Sowjetunion fühlte sie sich frei und unabhängig in ihren Entscheidungen. Ihr Selbstvertrauen war so stark, daß sie am 6. September in einer Kaiserlichen Konferenz — der höchsten japanischen Regierungsinstanz — gleichzeitig den Dreimächtepakt verleugnen[9] und einen beding-

Japans gegen Rußland. („There should, therefore, be but one decision for Japan, namely to eliminate quickly the Russian opponent in East Asia and thereby secure her rear position in the north, and then to realize her Greater East Asian goals in the south").

4 Nomura, Washington S. 4: „The Goverment of Japan, with no intention of evading its existing treaty obligations desires to declare that its miltary obligation under the Axis Alliance comes into force only when one of the parties of the Alliance is aggressively attacked by a power not at present involved in the European War". (Japanischer Vorschlag vom 18. April 1941, das sogenannte „Draft Understanding").
Über Nomuras diplomatische Unfähigkeit und das anfängliche Mißverständnis in den amerikanisch-japanischen Verhandlungen siehe Butow, Nomura-Hull Conversations S. 826 ff.

5 ADAP D XIII: Dokument Nr. 127, Telegramm Ribbentrop—Ott persönlich, Nr. 1098 vom 19. Juli 1941.

6 KTB 1.Skl A 23. Juli 1941: Japanischer Außenminister am 19. 7. 1941 gegenüber deutschem und italienischem Botschafter: „Es sei keine Änderung der Außenpolitik beabsichtigt, die nach wie vor im Geiste Dreimächtepakts geführt werden soll ..."
KTB 1.Skl A 31. August 1941: Botschaft Tokio: „Nach Ansicht japanischen Außenministers müsse Ziel des Dreierpakts sein, den Kriegseintritt Amerikas zu verhindern".
Vgl. Ike S. 126: Aufzeichnungen Toyoda: „... We are thinking about peace in the Pacific, and this is in keeping with the spirit of the Axis ..."

7 Kase S. 49 und Hattori I (1) S. 133: Das Einfrieren der japanischen Guthaben und das Ölembargo waren die Reaktion Roosevelts auf die Stationierung japanischer Truppen in Südindochina.
Engel S. 368: „... die Sperrung aller japanischen Guthaben in den USA, England und Holland und das radikale Ölausfuhrverbot dieser Länder — auch dieser Schachzug galt der Friedenserhaltung. Aber der gemeinsame Schritt vom Juli 1941 bedeutet auch zugleich den Umschwung in der amerikanischen Haltung gegenüber Japan. Der Präsident und einige seiner Ratgeber begannen mit der Möglichkeit zu spielen, auf dem Umweg über einen pazifischen Krieg auch in den atlantischen hineinzukommen".

8 Zu diesem allmählichen Prozeß der Aushöhlung der demokratischen Verfassung durch eine Militäroligarchie, die seit 1936 Schritt für Schritt die Macht übernahm, siehe die Darstellung von Maxon.

9 Hattori I (1) S. 174: Beschluß der Verbindungskonferenz vom 3. September 1941: „... and in case the United States should participate in the European war, Japan would decide entirely independently in matter of interpreting the Tripartite Pact ..."
Die auf Betreiben Kriegsminister Tojos hinzugefügte Notiz: „The above does not alter our obligations under the Tripartite Pact" (Ike S. 133 und ähnlich bei Hattori I (1) S. 175) spiegelt wohl die entgegengesetzte Meinung des Heeres wider, bedeutet aber im Grunde keine Einschränkung des Beschlusses.

ten Kriegsbeschluß[10] fassen konnte. Dieser sah vor, nach Südostasien vorzudringen, selbst wenn daraus ein Konflikt mit den beiden angelsächsischen Mächten erwachsen sollte. Gleichzeitig sollten die Verhandlungen in Washington bis Mitte Oktober weitergeführt werden. Vereinzelt stand auf dieser Konferenz die Forderung von Generalstabschef Sugiyama, im Falle akuter Kriegsgefahr mit Berlin ein Abkommen auszuhandeln, in dem sich das Deutsche Reich verpflichten sollte, mit den Vereinigten Staaten und Großbritannien keinen Sonderfrieden zu schließen.[11] Ausdrücklich betonten die Konferenzpapiere die Unabhängigkeit der japanischen Südexpansion und somit eines möglichen Kriegsbeginns von deutschen Wünschen.[12] Doch aus diesem Hinweis des Generalstabschefs sprach deutlich die Kritik der Armee an den Beschlüssen der Konferenz, vor allem an weiteren Ausgleichsverhandlungen in Washington.

Die von den Marinekreisen streng geheim betriebenen Gespräche der Regierung Konoe mit den Amerikanern waren auch dem japanischen Botschafter in Berlin, General Hiroshi Oshima, nur durch das deutsche Auswärtige Amt bekannt. Dort war man über den Stand der japanisch-amerikanischen Verhandlungen durch Botschafts- und V-Männer-Berichte (Abwehrmeldungen) erstaunlich gut informiert[13]. Unnachgiebig forderten die Amerikaner den Abzug der japanischen Truppen aus China[14]. Dies blieb

[10] Hattori I (1) S. 176-182 und Ike S. 133-163: Protokoll der Kaiserlichen Konferenz vom 6. September 1941, auf der die Beschlüsse der Verbindungskonferenz ratifiziert wurden.

[11] Ike S. 142: „If it becomes necessary for us to wage a war in the South, our Empire should immediately disclose its intentions to Germany and Italy, enter into an agreement with them beforehand on the execution of the war, and see to it that Japan, Germany, and Italy can cooperate in achieving the aims of the war. In no case should we let Germany and Italy conclude a unilateral peace with the United States and Great Britain. I believe that this is particularly important in guiding the war".
Vgl. dazu auch Hattori I (1) S. 180.

[12] Ike S. 158 (Die Konferenzpapiere waren nach Konsultation der Regierung mit den beiden Wehrmachtteilen vor der Kaiserlichen Konferenz ausgearbeitet worden, um eventuellen Fragen des Lordsiegelbewahrers Marquis Koichi Kido, der auf diesen Zusammenkünften als Sprachrohr des Kaisers fungierte, zu begegnen.) In dem Abschnitt, der sich mit dem Verhältnis zu den Achsenmächten im Falle eines japanischen Kriegseintrittes befaßt, kommen deutlich die unterschiedlichen Auffassungen des Heeres und der Marine zum Ausdruck. Wohl wird die Forderung nach Konsultationen mit Berlin und einem gemeinsamen Vertrag, keinen Sonderfrieden abzuschließen, wiederholt, doch der einschränkende Zusatz hebt die Verpflichtung wieder auf: „However, we should be careful not to be restrained from launching the Southern Operation just because it might be inconvenient for Germany and Italy".

[13] ADAP D XIII: Dokument Nr. 325, Telegramm Weizsäcker—Ott persönlich, Nr. 1572 vom 16. Dezember 1941.
Vgl. dazu auch KTB 1.Skl C XV 30. September 1941: Handschreiben des Vizeadmirals Nomura, Anlage zu dem Brief des Chefs des Stabes der Skl, Vizeadmiral Fricke, an Vizeadmiral Groos, Chef des Sonderstabes HWK: Über den Inhalt der Besprechungen in Washington seien die japanischen Marineoffiziere in Berlin nicht informiert.

[14] Butow, Nomura-Hull Conversations S. 827: Die von Außenminister Hull am 16. April 1941 dem japanischen Botschafter überreichten „four principles".
Hattori I (1) S. 190: Das amerikanische Memorandum vom 2. Oktober 1941 habe folgende vier Punkte umfaßt:
„1. Recognition of the already mentioned four principles as the foundation upon which relations between nations should properly rest.
2. Withdrawal of Japanese troops from China and French Indochina.
3. Respect of the principles of non-discrimination in China.
4. Abandonment of the Tripartite Pact."

weder der deutschen Seekriegsleitung in Berlin[15] noch der deutschen Botschaft in Tokio[16] verborgen. Solche Bedingungen aber waren unannehmbar für die japanische Armee, die seit Juli 1937 mit den Truppen Tschiang Kai-scheks im Kriege stand. Selbst einen — mehr symbolischen — Teilabzug, wie ihn die an den Kämpfen in China kaum beteiligte Kaiserliche Marine vorschlug, lehnten die Generale ab[17].

Daher griffen Kriegsminister Tojo und Generalstabschef Sugiyama die ursprüngliche japanische Konzeption des Dreimächtepaktes als eines gegen das britische Empire gerichteten eurasischen Blocks, in den die Sowjetunion mit einbezogen werden sollte, wieder auf, und zwar bei Gelegenheit eines Gesprächs mit dem deutschen Botschafter. Beide rieten dem Bündnispartner, im Krieg mit Rußland eine politische Lösung anzustreben[18], um sich für eine mögliche Auseinandersetzung mit den Angelsachsen eines gestärkten und über den transsibirischen Landweg verbundenen Partners sicher zu sein. Dieser Sondierung des japanischen Heeres schien sich die Marine anzuschließen[19]; von deutscher Seite blieb sie unerwidert.

Trotz schwerer Niederlagen der Roten Armee im Westen blieb die russische Fernostarmee weiterhin in beachtlicher Stärke bestehen und bildete eine permanente Bedrohung der japanischen Position in der Mandschurei. Zudem mußte im Falle eines Krieges mit den Angelsachsen Japan mit der Möglichkeit eines Bündnisses zwischen Amerika und der Sowjetunion rechnen und somit die Gefahr eines Zweifrontenkrieges in Betracht ziehen. Hätte daher die Reichsregierung gegenüber Tokio Anzeichen für einen Verständigungsfrieden im Osten bekundet, dann wäre Japans Westflanke gesichert gewesen. Mit einer solchen Zusage des Verbündeten hätte das japanische Heer leicht die zivilen Regierungsinstanzen und die Marine für ein sofortiges Losschlagen gegen die Angelsachsen gewinnen können. Doch Berlin schwieg. Die Differenzen innerhalb der japanischen Führungsspitze blieben ungelöst.

Obwohl Deutschland die eurasische Blockpolitik des Heeres nicht unterstützte, beharrte Kriegsminister Tojo auf seinen Forderungen nach Abbruch der Verhandlungen mit Washington, konnte sich jedoch gegenüber dem Premierminister, hinter den sich die Marine gestellt hatte, nicht durchsetzen[20]. Daraufhin trat das 3. Konoe-Kabinett am 16. Oktober 1941 zurück. Aus Furcht vor einem — immer wahrscheinlicher werdenden — Krieg mit den Vereinigten Staaten erinnerte nun auch Kaiser Hirohito den einflußreichen Lordsiegelbewahrer Kido an den potentiellen Bundesgenossen Deutsch-

[15] KTB 1.Skl A 19. September 1941.
[16] St.S. Japan: Telegramm Ott—AA, Nr. 1960 vom 2. Oktober 1941.
[17] St.S. Japan: Telegramm Ott—AA, Nr. 2126 vom 17. Oktober 1941.
Kase S. 50 f., Togo S. 88 und Hattori I (1) S. 193 ff.
Zur Person Kriegsminister Tojos und dessen militärischer Karriere siehe die Biographie von Browne.
[18] St.S. Japan: Telegramm Ott—Ribbentrop, Nr. 1974 vom 4. Oktober 1941.
NB: Die Termini „Rußland" und „Sowjetunion" werden synonym gebraucht.
[19] St.S. Japan: Telegramm Mackensen (Rom)—AA, Nr. 2585 vom 16. Oktober 1941: Weitergabe eines Telegramms des italienischen Botschafters aus Washington, nach dem der japanische Botschafter bemerkt haben soll: „... daß Rußland, falls ihm annehmbare Bedingungen gestellt würden, bereit wäre, einen Frieden zu schließen, der seinerseits wieder England veranlassen könne, das gleiche zu tun".
[20] Hattori I (1) S. 189-195 und Ike S. 179-184.

land[21]. Diesen Hinweis des Tenno auf Japans einzig möglichen Kriegspartner konnte das neue, noch zu berufende Kabinett kaum übergehen. Der neue, auf Anraten Kidos vom Jushin — den „älteren Staatsmännern“[22] — eingesetzte Premier, General Tojo, behielt weiterhin seinen Posten als Kriegsminister bei. Sein Minister des Äußeren, der Berufsdiplomat Togo, galt ebensowenig wie Tojo selbst in deutschen Augen als Bürge einer Zusammenarbeit im Sinne der deutschen Konzeption vom Dreimächtepakt. Insbesondere galt dies für Togo, der, mit einer „nichtarischen“ deutschen Frau verheiratet, sich während seiner kurzen Botschaftertätigkeit in Berlin 1938 stark reserviert gegenüber der nationalsozialistischen Politik geäußert hatte[23]. Man kannte ihn als abwägenden Diplomaten und Fürsprecher eines Ausgleiches mit der Sowjetunion wie mit Amerika[24].

Unter der neuen Regierung Tojo blieben die Beziehungen zu Deutschland kühl[25], wenn man in der japanischen Hauptstadt das Risiko eines Krieges mit den U.S.A. auch stärker als zuvor einkalkulieren mußte. Dem Deutschen Reich, dem einzig möglichen Bundesgenossen Japans, galten mehr als bisher die Überlegungen der Politiker und Militärs. In seiner ersten Unterredung mit dem deutschen Botschafter bemühte sich Togo vergebens, die deutschen strategischen Ziele im Nahen Osten (Suez und Iran) herauszufinden. Das Auswärtige Amt hatte Ott über die deutschen Pläne nicht informiert[26].

Am 1./2. November 1941 tagte in Tokio erneut die Verbindungskonferenz, auch Liaisonkonferenz genannt, auf der die höchsten Militärs von Marine und Heer zusammen mit den Kabinettsmitgliedern die Politik des Landes bestimmten[27]. Auf dieser

21 Menzel S. 300 nach „Kido Diary“ 13. 10. 1941.

22 Der Jushin schlug den neuen Premierminister dem Kaiser durch die Mittlerperson des Lordsiegelbewahrers Kido vor (Kase S. 53, Togo S. 49). Diesem Rat gehörten im Oktober 1941 neun ehemalige Premierminister an:

Nobuyuki Abe
Senjuro Hayashi
Kiichiro Hiranuma
Koki Hirota
Keigo Kiyoura
Fumimaro Konoe
Keisuke Okada
Reijiro Wakatsuki
Mitsumasa Yonai

Auf der Sitzung am 17. Oktober 1941 fehlte nur Hiranuma (Kase S. 53 und Shigemitsu S. 268).

23 St.S. Japan: Aufzeichnung Braun für St.S. vom 18. Oktober 1941; Telegramm Weizsäcker an Ribbentrop vom 18. Oktober 1941; Erdmannsdorff an von Rintelen vom 18. Oktober 1941.

24 KTB 1. Skl A 23. Juni 1941: Togo, bisher japanischer Botschafter in Moskau, „erklärt es für bedauerlich, daß Deutschland und Rußland zur Gewalt gegriffen hätten. Deutschland möge in der Lage sein, Leningrad, Moskau und die Ukraine zu besetzen, doch werde dies den Krieg nicht entscheiden“.

25 Togo S. 137.

26 St.S. Japan: Telegramm Ott—AA, Nr. 2301 vom 31. Oktober 1941.

27 Seit Ende 1937 (Ausbruch des China-Krieges) fanden „Verbindungskonferenzen“ zwischen den Regierungsmitgliedern und den Chefs der Oberkommandos statt. Obgleich dieses Gremium in der Verfassung nicht vorgesehen war, wurde es unter Tojo zum „Architekten der nationalen Politik“. Während seiner Regierungszeit (18. Oktober 1941—18. Juli 1944) nahmen gewöhnlich folgende Personen an den Sitzungen teil:

Zusammenkunft trotzte Außenminister Togo nach hartnäckigem Ringen dem Generalstabschef Sugiyama die Zustimmung der Armee zum Vorschlag „B" ab[28]. Dieser Plan bot — als größtes japanisches Entgegenkommen — in den Washingtoner Verhandlungen den Truppenabzug aus Südindochina bei Normalisierung der Handelsbeziehungen mit den U.S.A. an. Togo beauftragte den früheren japanischen Botschafter in Berlin Kurusu, dessen kritische Einstellung zum Dreierpakt bekannt war[29], mit der Sondermission in die amerikanische Hauptstadt. Die Regierung in Tokio betrachtete Kurusus Entsendung als ein letztes Angebot an die U.S.A., um die Spannungen zwischen beiden Ländern auf diplomatischem Wege zu lösen.

Etwa zur gleichen Zeit, am 5. November 1941, beschloß die Kaiserliche Konferenz, auf der Beschlüsse der Verbindungskonferenz „ratifiziert" wurden, die strittigen Fragen gewaltsam zu lösen, falls die Verhandlungen mit den Vereinigten Staaten nicht bis zum 25. November auf ein annehmbares Ergebnis hinausliefen. Im Grunde wurde mit diesem Entscheid nur der bedingte Kriegsbeschluß vom 6. September[30] erneut bekräftigt. Gleichzeitig billigte diese höchste Regierungsinstanz diplomatische Sondierungen in Berlin mit dem Ziel, daß im Falle eines militärischen Konfliktes mit Amerika:

General Tojo (Premier und Kriegsminister, seit 21. Februar 1944 auch Generalstabschef)
Außenminister Togo (bis 1. September 1942)
Tani (bis 20. April 1943)
Shigemitsu
Generalstabschef Feldmarschall Sugiyama (bis 21. Februar 1944)
Marineminister Admiral Shimada
Admiralstabschef Admiral der Flotte Nagano (bis 2. Februar 1944)
Admiral Shimada
Stellv. Generalstabschef Generalleutnant Tanabe (bis 8. April 1943)
Generalleutnant Hata (bis 21. Februar 1944)
Generalleutnant Ushiroku
Stellv. Admiralstabschef Vizeadmiral Ito (bis 1. März 1944)
Vizeadmiral Tsukahara
Direktor des Militärbüros (Politisches Büro der Armee)
Generalleutnant Muto (bis 20. April 1942)
Generalleutnant Sato
Direktor des Marinebüros (Politisches Büro der Marine)
Vizeadmiral Oka
Präsident des Planungsamtes Generalleutnant Teiichi Suzuki
Chefsekretär des Kabinetts Hoshino
Finanzminister Kaya (bis 2. Februar 1944)
Ishiwata

Somit waren in der „Regierung" nur drei Zivilisten vertreten: der Außen- und Finanzminister sowie der Chefsekretär des Kabinetts. Direktes Vortragsrecht beim Kaiser besaßen nur der Premier, der Generalstabschef und der Admiralstabschef, d. h. nur Militärs.

Über das Thema „Japans Regierungsstruktur im Zweiten Weltkrieg" bereitet der Verfasser eine Studie vor.

28 Nomura, Washington S. 198 englische Fassung, Togo S. 117 f. deutsche Übersetzung. Über den Verlauf der Verbindungskonferenz siehe Hattori I (1) S. 207-211 und Ike S. 199-208.

29 Goebbels Tagebücher S. 88 Anm. 2: Bei der Unterzeichnung des Dreimächtepaktes in Berlin soll Kurusu bemerkt haben: „Ich glaube nicht, daß ich mit dieser Unterschrift meinem Land einen Dienst leiste".
Vgl. auch Sommer S. 486.

30 Siehe oben S. 27.

1. Deutschland und Italien automatisch auf Seiten Japans in den Krieg eintreten sollten, ohne daß Japan als Gegenleistung gegen die Sowjetunion kämpfen müsse,
2. kein Separatfrieden geschlossen und
3. Frieden zwischen Deutschland und Rußland vermittelt werden solle[31].

Admiral Paul Wenneker, der deutsche Marineattaché, wurde inoffiziell von diesem Regierungsbeschluß unterrichtet, der genau den Vorstellungen der Marine entsprach. Sofort informierte er seine Dienststelle, die Seekriegsleitung[32], und über den Botschafter das Auswärtige Amt in Berlin[33]. Weder die deutsche Kriegsmarine[34], die seit der „shoot-on-sight-order" Präsident Roosevelts vom 11. September 1941 immer stärker forderte, gegen die Amerikaner offensiv vorzugehen[35], noch Ribbentrop selbst glaubten an diese Andeutung eines möglichen Krieges Japan—U.S.A. Der deutsche Außenminister bezeichnete die amerikanischen Drohungen gegenüber Japan schlicht als großen Bluff und empfahl der Regierung in Tokio, weiterhin fest zu bleiben[36]. Als militärisches Ziel Japans stellte Ribbentrop erneut die Eroberung Singapores hin — ein Wunsch, der nach Billigung durch Hitler[37] den Japanern seit Ende Februar 1941[38] laufend vorgetragen wurde. Der deutsche Außenminister glaubte mit seinen strategischen Vorstellungen in Tokio Eindruck zu machen: Die Amerikaner, so meinte er zu wissen, würden einer Eroberung der britischen Fernostbastion tatenlos zusehen, sofern nur die Philippinen von der Operation unberührt blieben[39].

31 Siehe die Diskussionsbeiträge auf der Kaiserlichen Konferenz bei Hattori I (1) S. 213-217 und Ike S. 208-239 sowie das Dokument mit den Durchführungsbestimmungen bei Ike S. 241 f. Punkt 3 nur im Telegramm Wennekers an die Skl (siehe Anm. Nr. 32).

32 KTB 1.Skl C XV 5. November 1941: Abschrift des Telegramms Mar.Att.Tokio—OKM/OKW-Ausland.

33 St.S. Japan: Telegramm Ott—AA, Nr. 2331 vom 5. November 1941.

34 KTB 1.Skl A 6. November 1941: „Nicht uneingeschränkt zu bewertende Meldung".

35 KTB 1.Skl C XV 15. Oktober 1941: Abschrift des Briefes Fricke—Nomura vom 15. Oktober 1941: Aufforderung an Japan zum aktiven Vorgehen gegen die USA. D. h. der Bundesgenosse sollte stellvertretend im Pazifik für die deutsche Kriegsmarine handeln, die durch Hitlers Befehle, jegliche Zwischenfälle mit amerikanischen Schiffen zu vermeiden, an einer wirksamen U-Boot-Kriegführung im Atlantik gehindert wurde.
Vgl. auch Friedländer S. 198 ff.

36 St.S. Japan: Telegramm Ribbentrop—Ott, Nr. 1225 vom 7. November 1941.

37 Lagevorträge ObdM vor Hitler 8./9. Januar 1941: „Hinsichtlich japanischer Interessen an Singapore vertritt Führer Auffassung, daß den Japanern freie Hand gegeben werden soll, auch auf die Gefahr hin, daß die USA dadurch zu weitgehenden Konsequenzen veranlaßt werden".

38 ADAP D XII Dokument Nr. 78: „Aufzeichnung über die Unterredungen zwischen dem Reichsaußenminister und Botschafter Oshima in Fuschl am 23. Februar 1941" (eigene Rückübersetzung).
ADAP D XII Dokument Nr. 100: Telegramm Rippentrop—Ott persönlich, Nr. 232 vom 27. Februar 1941.
ADAP D XII Dokument Nr. 218: „Aufzeichnung über die Unterredung zwischen dem Reichsaußenminister und dem japanischen Außenminister in Gegenwart der Botschafter Ott und Oshima in Berlin am 27. März 1941" (eigene Rückübersetzung).
Vgl. dazu auch die Darstellung bei Hillgruber, Hitlers Strategie S. 415-419.

39 St.S. Japan: Telegramm Ribbentrop—Ott, Nr. 2047 vom 9. November 1941: „Japan könne im Augenblick ohne das Risiko eines bewaffneten amerikanischen Eingreifens jeden Vorstoß

Anfang November 1941 hielt also die deutsche Außenpolitik noch immer an ihrer alten Vorstellung aus dem Dreimächtepakt fest. In der „Wilhelmstraße" herrschte offenbar nach wie vor die Ansicht, daß ein starkes Japan mit Erfolg die Vereinigten Staaten an einem Zusammengehen mit Großbritannien hindern könne. Vergeblich hatte Admiral Wenneker aus Tokio seit Februar 1941 mehrfach in seinen Berichten nach Berlin vor diesem Wunschdenken gewarnt[40]. Auf Verlangen der Marine kam die japanische Regierung seit Ende 1940 immer mehr von dem ursprünglichen Plan ab, die U.S.A. etwa von ihrem europäischen Partner, den Engländern, trennen zu wollen[41]. Die ersten Planspiele für einen Südvorstoß hatten hinreichend bewiesen, daß eine Eroberung von Singapore nur Aussicht auf Erfolg haben konnte, wenn gleichzeitig ein Angriff auf die Philippinen den Gefahren einer Bedrohung aus der Flanke zuvorkam[42].

Inzwischen waren die Kriegsvorbereitungen der beiden japanischen Wehrmachtteile abgeschlossen[43]. Der bevorstehende Angriff auf Pearl Harbor[44] und der Operationsplan für den Südvorstoß[45] waren bereits am 5. November 1941 an die Truppen übermittelt worden. In den Verbindungskonferenzen vom 13. und 15. November wurden Pläne einer globalen Strategie im Zusammenwirken mit Deutschland und Italien erörtert[46]. Am 13. November entschied die Konferenz, daß Deutschland und Italien an einem Krieg gegen die Vereinigten Staaten beteiligt werden müßten. Sollte Berlin als Gegenleistung Japans Kriegseintritt gegen die Sowjetunion fordern, so wäre — selbst auf die Gefahr einer Verzögerung des deutschen Eingreifens gegen die U.S.A. — dieses Ansinnen strikt zurückzuweisen[47]. Auf der nächsten Verbindungskonferenz, am 15. November, sträubte sich Außenminister Togo gegen diplomatische Doppelspiele, nämlich gleichzeitige offizielle Verhandlungen in Berlin und Washington. Mit Zustimmung der Teilnehmer bat Togo daher einen einflußreichen Befürworter militärischer Absprachen mit Deutschland, Generalstabschef Sugiyama[48], den Chef der Abteilung „Fremde Heere" im japanischen Generalstab, General Kiyotomi Okamoto, zu Botschafter Ott

im Ostraum wagen, soweit nicht amerikanische Hoheitsgebiete (Philippinen) von einer solchen Aktion berührt würden".

40 KTB 1.Skl C VX 3. Februar 1941 und 13. März 1941.

41 Hattori I (2) S. 252.

42 Hayashi S. 29 ff.: Nach der Unterzeichnung des Dreimächtepaktes (27. September 1940) arbeiteten die Japaner detaillierte Pläne für einen militärischen Südvorstoß aus.

43 KTB 1.Skl A 6. November 1941: „Vorbereitungen ... sind bei Marine zu 98 %, beim Heer zu 75 % abgeschlossen".

44 Hattori I (2) S. 355: Am 5. November 1941 erließ das Kaiserliche Hauptquartier an Admiral Yamamoto, OB der Vereinigten Flotte, die Op.-Anweisung Nr. 1 für die Vereinigte Flotte.

45 Hayashi S. 31: Am 6. November 1941 ging der Operationsplan für den Südvorstoß an das Heer. Abdruck der Befehle des Kaiserlichen Hauptquartiers an die Oberkommandierenden der einzelnen japanischen Armeen bei Hattori I (2) S. 333-335.
Für die japanische strategische Gesamtplanung des pazifischen Krieges siehe Hattori I (2) S. 302-320: „Overall Operations Plan of the Imperial Army", bzw. dessen deutsche Übersetzung „Japans Operationsplan für den Beginn des pazifischen Krieges". In: „Wehrwissenschaftliche Rundschau", Nr. 7, 1957, S. 247-274.

46 Hattori I (2) S.283 ff. und Ike S. 247 ff.

47 Hattori I (2) S. 291.

48 Siehe Anm. Nr. 11 S. 28.

oder dem deutschen Militärattaché Kretschmer zu entsenden und sondierende Gespräche einzuleiten[49].

Wenige Tage später sprach auch Okamoto General Kretschmer wegen einer deutschen Teilnahme am Kriege gegen die Vereinigten Staaten an. Der Attaché verwies ihn an den Botschafter[50]. Diesem gegenüber gab der japanische Offizier freimütig zu, sein Generalstab glaube nicht mehr an eine friedliche Regelung mit der feindseligen Macht: „Das sei eine Tatsache, die für Deutschland möglicherweise unfaßbar sei, im großen gesehen aber doch nützlich". Zwar könne das japanische Heer angesichts der Entfernung zwischen beiden Ländern sich keine wirkungsvolle militärische Zusammenarbeit vorstellen, doch sehe „der japanische Generalstab die beste gegenseitige Unterstützung darin, ... einen Waffenstillstand oder Frieden nicht vereinzelt, sondern nur gemeinsam zu schließen". Der deutsche Botschafter berichtete vom einhelligen Wunsch der japanischen Streitkräfte nach deutscher Unterstützung gegen die U.S.A. und bat seinen Minister am 18. November 1941 um neue Weisungen für diese „außerhalb der im Dreimächtepakt ins Auge gefaßten Fälle"[51].

Auch in Deutschland häuften sich Nachrichten von rasch wachsenden Spannungen im pazifischen Raum[52]. In äußerst vorsichtigen Formulierungen beantwortete Ribbentrop am 21. November 1941 die japanische Anfrage grundsätzlich positiv, bestand indessen darauf, sie nur mündlich an Okamoto weiterzugeben. Die Japaner hatten ihren Wunsch nur inoffiziell vorgetragen, entsprechend sollte die deutsche Erwiderung erfolgen[53]. Diese bedingte Zusage widersprach durchaus der bisherigen deutschen Politik. Sie darf trotzdem nicht als „Carte blanche" für Japans Krieg gegen die U.S.A. verstanden werden. Eher läßt sich diese Zusage als ein erster vorsichtiger Versuch deuten, die deutsche Außenpolitik gegenüber Japan zu revidieren. Diese Entscheidung hat Ribbentrop bestimmt nicht selbst getroffen, sondern hinter ihr wird Hitler gestanden haben. Japans zaghafte Bemühungen um den lang geschmähten Partner[54] wurden gegen Ende November 1941 ebenso vorsichtig von deutscher Seite erwidert.

[49] Hattori I (2) S. 291 und Ike S. 247.

[50] Jones, Japan's New Order S. 324 nach IMTFE Record pp. 24643-4: Aussage des deutschen Militärattachés General Alfred Kretschmer.

[51] St.S. Japan: Telegramm Ott—Ribbentropp, Nr. 2472 vom 18. November 1941.

[52] KTB 1.Skl A 6., 17., 18., 20. November 1941.
St.S. Japan: Fernschreiben von Erdmannsdorff an von Rintelen, Büro RAM, vom 13. November 1941: Oshima habe aus Tokio erfahren, daß die Regierung von der Mission Kurusus kaum einen Erfolg erwarte.

[53] St.S. Japan: Telegramm Ribbentrop—Ott, Nr. 2136 vom 21. November 1941.
Friedländer S. 210 und Jones, Japan's New Order S. 325, vergleichen dieses Telegramm Ribbentrops mit dessen Zusage einer Kriegsbeteiligung gegenüber Oshima am 28. November 1941. Beide Darstellungen über die deutsch-japanischen Absprachen vor Pearl Harbor sind zu komprimiert und vereinfachen den Sachverhalt.

[54] Im Zuge ihrer Wiederannäherung an Deutschland drängten die Japaner seit dem 11. Oktober 1941 (St.S. Japan: Notiz von Gaus für RAM vom 11. 10. 1941) auf eine „ganz große Aktion", um den Antikominternpakt auf weitere fünf Jahre zu verlängern. Wiewohl der Pakt durch Weglassen der gegen die Sowjetunion gerichteten Zusatzabkommen (ADAP D XIII Dokument Nr. 502: Schreiben Oshimas an Ribbentropp vom 25. November 1941) noch inhaltloser wurde, trafen sich zur Unterzeichnung des Verlängerungsabkommens die Außenminister der Paktstaaten am 25. November 1941 in Berlin (ADAP D XIII Dokument Nr. 498: Verlängerungsprotokoll vom 25. November 1941).

Seit Ende Oktober/Anfang November hatte es sich nämlich an der deutschen Ostfront immer deutlicher abgezeichnet, daß Hitlers Feldzugsplan — die Sowjetunion durch einen großen Schlag im Jahre 1941 militärisch zu bezwingen — wahrscheinlich scheitern werde. Erneut drängte daher die deutsche Seekriegsleitung auf Revision von Hitlers politischer Leitidee, die ja immer noch daran festhielt, während des Blitzkrieges im Osten jeden Konflikt im Westen mit den Vereinigten Staaten zu vermeiden. In einer Besprechung zwischen Vizeadmiral Fricke und Hitler am 26. Oktober 1941[55] über Japans Lage muß der Chef des Stabes der Seekriegsleitung Hitlers Zustimmung zu seinem Plan erhalten haben: Danach sollte Japan zum aktiven Handeln gegen die Vereinigten Staaten aufgefordert werden, damit Deutschland mit Hilfe des Verbündeten einen gemeinsamen Krieg gegen den neuen Feind führen könne. Über diese Unterredung arbeitete die Seekriegsleitung eine Denkschrift aus und sandte sie am 10. November 1941 dem Oberkommando der Wehrmacht/Wehrmachtführungsstab und am 19. des gleichen Monats Botschafter Ritter im Auswärtigen Amt zu[56]. Am gleichen Tage bekundete Hitler erstmals im kleinen Kreise seine Zweifel am Erfolge des Blitzkrieges im Osten[57]. Seit diesem Zeitpunkt, zu dem Hitler auch von der Krise in den japanisch-amerikanischen Verhandlungen erfahren haben mußte, begann er sich mit der Unvermeidbarkeit eines amerikanischen Kriegseintritts abzufinden. In Ribbentrops Antwort vom 21. November an die Japaner offenbart sich deutlich dieser Wandel in Hitlers Anschauungen; möglicherweise benutzte der Außenminister sogar die vom „Führer" gebilligten Vorschläge der Seekriegsleitung als Unterlage.

Die Japaner hatten ihre Wünsche vorgetragen; nun schreckte die deutsche Regierung vor der Entscheidung zurück: wollte sie an der Seite des verbündeten Japans einen gemeinsamen Krieg gegen die U.S.A. führen, oder müßte sie als Folge eines japanisch-amerikanischen Ausgleiches allein in Europa gegen die Amerikaner kämpfen. In Berlin hielt man in jenen Wochen Amerikas Kriegseintritt nur noch für eine Frage der Zeit[58]. In dieser Zwangslage bot sich angesichts der Rückschläge in Rußland[59] und Nord-

[55] Das Datum der Unterredung Hitler—Fricke läßt sich an Hand der Marineakten nur zwischen dem 25. Oktober und dem 10. November 1941 fixieren (Denkschrift des Referenten in der Op.Abt. der Skl, Kapitän zur See Heinz Assmann, über die Lage Japans, KTB 1.Skl C XV 25. Oktober 1941. Diese Denkschrift basiert im wesentlichen auf den Vorstellungen Frickes, die dieser in einem Brief an den japanischen Vizeadmiral Nomura, KTB 1.Skl C XV 15. Oktober 1941, niedergelegt hatte — für den Stichtag 10. November siehe Anm. Nr. 56).
Nach dem Itinerar Hitlers bei Hillgruber, Hitlers Strategie S. 696 fand lediglich am 26. 10. 1941 eine Besprechung Hitler—Fricke statt.

[56] KTB 1.Skl C XV 19. November 1941: Schreiben der Skl „Lagebetrachtung der Skl zur Haltung Japans" an Botschafter Ritter mit dem Zusatz: „Diese Betrachtung ist auf Grund einer Besprechung des Chefs des Stabes der Seekriegsleitung beim Führer dem OKW/WFStab am 10. November vorgelegt worden".

[57] Halder S. 295.
Vgl. auch KTB OKW Bd. I S. 1074 f.: „Beurteilung der Kampfkraft des Ostheeres" vom 6. November 1941: Wegen der hohen Verluste und Ausfälle betrage die Kampfkraft der 136 an der Ostfront eingesetzten deutschen Verbände nur die von 83 voll kampfkräftigen Verbänden.

[58] Siehe dazu die Darstellung von Friedländer, insbes. S. 197-204; sowie Hillgruber, Hitlers Strategie S. 553 Anm. 84 a.

[59] Einsetzen der Gegenstöße der Roten Armee bei der H.Gr. Süd, GFM von Rundstedt, die am 28. November 1941 zur Einnahme von Rostov führten.

afrika[60] ein gemeinsames Handeln mit Japan an. Dessen Angriff auf Singapore mußte Englands Stellung im Mittelmeer erheblich schwächen. Vielleicht konnte zudem ein japanisches Ausgreifen über die mandschurische Grenze hinaus der deutschen Ostfront Entlastung bringen.

Seit dem Ölembargo rechnete die amerikanische Außenpolitik damit, über einen Konflikt mit Japan in den europäischen Krieg hineinzukommen[61]. Ähnliche Überlegungen, von der Seekriegsleitung initiiert, bewegten seit Mitte November 1941 Hitler und die deutsche Außenpolitik: Nach dem gescheiterten Feldzug im Osten wollte man durch Rückenstärkung Japans in den nunmehr unumgänglichen Krieg mit den Vereinigten Staaten gelangen.

In Berlin wie in Tokio dürfte trotz gelegentlicher öffentlicher Verlautbarungen[62] der Dreimächtepakt[63] keine Rolle gespielt haben. Hatte er sich doch als Haupthindernis einer japanisch-amerikanischen Verständigung erwiesen; daher war Tokio noch am 19./20. November 1941 bereit, ihn bei den Verhandlungen in Washington aufzugeben[64]. Trotz ihrer angedeuteten Kriegsbereitschaft wurden die Deutschen weiterhin von diesen Gesprächen nicht unterrichtet[65].

Kurusu überreichte am 20. November 1941 im „State Department" den Vorschlag „B"; der Ausgang der Verhandlungen war völlig offen. Die Entscheidung über Krieg und Frieden lag allein auf amerikanischer Seite, vor allem bei Präsident Roosevelt[66]. Vor dem japanischen Reichstag rechnete Togo mit einem befriedigenden Abschluß der Verhandlungen[67]. Gleichzeitige militärische Vorbereitungen deuteten auf zunehmende Spannungen hin[68]. Widersprüchliche Nachrichten trafen in diesen Tagen in Berlin ein; sie wurden erst durch ein Telegramm Thomsens, des deutschen Geschäftsträgers in Washington, entwirrt. Dieser meldete am 27. November den Inhalt der tags zuvor den

60 Seit dem 18. November 1941 zweite Gegenoffensive der Briten unter General Auchinleck, in deren Verlauf am 10. Dezember 1941 Tobruk entsetzt werden konnte, das seit dem 8. April 1941 eingeschlossen war.

61 Engel S. 368.

62 St.S. Japan: Telegramm Ott—AA, Nr. 2459 vom 17. November 1941: Reichstagsrede Togos am 17. November, kurzes Bekenntnis zum Dreimächtepakt.

63 Abdruck bei Sommer S. 514-516.

64 Togo S. 137.
Menzel S. 313 nach IMTFE International Prosecution Section, Document 1532-D (6): Am 19. November 1941 gab Togo an Nomura die Weisung: „You may point out that the Empire can decide independently as to whether or not there had been an attack without being bound to the interpretation of the other countries involved in the Tripartite Pact Treaty".
ttIke S. 151: Togo behauptete auf der Liaison-Konferenz vom 20. November 1941, er habe am selben Morgen Nomura erneut angewiesen, der amerikanischen Regierung zu beteuern: „. . . although the United States says that Japan will be a tool of Germany, Japan intends to act on her own".

65 St.S. Japan: Telegramm Ott—AA, Nr. 2518 vom 22. November 1941.

66 Farago S. 231 und Tansill S. 693 ff.: Da die Amerikaner den japanischen diplomatischen Code kannten, wußte die Regierung in Washington, daß es sich um das letzte japanische Angebot handelte.

67 St.S. Japan: Telegramm Ott—AA, Nr. 2507 vom 21. November 1941.

68 KTB 1.Skl A 18., 23. und 24. November 1941.

Japanern übergebenen Hull-Note[69]. In richtiger Einschätzung der Lage sah Thomsen keinerlei Möglichkeiten mehr für eine Übereinkunft[70].

Ribbentrop konnte am nächsten Tag dem verblüfften japanischen Botschafter, den seine Regierung noch nicht informiert hatte, berichten, ein Ausgleich mit Amerika sei für Japan nunmehr ausgeschlossen. Zwar differieren die japanische und deutsche Version dieser Unterredung[71], doch scheint Ribbentrop die Japaner ermuntert zu haben, sich jetzt mit den Amerikanern auseinanderzusetzen: „... die Lage für Japan (werde) kaum jemals günstiger als jetzt sein". (I am confident that that [Japan's decision to fight USA and Great Britain] will not only be to the interest of Germany and Japan jointly, but would bring about favorable results for Japan herself). Oshimas Folgerung, die augenblicklichen Anzeichen sprächen für eine deutsche Beteiligung im Kriege gegen die U.S.A., lag daher auf der Hand. Dennoch scheinen beide Politiker nicht mit dessen unmittelbar bevorstehendem Ausbruch gerechnet zu haben. Noch einmal diskutierten sie den alten deutschen Plan eines japanischen Südvorstoßes, bei dem die Philippinen umgangen werden sollten[72]. Der vertrauensselige Botschafter hielt die neue Lage für nicht weiter besorgniserregend; für mehrere Tage reiste er nach Wien zu einem Mozart-Fest[73].

Während sich Ribbentrop und Oshima noch in solchen Vermutungen ergingen, war in Japan die Entscheidung gefallen. Kaiser Hirohito versuchte am 29. November durch eine außerordentliche Jushin-Sitzung vergeblich, den Kriegsbeschluß vom 5. des Monats aufzuheben oder zumindest in Frage zu stellen[74]. Die Mehrzahl der älteren Staats-

[69] Englischer Text der Hull-Note bei Nomura, Washington S. 202-206.
Deutsche Übersetzung bei Togo S. 148-151.

[70] St.S. Japan: Telegramm Thomsen—AA, Nr. 4145 vom 27. November 1941: Die Hull-Note „... gleicht einem Ultimatum und dürfte sofortigen Abbruch der Verhandlungen zur Folge haben".
Zu dem amerikanischen Entschluß siehe Tansill S. 694 ff. und Togo S. 151 ff.: Obwohl die amerikanische Regierung einen „modus vivendi" in Form einer dreimonatigen Waffenruhe mit Japan erwog und Außenminister Hull am 25. November vormittags einigen Kabinettskollegen einen entsprecheden Entwurf zeigte, warf Hull diesen Plan auf Anweisung Roosevelts nach wiederholtem Protest des chinesischen Botschafters und nach Empfang eines sich für Tschiang Kai-schek einsetzenden Telegramms Churchills am 26. November 1941 völlig um. Die den Japanern am selben Tage überreichte Note, in der der Abzug aller japanischen Streitkräfte aus China und die Aufkündigung des Dreimächtepaktes gefordert wurden, bekundete letztlich das Desinteresse der amerikanischen Regierung an einem friedlichen Übereinkommen, wie Kurusu sofort beim Überfliegen der Note bemerkte. Es war den Amerikanern gelungen, die Japaner in die Position zu manövrieren, daß sie den ersten Schuß abgeben mußten. (letzeres nach Henry L. Stimson: „Diary" Nov.-Dec. 1941 in „Pearl Harbor Attack", XI, p. 5433).
Vgl. dazu auch die Darstellung bei Engel S. 369 ff.

[71] Aufzeichnung über den Empfang des Japanischen Botschafters Oshima durch den Herrn RAM am 28. November 1941 abends, F 1/0025-0030 (Fragment).
Von den Amerikanern abgefangenes Telegramm Oshima—Togo über die Unterredung mit Ribbentrop: IMT Doc. 656—D, Band XXXV, S. 320-323.
Friedländer S. 210 datiert die Unterredung irrtümlich auf den 29. 11. 1941.

[72] Nur in der deutschen Fassung zu finden.

[73] Jones, Japan's New Order S. 326 nach IMTFE Record p. 34031.

[74] Maxon S. 179, Hattori I (1) S. 229 f., Ike S. 259.

männer erhob wohl Bedenken gegen einen Krieg[75], doch wollten sie den schicksalsschweren Beschluß nicht mehr umstoßen. Bereits zwei Tage zuvor hatte nämlich die Verbindungskonferenz die am 5. November beschlossene Politik bestätigt, d.h. sich grundsätzlich für Krieg entschieden[76]. Der japanische Außenminister informierte daher am 30. November gleichzeitig den deutschen Botschafter in Tokio und Oshima in Berlin vom Scheitern der Verhandlungen und der Möglichkeit eines Krieges mit den Vereinigten Staaten[77]. Togo erklärte dem deutschen Botschafter, der Dreierpakt sei das hauptsächliche Hindernis für einen Ausgleich gewesen; für Japans „loyale" Haltung Deutschland gegenüber erwarte er nun ein volles Bekenntnis der Verbündeten zu diesem Pakt[78]. Am ersten Dezember 1941 faßte die japanische Kaiserliche Konferenz den formalen Kriegsbeschluß. Am selben Tage setzte das Kaiserliche Hauptquartier den Beginn der Operationen auf den 8. Dezember 00.00 Uhr Tokioter Zeit fest[79].

Erst jetzt konnte die japanische Regierung ihren Botschafter in Berlin beauftragen, ein Abkommen mit der Reichsregierung auszuhandeln, wonach kein Verbündeter einen Sonderfrieden mit den angelsächsischen Mächten abschließen dürfe. Um die geplanten militärischen Operationen erfolgreich durchführen zu können, war Japan darauf angewiesen, daß die Deutschen weiterhin auf dem europäischen Kriegsschauplatz zumindest die Engländer binden würden. Ein deutsch-englischer Ausgleich, wie ihn Hitler den ganzen Krieg über erhoffte, hätte Japan mit dem vereinten angelsächsischen Kriegspotential — insbesondere zur See — konfrontiert, so daß es seine angestrebten Positionen in Südostasien nie hätte derart lange behaupten können. Hingegen stand Deutschland seit über zwei Jahren allein im Krieg und beherrschte gegen Ende 1941 unangefochten Kontinentaleuropa; ein möglicher Separatfrieden Japans mit den Westmächten konnte Hitler zu diesem Zeitpunkt kaum schrecken.

[75] Maxon S. 179: Bis auf eine Ausnahme hätten sämtliche „älteren Staatsmänner" sich gegen den Krieg ausgesprochen. Diese Darstellung basiert auf eidesstattlichen Aussagen einiger Beteiligter für den Tokioter Kriegsverbrecherprozeß.
Hattori I (1) S. 230 f. spricht von einem anfänglichen Widerstand der Jushin-Mitglieder, der nach überzeugenden Worten Tojos gewichen sei. Die Darstellung Hattoris erscheint glaubhafter als die Prozeßaussagen der Beteiligten.

[76] Hattori I (1) S. 229 und Ike S. 260-262: Endgültig fiel der Kriegsbeschluß auf der Verbindungskonferenz am 29. November 1941, nachdem die Mitglieder dieses Gremiums auf einer Konferenz am 27. November 1941 bereits den „Administrative Procedures to be Taken Regarding the Declaration of War" (Ike S. 257-260) zugestimmt, d. h. sich eindeutig für Krieg entschieden hatten.
Tojos Aussage (Maxon S. 178, IMTFE Transcript pp. 36077-79), die Kriegsentscheidung sei auf einer Verbindungskonferenz „am oder um den 28. November" gefallen, stimmt insofern, als nach Eingang der Hull-Note die führenden Militärs und Politiker (Verbindungskonferenz) fast permanent tagten. Schließlich bestand auf Grund der Beschlüsse der Kaiserlichen Konferenz vom 5. November 1941 gar keine andere Möglichkeit, als nach Scheitern der Ausgleichsverhandlungen militärisch gegen die USA vorzugehen.

[77] Togo S. 187 f.
Trefousse S. 44 zitiert nach Pearl Harbor Attack, XII, p. 204.

[78] St.S. Japan: Telegramm Ott—AA, Nr. 2597 vom 30. November 1941.

[79] Das Protokoll der Kaiserlichen Konferenz siehe bei Ike S. 262-283.
Hayashi S. 33 und Morton S. 122: Die Op.-Anweisung Nr. 6 an die Vereinigte Flotte ging am 2. Dezember 17.30 Uhr Tokioter Zeit heraus: Angriff Pearl Harbor 8. Dezember 1941, 00.00 Uhr Tokioter Zeit.

Nach hastiger Rückkehr aus Wien sprach Oshima sogleich am 2. Dezember bei Ribbentrop in Berlin vor[80]. Bei dieser Gelegenheit muß der Botschafter seinem Gesprächspartner offiziell die Forderung seiner Regierung nach einem „Nichtsonderfriedensvertrag" vorgetragen und auf Deutschlands unmittelbares Eingreifen in dem Kriege gegen die U.S.A. gedrängt haben[81]. Es läßt sich nicht nachweisen, ob Oshima angesichts der Zurückhaltung des Ministers diesem einen Vertragsentwurf vorlegte. Ribbentrop hatte wahrscheinlich noch keine Bestätigung des japanischen Verlangens aus Tokio erhalten; das am 30. November von Ott aufgegebene Telegramm traf erst am Nachmittag des 2. Dezember in Berlin ein[82]. Entscheidender für Ribbentrops Zögern dürfte Hitlers Abwesenheit gewesen sein. Der Minister entschuldigte sich: Hitler sei zur Zeit wegen der russischen Gegenoffensive an die Südfront geflogen[83] und dort nicht erreichbar, müsse aber in dieser wichtigen Frage konsultiert werden[84].

Als Oshima einen Tag später erneut in der „Wilhelmstraße" vorstellig wurde, erklärte Ribbentrop sich zwar mit dem vorgeschlagenen Abkommen einverstanden, betonte jedoch erneut, erst müsse Hitlers Entscheid eingeholt werden[85]. Auch bei dieser zweiten Zusammenkunft bleibt es ungewiß, ob Oshima dem deutschen Außenminister den Wortlaut eines Vertragsentwurfs mitgeteilt hat. Die abwartend-zögernde Haltung Ribbentrops entsprang weniger der Ausweglosigkeit einer festgefahrenen Politik[86]. Sie läßt sich am besten damit erklären, daß Hitler in diesem Augenblick tatsächlich über abhörsichere Leitungen nicht erreichbar war und der Außenminister eine derartig wichtige Entscheidung unbedingt mit ihm persönlich besprechen mußte.

Doch zwang der bevorstehende Überfall auf Pearl Harbor — die Flotte war bereits unterwegs — Tokio zu größter Eile. Wohl aus diesem Grund wandten sich die Japaner am 3. Dezember an die italienische Regierung. Mussolini und Ciano gegenüber[87] berief

[80] Jones, Japan's New Order S. 326 nach IMTFE Record p. 34033, Aussage Oshimas. Die Darstellung Hattoris I (2) S. 291 ff., daß die japanische Regierung nur bilaterale Verträge mit Deutschland und Italien angestrebt habe, um einer Vertragsverletzung des Dreierpaktes durch Italien vorzubeugen, stimmt genau so wenig wie die Behauptung, daß Oshima erst am 3. Dezember 1941 die Unterredungen mit Ribbentrop eröffnet habe und ein Übereinkommen nicht vor dem 11. Dezember 1941 erzielt worden sei.

[81] St.S. Krieg Amerika: Telegramm Mackensen—Ribbentrop, Nr. 3151 vom 3. Dezember 1941: Der Reichsregierung sei ein ähnlicher Vorschlag wie der italienischen gemacht worden.

[82] St.S. Japan: Telegramm Ott—AA, Nr. 2597 vom 30. November. Trotz des Vermerkes „Citissime" traf die Depesche erst am 2. Dezember, 14.40 Uhr, in Berlin ein.

[83] Hillgruber, Hitlers Strategie S. 697, Itinerar Hitlers:
2. 12. 1941 „Wolfsschanze"; Flug über Kiew und Poltawa nach Mariupol; Rückflug nach Poltawa. Besprechung mit (Generalfeldmarschall) von Reichenau (dem OB der H.Gr.Süd).
3. 12. 1941 Poltawa; Rückflug zur „Wolfsschanze".

[84] Oshima an Togo, Trefousse S. 45 nach IMTFE Doc 2157 und Doc 1532 A.

[85] Jones, Japan's New Order S. 327 nach „Pearl Harbor Attack" IX, p. 4200.

[86] Diese These verfechten Trefousse S. 45 f. und Ciano in seinen Tagebüchern, Eintragung vom 4. Dezember 1941.

[87] Rom Quirinal: 3. Dezember 1941. Italienisches Original der Aufzeichnung über den Besuch des japanischen Botschafters bei Ciano und dem Duce.
(Die Geheimakten der Deutschen Botschaft Rom/Quirinal sind die einzige Quelle für die deutsch-japanisch-italienischen Verhandlungen über einen „Nichtsonderfriedensvertrag". Die entsprechenden Archivalien sind erst seit Juni 1965 in Bonn einzusehen, obwohl ein Teil der Dokumente im Band XIII der Serie D der „Documents on German Foreign Policy" in Englisch erschienen ist. Der Anklage in Nürnberg und Tokio waren diese Dokumente unbekannt.)

sich der japanische Botschafter Horikiri auf die Beistandsverpflichtung des Dreimächtepaktes[88]. Der Japaner forderte eine italienische Kriegserklärung an die Vereinigten Staaten unmittelbar nach Ausbruch der Feindseligkeiten und den Abschluß eines „Nichtsonderfriedensvertrages". Den ihm vorgelegten japanischen bilateralen Vertragsentwurf billigte Mussolini grundsätzlich[89], machte aber seine endgültige Zustimmung von Konsultationen mit Berlin abhängig. Der deutsche Botschafter von Mackensen wurde sogleich in Kenntnis gesetzt. Er leitete das Protokoll des Gesprächs des japanischen Botschafters mit Mussolini und Ciano sowie den japanischen Vertragsentwurf an Ribbentrop weiter[90]. Obwohl im „Palazzo Chigi" die Meinungen über Amerikas Eintritt in den Krieg geteilt waren[91], befürworteten Mussolini und Ciano diese neue Ausweitung vorbehaltloser als der deutsche Achsenpartner. Die Italiener hofften nämlich, daß der Krieg sich aus den Weiten Rußlands wieder in das Mittelmeer verlagere. Die Sowjetunion war der Gegner der Deutschen allein. Italiens Feind, Großbritannien, war aber nicht im Osten, sondern im Mittelmeer und in Nordafrika zu schlagen[92]. Unterschiedliche strategische Ziele der deutschen und der italienischen Führung wurden nach Amerikas Kriegseintritt immer offensichtlicher.

Hitler war inzwischen wieder in der „Wolfsschanze" (Führerhauptquartier bei Rastenburg in Ostpreußen) erreichbar. Am Abend des 4. Dezember 1941 wird Ribbentrop dessen Einwilligung zu einer Beteiligung am Kriege gegen die Vereinigten Staaten erhalten haben. Am gleichen Abend wurde Botschafter von Mackensen gebeten, Sorge zu tragen, daß er noch in der Nacht zum 5. Dezember Ciano mit einer wichtigen Nachricht aufsuchen könne[93]. Nach Mitternacht wurde der deutsche Gegenentwurf zu dem japanischen Vorschlag an die deutsche Botschaft in Rom übermittelt[94].

Die deutsche Fassung des Vertrages wich stark von der japanischen ab. Zwar garantierte Artikel I eine deutsche Kriegsbeteiligung gegen Amerika an der Seite Japans: „Falls zwischen Japan und den Vereinigten Staaten von Amerika der Kriegszustand eintritt, werden sich Deutschland und Italien sofort auch ihrerseits als im Kriegszustand mit den Vereinigten Staaten befindlich betrachten und diesen Krieg mit allen ihnen

88 Artikel III, abgedruckt bei Sommer S. 428.

89 Rom Quirinal: Mackensen—Ribbentrop persönlich, Telegramm Nr. 3152 vom 3. Dezember 1941.
Siehe DOKUMENT Nr. 1 im Anhang S. 224 (Abdruck des japanischen Vertragsentwurfs auch bei Ciano, L'Europa S. 696 mit geringfügigen orthographischen Abweichungen.)

90 Rom Quirinal, bzw. St.S. Krieg Amerika: Telegramm Mackensen—Ribbentrop persönlich, Nr. 3151 vom 3. Dezember 1941.

91 Rom Quirinal: Memorandum Bismarck, Botschaftsrat, vom 4. Dezember 1941: Marchese d'Ajeta, Cianos Kabinettschef, bemerkte: „Er persönlich sei jedoch nicht dieser (Mussolinis) Ansicht, sondern glaube, daß der Eintritt Amerikas in den Krieg mit Japan, beziehungsweise dann mit Deutschland und Italien, eine wesentliche Verschlechterung gegenüber dem jetzigen Zustand bedeuten würde".

92 Die Engländer standen zu diesem Zeitpunkt kurz vor Tobruk, das sie am 10. Dezember 1941 entsetzen konnten.

93 Rom Quirinal: Aufzeichnung Mackensen vom 5. Dezember 1941.
Siehe DOKUMENT Nr. 3 im Anhang S. 226.

94 Rom Quirinal: Telegramm Ribbentrop—Mackensen persönlich, Nr. 3295 vom 5. Dezember 1941.
Siehe DOKUMENT Nr. 2 im Anhang S. 225.

zur Verfügung stehenden Machtmitteln führen." Im Vergleich zu dem japanischen Entwurf ist der deutsche jedoch etwas abgeschwächt. Der japanische Passus setzte nämlich eine Kriegsbeteiligung Deutschlands als selbstverständlich voraus und beschränkte sich auf die Abmachung, keinen einseitigen Sonderfrieden oder Waffenstillstand mit den U.S.A. oder Großbritannien zu schließen. Auch waren im zweiten Absatz in Artikel II des deutschen Gegenvorschlages die japanischen Wünsche nicht voll berücksichtigt: „Sie (Italien und Deutschland) übernehmen die gleiche Verpflichtung auch hinsichtlich eines Waffenstillstands oder Friedens mit England für den Fall, daß zwischen Japan und England der Kriegszustand eintritt"[95]. In diesem Absatz offenbart sich der Gegensatz zwischen den ursprünglichen deutschen Wünschen und den neuen politisch-militärischen Notwendigkeiten. Einerseits verpflichtete sich das Reich durch Artikel I zur Kriegserklärung an die Vereinigten Staaten, andererseits klang die Hoffnung nochmals an, die Amerikaner aus dem Krieg herauszuhalten und Japan allein zum Angriff gegen England zu bewegen. Die Chancen eines Weltkrieges im Zusammengehen mit den Japanern waren zu diesem Zeitpunkt genauso wenig abzumessen wie die Möglichkeit neuer deutscher Offensiven in Rußland. Ratlosigkeit und Unentschlossenheit kennzeichneten die Situation in Berlin. Selbst zur militärischen Untätigkeit im Osten verurteilt, harrte man gespannt kommender Ereignisse in Ostasien, fürchtete aber die Weiterungen, die Amerikas Kriegseintritt mit sich bringen mußte. Diese Ambivalenz der deutschen Politik wird ebenfalls aus einem Telegramm Ribbentrops an den deutschen Botschafter in Tokio ersichtlich. Am 6. Dezember 1941 wurde Ott angewiesen, der japanischen Regierung keinerlei taktische Ratschläge für den Beginn eines Krieges gegen die U.S.A. zu geben[96].

Trotz allen Schwankens und großer Bedenken hatte sich die deutsche Führung drei Tage vor dem Überfall auf Pearl Harbor gebunden, in einen Krieg Japans gegen Amerika einzugreifen. Nach Eingang des deutschen Gegenvorschlages holte der deutsche Botschafter in Rom noch in der Nacht die Zustimmung der italienischen Regierung bei Ciano ein und übermittelte sie um 2.45 Uhr nach Berlin. Dort empfing am 5. Dezember um 4 Uhr morgens Ribbentrop den japanischen Botschafter Oshima, überreichte ihm den deutschen Gegenentwurf und versicherte ihn des italienischen Einverständnisses[97].

Etwa 60 Stunden vor Eröffnung der Feindseligkeiten hatte somit die japanische Regierung eine schriftliche Zusicherung — gewissermaßen eine Art Blankoscheck — Deutschlands und Italiens in Händen. Die beiden Achsenmächte hatten sich eindeutig verpflichtet, an einem Krieg gegen die U.S.A. teilzunehmen, von dem sie nicht wußten,

[95] Ebenda.
[96] USt.S. Krieg Amerika: Telegramm Ribbentrop—Ott, Nr. RAM 246 vom 6. Dezember 1941: „Zu den Schlußausführungen Ihres Telegrammes (USt.S. Krieg Amerika: Telegramm Ott—Ribbentrop, Nr. 2657 vom 5. Dezember 1941) bemerke ich, daß es mir bei der heutigen Situation nicht zweckmäßig (erscheint), der Japanischen Regierung nahezulegen, bei Eintritt einer etwaigen Auseinandersetzung mit den Vereinigten Staaten so oder so zu verfahren".
[97] Rom Quirinal: Aufzeichnung Mackensen vom 5. Dezember 1941.
Siehe DOKUMENT Nr. 3 im Anhang S. 226.

wann und wo er ausbrechen würde. Die bisher meist vertretene These[98], der japanische Angriff auf die Vereinigten Staaten habe völlig im Gegensatz zur deutschen Konzeption gestanden und sei außerdem total überraschend gekommen, ist nicht haltbar; Ribbentrops ähnlich lautende Erklärung im Nürnberger Prozeß[99] wird ebenfalls durch die Aussage der Dokumente widerlegt. Die am 5. November 1941 von der japanischen Regierung beschlossene Politik, Deutschland für den Fall eines japanischen Kampfes zum Beistand zu verpflichten[100], hatte Erfolg gehabt. Bezeichnenderweise hatte während dieser Verhandlungen nach dem Abbruch der Washingtoner Gespräche die in beiden Staaten gesteuerte Presse die Öffentlichkeit falsch informiert. Die „Frankfurter Zeitung" brachte vom 26. November bis zum 7. Dezember kaum Nachrichten über Japan und nichts über die erfolglos abgebrochenen japanisch-amerikanischen Verhandlungen[101]. Die amtliche japanische Nachrichtenagentur „Domei" verbreitete sogar noch am 5. Dezember, „daß auch ein ungünstiger Ausgang der Besprechungen in Washington nicht unmittelbar zu einem offenen Krieg im Pazifik führen müsse"[102].

Es bleibt Spekulation, wie die Regierung in Tokio reagiert hätte, wäre sie bereits bei ihren ersten inoffiziellen Fühlern nach einer deutschen Beteiligung am Kriege auf entschiedenen Widerstand gestoßen. Eine deutsche Ablehnung wäre völlig der japanischen, einen Krieg einkalkulierenden Politik zuwidergelaufen. Ob die Verantwortlichen in Tokio gegen die U.S.A. auch ohne deutsche Bereitschaft einen Krieg unternommen hätten, erscheint vor dem Hintergrund des japanischen Expansionsdranges und der Bedrohung des Landes durch das Wirtschaftsembargo naheliegend[103]. Definitiv läßt sich diese Frage kaum klären.

[98] Sommer S. 6: „Man wußte in Berlin wohl, daß sich die Krise im Fernen Osten zuspitzte, aber man hatte keine Ahnung, daß Japan zum Schlag gegen die Vereinigten Staaten ausholen werde, statt sich mit dem Angriff auf Großbritanniens südostasiatische Besitzungen zu begnügen".
Presseisen, Germany and Japan S. 316: „As it turned out, no agreement had been reached when Japanese bombs started to fall on Pearl Harbor", und S. 317 f.: „. . . the Japanese were so independent that they proceeded with their attack without an actual German promise to participate".

[99] Aussage Ribbentrops IMT Band X, S. 336: „Es (Japan) tat weder das eine, möchte ich sagen, noch das andere, was wir wollten; sondern es tat ein drittes, es griff die USA in Pearl Harbor an. Dieser Angriff war für uns eine vollkommene Überraschung".
Vgl. auch dazu Ribbentropp S. 248 f.

[100] Siehe Anmerkungen Nr. 31-33 auf S. 32.

[101] Schroeder S. 156-160.

[102] KTB 1.Skl A 5. Dezember 1941.

[103] Dallin, S. 171 nach „Nazi Conspiracy and Aggression", VI, 312 und Trefousse S. 46 nach „Pearl Harbor Attack" XII p. 245/6: In einem Telegramm an Oshima habe Togo, selbst auf die Gefahr hin, daß sich Deutschland nicht am Krieg gegen die USA beteiligen würde, den Wunsch Ribbentrops abgelehnt, die Nachschublinie an die Sowjetunion über Vladivostok zu sperren.
Hattori I (2) S. 292: Der Wunsch der deutschen Regierung sei von Admiralstabschef Nagano mit der Begründung, daß durch das Aufbringen einer geringen Zahl von Schiffen ein Krieg mit der Sowjetunion provoziert werden könne, auf der Verbindungskonferenz am 29. November 1941 abgelehnt worden. Die Marine habe sich nur zu der Zusicherung bereit gefunden, amerikanische Waffenlieferungen über russisch Fernost zu unterbinden.
(Wohl hatte Ribbentrop dieses Anliegen in seiner Unterredung mit Oshima am 28. November 1941 (Anm. Nr. 71) vorgebracht, doch fehlen jegliche Dokumente über eine Behandlung dieser Frage im Zusammenhang mit den Verhandlungen zum „Nichtsonderfriedensvertrag".)

Jedenfalls hatte die japanische Regierung vor dem 1. Dezember, dem Tage, an dem der Schlag gegen Pearl Harbor beschlossen wurde, eine mündliche deutsche Zusicherung und, vor dem Angriff selbst, einen schriftlichen Beistandsvertrag in Händen. Das heißt aber nicht, die deutsche Führung habe von dem Angriff auf Pearl Harbor gewußt oder Japan sogar dazu getrieben, wie das auf den Nürnberger und Tokioter Kriegsverbrecherprozessen behauptet wurde.

Der Überraschungsangriff auf Pearl Harbor war von der japanischen Marine selbst dem Kabinett verheimlicht worden[104]. Nur der Zeitpunkt für die Eröffnung der Feindseligkeiten war in höchsten Militär- und Regierungskreisen bekannt[105]. In Berlin erfuhren sowohl Ribbentrop als auch Oshima die Nachricht vom japanischen Überfall am 7. Dezember gegen 23 Uhr aus den Meldungen des Londoner Rundfunks. Zunächst glaubte der deutsche Außenminister an einen alliierten Propagandatrick[106]. Erst im Laufe des nächsten Tages ging die offizielle Nachricht aus Tokio ein[107]. Hitler gab — im Einklang mit dem Abkommen mit Japan — am gleichen Morgen der Kriegsmarine den Angriff gegen amerikanische Schiffe frei[108]. Entsprechende Befehle der Seekriegsleitung gingen jedoch erst am Nachmittag des nächsten Tages an die zuständigen Kommandostellen[109]. Vielleicht läßt sich diese ungewöhnliche Verzögerung durch die Nachrichten aus der deutschen Botschaft in Washington erklären: Der deutsche Geschäftsträger wies mehrfach darauf hin, daß der erfolgreiche Angriff auf Pearl Harbor die amerikanische Politik paralysiert habe und Roosevelt sich jeder Angriffe gegen Deutschland und Italien enthalte[110]. Doch läßt sich dies aus den vorhandenen Dokumenten nicht klären. Offenbar wurde die Chance, die Vereinigten Staaten zu mehr oder weniger wohlwollender Neutralität gegenüber Deutschland zu bewegen, nicht ernsthaft erwogen. Sie hätte vermutlich auch kaum Aussichten auf Erfolg gehabt.

Ribbentrop erklärte sich schon in der ersten Unterredung nach dem japanischen Überfall Oshima gegenüber bereit, die Japan gegebenen Zusagen zu erfüllen[111]. Daher

[104] Togo S. 168 ff., Hayashi S. 33 ff.

[105] KTB 1.Skl A 10. und 11. Dezember 1941.

[106] Aussage Dolmetscher Schmidt, IMT Band X, S. 228 sowie in seinen Memoiren: Paul Schmidt: Statist auf diplomatischer Bühne 1923-45, Erlebnisse des Chefdolmetschers im Auswärtigen Amt mit den Staatsmännern Europas. Bonn 1954. S. 553.

[107] Togo S. 197.
St.S. Krieg Amerika: Telegramm Ott—RAM, Nr. 2690 vom 9. Dezember 1941 (Zeitlich früher aus Tokio übermittelte Telegramme betreffs der Eröffnung der Feindseligkeiten fehlen.).

[108] Aufgefangener diplomatischer Bericht des japanischen Vertreters in Berlin an die japanische Regierung vom 8. Dezember 1941, IMT Doc D 657, Band XXXV, S. 324: „At 1 p.m. today (8th) I called on Foreign Minister Ribbentrop and told him our wish was to have Germany and Italy issue formal declarations of war on America at once ... At that time Ribbentrop told me that on the morning of the 8th Hitler issued orders to the entire Germany navy to attack American ships whenever and wherever they may meet them".

[109] KTB 1.Skl A 9. Dezember 1941.
Abschrift des Befehls in KTB 1.Skl B 5 Anlagen verschiedenen Inhalts, 9. Dezember 1941.
Daselbst, 18. Dezember 1941 „Weisungen für die Führung des Handelskrieges", 1.Skl Ia 28708/41 Gkdos.

[110] St.S. Krieg Amerika: Telegramm Thomsen—AA, Nr. 4293 vom 7. Dezember 1941.
Ebenda: Telegramm Thomsen—AA, Nr. 4294 vom 7. Dezember 1941.
USt.S. Japan—Amerika: Telegramm Thomsen—AA, Nr. 4301 vom 8. Dezember 1941.

[111] Siehe Anm. Nr. 108 oben.

erübrigte sich ein entsprechender Passus in dem geplanten Vertragswerk. Am Nachmittag des 8. Dezember arbeiteten Ribbentrop und japanische Diplomaten gemeinsam einen „Nichtsonderfriedensvertrag" aus[112]. In drei kurzen Paragraphen sollten sich die Dreierpaktmächte verpflichten, den ihnen „aufgezwungenen Krieg ... siegreich bis zum Ende zu führen", ohne volles gegenseitiges Einverständnis „weder mit den Vereinigten Staaten von Amerika, noch mit England Waffenstillstand oder Frieden zu schließen" und „nach siegreicher Beendigung des Krieges ... auf das engste zusammenzuarbeiten". Die italienische Regierung erklärte sich vorbehaltlos einverstanden[113]. Hingegen schlug die japanische Seite einige Abänderungen vor. Um der Einwilligung des Geheimen Staatsrates willen sollte sich der Vertrag, was seine Dauer und seine Zusammenarbeit nach dem Kriege betraf, an den auf zehn Jahre befristeten Dreimächtepakt anlehnen[114]. Offensichtlich befürchtete man in Tokio, die Deutschen könnten aus einer engen Waffenbrüderschaft nach dem Kriege ein weitgehendes Mitspracherecht in den wirtschaftlichen und politischen Belangen Großostasiens ableiten. Die japanische Regierung wollte daher in einem neuen, wenige Stunden später übergebenen Abänderungsvorschlag den Passus über die Zusammenarbeit nach dem Kriege aus dem Abkommen ganz gestrichen wissen[115]. Ribbentrop erklärte sich mit dem japanischen Wunsch einverstanden, nicht aber damit, den Paragraphen über eine spätere Zusammenarbeit aufzugeben[116]. Das Vertragswerk sollte gemeinsam mit der deutsch-italienischen Kriegserklärung am 11. Dezember in Berlin unterzeichnet und veröffentlicht werden. Der deutsche Geschäftsträger in Washington, Thomsen, wies am Tage zuvor nochmals darauf hin, daß Amerika ausschließlich gegen Japan Krieg führen wolle, und „daß die amerikanische Regierung, vor die Aufgabe gestellt, einen schweren und langen Krieg gegen Japan zu führen, nicht beabsichtigt, von sich aus ihre Beziehungen zu (den) übrigen Achsenmächten zu ändern"[117]. Doch diese Nachricht kreuzte sich mit Ribbentrops Anweisung, Thomsen solle am 11. Dezember um 15.30 Uhr Außenminister Hull die deutsche Kriegserklärung überreichen. Mit diesem Schritt wollte die deutsche Seite unbedingt den Vereinigten Staaten zuvorkommen[118].

112 Der Entwurf wurde sogleich nach Tokio (St.S. Krieg Amerika: Telegramm Ribbentrop—Ott persönlich, Nr. 2294 vom 8. Dezember 1941) und nach Rom geschickt (Rom Quirinal: Telegramm Rintelen—Mackensen persönlich, Nr. 3325 vom 8. Dezember 1941).

113 Rom Quirinal: Aufzeichnung Mackensen vom 8. Dezember 1941.

114 St.S. Krieg Amerika: Telegramm Ott—Ribbentrop, Nr. 2699 vom 9. Dezember 1941.

115 USt.S. Japan—Amerika: Telegramm Ott—Ribbentrop, Nr. 2701 (im Anschluß an Nr. 2699) vom 9. Dezember 1941.

116 St.S. Krieg Amerika: Telegramm Ribbentrop—Ott, Nr. 2307 vom 10. Dezember 1941. Ribbentrop holte sogleich die italienische Einwilligung ein (St.S. Krieg Amerika: Telegramm Ribbentrop—Mackensen, Nr. 3348 vom 10. Dezember 1941) und drängte in Tokio auf baldige Annahme (St.S. Krieg Amerika: Telegramm Ribbentrop—Ott, Nr. 2308 vom 10. Dezember 1941).

117 St.S. Krieg Amerika: Telegramm Thomsen—AA, Nr. 4321 vom 10. Dezember 1941, an Berlin 22 Uhr.

118 ADAP D XIII: Dokument Nr. 572, Telegramm Ribbentrop—Thomsen persönlich, Nr. 2391 vom 10. Dezember 1941. Die Zeilen: „We want to avoid absolutely the American Governement's stealing a march upon us by taking a step of that kind" wurden vor der Übersendung des Telegramms gestrichen. (Das deutsche Original dieses Telegramms war in dem als Quelle angeführten Aktenbestand, St.S. Uruguay, nicht auffindbar).

Wie vorgesehen wurde das deutsch-japanisch-italienische Vertragswerk in Berlin am 11. Dezember 1941 von Ribbentrop, Oshima und Alfieri, dem italienischen Botschafter, unterzeichnet:

Artikel I sah eine gemeinsame siegreiche Beendigung des von den U.S.A. und England aufgezwungenen Krieges vor.

Artikel II enthielt die Übereinkunft, mit den Angelsachsen keinen separaten Frieden oder Waffenstillstand zu schließen.

Artikel III beinhaltete den Vorsatz zur Zusammenarbeit nach dem siegreichen Krieg, wie sie im Dreimächtepakt vorgesehen war.

Artikel IV begrenzte die Vertragsdauer auf zehn Jahre[119].

Nach der Unterzeichnung überreichte Ribbentrop noch am Nachmittag des gleichen Tages um 14.18 Uhr dem amerikanischen Geschäftsträger stehend innerhalb von drei Minuten die deutsche Kriegserklärung[120]. Einige Minuten später händigte Ciano in Rom dem amerikanischen Gesandten eine ähnlich abgefaßte Kriegserklärung aus[121].

Ob Eitelkeit oder leise Zweifel den Außenminister bewogen haben mögen, jedenfalls bemerkte er anläßlich dieses historischen Geschehens am 11. Dezember 1941 in Berlin zu seinen Untergebenen: „Eine Großmacht läßt sich nicht den Krieg erklären, sie erklärt ihn selbst“[122].

Ob Ribbentrops Ausspruch in dieser Formulierung erfolgte, mag dahingestellt bleiben. Diese Worte kennzeichnen indessen die Haltung der deutschen Führungsspitze, insbesondere Hitlers und seines Außenministers, gegenüber einem Krieg mit den Vereinigten Staaten. Die deutsche Kriegserklärung war erstmals kein selbständig-freier Entschluß Hitlers, vergleichbar mit den Entscheidungen zu den vorangegangenen Feldzügen, oder etwa ein zielbewußter außenpolitischer Schritt. Sie war vielmehr mittelbar eine Folge der seit Oktober 1941 bei Hitler wachsenden Resignation über das Scheitern des Blitzkrieges im Osten und läßt sich nur als „Flucht nach vorn“[123] erklären, die sich unmittelbar aus der Bestätigung der Koalition mit Japan ergab[124]. Diese große Geste einer Kriegserklärung mußte demonstrativ der haltlosen Ambivalenz der deutschen Außenpolitik ein Ende setzen. Denn jetzt war die Sorge der Seekriegsleitung — nach einem japanisch-amerikanischen Ausgleich allein gegen Amerika kämpfen zu müssen — hinfällig geworden. Der neue Gegner, den man in Berlin trotz aller Zusagen an Tokio am liebsten aus dem europäischen Krieg herausgehalten hätte, war auf den

119 Endfassung des Vorspanns, der Artikel I und II: Rom Quirinal: Telegramm Rintelen—Mackensen persönlich, Nr. 3325 vom 8. Dezember 1941.
Endfassung von Artikel III und IV: St.S. Krieg Amerika: Telegramm Ribbentrop— Mackensen, Nr. 3348 vom 10. Dezember 1941.
Für den vollständigen Text siehe DOKUMENT Nr. 4 im Anhang S. 229.

120 St.S. Krieg Amerika: 11. Dezember 1941:
„Aufzeichnung über die Überreichung der deutschen Kriegserklärung an die Vereinigten Staaten durch den Reichsaußenminister an den amerikanischen Geschäftsträger Morris“.

121 Rom Quirinal: Memorandum Mackensen vom 11. Dezember 1941.

122 Weizsäcker S. 328.
Kordt, Wahn und Wirklichkeit S. 325: „Eine Großmacht wie Deutschland erklärt selbst den Krieg und wartet nicht, bis er ihr erklärt wird“.

123 Vgl. auch das Schlußkapitel bei Hillgruber, Hitlers Strategie, insbes. S. 553 f.

124 Siehe oben S. 41.

Plan gerufen. Außerdem sollte eine neue — unbegründete — Kriegsbegeisterung, in Führung und Öffentlichkeit gleichermaßen entfacht, die erste Krise des Krieges im Osten verschleiern. Auch wurde mit dieser Haltung der Führungsspitze geschickt die Tatsache überspielt, daß an den Wehrmachtführungsstab keinerlei vorbereitende Weisungen für einen Krieg gegen die U.S.A. ergangen waren[125]. Doch allein mit Gesten und einem auf propagandistische Wirkung abzielenden „Nichtsonderfriedensvertrag" war ein Krieg, der letztlich durch diese Ausweitung zum Weltkrieg der Initiative der deutschen Führung entglitt, kaum noch zu gewinnen.

2. Die Militärkonvention

Wenige Tage nach der Unterzeichnung dieses Abkommens über eine gemeinsame Kriegführung bis zum Niederringen der Angelsachsen überreichte der japanische Botschafter im Anschluß an die Tagung der Dreierpaktkommission[1] am 15. Dezember 1941 Ribbentrop einen Vertragsentwurf für eine engere militärische Zusammenarbeit[2]. Der in holprigem Deutsch abgefaßte japanische „Entwurf zu einer militärischen Vereinbarung zwischen Japan, Deutschland und Italien" wurde der Reichsregierung mit der ausdrücklichen Bitte um Stellungnahme übergeben. Er sah in seinen Hauptpunkten folgendes vor:

I. „Aufteilung der Zonen für die Operationen".
Bei Ausklammerung des amerikanischen Kontinents sollte der 70° östlicher Länge (etwa Karatschi—Indusmündung) im Indischen Ozean und auf dem asiatischen Kontinent die beiderseitigen Operationszonen trennen. Je nach der Lage könnten im Indischen Ozean Operationen über die Grenzlinie hinaus durchgeführt werden.

II. „Grundriß der Operationen".
1. Japan sollte die angelsächsischen Stützpunkte und Territorien in Großostasien angreifen oder erobern, „um die Seeherrschaft im westlichen Pazifik sicherzustellen". Falls sich die englische und amerikanische Flotte im Atlantik konzentrieren würden, sollte Japan einen Teil seiner Marinestreitkräfte dorthin entsenden und daraufhin im Gebiet des Pazifiks und Indischen Ozeans seinen Handelskrieg verstärken.
2. Deutschland und Italien sollten den Nahen und Mittleren Osten, das Mittelmeer und den Atlantik beherrschen, „die Zerstörung des feindlichen Handels anstreben" und einen Teil ihrer Marinestreitkräfte in den Pazifik entsenden, wenn sich die angelsächsischen Flotten in diesen Gewässern konzentrieren sollten.

125 Warlimont S. 221 f.
1 Siehe nächstes Kapitel: Die „Dreierpaktkommissionen" zu Berlin.
2 Abschrift des japanischen Entwurfes: Ritter Militärkonvention, 15. Dezember 1941, 310597-600.
Siehe DOKUMENT Nr. 5 im Anhang S. 230. Farbfaksimile des Deckblattes S. 224/225.

III. „Umriß der militärischen Zusammenarbeit".

1. „Gegenseitige Verbindung betreffend die nötigen Punkte der Operationspläne"
2. „Zusammenarbeit im Rahmen der Handelskriege"
3. Austausch von Informationen
4. Gemeinsame militärische Zersetzungsarbeit
5. Militärische Funkverbindung
6. Militärische Luftverbindung und Wiederherstellung der Seeverkehrsstraßen.

Die japanischen Gründe für diese Teilung der Welt waren nicht nur strategisch-politischer Natur. Das Fernziel des japanischen Ausgreifens, die „Großostasiatische Wohlstandssphäre", war, wie das von deutscher Seite erstrebte „Großgermanische Reich", eines der vielen Ziele, die sich vornehmlich aus mythischen und psychologischen Motiven erklären. Ließen sich die nationalsozialistischen Führer im wesentlichen von rassischen Gesichtspunkten leiten, so waren die Japaner von einer Art „Weltbeglückungsidee"[3] besessen: Sie glaubten, die Völker Ostasiens von der materiellen Ausbeutung — und Kultur — der „Weißen" befreien und sie friedlichem Wohlstand entgegenführen zu müssen. Angesichts der andersartigen Zielsetzung des „weißen" Bundesgenossen Deutschland erschien eine Abgrenzung der Sphären in einem gemeinsam zu führenden Krieg geboten.

Die japanische Armee lehnte 1941 einen Krieg gegen die Sowjetunion nicht eindeutig ab[4]. Deswegen forderte Generalstabschef Sugiyama auf der Kaiserlichen Konferenz vom 6. September 1941, auf der ein bedingter Kriegsbeschluß gefaßt wurde, militärische Absprachen mit Deutschland für den Fall eines japanischen Kriegseintritts[5]. Diesen Wünschen wurde in einem Koalitionskriegsplan stattgegeben, der am 15. November 1941 der Verbindungskonferenz zur Diskussion vorgelegt wurde. Dieser Plan[6] sah eine parallele Kriegführung vor und enthielt bereits wesentliche Punkte des am 15. Dezember in Berlin überreichten Entwurfes. Aber eine genaue Abgrenzung der Zonen blieb noch unerwähnt.

Die ungeahnten Anfangserfolge im Pazifischen Krieg schlossen in Tokio jeden Zweifel am japanischen Alleinsieg aus und stärkten ein bereits vorhandenes Überlegenheitsgefühl der Japaner gegenüber der weißen Rasse[7]. Es erschien daher wünschenswerter

[3] Über die Darstellung der japanischen Motive für ein Militärabkommen mit Deutschland: Interview des Verfassers mit Botschafter i. R. Eugen Ott, München, am 11. Juni 1966.
Recht mystische Vorstellungen über die neue Ordnung in Ostasien äußerte der japanische Außenminister Matsuoka ausführlich in seiner Unterredung mit Hitler am 27. März 1941 in Berlin (Siehe ADAP D XII Dokument Nr. 222, bzw. Hillgruber, Unterredungen Hitlers S. 502-514).

[4] Siehe dazu das Kapitel: „Deutsche Auffassungen über eine japanische Beteiligung".

[5] Siehe Anm. Nr. 11 S. 28.

[6] Hattori I (2) S. 283-87: „Plan for accelerating the terminating of war against the United States, Great Britain, and the Netherlands, and Chiang".
Ike S. 247-249: „Draft Proposal for Hastening the End of War Against the United States, Great Britain, the Netherlands, and Chiang" (Approved at this Conference).

[7] KTB 1.Skl A 24. März 1941: In Tokio habe der amerikanische Botschafter Grew als Doyen des Diplomatischen Corps wegen der Mißhandlung eines französischen Botschaftsmitgliedes und der wachsenden Fremdenfeindlichkeit protestiert.

denn je, in einer „Militärallianz“ mit den „weißen“ Deutschen die Einfluß- und Operationszonen zu trennen. In Tokio dürfte bei den internen Beratungen die Marine die treibende Kraft gewesen sein und auf eine vertragliche Sicherung des zu erobernden Raumes gedrängt haben[8]. Wahrscheinlich verfolgte sie dabei das Ziel, das Heer von einem Zusammengehen mit den Deutschen gegen die Sowjetunion abzuhalten. Dank dieser Trennungslinie war nämlich eine militärische „Allianz“ mit den „Weißen“ unmöglich gemacht und die Armee — vom asiatischen Festland weg — stärker an den pazifischen (See)Krieg gebunden.

Mögliche japanische Motive des Vertragswerkes waren in Berlin nicht bekannt, doch die eigensüchtigen Wünsche des Partners haben deutsche Stellen hinter den schlechten Formulierungen schnell erkannt[9]. Japans seestrategische Ziele — Seeherrschaft im westlichen Pazifik und Vernachlässigung des Handelskrieges — waren ja, wenn auch verklausuliert, in den Entwurf übernommen. Deutschland sollte entgegen seiner strategischen Konzeption — dem Entscheidungskampf im Osten — die Herrschaft über den Mittleren und Nahen Osten und das Mittelmeer anstreben und zudem den feindlichen Seeverkehr unterbinden. Die in den Marginalien geäußerten schwerwiegenden Einwände eines Referenten tauchen in keiner der späteren Stellungnahmen der Wehrmachtteile zu diesem Entwurf auf.

Ribbentrop entschied nach Vorlage des japanischen Planes bei Hitler: Botschafter Ritter solle diesen Entwurf erst einmal durch Admiral Groos, den „deutschen Vertreter in der Militärkommission des Dreimächtepaktes“, auf seinen militärischen Wert hin begutachten lassen[10]. Groos bat die obersten Wehrmachtspitzen um ihre Stellungnahmen, vergaß aber, den Wehrmachtführungsstab zu benachrichtigen[11]. Deswegen schickte Botschafter Ritter als „Generalsekretär der Dreimächtekonferenz“ den japanischen Entwurf am 16. Dezember an den Chef des Wehrmachtführungsstabes, General Jodl, und bat auch um dessen Meinung, ohne sich vorher mit den italienischen oder japanischen Militärsachverständigen besprochen zu haben[12].

KTB 1.Skl A 16. Dezember 1941: „Auf dem ideologischen Kampfgebiet wird im übrigen häufig schon Angelsachsentum und weiße Rasse überhaupt gleichgesetzt“.
KTB 1.Skl A 7. Januar 1942: In der japanischen Presse werde die Tatsache als einmaliges Ereignis bezeichnet, „daß die befreundeten Völker Ostasiens sich von der Beherrschung durch Europa freigemacht hätten“.
St.S. Japan: Telegramm Kretschmer/Ott—AA vom 22. Januar 1942: Die japanische Presse berichte abträglich über die deutsche Wehrmacht. Bitte um Beeinflussung der japanischen Berichterstattung in Berlin.
Zur diskriminierenden Behandlung der „weißen“ Kriegsgefangenen durch die Japaner vergleiche die Beschreibungen von James, der in Singapore in japanische Gefangenschaft geriet, sowie die Darstellungen von Browne S. 132 ff. und Russell of Liverpool.

[8] Interview des Verfassers mit Botschafter i. R. Eugen Ott, München, am 11. Juni 1966.

[9] Ritter Militärkonvention: 15. Dezember 1941, 310597-600; siehe DOKUMENT Nr. 5 im Anhang S. 230. Farbfaksimile des Deckblattes S. 224/225.

[10] Ritter Militärkonvention: Botschafter Ritter Notiz vom 16. Dezember 1941, 310594.

[11] KTB 1.Skl C XV 17. Dezember 1941: Abschrift des Schreibens Admiral Groos.

[12] Ritter Militärkonvention: Schreiben Ritters an Chef WFStab, General Jodl, Pol I M 3578 gRs vom 16. Dezember 1941, 310595-6.
Warlimonts Behauptung (S. 224), „Der Wehrmachtführungsstab hat an diesem Schriftstück, das die schon im Verhältnis zu Italien übliche Verschleierung und Unaufrichtigkeit nun auch

Als erster Adressat äußerte sich die Kriegsmarine. Gegenüber dem Chef des Stabes der Seekriegsleitung, Vizeadmiral Fricke, versuchte der japanische Chef der Militärkommission des Dreimächtepaktes, Vizeadmiral Nomura, vergeblich, die Bedenken der deutschen Marine gegen eine Teilung der Operationsräume zu zerstreuen. Das Argument, es handele sich um ein dem Tenno vorzulegendes, allgemein formuliertes Dokument[13], verfing nicht. Die Seekriegsleitung argwöhnte eine Teilung der Welt durch die Japaner, mit der Tokio zum Mittelpunkt der einen Hälfte des Erdballes von der Indusmündung, 70° Ost, bis Hawai, 150° West, avancieren wolle[14]. Ihre ablehnende Haltung begründete die Kriegsmarine nicht mit strategischen, sondern politischen Motiven: „Es liegt der Schluß nahe, daß im vorliegenden Falle möglicherweise von den Japanern der Versuch gemacht wird, durch ein militärisches Abkommen über die Abgrenzung der Operationsgebiete eine politische Abgrenzung der gegenseitigen Interessengebiete vorwegzunehmen." Die Seekriegsleitung wollte die Grenzlinien der Operationen im Indischen Ozean „in gemeinsamen Besprechungen den jeweiligen Erfordernissen entsprechend festgelegt" wissen. Auf dem asiatischen Kontinent sollte jede Seite so weit vorrücken, „wie es die Sicherung des japanischen (bzw. europäischen) Lebensraumes verlangt"[15].

Der Wehrmachtführungsstab teilte die Vorbehalte der Seekriegsleitung und schloß sich ihrem Gegenvorschlag an[16], ebenso der Generalstab des Heeres und sein Chef, Generaloberst Halder. Beide empfahlen, von den Japanern militärische Demonstrationen in Mandschukuo zu fordern, um so einen Abzug russischer Fernosttruppen an die deutsch-russische Front zu verhindern[17]. Auch sollte der alliierte Nachschub über Vladivostok und den Persischen Golf von den Japanern unterbunden werden[18]. Doch hielt Halder eine Aufnahme dieser Wünsche des Heeres in das Vertragswerk nicht für unbedingt notwendig, wollte sie aber bei der Unterzeichnung mündlich vorgebracht wissen[19].

Japan gegenüber fortsetzte, weder mitgewirkt noch es nur zu Gesicht bekommen", entspricht nicht den Tatsachen.

[13] KTB 1.Skl C XV: Niederschrift über Besprechung Admiral Nomura bei C/Skl (Chef Seekriegsleitung, Admiral Fricke) am 17. 12. 1941, nachmittags 15.00 Uhr.

[14] KTB 1. Skl C XV 17. Dezember 1941: Diskussion im Anschluß an die Unterredung mit den Japanern.

[15] Ritter Militärkonvention: Schreiben Admiral Fricke an Admiral Groos vom 19. Dezember 1941, 310585-87, und KTB 1. Skl A 19. Dezember 1941: Fricke an Groos.

[16] Ritter Militärkonvention: Schreiben Groos an Ritter/RAM vom 24. Dezember 1941, 310575-6.
KTB 1. Skl C XV 24. Dezember 1941: Abschrift des Schreibens von OKW/WFSt/Abt L I K (OP) Nr. 003124/41 gKdos an Chef HWK und OKM 1. Skl.

[17] Bei der russischen Gegenoffensive in der Schlacht um Moskau (ab 5. Dezember 1941) hatten frische sibirische Truppen mit eingegriffen.

[18] Ritter Militärkonvention: Schreiben Groos an Ritter/RAM vom 23. Dezember 1941, 310580-2.
Schreiben Groos an Ritter/RAM vom 24. Dezember 1941, 310575-6.

[19] Ritter Militärkonvention: Schreiben Groos an Ritter/RAM vom 23. Dezember 1941, 310580-2:
„Vom Chef Generalstab des Heeres ist betont worden ..., daß diese Wünsche zweckmäßig schon bei der Unterzeichnung der Vereinbarung vorgebracht würden, ohne aber in dieser Aufnahme zu finden, damit eine weitere Verzögerung der Unterzeichnung vermieden wird".

Das Wirtschafts- und Rüstungsamt forderte ebenfalls, einer Unterbrechung der alliierten Tankerrouten und Nachschublinien für die britische Afrikafront im westlichen Indischen Ozean bei der Festlegung der Operationsgrenzen Rechnung zu tragen[20]. An Stelle der Teilung des asiatischen Kontinents durch den 70. Längengrad befürworteten die „Technokraten" der Rüstungswirtschaft eine „natürliche Grenze". Die unter wirtschaftlichen Gesichtspunkten angeregte Trennungslinie sollte viel weiter östlich — am Jenissei, dann entlang der sowjetisch-mongolischen und sowjetisch-chinesischen Grenze — verlaufen und Afghanistan sowie ganz Indien den Japanern zugestehen. Diese Grenzziehung hätte das sibirische Industriegebiet Stalinsk-Tomsk-Novosibirsk mit seinen großen Kohle- und Eisenerzvorkommen der deutschen Interessensphäre eingegliedert; den Japanern wären nur die weniger bedeutenden Rohstoffvorkommen um Irkutsk geblieben. Abschließend riet das Wirtschafts- und Rüstungsamt, die Frage einer militärischen Operationsgrenze offenzulassen, solange nicht politische oder sonstige Gründe eine solche Entscheidung aufnötigten. In einer Randbemerkung bezeichnete Botschafter Ritter die „natürliche" Trennungslinie als politisch noch weniger zweckmäßig als den 70. Längengrad. Wahrscheinlich wollte er neben ganz Indien nicht auch noch das traditionell prodeutsche Afghanistan der japanischen Seite zugesprochen wissen. Ähnliche Gedanken finden sich in einem Memorandum des Unterstaatssekretärs Woermann. Um eine deutsche Verzichterklärung auf Indien zu verhindern, schlug er vor, in einem zusätzlichen Notenwechsel die Abgrenzung der jeweiligen Sphäre als rein militärisch zu bezeichnen[21]. Die deutsche Seite befand sich tatsächlich in einem Dilemma. Den japanischen Teilungsvorschlag, der zudem für das Reich recht vorteilhaft war, konnte man in Berlin nicht einfach ablehnen, ohne in Tokio Verdacht zu erwecken.

In einem Schreiben an den Reichsaußenminister hielt Admiral Groos die Bedenken der verschiedenen Stellen nicht für so entscheidend, daß sie die Annahme des japanischen Vorschlages unmöglich gemacht hätten. Die Einwände der deutschen Seite sollten nur in den weiteren Verhandlungen mit den Japanern zur Sprache kommen[22]. Lediglich die Forderung nach einer Luftverbindung zwischen Deutschland und Japan wurde auf Anordnung Keitels gestrichen[23], da Göring einen Flugdienst nach Ostasien für unmöglich hielt[24]. Auch Hitler hatte in einer Unterredung mit Keitel dem Vertrag vom militärischen Standpunkt aus zugestimmt und erwartete nur noch die politische Stellungnahme des Außenministers[25]. Hitler war nämlich, vorwiegend aus rassenideo-

20 Ritter Militärkonvention: Schreiben Rü Amt/Wi Nr. 3958/41 gKdos. Chefs. vom 23. Dezember 1941, 310583-4.

21 Ritter Militärkonvention: Memorandum Woermanns an Weizsäcker vom 26. Dezember 1941, 310572-3.

22 Ritter Militärkonvention: Schreiben Groos an Ritter/RAM vom 24. Dezember 1941, 310575-6:
„Es wird meines Erachtens genügen, sie (die Einwände) bei den weiteren Verhandlungen zur Sprache zu bringen".

23 Ritter Militärkonvention: Schreiben Groos an Ritter/RAM vom 24. Dezember 1941, 310577.

24 Ritter Militärkonvention: Schreiben Groos an Ritter/RAM vom 23. Dezember 1941, 310580-2.

25 Ritter Militärkonvention: Aufzeichnung Ritter, e. o. Pol I M 3680 gRs vom 24. Dezember 1941, 310588-9.

logischen Gründen, an einer direkten militärischen Zusammenarbeit mit den „Gelben“ in Rußland ebensowenig interessiert wie die japanische Marine an einem gemeinsamen Feldzug gegen die Sowjetunion. Der 70. Längengrad kam daher den Intentionen Hitlers und denen der Admiralstabsoffiziere in Tokio entgegen, wenn auch aus ganz verschiedenen Motiven.

Die grundsätzliche Zustimmung des „Führers“ zu dem japanischen Entwurf dürfte Ribbentrop bewogen haben, die militärischen und wirtschaftlichen Bedenken, wie sie ihm Groos übermittelt hatte, hintanzustellen. Der Außenminister schlug daher vor, die Reichsregierung solle aus außenpolitischen Überlegungen dem Vertragswerk zustimmen. Andernfalls würden die Japaner deutsche Interessen in Indien argwöhnen. Im Gegenteil, so führte Ribbentrop dann am 30. oder 31. Dezember vor seinem „Führer“ aus, Deutschland müsse daran interessiert sein, „daß Japan seine militärischen und territorialen Ziele in Ostasien möglichst weit stecke“[26]. Ein bereits ausgearbeitetes Schreiben Keitels[27], in dem die Einwände der deutschen Seite zusammengestellt waren und das beim Vertragsabschluß den Japanern überreicht werden sollte, ließ Ribbentrop daher unberücksichtigt.

Am 1. Januar 1942 wurde die deutsche Botschaft in Rom angewiesen, der italienischen Regierung mitzuteilen, die Reichsregierung werde den japanischen Vorschlag unverändert annehmen[28]. Die Japaner hatten dem italienischen Oberkommando wenige Tage zuvor, als sich das deutsch-japanische Übereinkommen bereits abzeichnete, den Vertragsentwurf übermittelt[29]. Die italienischen Militärs und die Regierung des Duce erklärten sich ohne Vorbehalte einverstanden[30]. Am 7. Januar hatten sich die Bevollmächtigten der drei „Unterzeichnerstaaten“ auch über die letzten sprachlichen Änderungen geeinigt. Ohne den Kern des Abkommens zu verändern, sagte die deutsche Seite den Japanern — nach anfänglicher Ablehnung — sogar zu, in der „subversiven Tätigkeit“ gegen Arabien und Indien mitzuarbeiten. Außerdem wurde der Terminus „Funkverbindung“ in „Nachrichtenübermittlung“ präzisiert und „englische und amerikanische Kriegsflotte“ in „nordamerikanische und englische Flotte“ umgeändert; letzteres, um die Neutralität der meisten südamerikanischen Staaten zu respektieren[31].

Der lange Zeitraum von elf Tagen bis zur Unterzeichnung des Abkommens[32] dürfte mit den Schwierigkeiten zu erklären sein, welche die Formulierung eines gemeinsamen

26 Ritter Militärkonvention: Ribbentrop Memorandum vom 30. Dezember 1941 für den Vortrag beim Führer über die militärische Vereinbarung mit Japan, 310560-66.

27 Ebenda: Anlage Nr. 3; vgl. auch Anm. Nr. 40.

28 Ritter Militärkonvention: Telegramm Ribbentrop—Mackensen (Rom), Nr. 11 vom 1. Januar 1942, 310542-44.

29 Ritter Militärkonvention: Ritter Notiz, Pol I M 3696 gRs vom 27. Dezember 1941, 310570: „Japanischer Botschafter teilte mit:
1) Japanischer Militärattaché habe am 26. Dezember Cavallero den Entwurf eines deutsch-japanisch-italienischen Militärvertrages in der gleichen Fassung übergeben wie hier am 15. Dezember ...“

30 Ritter Militärkonvention: Telegramm Bismarck (Rom)—AA vom 2. Januar 1942, 310534-35.

31 Ritter Militärkonvention: Notiz für Ritter vom 7. Januar 1942, 310527-8.

32 Für den endgültigen Wortlaut des am 18. Januar 1942 unterzeichneten Vertrages siehe DOKUMENT Nr. 6 im Anhang S. 232.

Pressekommuniqués bereiteten[33]. Ursprünglich wollte die deutsche Seite nur die Tatsache des Vertragsabschlusses veröffentlichen, ohne auf gemeinsame Operationen gegen gemeinsame Gegner hinzuweisen[34]. Japaner und Italiener bestanden aber darauf, den gemeinsamen Feind anzuführen; Italien wollte sogar die Vereinigten Staaten und England beim Namen nennen. Daher wurde der Passus über gemeinsame Gegner auch in die deutsche Fassung aufgenommen. Dennoch kam — trotz vager Formulierungen — in den drei unterschiedlichen Pressekommuniqués der Gegensatz der drei Mächte in ihren strategischen Zielen zum Ausdruck. Die Italiener betrachteten die Angelsachsen als den wichtigsten Feind des Dreierpaktes; die Japaner betonten die vollständige Übereinstimmung gemeinsamer Operationen, d. h. keine Erweiterung des Krieges durch einen japanischen Angriff auf die Sowjetunion; auf deutscher Seite wünschte zumindest Ribbentrop ein japanisches Vorgehen gegen Ostsibirien[35] und sprach nur von „Richtlinien der gemeinsamen Operationen“[36].

Gemäß einer Übereinkunft zwischen Hitler und Keitel sollte das Abkommen von den in Berlin akkreditierten japanischen und italienischen Offizieren zusammen mit Keitel unterzeichnet werden[37]. Der japanische Militärattaché General Banzai und Admiral Nomura als Vertreter der japanischen Marine sowie der italienische Militärattaché General Marras hatten ihre Vollmachten bereits am 2. Januar erhalten[38]. Am 18. Januar 1942 konnten sie endlich mit dem deutschen Bevollmächtigten in Berlin zur Unterzeichnung schreiten. Bei einem gemeinsamen Frühstück im Anschluß an die Zeremonie legte Keitel den beiden japanischen Wehrmachtvertretern ausführlich die deutschen

[33] Ritter Militärkonvention: Aufzeichnung Ritter, e. o. Pol I M 3680 gRs vom 24. Dezember 1941, 310588-9: „Oshima schlug vor, aus propagandistischen Gründen ein Pressekommuniqué nach der Unterzeichnung zu veröffentlichen“.

[34] Ritter Militärkonvention: Deutsches Pressekommuniqué, von Hitler genehmigt, vom 14. Januar 1942, (keine amerikanische Nummer). Diese Presseverlautbarung wies diesen Zusatz gemeinsamer Operationsplanung noch nicht auf.

[35] Siehe unten S. 98 und 103 ff.

[36] Ritter Militärkonvention: 7. Januar 1942, 310524: Japanisches Pressekommuniqué:
„Japanische Armee und Marine sowie deutsche und italienische Wehrmacht, die bisher über die Leitung der gemeinsamen Operationen Besprechungen geführt haben, sind zur vollständigen Übereinstimmung gelangt und haben heute am .. Januar in Berlin eine militärische Vereinbarung unterzeichnet“.
Italienisches Pressekommuniqué:
„Le forze armate dell'Italia, della Germania e del Giappone, con reciproca piena adesione, hanno stipulato un accordo in merito a direttive strategiche delle operazioni contro gli Stati Uniti e l'Inghilterra, accordo che è stato firmato a Berlino il giorno ...“
Ritter Militärkonvention: 18. Januar 1942, 310523: Deutsches Pressekommuniqué:
„In Berlin ist heute eine Militärkonvention zwischen Deutschland, Italien und Japan unterzeichnet worden, welche die Richtlinien der gemeinsamen Operationen gegen die gemeinsamen Gegner festgelegt hat. Für Deutschland unterzeichnete der Chef des Oberkommandos der Wehrmacht, für Italien ein Bevollmächtigter des Oberkommandos der italienischen Wehrmacht, für Japan ein Bevollmächtigter des Chefs des Generalstabs des japanischen Heeres und ein Bevollmächtigter des Chefs des Admiralstabs der japanischen Marine“.

[37] Ritter Militärkonvention: Aufzeichnung Ritter, e. o. Pol I M 3680 gRs vom 24. Dezember 1941, 310588-9.

[38] Ritter Militärkonvention: Schreiben Oshima-Ribbentrop vom 2. Januar 1942, 310536 und Telegramm Bismarck (Rom)—AA vom 2. Januar 1942, 310534-35.

Einwände gegen das soeben unterzeichnete Abkommen dar[39], wie sie ursprünglich in dem Schreiben Keitels zusammengefaßt waren[40].

Mit dieser mündlichen Übermittlung der deutschen Vorbehalte war der Schein der Eintracht gewahrt, den es insbesondere vor den europäischen Verbündeten der Achse aufrechtzuhalten galt. Ribbentrop übersandte den Wortlaut des Vertrages an keine Auslandsmission. Lediglich die deutschen Vertreter in den Dreierpaktstaaten und Finnland erhielten eine Paraphrase des Vertragsinhaltes und den Auftrag, die Regierungen mündlich zu unterrichten[41]. Der deutsche Außenminister schärfte seinen Diplomaten ein, mit den japanischen und italienischen Kollegen zusammen auf die Einigkeit der Partner hinzuweisen, falls sie auf die Militärkonvention angesprochen würden.

Trotz der äußerlich bekundeten Einmütigkeit waren in den Verhandlungen, im Vertrag selbst, in den Pressekommuniqués und bei der Unterzeichnung die Differenzen in der politisch-strategischen Zielsetzung der Verbündeten — insbesondere gegenüber der Sowjetunion[42] — deutlich geworden. Sie sollten sich später als hauptsächliches Hindernis für eine wirkungsvolle Zusammenarbeit auf allen Gebieten erweisen. Die Militärkonvention zielte mehr auf eine Trennung der Operationsbereiche als auf gemeinsames militärisches Handeln ab. Sie stellte somit in erster Linie ein politisches Vertragswerk dar. Analog zu 1494 wurde im Jahre 1942 eine neue Teilung der Welt

[39] Ritter Militärkonvention: Stichworte für eine Unterredung des GFM Keitel mit Nomura (und Banzai) nach der Unterzeichnung, bei dem Frühstück, undatiert, 310521-2, Randbemerkung: Keitel und Groos nach Frühstück eingehend mit N. Nomura und Banzai erörtert".
Microcopy T-82, Roll 113, Item GD 987 a, Frames 0257770-0257773:
Wortlaut der Reden von GFM Keitel, General Marras und Vizeadmiral Nomura anläßlich der Unterzeichnung des Vertrages.

[40] Ritter Militärkonvention: Ribbentrop Memorandum vom 30. Dezember 1941 für den Vortrag beim Führer über die militärische Vereinbarung mit Japan, Anlage Nr. 3, 310560-66: „Entwurf eines Schreibens, das GFM Keitel (ggf. zusammen mit dem italienischen Militärattaché General Marras) bei der Unterzeichnung der militärischen Vereinbarung an den Chef der japanischen Militärkommission zu richten hätte".

[41] Ritter Militärkonvention: Ribbentrop—Auslandsmissionen, Telegramm Nr. 110 vom 22. Januar 1942, 310502-06: Die Regierungen in Budapest, Bukarest, Sofia, Preßburg, Agram und Helsinki sollten mündlich von dem Vertragswerk unterrichtet werden. Nach Tokio und Rom sollte kein Wortlaut, sondern nur dasselbe wie an die Dreierpaktmächte-Missionen übermittelt werden. (Am 23. Januar 1942, Telegramm Nr. 207 nach Tokio und Telegramm Nr. 249 nach Rom).

[42] Die von der sowjetischen Kriegsgeschichtsschreibung konstruierte These einer kontinuierlichen japanischen Aggression gegenüber den sowjetischen Fernostprovinzen (Telpuchowski S. 510 ff., Schukow S. 430 ff., 483 ff. und 491 ff. und Israeljan S. 80 ff., 163 ff. und 244 ff.) versucht den Völkerrechtsbruch, den der sowjetische Angriff vom 8. August 1945 bedeutete, zu vertuschen. Als wichtigstes Glied in dieser Beweiskette fungiert der deutsch-japanische Militärvertrag vom 18. Januar 1942.
Israeljan (S. 80-82) sieht in der gradzahlmäßigen Trennung eine von den japanischen „Imperialisten" betriebene Aufteilung der Sowjetunion zwischen den beiden „Aggressornationen". Da Deutschland niemals über den Ural ausgreifen wollte, hätten sich die Japaner in Wirklichkeit eine Einflußzone über den gesamten asiatischen Teil der Sowjetunion mit diesem Vertragswerk gesichert.
Diese Argumentation ist angesichts der beharrlichen Weigerung Japans, in den Krieg gegen die Sowjetunion einzutreten, und der aus dieser Haltung entstandenen Differenzen zwischen den Verbündeten nicht haltbar. Vielmehr wurde gerade durch den 70. Längengrad als Trennungslinie der von Teilen des japanischen Heeres angestrebten operativen Zusammenarbeit gegen die Sowjetunion auf Drängen der Marine ein Riegel vorgeschoben (Siehe oben S. 48).

angestrebt, allerdings auf die Alte Welt beschränkt und den amerikanischen Kontinent ausklammernd. In der Hauptsache sollte diese Trennungslinie den Japanern ihre großostasiatische Wohlstandssphäre absichern. Der „weiße Mann" — nicht nur die „Gauleiter Hitlers"[43] — sollte in Ostasien in Zukunft keinen Einfluß mehr haben[44]. Geschickt hatten die Japaner sofort nach Kriegseintritt ihre Ziele bei den Verhandlungen in Berlin verwirklicht.

Die vertragliche Teilung der Welt bedeutete noch keine tatsächliche Beherrschung der beanspruchten Räume. Diesen — auf deutscher Seite weitaus größeren[45] — militärisch nicht beherrschten Raum zwischen den Gebieten beider Partner mit diplomatischen und militärischen Mitteln einzunehmen, hätte das Ziel aller gemeinsamen Anstrengungen sein müssen. Nur so ließ sich die propagierte — zweifelhafte — „neue Weltordnung" realisieren.

3. Die „Dreierpaktkommissionen" zu Berlin

Um die Teilung der Welt zu verwirklichen, hätten sich die Verbündeten auf reibungslos arbeitende gemeinsame Stäbe, besetzt mit Politikern und Militärs, stützen müssen. Theoretisch waren derartige Gremien vorhanden. Eigennutz und Mißtrauen der Partner sowie allzu enge Kompetenzen dieser Kommissionen sollten — und zwar sofort nach dem japanischen Kriegseintritt — gemeinsame Planungen und damit ein militärisch-politisches Zusammengehen vereiteln.

Auf japanischen Wunsch[1] war in den Dreimächtepakt eine Klausel mit den Durchführungsbestimmungen aufgenommen worden. Artikel IV des Vertragswerkes sah nämlich vor, daß „... unverzüglich gemeinsame technische Kommissionen zusammentreten, deren Mitglieder von den Regierungen Deutschlands, Italiens und Japans zu ernennen sind"[2]. Die Beschlüsse dieser Kommissionen sollten der Zustimmung der jeweiligen Regierung bedürfen[3]. Am 20. Dezember 1940 unterzeichnete der japanische Außenminister Matsuoka mit dem deutschen und italienischen Botschafter, Ott und Indelli, ein Memorandum über die Bildung dieser Kommissionen. In Rom, Tokio und Berlin sollte je eine Generalkommission einberufen werden. Ihr sollten die Außenminister des jeweiligen Landes — als Vorsitzende — und die Botschafter der beiden verbündeten Mächte angehören. Überdies sollte der Generalkommission in jeder der Hauptstädte je eine militärische und eine wirtschaftliche Kommission zur Seite stehen[4].

43 Sommer S. 5.

44 Siehe Anm. Nr. 7 S. 48.

45 Während die Japaner bereits am 16. Januar 1942 mit ihrer Offensive gegen Burma begannen, waren die deutschen Truppen an der Ostfront noch in Abwehrkämpfe verwickelt.

1 St.S. Japan: Telegramm Ott—Ribbentrop, Nr. 1974 vom 4. Oktober 1941: „... die im Dreierpakt auf japanische Veranlassung hin vorgesehene Kommission ...".

2 Sommer S. 428.

3 Sommer S. 432 ff., Brief Ott—Matsuoka im Rahmen des Notenwechsels nach dem Vertragsabschluß: „Beschlüsse der in Artikel IV des Paktes vorgesehenen Technischen Kommission sollen den drei Regierungen zur Genehmigung und Inkraftsetzung vorgelegt werden".

4 Sommer S. 428 Anm. Nr. 4.

Admiral Naokuni Nomura, ehemals Marineattaché in Deutschland, traf bereits am 3. Januar 1941 in Berlin ein, um die japanische Militärkommission zu leiten[5]. Bis zum japanischen Kriegseintritt trat jedoch keine der drei Kommissionen in Berlin zusammen. Der noch im Februar 1941 von der Seekriegsleitung angeregte Plan eines gemeinsamen „Obersten Kriegsrates"[6] wurde bereits im März hinfällig: den deutschen Marineoffizieren wurde verboten, operative Fragen mit Angehörigen der japanischen Marinekommission (d.h. dem Arbeitsstab Nomuras) zu besprechen[7]. Als Botschafter Ott nach einem Gespräch mit dem damaligen Kriegsminister Tojo und dem Generalstabschef Sugiyama im Oktober 1941 Beratungen der militärischen Kommission anregte[8], riet Staatssekretär von Weizsäcker davon ab, da augenblicklich die Gespräche nur „hohl" sein könnten[9]. Aber auch die späteren wenigen Zusammenkünfte sollten sich nur als „hohl" erweisen.

Nach dem japanischen Angriff und der Unterzeichnung des „Nichtsonderfriedensvertrages" traten die drei Kommissionen[10] erstmals am 15. Dezember 1941 in Berlin

[5] Nomura, Berlin S. 13 f.
Naokuni Nomura war 1921-1923 als Leutnant zu Sprachstudien in Deutschland und von 1929-1931 Marineattaché der japanischen Botschaft in Berlin.
Die bei Hattori I (1) S. 59 gegebene Darstellung, die Mitglieder der Technischen Kommission seien nicht vor Februar/März 1941 ernannt worden, entspricht nicht den Tatsachen.

[6] KTB 1. Skl C XV 14. Januar 1941: Betrachtung: „Japan im Dreimächtepakt". Um einen Parallelkrieg wie mit Italien zu vermeiden, solle in Berlin ein „Oberster Kriegsrat" gebildet werden.
Lagevorträge ObdM vor Hitler 4. Februar 1941: Im Falle eines gemeinsamen Krieges mit Japan gegen die Vereinigten Staaten sollte sich in Berlin ein „Oberster Kriegsrat" konstituieren.

[7] KTB 1. Skl C XV 13. März 1941: Denkschrift der Skl: „Behandlung operativer Fragen gegenüber japanischer Marinekommission".

[8] Siehe Anm. Nr. 1 S. 54.

[9] St.S. Japan: Notiz Weizsäcker für Ribbentrop vom 14. Oktober 1941.

[10] Nomura, Berlin S. 42 gibt folgende Zusammensetzung der drei Kommissionen an:
a. Generalkommission:
  Ribbentrop — Oshima — Alfieri
  Botschafter Ritter als Generalsekretär
b. Militärkommission:
  Deutschland:
    Admiral Groos, OKW, Vorsitzender
    Generalmajor Becker (Vertreter der Luftwaffe im WiRüAmt)
    Generalmajor Matzky (Oberquartiermeister IV im Genst. d. H.; ihm unterstand die Abt. Militärattachés)
    General d. LW Olbrich
    Kapitän zur See Henigst (von April 1939—April 1943 OKM/1. Skl, Referent und Gruppenleiter)
    Major von Ahlefeld (Attaché-Abteilung)
    Leutnant Papst (unbekannt)
  Japan:
    Admiral Nomura, Vorsitzender
    Generalleutnant Banzai (Mil.-Att. in Berlin)
    Konteradmiral Abe (Marineattaché in Rom)
    Kapitän zur See Yokoi (Marineattaché in Berlin)
    Fregattenkapitän Taniguchi (wahrscheinlich Taniguti, Verbindungsoffizier zur Seekriegsleitung)
    Oberstleutnant Nishi (Dolmetscher und Gehilfe des Militärattachés)
    Major Endo, Dolmetscher
    Professor Sakata, Dolmetscher

als oberstes gemeinsames Beratungsgremium unter der Bezeichnung „Dreimächtepaktkonferenz" zusammen[11]. In Anwesenheit von Großadmiral Raeder, Generalfeldmarschall Keitel und Generalfeldmarschall Milch, dem Generalinspekteur der Luftwaffe, gelangte diese erste deutsch-italienisch-japanische Konferenz nicht zu konkreten Ergebnissen. Lediglich der an den Völkerbund anklingende Name „Hauptkommission" wurde in „Ständiger Rat der Dreierpaktmächte" umbenannt. Als Konferenzleiter hatte Ribbentrop die deutschen Ressorts, denen die Zusammenarbeit mit Japan zufiel, sowie die Italiener und Japaner aufzufordern, konkrete Vorschläge zur Verbesserung der Partnerschaft einzureichen. Auf einer späteren Tagung sollten diese Anregungen diskutiert werden.

Bis auf den „Nichtsonderfriedensvertrag" existierten weder auf politischem, wirtschaftlichem noch militärischem Gebiet Pläne, die in diesem großen Dreiergremium hätten erörtert werden können. Zwar standen die Dreierpaktstaaten mit gemeinsamen Gegnern in einem Kampf um eine „neue Ordnung" der Welt — doch hatte sich noch kein Vertrauensverhältnis zwischen den Delegationen herstellen lassen. Offenbar waren die Kriegsziele der Mächte zu verschieden, als daß sie ein gemeinsames militärisches Programm hätten aufstellen können. Diese Diskrepanzen sollten erstmals bei den Verhandlungen über die Militärkonvention deutlich werden[12].

Vor allem den Japanern schienen die Größe der Gremien sowie die Unzuverlässigkeit der Italiener[13] wenig geeignet, wichtige Fragen zu besprechen. Es charakterisiert die Haltung der Japaner, wenn Oshima erst nach dieser ersten großen Konferenz dem deutschen Außenminister den japanischen Vertragsentwurf zu einer Militärkonvention

Italien:
General Marras (Militärattaché in Berlin)
Kapitän DeAngelis (unbekannt)
Oberst d. LW Dewich (unbekannt)
Major Pelesko (unbekannt)
Major d. LW Kaspeli (unbekannt)

c. Wirtschaftskommission:
Wiehl (Ministerialdirektor, Direktor der Handelspolitischen Abteilung im AA)
Matsushima (Wirtschaftsspezialist an der japanischen Botschaft in Berlin)
(— kein Italiener —)

Die Angaben Nomuras sind nur mit Vorsicht zu verwerten. Da die Militärkommission nur zwei- oder dreimal während des Krieges in Berlin tagte (siehe Anm. Nr. 27), dürfte es sich nicht um ein festumrissenes Gremium gehandelt haben, sondern Nomura führt wahrscheinlich Personen an, mit denen die Japaner militärische Fragen besprochen haben.

11 KTB 1. Skl C XV 17. Dezember 1941: Schreiben Groos an Chef Skl (Adm. Fricke). Ritter Militärkonvention: Ribbentrop Zusatznotiz für den Führer über Unterredung mit Oshima am 2. Januar 1942, 310471-74 (Bezugnahme in dieser Unterredung auf die Sitzung vom 15. Dezember 1941; im fragmentarischen Bericht, F. 20/211-192, nicht zu finden).

12 Siehe oben S. 46 ff.

13 Seit den militärischen Niederlagen Italiens (Griechenlandfeldzug Winter 1940/41, Februar 1941 Gefangennahme von 130 000 Italienern der Libyenarmee, 18. Mai 1941 Kapitulation des Gros der italienischen Kräfte in Äthiopien) war das Ansehen des deutschen Bündnispartners stark gesunken. Die deutsche Geringschätzung des Achsenpartners wurde von den Japanern vorbehaltlos geteilt. In ihrem Wunsch, den „Mitläufer" Italien, dessen Potential für eine deutsch-japanische „Weltkriegführung" kaum ins Gewicht fiel, nicht zu unterrichten, waren sich Oshima und Ribbentrop schnell einig. (Unterredung vom 2. Januar 1942, F 20/211-192, Fragment).

aushändigte. Der japanische Botschafter erklärte in zwei Unterredungen mit Ribbentrop und Hitler in den ersten Tagen des Jahres 1942[14], er allein sei von seiner Regierung ermächtigt, die allgemeinen Richtlinien für die gemeinsame Kriegführung zu besprechen. Eindringlich bat er, den italienischen Botschafter Alfieri nicht in strategischen Fragen zu konsultieren, die allein Deutschland und Japan beträfen. Oshimas Verlangen entsprach durchaus den Wünschen Ribbentrops: Der Minister erhoffte von diesem Verhandlungsmodus eine Stärkung seiner Position gegenüber den Spitzen der Wehrmacht, die immer stärker in außenpolitische Fragen eingriffen. Die Vertreter der beiden stärksten Mächte in den Dreierpaktkommissionen steckten bereits nach der ersten gemeinsamen Tagung die engen Grenzen solcher Zusammenkünfte ab.

Die Vorschläge, die auf Ribbentrops Aufforderung nach dem 15. Dezember bei Botschafter Ritter, dem „Generalsekretär der Dreimächtepaktkonferenz", eingingen, umreißen die unterschiedlichen Haltungen der Dreierpaktmächte zu diesen gemeinsamen Kommissionen. Als erster reichte der — schon des öfteren übergangene — Partner Italien seine Themenvorschläge ein[15]. Die Italiener forderten, militärische Aktionen im Indischen Ozean gemeinsam zu planen. Von einem solchen Vorgehen erhoffte man in Rom nicht zu Unrecht eine Entlastung des nordafrikanischen Kriegsschauplatzes.

Der Leiter der deutschen Delegation, Admiral Groos, hatte in seiner gleichzeitigen Funktion als Chef des Sonderstabes HWK (Handelskrieg und wirtschaftliche Kampfmaßnahmen) im OKW[16] Auftrag, Fragen einer gemeinsamen Kriegswirtschaft und der Führung eines Handelskrieges zu klären. Er befürwortete den Einsatz japanischer Schiffe als Blockadebrecher und wünschte größere Gegenleistungen der japanischen Rüstungsindustrie für deutsche Lieferungen. Die militärische Zusammenarbeit sollte Admiral Nomura und der deutschen Seekriegsleitung überlassen bleiben[17]. Der Leiter der Handelspolitischen Abteilung im Auswärtigen Amt, Ministerialdirektor Wiehl, wollte die wirtschaftspolitischen deutsch-japanischen Verhandlungen weiterhin in den Händen der zu diesem Zweck nach Tokio entsandten Wohlthat-Delegation belassen[18].

Wenn bereits die beiden deutschen Stellungnahmen italienische Wünsche nicht be-

[14] Unterredung Ribbentrop—Oshima am 2. Januar 1942, (Fragment) F 20/211-192. Aufzeichnung über das Gespräch des Führers mit Botschafter Oshima am 3. Januar 1942 im Beisein des Reichsaußenministers in der Wolfsschanze von 16.15-18.00 Uhr. (Hewel). IMT Doc 423-D, Band XXXV, S. 94-104.

[15] Ritter Militärkonvention: Themenvorschläge für Besprechung der italienisch-deutsch-japanischen Kommission, (Italien) vom 24. Dezember 1941, 310437 und 310451-2.

[16] Vizeadmiral (seit 1. 9. 1941) Otto Groos war seit Juni 1940 Chef des Sonderstabes HWK im OKW und wurde nach Zeichnung des Dreimächtepaktes zum „Leiter der militärischen Kommission des Dreimächtepaktes zu Berlin" ernannt. Beide Ämter hatte er mit kurzer Unterbrechung (Juli-September 1944) bis Kriegsende inne.

[17] Ritter Militärkonvention: Zwei Briefe Groos an Ritter als Generalsekretär der Dreimächtepaktkonferenz über die Fragen des Zusammenwirkens auf dem Gebiet der Kriegswirtschaft und des Wirtschaftskrieges, vom 29. Dezember 1941, 310457-470.

[18] Ritter Militärkonvention: Schreiben Wiehl an Ritter vom 30. Dezember 1941, 310454-56. (Staatsrat Helmut Wohlthat war im April 1941 als Leiter einer Wirtschaftsdelegation zu Verhandlungen über ein Handelsabkommen nach Tokio geschickt worden, wo er den ganzen Krieg über blieb.)

rücksichtigen, so waren die japanischen Vorschläge[19] auf völlige Unterhöhlung dieser Dreierpaktgremien bedacht. Die Japaner faßten die Arbeit der Kommission offenbar anders auf: sie sollte in erster Linie eine großangelegte, weltweite Propagandaarbeit koordinieren. Fragen der militärischen und wirtschaftlichen Zusammenarbeit wollten die Japaner den zuständigen Sachkommissionen überlassen.

Von den Partnern hatte nur der schwächste — Italien — konkrete Pläne für eine militärische Zusammenarbeit im Indischen Ozean gefordert. Offenbar gedachte die Regierung in Rom, mit fremder Hilfe die verlorenen Positionen in Abessinien und Nordafrika[20] wiederzugewinnen. Da Italien selbst in dieser Richtung praktisch nichts unternehmen konnte, war diese Forderung eindrucksvoll, aber ohne jegliches Risiko. Dennoch wären eine Unterbindung der alliierten Schiffahrtslinien und eine ungestörte Seeverbindung zwischen Europa und Ostasien auch für Japan und Deutschland von großem Vorteil gewesen, die den Einsatz der beiden stärksten Partner gelohnt hätten. Aber ihnen erschienen Anfang 1942 Fragen der Propaganda und des Warenaustausches wichtiger als die Planung einer militärischen Zusammenarbeit.

Über die Verhandlungen, die Botschafter Ritter nach dem Einreichen der Vorschläge mit den einzelnen Instanzen führte, liegen keine Dokumente vor; doch müssen die in dieser Frage eng zusammenarbeitenden Deutschen und Japaner erst nach langwierigen Auseinandersetzungen die italienische Einwilligung[21] zu der „Tagesordnung für die Sitzung des Ständigen Rates der Dreierpaktmächte"[22] erhalten haben. Die Verhandlungspunkte entsprachen jedenfalls ganz den deutsch-japanischen Wünschen. Ribbentrop, Oshima und Alfieri wollten keine konkreten Fragen der Zusammenarbeit erörtern, sondern lediglich eine Kommission für Propaganda einsetzen und die Kompetenzen der beiden Unterkommissionen so eng wie möglich begrenzen.

Am 24. Februar 1942, elf Wochen nach Pearl Harbor, trat der „Ständige Rat" zu seiner Eröffnungssitzung zusammen[23]. Nach einem langen Erfolgsbericht über die militärische Lage setzte Ribbentrop eine Propagandakommission ein. Oshima wollte das Schwergewicht der Arbeit dieses Ausschusses auf Zersetzungsarbeit bei den feindlichen Armeen legen. Ribbentrop und Alfieri widersprachen dem kühnen japanischen Vorhaben. Beide wollten — eingedenk des mißglückten Aufstandes im Irak[24] — vorerst

[19] Ritter Militärkonvention: Japanischer Vorschlag für die Beratung in den Kommissionen, undatiert (wahrscheinlich vom 30. Dezember 1941), 310449-50.

[20] Siehe Anm. Nr. 13.

[21] Ritter Militärkonvention: Ritter Notiz vom 21. Februar 1942, 310420-1.

[22] Ritter Militärkonvention: Tagesordnung für die Tagung des Ständigen Rates der Dreierpaktmächte am 24. Februar 1942, 310384-7.

[23] Ritter Militärkonvention: „Protokoll über die Eröffnungssitzung des Ständigen Rates der Dreierpaktmächte am 24. Februar 1942", 18.00 Uhr im Hause des RAM, vom 24. Februar 1942 (amerikanische Nr. fehlt).

[24] Hirszowicz S. 134-192, Tillmann S. 227-261 und Grobba S. 220-248: Das Vordringen des deutschen Afrika-Korps und der deutsche Aufmarsch in Südosteuropa hatten am 1. April 1941 einen Staatsstreich der achsenfreundlichen Regierung Gailani in Bagdad ausgelöst. Nach anfänglichem Zögern schickte Hitler den ehemaligen deutschen Gesandten im Irak, Fritz Grobba, nach Bagdad. Außerdem ließ er durch deutsche Flugzeuge, denen von Admiral Darlan für das französische Mandatgebiet das Recht zum Zwischenlanden erteilt worden war, die neue Regierung militärisch unterstützen. Nachdem die ehemalige Mandatmacht Großbritannien

nur die Zivilbevölkerung für die Politik der Dreierpaktstaaten gewinnen. Man einigte sich auf einen Kompromiß: zu den Sitzungen der Propagandakommission sollten militärische Vertreter gegebenenfalls hinzugezogen werden. Weiterhin wurden die Wirtschafts- und Militärkommission jeweils nur zum Studium bestimmter, ihr Ressort betreffender Fragen ermächtigt. Als Alfieri mehrfach nach dem nächsten Sitzungstermin fragte, antworteten ihm Oshima und Ribbentrop, häufige Sitzungen seien nicht geplant. Der Konferenzvorsitzende Ribbentrop faßte die Bedeutung der Tagung des „Ständigen Rates" lapidar in dem Satz zusammen: „Die propagandistische Wirkung ist eine der Hauptgründe unserer Zusammenkünfte." Ebenfalls auf äußerliche Wirkung und Vortäuschung enger Zusammenarbeit war das Sitzungskommuniqué berechnet. In völliger Verkehrung der Ergebnisse der Konferenz kündigte es die Aufstellung „eines neuen Arbeitsplanes für die nächsten Wochen" an[25].

Die Eröffnungssitzung des „Ständigen Rates" scheint zugleich die Schlußsitzung gewesen zu sein[26]. Auch die späteren Zusammenkünfte der Militärkommissionen blieben gezählt. In Berlin soll diese Kommission zwischen Dezember 1941 und Anfang 1943 nur zwei- oder dreimal zusammengetreten sein[27]. In Tokio wurden die Dreierpaktkommissionen sowohl von der deutschen Botschaft als auch von der japanischen Regierung als „lächerlich" angesehen; hier fanden überhaupt nur zwei Zusammenkünfte statt[28].

Für die politisch-militärische Zusammenarbeit waren die deutsch-japanischen Gespräche weit wichtiger als die Dreierpaktkommissionen. Nachdem am Vormittag des 17. Dezember 1941 Großadmiral Raeder die verbündeten Marinestäbe der drei Nationen begrüßt und Vizeadmiral Fricke eine allgemeine Lagebetrachtung gegeben hatte[29], besprachen am Nachmittag des gleichen Tages Offiziere der Seekriegsleitung mit dem

diesen Frontwechsel des Irak mit militärischer Gewalt rückgängig gemacht hatte, ging neben dem Irak auch noch Syrien, das von britischen und frei-französischen Truppen besetzt wurde, als deutsches Einflußgebiet verloren.
Vgl. dazu die Studie von General Paulus vom 2. Juli 1941 über eine Wiedereroberung Syriens und Einnahme Ägyptens im Zusammenhang mit dem Rußlandfeldzug. (Heeresakte III H 421).

25 Ritter Militärkonvention: Entwurf eines Kommuniqués der Sitzung vom 24. Februar 1942, 310424.

26 Über weitere Tagungen des „Ständigen Rates" finden sich keine Anhaltspunkte in den Dokumenten.

27 Jones, Far East S. 99: Aussage Oshimas, IMTFE Record p. 34043.
Warlimont S. 80: „Auch die ‚Militärischen Kommissionen' ... sind, zumindest von seiten Hitlers, sogleich ihrer eigentlichen Zweckbestimmung entzogen worden".
In den Dokumenten des Auswärtigen Amtes und der Marine fanden sich keine Anhaltspunkte für weitere Sitzungen der Militärkommission in Berlin im Jahre 1942.

28 Jones, Far East S. 99: Aussage des deutschen Militärattachés General Kretschmer, IMTFE Record p. 224616-17.
Interview des Verfassers mit dem Botschafter i. R. Eugen Ott, München, am 11. Juni 1966.
KTB 1.Skl C XV 5. April 1944: Admiral Wenneker, Tokio, bäte um eine Beurteilung der Seekriegslage für die am 11. April 1944 stattfindende Sitzung der Militärkommission. (Wahrscheinlich war dies die letzte Zusammenkunft).

29 KTB 1. Skl C XV 17. Dezember 1941: „Betrachtung der allgemeinen strategischen Lage nach Kriegseintritt Japan/USA", Wortlaut der von Vizeadmiral Fricke vorgetragenen Lagebetrachtung. Über die Teilnehmer bei dieser „Ersten gemeinsamen Besprechung der Verbindungsstäbe der verbündeten Kriegsmarine bei der Skl zur Einleitung praktischer Zusammenarbeit" am 17. Dezember 1941, 11.00 Uhr morgens, siehe KTB 1. Skl A 17. Dezember 1941.

Arbeitsstab Nomuras gemeinsame Fragen[30]. Zu den Gesprächen über seestrategische Probleme wurden die Italiener nie hinzugezogen. Ebensowenig luden Ribbentrop und Oshima den italienischen Botschafter zu ihren zahlreichen Unterredungen im Verlauf des Krieges ein. Alfieri gegenüber behauptete Ribbentrop, er sei nicht unterrichtet und könne zu Fragen einer militärischen Zusammenarbeit mit Japan schlecht Stellung nehmen[31].

Der von japanischer und deutscher Seite gar nicht ernsthaft unternommene Versuch, in den Dreimächtepaktkommissionen, vor allem in dem „Ständigen Rat", äquivalente Gremien zu den erfolgreich arbeitenden alliierten Verbindungsstäben, wie den amerikanisch-britischen Vereinigten Stabschefs, zu schaffen, scheiterte bereits im Anfangsstadium. Die ungleiche militärische Stärke der Partner, die divergierenden strategischen und politischen Ziele sowie die Überschätzung der eigenen Kräfte vereitelten eine ehrliche Partnerschaft der drei Mächte. Angesichts ihrer großen militärischen Erfolge[32] glaubten Deutschland und Japan auf Italien verzichten zu können. Wie in Tokio so war man Anfang des Jahres 1942 auch in Berlin der festen Überzeugung, es sei nur noch eine Frage der Zeit, bis jede Macht im Alleingang die in der Militärkonvention beanspruchte Sphäre faktisch beherrschen würde.

[30] KTB 1. Skl A 17. Dezember 1941.
KTB 1. Skl C XV 17. Dezember 1941, 15.00 Uhr: Niederschrift über die Besprechung Admiral Nomura bei C/Skl, Vizeadmiral Fricke.

[31] Handakten Schmidt: Aufzeichnungen über die Unterredung zwischen dem RAM und dem italienischen Botschafter Alfieri am 17. Februar 1942: „Alfieri fragte dann noch nach den deutschen Plänen hinsichtlich eines Vorgehens gegen den Suezkanal. Wäre ein solches Vorgehen gleichzeitig mit der Offensive gegen Rußland geplant? Der RAM erwiderte, daß er sich über eine solche militärische Frage nicht äußern könne . . ."

[32] Japan:
15. Februar 1942 Eroberung von Singapore.
7. März 1942 Eroberung von Rangoon.
8. März 1942 Kapitulation von Niederländisch Indien.
Deutschland:
21. Januar 1942 Wiederaufnahme der Offensive in Afrika, die bis El Gazala vorgetragen wurde.
12. Februar 1942 Vorbereitende Weisung des OKH für die deutschen Operationen im Osten nach Abschluß der Winterperiode.
Allgemeines Stabilisieren der Ostfront im Februar 1942.
(Wortlaut der „Weisung für die Kampfführung im Osten nach Abschluß des Winters" in KTB OKW, Band I, S. 1093-1098).

Zweites Kapitel

Interessengegensätze im ersten Jahr des Kriegsbündnisses

1. Indien[1]

Der unermeßlich reiche Subkontinent — „der Kern des britischen Empire"[2] — bildete zusammen mit der britischen Nahoststellung eine Art Bollwerk gegen jeden deutsch-japanischen Seeverkehr. Doch von Anfang an überschnitten sich in Indien und Arabien die Interessen beider Partner, statt sich zum verbündeten Handeln zu ergänzen.

In Berlin hatte man trotz einiger Bedenken die Trennungslinie des 70. Grades östlicher Länge akzeptiert. Somit war die Masse des indischen Gebietes den Japanern zuerkannt worden; nur das heutige Westpakistan gehörte zur deutschen Sphäre. Indessen war ein deutsches Mitspracherecht in Indien durchaus zu motivieren: Japan galt allen indischen Politikern als imperialistische Macht, die zur Ablösung der englischen Herrschaft in Asien angetreten war[3]. Der Verbündete mußte daher in Indien mit viel größeren Schwierigkeiten rechnen als das unbelastete Deutschland. Zudem hatte bereits im Ersten Weltkrieg das deutsche Kaiserreich die Unabhängigkeitsbestrebung der Inder tatkräftig gefördert[4]. Seit jener Zeit bezog der radikale Flügel der indischen

[1] Für das folgende Kapitel mußte in der Hauptsache auf deutsches Aktenmaterial zurückgegriffen werden, da keine zuverlässigen Darstellungen über die indische Unabhängigkeitsbewegung im Zweiten Weltkrieg und die Beeinflussungsversuche durch die deutsche bzw. japanische Seite existieren. Die englische Kriegsgeschichtsschreibung verharmlost das gegen die britische Herrschaft gerichtete Auflehnen (so Churchill im 1. und 2. Buch des vierten Bandes „Schicksalswende" seiner Geschichte des Zweiten Weltkrieges) und erwähnt z. B. den Namen des indischen Freiheitskämpfers, Subhas Chandra Bose, erst gar nicht (so Kirby, India und Kirby, Singapore sowie Vincent A. Smith: The Oxford History of India, London 1958).
Von deutschen Darstellungen seien nur zwei genannt: die oberflächlich eingeleitete Sammlung zweitrangiger Dokumente von Schnabel sowie die weit brauchbarere Dissertation von Selter. Leider blieben Selter die wichtigsten Dokumente (St.S. Indien) unzugänglich. Doch gelang es dem Autor, mit unzureichendem Material die Person Boses und dessen politische Ziele treffend zu schildern.

[2] Aufzeichnung über das Gespräch des Führers mit dem Botschafter Oshima am 3. Januar 1942 im Beisein des Reichsaußenministers in der Wolfsschanze von 16.15 bis 18.00 Uhr. (Hewel). IMT Doc 423-D, Band XXXV, S. 94-104: Ausspruch Hitlers.

[3] E. M. Forster: A Passage to India; 1924. Penguin Edition 1962. S. 209 und S. 316.

[4] Toye S. 5: Während des Ersten Weltkrieges hatten Exilinder eine antibritische Propa-

Freiheitsbewegung manche politischen Impulse aus Deutschland, keinesfalls aber aus Japan, dem damaligen Partner der Briten. Seit den dreißiger Jahren erschienen die autoritär regierten Staaten Europas — Türkei, Italien, Deutschland — den „kämpferischen" Nationalisten in Asien oft als erstrebenswerteres Vorbild denn die demokratischen Staatsformen ihrer Kolonialherren. Erst der Ausgang des Zweiten Weltkrieges ließ den jungen Staaten keine Wahl: sie wurden — ob sie wollten oder nicht — in die „Demokratie" entlassen.

Längst bevor die Angelsachsen zu ihrem „Crusade for Democracy" rüsteten, galt Subhas Chandra Bose als Führer der radikalen indischen Freiheitskämpfer. Ursprünglich im britischen Beamtendienst, sah er — wie viele Inder — nach dem Blutbald von Amritsar[5] keine Möglichkeit eines friedlichen Ausgleiches mit England. Bose schied aus dem Kolonialdienst aus und sammelte seine politischen Erfahrungen als Kommunalpolitiker in Calcutta[6]. Während eines dreijährigen Kur- und Studienaufenthaltes in Europa[7] lernte er die totalitären Ordnungsprinzipien des italienischen Faschismus und Kemal Atatürks kennen und positiv beurteilen[8]. Deren Staatsaufbau gedachte er — kombiniert mit einem dem kommunistischen Rußland entlehnten Wirtschaftsprogramm[9] — in einer Art „Sozial-Faschismus" in einem gewaltsam befreiten Indien zu verwirklichen. Wegen seines antibritischen Programms wurde Bose 1938 als Präsident des 51. Allindischen Kongresses[10] von den gemäßigten Anhängern des Mahatma zum Rücktritt gezwungen. Daraufhin faßte er den linken Flügel des Kongresses in einer eigenen politischen Bewegung, dem „Forward Bloc"[11], zusammen. Als er nach Beginn des europäischen Krieges Propaganda für die Achse betrieb, konnte er sich drohender Verhaftung nur durch die Flucht entziehen.

gandazentrale in Berlin eröffnet, die von der deutschen und türkischen Regierung unterstützt wurde.

[5] Azad Hind II S. 2: Indische Darstellung eines Augenzeugen spricht von 1200 Toten. Ploetz, Auszug aus der Geschichte, 26. Auflage, S. 1564 „etwa 400 Tote".

[6] Toye S. 19 f.: 1919 Abschluß seines Philosophiestudiums in Cambridge, bis 1921 in England Ausbildung im „Civil Service". Chief Executive Officer (Stadtdirektor) in Calcutta.

[7] Toye S. 37: Zwischen 1933 und 1936 sei Bose in Europa mit Hitler, Ribbentrop, Beneš, de Valera, R. Rolland zusammengetroffen. (Eine Zusammenkunft Hitler—Bose ist nicht zu belegen. Wahrscheinlich hat Bose nur zweitrangige europäische Politiker gesprochen).
Für Boses Hinwendung an die Achsenmächte siehe Selter S. 66 ff.

[8] Toye S. 40 zitiert nach Bose: The Indian Struggle, 1935, S. 394/5: „Government by a strong party bound together by military discipline".
Vgl. auch Toye S. 47.

[9] Über die Auswirkungen der russischen Revolution auf die indische Unabhängigkeitsbewegung sowie über die Politik Lenins und Stalins gegenüber Indien siehe Harish Kapur: Soviet Russia and Asia 1917-1927. Dissertation, Genève 1965, S. 74 f., 83 f. und 230 f.
Vgl. dazu auch Azad Hind II S. 25-33 (Darstellung eines Bose-Anhängers).

[10] Azad Hind I S. 15 ff.: 1885 war der indische Nationalkongreß gegründet worden. Als eine Sammelbewegung für die indische Unabhängigkeit umfaßte er vor dem Zweiten Weltkrieg etwa 6 Millionen Anhänger. Jährlich wurde eine Vollversammlung von den etwa 4400 Abgeordneten abgehalten.
Zu Boses Präsidentschaft siehe Schrenck-Notzing S. 98/99.

[11] Toye S. 53, Schrenck-Notzing S. 99.

Mit falschen Papieren gelangte Bose über Kabul[12] und die Sowjetunion[13] nach Berlin. Dort legte er Anfang April 1941 Unterstaatssekretär Woermann erstmals seine politischen Ziele dar[14]. In Berlin sollte eine „Freie Indische Regierung“ konstituiert werden und als Hauptaufgabe indische Radiopropaganda betreiben sowie Agenten ausbilden[15]. Dieses Vorhaben wurde abgelehnt[16], ebenso sein Wunsch nach einer Indien-Erklärung[17] der Achse. Offenbar hatte dieser negative Bescheid mehrere Gründe: Bose hatte in seiner ersten Aussprache mit Ribbentrop den Nationalsozialismus und dessen Rassenideologie kritisch beurteilt[18]. Außerdem galt in der deutschen Politik noch das zwischen Deutschland und Japan vereinbarte Angebot Hitlers an Molotov vom November 1940, demzufolge Rußland in Richtung auf den Indischen Ozean ausgreifen sollte[19]. In erster Linie dürfte die deutsche Ablehnung jedoch auf ein politisches Kalkül zurückzuführen sein: Sollte doch durch den geplanten „Blitzsieg“ über die Sowjetunion England friedenswillig gemacht werden. Eine aktive deutsche Indien-Politik konnte daher 1941 diesem angestrebten Ausgleich nur hinderlich sein.

Auf einer Reise nach Rom[20] — entgegen deutschen Wünschen[21] — konnte Bose beim Duce ebenfalls kein Interesse für ein Engagement der Achse in Indien erwecken[22].

12 St.S. Indien: Telegramm Pilger (Kabul)—AA, Nr. 39 vom 5. Februar 1941: Pilger befürwortet eine Fühlungnahme mit Moskau, damit Bose über das Gebiet der Sowjetunion nach Deutschland weiterreisen könne.
Schnabels Darstellung (S. 58) entspricht — wie häufig — nicht den Tatsachen.

13 St.S. Indien: Telegramm Schulenburg (Moskau)—AA, Nr. 470 vom 3. März 1941: Das Außenkommissariat sei bereit zur Erteilung des Durchreisevisums für Bose.

14 St.S. Indien: USt.S. Pol. 259 vom 3. April 1941: Aufzeichnung Woermanns über seine Unterredung mit Bose.

15 St.S. Indien: Memorandum Bose vom 9. April 1941.

16 St.S. Indien: Notiz Woermann—RAM vom 25. Mai 1941.

17 Menzel S. 334 nach IMT Doc NG 5451: Bose, Entwurf einer Indienerklärung vom 15. April 1941.
Auf diesem Entwurf basiert der deutsche Entwurf einer Indienerklärung von USt.S. Woermann für St.S. Weizsäcker, siehe St.S. Indien: 19. Mai 1941.

18 ADAP D XII Dokument Nr. 425: „Aufzeichnung über die Konferenz zwischen dem Reichsaußenminister und dem indischen Freiheitskämpfer Bose im Hotel Imperial in Wien am 29. April 1941“ (eigene Rückübersetzung).

19 Hillgruber, Hitlers Strategie S. 307 und 356.
Das bei den Verhandlungen zum Dreimächtepakt im September 1940 vereinbarte Zuweisen Indiens in die sowjetische Einflußsphäre wurde bezeichnenderweise weder von Hitler noch von Ribbentrop Molotov gegenüber erwähnt. Sondern nach den Worten Hitlers sollte sich das sowjetische Interessengebiet nur in „Richtung des Indischen Ozeans“ erstrecken. D. h. Hitler hatte schon vor dem endgültigen Entschluß, die Sowjetunion anzugreifen, eine Abneigung gegen ein Herausbrechen Indiens aus dem britischen Weltreich, mit dem er als einer ungeschwächten Macht zu einem Ausgleich zu kommen glaubte.
Aufzeichnung über die Unterredung zwischen dem Führer und dem Grafen Ciano in Anwesenheit des Reichsmarschalls, des RAM, des Feldmarschalls Keitel, des General Jodl und des Marschalls Cavallero im FHQ am 18. Dezember 1942, F 20/580-626 bzw. Handakten Schmidt: „Auch der Besuch Molotovs in Berlin habe dem gleichen Zweck gedient“ (Rußlands Expansionsdrang nach dem Mittleren Osten zu lenken).

20 St.S. Indien: Telegramm Bismarck (Rom)—AA, Nr. 1331 vom 11. Juni 1941: Bose habe auf der Botschaft vorgesprochen, wolle aber nicht das Zentrum seiner Arbeit nach Italien verlagern. (Faksimile des Telegramms bei Schnabel S. 93 f.).

21 St.S. Indien: Notiz Büro RAM—Woermann vom 27. Mai 1941.

22 St.S. Indien: Telegramm Bismarck (Rom)—AA, Nr. 1331 vom 11. Juni 1941.

Der unerwartete Ausbruch des Rußlandfeldzuges, der die Landverbindung nach Indien unterband, brachte ihn noch mehr in Abhängigkeit von der deutschen Regierung. Erneut unterbreitete er seinen Wunsch nach einer Indien-Erklärung. Sollte eine solche ausbleiben, so argumentierte Bose etwas kühn, dann würden die Inder in den deutschen gegen Rußland ziehenden Truppen einen imperialistischen Feind erblicken[23]. Wiederum lehnte Hitler ab. Er befürchtete nämlich, daß England auf ein in Berlin proklamiertes indisches Freiheitsmanifest mit der Besetzung Afghanistans antworten würde[24].

Auch entsprach dieses Verhalten gegenüber Bose den nationalsozialistischen Prinzipien, die eine Aufwiegelung von „Eingeborenen" ausschlossen[25]. Als die weniger „orthodoxen" Italiener dem Exilinder Schedai eine Dienststelle der indischen Freiheitsbewegung in Rom einrichteten[26], sah sich auch die deutsche Politik zum Handeln gezwungen. Ribbentrop ließ die Möglichkeit militärischen Einsatzes indischer Kriegsgefangener[27] erkunden[28]. Ende November 1941 wurde Bose erneut vom deutschen Außenminister zu einer längeren Aussprache über Fragen der britischen Indienpropaganda empfangen[29]. Ribbentrop lehnte eingedenk des deutschen Mißerfolges in Syrien und im Irak[30] weiterhin eine deutsch-italienische Indien-Erklärung so lange ab, als nicht deutsche Truppen die britische Indien-Herrschaft bedrohten. Eine von Berlin aus gesteuerte indische Unabhängigkeitsbewegung konnte tatsächlich wegen der geringen Anzahl im deutschen Herrschaftsbereich ansässiger Inder und der geographischen Entfernung keinen entscheidenden Einfluß auf die Verhältnisse im Lande nehmen.

Der Kriegseintritt des verbündeten Japan eröffnete der deutschen Indien-Politik und -Propaganda neue Möglichkeiten. Mit 1,8 Millionen Indern in seinem angestrebten

[23] St.S. Indien: USt.S. Pol Nr. 661 vom 17. Juli 1941 . Unterredung Woermann—Bose, Bose: „Gefühl des indischen Volkes ganz ausgesprochen auf russischer Seite", da Deutschland imperialistischer Angreifer.
St.S. Indien: USt.S. Pol Nr. 788 vom 18. August 1941 Brief Bose an Ribbentrop: „The march of German troops towards the East will be regarded as the approach, not of a friend, but of an enemy".

[24] ADAP D XXII: Dokument Nr. 286, Notiz Woermanns vom 6. September 1941.
St.S. Indien: Büro RAM—Woermann, Telegramm Nr. 973 vom 10. September 1941.

[25] Vgl. zu dieser Problematik den Aufsatz Epsteins „National Socialism and French Colonialism": Die nationalsozialistische Propaganda und Außenpolitik hätten sich immer für eine „artgemäße Lebensweise" der „Eingeborenen" und gegen eine Militarisierung dieser Menschen verwendet.

[26] St.S. Indien: Telegramm Mackensen (Rom)—AA, Nr. 2413 vom 4. Oktober 1941.
Vgl. auch Selter S. 105 ff.

[27] Bei dem Vorstoß des deutschen Afrikakorps unter Rommel bis zur ägyptischen Grenze im April 1941 waren indische Kriegsgefangene gemacht worden.

[28] St.S. Indien: Rintelen—Weizsäcker, 16. Oktober 1941: Auch Turkvölker östlich des Aral-Sees sollten nach Ribbentrops Plänen für die deutsche Seite gewonnen werden. Bereits im Ersten Weltkrieg hatten die Mittelmächte versucht, die mohammedanischen Russen für ihre Ziele zu gewinnen.
Vgl. hierzu Krecker, L.: Deutschland und die Türkei im Zweiten Weltkrieg. Frankfurt a. M. 1964 und die Arbeit von Glasneck/Kircheisen.

[29] Aufzeichnung über die Unterredung von Bose mit dem Reichsaußenminister am 29. November 1941 in Berlin, F 12/138-129. Abdruck bei Schnabel S. 153-157.

[30] Siehe Anmerkung Nr. 24 auf S. 58.

Machtbereich[31] konnte der Bundesgenosse eine starke Indien-Front aufbauen. Auch waren im Dezember 1941 in Berlin die Hoffnungen auf einen Ausgleich mit England — als Folge eines deutschen Sieges im Osten — weiter geschwunden. Damit entfiel jede weitere Rücksichtnahme auf den Bestand des britischen Weltreiches. Da zudem die Japaner noch kurz vor ihrem Kriegseintritt vertraulich eine indische Freiheitserklärung angekündigt hatten[32], bemühte sich das Auswärtige Amt in Berlin sogleich nach Pearl Harbor um Abstimmung seiner Indien-Politik mit Italien und Japan[33]. Doch bevor entsprechende Verhandlungen in Gang gekommen waren, hatten die Japaner ihre Ansprüche auf Indien in dem Entwurf einer Militärkonvention geltend gemacht.

Als sich die Möglichkeit einer militärischen Bedrohung Indiens durch Japan immer deutlicher abzeichnete, wollte auch Berlin seine Trümpfe ausspielen. Um dem Partner trotz der Anerkennung des 70. Grades östlicher Länge[34] nicht allein das Feld in Indien zu überlassen, versuchte das Auswärtige Amt geschickt, die indischen Unabhängigkeitsbestrebungen mit den arabischen zu koppeln. Man offerierte Japan ein Mitspracherecht in arabischen Belangen, um die Anerkennung der deutschen Interessen in Indien einzuhandeln. Die von den Japanern gezogene Trennungslinie konnte nur durch diplomatische Manöver überwunden werden.

Nach Gründung einer Indischen Legion beeilte sich das Auswärtige Amt, gemäß dem Vorschlag des Großmuftis von Jerusalem[35] an Hitler[36], eine arabische Legion zum Kampf gegen „Engländer, Juden und Bolschewisten" aufzustellen. In dieser Kampf-

[31] Azad Hind Nr. IX/X S. 43:

Burma	1 018 000
Malaya	765 950
Ostasien	45 000
Indochina	6 000
insgesamt	1 834 950

[32] St.S. Indien: Telegramm Mackensen (Rom)—AA, Nr. 3135 vom 1. Dezember 1941: Der japanische Botschaftsrat habe den Exilinder Schedai für den Fall des Krieges Japan—Großbritannien eine Freiheitserklärung für Indien versprochen. Vgl. Selter S. 122.

[33] St.S. Indien: Telegramm Woermann—Tokio, deutsche Botschaft vom 8. Dezember 1941 (ohne Nr., daher ev. nicht abgegangen). Faksimile bei Schnabel S. 158 f.

[34] Siehe oben S. 46 ff.

[35] Schechtmann S. 117 ff., Hirszowicz S. 207 ff. und Tillmann S. 306 ff.:
Haj Amin el-Husseini, Großmufti von Jerusalem, war nach seinem Asyl in der japanischen Gesandtschaft in Teheran kurz vor dem englisch-russischen Einmarsch (ab 25. August 1941) aus Iran zusammen mit dem iranischen Premier Gailani geflohen. Husseini gelangte über Rom, Gailani über die Türkei nach Deutschland.

[36] ADAP D XIII Dokument Nr. 515, bzw. Hillgruber, Unterredungen Hitlers S. 662-667: Aufzeichnung über die Unterredung zwischen dem Führer und dem Großmufti von Jerusalem in Berlin am 28. November 1941. Anwesend Reichsaußenminister, Gesandter Grobba.
Nach Schechtmann fand die Zusammenkunft Hitler—Großmufti am 21. November 1941 statt (S. 122). Erst am 3. Oktober 1944 habe der arabische Freiheitskämpfer dem Chef des Ersatzheeres Himmler die Aufstellung einer arabischen Legion vorgeschlagen (S. 309). Da die Darstellung Schechtmanns im wesentlichen auf zeitgenössischen angelsächsischen Zeitungsberichten und populärer Nachkriegsliteratur beruht, ist ihr keine große Glaubwürdigkeit beizumessen. Als weitaus beste Monographien über die arabische Frage in der nationalsozialistischen Politik sind vielmehr die Studien von Hirszowicz und Tillmann anzusehen. Beide Historiker werteten sämtliche einschlägigen im Osten (Potsdam) und Westen (National Archives Washington bzw. Public Record Office London) zugänglichen Aktenmaterialien aus.

gruppe konnten auch mohammedanische Inder dienen[37]. Das Auswärtige Amt wollte sie gleich der Indischen Legion dem „Sonderstab F“[38] in Athen angliedern. Das Aufgabengebiet dieses Stabes unter dem General der Flieger Felmy war bisher die deutsche Untergrundarbeit in der arabischen Welt[39]. Sein Bereich wurde nun auch auf Indien ausgedehnt[40]. Auf deutschen Wunsch[41] gab der Großmufti der japanischen Presse ein Interview, in dem er die Gemeinsamkeit der arabischen mit der indischen Freiheitsbewegung herausstellte[42].

Nach diesen Vorarbeiten auf deutscher Seite wandten sich Ribbentrop und Oshima Anfang Januar 1942 erstmals der indischen und arabischen Frage zu. Dem Verlangen Ribbentrops, die Propaganda in Indien und Arabien, d.h. in der arabischen Welt, gemeinsam zu verstärken, stimmte der japanische Diplomat zu. Eine Indien-Erklärung sollte erst dann herausgegeben werden, so meinte der Botschafter mit einiger Berechtigung, wenn Deutschland durch den geplanten Kaukasus-Vorstoß und Japan durch seine Burma-Offensive Indien tatsächlich bedrohten. Als der Außenminister dem Botschafter — gleichsam als Unterpfand gemeinsamer Tätigkeit — anbot, Bose solle als künftiger Führer der indischen Freiheitsbewegung nach Ostasien zurückkehren, hielt Oshima sich zurück[43]. Den Japanern in Berlin werden die etwas überstürzten deutschen Versuche nicht verborgen geblieben sein, dem Reich, noch vor Abschluß der Militärkonvention, ein Mitspracherecht jenseits des 70. Grades zu sichern. Das japanische Außenamt befürchtete außerdem, eine vorschnell abgegebene Indien-Erklärung könne bei der verworrenen Lage in diesem Land nur spontane antibritische Aktionen auslösen. Ungezieltes Vorgehen würde aber lediglich zur Festigung der britischen Herrschaft führen[44].

Nach der abwartenden Stellungnahme des „Gaimusho“ (japanisches auswärtiges Amt) nahm sich die Verbindungskonferenz der indischen Frage am 10. Januar 1942 erstmalig an. Die japanischen Politiker und Militärs beschlossen, Indien durch gemeinsames Handeln mit den Bündnispartnern von Großbritannien zu lösen — erst aber eine günstige militärische Ausgangssituation auf den Kriegsschauplätzen abzuwarten[45]. Da

37 St.S. Nicht-Diplomatenbesuche: St.S. Nr. 848, Notiz Weizsäckers vom 24. Dezember 1941. Über Aufstellung und Einsatz der Arabischen Legion siehe Tillmann S. 353 ff.

38 Chef dieses Stabes war General der Flieger Helmuth Felmy, ein Vetter Grobbas (vgl. Anm. Nr. 41) und erfahrener Veteran aus den Kämpfen im Nahen Osten während des Ersten Weltkrieges.

39 Hubatsch S. 134, Führerweisung Nr. 32 a vom 21. 6. 1941: „Dienstanweisung für Sonderstab F“ (Gen. d. Fl. Felmy).

40 Vgl. auch Hirszowicz S. 203/204.

41 Dr. Fritz Grobba, Deutscher Gesandter im Irak bis zum Kriegsausbruch 1939 sowie im Mai 1941, war 1942 „Chef des arabischen Dienstes im Auswärtigen Amt“, dem der Großmufti und Gailani unterstanden.
Vgl. auch die Memoiren Grobbas.

42 KTB 3. Skl 30. Dezember 1941: „Die japanischen Siege hätten sich bereits unmittelbar auf Indien ausgewirkt und auch tiefen Eindruck auf Araber gemacht... Zwischen Tokio und Bagdad, Teheran und Mekka beständen viel engere geistige Beziehungen, als England ahne“. Vgl. Selter S. 32.

43 Unterredung Ribbentrop—Oshima am 2. Januar 1942 (Fragment) F 20/211-192.

44 St.S. Japan: Telegramm Ott—AA, Nr. 8 vom 2. Januar 1942: Wiedergabe einer Unterredung mit Außenminister Togo.

45 Hattori II (4) S. 115.

Mitte Januar 1942 Singapores Eroberung als sicher gelten konnte, dürften Vertreter der Armee auch die Frage aufgegriffen haben, welcher der beiden Wehrmachtteile für die militärischen Operationen gegen Britisch Indien verantwortlich sein sollte. Nach dem gemeinsam geführten Südvorstoß sollte nämlich der eroberte Großraum zwischen Armee und Marine aufgeteilt werden, und zwar erhielt die Marine den Pazifik und die östlichen Inseln von Niederländisch Indien, das Heer hingegen das asiatische Festland und die Inseln des Südpazifiks[46]. Indien wurde dem Heer als Operationszone zuerkannt. Anscheinend war die Marine am Indischen Ozean weniger interessiert als am vorrangigen pazifischen Krieg gegen Amerika. Bisher hatte das Heer als Operationsraum allein Russisch-Fernost vor Augen, doch Britisch Indien war nicht kleiner. Die Politik der japanischen Regierung gegenüber Indien war fortan von den Vorstellungen der Armee geprägt. Für die Nahtstelle zwischen den Verbündeten, den ominösen 70. Grad, war in erster Linie das deutschfreundliche japanische Heer zuständig.

Der deutsche Entwurf einer dreiseitigen Indien-Erklärung[47] scheiterte an den japanischen Einwänden. Aus Tokio verlautete einige Tage vor der Unterzeichnung des Militärabkommens, „daß die japanische Regierung den Augenblick für die Abgabe einer derartigen Erklärung nicht für gekommen halte“[48]. Die Japaner hatten auf den Köder — Mitspracherecht in arabischen Belangen — nicht angebissen. In einer Note an die Reichsregierung[49] bekräftigte Tokio erneut seine Haltung und gab dieselben Motive an — politische Zersetzungsarbeit müsse mit militärischen Operationen eng verbunden sein —, die Ribbentrop in einer Unterredung vor dem japanischen Kriegseintritt Bose gegenüber vorgebracht hatte.

Ob allerdings im Falle einer japanischen Einwilligung Hitler das Manöver seines Außenministers gebilligt hätte, bleibt zumindest zweifelhaft. In einer Unterredung mit Oshima Anfang Januar 1942[50] wünschte der Botschafter für den Fall einer japanischen Burma-Offensive eine gemeinsame Indien-Erklärung. Hitler wich diesem Anliegen aus und warnte stattdessen die Japaner vor einer Verzettelung ihrer Kräfte. Obwohl er die Bedeutung Indiens für das britische Imperium genau erkannte: „Wenn England Indien

[46] Hattori I (2) S. 290.

[47] St.S. Indien: USt.S. Pol. Nr. 24 vom 10. Januar 1942: Der Text der gemeinsamen deutsch-italienisch-japanischen Indienerklärung ging auf frühere Anregungen Boses und auf den Entwurf einer deutsch-italienischen Indienerklärung vom 19. Mai 1941 zurück (vgl. Anm. Nr. 16). Hirszowicz S. 223 hält diese Indienerklärung irrtümlich für einen japanischen Entwurf. Die Behauptung von Glasneck/Kircheisen (S. 258), Deutschland sei grundsätzlich abgeneigt gewesen, eine Freiheitserklärung für Indien zu proklamieren, übergeht die divergierenden Ansichten in der deutschen Führung zu dieser Frage.
Siehe DOKUMENT Nr. 7, Faksimile, im Anhang S. 235.

[48] St.S. Indien: USt.S. Pol. Nr. 37 vom 14. Januar 1942.

[49] St.S. Indien: Gottfriedsen—RAM vom 27. Januar 1942: Der japanische Botschaftssekretär Uchida übergab im Auftrag Oshimas den Text für RAM.
Selter, Anlage 11, nach Deutsches Zentralarchiv Potsdam, AA 48065, Bl. 220-22: Am selben Tage suchte Oberst Yamamoto von der japanischen Botschaft in Begleitung von Referenten des Auswärtigen Amts Bose auf, um dem Inder den Beschluß der Tokioter Regierung näher zu erläutern. Vgl. auch Schnabel S. 185-187.

[50] Aufzeichnung über das Gespräch des Führers mit dem Botschafter Oshima am 3. Januar 1942 im Beisein des Reichsaußenministers in der Wolfsschanze von 16.15 bis 18.00 Uhr. (Hewel): IMT Doc 423-D, Band XXXV, S. 94-104.

verliert, stürzt eine Welt ein", zog Hitler es doch vor, die Japaner auf „die Sicherstellung des südostasiatischen Raumes beschränkt" zu wissen. Der Gedanke an einen Ausgleich mit England nach einem siegreichen Ostfeldzug beeinflußte auch noch 1942 Hitlers Denken und seine Politik[51].

Zwar wollten die Japaner nicht mit den europäischen Verbündeten gemeinsam gegen Indien vorgehen, doch bauten sie insgeheim — auch ohne die Berliner Exilinder — sofort ihre eigene Organisation indischer Emigranten auf. In Bangkok konstituierten sich zwei indische Freiheitsbewegungen. Der „Indian National Council" lehnte jede Hilfe der Dreierpaktstaaten, vor allem Japans, ab und verfügte daher über keinerlei Einfluß bei den Besatzungsbehörden. Hingegen wurde die „Indian Independence League" mit japanischer Hilfe durch Rash Bihari Bose[52], der die japanische Staatsangehörigkeit besaß, zu einer äußerlich machtvollen Organisation aufgebaut[53]. Nach deutschem Vorbild wurde ein „allindisches" (d. h. Hindus und Moslems umfassendes) Regiment aufgestellt[54], bemühte man sich um die Auslandsinder[55] und betrieb eifrige Rundfunkpropaganda[56]. Die Erfolge dieser von den Japanern organisierten und natürlich von ihnen abhängigen indischen Unabhängigkeitsbewegung blieben weit hinter den Erwartungen zurück. Viel zu augenfällig war für die Inder Südostasiens das Ziel der Japaner, Teile Indiens zu besetzen. Sollten die Exilinder doch nur einer Eroberung ohne viel Blutvergießen den Weg bereiten.

Ohnehin hatte die japanische Regierung in ihrer Propaganda, die Indien Unabhängigkeit verhieß, eine weitaus schwierigere Ausgangsposition als die deutsche Seite. In Berlin wollten nämlich Goebbels und Ribbentrop — entgegen den Vorstellungen Hitlers — Bose mehr dazu benutzen, die Regierung in London zu verwirren, nicht aber, in Indien Unruhen auszulösen oder etwa einen deutschen Einmarsch vorzubereiten.

Indessen war die von Afghanistan aus gesteuerte Bosesche Untergrundbewegung nicht untätig geblieben. Mit Hilfe seiner im Januar 1942 in Berlin begründeten „Indian

51 Hillgruber, Hitlers Strategie S. 552 Anm. Nr. 79: „... Selbst nach dem Kriegseintritt der USA blieb Hitler bei seiner Grundauffassung und seinen — auf vermeintlichen sozialen Spannungen in Großbritannien fußenden — Spekulationen, wie eine Tagebuchnotiz H. Greiners vom 7./8. 3. 1942 auf Grund von Eindrücken W. Warlimonts von den Lagebesprechungen mit Hitler zeigt: ‚Führer hält andere Kriegsbeendigung mit England nicht für ausgeschlossen; Haß der englischen Gesellschaft auf USA' ".
Ciano Tagebücher 10. März 1942: Fürst von Urach aus dem Pressebüro Ribbentrops bei d'Ajeta.

52 Bose S. 36, Selter Anm. 133 S. 10 im Anhang und Schrenck-Notzing S. 122: Der Bruder von Subhas Chandra Bose hieß Sarat Chandra Bose (Führer der Kongreßpartei in Bengalen), nicht Rash Bihari Bose, wie fälschlich in deutschen und japanischen Akten zu finden ist.

53 Selter S. 35 nach Deutsches Zentralarchiv Potsdam, AA 48061, Bl. 3 f.: Am 21. Dez. 1941 habe Tojo den Exilinder Rash Bihari Bose zusammen mit einer Gruppe thailändischer Inder in Tokio empfangen und mit ihnen die Gründung einer unter japanischem Patronat stehenden indischen Freiheitsbewegung erörtert. Über die Konstituierung dieser Organisation siehe St.S. Indien: Telegramm Thomas (Bangkok)—AA, Nr. 40 vom 20. Januar 1942.

54 KTB 1. Skl A 1. Januar 1942.

55 KTB 3. Skl 10. Januar 1942: z. B. wurde eine „Indian Independence League of China" von den Japanern gegründet.

56 Siehe Anm. Nr. 53.

Independence League"[57] zog Bose mit Unterstützung der deutschen Gesandtschaft in Kabul ein Agentennetz im westlichen Indien auf und ließ sogar Sabotagetrupps ausbilden[58]. Im Grenzgebiet zwischen Afghanistan und Indien, dem Herrschaftsbereich des „Fakir von Ipi"[59], ließ Bose für seine „Mazzotta Organisation"[60] Waffen stapeln.

Einer Steuerung dieser Unternehmung von Berlin aus waren Grenzen gesetzt. Da die Japaner an einer Koordinierung der verschiedenen umstürzlerischen Tätigkeiten desinteressiert schienen, wollte Ribbentrop den inkognito in Berlin lebenden Bose nach Südostasien entsenden, damit er dort die Führung aller Exilinder übernehmen könne[61]. Doch erhob die „Wilhelmstraße" Bedenken, Bose ohne vorherige Anfrage in Tokio in den japanischen Machtbereich zu entsenden[62]. Der Inder blieb in Berlin, und das Auswärtige Amt beschränkte sich fortan darauf, die japanischen Bemühungen um die Exilinder mißtrauisch zu beobachten[63].

Einig waren sich Deutschland und Japan offenbar nur darin, italienischen Ansprüchen in den arabischen und indischen Belangen entgegenzutreten[64]. Die italienische Führung hätte den bevorstehenden Besuch von Gailani und dem Großmufti gern propagandistisch ausgewertet und — möglicherweise — zur Abgabe einer Arabien-Erklärung benutzt[65]. Rom wollte trotz der japanischen Ablehnung weiterhin die indische mit den arabischen Unabhängigkeitsbestrebungen koppeln. Vielleicht hofften die Italiener mit Hilfe ihrer Verbündeten eine antibritische Aufstandsbewegung unter den Arabern entfachen zu können, um diese Völker dem angestrebten großitalienischen Imperium eingliedern zu können. Italien war indessen militärisch und politisch zu geschwächt, diese Vorstellungen allein zu verwirklichen[66]. Wie in anderen politischen und militärischen Entscheidungen war Italien 1942 auch in seiner Arabien- und Indien-Politik[67] von den stärkeren Bündnispartnern abhängig.

[57] Toye S. 64.

[58] St.S. Indien: Telegramm Pilger (Kabul)—AA, Nr. 39 vom 23. Januar 1942.

[59] In der unübersichtlichen Grenzzone zwischen Afghanistan und Indien herrschte der Fakir von Ipi, den die deutsche Seite (Hillgruber, Hitlers Strategie S. 385 und 482) und die Italiener 1941 finanziell unterstützten (vgl. den entsprechenden Hinweis Mussolinis an Ribbentrop in der Unterredung am 13. Mai 1941, ADAP D XII Dokument Nr. 511). Der Fakir förderte 1942 aktiv die subversive, gegen Britisch-Indien gerichtete Tätigkeit von Bose.
Vgl. auch St.S.Indien die Bände 1 und 2 sowie die Dokumente 42, 51, 56, 61, 77, 88, 90, 96, 98 bei Schnabel.

[60] Orlando Mazzotta war der Deckname für S. Ch. Bose, unter dem er mit einem italienischen Paß von Kabul nach Berlin gereist war (St.S. Indien: Telegramm Pilger (Kabul)—AA, Nr. 103 vom 17. März 1941).

[61] St.S. Indien: Notiz Woermann vom 17. Januar 1942.

[62] Ebenda: Nachträgliche Zusatznotiz Woermanns.

[63] St.S. Indien: Telegramm Büro RAM—Bangkok, Nr. 173 vom 8. Februar 1942: Der Inhalt japanischer Aufrufe und Flugzettel solle nach Berlin übermittelt werden.

[64] St.S. Indien: St.S. Nr. 84, Notiz Weizsäcker vom 11. Februar 1942: „... Italienischer Botschafter berichtete, daß Oshima ihn gebeten habe, in Indienpropaganda kurzzutreten ..."

[65] St.S. Indien: Memorandum Woermann an RAM vom 2. Februar 1942: Botschaftsrat Cossato übergab Aufzeichnung betreffend Arabien und Indien.

[66] Über den Besuch der beiden arabischen Staatsmänner in Rom und die Ablehnung ihrer Wünsche durch Mussolini siehe Tillmann S. 337 ff., Grobba S. 263 ff sowie Ciano Tagebücher 10. und 18. Februar 1942.

[67] St. S. Japan: Telegramm Mackensen (Rom)—AA, Nr. 398 vom 2. Februar 1942.

Die Kapitulation der britischen Fernostbastion Singapore am 15. Februar 1942, laut Churchill „die größte Katastrophe und größte Kapitulation der englischen Geschichte“[68], rückte die Indien-Frage wieder in den Vordergrund der deutsch-japanischen Politik. In Anbetracht der strategisch günstigen Lage und eingedenk der 30000 während des Malaya-Feldzuges zu den Japanern übergelaufenen Inder[69], die, zu einer „Indian National Army“ unter japanischem Oberbefehl zusammengefaßt, noch während der Kampfhandlungen in der Etappe eingesetzt worden waren, proklamierte Premier Tojo im Reichstag die Befreiung Indiens vom britischen Joch[70], ohne wohl an eine völlige Unabhängigkeit Indiens zu denken. Die riesige Landmasse, zu deren Besetzung japanische Truppen nie ausgereicht hätten, sollte vielmehr als integrierter Teil der Großostasiatischen Sphäre in eine Selbständigkeit von „Japans Gnaden“ entlassen werden, wie sie Thailand bereits besaß und wie sie Burma und die Philippinen noch erhalten sollten. Die in Asien beheimateten Exilinder waren sich dieser japanischen Absichten wohl bewußt und vertrauten daher nur bedingt den Worten Tojos. Auch die Stellungnahme Rash Bihari Boses, des indischen „Quislings“, zu den japanischen Versprechen — er wiederholte geflissentlich Tojos Ausführungen von seinem Tokioter Hotel[71] aus — war nicht dazu angetan, das Vertrauen der Inder gegenüber den Japanern zu festigen.

Im verbündeten Europa war die Reaktion auf die Kapitulation Singapores unterschiedlich. Konnte Mussolini seine Bewunderung für den japanischen Sieg nicht verhehlen[72], so waren die Ansichten in Berlin und der „Wolfsschanze“ geteilt. Hitler zeigte größte Hochachtung vor der militärischen Leistung[73], bedauerte aber die schweren Verluste des „weißen Mannes“ in Ostasien[74]. Von solchen Überlegungen ließen sich die

[68] Churchill, Sturmflut Japan S. 115.
Vgl. auch daselbst S. 124/5 Churchills Durchhalteparolen an Feldmarschall Wavell: „Angesichts der Tapferkeit der Russen und der Verbissenheit der Amerikaner auf Luzon (Philippinen) steht das ganze Ansehen Englands und unseres Volkes auf dem Spiel“.
Zu dem militärischen Desaster der britischen Armee in Malaya und Singapore siehe die Darstellung von Kirby, in der Einzelaktionen des Rückzuges einen breiten Raum einnehmen, die Bedeutung der Kapitulation aber verharmlost wird. Die Darstellung des japanischen Generalstabsoffiziers Tsuji distanziert sich bewußt von den Ausführungen Churchills.
Churchill hat mit seiner Bemerkung von der größten Katastrophe in der englischen Geschichte durchaus die Wahrheit getroffen. Die Engländer sollten sich von dieser Niederlage im Fernen Osten nicht wieder erholen. Während die Amerikaner fast die ganze Last der Gegenoffensive trugen, blieb Britisch-Hinterindien trotz der englischen Anstrengungen in Nordwestburma während des ganzen pazifischen Krieges ein Nebenkriegsschauplatz. Singapore fiel erst nach der japanischen Kapitulation wieder an die Engländer zurück.
NB: „Singha-Puri“ bedeutet im Sanskrit „Löwenstadt“.

[69] James S. 251 (Der Autor nahm als britischer Abwehroffizier an den Kämpfen teil).

[70] Hattori II (4) S. 116.

[71] Hattori II (5) S. 84.

[72] Ciano Tagebücher 16. Februar 1942: (Mussolini) „Ich möchte gern wissen, ... welche Wirkung es auf diese merkwürdigen Orientalen gemacht hat, als sich vier englische Offiziere mit entfalteter weißer Fahne meldeten, um die Übergabe anzubieten. Wenn es sich um uns gehandelt hätte, so hätte keiner etwas daran gefunden. Aber sie sind ja Engländer!“.

[73] Goebbels Tagebücher 14. Februar 1942: „Größte Bewunderung hegt der Führer nach wie vor für die Japaner“.

[74] Goebbels Tagebücher 30. Januar 1942: „Der Führer bedauert natürlich sehr die schweren Verluste, die der weiße Mann in Ostasien zu erleiden hat“.
Unterredung Führer—Antonescu am 11. Februar 1942, F 4/363-387 und F 2/155-164: „... daß

deutsche Propaganda und Diplomatie nicht leiten[75]: Goebbels hatte der deutschen Presse bereits am 27. Januar 1942 verboten, auf Rassenfragen im Zusammenhang mit den Japanern einzugehen[76]. Er befürwortete uneingeschränkt eine antibritische Propagandatätigkeit von S. Ch. Bose[77]. Ribbentrop ließ sogleich eine den neuen Gegebenheiten entsprechende deutsch-italienisch-japanische Indien-Erklärung entwerfen[78], um erneut das deutsche Mitspracherecht in Indien geltend zu machen. Diese auf englisch abgefaßte Erklärung wurde am 3. März nach Tokio durchgegeben[79]. Sie strich die dem britischen Weltreich versetzten Schläge heraus und kündigte den Indern die Freiheit als gleichberechtigte Nation nach einem vollständigen Sieg der Dreierpaktmächte an. Offenbar hatte das Auswärtige Amt mit diesem — ein wenig zu heroisch formulierten — Manifest die Einstellung eines großen Teils der indischen Bevölkerung richtig getroffen.

Auf eine Anregung aus Kabul hin[80] sollte Bose in der Rundfunkpropaganda für Indien eingesetzt werden. Japan mußte angesichts seiner eigenen offenkundigen Bemühungen um Indien[81] widerstrebend eine bedingte Einwilligung erteilen[82]. Am 28. Februar hielt Bose — angeblich über einen geheimen Sender[83] — von Berlin aus seine erste Rundfunkrede. In ihr bezeichnete er den Fall von Singapore als das Ende des britischen Empire und „Symbol für das Heraufdämmern einer neuen Ära indischer Geschichte"[84].

er (Hitler) ihm eine freudige, vielleicht aber auch eine traurige Nachricht mitzuteilen habe, des soeben gemeldeten Falls Singapores."
Hassell S. 207/8: „Man sagt, daß Hitler selbst nicht restlos begeistert sei von den Riesenerfolgen der Japaner und gemeint habe, am liebsten würde er den Engländern 20 Divisionen schicken, um die Gelben wieder zurückzuwerfen" (im März 1942).

75 Über die Versuche, die nationalsozialistische Rassenlehre als innenpolitisches Problem von der Außenpolitik zu trennen und den Japanern eine rassische Sonderstellung einzuräumen siehe den Aufsatz von Presseisen, Racisme.
Das Resümé der Abhandlung Presseisens (S. 13/14): „Il convient d'observer cependant que cette délimination raciale fut limitée aux affaires étrangères et, même dans ce domaine, limitée au Japon", ist allerdings nur bedingt richtig.
NB: In der Berliner Öffentlichkeit wurde diese Frage aktuell wegen der japanischen Gattin des Schauspielers Victor de Kowa.

76 Goebbels Tagebücher 27. Januar 1942.

77 Goebbels Tagebücher 1., 4., 26. und 30. März 1942.

78 St.S. Indien: 23. Februar 1942, Entwurf einer von Ribbentrop gebilligten Indienerklärung.

79 Für diesen deutschen Entwurf siehe DOKUMENT Nr. 8 im Anhang S. 236.
Diese Erklärung wurde offensichtlich nie an die Japaner weitergegeben.

80 St.S. Indien: Telegramm Mackensen (Rom)—AA, Nr. 558 vom 16. Februar 1942: Das italienische Außenministerium bitte um Weitergabe der Anregung des italienischen Gesandten Kabul, wegen der verworrenen Lage in Indien und des Gefühls politischer Führerlosigkeit Bose in der Rundfunkpropaganda einzusetzen.

81 St.S. Indien: Telegramm Stahmer (Shanghai)—AA, Nr. 229 vom 20. Februar 1942.

82 St.S. Japan: Telegramm Ott—AA, Nr. 577 vom 26. Februar 1942: „Für den künftigen Propaganda-Einsatz Boses empfiehlt japanische Regierung eine gewisse Zurückhaltung".

83 Azad Hind II S. 13/14.

84 Ebenda: Englischer Wortlaut.
Die bei Hattori II (5) S. 84 f. gegebene Darstellung, Bose (Berlin) habe in seiner Erklärung am 22. Februar 1942 (falsches Datum) nur die von der japanischen Regierung und dem Tokioter Bose propagierte Indienpolitik übernommen, entspricht nicht den Tatsachen.

Diese auf englisch gehaltene Ansprache fand in allen Teilen der kriegführenden Welt Beachtung[85]. Ihr durchschlagender Erfolg bewog die Führung des „Indian National Council" in Bangkok, ohne Befragen der Japaner Bose den Oberbefehl aller indischen Soldaten unter japanischer Herrschaft anzubieten, „um zu vermeiden, daß indische Führer von untergeordneter Bedeutung[86] von den Japanern für ihre eigenen Zwecke benutzt werden"[87]. Selbst die japanische Regierung konnte nicht umhin, auf einer Liaisonkonferenz am 7. März 1942 den wachsenden Erfolg der von Deutschland aus gegen Britisch Indien gerichteten Propaganda[88] zu erörtern. Auch die japanische Presse mußte die Führungsrolle von Bose bzw. Berlin in der indischen Unabhängigkeitsbewegung anerkennen[89]. Botschafter Ott riet Ribbentrop in einer persönlichen Nachricht, die Reichsregierung solle ihr Interesse an Indien gegenüber Japan stärker bekunden[90]. Mit dem Eingreifen von S. Ch. Bose war zwischen den Partnern im März 1942 eine Art Propagandawettstreit um Indien ausgebrochen. — Nehru kommentierte diese deutschen und japanischen Bemühungen lapidar mit dem Satz: „Das indische Volk lasse sich durch die Achsenpropaganda nicht beeinflussen"[91]; eine Behauptung, mit der er im britischen Sinne sprach, aber nicht ganz die wahre Situation traf.

Die von Churchill angekündigte Entsendung von Sir Stafford Cripps[92] nach Indien, um mit dem Versprechen des Dominionstatus „die Inder gegen die Japaner an der Seite der Briten zu einen"[93], steigerte die propagandistischen Bemühungen der Dreierpaktmächte. In Tokio gab Premierminister Tojo nach dem Fall von Rangoon[94] im Reichstag erneut die Losung „Indien den Indern" aus[95]. Die japanische Presse bemühte sich eifrigst, jegliche Aggressionsabsichten Japans gegenüber Indien zu dementieren[96]. In Berlin hielt Bose am 13. März seinen zweiten rhetorisch glänzenden Appell an seine

85 St.S. Indien: Telegramm Thomas (Bangkok)—AA, Nr. 129 vom 3. März 1942: Bose—Statement haben großes Echo unter den Indern gefunden, und Radio Delhi habe am 2. März ohne Namensnennung Stellung genommen.
St.S. Indien: Telegramm Deutsche Mission Helsinki—AA, Nr. 466 vom 4. März 1942: Verbreitung der Bose-Erklärung in Finnland.
St.S. Indien: Telegramm Pilger (Kabul)—AA, Nr. 144 vom 7. März 1942: Der bestochene mohammedanische Oberschreiber in der britischen Botschaft habe berichtet, daß Bose (Berlin) Sendungen abgehört werden.
Über die deutsche Untergrundtätigkeit in Afghanistan siehe ausführlich das entsprechende Kapitel bei Glasneck/Kircheisen.

86 Rash Bihari Bose, japanischer Staatsangehöriger, gemeint.

87 St.S. Indien: Telegramm Thomas (Bangkok)—AA, Nr. 149 vom 11. März 1942. Faksimile bei Schnabel S. 206.

88 Hattori II (3) S. 105.

89 St.S. Japan: Telegramm Ott—AA, Nr. 674 vom 5. März 1942 und Telegramm Thomas (Bangkok)—AA, Nr. 172 vom 17. März 1942.

90 St.S. Japan: Telegramm Ott—AA, Nr. 673 vom 5. März 1942.

91 KTB 1. Skl A 6. März 1942.

92 Churchill, Reden 1942 S. 131 ff. (am 11. März 1942).

93 So Goebbels Tagebücher 27., 30. und 31. März 1942.

94 Hattori II (4) S. 116 (Am 8. März 1942 wurde die Eroberung Burmas mit der Besetzung von Rangoon abgeschlossen).

95 Japanisches Kriegstagebuch, Band II, S. 41 (Rede vom 12. März 1942).

96 KTB 1. Skl A 17. März 1942.

Landsleute[97]. Deutschland und Japan waren sich indessen einig nur im Stil der Propaganda, nicht aber in deren Zielen. Möglicherweise bemühte sich das Propagandakomitee in Berlin[98] darum, die beiderseitigen — nie offen dargelegten — Pläne aufeinander abzustimmen; doch konnten sich beide Staaten nicht dazu bereitfinden, trotz des günstigen Zeitpunktes, als Cripps in Indien verhandelte, eine gemeinsame Verlautbarung herauszugeben.

Seit der Ablösung Gandhis in der Führung des Kongresses[99] durch den „achsenfeindlichen", kompromißbereiten Nehru schien ein Ausgleich mit England möglich, wenn die britische Regierung eine liberale Persönlichkeit vom Schlage Sir Stafford Cripps mit einem großzügigen Angebot nach Indien entsenden würde[100]. Berlin hatte nicht viel Möglichkeiten[101], die Japaner dagegen einige Trümpfe in ihren Händen. Eine erste Konferenz der Exilinder Ende März in Tokio[102] brachte einen politischen Erfolg: Die Inder vertrauten sich eindeutig dem japanischen Patronat bei einer Befreiung des Subkontinents durch indische Verbände an[103].

Ein japanischer Flottenvorstoß in den Indischen Ozean, bei dem die „British Eastern Fleet" in den ersten Apriltagen 1942 nur durch Zufall der sicheren Vernichtung entging[104], stärkte nicht gerade die britische Verhandlungsposition[105], sondern demonstrierte der Welt die ungebrochene Überlegenheit der Kaiserlichen Marine in den asiatischen Gewässern. Premierminister Tojo verband gleichzeitig mit einem neuen Freiheitsaufruf eine versteckte Drohung an die Inder: Japan werde notfalls auch gegen die

[97] Azad Hind II S. 46-50, englischer Wortlaut: „... Mr. Churchill and his Cabinet will soon realize that political crumbs (Krumen) thrown at the Indian people from Westminster will not bring them over to the British side..."

[98] Siehe oben S. 58.

[99] Azad Hind I S. 18-20: Beschluß des Kongreß-Arbeits-Komitees auf einer Tagung in Bardoli im Dezember 1941.

[100] Azad Hind I S. 20: „If a man like Stafford Cripps or even Lord Halifax be the Secretary of State (Minister) for India now — or the Viceroy of India — then a compromise would be certain".

[101] St.S. Indien: Büro RAM—St.S. Keppler am 28. März 1942: Anfrage, ob der Großmufti für Propaganda zwecks Beeinflussung der Mohammedaner in Indien eingesetzt werden könnte. St.S. Indien: Antwort St. S. Kepplers vom 1. April 1942, Indienerklärung im Fall des Scheiterns der Cripps-Mission vorgeschlagen.

[102] St.S. Japan: Telegramm Ott—AA, Nr. 1017 vom 2. April 1942.
Hattori II (5) S. 85.

[103] St.S. Indien: Telegramm Thomas (Bangkok)—AA, Nr. 284 vom 8. Mai 1942: Übermittlung des Protokolls der Konferenz in Tokio. Faksimile bei Schnabel S. 230 ff.

[104] Ruge S. 60 und Grenfell S. 212 (am 6. April 1942).
Kirby, India S. 115 ff. beachtet das Kräfteverhältnis der beiden Flottenverbände nicht genügend. Die hoffnungslos unterlegene britische Flotte wäre im Falle eines Zusammentreffens mit den japanischen Einheiten mit Sicherheit vernichtet worden. In dem Rückzug nach Ostafrika kann daher nicht ein vorübergehendes taktisches Manöver gesehen werden. Im Gegenteil, die britische Flotte sollte bis 1945 keine Bedrohung mehr für die Japaner darstellen; nicht einmal als „fleet-in-being" (vgl. dazu Roskill Bd. II, S. 425). Noch im März 1944 führten die beiden schweren japanischen Kreuzer „Aoba" und „Tone" ungestört Handelskrieg im Indischen Ozean (Ruge S. 196).

[105] St.S. Japan: Telegramm Ott—Ribbentrop, Nr. 1135 vom 14. April 1942: Inhalt des Gespräches Ott—Togo am 13. April 1942 übermittelt; Togo: „... daß die japanischen Aktionen gegen Ceylon und britische Flotte in Indischen Gewässern zwar auch den Zweck verfolgten, Cripps-Verhandlungen zu stören, daß sie jedoch zugleich allgemeine Bedeutung hätten ...".

Inder kämpfen, falls diese weiterhin auf der Seite der Briten verbleiben sollten[106]. Doch war es nicht der japanische und auch nicht der deutsche Einfluß, der schließlich zur Ablehnung des sogenannten Cripps-Planes führte, sondern vielmehr dessen Inhalt[107]. Dieses von scheindemokratischen und stark kolonialen Vorstellungen geprägte Angebot sicherte den Indern zwar nach dem Krieg eine gesamtindische Konstituante zu; doch es sollte jeder einzelnen Provinz freistehen, diese Verfassung abzulehnen oder anzunehmen. Die indischen Führer konnten sich dank der Ideologie des einheitlichen „indischen" Subkontinents nicht über die Annahme dieses Vorschlages einigen, hinter dem sich die Maxime des britischen Weltreiches, „divide et impera", zu verbergen schien. Als der Präsident der Moslemliga öffentlich die Teilung des Landes forderte[108], setzte sich Gandhis Aufforderung, das britische Angebot abzulehnen, gegen Nehrus befürwortendes Votum durch[109].

Tokio[110] und Berlin[111] buchten sogleich das Scheitern der Cripps-Mission als ihren Erfolg. Nunmehr erschien es den Japanern angebracht, in ihrer Indien-Politik eine Annäherung an Deutschland zu suchen. Die günstige Lage in Indien, der Erfolg der Propaganda Boses aus Berlin sowie die vorteilhafte militärische Situation im Mittelmeer[112] dürften den Entschluß der Verbindungskonferenz vom 1. April 1942 mitbestimmt haben, jetzt die Deutschen und Italiener um eine gemeinsame Indien-Erklärung zu bitten[113]. Während der deutsche Botschafter den dringenden Wunsch der japanischen Regierung nach einer solchen Erklärung übermittelte[114], wurde dem deutschen und italienischen Auswärtigen Amt am gleichen Tage eine „Gemeinsame Erklärung Japans, Deutschlands und Italiens über Indien und Arabien"[115] im Entwurf vorgelegt. Im „Palazzo Chigi" lehnte man eine Stellungnahme vor der deutschen ab und übermittelte die italienischen Einwände: Der Entwurf klinge zu journalistisch, und die Formel „Arabien den Arabern" müsse im Hinblick auf die in italienischen und französischen Kolonien ansässigen Araber abgeändert werden[116]. Obwohl sich Mussolini schließlich in einer revidierten Stellungnahme „grundsätzlich zustimmend zu dem japanischen Entwurf einer gemeinsamen Erklärung Deutschlands, Japans und Italiens über Indien und Arabien geäußert" hatte[117], empfahl die „Wilhelmstraße" eine klare Trennung zwischen

106 Hattori II (4) S. 117.
107 KTB 1. Skl C VIII Anlage XIII: Wortlaut des Cripps-Planes.
108 KTB 1. Skl A 5. April 1942.
109 KTB 3. Skl 10. April 1942: Ausführliche Darlegung der Gründe für das Scheitern der Mission von Cripps.
110 Siehe Anm. Nr. 105.
111 St.S. Indien: Büro RAM—Keppler am 12. April 1942: Sprachregelung anläßlich Scheitern Cripps-Mission: „Indien hörte auf die Warnungen des Freiheitskämpfers Bose und weiß, daß es seine Freiheit nur gegen England und nie mit England erhalten wird".
112 Intensive Luftangriffe gegen Malta vom 2.-8. April 1942.
113 Hattori II (4) S. 118: Armeekreise erwogen sogar, Bose aus Berlin zurückzurufen. Vgl. dazu auch St.S. Indien, Telegramm Wendler (Bangkok)—AA, ohne Nr. vom 7. April 1942.
114 St.S. Japan: Telegramm Ott—Ribbentrop, Nr. 1135 vom 14. April 1942.
115 St.S. Indien: USt.S. Pol. Nr. 249 vom 13. April 1942.
Siehe DOKUMENT Nr. 9 im Anhang S. 238.
116 St.S. Indien: Telegramm Mackensen (Rom)—AA, Nr. 1204 vom 14. April 1942.
117 St.S. Indien: Telegramm Mackensen (Rom)—AA, Nr. 1219 vom 15. April 1942.

einer Arabien- und einer Indien-Erklärung[118] und verhandelte mit der japanischen Botschaft über Formulierungsabänderungen. Japan hatte seine noch im Januar bekundete Haltung geändert und ein deutsches Mitspracherecht in Indien zugestanden, beanspruchte jedoch nun selbst das Recht, auf die arabischen Belange mit einzuwirken[119].

Ribbentrop war zu einer gemeinsamen Arabien- und Indien-Erklärung bereit. Die endgültige Entscheidung sollte trotz mehrfachen Drängens Oshimas[120], der selbst von einer derartigen Erklärung nichts hielt, erst bei dem Treffen Hitlers mit Mussolini am 29. April 1942 auf Schloß Kleßheim bei Salzburg fallen. In einer vorbereitenden Unterredung waren sich Ribbentrop und Ciano einig[121], den japanischen Wünschen entsprechend Bose und dem Großmufti die diesbezüglichen Schreiben auszuhändigen. Hitler lehnte jedoch jede derartige Erklärung ab, anscheinend im Hinblick auf einen Sonderfrieden mit Großbritannien. Selbst als Ribbentrop auf den Verlust des deutschen Mitspracherechtes in Indien und auf die japanische Furcht vor einem deutsch-englischen Ausgleich hinwies, die durch die deutsche Ablehnung einer Indien-Erklärung weiter genährt werde, blieb Hitler — unterstützt von Mussolini — bei seinem Entscheid: eine Erklärung sei abzulehnen, „wenn (nicht) die Achsentruppen südlich des Kaukasus stünden“[122]. Im Grunde wollte Hitler Indien unangetastet im britischen Weltreich belassen. Die japanischen Wünsche nach einem gemeinsamen Handeln und die Befürchtung Ribbentrops, die Japaner durch eine Ablehnung noch mißtrauischer zu machen, blieben wegen Hitlers illusionärer Hoffnungen auf eine Verständigung mit den Briten unberücksichtigt.

Anfang Mai wurde Botschafter Oshima vom Auswärtigen Amt der negative Bescheid übermittelt[123]. In Tokio legte Premierminister Tojo auf einer Verbindungskonferenz am 6. Mai den deutschen Standpunkt dar: Deutschland wünsche keine Verknüpfung einer Arabien- und Indien-Erklärung, da aus ihr möglicherweise deutsch-japanische Operationsabsichten ersichtlich seien, die wiederum Rückwirkungen auf die Türkei, Syrien und Ägypten zeitigen könnten. Auf Empfehlung Tojos respektierte die japanische Regierung widerstrebend das deutsche Anliegen und nahm von einer einseitigen Erklärung Abstand[124]. Doch die Japaner mißtrauten den amtlichen Begründungen des deutschen Auswärtigen Amtes[125]. Vielmehr argwöhnten sie, daß Bose unter deutschem Einfluß

118 St.S. Indien: Woermann—Büro RAM vom 15. April 1942.

119 St.S. Indien: Telegramm Ott—Ribbentrop, Nr. 1261 vom 23. April 1942: „... Wie ich streng vertraulich erfahre, ist Erwähnung Arabiens im Erklärungsentwurf auch auf Überlegung zurückzuführen, daß einseitige Behandlung Indiens die Frage der Gebiete zwischen großostasiatischer und europäischer Sphäre, über die im Dreimächtepakt keine Bestimmung getroffen wurde, zum Nachteil Japans praejudizieren könnte“.

120 St.S. Indien: St.S. Nr. 272, Notiz Weizsäcker vom 21. April 1942.

121 Notiz über die Unterredung zwischen RAM und dem Grafen Ciano im Schloß Kleßheim bei Salzburg am 29. 4. 1942, F 1/96-100.

122 Aufzeichnungen über die Unterredung zwischen dem Führer und dem Duce in Schloß Kleßheim bei Salzburg in Anwesenheit des RAM und des Grafen Ciano am 29. 4. 1942, F 1/65-95.

123 Hattori II (4) S. 119 (am 3. Mai erhielt Oshima Nachricht).

124 Ebenda.

125 Anhand der deutschen Akten lassen sich diese Begründung der Absage und der Zeitpunkt ihrer Übermittlung nicht beweisen. Doch erscheint die bei Hattori angeführte offizielle Begründung des Auswärtigen Amtes (siehe Anm. Nr. 123 und 124) möglich.

stünde und den Deutschen wirtschaftliche Präferenzen für die Nachkriegszeit eingeräumt habe[126].

In Wirklichkeit war jedoch Bose enttäuscht über die erneute Ablehnung seines alten Wunsches einer Indien-Erklärung; außerdem fühlte er sich nicht entsprechend gewürdigt. Anscheinend versuchte er mit einer Reise nach Rom die „Achse“ doch noch für seine Indien-Politik zu gewinnen. Vor Ciano[127] und Mussolini[128] argumentierte Bose, daß wegen der ablehnenden Haltung Deutschlands und Italiens „Japan in ganz Asien eine Art Monopol der politischen Initiative ausübe, (die), was die Achsenmächte betrifft, von zweifelhafter Nützlichkeit sein würde“. Mit dieser Begründung nahm er tatsächlich den italienischen Diktator für eine Indien-Erklärung ein[129]. Daraufhin regte Mussolini in Berlin an, den deutschen Standpunkt zu überprüfen[130]. Ribbentrop wußte längst, daß Hitler hier nicht umzustimmen war. Anstatt konkrete Fragen einer gemeinsamen Indien-Politik zu erörtern, besprach er mit Oshima phantastische Pläne einer deutsch-japanischen Landverbindung[131], für deren Verwirklichung im Mai 1942 militärische und politische Voraussetzungen fehlten.

Bose konnte in Berlin nicht an Einfluß gewinnen; daher wollte er nach Südostasien zurückkehren[132]. Eine Verschärfung der innenpolitischen Verhältnisse in Indien[133] und wachsende Uneinigkeit innerhalb der Emigrantenorganisationen weckten auch bei den Japanern den Wunsch nach einer starken Führungspersönlichkeit für die Koordinierung ihrer Bemühungen um Indien[134]. Das Auswärtige Amt stimmte einer Rückkehr von Bose vorbehaltlos zu[135], und Ribbentrop empfing den Inder sogleich zu einer klärenden Aussprache[136]. Erst als Bose selbst nach Ostasien zurückkehren wollte und die Japaner hiermit durchaus einverstanden waren, bat Hitler ihn nach mehr als einjährigem Aufenthalt in Berlin erstmals zu sich[137]. Er legte Bose die Gründe zur Ablehnung einer

126 St.S. Japan: Telegramm Wendler (Bangkok)—AA, Nr. 276 vom 1. Mai 1942.

127 Ciano Tagebücher 4. Mai 1942.

128 Ciano Tagebücher 5. Mai 1942.

129 St.S. Indien: Notiz der italienischen Botschaft für Weizsäcker vom 7. Mai 1942.

130 St.S. Indien: St.S. Nr. 329, Unterredung Weizsäcker—Alfieri am 21. Mai 1942; Weizsäcker: „. . . l'attitude convenue à Salzbourg“ solle beibehalten werden.

131 Aufzeichnung über die Besprechung des Herrn RAM mit Botschafter Oshima am 17. Mai 1942 in Berlin, F 16/216-219.
Vgl. Pickers abfälligen Kommentar zu diesem Plan Ribbentrops (S. 355 f.).

132 St.S. Indien: St.S. Nr. 333, Notiz Weizsäcker vom 21. Mai 1942.
St.S. Indien: Memorandum Woermann, USt.S. Nr. 337, vom 22. Mai 1942: Befürworten des Wunsches von Bose.
St.S. Indien: Brief Bose—Ribbentrop vom 22. Mai 1942.
St.S. Indien: USt.S. Pol. Nr. 342 vom 23. Mai 1942, Notiz Woermann über Unterredung mit Bose.

133 KTB 1. Skl A 9. Mai 1942.

134 St.S. Japan: Telegramm Wendler (Bangkok)—AA, Nr. 283 vom 6. Mai und Nr. 291 vom 13. Mai 1942.
St. S. Indien: USt.S. Pol. Nr. 342 vom 23. Mai 1942, Notiz Woermann über Unterredung mit Bose: „Bose glaubte aus Gesprächen mit Oshima schließen zu können, daß seine Reise der Japanischen Regierung willkommen sein werde . . .“.

135 St.S. Indien: USt.S. Pol. Nr. 346 vom 27. Mai 1942, Memorandum Woermann für RAM.

136 Aufzeichnung über die Unterredung zwischen dem RAM und dem Indischen Nationalistenführer Bose in Anwesenheit des St.S. Keppler im HQ am 27. Mai 1942, F 16/220-231.

137 Aufzeichnung über die Unteredung zwischen dem Führer und dem Indischen Nationa-

Indien-Erklärung im gegenwärtigen Zeitpunkt dar: Da die deutschen Truppen nicht wie die japanischen an den Grenzen Indiens stünden, könne er Bose nur raten, „sich zu den Japanern zu begeben, um von den Grenzen Indiens aus den revolutionären Kampf ins Land selbst zu tragen". Bose bat im Verlauf des Gespräches weiterhin um engste deutsch-italienische Unterstützung, „da es (Indien) nicht allein auf Japan angewiesen sein möchte". Zum Abschluß der Unterredung wünschte Bose ein klärendes Wort zu den Stellen aus „Mein Kampf"[138], in denen Hitler die Inder als minderwertiges Kolonialvolk bezeichnet hatte. Diese Abschnitte, so argumentierte Bose, würden nur zu gern von der britischen Gegenpropaganda zitiert, um die Unaufrichtigkeit der deutschen Versprechen gegenüber den Indern zu beweisen. Hitler, der im Grunde nach wie vor zu seinen rassischen Werturteilen stand, konnte nur ausweichend antworten. Denn Bose hatte den „wunden Punkt" in den deutsch-indischen Beziehungen getroffen; so schien es Hitler ratsam, die Unterredung zu beenden. Dieser „fremdrassige" Inder paßte ebensowenig in sein politisches Konzept von einem rassischen Vernichtungskrieg im Osten wie in seine illusionären Hoffnungen auf einen Ausgleich mit Großbritannien. So war ihm wohl einiges daran gelegen, diese ihm unbequeme Person so bald wie möglich außerhalb des deutschen Machtbereiches zu wissen.

Vier Tage nach dieser Zusammenkunft besprach Ribbentrop mit Oshima Boses Rückführung[139]. Der Außenminister mußte aber vernehmen, daß die japanische Regierung den Zeitpunkt noch nicht für gekommen halte, „da man zur Zeit versuche, mit Gandhi Verbindung aufzunehmen und ihn in seinen politischen Entschlüssen zu beeinflussen". Obwohl sich Ribbentrop und Oshima in Tokio für Bose einsetzten[140] und der vom 15.—23. Juni in Bangkok tagende Indien-Kongreß Bose zur Rückkehr aufforderte[141], blieb die japanische Regierung bei ihrer abwartenden Haltung. Die „Wilhelmstraße" mußte den japanischen Wunsch respektieren. Den von den Italienern für Bose[142] ange-

listenführer Bose in Anwesenheit des RAM, des Staatssekretärs Keppler und des Gesandten Hewel im Hauptquartier am 29. Mai 1942, F 16/232-247.
Wahrscheinlich fand das Gespräch am 27. Mai 1942 statt.

138 Adolf Hitler: Mein Kampf. 317/321. Auflage. München 1938 S. 746: „Ich erinnere mich noch der ebenso kindlichen wie unverständlichen Hoffnungen, die in den Jahren 1920/21 plötzlich in völkischen Kreisen auftauchten, England stände in Indien vor einem Zusammenbruch. Irgendwelche asiatischen Gaukler, vielleicht meinetwegen auch wirkliche indische „Freiheitskämpfer", die sich damals in Europa herumtrieben, hatten es fertiggebracht, selbst sonst ganz vernünftige Menschen mit der fixen Idee zu erfüllen, daß das britische Weltreich, das seinen Angelpunkt in Indien besitzt, gerade dort vor dem Zusammenbruch stehe".

139 Aufzeichnung über die Besprechung des RAM mit Botschafter Oshima in Steinort am 2. Juni 1942, F 16/252-257.
Hattoris Darstellung II (5) S. 85 über die Rückkehr von Bose aus Deutschland („In 1943, with the successive progress of the Greater East Asia Policy of Japan, it was proposed to invite Chandra Bose from Germany to further expedite the progress of independent movement in India") ist unhaltbar.

140 Unterredung Ribbentrop—Oshima am 24. Juni 1942, (Fragment) F 20/526-536.

141 St.S. Indien: Telegramm Wendler (Bangkok)—AA, Nr. 364 vom 25. Juni 1942.

142 St. S. Indien: St.S. Nr. 408 vom 24. Juni 1942, Notiz Weizsäckers über Angebot des italienischen Geschäftsträgers, Bose mit einem Flugzeug Rhodos—Rangoon mitzunehmen, das „sehr bald" starten soll.

botenen Platz in dem ersten Non-Stop-Flugzeug Rhodos—Rangoon[143] hielt man in Berlin mit Recht für zu gefährlich[144]. Der Plan, den Inder mit einem U-Boot nach Japan zu schicken[145], wurde ebenfalls zurückgestellt. Bose schien auf einmal auch den Japanern ungelegen zu sein.

Gandhis Politik der Gewaltlosigkeit setzte sich immer mehr gegenüber der von Nehru propagierten politischen Linie durch[146]; so waren die japanischen Hoffnungen auf den Mahatma nicht ganz unbegründet. Zwar war die radikale Bose-Bewegung, der „Forward Bloc"[147], in Indien verboten, doch die Fronten zwischen den Freiheitskämpfern um Gandhi, die dem Kriegsgeschehen passiv gegenüberstanden, und den Briten, die auf einen aktiven indischen Einsatz drängten, verschärften sich von Tag zu Tag. Der Arbeitsausschuß des „Allindischen Kongresses" forderte in einer Aufsehen erregenden Erklärung am 14. Juli den sofortigen Abzug der Engländer[148] und kündigte eine Kampagne des zivilen Ungehorsams an, falls die Briten sich weigern sollten. Diese Resolution sollte dem Kongreß zur Abstimmung vorgelegt werden. Jetzt bekannte selbst Bose sich vorbehaltlos zu Gandhi[149]. Der Mahatma ging sogar noch einen Schritt weiter als andere indische Politiker: Der Passus seines Vorschlages: „Wenn Indien befreit würde, wäre wahrscheinlich der erste Schritt, mit Japan zu verhandeln"[150], schien die Hoffnungen der Japaner zu bestätigen. Eine gemilderte Fassung Nehrus, die eine militärische Zusammenarbeit zwischen einem gleichberechtigten Indien und Großbritannien billigte, vermied diese Brüskierung. Am 8. August 1942 stimmte der Kongreß dem Entwurf Nehrus mit großer Mehrheit zu. In dieser berühmten „Quit India Resolution" wurden die Engländer zum sofortigen Verlassen des Landes aufgefordert. Allerdings sollten während der Kampfhandlungen alliierten Truppen Stationierungsrechte eingeräumt werden. Ohne englische Kontrolle des Staatsapparates und der Wirtschaft konnte aber die britisch-indische Armee keinen Krieg gegen die Japaner in Burma führen. Zudem waren Moslems und Hindus über die zukünftige Staatsform zerstritten, so daß die abziehenden Engländer ein politisches Vakuum hinterlassen hätten. Diese Tatsachen werden sicherlich den meisten indischen Kongreßabgeordneten be-

143 Hattori II (4) S. 125: Am 2. Juli 1942 sei eine italienische Maschine nach Überfliegen sowjetischen Territoriums in Paot'ou (etwa 700 km westlich von Peking) gelandet.
Microscopy T-82, Roll 113, Item 987 a, 0257748; Abschrift einer Notiz Woermanns vom 15. Juli 1942: „Das italienische Ostasien-Flugzeug ‚Savoia 75', das am 2. d. M. auf dem chinesischen Flugplatz Paotow gelandet war, ist nach einem Bericht der deutschen Botschaft in Tokyo noch am Abend des 3. Julis trotz ungünstiger Wetterlage in Tokyo eingetroffen".

144 St.S. Indien: Telegramm AA—Mackensen (Rom) persönlich, Nr. 2623 vom 26. Juni 1942.

145 In der Unterredung Bose—Hitler (siehe Anm. Nr. 137) war die Rückfahrt Boses auf einem U-Boot vereinbart worden.

146 KTB 1. Skl A 9. Mai 1942.

147 Azad Hind V/VI S. 47: Am 23. Juni 1942 wurde der „Forward Bloc" für illegal erklärt.

148 Azad Hind V/VI S. 47: Sogenannte „Wardha Resolution" vom 14. Juli 1942.

149 Azad Hind V/VI S. 45-54: Englischer Wortlaut einer Rundfunkrede Boses vom 5. August 1942.

150 St.S. Indien: Bd. 2, Anhang, undatierter Bericht Pol. VII 6797 gII über die Tagung des Allindischen Kongresses in Neu-Delhi vom 7.-9. August 1942.
Die Behauptung von Selter (S. 58): „Der Versuch der britischen Regierung, ihm (Gandhi) eine pro-japanische Haltung zu unterstellen, war im höchsten Grade lächerlich", trifft nicht zu.

kannt gewesen sein. Jedoch hatte im August 1942 das britische militärische Prestige einen Tiefpunkt erreicht. So glaubten die indischen Freiheitskämpfer durch inneren Druck die Engländer zum Verlassen des Landes zwingen zu können.

Englands militärische Präsenz in Indien war nicht erschüttert: Gandhi und Nehru wurden sofort verhaftet. Daraufhin brachen die schwersten Unruhen des ganzen Krieges aus. Sabotageakte brachten den Eisenbahn- und Telegraphenverkehr zum Erliegen; ausgedehnte Streiks in der Schwerindustrie beeinträchtigten erheblich die Rüstungsproduktion[151]. Die Aufstandsbewegung war nicht zentral gelenkt. Die von Kabul aus gesteuerte „Mazzotta (Bose)-Organisation" hatte im Juli einzelne Sabotagekurse im westlichen Indien durchgeführt[152]. Andererseits war ein detaillierter Aktionsplan für den Fall einer japanischen Invasion ausgearbeitet[153]; aber eine wirksame Einflußnahme Boses und der deutschen Regierung auf diese Vorgänge war wegen der riesigen Entfernung unmöglich. Auch die Japaner konnten das Geschehen nicht lenken. Zwar hatten sie die Exilinder organisiert, doch verfügten weder die japanische Armee noch die Auslandsinder über die nötigen Verbindungen.

Erst nach Gandhis Verhaftung erklärte sich die japanische Regierung mit der Reise Boses in den Fernen Osten einverstanden. Die deutsche Seite stellte daraufhin ihre Bedenken wegen eines Fluges zurück[154]. Sicherlich wäre es ratsam gewesen, Bose sofort einzusetzen — die Unruhen in Indien klangen erst im November ab[155] —; doch verzögerte sich der Flug der zweiten italienischen Maschine infolge verschiedener Differenzen zwischen Rom und Tokio[156]. Seit der Bedrohung der japanischen Seeherrschaft im Pazifik durch die Niederlage bei den Midways (3.—7. Juni 1942) und angesichts der ersten erfolgreichen amerikanischen Landung auf Guadalcanal (7. August 1942) hatte sich außerdem das Interesse der Japaner, das nach der Eroberung von Singapore Indien gegolten hatte, auf die Abwehr der Amerikaner im Osten konzentrieren müssen. Daher unterblieb der häufig angekündigte Flottenvorstoß in den Indischen Ozean. Der Plan einer Verbindung mit den „Achsenpartnern" über Indien mußte im August 1942 als gescheitert betrachtet werden. Indien war nicht mehr durch ein japanisches Großunter-

[151] St.S. Indien: St.S. Keppler, Bericht über die Unruhen in Indien vom 10. September 1942. Vgl. auch Azad Hind VII/VIII S. 64 und IX/X S. 43 sowie Glasneck/Kircheisen S. 274. Churchill, 2. Weltkrieg, IV 2, S. 114 simplifiziert, wenn er schreibt: „Sie (die gegen die Unruhen ergriffenen Maßnahmen des Vizekönigs) bewiesen, wie wenig tief die Kongreß-Partei die Massen der indischen Volksschichten beeinflußte, die eine japanische Invasion fürchteten und sich an den König-Kaiser um Schutz wandten".
Vgl. auch dazu die ungenügende Darstellung bei Spear S. 405.

[152] St.S. Indien: Telegramm Pilger (Kabul)—AA, Nr. 574 vom 23. August 1942.

[153] St.S. Indien: Telegramm Pilger (Kabul)—AA, Nr. 582 vom 27. August 1942: Übermittlung dieses ausführlichen Planes für Sabotageakte in Indien.

[154] St.S. Indien: USt.S. Pol. Nr. 573 vom 17. August 1942.

[155] St.S. Indien: Telegramm: Wendler (Bangkok)—AA, Nr. 683 vom 21. November 1942.

[156] St.S. Indien: Notiz Erdmannsdorff vom 24. August 1942: Der italienische Geschäftsträger teilte mit, daß die japanische Regierung auf einer Route südlich sowjetischen Territoriums bestehe.
USt.S. Diplomatische Aufzeichnungen: Abgefangene italienische Telegramme Tokio—Rom vom 22. und 24. September 1942: Italienisch-japanische Verhandlungen wegen der alten Route über das Gebiet der Sowjetunion, da die Südstrecke länger sei.

nehmen zur See bedroht. Den Japanern blieb nur noch der Landweg über Burma, der erst Anfang 1944 beschritten wurde[157].

Hingegen wäre Indien spürbar bedroht worden[158], wenn die im August 1942 erfolgreich laufende deutsche Offensive gegen den Kaukasus wie geplant bis nach Iran hineingetragen worden wäre[159]. Aus diesem Grunde mag das Auswärtige Amt den indischen Freiheitskämpfer nicht überstürzt den Japanern überantwortet haben. Kalkulierten doch zu diesem Zeitpunkt sogar die amerikanischen Stabschefs einen Zusammenbruch der Sowjetunion ein[160].

Als der deutsche Angriff längst vor den Pässen des Kaukasus steckengeblieben war[161], bat Ribbentrop schließlich Bose zu einem Abschiedsempfang[162]. Erneut trug Bose die Bitte um deutsche Unterstützung vor, da weite Kreise in Indien den japanischen Absichten Mißtrauen entgegenbrächten. Ribbentrop sagte nach wie vor den Einsturz der britischen Herrschaft als Folge einer — immer unwahrscheinlicher werdenden — deutschen Besetzung Persiens voraus.

Der Herbst 1942 brachte das Ende des deutschen Vorstoßes nach Osten, damit auch das Ende einer ernsthaften deutschen Indien-Politik. Das Feld „Indien" mußte Ribbentrop daher ganz den Japanern überlassen. Subhas Chandra Bose war somit Ende November 1942 in Berlin endgültig als politische Figur abgeschrieben. Da kein zweiter italienischer Flug nach Ostasien stattfand, verzögerte sich seine Abreise mit einem deutschen U-Boot noch bis zum 7. Februar 1943[163]. Im Winter versuchte Bose vergeblich, seine indische Emigrantenorganisation zu stärken. Das Interesse der Achse an seiner Freiheitsbewegung nahm von Tag zu Tag ab. Die militärischen Rückschläge in Nordafrika und Stalingrad stellten die Führung in Rom und Berlin vor ganz andere Aufgaben.

[157] Siehe unten S. 202.

[158] KTB 1. Skl A 14. August 1942: „Japanische Kreise rechnen damit, daß weitere deutsche Erfolge in Ägypten und im Kaukasus nicht ohne Einfluß auf die Haltung der indischen Moslems bleiben würden".

[159] Heeresakte III H 421: Studie von General Paulus vom 2. Juli 1941 über die Wiedereroberung Syriens und Einnahme Ägyptens in Zusammenhang mit dem Rußlandfeldzug.
Halder Tagebuch 9. August 1942: „Gen. Heusinger und Oberstlt. Pistorius: Operationsmöglichkeiten im Irak durch Iran".
Warlimont S. 262 Anm. Nr. 11: „Der Verfasser (Warlimont) war um diese Zeit u. a. bei höheren Heeresstäben im östlichen Kaukasus (Pjatigorsk), die sich mit den Vorbereitungen für einen Übergang nach Transkaukasien beschäftigten".

[160] Morton, The War in the Pacific S. 377.

[161] Vom 24. bis 27. September 1942 gescheiterte Durchbruchsversuche auf den Paßstraßen in Richtung Tuapse.
Im Großen hatte Hitler bereits Anfang September 1942 den Feldzugsplan zur Eroberung des Kaukasus als gescheitert angesehen. Über die Differenzen im Führerhauptquartier wegen des aufgehaltenen Vormarsches der H.Gr. A (Kaukasus) und die Vertrauenskrise zwischen Hitler und dem Chef des Wehrmachtführungsstabes, General Jodl, Anfang September 1942 siehe die Einleitung (S. 12 und S. 63 ff.) zum zweiten Band des KTB OKW.

[162] St.S. Indien: Aufzeichnung Dr. Trott betr. Verabschiedung von Bose vom 16. Oktober 1942: Am 14. Oktober Empfang RAM für Bose unter Beisein von St.S. Keppler, Gesandtem von Rintelen, Dr. Megerle und Dr. Trott zu Solz.
Faksimile bei Schnabel S. 273-281.

[163] St.S. Indien: Offenes Telegramm Ribbentrop—Bose vom 8. Februar 1942: Ribbentrop wünscht Bose eine gute Überfahrt.

Die deutsche Regierung hatte es nicht vermocht, den Trumpf, den sie mit Bose in der Hand hatte, wirksam auszuspielen. Der Zeitpunkt, zu dem ein Aufstand in Indien die besten Erfolgschancen hatte, der Sommer 1942, verstrich ungenutzt. Der Grund hierfür liegt wohl zum Teil in der rassisch begründeten Haltung Hitlers, teilweise aber auch in Mißtrauen und Neid, die zwischen den Dreierpartnern herrschten.

2. Madagaskar

Im Gegensatz zu den mannigfachen Möglichkeiten, die sich den Dreierpaktstaaten in Indien geboten hatten, war Madagaskar für das Verhältnis der Verbündeten von zweitrangiger Bedeutung. Im südlichen Indischen Ozean gelegen, war diese wirtschaftlich autarke, riesige Insel durch den Plan einer Juden-Aussiedlung vor Kriegsbeginn in das europäische Blickfeld geraten. Britische Faschisten[1] und polnische extreme Nationalisten[2] spielten bereits 1936/37 mit dem Gedanken, ihre jüdischen Mitbürger auf Madagaskar auszusetzen. Während der Zeit von Mitte 1940 bis Anfang 1942 wurde diese Aussiedlung dann auch in der deutschen Führung ernsthaft erwogen[3].

Durch den japanischen Kriegseintritt geriet diese französische Kolonie in die globalstrategischen Planungen der kriegführenden Mächte. Denn wer diese Insel militärisch beherrschte, kontrollierte die Schiffahrt im westlichen Indischen Ozean. Von dem Marinestützpunkt Diego Suarez ließ sich der lebenswichtige Nachschub für die britische Afrika-Front, der 1942 um das Kap der Guten Hoffnung lief, mühelos unterbinden und eine der Hauptversorgungslinien der Sowjetunion, der Seeweg nach Basra, abschneiden.

Nach dem raschen französischen Zusammenbruch im Juni 1940 stritten sich Deutschland und Japan erstmalig um französisches Kolonialerbe in Indochina. Am 30. August 1940 mußte Vichy in einem Wirtschaftsvertrag Japan die „Meistbegünstigungsklausel" im Indochinahandel einräumen. Auch konnten sich die Franzosen dem japanischen Verlangen, Truppen in Nordindochina zu stationieren, nicht widersetzen[4]. Wenig später

[1] Frederic Mullally: Fascism inside England. London 1946. p. 21/2: Die „Imperial Fascist League" arbeitete 1936 einen Plan zur Aussiedlung der europäischen Juden nach Madagaskar aus.

[2] Richard Breyer: Das Deutsche Reich und Polen 1932-37. Außenpolitik und Volksgruppenfragen. Würzburg 1955. S. 145: Eine jüdisch-polnische Expedition habe Ende 1937 Madagaskar bereist und die Insel nach Siedlungsmöglichkeiten für polnische Juden erforscht. Frankreich habe die Kolonialforderungen (!) Polens 1937 — wenn auch aus anderen Motiven — unterstützt.

[3] Hermann Böhme: Entstehung und Grundlagen des Waffenstillstandes von 1940. Stuttgart 1966. S. 284 und Hillgruber, Hitlers Strategie S. 245, 250, 253 und 254: In Deutschland wurde dieser Plan einer Judenaussiedlung in die französische Kolonie Madagaskar nach der Niederlage Frankreichs auch vorübergehend von Hitler bis März 1941 erwogen und erst nach der „Wannsee-Konferenz" vom 20. Januar 1942, auf der technische Maßnahmen zur physischen Vernichtung der im deutschen Herrschaftsbereich ansässigen Juden beschlossen wurden, endgültig vom Auswärtigen Amt fallengelassen.

[4] Jones, Far East S. 24; Sommer S. 366 ff.
Hattori I (1) S. 58 erwähnt die bei diesem Abkommen durch die Japaner erpreßten Wirtschaftspräferenzen nicht.

bestätigte dann der Dreimächtepakt Japan seine beherrschende Stellung in Ostasien. Mit diesem Vertrag verlor das Deutsche Reich jede Einflußnahme auf französischen bzw. holländischen Kolonialbesitz in Ostasien. Als die japanische Regierung am 2. Juli 1941 beschloß, nicht gegen die Sowjetunion Krieg zu führen, sondern statt dessen nach Südostasien vorzustoßen[5], konnte man sich in Vichy den ultimativen Forderungen der Japaner nicht entziehen. Am 21. Juli 1941 wurden den japanischen Truppen Stationierungsrechte auch für Südindochina zugebilligt[6]. Obwohl sich Berlin in dieser Auseinandersetzung strikt neutral verhielt[7], mußte das rigorose Vorgehen des Verbündeten in Fernost das Verhältnis des militärisch geschlagenen Frankreich zu Deutschland, seinem Besieger, weiter verschlechtern.

Vielleicht war dieses Verhalten Deutschlands einer von vielen Gründen, derentwegen die französische Bereitschaft zur „collaboration" im Sommer 1941 schwand. Die Regierung in Vichy versagte jedenfalls Mitte Juli 1941 die Erfüllung der sogenannten „Pariser Protokolle"[8]. Als die deutschen Truppen im Dezember 1941 tief in Rußland standen, und als die Seemacht Japan an die Seite Deutschlands getreten war, muß auch in Vichy vorübergehend der Eindruck entstanden sein, daß sich die militärische Lage zugunsten der Dreierpaktmächte gestalten werde. In dem deutsch-französischen Verhältnis kündigte sich daher erneut eine Bereitschaft der Franzosen zur „collaboration" an[9]. Angesichts der günstigen militärischen Gesamtlage sah aber gerade Hitler keinen zwingenden Grund, von seiner harten „Siegerpolitik" gegenüber Frankreich abzugehen[10].

Im Gegensatz zu Hitler strebte die deutsche Kriegsmarine nach wie vor einen großzügigen politischen Ausgleich mit Frankreich an. Trotz der Ablehnung der „Pariser Protokolle" durch Vichy hatten die Offiziere in der Seekriegsleitung noch nicht ihren alten Plan[11] aufgegeben, von Stützpunkten auf französischem Kolonialbesitz aus den alliierten Tonnageverkehr entscheidend zu treffen. Wäre dieses Vorhaben verwirklicht worden, so hätte es eine Verlagerung des strategischen Schwergewichts auf den See- und Luftkrieg im Atlantik zur Folge gehabt[12]. Daß diese grundsätzliche Umstellung

[5] Siehe unten S. 98.

[6] Jones, Far East S. 25 und Hattori I (1) S. 132.
ADAP D XIII Dokument Nr. 126: Telegramm RAM—Tokio, Nr. 1094 vom 19. Juli 1941 und Telegramm RAM—Paris, Nr. 3712 vom 19. Juli 1941: Übermittlung der von Oshima am 17. Juli dem AA überreichten Forderungen der Japaner an die Regierung in Vichy betreffs Indochina.

[7] Hattori I (1) S. 132: Deutschland habe die japanische Bitte um Vermittlung abgelehnt, da es erklärt habe, keinen Druck auf Vichy ausüben zu können.

[8] Laut diesen Protokollen sollte Bizerta dem deutschen Afrikakorps als Nachschubbasis und Dakar der Kriegsmarine als Stützpunkt überlassen werden (vgl. dazu Hillgruber, Hitlers Strategie S. 415 ff. und Jäckel S. 157 ff.).

[9] Aron S. 466 f., Jäckel S. 211 ff. und Abetz S. 217 ff.

[10] Über die harte deutsche „Siegerpolitik" 1942 im besetzten und unbesetzten Frankreich siehe die Einleitung zu Band II des KTB OKW S. 130 ff.

[11] Lagevorträge ObdM vor Hitler: Unterredung Raeder—Hitler am 9. 7. 1941, in der Raeder die deutsche Besetzung Dakars als Antwort auf die amerikanische Islandbesetzung (7. Juli 1941 Landung amerikanischer Streitkräfte in Reykjavik) forderte — ein nach Beginn des Rußlandfeldzuges kaum noch realisierbares Unternehmen.

[12] Die Behauptung Warlimonts (S. 240), es habe an Initiative bei den Oberbefehlshabern von Kriegsmarine und Luftwaffe gefehlt, um eine Revision der einseitig auf den Ostfeldzug

der deutschen Strategie so lange unmöglich war, als der Feldzug im Osten noch kein siegreiches Ende gefunden hatte, war eine zwingende Einsicht, der sich die planungsfreudigen Stabsoffiziere um Raeder nur zu gern verschlossen.

Obwohl die deutsche Kriegsmarine viel zu schwach war, weltweite Aufgaben wahrzunehmen, bezog sie dennoch Madagaskar in ihre globalen Überlegungen mit ein. Der japanische Wunsch nach Stützpunkten auf dieser Insel wurde von der Seekriegsleitung aus militärischen Gründen gutgeheißen, aber wegen schwerwiegender politischer Bedenken zurückgewiesen[13]. Wahrscheinlich versuchten die Japaner Mitte Dezember 1941 nur, vor der Unterzeichnung der Militärkonvention strategische Ansprüche möglichst weit westlich des 70. Längengrades geltend zu machen[14], wie die deutsche Seite sich zu diesem Zeitpunkt ein Mitspracherecht in Indien sichern wollte. Doch die Seekriegsleitung befürchtete die Auswirkungen einer französischen Reaktion auf die angespannte deutsch-italienische Lage im Mittelmeer und ließ sich mit den japanischen Marineoffizieren nicht auf eine weitere Erörterung dieser Frage ein.

Die Regierung Darlan, der diese japanischen Absichten bekannt waren, beabsichtigte, in dem sich anbahnenden deutsch-japanischen Konflikt um Madagaskar neutral zu bleiben. In Vichy beschloß man lediglich, den amerikanischen Botschafter, Admiral Leahy, über alle japanischen Démarchen auf dem Laufenden zu halten[15]. Nach der deutschen Absage bemühten sich die Japaner vorerst in Vichy nur darum, die französische Indochina-Handelsflotte zu übernehmen. Die deutsche Regierung konnte in dieser Frage wiederum nicht eingreifen. Möglicherweise könnte auch der mysteriöse Tod des japanischen Botschafters Sotomatsu Kato, der in der Nacht vom 11./12. Februar 1942 aus einem Hotelfenster in Paris stürzte[16], mit politischen Streitfragen im Zusammenhang stehen.

Das besiegte, zwischen den kriegführenden Mächten lavierende Frankreich wurde auch von den Amerikanern unter Druck gesetzt. Die Regierung in Washington drohte mit Rückberufung ihres Botschafters, falls die französische Regierung weiterhin über Bizerta Kriegsmaterial an die Achsentruppen nach Nordafrika verschiffe[17]. Auch wegen der im Auftrage Deutschlands durchgeführten Kautschuktransporte aus Indochina[18]

gerichteten deutschen Strategie zu erreichen, ist, zumindest für die Person Raeders, nicht zutreffend.

13 KTB 1. Skl A 22. Dezember 1941.

14 Ebenda: „... Erweiterung der gelben Einflußzone weit über dem 70° hinaus nach Westen...".

15 Aron S. 475.

16 KTB 1. Skl. C XVI 12. Februar 1942: Die Japaner baten um strengste Diskretion und wünschten keine diplomatischen Vertreter bei den Trauerfeierlichkeiten.

17 Leahy S. 76/77: Am 9. Februar 1942 habe Darlan Leahy eingestanden, ein entsprechendes Abkommen im Dezember 1941 in Italien unter Druck unterzeichnet zu haben. Am 11. Februar übergab Leahy eine Protestnote der amerikanischen Regierung wegen der französischen Kriegsmaterialtransporte nach Nordafrika.
Möglicherweise war dieser Grund nur vorgegeben, da weder in den ‚Opera Omnia di Benito Mussolini' Band XXX, S. 141 noch bei Ciano (Ciano, L'Europa S. 697 ff. und Ciano Tagebücher S. 379) ein entsprechender Hinweis zu finden ist, daß Darlan und Ciano bei ihrem Treffen am 10. Dezember 1941 ein derartiges Abkommen ausgehandelt haben.

18 Menzel S. 458 nach IMT Doc PS 1990 pp. 68-9: Tätigkeitsbericht der deutschen Waffenstillstandsdelegation für Wirtschaft 1942.

wollte Vichy dem amerikanischen Botschafter diese Zusicherung nicht geben[19]. Dieses Eingehen der Franzosen auf deutsche und japanische Wünsche war in Wirklichkeit kein freier Entschluß, sondern eine Konsequenz der militärischen Erfolge der Dreierpaktmächte. Die französische Regierung wurde immer mehr jeder eigenen Entscheidungsfreiheit beraubt.

In richtiger Einschätzung dieser Zwangslage forderte Leahy in einem Schreiben an Roosevelt am 20. Februar, angesichts der noch immer umlaufenden Gerüchte von einer japanischen Besetzung Madagaskars sollten die Alliierten den Japanern zuvorkommen[20]. Da das britische Prestige — nach dem Fall von Singapore[21], dem Rückzug aus Libyen[22] und dem Durchbruch deutscher Schlachtschiffe durch den Kanal[23] — auf einen neuen Tiefpunkt gesunken sei, müsse zur Sicherung der Seeverbindung im westlichen Indischen Ozean unbedingt Madagaskar von südafrikanischen Einheiten besetzt werden. Wie aus dem Antwortbrief Roosevelts hervorgeht[24], hielten die angelsächsischen Vereinigten Stabschefs noch im Februar 1942 die diplomatische Präsenz Amerikas in Vichy für wichtiger als eine gemeinsame militärische Aktion gegen französischen Kolonialbesitz.

Nach den großen japanischen Siegen und im Zuge der Planung eines Flottenvorstoßes in den Indischen Ozean zum Zwecke der Verbindung mit Deutschland[25] griffen japanische Marineoffiziere ab Mitte Februar 1942 die Frage nach Stützpunkten auf Madagaskar wieder auf[26]. Da diese Insel nach dem Militärabkommen zur deutsch-italienischen Sphäre gehörte, forderte das Auswärtige Amt Verhandlungen mit Tokio; die französische Besitzung Neukaledonien sollte den Japanern unwidersprochen zugestanden werden[27]. Die Seekriegsleitung betonte ihrerseits in einer ausführlichen Stellungnahme, die Frage „Madagaskar" müsse vor dem Hintergrund einer grundlegenden Revision der Stellung Frankreichs zur Achse betrachtet werden, um „die freiwillige,

19 Leahy S. 477, Brief Leahy—Roosevelt vom 20. Februar 1942: Am 16. Februar habe Darlan die in der amerikanischen Note vom 11. Februar enthaltenen Forderungen abgelehnt.

20 Dokument Nr. XIX bei Leahy S. 476-478.

21 Am 15. Februar 1942 kapitulierte Singapore.

22 Am 5. Februar 1942 gelangte die deutsche Gegenoffensive unter Rommel bis in den Raum westlich vor Tobruk.

23 Unternehmen „Cerberus", Durchbruch der Brest-Einheiten „Scharnhorst", „Gneisenau" und „Prinz Eugen" durch den Kanal am 12./13. Februar 1942.
Kommentar der Londoner „Times" zu diesem erfolgreichen Unternehmen der deutschen Kriegsmarine: „Vice-Admiral Ciliax has succeeded where the Duke of Medina Sidonia failed... Nothing more mortifying to the pride of sea power has happened in Home Waters since the 17th Century" (Martienssen S. 123).

24 Leahy S. 479, Dokument Nr. 20, undatierter Antwortbrief Roosevelts: „In fact, the joint staff missions have very definitely urged that we postpone as long as possible any evidence of change in our relations with France and they consider that to hold the fort as far as you are concerned is as important a military task as any other in these days".

25 Z. B. KTB 1. Skl C XV 17. Februar 1942: Unterredung Groos—Nomura am 10. Februar 1942.

26 St.S. Japan: Telegramm Wenneker/Ott—AA/OKM-OKW, Nr. 487 vom 20. Februar 1942. KTB 1. Skl A 20. Februar 1942.

27 St.S. Japan: Telegramm Ritter—Ott, Nr. 199 vom 27. Februar 1942.

volle Mitarbeit Frankreichs zu gewährleisten"[28]. Selbst der deutsche Generalstab befürchtete zu diesem Zeitpunkt eine Besetzung Madagaskars durch die Alliierten[29]. Mit der Entsendung einiger Kriegsschiffe gab die Regierung in Vichy dagegen deutlich zu verstehen, wem diese Insel noch immer unterstand[30].

Ein japanischer bzw. alliierter Überraschungsangriff auf Madagaskar schien somit im März 1942 jeden Tag möglich. Ribbentrop gestand notgedrungen — trotz starker Bedenken der Kriegsmarine[31] — den Japanern für die Dauer des Krieges Stützpunkte zu, wies aber nachdrücklich darauf hin, daß die Insel zu „unserer europäisch-afrikanischen Interessensphäre" gehöre. Er bot sich sogar an, auf entsprechende Wünsche Tokios hin zur „Applanierung der Situation in Vichy beizutragen"[32]. Etwa zur gleichen Zeit, am 12. März, brachte Raeder bei Hitler noch einmal die politischen Bedenken der Seekriegsleitung vor[33]. Hitler selbst maß dieser Frage mit Recht keine größere Bedeutung bei: Konnte doch das Deutsche Reich weder eine alliierte Besetzung Madagaskars verhindern noch die Japaner dazu veranlassen.

Trotz deutscher Zugeständnisse, die Ribbentrop gegenüber Oshima am 23. März wiederholte[34], wartete die „Wilhelmstraße" vergebens auf Tokios offizielle Anfrage. Stattdessen stieß, ohne daß die deutsche Kriegsmarine informiert wurde[35], ein japanischer Trägerverband in den Indischen Ozean vor, dessen Flugzeuge Colombo und Triconmalee auf Ceylon bombardierten. Dieser Vorstoß zwang die — der Vernichtung nur zufällig entgangene — britische Fernostflotte, ostafrikanische Häfen anzulaufen. Fortan mußte England die japanische Überlegenheit zur See im Indischen Ozean bis gegen Ende des Krieges anerkennen[36].

Nach diesem erfolgreichen Flottenunternehmen blieb Madagaskar die einzige neutrale, strategisch wichtige Bastion im Indischen Ozean. Vichy befürchtete täglich eine

[28] KTB 1. Skl C XVI 28. Februar 1942: Abschrift des Briefes 1/Skl Ic an OKW/WFStab und an Ritter im AA.

[29] KTB 1. Skl C A 1. März 1942: Generalstab des Heeres, Abt. Fremde Heere Ost, Nr. 632/42 gKdos vom 1. März 1942.

[30] KTB 1. Skl A 11. März 1942: Nach Reuter (amerikanische Nachrichtenagentur) seien französische Kriegsschiffe zur Verteidigung Madagaskars beordert worden.

[31] KTB 1. Skl A 2. März 1942: Stellungnahme der Kriegsmarine zu dem Vorschlag des AA an die Japaner bezüglich der Besetzung Madagaskars.

[32] St.S. Japan: Telegramm Ribbentrop—Ott, Nr. 808 vom 18. März 1942: Ribbentrop übermittelt den Inhalt einer Unterredung mit Oshima „in diesen Tagen", über die kein sonstiger Bericht vorhanden ist.

[33] Lagevorträge ObdM vor Hitler: Unterredung Raeder—Hitler vom 12. März 1942.

[34] Aufzeichnung über die Besprechung zwischen dem Herrn RAM und dem japanischen Botschafter Oshima in Steinort am 23. März 1942, F 9/0072-0083.

[35] Hattori II (3) S. 124: Im März 1942 habe die japanische Marine beschlossen, zur Sicherung des maritimen Vorfeldes von Singapore der ‚British Eastern Fleet' einen Schlag zu versetzen. KTB 1. Skl C XV 8. April 1942: Niederschrift über Besprechung mit japanischem Verbindungsstab am 8. 4. 1942 bei C/Skl: Nomura: „. . . Zeitpunkt für eventuelle Operationen gegen Ceylon oder Madagaskar nicht bekannt . . ." Nachdem die Bombardierung Colombos am 6. 4. 1942 in Berlin bekannt geworden war: (KTB 1. Skl A 6. April 1942), rechnete der deutsche Generalstab mit einem japanischen Angriff gegen Ceylon. Die Abt. Fr. H. Ost fertigte am 7. April 1942 eine ausführliche Studie über diese Insel an. Abschrift dieser „Notiz über Ceylon" in der Heeresakte III H 422/1.

[36] Grenfell S. 211 ff.
Vgl. auch Anm. Nr. 104 S. 73.

angelsächsische Invasion[37]. Die japanische Marine schickte Admiral Nomura ohne Absprache mit Berlin auf eine angebliche Informationsreise nach Spanien und Frankreich[38]. Im April 1942 war tatsächlich das Prestige Großbritanniens tief gesunken, das amerikanische Potential konnte sich noch nicht auswirken, und die Russen harrten eines neuen deutschen Angriffes: Deutschland und Japan beherrschten das Kriegsgeschehen.

Aus dieser Position der Stärke drängte Berlin seit längerem in Frankreich auf eine Regierungsumbildung in deutschem Sinne[39]. Marschall Pétain konnte nicht umhin, den für deutschfreundlich geltenden Pierre Laval am 18. April 1942 offiziell zum Regierungschef zu ernennen. Daraufhin berief die amerikanische Regierung ihren Botschafter demonstrativ ab. In einem letzten Versuch, den amerikanischen Einfluß zugunsten einer strikt neutralen französischen Haltung weiterhin geltend zu machen, soll Leahy bei seinem Abschiedsbesuch Pétain und Laval[40] zugesagt haben, eine Invasion Madagaskars durch freifranzösische Truppen de Gaulles zu verhindern, falls sich Vichy verpflichte, die militärische Zusammenarbeit mit den Achsenmächten nicht weiter auszudehnen[41]. Doch riet Laval am gleichen Tag dem neuen japanischen Botschafter (Takanobu Mitani), die französischen Schiffe in Indochina durch seine Regierung beschlagnahmen zu lassen. Der neue französische Ministerpräsident kam nicht nur den deutschen Anordnungen nach, sondern auch den Forderungen der Japaner. Mit dieser Nachgiebigkeit hoffte er, dem geschlagenen Frankreich weiterhin in einem von Deutschland beherrschten Europa einen Platz zu sichern und das französische Kolonialreich — auch in Ostasien — über den Krieg zu retten[42].

Auch in der Frage einer japanischen Besetzung Madagaskars beugte sich Laval dem Willen der Stärkeren: Ende April 1942 ließ er die deutsche Regierung wissen, Frankreich wolle den Japanern Stützpunkte auf Madagaskar anbieten[43]. Ribbentrop infor-

37 KTB 1. Skl A 17. April 1942.

38 St.S. Japan: Notiz Erdmannsdorff vom 16. April 1942: Da Admiral Nomura am 23. April nach Spanien, in das besetzte Frankreich und eventuell nach Vichy reisen wolle, könnte Botschafter Oshima nahegelegt werden, wenigstens das AA vor der Reise zu befragen.

39 Über das deutsche Drängen in Vichy seit Februar 1942, Laval wieder mit der Regierungsbildung zu beauftragen und die vergeblichen Versuche Leahys, Pétain von diesem Schritt abzuhalten, siehe Aron S. 479-483 und S. 513.

40 KTB 1. Skl C VIII 27. April 1942: Laval habe Leahy von der Notwendigkeit einer französischen Verständigung mit Deutschland überzeugen wollen, „da ohne eine Verständigung mit Deutschland ein dauerhafter Frieden in Europa nicht möglich sei".
Leahy S. 91: Laval betonte, daß seine Regierung so weit wie möglich mit Deutschland zusammenarbeiten wolle, um bei der Niederlage des „sowjetisch-britischen Bolschewismus" mitzuhelfen. Vgl. dazu auch Aron S. 511.

41 KTB 1. Skl A 29. April 1942.

42 KTB 1. Skl C VIII 27. April 1942.
Aron S. 475 bringt eine ungenaue Darstellung der Vorgänge, die zur Übernahme der französischen Indochina-Handelsflotte durch die Japaner führten: „Mais, en février 1942, préférant mécontenter l'Allemagne plutôt que les U.S.A., elle (franz. Regierung) rejette tous pourparlers et les Japonais s'emparent de la totalité de la flotte marchande".

43 KTB 1. Skl A 1. Mai 1942.
Der Vorwurf, den Aron (S. 519) den Briten macht, sie seien fälschlichen Informationen von einer angeblichen Bedrohung Madagaskars durch die Japaner zum Opfer gefallen, ist angesichts dieser französischen Einwilligung zur Besetzung der Insel ungerechtfertigt.

mierte sogleich Ciano über dieses französische Angebot und erklärte sich mit einer japanischen Besetzung einverstanden, allerdings mit dem Vorbehalt, daß diese Insel nach dem Krieg geräumt werde[44]. Ciano stimmte seinem deutschen Kollegen zu, bezweifelte aber, ob die Japaner die weit vom Mutterland entfernte Insel besetzen könnten, ohne über Stützpunkte auf Ceylon zu verfügen.

Doch kamen konkrete französisch-japanische Verhandlungen zu spät. Am gleichen Tage, an dem Pétain, Darlan und Laval die japanischen Admiräle Nomura und Abe[45] zu einer Besprechung über die Besetzung der Insel durch die Japaner[46] empfingen, wurde der Seekriegsleitung gemeldet, daß ein britischer Flottenverband zur Aktion gegen Madagaskar bereit liege[47]. Admiral Nomura war jedoch über die deutsche Einwilligung augenscheinlich nicht informiert. Die japanischen Marineoffiziere gaben jedenfalls an, erst das deutsche Einverständnis einholen zu müssen[48]. Ob dieses plötzliche japanische Ausweichen nicht eher mit der bevorstehenden britischen Landung auf der Insel in Zusammenhang zu bringen ist, ob nicht überhaupt die französische Regierung mit ihrem Anerbieten die Angelsachsen zu schnellem Handeln auffordern wollte, läßt sich nicht entscheiden. Solche Vermutungen wurden jedenfalls sofort von Mussolini[49] und der Seekriegsleitung[50], und zwar unabhängig voneinander, ausgesprochen.

Am 5. Mai landeten als „eindeutige Antwort der Alliierten auf die Berufung Lavals"[51] britische Truppen mit amerikanischer Billigung in dem einzigen Flottenstützpunkt der Insel, Diego Suarez[52]. Gemeinsam warfen Vichy und Berlin der Londoner Regierung vor, die Engländer seien aus Mangel an militärischen Erfolgen darauf angewiesen, eine fern vom Mutterland liegende Insel zu überfallen[53]. Im September 1942 nahmen die Briten während des deutschen Vormarsches in Rußland und der „Wartestellung" vor El Alamein die Operationen gegen das Hinterland von Diego Suarez wieder auf[54]. Man kann sich des Eindruckes kaum erwehren, daß die britischen Truppen die Kampfhandlungen auf Madagaskar absichtlich bis zum 6. November 1942 hinzogen, um einen

44 Notiz über die Unterredung zwischen RAM und dem Grafen Ciano im Schloß Kleßheim bei Salzburg am 29. 4. 1942, F 1/96-100.

45 Konteradmiral Katsuo Abe war japanischer Marineattaché in Rom.

46 KTB 1. Skl A 4. Mai 1942.

47 KTB 1. Skl A 3. Mai 1942: Meldung aus dem deutschen Konsulat Lourenço Marques.

48 St.S. Japan: Telegramm Krug/Abetz (Vichy über Paris)—AA, Nr. 1830 vom 4. Mai 1942.

49 Ciano Tagebücher 5. Mai 1942.

50 KTB 1. Skl A 1. Mai 1942.

51 KTB 3. Skl 7. Mai 1942 (englische Pressekommentare).

52 KTB 1. Skl A 5. und 6. Mai 1942: Die angreifende Armee umfasse 20 000 Mann, auf der Insel befänden sich jedoch nur 6000 französische Soldaten.
Am 8. Mai 1942 wurde Diego Suarez übergeben. Zu den militärischen Operationen der Engländer auf Madagaskar siehe das Kapitel „Madagascar" bei Kirby, India S. 133-144.

53 KTB 1. Skl A 6. Mai 1942: Stellungnahme Admiral Darlans: „... Angelsachsen, anstatt ihre Gegner zu bekämpfen, sich leichte Erfolge suchten, indem sie unvermutet eine vom Mutterland entfernte französische Kolonie angriffen".
Goebbels Tagebücher 8. Mai 1942: „Churchill ergreift selbst in der Frage Madagaskar das Wort. Er redet im Unterhaus, gibt pompöse Kriegsberichte heraus wie ein siegreicher Feldherr. Dieser Mann ist ein wahres Untier. Er strotzt nur so von Lügenhaftigkeit und Aufgeblasenheit."

54 Zu der Eroberung des Landesinneren durch die Engländer vom 10. September bis zum 10. November 1942 vgl. die ausführlichen Dokumente in der Heeresakte III H 423.

„Sieg“ nach dem anderen zu erringen[55]. Erst Montgomerys Erfolge in der Schlacht um El Alamein (2./4. November 1942) sollten den „Kriegsschauplatz Madagaskar“ wieder auf seine eigentliche untergeordnete Bedeutung zurückführen. Am 14. Dezember 1942, d. h. nach der erfolgreichen Invasion der Alliierten in Französisch-Nordafrika, übertrugen schließlich die Engländer die Militärverwaltung der Insel an de Gaulle[56].

Vichy verhandelte sogleich nach der englischen Landung auf Madagaskar mit dem japanischen Marineattaché über einen Entlastungsangriff[57]. Die japanische Marine bekundete sogar am 5. Juni durch einen Angriff mit Klein-U-Booten im Hafen von Diego Suarez ihr Landungsrecht[58]. Doch waren die japanischen militärischen Anstrengungen seit dem 5. Mai, als das Kaiserliche Hauptquartier die Operationsanweisung für das Unternehmen gegen die Midways herausgab, auf die Entscheidungsschlacht mit den Amerikanern gerichtet.

Die Besetzung Madagaskars war für die Japaner von strategischer Bedeutung wegen der Seeverbindung zu den Achsenmächten[59]. Deutschland konnte nur diplomatisch-politischen Beistand leisten. Doch die starre Trennung der beiderseitigen Einflußsphären durch den 70. Längengrad machte es dem Auswärtigen Amt und der Seekriegsleitung nicht leicht, ihre Einwände gegen ein derartiges japanisches Ausgreifen hintanzustellen. Als die deutsche Seite endlich einer Besetzung zugestimmt hatte, ließ die japanische Marine ihren deutschen Verbündeten über ihre strategischen Ziele und Vorhaben gegen diese französische Besitzung weitgehend im Dunkeln. Auch die — viel zu spät eingeleiteten — einseitigen japanischen Gespräche mit der Regierung in Vichy mußten von deutscher Seite als Brüskierung empfunden werden. Argwohn und Uneinigkeit unter den Verbündeten kamen letztlich nur den Alliierten zugute.

Die Chance einer möglichen — wenn auch nur vorübergehenden — völligen Beherrschung des Indischen Ozeans durch die Dreierpaktmächte wurde vertan. Hätte man sie genutzt, so hätte dies unabsehbare Folgen sowohl für die britische Afrika-Front[60], als auch für die sowjetische Defensivkraft[61] gehabt. Cianos Frage an Ribbentrop[62], ob sich das logistische Problem bei einer japanischen Besetzung Madagaskars werde lösen las-

[55] Churchill, Reden 1942 S. 338 f.: Wortlaut der Erklärung im Unterhaus vom 10. November 1942 über die siegreiche Kampagne der Engländer auf Madagaskar vom 10. September bis 17. Oktober 1942, bei der nur 17 Tote zu beklagen seien.

[56] KTB 1. Skl C VIII 14. Dezember 1942.

[57] KTB 1. Skl A 7. Mai 1942: Vichy glaubte, den Widerstand im Landesinneren längere Zeit fortsetzen zu können, da die Japaner einen drei Wochen anhaltenden Widerstand als Voraussetzung für einen erfolgreichen Entlastungsangriff gefordert hätten.

[58] KTB 1. Skl A 5. Juni 1942.
KTB 1. Skl C XV 19. Juni 1942: Abschrift des Telegramms Mar. Att. Tokio an OKM: Die Angriffe auf Sydney und Diego Suarez seien Täuschungsmanöver während der anlaufenden Midway-Operation gewesen.

[59] Siehe unten S. 140 und S. 143.

[60] Der Nachschub für die britische Nordafrikafront lief an der Ostküste Afrikas entlang. Vom 15. Juni bis zum 25. Juli 1942 versenkten japanische U-Boote auf diesem Schiffahrtsweg 105 000 BRT und brachten zwei Schiffe mit je 15 000 BRT auf (KTB 1. Skl A 22. Juli 1942).

[61] Motter S. 482 f.: Im Mai 1942 gingen 44,7 %, im Oktober 1942 sogar 52,9 % des alliierten Nachschubs an die Sowjetunion — fast ausschließlich Kriegsmaterial — über die Route Indischer Ozean—Persischer Golf.

[62] Bei der Zusammenkunft am 29. 4. 1942, siehe Anm. Nr. 44.

sen, muß bejaht werden: Bis zur Niederlage bei den Midways — wenn nicht überhaupt bis zum massiven Einsetzen der amerikanischen Gegenoffensive Anfang 1943 — wäre es den japanischen Flotteneinheiten nicht schwergefallen, diese Insel zu versorgen und zu halten[63], sofern sie vorher nur die „British Eastern Fleet" ausgeschaltet hätten. Doch wie in Indien so überschnitten sich auch in Madagaskar die verschiedenen Interessen der Verbündeten. In beiden Fällen war der 70. Längengrad ein entscheidendes Hindernis für ein gemeinsames Vorgehen. Statt diese ominöse Trennungslinie zum beiderseitigen Nutzen zu überspielen, beschränkten sich beide Seiten etwa seit März 1942 immer mehr darauf, in der ihnen angewiesenen Zone eigene, nicht auf den Partner abgestimmte Operationen durchzuführen. Die Kaiserliche Flotte verlegte das Schwergewicht ihrer Kriegführung auf den Pazifik — die deutsche Landstreitmacht bereitete sich auf eine neue Offensive im Osten vor. Die beiden stärksten Wehrmachtteile — japanische Marine und deutsches Heer — verfolgten somit entgegengesetzte Ziele. Madagaskar und der ganze Indische Ozean wurden fortan nicht mehr in die unmittelbaren militärischen Planungen einbezogen[64].

3. Timor

Der nordöstliche Teil der wie ein Sprungbrett Australien (Pt. Darwin) vorgelagerten Insel Timor gehörte zu dem strikt auf seine Neutralität bedachten Portugal[1]. Die portugiesischen Besitzungen Macao und Timor waren die einzigen Kolonien einer nichtkriegführenden europäischen Macht in der von Japan beanspruchten Großostasiatischen Sphäre. Diese Lage konnte leicht zu diplomatischen Verwicklungen der japanischen Regierung mit den europäischen Verbündeten und Neutralen führen und, unter Umständen, Rückwirkungen auf den europäischen Kriegsschauplatz haben.

Ursprünglich wollten die Japaner die portugiesische Neutralität respektieren. Man befürchtete in Tokio zu Recht, ein auf Timor angegriffenes Portugal könne den Dreier-

[63] Vgl. dazu Shigemitsus allgemeine Aussage über das logistische Problem (S. 285): „Eine seewärtige Versorgung dieser weithin verstreuten Kräfte überstieg kaum die Anforderungen, selbst mit dem Schiffsraum, den Japan zu Beginn besaß".
Zur japanischen Logistik siehe die aufschlußreiche Darstellung von Johnston, insbes. S. 153: Die japanischen Heerestruppen wurden dazu angehalten, sich mit Nahrungsmitteln aus dem besetzten Land selbst zu versorgen, so daß der Nachschub über See auf technisches Material beschränkt werden konnte. Die Armee legte daher auf den besetzten Pazifikinseln häufig eigene Reiskulturen an.

[64] Für die divergierenden strategischen Planungen siehe ausführlich das Kapitel „Deutsche und japanische Pläne zu einer militärischen Zusammenarbeit 1942 — Überblick —" unten S. 129.

[1] Da Portugal eine englische Besetzung der Azoren befürchtete (ADAP D XII Dokument Nr. 120, Telegramm Huene/Lissabon—AA, Nr. 422 vom 3. 3. 1941), gab die portugiesische Regierung am 12. Juni 1941 eine erneute Neutralitätserklärung ab und verstärkte die Garnison auf den Azoren. Auch Hitler hatte in einer Unterredung mit Raeder am 22. Mai 1941 den Gedanken erwogen, die Azoren zu besetzen, um Langstreckenbomber gegen die USA (!) einsetzen zu können (Lagevorträge ObdM vor Hitler, 22. 5. 1941). Im Juli 1941 versuchten sogar die Amerikaner, die Brasilianer für eine Besetzung dieser Atlantikinseln zu gewinnen, um nach Ausrufung einer demokratischen Republik auf den Azoren die Regierung Salazar zu stürzen (ADAP D XIII Dokument Nr. 168: Telegramm Thomsen/Washington—AA, Nr. 2511 vom 29. Juli 1941. Vgl. dazu auch Friedländer S. 176 f.).

partnern den Krieg erklären oder sich zumindest einem Ausgreifen der Engländer nach den portugiesischen Überseebesitzungen — Azoren oder Ostafrika — kaum widersetzen. Der japanische Operationsplan vom November 1941 sah folglich nur eine Eroberung des holländischen Teiles der Insel vor[2]. Auch nach der Kriegserklärung der niederländischen Exilregierung an Japan (8. Dezember 1941) blieb die japanische Führung bei ihrem Entschluß, nur die holländischen Südseebesitzungen zu erobern. In dem japanischen Entwurf zur Militärkonvention sowie in der unterzeichneten Endfassung[3] wurde die japanische Operationszone ausdrücklich auf „Niederländisch-Indien", d. h. den holländischen Teil Timors, beschränkt.

Als nach den ersten japanischen Siegen Australien bedroht schien, besetzten australische Truppen unter Mißachtung des Neutralitätsstatus am 18. Dezember 1941 Portugiesisch-Timor. Energisch forderte Lissabon den bedingungslosen Abzug der alliierten Truppen[4]. Portugal konnte zu diesem Zeitpunkt eine Verletzung seiner Neutralität durch die Angelsachsen nicht hinnehmen. Trotz dieser widerrechtlichen Besetzung hielt die japanische Regierung vorerst an ihrem alten Operationsplan fest. Sie ließ die deutsche Seekriegsleitung, die bereits einen japanischen Gegenschlag befürchtete, wissen, Portugiesisch-Timor solle bei den Operationen in der Südsee ausgespart werden[5].

Weit mehr als in den internationalen Beziehungen sollte diese winzige portugiesische Kolonie zum Streitobjekt der japanischen Wehrmachtteile werden. Mit der Eroberung von Niederländisch-Celebes (23. Januar 1942) rückte Timor in den unmittelbaren Operationsbereich der japanischen Streitkräfte. Wegen des weiteren Vorgehens gegen Portugiesisch-Timor entstand auf der Verbindungskonferenz vom 28. Januar 1942 die erste Kontroverse zwischen Heer und Marine seit Kriegsbeginn[6]. Da am 15. Januar 1942 Indien dem Heer, der Marine hingegen Australien als Operationszonen zugesprochen worden war[7], konnten sich beide nicht über die zukünftige allgemeine Stoßrichtung einigen. General Tojo, Premier- und Kriegsminister in einer Person, stimmte wohl einer Aktion gegen die alliierten Truppen auf Timor zu, wollte aber das portugiesische Gebiet anschließend räumen. Admiralstabschef Nagano bestand hingegen auf einer dauerhaften Besetzung der ganzen Insel. Denn aus dieser strategisch günstigen Stellung heraus wollte die Marine gegen Australien vorgehen[8]. Somit war der Keim zu schweren

[2] Hattori I (2) S. 302-320: „Die Gebiete, die bei der Hauptoperation zu besetzen sind, sind die Philippinen, Guam . . . und Niederländisch Timor." (eigene Übersetzung).
Die bei Jones, Far East S. 4 wiedergegebene amerikanische Darstellung des japanischen Operationsplanes spricht nur von Timor und dürfte in diesem Punkt falsch sein.

[3] Siehe DOKUMENT Nr. 5 und 6 im Anhang S. 230 bzw. 232.

[4] KTB 1. Skl A 5. Februar 1942.

[5] KTB 1. Skl A 21. Dezember 1941: Gedankenaustausch über die Timorfrage, Japan wolle nichts unternehmen.
St.S. Japan: Telegramm Huene (Lissabon)—AA, Nr. 32 vom 3. Januar 1942: Der japanische Gesandte glaube, daß die japanische Regierung die Neutralität Portugals hinsichtlich Timors und Macaos respektieren werde.
KTB 1. Skl A 26. Januar 1942: Der japanische Marineattaché in Rom habe seinem deutschen Kollegen versichert, daß die Japaner bei ihrem Vorstoß nach Süden Timor aussparen würden.

[6] Hattori II (3) S. 102.

[7] Ebenda S. 101 und II (4) S. 115.

[8] Hattori II (3) S. 102.

Differenzen zwischen Heer und Marine über die weitere Kriegführung bereits sieben Wochen nach Beginn der Kampfhandlungen gelegt. Sogar der später — im März — ausgehandelte Kompromiß[9] zwischen der auf Indien zielenden Stoßrichtung des Heeres und der nach Australien drängenden Marine wurde in seiner Halbheit bei der Übereinkunft vom 2. Februar 1942 über Timor vorweggenommen: Solange Portugal neutral bliebe, sollte der portugiesische Teil sofort wieder geräumt werden. Sollte es hingegen wegen der Haltung des Mutterlandes oder aus gesamtstrategischen Überlegungen heraus nötig sein, so könnte Portugiesisch-Timor auch als Operationsbasis benutzt werden[10]. In dieser „Einigung" hatten beide Wehrmachtteile ihre strategischen Vorstellungen offengelassen.

Die japanische Marine versuchte sogleich, in der deutschen Kriegsmarine einen Verbündeten für ihren Plan zu gewinnen, ohne jedoch die deutschen Seeoffiziere von dem Alternativvorschlag des Heeres zu unterrichten[11]. Anfang Februar fragte sie bei Admiral Wenneker an, wie sich die deutsche Seekriegsleitung zu „einer japanischen Besetzung Portugiesisch-Timors" stellen werde. Nach Rücksprache mit Berlin wies der deutsche Marineattaché die Japaner auf die unerwünschten Auswirkungen hin, „die ein solcher Schritt hinsichtlich der Besetzung der portugiesischen und spanischen Atlantikinseln (durch die Angelsachsen) zur Folge haben werde", und empfahl eine Fühlungnahme mit der Reichsregierung[12]. Das Auswärtige Amt bezeichnete diese Einwände als rein militärisch und untersagte dem Botschafter in Tokio, diese Frage unaufgefordert zur Sprache zu bringen[13].

Als der gut informierte deutsche Marineattaché meldete, die Besetzung von ganz Timor sei bereits vor dieser Anfrage beschlossen gewesen und werde Ende Februar stattfinden[14], forderte das Oberkommando der Kriegsmarine das Auswärtige Amt auf, bei der Regierung in Tokio Einspruch zu erheben[15]. Nicht ganz zu Unrecht befürchtete die Seekriegsleitung eine alliierte Besetzung der Azoren und der Kapverdischen Inseln als Antwort auf einen japanischen Angriff gegen Portugiesisch-Timor. Durch einen solchen Vergeltungsschlag wäre der Operationsraum der deutschen Seestreitkräfte auf den Nordatlantik beschränkt worden und von einer intensiven Luftüberwachung bedroht gewesen[16]. Diese Befürchtungen der Kriegsmarine wurden im Auswärtigen Amt nicht geteilt. Dort war man sicherlich der Auffassung, die Angelsachsen würden es

[9] Siehe DOKUMENT Nr. 24 im Anhang S. 282.

[10] Hattori II (3) S. 102: „As long as Portugal maintains her neutral stand, the Japanese forces will evacuate the Portuguese territory after mopping up the British, Australian, and Dutch Forces, but if it is deemed necessary because of Portugal's attitude and over-all operational requirements, Portuguese Timor may be used as a base of operations".

[11] In den politischen Akten des AA und in den KTBs der Marine ist kein Hinweis zu finden, daß die deutsche Seite von der Kontroverse zwischen Heer und Marine wußte oder von sich aus nur eine vorübergehende Besetzung Timors vorgeschlagen hätte.

[12] KTB 1. Skl A 4. Februar 1942.

[13] St.S. Japan: Telegramm Weizsäcker—Ott, Nr. 362 vom 7. Februar 1942.

[14] St.S. Japan: Telegramm Wenneker/Ott—AA, Nr. 406 vom 10. Februar 1942. Siehe Anm. Nr. 8, Beschluß der Verbindungskonferenz vom 28. Januar 1942.

[15] St.S. Japan: Schreiben OKM Berlin—AA vom 12. Februar 1942.

[16] Ebenda.

kaum wagen, durch Verletzung der portugiesischen Neutralität im europäisch-atlantischen Raum eine deutsche Besetzung der iberischen Halbinsel zu provozieren. Zu einem solchen Schritt mußte das deutsche Kriegspotential Anfang 1942 stark genug erscheinen. Die von der Marine gewünschte Démarche wurde daher in der „Wilhelmstraße" als überflüssig betrachtet. Die Seekriegsleitung fürchtete jedoch weiterhin um ihre Operationsgebiete und knüpfte direkte Gespräche mit Tokio an. Gegen dieses eigenmächtige Vorgehen protestierte wiederum Ribbentrop energisch[17]. Die Kontroverse zwischen der Kriegsmarine und dem Auswärtigen Amt entschied schließlich Hitler im Sinne der japanischen Marine. Er befahl, dem Verbündeten „solange nicht in den Arm zu fallen, als die Australier auf Timor sitzen"[18].

Portugal bekräftigte seine Unabhängigkeit als nichtkriegführende Macht und entsandte Truppen auf die Insel[19]. Japan aber konnte weder eine alliierte noch eine neutrale militärische Befestigung dieser strategisch wichtigen Stellung dulden. Das Heer mußte deswegen den Wünschen der Marine nach einer Besetzung von ganz Timor nachkommen. Ohne Hitlers Entscheid zu kennen und vielleicht in der Hoffnung, über den deutschen Verbündeten doch noch eine Revision des Beschlusses zu erzwingen, benachrichtigte das japanische Heer am 16. Februar den deutschen Generalstab: General Oshima sei aus Tokio die Information von einem „aus zwingenden militärischen Notwendigkeiten in nächster Zeit (erforderlichen) Überraschungsangriff auf die Insel" zugegangen[20]. Erst zwei Tage später informierten Admiral Nomura die Seekriegsleitung und Oshima offiziell das Auswärtige Amt von der bevorstehenden Besetzung Timors[21].

Einen Tag später als Berlin wurde die portugiesische Regierung von dem bevorstehenden Schlag gegen ihre Besitzung unterrichtet[22]. Den formalen Protest aus Lissabon beantwortete das Gaimusho (japanisches Außenministerium) mit der Zusage, das Gebiet der Kolonie zu garantieren und sie weiterhin unter ziviler portugiesischer Verwaltung zu belassen[23]. Die Japaner rechtfertigten ihr Vorhaben — nicht ganz unbegründet — als einen Akt der Selbstverteidigung. Zwar protestierten die Alliierten[24], doch die befürchteten Gegenmaßnahmen blieben aus. Ende 1942 bahnte sich vorübergehend ein politischer Ausgleich zwischen Japan und Portugal an[25]. Im folgen-

[17] St.S. Japan: Telegramm Ribbentrop—Ott, Nr. 441 vom 15. Februar 1942: Ribbentrop beschwert sich bei Botschafter Ott, daß zwei Drahtberichte des Marineattachés Admiral Wenneker bezüglich der Timorfrage nicht über die Dechiffrierabteilung des AA gelaufen seien.

[18] KTB 1. Skl A 14. Februar 1942.

[19] KTB 1. Skl A 5. Februar 1942.

[20] Heeresakte H 27/44: GenSt d H/Att Abt Nr. 166/42 gKdos vom 16. Februar 1942.

[21] KTB 1. Skl A 18. Februar 1942.

[22] St.S. Japan: Telegramm Ott—AA, Nr. 497 vom 20. und Nr. 533 vom 23. Februar 1942.

[23] St.S. Japan: Telegramm Ott—AA, Nr. 551 vom 24. Februar 1942.
KTB 1. Skl A 27. Februar 1942.

[24] St.S. Japan: Anhang Band Nr. 6: Erklärung des Foreign Office zur japanischen Besetzung Timors: „Die japanische Behauptung bezüglich Selbstverteidigung ist ersichtlich lächerlich. Es kann nicht bezweifelt werden, daß Japan immer beabsichtigte, Portugiesisch-Timor zu einem ihm passenden Moment zu besetzen und daß der Angriff, der sich im Dezember zu entwickeln drohte, nur verlegt worden ist."

[25] KTB 1. Skl A 12. Dezember 1942: „Über die Timorfrage ist hinsichtlich der faktischen Zusammenarbeit eine portugiesisch-japanische Verständigung erzielt worden".

den Jahr, 1943, sollte das Problem Timor erneut das Verhältnis zwischen beiden Mächten belasten und Deutschland um die Neutralität Portugals fürchten lassen[26].

Selbst in dieser Frage der Besetzung einer kleinen Südseeinsel wäre es zu keiner Einigung zwischen den Verbündeten gekommen, wenn sich das Auswärtige Amt der Argumentation der Seekriegsleitung angeschlossen hätte. Natürlich konnte niemand in Berlin und Tokio exakt die Pläne der Alliierten und Lissabons bezüglich Timors und der Azoren voraussagen. Alle Beteiligten waren sicherlich bemüht, größere Risiken zu vermeiden; doch die japanischen und deutschen Wehrmachtteile wie die beiden auswärtigen Ämter sahen jeder die Problematik nur aus ihrer Sicht. Erst Hitlers übliches Machtwort auf deutscher Seite, diesmal im Sinne der japanischen Marine, einte die verschiedenen Fronten und verhinderte, daß ein neuer Reibungspunkt im ohnehin spannungsgeladenen Verhältnis Deutschlands zu seinem fernöstlichen Partner entstand.

[26] Siehe unten S. 203 f.

Drittes Kapitel

Japan und der Krieg in Rußland bis zur deutschen Niederlage bei Stalingrad

1. Deutsche Auffassungen über eine japanische Beteiligung

Ein großzügiger Warenaustausch und ein gemeinsames Vorgehen gegen feindlichen Kolonialbesitz hätten die militärische Lage der Verbündeten sicherlich verbessert, den Ausgang des Krieges jedoch kaum zu ändern vermocht. Weit wichtiger und vielleicht kriegsentscheidend war das Verhältnis der beiden Partner zur Sowjetunion. Die eurasische Landmasse hätte die Brücke zwischen Japan und dem Reich sein können. Die Frage, durch welche Aktionen diese Position zu gewinnen sei, hätte daher in Berlin und Tokio alle politischen und militärischen Entscheidungen bestimmen müssen. Um des angestrebten „globalen" Sieges willen wäre eine zielstrebige einheitliche Politik beider Regierungen gegenüber der Sowjetunion vonnöten gewesen. Entweder stellte Rußland diese Brücke zur Verfügung, wie es bis zum 22. Juni 1941 zum Vorteil aller Beteiligten geschehen war; oder diese Verbindung mußte gewaltsam in einer deutsch-japanischen Zangenoperation erzwungen werden. Ein geschlossener eurasischer Block hätte jedenfalls größere Chancen gehabt, den Angelsachsen erfolgreichen Widerstand entgegenzustellen.

Hitlers unumstößlicher Vorsatz, den „englischen Festlandsdegen" zu vernichten und einen deutschen „Großraum" im Osten zu schaffen[1], zerstörte die ursprüngliche, vor allem von den Japanern verfochtene Konzeption des Dreimächtepaktes. Eine gemeinsame eurasische Blockpolitik, an der Rußland teilhaben sollte[2], wurde hinfällig. Der japanischen Regierung blieben nur zwei Möglichkeiten: Sie konnte entweder ihre politischen Vorstellungen allein verwirklichen, etwa in Form eines separaten Vertrages mit der Sowjetunion; oder sie konnte sich an noch unbekannten Plänen Hitlers beteiligen und sich damit dem deutschen Diktator unterordnen. In Tokio gingen die Meinungen,

[1] Hubatsch S. 84: Führerweisung Nr. 21 Fall Barbarossa vom 18. 12. 1940.
Die ausführlichste Darstellung von Hitlers Gedanken im Sommer 1940 zu einem Rußlandfeldzug siehe das Kapitel „Hitler und das Rußlandproblem" bei Hillgruber, Hitlers Strategie S. 207-253, insbesondere S. 210 f. und 221 ff.

[2] Kase S. 155; Hillgruber, Hitlers Strategie S. 295 f. und S. 352: Brief Ribbentrops an Stalin vom 13. Oktober 1940.

insbesondere zwischen Marine und Armee, weit auseinander. Außenminister Matsuoka machte sich schließlich auf den Weg nach Europa, um in Berlin und Moskau selbst die Möglichkeiten der japanischen Politik zu erkunden.

Doch bevor der Außenminister seine Reise antrat, hatte Hitler längst entschieden, welche Position Japan seiner Ansicht nach beziehen sollte. Vor den Spitzen der Wehrmacht umriß der „Führer" am 9. Januar 1941 klar die Rolle, die Japan während des deutschen Feldzuges gegen Rußland zugedacht war: „Die Zerschlagung Rußlands würde es Japan erlauben, sich mit aller Kraft gegen die U.S.A. zu wenden. Das wiederum würde diese daran hindern, in den Krieg einzutreten."[3] Demnach sollte Japan als starker „Statist" während des deutschen Blitzkrieges im Osten die Vereinigten Staaten in Schach halten und das Reich vor einem Zweifrontenkrieg bewahren. Bei diesen Überlegungen konnte Hitler der Abschluß eines japanisch-russischen Paktes nicht völlig ungelegen kommen. Beließ doch ein solches Bündnis seiner Meinung nach Japan nur die Möglichkeit, den von Deutschland immer gewünschten Entlastungsangriff gegen die Briten zu starten und eine unnachgiebige Haltung gegenüber den Vereinigten Staaten einzunehmen[4].

Ribbentrop, verantwortlich für eine kontinuierliche Außenpolitik, stimmte mit diesen Vorstellungen seines „Führers" nicht überein. Ohnehin kollidierten während der ersten Kriegsjahre Hitlers Pläne für einen „Weltblitzkrieg" ständig mit den langfristigen diplomatisch-politischen Konzeptionen der „Wilhelmstraße"[5]. Insbesondere standen Hitlers Ansichten zur deutschen Außenpolitik gegenüber Japan häufig denen des Auswärtigen Amtes entgegen. Er erstrebte außenpolitische Erfolge — wie zum Beispiel beim Abschluß des Dreimächtepaktes[6] — jeweils nur, um einen bestimmten, momentanen Effekt zu erreichen. Dem Auswärtigen Amt fiel dann die Aufgabe zu, aus oft widersprüchlichen Direktiven Hitlers eine kontinuierliche Politik zu formen und vor der Tokioter Regierung zu vertreten. Auch in der Frage einer japanischen Beteiligung am

[3] ADAP D XI Notiz der Herausgeber S. 1059: Eintragung von Helmuth Greiner in KTB OKW (WFSt) vom 9. Januar 1941.

[4] Hattori I (1) S. 102: Deutschland sei mehr an der Südexpansion Japans interessiert gewesen als an dem mit der Sowjetunion geschlossenen Pakt.
Presseisen, Germany and Japan S. 294 kommt zu dem Schluß, daß Hitler eine indifferente Haltung eingenommen und dem Abkommen keine große Bedeutung beigemessen habe.
Hillgruber, Hitlers Strategie S. 411: Der Pakt sei in Berlin nicht gewünscht worden, doch in Hitlers Augen keine politische Katastrophe gewesen, da er glaubte, mit der Sowjetunion allein fertig zu werden und sich dieser Pakt im Sinne seiner Absicht auswirken würde, "Japan auf den Weg zur Eroberung Südostasiens zu lenken". (Vgl. zu letzterem auch die Notiz Weizsäckers an Ott vom 16. April 1941, ADAP D XII Dokument Nr. 361).
Die Meinung Botschafter Otts in seinen Privataufzeichnungen (S. 32), der Neutralitätspakt habe Hitlers Hoffnungen auf einen japanischen Angriff gegen sowjetisch Fernost zerstört, läßt sich mit dem vorhandenen Aktenmaterial nicht beweisen.
Diese unterschiedlichen Interpretationen erklären sich aus dem unzureichenden Differenzieren der Autoren zwischen den Ansichten des „Militärs" Hitler und des „Diplomaten" Ribbentrop.

[5] Obwohl „Ribbentrop" und „Wilhelmstraße" häufig synonym gebraucht werden, gab es im Auswärtigen Amt natürlich unterschiedliche Auffassungen über die Kernfragen der Außenpolitik, insbesondere zwischen den „alten Diplomaten" und den neu hinzugekommenen Parteigenossen, voran Minister Ribbentrop.

[6] Hillgruber, Hitlers Strategie S. 204; Sommer S. 377 ff.; Presseisen, Germany and Japan S. 256 ff.

Rußlandfeldzug ließen sich die von der augenblicklichen Lage bestimmten Ansichten Hitlers nicht mit Ribbentrops Konzeption vereinen. Völlig zu Recht bemerkte daher der deutsche Botschafter in Tokio, General Ott, im Rückblick auf seine diplomatische Mission während des Krieges: „Das Hin und Her in der deutschen Außenpolitik, die jede konsequente Linie vermissen ließ, erschwerte die Stellung des Botschafters und war seiner diplomatischen Vertrauenswürdigkeit häufig abträglich"[7].

Selbstverständlich war Ribbentrop gezwungen, sich im großen und ganzen den Anweisungen seines „Führers" zu fügen. Den geringen verbleibenden Spielraum nutzte der deutsche Außenminister jedoch manchmal, um wenigstens den Schein einer kontinuierlichen deutschen Außenpolitik zu wahren. Als einziger deutete er Außenminister Matsuoka bei dessen Besuch in Berlin im April 1941 die Möglichkeit eines deutsch-russischen Konfliktes an. Eine solche Konfrontation, so gab Ribbentrop zu verstehen, lasse einen Vertrag Japans mit der Sowjetunion nicht opportun erscheinen[8]. Keinesfalls gedachte er zu diesem Zeitpunkt in Japan einen Partner für den bevorstehenden Rußlandfeldzug zu gewinnen; vielmehr riet er Matsuoka mehrmals zu der auch von Hitler befürworteten Eroberung Singapores[9]. Der deutsche Minister dürfte erkannt haben, daß ein formeller russisch-japanischer Vertrag Japans diplomatische Bewegungsfreiheit einschränken und seiner eventuellen Kriegsbeteiligung an Deutschlands Seite hinderlich sein mußte. Tatsächlich wäre es der deutschen Politik dienlicher gewesen, wenn Japan sich die Möglichkeit eines militärischen oder politischen Engagements im deutsch-russischen Krieg offengelassen hätte. Matsuoka ging jedoch auf Ribbentrops Hinweise nicht ein. Auf seiner Rückreise unterzeichnete er am 13. April 1941 in Moskau einen japanisch-sowjetischen Neutralitätspakt[10]. Zehn Wochen später — Ende Juni — teilte er dann die Ansichten seines deutschen Kollegen[11]: Als die deutschen Truppen in Rußland eingefallen waren, hätte er gern in den Konflikt eingegriffen. Doch nun stand der Pakt mit Rußland im Wege[12].

[7] Sinngemäß wiedergegebene Meinungen Botschafters i. R. Eugen Ott bei einem Interview mit dem Verfasser am 11. Juni 1966 in München.

[8] In den Unterredungen mit Matsuoka am 28. und am 29. März 1941 in Berlin.
ADAP D XII Dokumente Nr. 230 und 233.

[9] ADAP D XII Dokument Nr. 218: Unterredung Ribbentrop—Matsuoka in Gegenwart der Botschafter Ott und Oshima am 27. März 1941 in Berlin. Vgl. auch die weiteren Unterredungen am 28. und 29. März (siehe Anmerkung 8).

[10] KTB 1. Skl A 13. April 1941: Die territoriale Integrität der Mongolischen Volksrepublik und Mandschukuos wurden in dem Neutralitätspakt gegenseitig bestätigt.
Die beste Untersuchung über den russisch-japanischen Neutralitätspakt siehe bei Lupke S. 101 ff.

[11] Maxon S. 165, Hattori I (1) S. 142-145, Togo S. 72. Siehe auch Anmerkungen 18-21.

[12] Internationale Verträge Japans mußten vom Geheimen Staatsrat gebilligt werden. Dieses Gremium bestand aus etwa 20 vom Kaiser ernannten Persönlichkeiten, die sich um den Staat verdient gemacht hatten, und den jeweiligen Kabinettsmitgliedern. Der Geheime Staatsrat war weitgehend unabhängig von der Regierung und den Militärs.
Ein Bruch des wenige Monate zuvor abgeschlossenen und vom Geheimen Staatsrat ratifizierten Vertrages mit der Sowjetunion hätte die Regierung in große Schwierigkeiten mit dem Kaiser gebracht.
Wenn auch die Entscheidung vom 2. Juli in der Kaiserlichen Konferenz, nicht in den Krieg gegen die Sowjetunion einzutreten, durch andere Motive bestimmt wurde, so war dennoch der Geheime Staatsrat eine Kontrollinstanz der japanischen Außenpolitik. (Wahrscheinlich argu-

Die Verhandlungen der Japaner in Washington paßten weder in das strategische Konzept Hitlers noch in die außenpolitischen Überlegungen Ribbentrops. Trotz des Paktes mit der Sowjetunion war die japanische Regierung Anfang 1941 noch frei in ihren Entschlüssen; von keiner Macht hatte sie sich festlegen lassen. Das fernöstliche Kaiserreich war im Juni 1941 neben Deutschland der einzige, ernsthaft mögliche Gegner Rußlands. Mit dieser Macht hätte im Fall eines deutschen Sieges im Osten ein Machtvakuum in Eurasien ausgefüllt werden müssen. Überdies galt es zu bedenken, wie Japan sich zu seinem Neutralitätsvertrag mit der Sowjetunion stellen werde.

Solche Überlegungen dürften Hitler bewogen haben, die Japaner von dem bevorstehenden Rußlandfeldzug ausführlicher zu unterrichten[13] als den „Mitläufer" Italien[14]. Ohne das genaue Datum des deutschen Angriffes zu nennen, stellte es Hitler der Regierung in Tokio anheim, ob Japan sich an diesem Krieg beteiligen werde. Tokio antwortete mit dem eindeutigen Hinweis, das japanische Heer werde vorerst nicht eingreifen[15]. Diese Nachricht entsprach durchaus Hitlers Wünschen: Die „gelben" Japaner würden nicht gegen Rußland marschieren, sondern stattdessen die Vereinigten Staaten in Schach halten.

mentierte die Marine, die keinen Krieg mit Rußland wollte, mit der These, ein soeben vom Thron ratifizierter Vertrag könne nicht über den Haufen geworfen werden. Siehe Nomura, Berlin S. 33: Brief an Admiral Groos vom 26. (?) Juli 1941).

13 Kase S. 160: „Four days later (6. 6. 1941) Hitler summoned General Oshima, our ambassador, to Berchtesgaden and gave him a broad hint regarding his intentions vis-à-vis the Soviet Union, not specifying, however, the time of action. According to Oshima's report Hitler said that two or three months would be quite sufficient to subjugate Russia ... Hitler also stated that Japan was free to decide on her own attitude but that her cooperation would be welcome".
Butow, Tojo S. 208 f. und Hattori I (1) S. 122 und 134: Telegramm Oshimas nach Tokio vom 6. Juni 1941: „Outbreak of war between Germany and the USSR was imminent".
Presseisen, Germany and Japan S. 301 und Menzel S. 206 geben das „Kido Diary", Eintragung vom 6. Juni 1941, als Quelle an.
Nomura, Berlin S. 29: „Kurz vor Ausbruch der Feindseligkeiten ... erzählte mir Botschafter Oshima über seine vertraulichen Unterredungen mit Hitler und Ribbentrop betreffend den deutschen Entschluß, einen Blitzkrieg gegen Sowjetrußland zu beginnen" (eigene Übersetzung). Die Telegramme Oshimas wurden vom amerikanischen Nachrichtendienst abgefangen (Farago S. 168).
Wie aus diesen verschiedenen Quellen ersichtlich ist, hat Hitler den japanischen Botschafter am 3. Juni 1941 von dem bevorstehenden Krieg gegen die Sowjetunion unterrichtet. In einem Aufsatz ist Hillgruber diesen Indizien nachgegangen und hat durch die Veröffentlichung (auf deutsch) der Telegramme Oshimas diese These erhärtet (Hillgruber, Andreas: Japan und der Fall Barbarossa. In: „Wehrwissenschaftliche Rundschau", Nr. 6, 1968, S. 312-336).
Der deutschen Botschaft in Tokio sei der Angriffstermin unbekannt gewesen. Richard Sorge, der am 15. Mai den genauen Tag, den 22. Juni 1941, nach Moskau hatte funken lassen (Deakin/Storry S. 257), habe diesen Termin von Oberstleutnant Scholl bei einem Trinkgelage vertraulich erfahren. Dieser alte Freund Sorges hatte auf der Durchreise von Berlin nach Bangkok, wo er seinen Posten als Militärattaché antreten sollte, in Tokio Station gemacht. (Interview des Verfassers mit Botschafter i. R. Eugen Ott am 11. Juni 1966 in München.).

14 Hillgruber, Unterredungen Hitlers S. 559: „Aufzeichnung über die Unterredung zwischen dem Führer und dem Duce auf dem Brenner am 2. Juni 1941. Anwesend: Reichsaußenminister, Graf Ciano". Hilter machte nur vage Andeutungen bezüglich eines möglichen Krieges mit der Sowjetunion.

15 KTB 1. Skl A 13. Juni 1941: Bericht des Marineattachés aus Tokio: Im deutsch-russischen Konflikt werde sich das japanische Heer entgegen früheren Meldungen bis auf weiteres nicht beteiligen, weil angeblich unvorbereitet. Die Marine billige diesen Entschluß.

Nach dem deutschen Angriff versuchte Ribbentrop erneut, die deutsche Außenpolitik der neuen Situation anzupassen. Nach vorangegangenen Telegrammen[16] drängte er in einem persönlichen Schreiben Matsuoka zu einem sofortigen japanischen Kriegseintritt: Gemeinsam sollten Deutschland und Japan gegen gemeinsame Feinde zu Felde ziehen. Japans Eintreten in den Krieg gebe dem Kaiserreich im Norden Sicherheit, „die eine notwendige Voraussetzung ist für die lebenswichtige Südexpansion"[17]. Obwohl Matsuoka diese Argumente vorbrachte[18], entschied die Kaiserliche Konferenz am 2. Juli 1941[19], vorerst nicht in den Krieg gegen die Sowjetunion einzutreten[20] und stattdessen nach Südindochina vorzudringen[21]. Ende Juni 1941 zwangen ohnehin die täglich abnehmenden Ölvorräte — eine Folge des alliierten Ölembargos — die Marine und die ihr nahestehenden Kreise der Industrie, Japan auf den Weg nach Süden zu lenken.

Dennoch bereitete sich das Heer weiterhin auf einen Krieg gegen die Sowjetunion vor[22]. Demonstrativ wurde die Stärke der in Mandschukuo stationierten Verbände, der „Kwantung Armee", von 400000 auf 700000 Mann beinahe verdoppelt[23]. Die Armee mußte nämlich den Südvorstoß der Marine mißbilligen, sobald das verbündete Deutschland mit Rußland Krieg führte. Ihre Position in der Mandschurei, überhaupt auf dem asiatischen Festland, schien erneut von der stärksten asiatischen Kontinentalmacht, der Sowjetunion, bedroht. Auch werden die Generale in Tokio das Zurückweichen der russischen Front aufmerksam verfolgt haben, um in einem günstigen Moment in Ostsibirien einzumarschieren und damit das „Nordproblem" ein für allemal zu bereinigen.

In Deutschland blieben diese militärischen Demonstrationen der „Kwantung Armee" nicht unbemerkt. Doch Japans Haltung ließ sich noch immer nicht klar umreißen, nicht zuletzt auch wegen der Verhandlungen in Washington. Hitler versuchte daher erneut, Japan an die deutsche Kriegführung zu binden, zumindest eine klare Stellungnahme

16 ADAP D XIII Dokumente Nr. 35 und 36: Telegramme Ribbentropp—Ott persönlich, Nr. 916 und 917 vom 28. Juni 1941.

17 ADAP D XIII Dokumente Nr. 53: Telegramm Ribbentrop—Ott persönlich, Nr. 942 vom 1. Juli 1941.
Am 30. Juni erkannte die Reichsregierung die von den Japanern abhängige chinesische Regierung Wang Tsching-wei in Nanking an (ADAP D XIII Dokument Nr. 47: Zirkulartelegramm Weizsäcker vom 30. Juni 1941), um den Partner gegenüber den deutschen Wünschen auf Kriegseintritt gegen die Sowjetunion gefügiger zu machen.

18 ADAP D XIII Dokument Nr. 65: Telegramm Ott—Ribbentrop, Nr. 1109 vom 3. Juli 1941: Matsuoka habe am 2. Juli nachmittags Ott gegenüber geäußert, daß er die persönliche Note Ribbentrops vor ihrem Erhalt gekannt und in ihrem Sinne auf der morgendlichen Kaiserlichen Konferenz argumentiert habe.
Hattori I (1) S. 131 und 143: Am 27. und am 30. Juni habe Matsuoka in den Verbindungskonferenzen einen japanischen Vorstoß gegen die Sowjetunion befürwortet, da die Vereinigten Staaten Rußland nicht helfen könnten, hingegen bei einem Südvorstoß wegen der engen Bindungen zu Großbritannien und den Niederlanden sich provoziert fühlen könnten.

19 Protokoll der Konferenz bei Ike S. 77-90.

20 ADAP D XIII Dokument Nr. 63: Telegramm Ott—Ribbentrop, Nr. 1101 vom 2. Juli 1942.

21 ADAP D XIII Dokument Nr. 64: Telegramm Ott—Ribbentrop, Nr. 1102 vom 3. Juli 1942: Übermittlung einer Note Matsuokas an Ribbentrop als Antwort auf das persönliche Schreiben des deutschen Außenministers.

22 Siehe Anm. Nr. 20 und 21.

23 Hayashi S. 20, Tsuji S. 16 und Hattori I (1) S. 150: „Spezialmanöver der Kwantung-Armee".

Tokios zu erzwingen. Am 14. Juli 1941 empfing er den japanischen Botschafter. Hitlers Aussagen in dieser Unterredung[24] zählen zu den bemerkenswertesten während des ganzen Krieges. Auf dem Höhepunkt seiner Machtträume prophezeite er Oshima, die Sowjetunion werde in sechs Wochen zusammenbrechen. In seiner Euphorie („Stalin werde diesmal das Schicksal Napoleons erleiden, nicht er")[25] legte Hitler Japan dringend nahe, sich an der Eroberung des sowjetischen Gebietes zu beteiligen. Er glaubte sogar an einen Sieg über die Vereinigten Staaten[26], sobald Deutschland und Japan erst einmal gemeinsam das Territorium der Sowjetunion gewonnen hätten. Die ungeahnten deutschen Anfangserfolge im Osten hatten bei der deutschen Führung, aber auch im Generalstab in Tokio, die Hoffnung geweckt, daß die Brücke zwischen beiden Ländern in Kürze hergestellt werden könne. Nachrichten aus Tokio mußte man in Berlin überdies entnehmen, daß ein japanischer Angriff nur noch eine Frage der Zeit sei[27]. In ähnlichem Sinne äußerte sich Hitler noch am 22. August 1941 vor Großadmiral Raeder[28].

In Tokio war jedoch inzwischen die Entscheidung gegen einen Rußlandfeldzug gefallen. Das fast einmonatige Aufhalten der Heeresgruppe Mitte in den Kämpfen um Smolensk (8. 7. — 5. 8. 1941) veranlaßte den japanischen Generalstab, Anfang August 1941 den Oberbefehlshaber der „Kwantung Armee" zu warnen, daß sich der deutsch-russische Krieg länger hinziehen könne. Dem Armeeführer wurde strikt befohlen, jegliche Grenzzwischenfälle mit den Russen zu vermeiden[29]. Da das Klima im Amur-Gebiet für die japanischen Streitkräfte jedenfalls größere Kampfhandlungen während des langen Winters nicht zuließ[30], beschloß das Kaiserliche Hauptquartier am 9. August

[24] Aufzeichnung Unterredung des Führers mit Graf Oshima in Anwesenheit des Reichsaußenministers im Führerhauptquartier am 15. Juli 1941 von 17-19 Uhr, F 7/0137-20 (nur teilweise lesbares Fragment); bzw. Hillgruber, Unterredungen Hitlers S. 597-608.

[25] Hillgruber, Unterredungen Hitlers S. 601.

[26] Ebenda S. 606: (Hitler) „Amerika drücke in seinem neuen imperialistischen Geist mal auf den europäischen, mal auf den asiatischen Lebensraum. Von uns gesehen drohe im Osten Rußland, im Westen Amerika, von Japan aus gesehen im Westen Rußland, im Osten Amerika. Daher sei er der Meinung, daß wir sie gemeinsam vernichten müßten".
Diese Ausführungen Hitlers sind bisher der einzige Beweis dafür, daß er vorübergehend an einen Sieg über Amerika glaubte. Bereits am 3. Januar 1942 bekannte Hitler allerdings offen vor Oshima: „Wie man die USA besiege, wisse er noch nicht" (IMT Doc 423-D Bd. XXXV S. 94-104).

[27] KTB 1. Skl 15. Juli 1941: „Nach Äußerungen japanischen Generalstabschefs wird Japan angeblich in einigen Wochen gegen Sowjetrußland losschlagen ...".
KTB 1. Skl A 29. Juli 1941: Zeitpunkt des Losschlagens sei ungewiß. General Okamoto habe bemerkt, daß Japan erst eingreifen werde, wenn die deutschen Truppen an der Wolga stünden.
ADAP D XIII Dokument Nr. 177: Memorandum Matzkys über den Besuch General Banzais beim OKH am 4. August 1941: Banzai versicherte im Namen des japanischen Generalstabschefs Sugiyama, daß Japan nach Abschluß der strategischen Vorbereitungen die Sowjetunion angreifen werde. 16 Divisionen seien das Minimum für einen erfolgreichen Angriff.
Halder Tagebuch 4. August 1941: „Banzai berichtet, daß Heer und Regierung entschlossen seien, trotz bestehender Schwierigkeiten in den Krieg gegen Rußland einzutreten. Er rechnet mit September".

[28] Lagevorträge ObdM vor Hitler: Unterredung Hitler—Raeder vom 22. August 1941.

[29] Hattori I (1) S. 153: Telegramm des Kaiserlichen Hauptquartiers an den OB der Kwantung-Armee General Umezu vom 6. August 1941.

[30] Mitteilung von Botschafter i. R. Eugen Ott an den Verfasser am 11. Juni 1966: Er (Ott) habe 1937 bei minus 30 Grad als Militärattaché an Manövern der Kwantung-Armee im

1941 endgültig, im Laufe des Jahres 1941 nicht mehr zu intervenieren. Vielmehr sollten alle Anstrengungen auf den Süden konzentriert werden[31]. Sicherlich erklärt sich die anfängliche Unentschlossenheit und spätere — 1942 — übergroße Vorsicht des japanischen Generalstabes auch daher, daß die japanischen Militärs seit dem schweren Grenzzwischenfall bei Nomonhan[32] die Kampfkraft der Roten Armee sehr hoch einschätzten[33]. Damals, im August 1939, war eine ganze japanische Division aufgerieben worden.

In Berlin wurde der erste Zweifel japanischer Offiziere am Gelingen des deutschen Rußlandfeldzuges Ende August 1941 bekannt[34]. Auf Ribbentrops wiederholte Aufforderungen[35], Japan möge so bald wie möglich in den Krieg gegen die Sowjetunion eintreten, konnte Botschafter Ott nur antworten, der japanische Generalstab hege wegen des langsamen deutschen Vormarsches Bedenken[36]. Daraufhin glaubte Hitler — entgegen den Auffassungen des Auswärtigen Amtes —, weiter zu insistieren könne nur als Schwäche ausgelegt werden[37].

Im Oktober hatte sich die militärische bzw. politische Lage für beide Staaten grundlegend geändert. Das schnelle Vordringen der deutschen Truppen in Rußland — die Spitzen standen bereits südwestlich vor Moskau — deutete erneut auf einen baldigen Zusammenbruch der Sowjetunion hin. Die festgefahrenen Verhandlungen des 3. Konoe-Kabinetts engten den Spielraum der japanischen Politik ein; zunehmend

Amur-Gebiet teilgenommen. Die technisch mangelhafte Ausrüstung und die unzureichende Winterkleidung hätten es den Japanern unmöglich gemacht, Manöveraufgaben exakt durchzuführen.
Sicherlich war die Kwantung-Armee auch 1941/42 noch für keinen Winterkrieg ausgerüstet und sollte es bei dem beschränkten japanischen Rüstungspotential nie werden.

31 Hattori I (1) S. 154.

32 Über die politischen Auswirkungen des Nomonhan-Zwischenfalls siehe die Darstellung von Lupke S. 7 ff.

33 Tsuji S. 14 ff., ehemaliger Staabschef der 25. japanischen Armee, gibt diese Begründung.

34 KTB 1. Skl C XV 22. August 1941: Abschrift Telegramm Mar.Att. Tokio—OKM direkt: „Japan wird Rußland nicht angreifen ... Neigung für Nordaktion im Heer hofft Marine zu unterdrücken ... Japan wird selbst den Benzintransport nach Wladiwostok nicht unterbinden ... Obiges Ansichten der Marine. Ob Regierung und Heer mitmachen, fraglich". Der Botschafter sei vom Inhalt des Telegramms unterrichtet..

35 ADAP D XIII Dokument Nr. 239: Telegramm Ribbentrop—Ott, Nr. 1383 vom 25. August 1941.
Aufzeichnung über die Unterredung des Herrn RAM mit dem Japanischen Botschafter General Oshima in Steinort am 25. August 1941, F 7/0096-088.
ADAP D XIII Dokument Nr. 177: Fußnote Nr. 5 datiert das Gespräch Ribbentrop—Oshima auf den 23. August 1941.

36 ADAP D XIII Dokument Nr. 276: Telegramm Ott—AA, Nr. 1713 vom 4. September 1941.
KTB 1. Skl A 1. September 1941: Die japanische Armee beurteile die deutschen Erfolgsaussichten gegen Rußland nicht sehr günstig: „Im Frühjahr werde das deutsche Heer in einer schwierigeren Lage sein als zu Beginn des Feldzuges ... Deutschland (werde) auf die gleichen Schwierigkeiten (stoßen) wie Japan in China, weil beide Länder kein ‚Herz' hätten, das mit einem Schlag tödlich getroffen werden könnte". KTB 1. Skl C XV 16. September 1941: Admiral Nomura äußerte sich in einer Unterredung mit Admiral Groos besorgt über den Rückgang der Ergebnisse des deutschen U-Boot-Krieges.

37 ADAP D XIII Dokument Nr. 291: Memorandum Weizsäcker vom 8. September 1941.
Halder Tagebuch 10. September 1941: „v. Etzdorf (Verbindungsmann des AA zum OKH): Japan: Unentschiedene Haltung. Führer will nicht drücken, um nicht den Eindruck zu erwecken, als brauchen wir die Japaner".

drohte die Konfrontation mit Amerika. Japan konnte nicht umhin, eine feste Position in der angespannten internationalen Lage zu beziehen. Auch auf deutscher Seite erkannte man die Zwangslage des Vertragspartners. In einem Brief an Admiral Nomura[38] griff die Seekriegsleitung ihre alte Konzeption wieder auf und erweiterte sie der neuen Situation entsprechend: Japan solle nicht allein gegen die britischen Besitzungen in Ostasien vorgehen, sondern sich zusätzlich auf einen Kampf mit seinem Hauptgegner, den Vereinigten Staaten, vorbereiten. Keinesfalls sollte es nach den Vorstellungen der Stabsoffiziere Raeders gegen die Sowjetunion vorstoßen. Aus ganz anderen Motiven lehnte jetzt auch Hitler einen japanischen Krieg gegen Rußland ab. Im Oktober 1941 bemerkte er zu Staatssekretär Freiherr von Weizsäcker: „... wenn Rußland nun zusammenbricht und England mit uns Frieden machen will, könnte Japan nur hinderlich sein“[39]. Ob diese Begründung nur vorgegeben war, läßt sich nicht nachweisen.

Als Japan gegen die Briten und, darüber hinaus, gegen die U.S.A. losschlug, hatte es damit die ihm von der deutschen Seekriegsleitung zugedachte Position eingenommen. Trotz der deutschen Rückschläge im russischen Winterkrieg stimmten Hitler und der Generalstab des Heeres in dem Wunsche überein[40], daß sich die japanischen Kräfte nicht zersplittern sollten. Außerdem erschien den deutschen Generalstabsoffizieren die japanische Wehrmacht der russischen nicht ebenbürtig[41]. Dieser Argumentation Hitlers und des Heeres schloß sich auch Ribbentrop an. In einer Unterredung mit Oshima am 2. Januar 1942 bezeichnete er ein japanisches Vorgehen gegen die Sowjets nicht vor Mai als wünschenswert[42]. Als er diesen Wunsch allerdings während eines Gespräches zwischen Hitler und Oshima am 3. Januar einfließen ließ, wies sein „Führer“ dieses Ansinnen zurück: „... (Japan) dürfe unter keinen Umständen seine Kräfte frühzeitig zersplittern ... Den Russen würden wir sicherlich nicht unterliegen.“[43] Mit dieser Bemerkung sprach sich Hitler vorerst gegen jede japanische Unterstützung im Rußlandfeldzug aus. Trotz der noch immer nicht abgefangenen russischen Winteroffensive hielt er unbeirrt an seiner Überzeugung fest, Deutschland allein werde im Osten siegen.

Diese Absage Hitlers verstand Ribbentrop nur als zeitlich befristet. Anläßlich der

[38] KTB 1. Skl C XV 15. Oktober 1941: Abschrift des Briefes Fricke—Nomura vom 15. Oktober 1941: Fricke: „Ein Krieg Japans mit Rußland würde bedeuten, daß Japan sich für Jahre hinaus von seinem strategischen Hauptziel entfernt. Japans Hauptgegner seien die USA, gegen die es kompromißlos auftreten und unter Umständen sogar kämpfen müsse“.

[39] Weizsäcker S. 326: Am 21. Oktober 1941 soll Hitler bemerkt haben: „Denn, so sagte er, wenn Rußland nun zusammenbricht und England mit uns Frieden machen will, könnte Japan uns nur hinderlich sein“.

[40] Ritter Militärkonvention: Schreiben Groos—Ritter/RAM vom 24. Dezember 1941, 310575-6: Generalstab des Heeres: „Ein sofortiges Eingreifen des japanischen Heeres in den Krieg gegen Sowjetrußland ... würde zu einer Kräftezersplitterung und Luftbedrohung Japans führen ... Für das kommende Kriegsjahr muß nach erfolgreicher Beendigung der Südoperation eine Beteiligung Japans am Kriege gegen Sowjetrußland angestrebt werden“.

[41] Ritter Militärkonvention: Die japanische Kriegswehrmacht, Stand 1. 9. 1941. OKH Generalstab des Heeres OQu IV/Abt. Fr. H. Ost III Nr. 1695/41 gKdos vom 17. September 1941. Siehe DOKUMENT Nr. 15 im Anhang S. 253.

[42] Unterredung Ribbentrop—Oshima am 2. Januar 1942 (Fragment), F 20/211-192.

[43] Aufzeichnung über das Gespräch des Führers mit Botschafter Oshima am 3. Januar 1942 im Beisein des Reichsaußenministers in der Wolfsschanze von 16.15—18.00 Uhr (Hewel). IMT Doc 423-D, Band XXXV, S. 94-104.

Unterzeichnung der Militärkonvention beabsichtigte er, in den Pressekommuniqués die Möglichkeit einer späteren Beteiligung Japans im Kampf gegen die Sowjetunion offenzulassen[44]. Während des japanischen Südvorstoßes drängte er in Tokio nicht zu Operationen im Norden; schienen die japanischen Kräfte doch völlig vom Kampf gegen die Angelsachsen beansprucht[45]. Öffentliche Neutralitätsbekundungen[46] und die Wiederaufnahme der seit dem 22. Juni 1941 unterbrochenen Fischereiverhandlungen[47] ließen ohnehin darauf schließen, daß sich das russisch-japanische Verhältnis normalisieren werde. In Tokio löste der Berufsdiplomat Malik den repräsentativen Wissenschaftler[48] Smetanin ab[49], der in Tokio nur zu gut als Gegner eines Ausgleiches bekannt war[50]. Die japanische Regierung ihrerseits rief General Tatekawa von Kuibyšev[51] zurück[52] und besetzte diese neben Berlin wichtigste Auslandsmission mit dem Berufsdiplomaten Naotake Sato[53].

Während der Eroberung Singapores konnten sich Heer und Marine bei der Erörterung der weiteren strategischen Ziele nicht über einen Rußlandfeldzug einigen. Angeblich aus Furcht vor den russischen U-Booten in Vladivostok[54] blieb die Marine bei ihrer ablehnenden Haltung. Diese Begründung war sicherlich nur vorgegeben, denn es wäre der japanischen Marine ein leichtes gewesen, die ihr keineswegs ebenbürtige sowjetische Fernostflotte auszuschalten. Jedenfalls brachte der deutsche Militärattaché sicher nur die Meinung des Heeres zum Ausdruck, als er nach Berlin meldete, für das Frühjahr sei ein Angriff der „Kwantung Armee" zu erwarten[55]. Tatsächlich dürfte ein Groß-

[44] Siehe oben S. 52.

[45] St.S. Japan: Telegramm Ott—AA, Nr. 356 vom 5. Februar 1942.

[46] KTB 1. Skl A 30. Dezember 1941: „Seitens des japanischen Informationsministeriums wird erklärt, daß Beziehungen zu Sowjetrußland von tiefer Herzlichkeit seien und auf der Grundlage des Neutralitätspaktes beruhten".
KTB 1. Skl A 21. Januar 1942: Außenminister Togo im Reichstag: „... die russisch-japanischen Beziehungen seien durch den Neutralitätsvertrag festgelegt ...".

[47] St.S. Japan: Telegramm Ott—AA, Nr. 413 vom 11. Februar 1942.

[48] Botschafter Smetanin war Professor für Ichthyologie.

[49] KTB 1. Skl A 26. Januar 1942 und 1. März 1942.

[50] Interview des Verfassers mit Botschafter i. R. Eugen Ott am 11. Juni 1966 in München. Zu Zeiten des Freundschaftsverhältnisses mit der Sowjetunion habe Smetanin ihm (Ott) gegenüber mehrmals erwähnt: „Ziel Rußlands müsse die Abschaffung des Friedens von Portsmouth sein". (Im Frieden zu Portsmouth, am 5. September 1905, mußte Rußland nach dem verlorenen Krieg Japan Pt. Arthur und Südsachalin abtreten und den japanischen Einfluß in Korea anerkennen.)

[51] Am 19. Oktober 1941 waren Regierung und Diplomaten von Moskau nach Kuibyšev evakuiert worden.

[52] KTB 1. Skl A 13. März 1942: Tatekawa habe selbständig seine Ablösung betrieben, damit ein Berufsdiplomat und kein General zu Kriegszeiten Japan bei der russischen Regierung vertrete.
KTB 1. Skl C A 4. März 1942 (S. 102): Tatekawa habe nach 38jähriger Tätigkeit im diplomatischen Dienst aus Gesundheitsgründen um seine Ablösung gebeten.

[53] Naotake Sato war 1930 Botschafter in Brüssel
1933 Botschafter in Paris
1934 auf diplomatischer Mission in Mandschukuo
1937 März-Juni, Außenminister
1940 März-August, Botschafter in Rom.

[54] St.S. Japan: Telegramm Wagner (Hsingking)—AA, Nr. 77 vom 17. Februar 1942.

[55] St.S. Japan: Telegramme Kretschmer/Ott—AA, Nr. 426 vom 13. Februar 1942 und vom 8. März 1942. Nr. 714. — Botschafter i. R. Eugen Ott bezeichnete in einem Interview mit dem

teil der japanischen Generäle einen Krieg gegen die Sowjetunion gebilligt haben. Am 7. März 1942 legte indes die Verbindungskonferenz die nächsten Operationsziele fest und vertagte dabei erneut einen Rußlandfeldzug[56].

Hitlers ablehnender Haltung zum Trotz versuchte Ribbentrop auch weiterhin, die japanische Regierung für einen Angriff auf sowjetisch Fernost zu gewinnen. Mitte März vertrat er in einer Unterredung mit Oshima die Ansicht, Japan solle noch in diesem Jahr die Sowjetunion von Osten her „anpacken"[57]. Wenige Tage später kam Ribbentrop in einer weiteren Besprechung nochmals auf seinen Vorschlag zurück. Gleichzeitig drängte er über Oshima auf eine Flottenaktion im Indischen Ozean — ein kombiniertes See-Landunternehmen, zu dem Japans Kräfte im März 1942 ausgereicht hätten. Der japanische Diplomat versicherte ihn seines vollen Einverständnisses und versprach, sich weiterhin in Tokio für einen Vorstoß gegen Vladivostok und in Richtung auf den Baikal-See einzusetzen[58]. Auch Botschafter Ott erhielt den Auftrag, in diesem Sinne bei der japanischen Regierung zu intervenieren[59]. Außenminister Togo — entschiedener Gegner eines Krieges mit der Sowjetunion[60] — wies jedoch auf die unterschiedlichen Auffassungen innerhalb der deutschen Regierung hin. Außerdem sei die Unterwerfung der Sowjetunion nicht kriegsentscheidend[61], was in vollem Umfang zutraf. Der aus Kuibyšev zurückkehrende Botschafter Tatekawa äußerte sogar öffentlich seine Zweifel an einem deutschen Erfolg und pries die innere Geschlossenheit des sowjetischen Staates[62]. Nach dieser Abfuhr in Tokio[63] erörterte der deutsche Außen-

Verfasser am 11. Juni 1966 die Ansichten seines ehemaligen Militärattachés über eine japanische Kriegsbeteiligung gegen die Sowjetunion als „Wunschdenken".

[56] Siehe DOKUMENT Nr. 24 im Anhang S. 282: „... Japan shall endeavor to the utmost to prevent war with the Soviet Union while operations are being conducted in the Southern Area".

[57] St.S. Japan: Telegramm Ribbentrop—Ott, Nr. 808 vom 18. März 1942: Ribbentrop übermittelt den Inhalt einer Unterredung mit Oshima, die in „diesen Tagen" stattgefunden habe. Über eine Benachrichtigung der deutschen Regierung von dem Beschluß der Verbindungskonferenz, keinen Krieg gegen die Sowjetunion zu beginnen, ist in den Dokumenten nichts zu finden. Da der japanische Botschafter in Rom unterrichtet wurde (Ciano Tagebücher 15. März 1942), dürfte auch der deutsche Partner informiert worden sein.

[58] Aufzeichnung über die Besprechung zwischen dem Herrn RAM und dem japanischen Botschafter Oshima in Steinort am 23. März 1942, F 9/0072-0083.

[59] St.S. Japan: Telegramme Ribbentrop—Ott, Nr. 808 vom 18. März 1942 und Nr. 289 vom 26. März 1942.

[60] St.S. Japan: Telegramm Wagner (Hsingking)—AA, Nr. 145 vom 28. März 1942.

[61] St.S. Japan: Telegramm Ott—Ribbentrop, Nr. 927 vom 26. März 1942: Übermittlung des Inhalts einer Unterredung Togo—Ott vom 25. März 1942: Togo: „Wie Oshima mitteilte, habe der Führer versichert, daß Deutschland ohne aktive Hilfe Japans den Krieg gegen die Sowjetunion erfolgreich durchzuführen beabsichtige". „... Er glaube, daß ein japanischer Angriff auf Wladiwostok militärisch verhältnismäßig leicht zum Ziele führen könne...", doch daß „eine totale Niederlage der Sowjets, so wünschenswert sie sei, den Krieg nicht entscheiden werde".

[62] St.S. Japan: Telegramm Ott—AA, Nr. 1126 vom 13. April 1942.
St.S. Japan: Telegramm Randow (Shanghai)—AA, Nr. 387 vom 13. April 1942: Übermittlung des Wortlautes des Interviews von Tatekawa.

[63] Ribbentrop wurde im April noch zweimal über Ott bei Togo vorstellig, allerdings ohne Erfolg.
(St.S. Japan: Telegramm Ott—Ribbentrop, Nr. 1208 vom 17. April 1942 und KTB 1. Skl A 10. Mai 1942).

minister die Frage einer japanischen Kriegsbeteiligung nur noch mit General Oshima in Berlin. Ribbentrop konnte der persönlichen Zustimmung des Botschafters sicher sein[64]; über ihn hoffte er, maßgebliche Regierungs- und Militärkreise in Japan beeinflussen zu können.

Nach Abschluß der Südexpansionen wäre Japan sehr wohl in der Lage gewesen, einen Schlag gegen Rußland zu führen. Doch Ribbentrops entsprechendes Ansinnen wurde nicht nur in Tokio verworfen, sondern traf auch im eigenen Lager auf taube Ohren. Hitler und die Spitzen der Wehrmacht lehnten einen japanischen Angriff gegen sowjetisch Fernost nach wie vor ab. In einer Aussprache mit Mussolini Ende April 1942 blieb Hitler bei seinem seit dem japanischen Kriegseintritt verfochtenen Konzept: Japan solle lediglich als Gegengewicht zu Deutschland die Angelsachsen bekämpfen. Hitlers Worte, „daß sich Japan (beim Kampf gegen die Angelsachsen) nicht durch ein Unternehmen gegen Sowjetrußland ablenken lassen dürfe", fanden selbstverständlich die Zustimmung des Duce. Hatte doch Mussolini kein großes Interesse am Krieg gegen die Russen, da Italiens Hauptgegner England nach wie vor im Mittelmeer stand. Auch vermeinte Hitler zu wissen, ein russisch-japanischer Konflikt werde keine Entlastung für die deutsche Ostfront bringen[65]. Doch seine Argumentation war keineswegs stichhaltig. In derselben Unterredung hatte er zuvor behauptet, Japan habe seine Kriegsziele bereits erreicht. Somit konnte der Bündnispartner durch ein Unternehmen gegen die Russen seine Kräfte kaum zersplittern. Auch brachte Hitler das von der Seekriegsleitung und den Japanern befürwortete Vorgehen gegen den Suezkanal am folgenden Tag nicht zur Sprache[66]. Dieser Vorstoß, der die Japaner verpflichtet hätte, die angelsächsischen Bastionen im Indischen Ozean zu besetzen, sollte wenigstens den Seeweg zwischen den Verbündeten öffnen. Ebenso wie in der Frage einer Eroberung Indiens[67] dürften Hitlers ablehnender Haltung neben strategischen vor allem rassische Motive zugrundegelegen haben. Angesichts der Vorbereitungen zur Sommeroffensive im Osten[68] wird ihn sein Vertrauen auf die eigene deutsche Stärke bestimmt haben, die „Gelben" an einem allein zu gewinnenden „Schicksalsfeldzug" nicht zu beteiligen — ja, überhaupt jeglichen engeren Kontakt mit ihnen zu meiden.

Die deutsche Seekriegsleitung teilte weder Hitlers Rassenideologie noch Ribbentrops

[64] Gegenüber Weizsäcker hatte Oshima am 21. April erneut seine Zustimmung zu den Ansichten Ribbentrops bekundet (St. S. Japan: Notiz Weizsäcker über Unterredung mit Oshima).

[65] Aufzeichnung über die Unterredung zwischen dem Führer und dem Duce in Schloß Kleßheim bei Salzburg in Anwesenheit des RAM und des Grafen Ciano am 29. April 1942, F 1/65-95 und F 18/314-344.

[66] Notiz über die Unterhaltung zwischen dem Führer und dem Duce in Anwesenheit der Feldmarschälle Keitel und Kesselring sowie der Generäle Cavallero, Jodl und (Generals) von Rintelen auf dem Obersalzberg am 30. 4. 1942, F 1/101-103 und F 18/306-308: „Konkrete Pläne über ein Vorgehen gegen Ägypten wurden hierbei nicht erörtert. Es wurde lediglich das Vorstoßen bis zum Suez-Kanal als erstrebenswertes Zukunftsziel hingestellt".
Vgl. dazu KTB 1. Skl C A 30. April 1942: Bericht über die Besprechung am 30. 4. 1942 von Generalmajor Schmundt. Ausführlicheres Protokoll als das des AA.

[67] Siehe oben das Kapitel über Indien S. 61 ff.

[68] Hubatsch S. 183: Weisung Nr. 41 vom 5. 4. 1942: Wiederaufnahme der Operationen an der Ostfront.

Vorstellungen. Seit Februar arbeitete sie zielstrebig auf eine Seeverbindung mit den Japanern via Suez—Indischer Ozean hin[69]. Um die militärische Voraussetzung eines solchen Vorstoßes und um die diplomatisch-politische Abstimmung dieses Vorhabens mit Tokio kümmerten sich Raeders Stabsoffiziere allerdings weniger. Ihnen genügte ihr Plan, um Ribbentrops Einflußnahme in Tokio zugunsten eines japanischen Rußlandfeldzuges zu kritisieren: „da damit eine japanische Kriegsoperation im westlichen Indischen Ozean, die für die eigenen Landoperationen von entscheidender Bedeutung sein würde, praktisch unmöglich gemacht würde“[70]. Wie Ribbentrop und Hitler, so hatte auch die Kriegsmarine ihre eigenen — nicht immer realistischen — Vorstellungen von dem Bündnis mit Japan.

Diese widersprüchliche deutsche Haltung konnte in Tokio nur Verwirrung stiften. Wegen einer Kriegsbeteiligung gegen die Sowjetunion blieben japanische Militär- und Regierungskreise weiterhin zerstritten. Nachrichten der deutschen Gesandtschaft aus Hsingking[71] sprachen von einem täglich möglichen Losschlagen der „Kwantung Armee“, die über einen detaillierten Angriffsplan verfügte[72]. Demgegenüber betonten die Berichte der Botschaft aus Tokio die japanische Zurückhaltung, die Ott zu Recht auf die Ablehnung der Kaiserlichen Marine zurückführte[73].

Der englisch-russische Bündnisvertrag[74] beunruhigte allen gegenteiligen Erklärungen zum Trotz[75] die japanische Führung[76]. Erneut versuchte Ribbentrop mit Oshimas Hilfe, die widerstrebenden Ansichten in Tokio zugunsten eines japanischen Angriffes zu einigen. Am 2. Juni 1942 wies der deutsche Außenminister den Japaner beiläufig in einer

[69] KTB 1. Skl C XV 12. Februar 1942: Studie Iopa (Kapitän zur See Rost) über deutsch-japanische Zusammenarbeit Suez.
Lagevorträge ObdM vor Hitler: Unterredung Hitler—Raeder vom 13. Februar 1942.
KTB 1. Skl C A: Denkschrift der Skl vom 25. Februar 1942 zur Frage: „Welche strategischen Forderungen ergeben sich aus der gegenwärtigen Lage für die weitere Kriegführung der Dreierpaktmächte?“

[70] KTB 1. Skl A 10. Mai 1942: Kommentar der Skl zu der Unterredung Ott—Togo vom 29. April 1942, in der die Japaner zum Krieg gegen die Sowjetunion aufgefordert worden waren.

[71] St.S. Japan: Telegramme Wagner (Hsingking)—AA, Nr. 212 vom 19. Mai 1942 und Nr. 267 vom 26. Juni 1942.
KTB 1. Skl A 9. Juli 1942: Abwehrbericht aus Hsingking vom 26. 6. 1942.
KTB 1. Skl A 13. Juli 1942: Das Deutsche Generalkonsulat Peking habe übermittelt, die japanische Nordchina-Armee rechne fest mit einem Angriff gegen Rußland.

[72] Jones, Far East S. 110 nach IMTFE Record pp. 8095-142: Der „Otsu-Plan“ sah ein Vordringen der Kwantung-Armee gegen die Küstenporvinz und Vladivostok sowie ein westliches Ausgreifen bis zum Baikal-See vor.

[73] KTB 1. Skl A 21. Mai 1942 und 28. Mai 1942.
St.S. Japan: Telegramme Ott—AA, Nr. 1903 vom 24. Juni 1942 und Nr. 2006 vom 3. Juli 1942.
KTB 1. Skl A 5. Juli 1942: Bericht des Marineattachés aus Tokio vom 2. 7. 1942.

[74] KTB 1. Skl C VIII Anlage Nr. 27: Wörtlicher Abdruck des von Molotov am 26. 5. 1942 in London unterzeichneten, auf 20 Jahre befristeten englisch-russischen Bündnisvertrages, der den Abschluß eines Separatfriedens untersagte.

[75] KTB 1. Skl A 28. Mai 1942: Reichstagsreden in Tokio.
Dallin S. 175 nach „New York Times“ vom 5. Juni 1942: Nach dem Besuch Molotovs in London und Washington informierten die Russen die japanische Regierung: „. . . that the concluded agreements contained no provisions regarding Japan“.

[76] St.S. Japan: Telegramm Ott—AA, Nr. 1903 vom 24. Juni 1942: Sato sei nach Moskau geschickt worden, um Erkundigungen über den englisch-russischen Pakt einzuholen.

Unterredung auf die 18 bis 20 schwachen russischen Fernostdivisionen hin[77]. Am 24. Juni[78] versicherte er Oshima, die U.S.A. arbeiteten planmäßig auf einen russisch-japanischen Konflikt hin[79]. Daher solle Japan noch in diesem Jahr — 1942 — gemeinsam mit Deutschland den russischen Gegner ausschalten. Angesichts des deutschen Vormarsches[80] war die nächste Unterredung am 9. Juli[81] ausschließlich dem japanischen Kriegseintritt gegen die Sowjetunion gewidmet. Ribbentrop versicherte Oshima sogar, Hitler sei einverstanden. Hitler dürfte seine Einwilligung — wenn überhaupt[82] — nur unter der Bedingung erteilt haben, daß Japan sich zu diesem Angriff wirklich stark genug fühle. Damit bezog er eine ähnliche Haltung wie im Sommer 1941. Japan stand nach seinen großen Siegen erneut als ein unbekannter militärischer Faktor da, mit dem sich Hitler auseinandersetzen mußte.

Trotz der deutschen Erfolge und der Bereitwilligkeit des japanischen Heeres[83] entschied die Verbindungskonferenz am 25. Juli 1942[84], das deutsche Ansinnen auszuschlagen. Wiederum dürften die Marine[85] und Togo den Ausschlag gegeben haben. Als Oshima die ablehnende Antwort überbrachte, bemerkte Ribbentrop: „Japan (werde) niemals wieder eine so günstige Gelegenheit haben, die Russen in Sibirien zu schlagen, wie heute“[86]. Mit diesem Kommentar traf er die Situation: Eine Woche später landeten amerikanische Truppen erstmals auf japanisch beherrschtem Gebiet, der Insel Guadalcanal. Alle Anstrengungen der Japaner sollten bis zum Jahresende auf die verlustreichen Abwehrkämpfe auf dieser Insel gerichtet sein[87]. Nach der letzten Ablehnung

77 Aufzeichnung über die Besprechung des RAM mit Botschafter Oshima in Steinort am 2. Juni 1942, F 16/0252-0257.

78 Unterredung Ribbentrop—Oshima vom 24. Juni 1942 (Fragment), F 20/526-536.

79 Vgl. dazu: KTB 1. Skl A 16. März 1942: Angelsächsische Presseberichte.
Morton, Soviet Intervention S. 651 ff. und Cordell Hull S. 1111: Bereits am 8. Dezember 1941 drängte Hull den russischen Botschafter Litvinov auf Überlassung ostsibirischer Luftbasen für die amerikanische Luftwaffe. Am 11. Dezember 1941 übermittelte Litvinov den ablehnenden Bescheid seiner Regierung. Während des ganzen Krieges sollte Stalin dieses Ansinnen zurückweisen; hätten doch amerikanische Basen in Ostsibirien einen sofortigen japanischen Angriff bedingt.

80 Beginn der deutschen Sommeroffensive am 28. 6. 1942.

81 Besprechung Ribbentrop—Oshima am 9. Juli 1942, IMT Doc 2911-Ps, Band XXXI S. 274-280.
Ribbentrop S. 24.

82 Picker S. 416: Am 27. Juni habe Hitler die Neutralität Japans gegenüber der Sowjetunion als „nicht unlieb“ für Deutschland bezeichnet.

83 Jones, Japan's New Order S. 408 nach IMTFE Record pp. 38420-3, 38427, 38480: Aussage des stellvertretenden deutschen Militärattachés Oberstleutnant Fritz von Petersdorff: Tojo habe Ott und Kretschmer im Juni oder Juli 1942 erzählt, daß Japan einen Überraschungsangriff auf Vladivostok plane.
Vgl. die ebenfalls auf Prozeßmaterialien basierende Darstellung von Israeljan S. 83, in der von Petersdorf fälschlich als deutscher Militärattaché bezeichnet wird.

84 Hattori II (4) S. 121 f.

85 KTB 1. Skl A 4. August 1942: Bericht des deutschen Marineattachés aus Tokio: Die Marine sei gegen einen Angriff auf Rußland, zumal ein schneller und gründlicher Erfolg jetzt nicht sicher sei.

86 Aufzeichnung über die Unterredung zwischen dem Herrn RAM und dem Japanischen Botschafter General Oshima im Feldhauptquartier des RAM am 30. 7. 1942, F 7/278-268.

87 Hayashi S. 62: Am 31. 12. 1942 erließ das Kaiserliche Hauptquartier den Räumungsbefehl

aus Tokio griff Ribbentrop diese — möglicherweise kriegsentscheidende — Frage im Jahre 1942 nicht mehr auf.

In den eigenen strategischen Zielen im Osten befangen, lehnte der deutsche Generalstab einen japanischen Angriff gegen Rußland ab, da er seinen Vorstellungen von einer gemeinsamen Kriegführung zuwiderlief[88]. Die Begründung, ein solcher Angriff gegen die Russen würde die japanische Abwehrkraft im Süden schwächen, traf jedenfalls im Juli 1942 nicht zu. Solange die „Kwantung Armee" in ihrer, den Russen überlegenen Stärke erhalten blieb[89] und solange Japan seine eroberten Gebiete unangefochten beherrschte, hätte sich dieser Feldzug ohne Zersplitterung der japanischen Kräfte durchführen lassen[90]. Ohnehin hing die Verteidigung des Südraumes nicht von Heeresverbänden ab, sondern von der Vorherrschaft der Flotte und der Sicherung des Nachschubes über See. Der eigentliche Grund für die ablehnende Haltung des Oberkommandos des Heeres dürfte viel eher in seiner kritiklosen Übernahme Hitlerscher Vorstellungen zu finden sein. Die Generalität folgte im Jahre 1942 seiner Behauptung, die deutsche Wehrmacht werde den Feldzug im Osten auch ohne Hilfe der „Gelben" gewinnen. Überlegungen oder gar Pläne zu einer Koalitionskriegführung unterblieben folglich. Hitlers Konzept, Japan während der eigenen Ostoperationen als Gegengewicht gegen die Westmächte einzusetzen, wurde vom Heer beibehalten. Zur Zeit der Winterkämpfe war der Wunsch nach einer japanischen Kriegsbeteiligung laut geworden[91], während des Vormarsches im Sommer wurde er jedoch nicht wiederholt. In einer Aussprache mit japanischen Militärs am 5. August im Führerhauptquartier billigte der Chef des Wehrmachtführungsstabes die Vorstellungen des Heeres. In seinem Rat, Japan solle sich

für Guadalcanal. — Für die Kämpfe auf Guadalcanal siehe als neueste Darstellung: R. Leckie: Challenge for the Pacific. Guadalcanal — The Turning Point of the War. London 1966.

[88] KTB 1. Skl A 30. Juli 1942: Vortrag Ia 1. Skl (Kapitän zur See v. Wangenheim) über Bericht des MVO-s (Marineverbindungsoffiziers) zum OKH: „Generalstab befürchtet japanischen Angriff auf Rußland, der nicht im Sinne der Gesamtkriegführung liegen würde, da er starke Kräfte Japans im Norden bindet und damit Abwehrkraft im Süden schwächt oder Angriffsoperationen ausschließt".

[89] Heeresakte III H 422/2 24. Juli 1942:
GenSt d H/Op Abt IIa Nr. 20 460/42 geh. vom 24. 7. 1942 „Entwurf für Notiz über die Möglichkeiten für die Fortsetzung der japanischen Operation".
Bei Enthaltung jeglicher Stellungnahme werden als militärische Ziele Japans im Fernen Osten Vladivostok und Sachalin genannt. Auch wird eine Kräftegegenüberstellung angeführt, die letztlich zugunsten der Japaner spricht. Danach hatten die Japaner und die Russen folgende Verbände zur Verfügung:

Japan:	Sowjetunion:
18 Inf. Divisionen	21 Schützendivisionen
2 Kav. Brigaden	5 Brigaden
3 Panzerdivisionen	2 Panzerdivisionen
1 mot. Brigade	5-6 Panzerbrigaden
2 Divisionen in Korea	1 Kav. Division
2 Divisionen Südsachalin	3 Luftlandedivisionen
6 Bahnschutz Abt.	(etwa 415 000 Mann)
8 Grenzschutz Abt.	

Ähnliche Angaben über die Stärke der Japaner in Mandschukuo: St.S. Japan: Telegramm Kretschmer/Ott—AA/OKH/Att. Abt., Nr. 2430 vom 13. November 1941.

[90] Noch bis in den November 1944 (Eroberung von Kweilin und Liuchow) setzten die Japaner ihre am 17. 4. 1944 begonnene Großoffensive in China erfolgreich fort.

[91] Siehe oben S. 101 Anm. 40.

durch einen Feldzug gegen die Sowjetunion nicht zu sehr belasten, bezog sich Jodl ausdrücklich auf Hitlers Urteil: Deutschland habe sein militärisches Hauptziel, nämlich, Sowjetrußland von seiner Ölversorgung abzuschneiden, in diesem Jahre erreicht; Japan solle lediglich den feindlichen Nachschubverkehr nach Ägypten und dem Mittleren Osten „anpacken"[92].

Auch in Tokio blieben die Ansichten geteilt. Im August deuteten die meisten Nachrichten wiederum auf einen unmittelbar bevorstehenden Angriff der „Kwantung Armee"[93]. Auf höchste Einsatzbereitschaft gebracht[94], hätte diese Armee unter Führung General Yamashitas, des Eroberers von Singapore, mit 30 Divisionen[95] zweifellos den sowjetischen Fernen Osten überrannt[96]. Am 7. August aber war mit der amerikanischen Landung auf Guadalcanal der günstige Augenblick verpaßt.

Angesichts der harten Abwehrkämpfe auf Guadalcanal bemerkte Oshima am 18. September Ribbentrop gegenüber, daß der japanische Generalstab Angriffsoperationen bis auf das Frühjahr 1943 „verschiebe"[97]. Wahrscheinlich hatte sich die Kaiserliche Marine nach den verlustreichen Seegefechten bei den Salomonen[98] entschieden gegen einen Angriff auf die UdSSR verwahrt[99]. Doch Ribbentrop dürfte Oshimas vage Zusage nicht geglaubt haben. Der Minister bekundete kein Interesse mehr an der japanischen Kriegsbeteiligung gegen die Sowjetunion. Auch berührten weder Jodl noch die Japaner auf einer Unterredung im Führerhauptquartier am 16. Oktober 1942[100] dieses Thema. Selbst nach der alliierten Landung in Nordafrika, dem Rückzug Rommels und der Umzingelung deutscher Truppen bei Stalingrad versicherte Jodl am 4. Dezember 1942 Admiral Nomura und General Banzai, die gegenwärtige Haltung Japans gegenüber der Sowjetunion liege auch im Sinne Deutschlands[101]. In einem optimistisch gefärbten Lagebericht verglich er vor den japanischen Offizieren die Situation mit derjenigen Roms

[92] KTB 1. Skl C XV 8. August 1942: Besprechung Chef WFStab, Gen. d. Art. Jodl, mit Vizeadmiral Nomura und General Banzai im Führerhauptquartier am 5. 8. 1942.
Siehe DOKUMENT Nr. 18 im Anhang S. 261. Farbfaksimile des Deckblattes S. 224/225.

[93] St.S. Japan: Telegramm Kretschmer/Ott—AA, Nr. 2376 vom 5. August 1942.
St.S. Japan: Telegramm Wagner (Hsingking)—AA, Nr. 325 vom 6. August 1942.

[94] St.S. Japan: Telegramm Ott—Ribbentrop, Nr. 2558 vom 20. August 1942.

[95] KTB 1. Skl A 31. Juli 1942: Nach Verlautbarungen aus Tschungking-China (Tschiang Kai-schek) hätten die Japaner 31½ Divisionen in der Mandschurei stehen und insgesamt 75½ Divisionen auf dem asiatischen Festland, 1 132 000 Mann.

[96] KTB 1. Skl A 16. August 1942: Nach einem V-Mann-Bericht hätten 5 USA Marine-Sachverständige die Verteidigungsbereitschaft der Amur-Bucht untersucht und wären zu dem Schluß gekommen: „Japan könne mit nur 30 Divisionen alles bis zum Baikal-See überrennen." (Dieses Urteil ist ziemlich glaubhaft, zumal es in den Akten der Kriegsmarine, dem Gegner eines japanischen Landfeldzuges, zu finden ist.).

[97] Aufzeichnung über die Fortsetzung der Besprechung vom 17. IX. 1942 zwischen dem RAM und Botschafter Oshima am 18. September 1942 in Feldmark, F 7/0023-0019.

[98] Hayashi S. 59: Am 8. August war die erste und am 24. August 1942 die zweite Seeschlacht bei den Salomonen, die beide unentschieden ausgingen.

[99] St.S. Japan: Telegramm Wagner (Hsingking)—AA, Nr. 422 vom 28. September 1942: „Marine wünscht zu amerikanischer U-Boot-Waffe nicht noch weitere 60 sowjetische U-Boote, weshalb Marine z. Z. unter keinen Umständen zum Kriegseintritt gegen Rußland zu bewegen sei".

[100] Siehe DOKUMENT Nr. 19 im Anhang S. 265. Faksimile des Deckblattes S. 224/225.
Vgl. auch unten S. 148.

[101] Siehe DOKUMENT Nr. 20 im Anhang S. 270. Faksimile des Deckblattes S. 224/225.

während der punischen Kriege. Weit mehr der Wirklichkeit entsprach ein Lagebericht der Seekriegsleitung. Hier wurde die Hoffnung auf eine Verbindung zwischen Europa und Ostasien — sowohl zu Lande als auch über den Indischen Ozean — aufgegeben[102]. Angesichts der militärischen Niederlagen sah sich Ribbentrop sogar zu einem ungewöhnlichen diplomatischen Manöver gezwungen. Er wies sämtliche Auslandsmissionen an, die feindliche Propaganda zu entkräften, nach der Deutschland auf einen japanischen Entlastungsangriff dränge[103]. Erst die Katastrophe von Stalingrad sollte dann beide Seiten endlich zu einer eindeutigen Haltung zwingen: Anfang 1943 forderten deutsche Führungskreise einhellig einen sofortigen Kriegseintritt Japans gegen Sowjetrußland[104]; ebenso einmütig wurde dieses Ansinnen in Tokio abgelehnt[105].

Allen zeitgenössischen Fachurteilen und Kräftevergleichen zum Trotz wird es immer eine Spekulation bleiben, wie ein japanischer Feldzug gegen die russischen Fernosttruppen ausgegangen wäre und welche politischen Rückwirkungen er gezeitigt hätte. Die Möglichkeit, im Jahre 1942 die Sowjetunion in einem gemeinsamen Zangenangriff schwer zu treffen und womöglich militärisch zu besiegen, war sicherlich vorhanden, blieb aber unversucht. Auf deutscher Seite zeugte allein Ribbentrops Konzeption von einiger Konsequenz. Von keiner Doktrin geleitet, verfocht er hartnäckig die einfachste politische Lösung, nämlich eine Beteiligung Japans am Krieg gegen die Sowjetunion. War erst einmal die Landverbindung zwischen den Verbündeten wiederhergestellt, so hätten sich die britischen Positionen in Indien und im Nahen Osten leicht ausschalten lassen. Ein von Deutschland und Japan militärisch beherrschtes Eurasien hätte sich weit länger gegen die Angelsachsen behaupten können, als es die getrennten Verbündeten vermochten. Unter Umständen wären 1942 die derart geschwächten Briten zu einem Vergleichsfrieden bereit gewesen. Zu diesem Zeitpunkt hätten die Amerikaner noch beistimmen müssen, da sich ihr Potential erst um die Jahreswende 1942/1943 auszuwirken begann[106].

Daß diese Chance, die im Juli 1942 die größten Erfolgsaussichten hatte, nicht wenigstens versucht wurde, liegt nicht allein in den divergierenden deutschen Haltungen begründet, sondern dieses Versäumnis ist ebenso der einseitig gegen die Angelsachsen gerichteten Politik Japans anzulasten. Ein Einmarsch nach sowjetisch Fernost hätte

[102] KTB 1. Skl C A 1. 12. 1942 (S. 385): Lagebetrachtung der Skl vom 1. 12. 1942, 1. Skl Ib 2663/42 gKdos Chefs.

[103] St.S. Japan: Ribbentrop an alle Missionen, ohne Nr. vom 11. Dezember 1942.

[104] Ritter Japan: Undatierte Notiz Ritters über eine Unterredung Hitler—Oshima vom 21. Januar 1943.
Wie aus der „Aufzeichnung über die Besprechung des Herrn RAM mit Botschafter Oshima am 19. Februar 1943" (Ritter Japan) hervorgeht, mußte Hitler am 21. Januar 1943 die Japaner zum Angriff gegen die Sowjetunion aufgefordert haben.
Vgl. auch unten S. 173.

[105] Hattori II (4) S. 128: Auf der Verbindungskonferenz am 24. Februar 1943 sei der deutsche Wunsch nach einer japanischen Kriegsbeteiligung gegen die Sowjetunion abgelehnt worden. Eine entsprechende Mitteilung habe Tani (japanischer Außenminister) am gleichen Tage Botschafter Oshima nach Berlin durchgeben lassen.

[106] Erst ein Jahr nach ihrem Kriegseintritt forderten die Amerikaner und nun auch — von ihrem mächtigsten Verbündeten bestärkt — die Engländer die „bedingungslose Kapitulation" ihrer Gegner (Konferenz zu Casablanca, 14.-23. Januar 1943).

lediglich die japanische Position in der Mandschurei gesichert. Dieses Kriegsziel erschien jedoch in Tokio, insbesondere in Marinekreisen, als zweitrangig gegenüber den lohnenden Objekten in Südostasien und im Pazifik. Wie die Deutschen so verfolgten auch die Japaner nur ihre eigenen Pläne und übersahen dabei die Chance, einen Weltkrieg zu führen und möglicherweise zu gewinnen. Anstatt eine militärische Möglichkeit zu nutzen, die Sowjetunion gemeinsam mit Deutschland zu unterwerfen, ließ sich die Führung in Tokio auf äußerst ungewisse Friedensvermittlungsversuche zwischen Deutschland und Rußland ein, um auf diesem diplomatischen Wege eine Einheitsfront gegen die Westmächte aufzubauen.

2. Japanische Bemühungen um eine Vermittlung

Der Ausbruch des deutsch-russischen Krieges schnitt Japan von der Einfuhr dringend benötigter moderner Maschinen aus Europa über Sibirien ab. Mittelbar löste der deutsche Ostfeldzug die auf Südostasiens Rohstoffquellen zielende japanische Expansion aus. Das wiederum hatte das totale Wirtschaftsembargo der Vereinigten Staaten zur Folge, durch das Japan auch von den Märkten der asiatischen Kolonien ausgeschlossen wurde. Während sich die japanische Führung in Washington um einen Ausgleich bemühte, versuchten Regierung und Streitkräfte gemeinsam, auch in Berlin durch eine politische Lösung des deutsch-russischen Konfliktes den transsibirischen Verkehrsweg wieder zu öffnen. Als der deutsche „Blitzkrieg" in Rußland sich in die Länge zog, drückten Heer[1], Marine[2] und Außenministerium[3] ihre Besorgnisse aus. Im Oktober 1941 deuteten japanische Militärs erstmals eine politische Lösung durch einen Sonderfrieden mit Rußland an[4]. Weder die sowjetische noch die deutsche Regierung gingen

[1] Vgl. Anm. Nr. 34 oben S. 100.

[2] KTB 1. Skl B V, Anlagen verschiedenen Inhalts 6. August 1941: Aufzeichnung über die Unterredung Groos—Nomura.
Die maßlosen von Nomura vorgetragenen Ansinnen der japanischen Marine, Deutschland solle nach Niederwerfung der Sowjetunion und Englands Gibraltar und Singapore (!) besetzen, offenbarten die durch den deutsch-russischen Krieg bedingte Isolation und Hilflosigkeit Japans. Der Chef der deutschen Seekriegsleitung, Vizeadmiral Fricke, versah das Protokoll dieser Unterredung mit sarkastischen Randbemerkungen.
KTB 1. Skl A 27. September 1941: Unterredung Nomura—Groos vom 12. 9. 1941. Nomura äußerte seine Besorgnis über die Weiterentwicklung des russischen Feldzuges und über das Absinken der deutschen U-Boot-Kriegserfolge.

[3] ADAP D XIII Dokument Nr. 310: Telegramm Ott—AA, Nr. 1797 vom 13. September 1941: Übermittlung des Inhaltes einer Unterredung Ott—Außenminister Toyoda vom 13. September 1941.

[4] St.S. Japan: Telegramm Ott—Ribbentrop, Nr. 1974 vom 4. Oktober 1941: Kriegsminister Tojo und Generalstabschef Sugiyama rieten Deutschland zu einer politischen Lösung im Rußlandfeldzug, um den Sibirienweg wieder zu öffnen.
KTB 1. Skl A 4. Oktober 1941: Der japanische Militärattaché in Washington habe die Ansicht des deutschen Militärattachés eingeholt, ob Deutschland zu einem Sonderfrieden mit der Sowjetunion zu kommen glaube.
St.S. Japan: Telegramm Mackensen (Rom)—AA, Nr. 2585 vom 16. Oktober 1941: Weitergabe eines Telegramms des italienischen Botschafters aus Washington, nach dem der japanische Botschafter Admiral Kichisaburo Nomura bemerkt haben sol: „... daß Rußland, falls ihm annehmbare Bedingungen gestellt würden, bereit wäre, einen Frieden zu schließen, der seinerseits wieder England veranlassen könne, das gleiche zu tun".

auf diese Vorschläge ein. Das dritte Konoe-Kabinett übergab daher dem „Kriegskabinett“ Tojo ein wirtschaftlich und politisch isoliertes Land.

Die Kaiserliche Konferenz vom 5. November 1941[5] beabsichtigte, mit einem großzügigen Angebot an die USA und einer Vermittlung im deutsch-russischen Konflikt die Isolierung nach beiden Seiten zu durchbrechen. Falls die diplomatischen Gespräche scheitern würden, sollte man für den Kriegsfall sich vorsorglich der deutschen Partnerschaft versichern. Offensichtlich unterstützten Heer und Marine den neuen Außenminister Togo bei seinem Vorhaben, den Krieg in Rußland auf diplomatischem Wege zu beenden[6]. Der Zeitpunkt — Ende 1941 — war für eine Vermittlungsaktion nicht ungünstig: Die katastrophalen Niederlagen der Roten Armee zwangen die sowjetische Führung, sich die Möglichkeit eines Separatfriedens zumindest offenzuhalten[7]. In Deutschland wie bei den Westmächten mag man vermutet haben, der kommunistische Staat würde wie Ende 1917 um Frieden nachsuchen, bevor er zusammenbräche. Ähnliche Überlegungen und Gerüchte über eine japanische Vermittlung tauchten sogar in der Berliner Presse auf[8].

Selbst nach den ersten deutschen Rückschlägen im Dezember 1941 blieb ein über Rom von Japan vorgebrachter Friedensfühler bei Mussolini hängen. Wohl zeigte der Duce Interesse, aber einen Sonderfrieden hielt er zu diesem Zeitpunkt für unmöglich[9]. Nach Japans Kriegseintritt bekundete vor allem die Kaiserliche Marine ihr Desinteresse am deutsch-russischen Konflikt[10]. Dem scheidenden russischen Botschafter Smetanin gab Außenminister Togo die japanische Bereitschaft, zwischen Deutschland und Rußland zu vermitteln, mit auf den Weg nach Moskau[11].

Nach diesen Sondierungen bei beiden Kriegführenden wagte die japanische Marine am 3. März 1942 den ersten offiziellen Vorstoß: sie bot dem deutschen Marineattaché

[5] Siehe oben S. 31.

[6] KTB 1. Skl A 10. November 1941: Laut eines Botschaftsberichtes aus Tokio „würde (die japanische Regierung) jedoch einen Sonderfrieden mit Rußland nach Sturz des Stalin-Regimes gern sehen, damit der Sibirienweg wieder frei wird“.
St.S. Japan: Telegramm Ott—AA, Nr. 2597 vom 30. November 1941: Togo habe gegenüber Ott betont, daß nach Verschwinden des Stalin-Regimes für Deutschland eine politische Lösung im Krieg gegen Rußland möglich sein werde.

[7] Ritter Rußland: Telegramm Thomsen (Washington)—AA, Nr. 3791 vom 2. November 1941: Harriman habe am 31. Oktober 1941 Mitgliedern des National Press Club in Washington erzählt, „daß es dreitägigen Tauziehens bedurfte, um Stalins Zusage seiner zeitlich unbegrenzten Teilnahme am Krieg abzugewinnen“.
Vgl. auch KTB 1. Skl A 5. November 1941.

[8] St.S. Nicht-Diplomatenbesuche: Notiz USt.S. Luther, Nr. 5874 vom 29. März 1942: Von September 1941—Januar 1942 seien in der Berliner Presse Notizen von einer japanischen Vermittlung im deutsch-russischen Krieg aufgetaucht.

[9] Mourin S. 120: Gespräch Konoe—Indelli (italienischer Botschafter in Tokio).
Ciano Tagebücher 28. Dezember 1941.

[10] KTB 1. Skl C XV 17. Februar 1942: Unterredung Groos—Nomura am 10. 2. 1942, in der Nomura die deutschen Operationen gegen die Sowjetunion als sekundär bezeichnete.
Jones, Far East S. 124/5 nach IMTFE Record pp. 23305-12: Die japanische Marine legte minenfreie Schiffahrtswege nach Vladivostok an und duldete entgegen internationalem Recht Flaggenwechsel amerikanischer Schiffe, die während des Krieges in russischen Besitz übergingen.

[11] Togo S. 208.
Jones, Far East S. 108/109 nach IMTFE Record pp. 35378-84.

ihre Vermittlerdienste an. Falls die Vermittlung glückte, kündigten die Marineoffiziere eine Großoffensive im Indischen Ozean an[12]; gewissermaßen als Ersatz für den Landfeldzug versprach die japanische Marine, einen Seeverbindungsweg zu dem Partner herzustellen. Dieser eigenständige Schritt der Marine[13] wird mit der Kontroverse[14] zwischen den japanischen Wehrmachtteilen zusammengehangen haben. Im Falle einer deutschen Friedensbereitschaft hätte das japanische Heer nicht mehr einen Krieg gegen die Sowjetunion befürwortet und wäre den Wünschen der Marine auf weiteres Vordringen in den Pazifik geneigter gewesen. Doch Ribbentrop lehnte den Vermittlungsvorschlag sogleich ab. Admiral Wenneker erhielt Order, den japanischen Marinekreisen mitzuteilen: „Es sei selbstverständlich ausgeschlossen, daß Deutschland jemals die Initiative zur Verständigung mit der Sowjetunion ergreife". Auch Japan solle davon Abstand nehmen[15].

Am 7. März 1942 legte die Verbindungskonferenz Japans weitere Kriegsziele fest[16]. In einem „Bericht an den Thron" erläuterten beide Stabschefs dem Kaiser ihre Beschlüsse. Angesichts der deutschen Absage hieß es, Friedensvermittlungsversuche könnten zum gegenwärtigen Zeitpunkt Japans Beziehungen zu Deutschland und der Sowjetunion nur belasten[17]. Dennoch befürworteten politische Kreise[18], der Außenminister[19] sowie auch Teile der Generalität[20] und — selbstverständlich — die Marine wei-

[12] St.S. Japan: Telegramm Ott—Ribbentrop persönlich, Nr. 630 vom 3. März 1942.
Die Behauptung Hattoris II (4) S. 121, Japan habe vor der Niederlage bei den Midways die Chance einer Vermittlung im deutsch-russischen Krieg aus einer starken Position heraus versäumt, entspricht nicht den Tatsachen.

[13] St.S. Japan: Telegramm Ribbentrop—Ott, Nr. 808 vom 18. März 1942: Oshima habe auf Informieren über den Friedensschritt der japanischen Marine gemeint, er sei ohne Wissen der Regierung erfolgt.
Möglicherweise hielt Oshima den Schritt der japanischen Marine für einen deutschen diplomatischen Schachzug und warnte daher seine Regierung vor einem möglichen deutsch-russischen Sonderfrieden (Hattori II (4) S. 124). Die Verbindungskonferenz am 25. Juli 1942 habe daher beschlossen, daß Japan bei einem Friedensschluß nicht übergangen werden dürfe und entsprechende Anweisung nach Berlin gegeben.
Die Darstellung Hattoris erscheint möglich, da der Schritt der japanischen Marine ohne Benachrichtigung der Regierung erfolgte. Als dieser Alleingang in Tokio bekannt wurde, hat die japanische Regierung nur Deutschland an seine Bündnispflicht erinnert, keinen Separatfrieden ohne Konsultation des Verbündeten abzuschließen.

[14] Am 7. März 1942 entschied die Verbindungskonferenz über die weitere Kriegführung.
Siehe unten S. 139 und DOKUMENT Nr. 24 im Anhang S. 282.

[15] St.S. Japan: Telegramm Ribbentrop—Ott, Nr. 243 vom 7. März 1942. Ob Hitler von dem Friedensfühler informiert wurde, geht aus den Akten nicht hervor.
Die von dem ehemaligen Gesandten Erich Kordt gegebene Darstellung (Kordt, Nicht aus den Akten S. 418 f.) der Vorgänge um den ersten japanischen Friedensvermittlungsversuch läßt sich durch das Aktenmaterial nicht beweisen. Das als Original zitierte Antworttelegramm Ribbentrops: „Hitler wolle gar nichts von solchen unerbetenen Ratschlägen wissen. Er lasse den deutschen Marineattaché in Tokio zu einem Bericht darüber auffordern, ob er es etwa an Siegeszuversicht habe fehlen lassen", ist in den Akten nicht vorhanden.

[16] Siehe Anm. Nr. 14.

[17] Siehe DOKUMENT Nr. 24 im Anhang S. 282.

[18] St.S. Japan: Telegramm Ott—AA, Nr. 760 vom 11. März 1942.

[19] St.S. Japan: Telegramm Ott—Ribbentrop, Nr. 927 vom 26. März 1942: Togo habe bemerkt, daß eine „totale Niederwerfung der Sowjets, so wünschenswert sie sei, den Krieg nicht entscheiden werde".

[20] St.S. Japan: Telegramm Kretschmer/Ott—AA, Nr. 1096 vom 11. April 1942: Auch in

terhin einen Ausgleich auf dem russischen Kriegsschauplatz. Die ersten kritischen Stimmen an der politischen Kriegführung der Deutschen in Rußland wurden laut[21]. Die deutsche Politik in den besetzten Ostgebieten zielte auf rücksichtslose Unterwerfung der Slawen ab; sie lief den japanischen Vorstellungen einer Mitarbeit „befreiter" Völker zuwider. Sogar Goebbels erkannte die Überlegenheit der japanischen Besatzungspolitik an, die den Rassenkampf ablehnte[22].

Vor der deutschen Sommeroffensive deuteten erneut Anzeichen aus Moskau auf die Möglichkeit einer politischen Verständigung mit Deutschland hin. Die Italiener übermittelten ein — vielleicht fingiertes — Telegramm ihres Botschafters aus Tokio nach Berlin. Der italienische Missionschef wollte erfahren haben, die russische Regierung habe dem japanischen Botschafter Sato vage Andeutungen über eine japanische Vermittlung gemacht[23]. Das Fehlen einer „zweiten Front" im Westen belastete erheblich Molotovs Verhandlungen mit der britischen Regierung über einen Beistandspakt[24]. Während des ganzen Sommers 1942 trübte diese Frage das Verhältnis der Angelsachsen zur Sowjetunion. Stalins Diplomaten drohten, Rußland sei gezwungen, einen Sonderfrieden mit Deutschland abzuschließen, falls nicht bald eine angelsächsische Großlandung in Frankreich die Rote Armee entlaste[25].

Es läßt sich kaum entscheiden, ob diese diplomatischen Drohungen die Westmächte zu größeren Materiallieferungen veranlassen sollten, oder ob tatsächlich Furcht um den Fortbestand des Sowjetstaates die Russen zu diesen Äußerungen verleitete. Immerhin rollte die deutsche Sommeroffensive seit dem 28. Juni 1942 die ganze russische Südfront auf. Ein Halten der Deutschen in Stalingrad und im Kaukasus ließ sich zu diesem Zeitpunkt kaum absehen. Im August 1942 fürchteten selbst die amerikanischen Stabschefs um die Existenz der Sowjetunion[26].

Die japanische Regierung scheint die militärische Lage der Russen zu einem neuen Versuch benutzt zu haben, um in Moskau die Friedensbereitschaft zu erkunden. Den japanischen Plänen zufolge sollte Deutschland nach einem Ausgleich mit der Sowjetunion sein militärisches Schwergewicht gegen die Mittelmeerstellung der Angelsachsen

Armeekreisen werde der von der Marine propagierte Vorschlag eines deutsch-russischen Friedens unterstützt.

[21] Ciano Tagebücher 24. April 1942: „Der japanische Militärattaché hat sich im Gespräch mit Prunas (Renato Prunas, italienischer Gesandter in Portugal) heftig über die deutsche Haltung und die politische Kriegführung der Deutschen geäußert. Nach seiner Meinung ist alles falsch".

[22] Goebbels Tagebücher 22. Januar und 13. Mai 1942.

[23] St.S. Japan: Telegramm Mackensen (Rom)—AA, Nr. 1277 vom 18. April 1942.

[24] St.S. Japan: Telegramm Wagner (Hsingking)—AA, Nr. 212 vom 19. Mai 1942: Wagner wollte aus Moskau erfahren haben, daß das Verhandlungsklima zwischen Russen und Engländern wegen des Ausbleibens der „zweiten Front" gereizt sei.

[25] KTB 1. Skl A 25. Juli 1942: „Nach Bericht aus diplomatischer Quelle soll Botschafter Maiski beauftragt worden sein, sofortige Errichtung einer zweiten Front ultimativ zu fordern, mit der Drohung, daß Rußland andernfalls den Kampf gegen Deutschland beenden werde". (Vom 19.-26. Juni hatte gerade eine Konferenz zwischen Churchill und Roosevelt stattgefunden, und der englische Premierminister bereitete sich auf seine Moskaureise vor. Vom 12.-15. August konferierten Churchill und Harriman mit der russischen Regierung.)

[26] Morton, The War in the Pacific, S. 377.

verlagern. Entsprechend einem Kabinettsbeschluß vom 25. Juli[27] schickte Außenminister Togo Botschafter Sato von Kuibyšev nach Moskau, um dort den Boden für eine Vermittlung vorzubereiten[28].

Der Fall Tobruks (21. 6. 1942) eröffnete erstmals die Aussicht einer kombinierten deutsch-japanischen Zangenoperation gegen die britische Nahoststellung. Anläßlich einer Audienz am 7. Juli 1942 wies Admiralstabschef Nagano den Kaiser auf die strategische Bedeutung der englischen Niederlage in Tobruk hin[29]. Am gleichen Tage trat der japanische Generalstab über einen Gewährsmann an Botschafter Ott heran: Unter größter Geheimhaltung — auch vor der japanischen Botschaft in Berlin — schlug das Heer vor, eine japanische Mission nach Berlin zu entsenden, um über engere militärische Zusammenarbeit zu beraten. Die deutsche Regierung wurde gebeten, für den Transport der Delegation ein Langstreckenflugzeug zu stellen[30]. Wahrscheinlich sollte bei dieser Gelegenheit auch über einen deutsch-russischen Frieden verhandelt werden[31]. Ribbentrop fragte sofort bei Ott an, welche Themen besprochen werden sollten und welcher Personenkreis in diesen Vorschlag eingeweiht sei[32]. Daraufhin kabelte der Botschafter nach Berlin, beide japanische Wehrmachtteile, das kleinere Kabinett und selbst der Tenno versprächen sich viel von einer allgemeinen Aussprache in Berlin[33]. Am 19. Juli ließ Ribbentrop plötzlich einen Zwischenbescheid an den japanischen Generalstab übergeben: die technischen Voraussetzungen für einen Flug seien vorerst nicht gegeben[34].

Diese Begründung war nicht unbedingt stichhaltig. Am 2. Juli 1942 hatte die italienische Luftwaffe mit einer „Savoia 75" den ersten Hin- und Rückflug durchgeführt[35]. Zwar hatte Göring als Oberbefehlshaber der Luftwaffe bereits während der Verhandlungen über die Militärkonvention eine Luftverbindung als unmöglich bezeichnet und

27 Hattori II (4) S. 121 f.

28 Togo S. 209.
Jones, Far East S. 109 nach IMTFE Record pp. 3553-4, Aussage Satos.

29 Hattori II (3) S. 157.

30 St.S. Japan: Telegramme Ott—AA, Nr. 2049 vom 7. Juli und Nr. 2069 vom 9. Juli 1942.

31 In den Aktenbeständen findet sich kein Hinweis, daß die japanische Delegation über einen deutsch-russischen Frieden in Berlin verhandeln sollte.
Die von dem Gesandten Erich Kordt, Nicht aus den Akten S. 419-422, gegebene Darstellung, es habe sich um eine reine Friedensmission gehandelt, ein Anliegen, das Ribbentrop in einem Telegramm vom 2. September 1942 an die Tokioter Botschaft brüsk zurückgewiesen habe, läßt sich mit den vorhandenen Aktenmaterialien nicht beweisen. Auch das Telegramm Ribbentrops ist unauffindbar.
Jones, Far East S. 105 ff. zitiert Kordts Darstellung.
Gronau S. 291: Ähnlich wie Kordt spricht auch der deutsche Luftwaffenattaché Gronau von einer japanischen Sondermission, die zur Friedensvermittlung nach Berlin fliegen sollte.
(Da Gronaus Memoiren fünf Jahre später als die Erich Kordts erschienen und keine Quellenbelege enthalten, könnte diese Darstellung ebenfalls auf der von Kordt fußen.)

32 St.S. Japan: Telegramm Ribbentrop—Ott, Nr. 702 vom 13. Juli 1942.

33 St.S. Japan: Telegramm Ott—Ribbentrop, Nr. 2117 vom 15. Juli 1942.
Kordt, Wahn und Wirklichkeit S. 328: Premierminister Tojo und Generalstabschef Sugiyama oder Teiichi Suzuki sollten diese Delegation führen.
Kaum glaubhafte Darstellung, da sich die Führungsspitze Japans sicherlich nicht dem Risiko eines ersten Fluges ausgesetzt hätte.

34 St. S. Japan: Telegramm Ribbentrop—Ott, Nr. 734 vom 19. Juli 1942.

35 Siehe Anmerkung Nr. 143 S. 78.

einen entsprechenden Wunsch am 12. Februar 1942 nochmals abgelehnt[36]. Doch dürfte seine Entscheidung eher dem Prestigegedenken der Luftwaffe, die einen möglichen Mißerfolg scheute, und Differenzen des Reichsmarschalls mit dem Auswärtigen Amt entsprungen sein. Die technischen Voraussetzungen waren durchaus vorhanden, die etwa 7000 km lange Strecke z. B. in den Flugbooten vom Typ „BV 222" in 28 Stunden zurückzulegen[37]. Möglicherweise haben politische Gründe Ribbentrop bewogen, den japanischen Vorschlag zurückzuweisen. Die Japaner lehnten nämlich strikt ab, sowjetisches Territorium zu überfliegen[38]. Doch sollte die deutsche Maschine von Nord-Norwegen über das Gebiet der Sowjetunion nach Dairen geleitet werden[39]. Somit geriet die ganze Frage einer Flugverbindung in die politische Auseinandersetzung um eine gemeinsame Haltung gegenüber der Sowjetunion.

Dennoch blieben die Japaner an einer Grundsatzdiskussion über die allgemeine Kriegführung interessiert. Nach einer Reise an die Ostfront[40] kritisierte selbst Oshima, der ja einen japanischen Angriff gegen die Sowjetunion befürwortet hatte[41], im Gespräch mit Weizsäcker die deutsche Besatzungspolitik. Der Japaner riet, „die russischen Völkerschaften durch geeignete Versprechungen auf die Seite der Achse zu ziehen"[42]. Am gleichen Tage übermittelte Oshima seine Eindrücke vom deutschen Vormarsch in Südrußland und im Kaukasus[43] nach Tokio. In seinem Bericht sprach der Botschafter etwas vorschnell von einer unmittelbar bevorstehenden Besetzung des ganzen Kauka-

[36] St.S. Japan: Unsignierte Notiz von Pol L M (Att) 1233 g vom 12. Februar 1942.

[37] St.S. Japan: e. o. Pol. I Lu 140 g, Aufzeichnung über Flugverbindung Japan vom 21. Mai 1942.

[38] St.S. Japan: St.S. Nr. 394 Notiz Weizsäcker für RAM vom 17. Juni 1942 über Unterredung mit Oshima.
Unterredung Ribbentrop—Oshima am 24. Juni 1942 (Fragment), F 20/526-536.

[39] Siehe Anm. Nr. 37.

[40] St.S. Japan: Notiz für Botschafter Ritter vom 28. Juli 1942: Botschafter Oshima unternehme vom 31. Juli bis 8. August 1942 eine Reise an die Ostfront.

[41] In der Unterredung mit Hitler am 3. Januar 1942 (IMT Doc 423-D, Bd. XXXV S. 94-104), mit Ribbentrop am 23. März 1942 (F 9/0072-83), mit Ribbentrop am 24. Juni 1942 (F 20/526-536), mit Ribbentrop am 9. Juli (IMT Doc 2911-PS, Bd. XXXI S. 274-280), mit Ribbentrop am 30. Juli 1942 (F 7/278-268).

[42] St.S. Japan: St.S. Nr. 477 Notiz Weizsäcker vom 10. August über Unterredung mit Oshima. Vgl. dazu den Bericht des deutschen Mil.Att. aus Tokio vom 16. Oktober 1942 über die japanischen Vorschriften zur Freischärlerbekämpfung (Heeresakte III H 422/2), in dem es u. a. heißt:
„4. Bevölkerung voll beschäftigen und zu gewinnen suchen. Durch Besserung Lebensbedingungen, ärztliche und sonstige Fürsorge, Wiederauflebenlassen religiöser und anderer Bräuche, Unterhaltungen und Propaganda.
5. Bevölkerung selbst für allgemeine Sicherheit mitverantwortlich machen und in Sicherungsdienst einbeziehen. Vertrauensleute gewinnen".
Wenn die japanischen Besatzungstruppen auch gegen Partisanen, insbesondere auf den Philippinen, kämpfen mußten, so nahm diese Aufstandsbewegung nie die Ausmaße an wie hinter der deutschen Ostfront. Zur deutschen Besatzungspolitik in Rußland siehe die umfassende Darstellung: A. Dallin: German Rule in Russia 1941-1945, A Study in Occupation Policies, New York 1957.

[43] Am 9. August 1942 wurde das Erdölgebiet von Maikop besetzt, und der 6. Armee gelang unter General Paulus vom 7.-11. August ein Angriff, der das Durchstoßen auf Stalingrad ermöglichte.

sus-Gebietes[44]. Drei Tage später korrigierten die japanischen Wehrmachtattachés die Behauptungen ihres Vorgesetzten: General Jodl habe nur von einer Eroberung des nördlichen Kaukasus gesprochen[45]. Aus diesen Widersprüchen leitete man in der japanischen Hauptstadt Differenzen zwischen den Streitkräften und dem Auswärtigen Amt in Deutschland ab[46]. Das Bedürfnis nach glaubwürdigen Informationen wuchs in Tokio, zumal deutsche Truppen inzwischen anscheinend unaufhaltsam in den Kaukasus vorrückten. Anfang August schien eine deutsche Zangenoperation gegen die britische Nahoststellung vollen Erfolg zu versprechen. Wegen dieser günstigen Lage der Verbündeten war der japanischen Regierung immer mehr an einem politischen Gedankenaustausch und an strategischen Absprachen auf höchster Ebene gelegen.

Mitte August wurde über Radiotelefon aus Tokio gemeldet, daß man der Tenno-Sondermission weiterhin größte Bedeutung beimesse[47]. Da die Zeit drängte, gedachten die Japaner, die Organisation eines Fluges selbst in die Hand zu nehmen. Außerhalb der langwierigen Wirtschaftsverhandlungen[48] baten sie, zwei deutsche Langstreckenflugzeuge zu erwerben[49]. Angesichts solcher Beharrlichkeit empfahl Botschafter Ott, diese Angelegenheit in Berlin nochmals zu überprüfen[50]. Entgegen dem Wunsch des japanischen Generalstabes weihte daraufhin Ribbentrop Botschafter Oshima in diese „zunächst noch inoffizielle Anregung" ein[51]. Ribbentrop verwahrte sich gegen alle von den Japanern ausgestreuten Friedensgerüchte, ließ aber nicht durchblicken, daß er die „Tennodelegation" in Zusammenhang mit einem japanischen Vermittlungsauftrag bringe[52]. Vielmehr begrüßte der Minister den Plan einer Aussprache vorbehaltlos und fand bei Oshima enthusiastische Zustimmung vor.

Ribbentrop bat nach dieser Unterredung Göring um die beiden von den Japanern

44 Hattori II (4) S. 125.

45 Ebenda. Die japanischen Offiziere müssen Jodl falsch verstanden haben. Siehe DOKUMENT Nr. 18 im Anhang S. 261. Farbfaksimile des Deckblattes S. 224/225.

46 Ebenda.

47 St.S. Japan: Unsignierte Aktennotiz vom 13. August 1942: Der Gesandte Kordt habe aus Tokio am Telefon angefragt, warum die Entsendung einer Tennosondermission von Berlin abgelehnt werde, obwohl die Angelegenheit in Japan als wichtig betrachtet werde.

48 Siehe unten S. 159 ff.

49 St.S. Japan: Telegramm Gronau/Ott—AA, Nr. 2525 vom 18. August 1942.

50 St.S. Japan: Telegramm Ott—Ribbentrop, Nr. 2558 vom 20. August 1942.

51 Aufzeichnung über die Besprechung des Herrn RAM mit Botschafter Oshima am 31. August 1942 im Landhaus Fuschl und am 1. September 1942. F 20/376-394.

52 Die bei Kordt, Nicht aus den Akten S. 419-422,gegebene Darstellung, Ribbentrop habe sich gegenüber Oshima jegliche Einmischung des japanischen Generalstabes verbeten und japanische Friedensvermittlungsversuche als Feigheit bezeichnet, läßt sich durch die Aufzeichnung über die Besprechung (Anmerkung Nr. 51) nicht beweisen.
Auch die bei Hattori gegebene Darstellung II (4) S. 125 erscheint wenig glaubhaft. Danach habe Oshima in einem Telegramm vom 7. Sept. 1942 Ribbentrops Protest wegen der in Tokio umlaufenden Friedensgerüchte und dem damit in Zusammenhang gebrachten Abzug von 5 russischen Divisionen aus Fernost seiner Regierung mitgeteilt. Daraufhin seien die japanischen Friedensfühler eingestellt und die Entsendung einer Delegation nach Deutschland verschoben worden..
Der Flug wurde von deutscher, nicht von japanischer Seite abgelehnt. Ein Zusammenhang zwischen dieser deutschen Ablehnung und der japanischen Friedensvermittlung läßt sich nicht beweisen.

angeforderten Langstreckenflugzeuge und berief sich ausdrücklich auf Hitlers Einwilligung[53]. Als Flugroute sollte jetzt, mit Rücksicht auf die japanischen Wünsche, die etwas längere Strecke[54] über Ägypten und Rangoon, südlich sowjetischen Gebietes, gewählt werden. Die Vorbereitungen zu diesem Flug müssen abgeschlossen worden sein[55]. Doch am 17. September lehnte Ribbentrop auf Hitlers Geheiß die Verantwortung für den Flug maßgeblicher japanischer Persönlichkeiten plötzlich ab, „so lange nicht die Flugboote besser ausprobiert seien"[56]. Am nächsten Tag ging die bündige Weisung der Luftwaffe an die Botschaft in Tokio: „Ostflug verschoben"[57]. Am 26. September übermittelte auch Oshima seiner Regierung diesen Entscheid[58].

Für diese überraschende Wendung auf deutscher Seite lassen sich Gründe nur mutmaßen, da Lücken in den politischen Akten klaffen und entsprechende Dokumente der Luftwaffe überhaupt fehlen. Möglicherweise fühlte sich Ribbentrop wegen der in Tokio kursierenden Gerüchte von einem deutsch-russischen Sonderfrieden hintergangen[59]. Vielleicht bedingten aber auch organisatorische Differenzen zwischen der deutschen Luftwaffe und der japanischen Marine[60] die deutsche Ablehnung. Offenbar hat Hitler jedoch den Ausschlag gegeben. Noch unbeirrt in seinem Glauben, Deutschland könne allein die Kämpfe bestehen, wünschte er keine Aussprache mit hohen japanischen Persönlichkeiten. Würde Japan sich doch nicht — wie manch europäischer Partner der Achse — als Statist deutschen Kriegsplänen unterordnen; bindende Absprachen unter Gleichberechtigten hat dagegen Hitler immer gescheut. Nachweisen läßt sich mit einiger Sicherheit nur, daß dieser Besuch einer Delegation aus Tokio nicht an technischen

53 St.S. Japan: Brief Ribbentrops an Göring, Nr. 1039 vom 1. September 1942.

54 Ebenda. (Die Flugroute Kirkenes—Dairen war etwa 6200 km, die von Rhodos nach Rangoon etwa 7000 km und die von Ägypten nach Rangoon etwa 7200 km lang.)

55 St.S. Japan: Telegramm Gronau/Ott—AA/RLM-Att, Nr. 2803 vom 11. September 1942: Berlin habe dem japanischen Marineministerium mitgeteilt, daß ein Versuchsflug einer „BV 222" für Ende September geplant sei.
Ritter Japan: Telegramm Ott—AA, Nr. 2823 vom 12. September 1942: Die japanische Marine habe mitgeteilt, daß ein Kapitänleutnant am 14. September zum Empfang der deutschen Flugboote nach Singapore fliegen werde. Er (Ott) habe schärfste Bedenken erhoben, da ihm der Plan unbekannt sei.

56 Aufzeichnung über die Besprechung des Herrn RAM mit Botschafter Oshima in „Feldmark" am 17. September 1942, F 7/0038-0024.

57 Ritter Japan: Luftwaffenführungsstab Telegramm an Gronau/Ott, ohne Nr. vom 18. September 1942.

58 Hattori II (4) S. 125.
Kommentar Hattoris: „The German military authorities were reluctant to use air materials and men for non-military purpose".

59 In der Unterredung mit Oshima am 31. Aug./1. Sept. 1942 (siehe Anmerkung Nr. 51) hatte sich Ribbentrop gegen in Tokio kursierende Friedensgerüchte verwahrt und den Abzug sowjetischer Kräfte aus Fernost mit diesen Gerüchten in Verbindung gebracht.
In ihrer Unterredung am 17. September (siehe Anm. Nr. 56) sprachen Oshima und Ribbentrop über die kursierenden Friedensgerüchte. Der japanische Botschafter dementierte jegliche Aktivität seiner Regierung.

60 St.S. Japan: Telegramm Gronau/Ott—AA/RLM-Att, Nr. 2843 vom 15. September 1942: Die Japaner forderten an der deutschen Maschine ein japanisches Hoheitszeichen. Er (Gronau) empfehle dringend deutsche Bewachung des Flugbootes, damit die Japaner nichts berechnen oder abmontieren könnten.

Schwierigkeiten gescheitert ist. Im Jahre 1942 war die deutsche Luftwaffe durchaus in der Lage, auf einen entsprechenden Befehl von höchster Stelle hin eine Staffel „Fernstflugzeuge" für den Ostasienverkehr aufzustellen[61].

Ob es einer japanischen Delegation allerdings gelungen wäre, die deutsche Führung von der japanischen Kriegskonzeption zu überzeugen, erscheint fraglich. Angesichts der erfolgreichen Sommeroffensive hätte man sich in Berlin dazu kaum überreden lassen, das Schwergewicht der deutschen Kriegführung ins Mittelmeer zu verlagern. Ein japanisches Angebot, im Krieg gegen Rußland zu vermitteln, wäre sicherlich auf noch taubere Ohren gestoßen. Nicht nur das Außenministerium und das im Osten gebundene Heer lehnten eine Vermittlung des Partners ab; auch die Seekriegsleitung bekannte sich — trotz der von ihr vorgeschlagenen Operationen gegen die britische Suezstellung — eindeutig zum „Daseinskampf der europäischen Nationen gegen das russische Riesenreich"[62]. Deutschland beherrschte 1942 Kontinental-Europa, nicht aber die Weltmeere.

[61] Siehe Anmerkung Nr. 37.
Luftwaffenakte III L 313:
„Der Reichsminister der Luftfahrt und Oberbefehlshaber der Luftwaffe
Generalflugzeugmeister
GL/A-Rü/Nr.: 208/42 gKdos Berlin, den 27. 4. 1942"
„Einsatzaufgaben für Fernstflugzeuge"
S. 2: „Es erscheint noch in diesem Jahre möglich, Nutzlasten von 5 to bis 10 to pro Flug unter Benutzung der Flugzeugmuster He 177 und BV 222, sofern nach Start in der Luft nachgetankt wird, auf einer über Sibirien verlaufenden Flugroute zwischen Petsamo/Finnland und Tsitsikar/Mandschukuo zu transportieren".
S. 7: „Für Ende des Jahres 1942 würden für den Luftweg 1 (Petsamo-Tsitsikar 5650 km) folgende Flugzeugmuster zur Verfügung stehen:

Typ	Abflug-gewicht		Nutzlast	Flugdauer
He 177	30 to		0.5 to	13.6 Stunden
	40 to	nachgetankt	5.3 to	13.6 Stunden
FW 200	22.7 to	unbewaffnet	2.5 to	17.7 Stunden
BV 222	45 to		4.0 to	18.8 Stunden
	55 to	nachgetankt	10.2 to	18.8 Stunden
Ju 290	51 to		10.9 to	16.6 Stunden
Me 264	43 to	Ju 88 Triebwerke	13.0 to	16.15 Stunden
		DB 613 A Triebwerke	17.1 to	14.9 Stunden

S. 22-30: Aufzählung wichtiger Kampfziele in der Sowjetunion, im Mittleren Osten und nordostafrikanischen Raum sowie im Persischen Golf. Pläne zur Bombardierung der Ost- und Westküste (Route über den Nordpol (!)) der USA.
Vgl. zur Richtigkeit dieser technisch Daten: „Karlheinz Kens, Heinz J. Nowarra: Die deutschen Flugzeuge 1933-1945. München 1961. Nachtrag von Heinz J. Nowarra München 1964". Insbesondere S. 220: Bereits am 28.-30. Nov. 1938 war eine FW 200 „Condor" im Nonstop von Berlin nach Tokio in 46 Stunden geflogen. Siehe auch die Broschüre „40 Jahre Messerschmidt — Flugzeugbau 1923-1963": Die Me 264 war ein Fernbomber mit einer Reichweite von 15 000 km (!). Es wurde aber nur ein flugfähiger Prototyp gebaut. Obgleich die Skl größtes Interesse an einer beschleunigten Erstellung der Me 264 zur U-Bootkriegführung zeigte (KTB 1. Skl C A 9. April 1943), fiel der Serienbau dieses weitaus modernsten Fernflugzeuges dem forcierten Jägerbauprogramm zum Opfer.

[62] KTB 1. Skl A 15. Mai 1942: In einer Stellungnahme zu den japanischen Absichten.

Diese Tatsache zwang die planungsfreudigen Stabsoffiziere der Marine, Hitlers These vom „englischen Festlandsdegen" zu übernehmen[63]. Großadmiral Raeder erkannte Hitler gegenüber die Vordringlichkeit des Rußlandfeldzuges ausdrücklich an[64]. Die japanischen Friedensschritte werden daher in den offiziellen Kriegstagebüchern der Marine kaum erwähnt[65], obwohl sie sicherlich bekannt waren.

Der japanische Plan eines deutsch-russischen Ausgleiches im Zusammenhang mit einer gemeinsamen Offensive gegen die Angelsachsen verlor ohnehin bald seinen Sinn, als sich Armee und Kaiserliche Marine in die Defensive gedrängt sahen. Die Bemühungen um einen deutsch-russischen Frieden fielen fortan von den „Strategen" wieder an die Diplomaten zurück[66]. Auf Anraten des Kaisers beabsichtigte Togo, mit Hilfe eines Sonderbotschafters über Mussolini auf die deutsche Regierung einzuwirken[67]. Dieser Plan scheiterte indes, als der Außenminister am 1. September 1942 zurücktrat[68].

Nach der alliierten Landung in Nordafrika und Rommels Rückzug wurde die deutsch-italienische Mittelmeer-Kriegführung zunehmend in die Defensive gedrängt. Um die Initiative zurückzugewinnen, hätte die deutsche Führung weit mehr Divisionen in den Süden senden müssen als zur Besetzung Tunesiens schließlich eintrafen. In italienischen Regierungskreisen fand daher der Gedanke eines Friedens mit Rußland Resonanz und wurde nach Berlin übermittelt[69]. Erfolglos mühten sich Göring und Rommel, den Duce von seinen Vorstellungen abzubringen. Mussolini riet Hitler, das Kapitel des Krieges gegen Rußland, der keinen Zweck mehr habe, „auf die eine oder andere Weise"

Heeresakte III H 422/1, 2. Januar 1942: Der Chef der Op. Abt. der Skl (KzS Wagner) vor den japanischen und italienischen Marineverbindungsstäben: „Völlige Ausschaltung des russischen Gegners und die Inbesitznahme des kaukasischen Ölgebietes Voraussetzung für die weitere siegreiche Kampfführung gegen England".

63 KTB 1. Skl A 8. Juni 1942: Kommentar der Skl zum Abschluß des englisch-russischen Beistandspaktes: „... politische Bedeutung dieses Faktums, durch das Rußland an Frankreichs Stelle Rolle englischen Festlandsdegen übernimmt, (darf) nicht unterschätzt werden".

64 Lagevorträge ObdM vor Hitler: Unterredung Raeder—Hitler vom 26. August 1942.

65 KTB 1. Skl A 15. April 1942: Einziger, ablehnender Kommentar der Skl zu den japanischen Friedensvermittlungsversuchen.

66 Über den bei Jones, Far East S. 109 angeführten japanischen Friedensvermittlungsversuch in Moskau bei Vorošilov finden sich in den deutschen Dokumenten keine Anhaltspunkte. Angeblich habe das Politbüro im September 1942 den Marschall „zurückgepfiffen".
Auch wird der angebliche Besuch des japanischen Obristen Uchigawa in Berlin im Dezember 1942, der laut Jones S. 111 f. und Mourin S. 141 einer Friedensvermittlung dienen sollte, nirgends in den deutschen Akten erwähnt.

67 Togo S. 209 f.: Nach Rücksprache mit dem Marineministerium sollte Admiral Seizo Kobayashi als Sonderbotschafter nach Rom reisen, um über Mussolini auf die deutsche Regierung im Sinne eines Friedensschlusses mit den Russen einzuwirken.

68 Über Togos Rücktritt siehe unten S. 122.

69 Deakin S. 84: Am Abend des 6. November 1942, nach der Schlacht bei El Alamein, habe Mussolini gegenüber dem deutschen Militärattaché von Rintelen verlauten lassen, das deutsche Reich solle den Krieg gegen die Sowjetunion beenden.
Vgl. dazu Heeresakte III H 442 27. November 1942: „Der Deutsche General beim Hauptquartier der Italienischen Wehrmacht (Militär-Attaché Rom)
1. Bericht über den Zustand des italienischen Heeres. Stand 20. 11. 1942
2. Gesamtübersicht des italienischen Heeres. Stand 20. 11. 1942"
Resumé der beiden Berichte: Mangel an Ausrüstung und Eingreifreserven.

abzuschließen[70]. Nach der Vernichtung der 8. italienischen Armee an der Ostfront[71] wiederholte Ciano am 18. Dezember 1942 vor Hitler den italienischen Wunsch nach Frieden in Rußland, etwa auf der Grundlage des Vertrages von Brest-Litovsk. Als Mediator schlug der italienische Außenminister die japanische Regierung vor. Hitler erwiderte, auch die Japaner hätten „vor einiger Zeit“ diese Frage aufgeworfen, doch „er habe sofort gezweifelt, ob die Russen selbst ernsthaft hinter derartigen Erwägungen stünden. Er sei der Ansicht, daß sie derartige Gedankengänge nur in Umlauf gesetzt hätten, um die Engländer und Amerikaner zu einer größeren Hilfeleistung anzutreiben“[72]. Zwei Tage später erklärte Hitler Ciano, das „Ostproblem“ sei „eine ausschließlich militärische Angelegenheit“[73].

Hitlers Einschätzung der russischen Haltung war — das sollte sich 1943 zeigen — durchaus berechtigt. Beflissen setzte der Kreml jedesmal die Amerikaner von den japanischen Friedensfühlern[74] in Kenntnis[75]. Washington und London vergalten diese Loyalitätsbekundungen jeweils mit weiteren Waffen- und Warenlieferungen. Vielleicht spielte die sowjetische Regierung zur Zeit ihrer schweren Niederlagen mit dem Gedanken eines deutsch-russischen Sonderfriedens. Solange sich Stalin allerdings der angelsächsischen militärischen und wirtschaftlichen Hilfe sicher war, wird er kaum ernsthaft einen Ausgleich mit Deutschland gesucht haben. Die Möglichkeit eines Separatfriedens war ihm in erster Linie ein willkommener Vorwand, die Angelsachsen seinen Forderungen gefügiger zu machen. Auch sein Gegenspieler Hitler, entschlossen, die Russen dem „germanischen Volk“ als Hörige zu unterjochen, dachte zur Zeit seiner Erfolge nicht daran, im Osten einen Vertragsfrieden zu suchen. Somit war das militärpolitische Konzept der Japaner im Jahre 1942 irreal.

Dennoch schloß grundsätzliche Ablehnung auf beiden Seiten diplomatische Kontakte über einen Waffenstillstand oder sogar Frieden nicht aus. Gegen Ende des Jahres 1942 hatte sich nämlich die Lage geändert: An der Ostfront zeichnete sich mit der russischen Gegenoffensive bei Stalingrad ein militärisches Gleichgewicht ab; politisch hingegen sah sich die sowjetische Außenpolitik wachsendem Widerstand der angelsächsischen Demokratien — insbesondere in der Frage der polnischen Ostgrenze — gegenüber. Die veränderte politische und militärische Situation mag beide Seiten be-

70 Jacobsen/Rohwer S. 268 (am 1. Dez. 1942).
Vgl. auch Deakin S. 85 ff. und S. 102 ff.

71 Am 16. Dezember 1942 wurde die von den Italienern besetzte Tschir-Don-Flanke von der Roten Armee aufgerollt.

72 Aufzeichnung über die Unterredung zwischen dem Führer und dem Grafen Ciano in Anwesenheit des Reichsmarschalls, des RAM, des Feldmarschalls Keitel, des Generals Jodl und des Marschalls Cavallero am 18. Dezember 1942 im Führerhauptquartier. F 20/580-626 und F 7/243-235.
Vgl. auch Deakin S. 90 ff.

73 Aufzeichnung über die Unterredung zwischen dem Führer und dem Grafen Ciano in Anwesenheit des Reichsaußenministers, der Botschafter Alfieri und von Mackensen, des Marschalls Cavallero, der Generale Jodl und Marras im Führerhauptquartier am 20. Dezember 1942, F 20/236-226.
Vgl. auch Deakin S. 99 ff.

74 Siehe unten S. 172 ff.

75 Hull S. 1263/4; siehe unten S. 183.

wogen haben, sich in Stockholm wenigstens eine Verhandlungstür offenzuhalten[76]. Im neutralen Schweden sollte dann in den kommenden Kriegsjahren noch manch deutsch-russischer Friedensfühler, teils unter Mithilfe der Japaner[77], ausgestreckt werden.

[76] Über Friedensfühler in Stockholm existieren möglicherweise amtliche Dokumente, die bisher noch nicht freigegeben worden sind. Dazu siehe „The American Mercury," Vol. LXV, November 1947, S. 519-527 und Walter Baum: Verlorener Sieg? War der Krieg zu gewinnen? In „Aus Politik und Zeitgeschichte" Beilage zur Wochenzeitung des Parlament B 18/1965 vom 5. Mai 1965, S. 17 Anm. Nr. 141.
Bis zur Veröffentlichung der Dokumente bleibt die Darstellung von Kleist eine wichtige Quelle über die beiderseitigen Versuche, in Stockholm zu einem deutsch-russischen Sonderfrieden zu gelangen. Kleist (Seite 239 ff.) will am 14. Dezember 1942 mit einem Verbindungsmann der russischen Botschafterin, Madame Kollontay, namens Clauß außerhalb von Stockholm erstmals zusammengekommen sein. Clauß soll bei diesem ersten Kontaktgespräch versichert haben: „Ich garantiere Ihnen: wenn Deutschland auf die Grenzen von 1939 eingeht, so können Sie in acht Tagen Frieden haben". Da Kleist jedoch zu Gesprächen nicht autorisiert gewesen sein will, sei das Auswärtige Amt von diesem russischen Angebot nicht unterrichtet worden. Erst nach einem weiteren inoffiziellen Gespräch mit dem Herrn Clauß am 18. Juni 1943 seien diese immer noch privaten Kontakte über den Staatssicherheitsdienst Ribbentrop zu Ohren gekommen (S. 252), der Kleist daraufhin befohlen habe, die Verbindung aufrecht zu halten (S. 256 ff.).
Vgl. auch die sowjetischen Friedensfühler gegenüber Finnland September bis Dezember 1942: T. Polvinen: Suomi suurvaltojen politiikassa 1941-1944. Helsinki 1964 S. 125 ff.
[77] Siehe unten S. 178.
Über die deutsch-russischen Friedensfühler bereitet der Verfasser eine ausführlichere Untersuchung im Rahmen einer Abhandlung „Friedensinitiativen im Zweiten Weltkrieg" vor.

Viertes Kapitel

Die Abberufung des Botschafters General Ott

Noch ehe das erste Jahr des Kriegsbündnisses verstrichen war, befanden sich Deutschland und Japan militärisch in der Defensive. Die Diplomatie hatte die auf dem Schlachtfeld errungenen Siege nicht zu nutzen vermocht. In Deutschland wie in Japan waren Politiker, die nüchtern die Chancen eines Krieges abwogen, bereits bei Ausbruch der Kampfhandlungen von den Militärs überstimmt worden. Mit fortschreitendem Kriegsgeschehen mußten sie endgültig vor einer Kriegspolitik weichen, in der angesichts der Niederlagen objektive Maßstäbe nicht gelten durften.

In Japan war am 1. September 1942 der profilierteste Zivilist der Regierung[1], Außenminister Togo, zurückgetreten. Mit seiner Demission protestierte der Minister gegen das geplante „Großostasiatische Ministerium". Nach dem Vorbild des britischen „Colonial Office" sollten sämtliche eroberten Gebiete diesem Amt unterstellt und der Kompetenz des „Gaimusho" entzogen werden[2]. In Deutschland löste Ribbentrop um die Jahreswende 1942/43, als sich der Krieg zum totalen, alle Kräfte beanspruchenden Kampf ausweitete, weitere der „alten Diplomaten" ab, die mit kritischen Urteilen nicht zurückgehalten hatten[3]. Dieser Botschafterwechsel legt es nahe, über die verworrene Struktur des „Führerstaates" und die Kompetenzen der untereinander rivalisierenden Machtgruppen einige Bemerkungen anzuknüpfen.

Am 23. November 1942 teilte Ribbentrop Botschafter Ott in einem persönlich zu dechiffrierenden Telegramm seine Abberufung mit. Da sich das Auswärtige Amt bisher nie mißbilligend zu seiner Berichterstattung geäußert hatte, mußte der Botschafter höchst verwundert sein, als er las, „daß der Fall Sorge bei japanischen Stellen einen

[1] Siehe Anm. Nr. 27 S. 30 f.
[2] Togo S. 214 ff. und Hattori II (4) S. 67.
[3] St.S. Japan: Presseverlautbarung vom 29. Dezember 1942 über ein Revirement im Auswärtigen Amt: Botschafter Stohrer in Madrid werde von Botschafter von Moltke, bisher im AA tätig, Botschafter Ott in Tokio durch Botschafter Stahmer, bisher Nanking, und Gesandter Prinz zu Wied in Stockholm durch Gesandten Thomsen, bis zum 11. Dezember 1941 deutscher Geschäftsträger in Washington, abgelöst. Am 1. Mai 1943 wurde dann auch Staatssekretär Ernst Freiherr von Weizsäcker durch Gustav Adolf Steengracht von Moyland abgelöst. Weizsäcker ging als Botschafter an den Vatikan.
Zum gleichen Zeitpunkt wurde auch Unterstaatssekretär Dr. Ernst Woermann als Botschafter nach Nanking beordert. Seine Nachfolge im AA trat USt.S. Hencke an.

Eindruck hinterlassen hat, der sich auf Ihre persönliche Position gegenüber diesen Stellen ungünstig auswirkt". Nach reiflicher Überlegung habe der Führer entschieden, ihn, Ott, durch den bisherigen Botschafter in Nanking, Stahmer, zu ersetzen. Ott solle für seinen Nachfolger das Agrément einholen und bis auf weiteres als Privatmann in Japan verbleiben, sich jedoch jeder politischen Betätigung enthalten[4].

Der von Ribbentrop angeführte Grund, die Affäre Sorge, konnte diesen Entschluß nicht bewirkt haben. Etwa ein Jahr zuvor, am 17. Oktober 1941, war der deutsche Journalist Dr. Richard Sorge verhaftet worden. Zusammen mit ihm wurden angesehene Intellektuelle aus der näheren Umgebung des — einen Tag zuvor demissionierten — Premier Konoe von der Abwehr ergriffen[5]. Es stellte sich bald heraus, daß Sorge zwar der Chef dieses von ihm aufgebauten und kontrollierten kommunistischen Spionageringes war; die weit wichtigeren Informanten besaßen hingegen alle die japanische Staatsbürgerschaft. Die Entdeckung dieses Agentennetzes war somit für die deutsche und japanische Regierung in gleichem Maße peinlich. Die auf beiden Seiten unabhängig betriebenen Ermittlungen ergaben eine umfangreiche Spionagetätigkeit dieses Ringes. Zudem trat Sorges erstaunlicher Lebensweg zutage[6]. Schuldhafte Versäumnisse lagen ebensowohl bei der japanischen Abwehr wie bei der deutschen Botschaft in Tokio. Folglich unterblieben gegenseitige Beschuldigungen. Nur Himmler, Chef der in alle Bereiche des Militärischen und Politischen eindringenden SS, nutzte die Gelegenheit, um seinen Rivalen Ribbentrop zu demütigen. Als der Staatssicherheitsdienst die Ermittlungen abgeschlossen hatte, warf Himmler in einem persönlichen Schreiben dem Außenminister und der ihm unterstellten Botschaft fahrlässige Amtsführung zum Schaden der Sicherheit des Reiches vor[7]. Selbstverständlich wirkte sich die Verhaftung des in der Botschaft gern gesehenen Journalisten abträglich auf die Reputation der deutschen Mission aus. Bei den Japanern sollte die Aufdeckung dieses Falles die Furcht vor Spionen zur Hysterie steigern[8]. Doch traf die Schuld an Sorges Agententätigkeit weniger General Ott, geschweige denn Ribbentrop, als vielmehr den Polizeiattaché der Bot-

[4] St.S. Japan: Telegramm Ribbentropp—Ott persönlich und selbst zu dechiffrieren, Nr. 1462 vom 23. November 1942.

[5] St.S. Japan: Telegramm Ott—AA, Nr. 2200 vom 23. Oktober 1941: Sorge und Max Claussen seien verhaftet worden.
Siehe dazu die Darstellung von Deakin/Storry, insbesondere das Kapitel: ‚Der Fall Sorge und seine Verzweigungen' S. 315-333.
Sorges Aussagen entsprechen nicht den Tatsachen. Er übertrieb in seinen Vernehmungen seine Beziehungen zu Botschafter Ott und zur deutschen Botschaft, um sich von der Anklage, japanische militärische Geheimnisse den Russen preisgegeben zu haben, zu entlasten. (Vgl. dazu Deakin/Storry S. 295-314 ‚Im Untersuchungsgefängnis'.)
Swearingen/Langer S. 71: Sorge habe keine Verbindungen zur illegalen japanischen kommunistischen Partei gehabt.

[6] Siehe die Anfangskapitel der Darstellung von Deakin/Storry S. 19-104.

[7] Deakin/Storry S. 372: Schreiben Himmlers vom 27. Oktober 1942.

[8] Deakin/Storry S. 340 ff: Dieser japanischen Hysterie vor Spionen fiel der deutsche Abwehrmann Lissner trotz persönlicher Protektion durch Admiral Canaris und durch Hitler zum Opfer. Am 5. Juli 1943 wurde er von der japanischen Geheimpolizei verhaftet. Siehe auch St.S. Japan: Telegramm Meisinger/Stahmer—AA/Reichssicherheitshauptamt, ohne Nr., vom 5. Juni 1943.

schaft, Standartenführer Josef Meisinger[9]. Der SS-Offizier hatte nämlich die Personalien des mit ihm befreundeten Sorge[10] nie richtig überprüfen lassen, obwohl er offensichtlich 1941 in Berlin einen entsprechenden Auftrag erhalten hatte[11].

Die Japaner haben diesen Vorfall der deutschen Regierung nie übel vermerkt. Im Mai 1942 hat Oshima Ribbentrop eher entschuldigend als anklagend mitgeteilt, daß die japanische Presse zur Eröffnung des Sorge-Prozesses die Verbindungen des Spions zur deutschen Botschaft nicht erwähnen werde[12]. Keinesfalls hatte somit „die Aufdeckung von Sorge Otts Karriere vernichtet ...“[13]. Da auch Ribbentrop seinem Botschafter nie einen Vorwurf wegen der Agententätigkeit Sorges gemacht hatte[14], konnte diese Affäre nur der äußere Vorwand sein, um den seit Februar 1938 erfolgreich tätigen Botschafter-General aus Tokio abzuberufen.

Den Anlaß, Eugen Ott durch eine Ribbentrop genehmere Persönlichkeit zu ersetzen, dürfte vielmehr die Auseinandersetzung um die Dienststelle eines „Deutschen Admirals in Tokio“ gegeben haben. Das Oberkommando der Wehrmacht war bemüht, Marineattaché Wenneker aus der Botschaft herauszulösen und ihn direkt beim Kaiserlichen Hauptquartier zu akkreditieren. Ein Zusammenhang dieses Planes mit der Sorge-Affäre erscheint unwahrscheinlich.

Nach Absprache mit der Seekriegsleitung dekretierte das OKW Anfang Juli 1942 Wenneckers neue Amtsstellung[15], ohne das Auswärtige Amt oder japanische Stellen konsultiert zu haben. Die deutsche militärische Führung gab vor, die Kontakte zu den japanischen Streitkräften verbessern zu wollen. Das war allenfalls ein erstrebenswerter Nebeneffekt für die Seekriegsleitung. Eindeutig bestand das Hauptanliegen für OKW und Kriegsmarine in der „für die gesamte Wehrmacht angestrebten Emanzipation vom Nachrichtenweg des Auswärtigen Amtes“[16].

[9] Zur Person Meisingers siehe Deakin/Storry S. 334 f.: Oberst Josef Meisinger kam im Mai 1941 als Polizeiverbindungsoffizier nach Tokio. Dieser Posten war 1936 beim Abschluß des Antikominternpaktes eingerichtet worden. Doch erst am 21. Mai 1943 bekam Meisinger im Zusammenhang mit der Affäre Lissner (siehe Anm. Nr. 8) diplomatischen Status zugebilligt.

[10] Deakin/Storry S. 325 und Kordt, Nicht aus den Akten S. 428: Meisinger sei ein Trinkkumpane Sorges gewesen.

[11] Deakin/Storry S. 335 f.

[12] Aufzeichnung über die Unterredung des Herrn RAM mit Botschafter Oshima am 17. Mai 1942 in Berlin, F 16/216-219.
St.S. Japan: USt.S. Nr. 325 Notiz Woermann vom 18. Mai 1942: Die japanische Pressenotiz zum Sorge-Prozeß habe mit Rücksicht auf das freundschaftliche Verhältnis zu Deutschland „die Beziehungen zwischen Sorge und der Deutschen Botschaft in Tokio in keiner Weise erwähnt“.

[13] Deakin/Storry S. 373: Die beiden Autoren bringen in ihrer — häufig unfundierten — Darstellung die Abberufung Otts allein mit der Sorge-Affäre in Verbindung, um ihren „Helden“ weiter herauszustreichen.

[14] In den durchgesehenen Telegrammen fand sich keine Kritik an der Amtsführung Botschafter Otts und kein Vorwurf wegen der Affäre Sorge.

[15] Heeresakte III H 422/1: „OKW/WFSt Nr. 002269/42 g.Kdos/Op. (M) FHQu, 5. Juli 1942. Betr.: Einsetzung eines deutschen Admirals beim Kaiserlich-japanischen Hauptquartier und bei japanischem Admiralstab.
Anlage (zu diesem Befehl): Dienstanweisung für den Deutschen Admiral beim Kaiserlich-japanischen Hauptquartier und beim japanischen Admiralstab“.
Beides von Keitel unterschrieben.

[16] KTB 1. Skl A 19. August 1942: Vortrag des C/Skl (Adm. Fricke).

Offen brüskierten die Militärs die politische Gewalt. Für das damalige Deutschland muß diese „angestrebte Emanzipation" als Konsequenz aus der eingeschränkten Handlungsfreiheit der auswärtigen Politik verstanden werden. Die höchsten Offiziere der Wehrmacht betrachteten zu Recht das Führerhauptquartier als Zentrale der deutschen Außenpolitik. Zum Teil waren sie gezwungen, das von Hitler geschaffene Vakuum in der Außenpolitik mit auszufüllen, teilweise erstrebten sie jedoch nur einen reinen Zuwachs an Macht. Manche hohen Stabsoffiziere — distanziert in ihrer Haltung gegenüber dem bramarbasierenden Führerstaat — waren sicherlich auch ehrlich bestrebt, der Wehrmacht als einem intakten, straff gegliederten Ordnungsfaktor, der nicht in dem Parteistaat integriert war[17], so viele Kompetenzen wie möglich zu sichern.

In einem Bericht an die „Wilhelmstraße" wandte sich General Ott entschieden gegen die Dienstanweisung für den „Deutschen Admiral beim Kaiserlich japanischen Hauptquartier und beim japanischen Generalstab". Der Botschafter drohte mit seinem Rücktritt, falls seine Rechte, allein das Reich zu vertreten, eingeschränkt würden. Außerdem könne kein deutscher Admiral in einer Person bei beiden japanischen Wehrmachtteilen zugleich akkreditiert sein. Das Heer, der Hauptträger des Bündnisses mit Deutschland, würde der Entsendung eines Admirals nie zustimmen[18]. In Unkenntnis der japanischen Kommandostruktur war dieser Plan am „grünen Tisch" des OKW entstanden. Nachdem es japanische Offiziere in Berlin zu Rate gezogen hatte[19], wurde er dann in seiner ursprünglichen Form fallengelassen; denn die Japaner bestätigten Otts Argumentation. Nun schlug das OKW — nach wie vor auf Emanzipation bedacht — vor, einen deutschen Admiral beim japanischen Admiralstab und gleichzeitig einen deutschen General beim japanischen Generalstab zu ernennen[20].

Botschafter Ott[21] und das Auswärtige Amt[22] verwarfen auch diesen Vorschlag. Schließlich gab das OKW nach; die Waffenattachés blieben in der Botschaft. Gegen diesen Entscheid opponierte nun die Seekriegsleitung. Konnte sie doch geltend machen, daß sich gemeinsame Operationen im Indischen Ozean besser abstimmen ließen, wenn Admiral Wenneker dem japanischen Admiralstab angegliedert sei. Die deutsche Marine bediente sich der Hilfe der japanischen, „die von sich aus den Vorschlag gemacht (habe), Admiral Wenneker eine von der deutschen Botschaft losgelöste Stellung zu geben"[23]. Gewiß hätten die beiden Wehrmachtteile nicht widersprochen, wären die deutschen Waffenattachés ihren Hauptquartieren unterstellt worden. Pflegten doch die japanischen Wehrmachtvertreter von jeher direkt ihren Dienststellen in Tokio zu be-

[17] Angehörige der Wehrmacht konnten nicht gleichzeitig in der NSDAP tätig sein. Eine eventuelle Parteimitgliedschaft ruhte, sobald man als Soldat diente.

[18] St.S. Japan: Telegramm Ott—AA, Nr. 2214 vom 22. Juli 1942.

[19] Aufzeichnung über die Besprechung des Herrn RAM mit Botschafter Oshima am 31. August 1942 im Landhaus Fuschl und am 1. September, F 20/376-394: Oshima bemerkte, das OKW sei in dieser Frage an Admiral Nomura und General Banzai herangetreten.

[20] St.S. Japan: Telegramm Ritter—Ott, Nr. 2655 vom 14. September 1942: Übermittlung dieses neuen Planes des OKW und der ablehnenden Stellungnahme des AA.

[21] St.S. Japan: Telegramm Ott—AA, Nr. 2907 vom 19. September 1942.

[22] Siehe Anm. Nr. 20.

[23] KTB 1. Skl C VIII 7. Oktober 1942: Brief der Skl an OKW/Ausland z. Hd. Admiral Bürkner vom 7. 10. 1942.

richten; ebenso betrieben Heer und Marine seit langem ihre eigene Außenpolitik, die häufig derjenigen des „Gaimusho" zuwiderlief[24].

Der neue Vorschlag der Kriegsmarine löste sogleich wieder ein Drängeln um die Gunst und den Entscheid des „Führers" aus. Vizeadmiral Krancke[25] und General Jodl unterbreiteten Hitler diesen Plan und fanden seine Zustimmung[26]. Botschafter Ott und das Auswärtige Amt widersprachen gemeinsam diesem neuen Angriff auf ihre Kompetenzen[27]. Trotz seiner grundsätzlichen Ablehnung — „wir würden dann nicht eine, sondern mehrere vollständig voneinander unabhängige Reichsvertretungen in Japan haben"[28] — steckte das Auswärtige Amt vor den Forderungen der Marine einen Pflock zurück, um sich die Tür für weitere Verhandlungen offenzuhalten. In der „Wilhelmstraße" wurde ein Kompromißplan ausgearbeitet, demzufolge Admiral Wenneker zugestanden werden sollte, „bestimmte militärische Angelegenheiten unter Benutzung des eigenen Schlüssels unmittelbar an das hiesige Oberkommando" zu berichten, sofern auch die politischen Instanzen benachrichtigt würden[29]. Nach einem entsprechenden Vortrag Ribbentrops bei Hitler gab dieser den Einwänden seines Außenministers statt und widerrief seine Einwilligung zu dem von Jodl und Krancke vorgebrachten Entwurf[30]. Ribbentrop hatte gewandt sein Ziel erreicht. In den folgenden Verhandlungen des OKW und der Kriegsmarine mit dem Auswärtigen Amt wagte sich hingegen sein Sonderbotschafter Ritter zu weit vor. Im Namen seines Ministers forderte Ritter erneut, die Missionschefs seien in allen Angelegenheiten zu unterrichten[31], entgegen dem ursprünglich vom Auswärtigen Amt angeregten und von Hitler aufgegriffenen Kompromiß.

Wehrmacht und Auswärtiges Amt konnten sich nicht einigen[32]. Jodl wandte sich Anfang November 1942 nun wiederum an den „Führer". Er wies Hitler auf dessen frühere Bemerkung hin: „Militärische Dinge gehen die Botschafter überhaupt nichts an" und unterbreitete ihm den alten, vom OKW leicht modifizierten Kompromißvorschlag des Auswärtigen Amtes. Inzwischen dürfte Hitler derartiger Querelen überdrüssig geworden sein. Am folgenden Tag beorderte er den Außenminister und zwang

24 Siehe dafür allgemein die Darstellung von Maxon.

25 Vizeadmiral Theodor Krancke war vom Januar 1942 bis März 1943 ständiger Vertreter des ObdM im FHQu.

26 KTB 1. Skl A 19. Oktober 1942.

27 St.S. Japan: Telegramm Ritter—Ott, Nr. 1361 vom 21. Oktober 1942.
St.S. Japan: Telegramm Ott—Ribbentrop persönlich, Nr. 3314 vom 27. Oktober 1942.

28 St.S. Japan: Telegramm Ritter—Ott, Nr. 1361 vom 21. Oktober 1942.

29 Siehe Anm. Nr. 27.

30 KTB 1. Skl A 29. Oktober 1942: „C/Skl (Adm. Fricke) berichtet über Unterredung mit Botschafter Ritter betreffs Deutscher Admiral Tokio: Nachdem Hitler ursprünglich entschieden hatte, den Einspruch des AA gegen die Stellung unberücksichtigt zu lassen, hat er nach Vortrag des RAM neuerdings entschieden, daß Angelegenheit für ihn erledigt sei und daß RAM sich mit dem ObdM unmittelbar über Nachrichtenweg verständigen solle, der hinsichtlich militärisch-operativer Angelegenheiten den japanischen Wünschen nach Ausschaltung des AA entspricht. Damit sind monatelange Bemühungen der Wehrmacht, insbesondere der Marine, um eine klare Lösung gescheitert."

31 KTB 1. Skl A 1. November 1942.

32 KTB 1. Skl A 5. November 1942: Besprechung Jodl—Ritter habe keine Einigung erbracht. Ritter Japan: „Aufzeichnung über meine Besprechung im FHQu. am 3. und 4. November 1942".

ihn, den Kompromißplan zu billigen[33]. Wahrscheinlich hat Ribbentrop bei dieser Gelegenheit Hitler gebeten, Botschafter Ott durch Stahmer, den Mann seines unbedingten Vertrauens, ablösen zu dürfen[34]. Diesem Verlangen wird Hitler kaum widersprochen haben. Hatte er doch bereits vor der „Machtergreifung" mit dem damaligen Adjutanten Schleichers, Oberstleutnant Eugen Ott, verhandeln müssen[35], und entzog sich der Botschafter im Generalsrang auch später erfolgreich jeder Beeinflussung durch die Partei[36]. Botschafter Ritter konnte dieses Revirement nur mit allgemeinen, nichtssagenden Gründen motivieren: den wichtigsten Botschafterposten des Reiches in Tokio müsse eine Persönlichkeit innehaben, die „in allen politischen Kreisen Japans, zivilen und militärischen, Vertrauen, Ansehen und Einfluß in höchstem Maße besitzt"[37].

Dieser Machtkampf zwischen Wehrmacht und Auswärtigem Amt wurde auf dem Rücken der Tokioter Botschaft ausgetragen. Unter dem Vorwand, einen besseren Kontakt mit den Japanern zu suchen, ging der Streit in Wirklichkeit um Einfluß auf politisch-militärische Entscheidungen. Zwar mußten beide Seiten ihre Forderungen zurückschrauben, doch war der Verlierer eindeutig die zivile Instanz. Die Niederlage zwang Ribbentrop, sein Ressort ebenfalls zu „militarisieren", d. h. mit Befehlsempfängern zu besetzen. Am 18. November 1942 erlaubte ein Führerbefehl den Waffenattachés in Tokio, hinfort eigene Schlüssel zu benutzen[38]. Am 23. November 1942 löste Ribbentrop General Eugen Ott durch Parteigenossen Heinrich Stahmer ab.

Der wahre Grund für die Abberufung Otts dürfte somit wohl in der Art der ganzen Berichterstattung der Tokioter Botschaft zu finden sein. Ott scheute sich 1942 nicht, alle Informationen — auch solche, die die Kriegslage negativ beurteilten — mit kritischen Kommentaren nach Berlin weiterzugeben. Die laufend in Tokio kursierenden Friedensgerüchte und die japanische Vermittlerbereitschaft im deutsch-russischen Krieg, auf die Ott wiederholt hinwies, seine nüchternen militärischen Lageberichte über die zunehmend defensive Kriegführung der Japaner und letztlich offener Widerspruch gegen unüberlegte Anordnungen aus Berlin[39] ließen den Ende 1942 geforderten End-

[33] Ritter Japan: „Aufzeichnung über meine Besprechung im FHQu. am 3. und 4. November 1942".

[34] Ritter Japan: Entwurf des Auswärtigen Amtes betreffs Admiral Tokio vom 4. November 1942. Anmerkung zu Ziffer 4 des Entwurfes: „Der jetzige deutsche Botschafter in Tokio wird jetzt entsprechend der vom Führer bereits erteilten Genehmigung durch Botschafter Stahmer ersetzt werden. Die erforderlichen Urkunden werden dem Führer in den nächsten Tagen vorgelegt werden."

[35] Sommer S. 19/20.

[36] Als aktiver General war Ott nicht Mitglied der NSDAP (vgl. auch Anm. Nr. 17).

[37] Ritter Japan: Memorandum Ritter vom 5. November 1942.

[38] Ritter Japan: 18. November 1942: „OKW/WFStab Nr. 004454/42 g.Kdos. Der Führer. FHQu., den 18. Nov. 1942. Betr.: Berichterstattung der deutschen Waffenattachés in Tokio".

[39] St.S. Japan: St.S. Nr. 602 Unterredung Weizsäcker—Oshima über Kriegsgefangenenbehandlung vom 10. Oktober 1942.
St.S. Japan: Telegramm Ott—Ribbentrop. Nr. 3126 vom 12. Oktober 1942: „Da in der Kriegsgefangenenfrage Heer und Marine zuständig, habe ich Drahterlaß (fehlt) mit Waffenattachés besprochen. Ich bin, ebenso wie diese, der Auffassung, daß gewünschte Verlautbarung von japanischer Seite nicht zu erreichen sein wird ... Pflichtgemäß muß ich diese Beurteilung der Lage vortragen und darauf hinweisen, daß uns feindliche Kreise mit Sicherheit versuchen würden, deutsche Forderung als angeblich gegen Bushido-Geist verstoßend darzu-

siegoptimismus vermissen. Die Ausrichtung der deutschen Botschaft und deutschen Kolonie im „Geiste des japanisch-deutschen Bündnisses“[40] und im Glauben an die Unfehlbarkeit der politischen Führung in Berlin sollte dem Nachfolger Otts, dem aus dem „Büro Ribbentrop“ hervorgegangenen Botschafter Stahmer, schnell gelingen. Seine Berichte entsprachen völlig der gewünschten nationalsozialistischen Denkweise, wenn er nach Berlin telegraphierte: „Deutsch-japanisches Verhältnis wird häufig auch von jüdischen Emigranten durch Denunziation und Verbreitung von Lügennachrichten gestört“[41], Phrasen, die während der Amtszeit Otts in keinem Telegramm enthalten waren. Bestimmt hätte auch eine andere Persönlichkeit auf die Entscheidungen in Berlin keinen Einfluß nehmen können — doch Stahmers diplomatische Fähigkeiten wurden dem Posten, den er bis Kriegsende auszufüllen hatte, nicht gerecht[42].

stellen“. Die bei Kordt, Nicht aus den Akten S. 422, gegebene Darstellung läßt sich an Hand der Akten nicht beweisen.

[40] St.S. Japan: Telegramm Stahmer—Ribbentrop, Nr. 424 vom 15. Dezember 1942: „Meine Anwesenheit in Tokio war erforderlich, um nähere persönliche Verhältnisse zu hiesigen führenden Japanern (Botschaft — Armee — Marine) herzustellen und ferner hiesige Deutsche, die z. T. noch stark antijapanisch eingestellt waren, im Geiste des deutsch-japanischen Bündnisses auszurichten“.

[41] St.S. Japan: Telegramm Stahmer—AA, Nr. 385 vom 6. November 1942.

[42] Vgl. auch Sommers hartes Urteil über die Person Stahmers (Sommer S. 396, Anm. Nr. 6). Siehe auch unten S. 217 und 219.

Fünftes Kapitel

Deutsche und japanische Pläne zu einer militärischen Zusammenarbeit 1942 — Überblick —

Sowohl Hitlers Entschluß vom Sommer 1940, die Sowjetunion anzugreifen, als auch sein Hinwenden zu Japan sind letztlich auf die britische Widerstandskraft zurückzuführen. Der Abschluß des Dreimächtepaktes (27. September 1940) fiel daher nicht zufällig mit der Entscheidung der deutschen Führung zusammen, auf eine Invasion in England zu verzichten[1]. Beide Seiten verstanden das deutsch-japanische Bündnis mehr als politisches Abkommen denn als Verpflichtung zu militärischem Beistand[2]. Trotzdem ermöglichte diese Allianz den Militärs beider Länder, global-strategische Planung in Angriff zu nehmen. Bei diesen Überlegungen wurden stets die eigenen Interessen vorangestellt und die Interpretation des Vertragswerkes durch die andere Seite übergangen.

Wegen der großen Entfernung zwischen Deutschland und Japan fiel es im wesentlichen den Stäben der beiden Marinen zu, sich über die militärische Seite des Abkommens Gedanken zu machen. Noch einen Tag vor der Unterzeichnung des Paktes regte Großadmiral Raeder bei Hitler eine neue Konzeption der deutschen Kriegführung an. Nach dem abgeblasenen Landungsunternehmen schlug Raeder vor, England jetzt im Mittelmeer gegenüberzutreten. Wichtige Bestandteile dieses neuen Kriegsplanes der deutschen Marine bildeten die Eroberung des Suez-Kanales und ein fingiertes Vorgehen gegen Indien[3] — beides Unternehmen, die ohne Zweifel mit den Japanern abgesprochen werden mußten. Ende Dezember 1940 unterbreitete der Oberbefehlshaber der Kriegsmarine Hitler noch weiterreichende Pläne. Japan solle zum Angriff

[1] Hillgruber, Hitlers Strategie S. 175 ff. und Sommer S. 380 ff.: Seit Ende Juli 1940 wuchsen die Bedenken Hitlers und der Militärs gegen eine Invasion Englands. Vom 14. September 1940 an wurde das Unternehmen „Seelöwe" dann schrittweise abgebaut, bis es am 13. Februar 1942 endgültig aufgegeben wurde.

[2] Zum Dreimächtepakt allgemein siehe die Darstellungen von Sommer, Presseisen, Germany and Japan sowie Iklé. Für den geheimen Notenaustausch, in dem die Beistandsverpflichtung verwässert wurde, siehe Sommer S. 432 ff. und S. 514 ff. sowie Johanna Menzel: Der geheime deutsch-japanische Notenaustausch zum Dreimächtepakt. In: „Vierteljahrshefte für Zeitgeschichte". 1957. S. 182-193.

[3] Lagevorträge ObdM vor Hitler: Unterredung Raeder—Hitler vom 26. September 1940.

gegen Singapore ermutigt werden, um die britische Position in Asien und im östlichen Mittelmeer durch eine gemeinsame Zangenoperation kriegsentscheidend zu treffen[4]. In dieser Strategie sah Raeder eine Alternative zu dem seit Juli 1940 von Hitler erwogenen Plan eines Rußlandfeldzuges[5], der mit einer vorbereitenden Weisung vom 18. Dezember 1940[6] deutlicher Gestalt annahm. Eindringlich warnte er Hitler, ein rein kontinentales Unternehmen durchzuführen, bevor nicht England besiegt sei[7]. Mitte Januar 1941 erläuterte die Seekriegsleitung in einer Denkschrift „Japan im Dreimächtepakt" erneut ihre Vorstellungen: Japan solle vorbehaltlos gegen die Vereinigten Staaten und Großbritannien unterstützt werden. Um diese weltweite Politik und Strategie besser mit dem Partner abstimmen zu können, müsse sich in Berlin ein „Oberster Kriegsrat" konstituieren[8].

Wohl griff Hitler die Gedanken seines Marineoberbefehlshabers auf[9]: Mitte Februar 1941 befahl er dem Wehrmachtführungsstab, eine Weisung für die Zusammenarbeit mit Japan auszuarbeiten[10]. Am gleichen Tage ordnete er jedoch eine „Studienmäßige Bearbeitung eines Aufmarsches in Afghanistan gegen Indien im Anschluß an die Operation Barbarossa"[11] an. Wenig später setzte eine weitere Führerweisung fest, daß den Japanern über das „Barbarossa"-Unternehmen „keinerlei Andeutung" zu machen sei[12]. Beide Befehle Hitlers zielten auf einen Ostfeldzug ausschließlich zu Lande ab. In diesem Vorhaben war für die global-strategischen Überlegungen des Oberbefehlshabers der Kriegsmarine kein Platz. Trotz schwerwiegender Einwände der Seekriegsleitung und Bedenken im Generalstab des Heeres und im Wehrmachtführungsstab blieb Hitler bei seinem Entschluß: Aus ideologischen Motiven, wehrpolitischen Notwendigkeiten und strategischen Überlegungen bestand er auf einem „Blitzkrieg" im Osten[13], obwohl sich für Raeders Plan, das deutsche Schwergewicht gegen die britische Nahoststellung zu verlagern, ebenso stichhaltige Argumente vorbringen ließen[14]. Auf Raeders Drängen hin[15]

[4] Lagevorträge ObdM vor Hitler: Unterredung Raeder—Hitler vom 27. Dezember 1940.
[5] Hillgruber, Hitlers Strategie S. 207-242.
[6] Hubatsch S. 84: Weisung Nr. 21, Fall Barbarossa, vom 16. Dezember 1940.
[7] Siehe Anm. Nr. 4.
[8] KTB 1. Skl C XV 14. Januar 1941 und Lagevorträge ObdM vor Hitler: Unterredung Hitler—Raeder vom 4. Februar 1941, in der Raeder diese Betrachtung Hitler vorlegte und mündlich erläuterte.
[9] Lagevorträge ObdM vor Hitler: Unterredung Hitler—Raeder vom 8./9. Januar 1941: Japan solle freie Hand in Südostasien gegeben werden, „auch auf die Gefahr hin, daß die USA dadurch zu weitgehenden Konsequenzen veranlaßt werden".
[10] Hillgruber, Hitlers Strategie S. 416 f. (am 17. Februar 1941).
[11] Ebenda S. 383.
[12] Hubatsch S. 103-105: Weisung Nr. 24 über Zusammenarbeit mit Japan vom 5. März 1941.
[13] Hillgruber, Hitlers Strategie S. 369 ff.
[14] Hillgruber, Hitlers Strategie S. 190-192 und S. 275 f. verneint diese strategische Alternative. Ob England durch einen erfolgreichen deutschen Vorstoß in den Nahen Osten kriegsentscheidend zu treffen war, ließ sich aus damaliger Sicht nicht so eindeutig entscheiden, wie es eine heutige wissenschaftliche Arbeit, gestützt auf umfangreiche Quellen beider Seiten, als These kann. Zum Beispiel war die Kriegskonzeption Churchills, die heutzutage allgemein etwas idealisiert wird, der Seekriegsleitung 1940 nicht in vollem Umfang bekannt. Außerdem hätte die „Alternative Naher Osten" Deutschland einen großangelegten Zweifrontenkrieg erspart. Die Konzeption Raeders muß daher in ihren Erfolgschancen zumindest als gleichwertig mit den Plänen Hitlers von einem Vernichtungskrieg im Osten angesehen werden.

erklärte sich Hitler lediglich einverstanden, nach Abschluß des Rußlandfeldzuges das Mittelmeer gegen einen angelsächsischen Zugriff von Westen zu sichern. Etwa im November 1941, so sah die Planung vor, sollte die britische Suez-Stellung durch einen Zangenangriff von Nordafrika und über den Kaukasus und Syrien genommen werden[16]. Hitlers „Kontinentalstrategie“ hatte 1941 nur ein Ziel: den Eroberungskrieg in Rußland. Anschließend sollten die deutschen Truppen den europäischen Raum konsolidieren und das Mittelmeer von den Engländern „säubern“. Mitnichten wurde der politische Partner Japan als möglicher militärischer Bundesgenosse in diese Konzeption einbezogen. Dessen Streitkräfte sollten nur als potentieller Gegner die Vereinigten Staaten im Pazifik binden und sie von einem militärischen Engagement in Europa zurückhalten[17].

Läßt sich der deutsche Operationsplan für 1941/42 als kontinental-offensiv bezeichnen, so zielten die militärischen Planungen des Inselstaates Japan vorwiegend auf eine maritim-defensive Kriegführung ab. Japan konnte sich nur bemühen, die Angelsachsen mit Gewalt aus Ostasien zu verdrängen, nicht aber, den Krieg nach England oder Amerika selbst zu tragen. Angesichts der deutschen Siege über Polen und Frankreich gewann in Japan der lang gehegte Gedanke zunehmend an Popularität, das Kaiserreich solle sich — ebenfalls mit Waffengewalt — eine Hegemonialstellung in Ostasien schaffen[18]. Ihren Ausdruck fanden diese politisch-offensiven Strömungen in dem Bündnis mit der europäischen Achse und in den ersten Operationsplänen[19] für einen Feldzug gegen die britischen Besitzungen in Südostasien. Noch entsprachen diese Vorbereitungen sowohl den Vorstellungen des nach Asien drängenden Heeres als auch der nach Süden zielenden Stoßrichtung der Marine[20]. Die vorerst verdeckten strategischen Divergenzen sollten später während des ganzen Krieges eine einheitliche Strategie beider Wehrmachtteile verhindern.

Die ersten Planspiele für einen maritimen Südvorstoß ergaben, daß auch die amerikanisch beherrschten Philippinen ausgeschaltet werden müßten. Auf Drängen der Marine wurde deswegen seit Ende 1940 die bisherige Konzeption, Großbritannien von den U.S.A. zu trennen, nach und nach fallengelassen[21]. Das Heer wurde gebeten, sich an den militärischen Planungen der Marine zu beteiligen[22]; konnten die Seestreitkräfte doch

[15] IMT, Dokument C 170, Bd. XXXIV, S. 706-707: Auszug aus einer Denkschrift, die Raeder am 6. Juni 1941 Hitler vortrug: „Betrachtung über die strategische Lage im östlichen Mittelmeer nach Balkanfeldzug und Kretabesetzung und weitere Kampfführung“.

[16] Hubatsch S. 129-134: Weisung Nr. 32, Vorbereitungen für die Zeit nach Barbarossa, vom 11. Juni 1941 und die Modifizierung dieser Weisung durch den Wehrmachtführungsstab am 19. Juni 1941.
Siehe dazu auch die Darstellung von Hillgruber, Hitlers Strategie S. 377-383.

[17] Siehe oben S. 19.

[18] Shigemitsu S. 194.

[19] Hayashi S. 29.

[20] Fuchida/Okumiya S. 20: Die Marine wolle die südostasiatischen Ölgebiete besetzen und eine — mit diesem Schritt — provozierte britische bzw. amerikanische Flotte vernichtend schlagen.

[21] Hattori I (1) S. 90 und I (2) S. 252 (Diskussion der Verbindungskonferenz vom 17. Februar 1941).

[22] Tsuji S. 3 ff.: Anfang 1941 sei eine Spezialeinheit, der Tsuji angehörte, nach Formosa ver-

nur mit Unterstützung von Heeresverbänden große Landungsunternehmen durchführen und die eroberten Gebiete behaupten.

Im Frühsommer 1941 schien es jedoch möglich, den China-Konflikt friedlich zu lösen. Militärische Absprachen mit der siegreichen deutschen Wehrmacht wurden selbst vom deutschfreundlichen japanischen Generalstab als überflüssig erachtet. Nur für den technischen Stand der deutschen Truppen interessierten sich die Generale in Tokio. Vom März bis Juni 1941 bereiste daher einer der fähigsten japanischen Heeresoffiziere, General Yamashita, den deutschen Machtbereich. Er inspizierte eingehend Waffen und Gerät der — zu diesem Zeitpunkt unangefochten — stärksten Armee der Welt. Sein Abschlußbericht dürfte der Kriegsbegeisterung mancher jüngerer Heeresoffiziere einen Dämpfer aufgesetzt haben. Beeindruckt von der Beweglichkeit und hohen Kampfkraft der deutschen Verbände forderte Yamashita, das japanische Heer beschleunigt zu mechanisieren. Bei dem augenblicklichen veralteten Stand der Rüstung — so resümierte der General — könne Japan keinen Krieg gegen Großbritannien und die U.S.A. führen[23].

Erst der deutsche Einfall in Rußland stellte die Führung in Tokio vor eine Entscheidung. Am 2. Juli beschloß die Kaiserliche Konferenz, die Sowjetunion nicht anzugreifen und stattdessen nach Süden vorzudringen[24]. Amerikas totales Wirtschaftsembargo folgte; schlagartig hatte sich die japanische Verhandlungsposition in Washington verschlechtert. Am 6. September 1941 faßte die Regierung daraufhin erstmals einen bedingten Kriegsbeschluß[25]. Jetzt waren Heer und Marine gezwungen, sich überstürzt mit Kriegsvorbereitungen zu befassen, die der neuen Situation gerecht wurden[26]. Generalstabschef Sugiyama kam nicht umhin, den maritimen Vorstoß nach Süden zu billigen[27]. Mit einem rein pazifischen Krieg hätte sich der höchste General des japanischen Heeres hingegen keinesfalls abgefunden. Meinte er doch, nach einem erfolgreichen Abschluß dieses Unternehmens das „Nordproblem" bereinigen zu können[28]. Deswegen forderte er auch politische und militärische Absprachen mit Deutschland[29].

In der Marine setzte der Oberbefehlshaber der Vereinigten Flotte, Admiral Yamamoto, seinen Plan, die amerikanische Flotte in Pearl Harbor überraschend zu treffen, gegen die traditionelle Defensivstrategie des Admiralstabschefs Nagano durch[30]. Am 20. Oktober 1941 lag endlich der Gesamtkriegsplan vor: Ziel der Südoperation sollte es

legt worden, um die Tropenkriegführung zu studieren und die Umrüstung von Heereseinheiten einzuleiten, die bisher nur für einen Krieg in Sibirien ausgerüstet waren.

23 Hayashi S. 26.

24 Siehe oben S. 98.

25 Siehe oben S. 27.

26 Hayashi S. 26: Erst ab September 1941 seien Einheiten der Kwantung-Armee hastig nach Indochina verlegt und auf Tropenkriegführung umgerüstet worden.
Vgl. auch Tsuji S. 13 f. (Der Autor war als Stabschef der 25. japanischen Armee unter Generalleutnant Yamashita maßgeblich an der Planung und Durchführung der Operation gegen Malaya/Singapore beteiligt.)

27 Morton, The War in the Pacific S. 105: Am 6. September 1941 habe Sugiyama die Anweisung an den Generalstab gegeben, Pläne für die Südexpansion auszuarbeiten.

28 Hattori I (2) S. 258.

29 Siehe oben S. 28.

30 Fuchida/Okumiya S. 20 und Morton, The War in the Pacific S. 105.

sein, die wichtigsten Basen Amerikas, Englands und der Niederlande in enger Zusammenarbeit des Heeres mit der Marine auszuschalten[31]. Die militärischen Anstrengungen zielten lediglich darauf ab, einen begrenzten Raum zu erobern und zu halten. Ein Offensivschlag gegen die amerikanische Flotte sollte die Operationen einleiten. Die japanischen Pläne enthielten somit ebenfalls keinerlei Ansätze zu einer mit Deutschland abgestimmten Strategie. Wohl vertrauten beide japanischen Streitkräfte auf Deutschlands Unbesiegbarkeit, nicht jedoch unbedingt auf dessen vollen militärischen Sieg[32]. Doch selbst der „Chef Fremde Heere West" im japanischen Generalstab bezeichnete es vor dem deutschen Militärattaché als möglich, trotz der Entfernung zwischen beiden Kriegsschauplätzen operativ zusammenzuarbeiten[33]. Lediglich auf der Verbindungskonferenz am 15. November wurden Fragen einer Koalitionskriegführung erörtert[34]: sie sollten dann später nach Ausbruch des pazifischen Krieges in den japanischen Vorschlag für eine Militärkonvention[35] aufgenommen werden.

Als die ersten Bomben auf Pearl Harbor fielen, bestand zwischen Deutschland, Italien und Japan lediglich eine politische Übereinkunft: Die beiden Achsenmächte hatten zugesichert, an Japans Seite in den Krieg gegen die U.S.A. einzutreten[36]. Ohne jegliche Absprache hatten beide Seiten ihre Operationspläne ausgearbeitet. Deutschland verlagerte sein Potential gegen Rußland, der japanische Operationsplan zielte auf Südostasiens reiche Rohstoffgebiete ab. Beide Mächte verfolgten ihre ureigenen Interessen. Diese Kriegsplanung nahm sowohl der deutschen als auch der japanischen Führung den Blick für gemeinsame, globale Strategie. Wegen der leichten Siege der Japaner und des Optimismus der deutschen Führung erkannten beide Seiten nicht den wahren Charakter ihrer Kriege als eines „Weltkrieges".

Neidvoll blickte die Seekriegsleitung, für die der europäische Krieg mindestens fünf Jahre zu früh eingesetzt hatte[37], auf die glanzvollen Siege der Kaiserlichen Marine. An sie knüpften Raeders Stabsoffiziere die Erwartung, daß die kontinental ausgerichtete deutsche Strategie revidiert werde: „Die Ausweitung des Ringens auf weite Ozeane und die Einbeziehung einer dritten seestarken Großmacht wird die Erkenntnis von der entscheidenden Bedeutung der Begriffe Seeverkehr und Seemacht zum Allgemeingut des letzten Europäers machen"![38] Doch Hitler, dem diese Worte vornehmlich galten, erwog nicht einmal in Ansätzen eine wohldurchdachte Globalstrategie, geschweige denn eine Koalitionskriegführung. Japans Kriegseintritt sah er vornehmlich als willkommene Gelegenheit, um Truppe und Öffentlichkeit von dem im russischen Winter stecken-

[31] Hattori I (2) S. 302-320: „Overall Operations Plan of the Imperial Army", bzw. dessen deutsche Übersetzung in der „Wehrwissenschaftlichen Rundschau", Nr. 7, 1957, S. 247-274.
[32] Hattori I (2) S. 255.
[33] St.S. Japan: Telegramm Ott-Ribbentrop persönlich, Nr. 2472 vom 18. November 1941.
[34] Siehe oben S. 33 und S. 47.
[35] Siehe oben S. 47.
[36] Siehe oben S. 41.
[37] Hümmelchen S. 17: Der im Januar 1939 angelaufene „Z-Plan" zur Aufrüstung der Kriegsmarine sollte erst 1948 endgültig abgeschlossen sein und hätte, verwirklicht, Deutschland zu einer Stellung als Seemacht im Weltmaßstab verholfen.
[38] KTB 1. Skl A 7. Dezember 1941: Betrachtungen der Skl zur japanischen Kriegseröffnung.

gebliebenen deutschen Vormarsch abzulenken[39]. Wahrscheinlich hing sogar Hitlers Weisung vom 8. Dezember, das Ostheer solle auf Winterstellung zurückgehen, mit diesen Überlegungen zusammen[40]. Da Japan Front gegen die Angelsachsen bezogen hatte, brauchte Hitler vorerst keinen Zweifrontenkrieg zu befürchten; er konnte den Sieg über die Russen auf das nächste Jahr verschieben.

Sogleich am 13. Dezember empfing Hitler den Botschafter der neuen verbündeten Macht[41]. Eigenhändig überreichte er General Oshima das „Großkreuz des Verdienstordens vom Deutschen Adler in Gold", eine Auszeichnung, die eigentlich Staatsoberhäuptern vorbehalten war. Mit dieser Geste bedankte er sich für die Entlastung, die ihm ein japanischer Kriegseintritt gerade zu diesem Zeitpunkt bedeutete. Außerdem zeichnete er in Oshima den unermüdlichen Protagonisten einer deutsch-japanischen Militärallianz aus — freilich überschätzte er weit den Einfluß, über den der Botschafter in Tokio verfügte[42]. Trotz aller persönlichen Hochschätzung gelang es dem Japaner im Laufe der Unterredung nicht, von Hitler bindende Zusagen für eine globale Kriegführung zu erhalten. Nur in ganz großen Zügen wies Hitler auf seine nächsten strategischen Ziele im Osten hin. Auf Oshimas Vorschlag, ein deutsch-japanisches Vorgehen gegen Indien zu koordinieren, erwiderte der „Führer" lediglich, daß mit dem geplanten Vormarsch in Richtung Iran und Irak Indien bedroht werde. Ähnlich ausweichend beantwortete Hitler bald darauf in einer zweiten Unterredung[43] Oshimas Fragen: Japan solle sich auf die „Sicherstellung des südostasiatischen Raumes" beschränken und nicht gegen Indien ziehen. Hitler riet auch davon ab, die Sowjetunion anzugreifen. Deutschland sei stark genug, um ihr nicht zu unterliegen. Da nur über Indien und Rußland eine Koalitionskriegführung mit Japan möglich war, beschied Hitler mit diesen Auskünften die Japaner, ihren eigenen, separaten Krieg in Ostasien zu führen. Möglicherweise waren die Ratschläge Hitlers von Zweifeln an Japans militärischer Kraft bestimmt[44]. Auch vermochte er wegen der deutschen Rückschläge im Osten keine genauen Termine für die Wiederaufnahme des deutschen Vormarsches zu nennen. Mit Sicherheit darf aus seinen Ausführungen gegenüber Oshima geschlossen werden, daß der Oberbefehlshaber der deutschen Wehrmacht an bindenden Absprachen mit den „gelben" Japanern 1942 desinteressiert war und seinen Sieg allein zu erringen ge-

[39] Warlimont S. 221 f. beschreibt die Reaktion im Führerhauptquartier.
Picker S. 282: Hitlers Ordonnanzoffizier Schulze habe am 19./20. April 1942 erklärt: „Der Chef hat sich bei Überbringung der Nachricht mit den Händen vor Freude auf die Schenkel geschlagen und war so — wie von einer schweren Belastung gelöst —, daß er mit größtem Eifer den Anwesenden die neue Weltlage erklärte."

[40] Hubatsch S. 171-174: Weisung Nr. 39 vom 8. Dezember 1941.

[41] IMT Doc 2932-PS, Bd. XXXI S. 316-321: „Empfang des japanischen Botschafters General Oshima durch den Führer am 14. Dezember 1941 von 13-14 Uhr in Anwesenheit des RAM". Tatsächlich fand das Gespräch am 13. 12. 1941 statt.

[42] Die Auffassung, Oshima habe entscheidend zu dem japanischen Kriegseintritt beigetragen, war in der deutschen Führungsspitze weit verbreitet.
(Picker S. 282 und S. 427; Goebbels Tagebücher vom 23. April 1942.)

[43] IMT Doc 423-D, Bd. XXXV S. 94-104; „Aufzeichnung über das Gespräch des Führers mit Botschafter Oshima am 3. Januar 1942 im Beisein des Reichsaußenministers in der Wolfsschanze von 16.15-18 Uhr".

[44] Siehe die Einschätzung der japanischen Kampfkraft durch das OKH vom 17. September 1941. DOKUMENT Nr. 15 im Anhang S. 253.

dachte. Nichts beweist dieses Ignorieren des mächtigsten Partners des Reiches besser als die Tatsache, daß Hitler den Botschafter des Tenno im ersten, entscheidenden Jahr des Kriegsbündnisses nur zweimal empfing: am 13. Dezember 1941 und am 3. Januar 1942. Erst über ein Jahr später, am 21. Januar 1943, bat Hitler Oshima erneut zu sich, um — viel zu spät — in Tokio auf eine gemeinsame Kriegführung zu drängen[45].

Indessen kam Ribbentrop — als Außenminister keineswegs zuständig für militärische Planungen — des öfteren in alter Verbundenheit mit Oshima zusammen. Diese zahlreichen Aussprachen muten, sofern sie rein strategisch-militärische Fragen betrafen, wie ein privater Meinungsaustausch an. Trotz ständiger Versicherungen, die politisch-militärische Bündnispolitik zu koordinieren[46], waren beide über die Pläne der Militärs nur ungenügend unterrichtet. Wohl schlug Oshima vor, der „sogenannten Roosevelt-Churchill-Strategie einen klaren Kriegsplan der Achse entgegenzustellen". Auch befürwortete Ribbentrop mit dem Gedanken eines deutsch-japanischen Zusammentreffens im Indischen Ozean Oshimas „Hebeltheorie"[47]. Doch konnten beide Politiker ihre Vorstellungen bei den Oberkommandos ihrer — noch dazu untereinander rivalisierenden — Streitkräfte nicht durchsetzen.

Wenige Tage nach Pearl Harbor äußerte Admiralstabschef Nagano gegenüber dem deutschen Marineattaché die Hoffnung, daß Deutschland den Angriff auf den Suezkanal forcieren werde[48]. Mit diesem Vorschlag entsprach die Tokioter Admiralität genau den Vorstellungen der Seekriegsleitung. Im westlichen Teil des Indischen Ozeans sollten nach deutschen Vorstellungen japanische U-Boote eingesetzt werden[49], um den alliierten Nachschubverkehr für die britische Nordafrikastellung und — via Basra — für die Sowjetunion zu unterbinden. Als die Seekriegsleitung das japanische Ansinnen, Madagaskar zu besetzen, Ende 1941 zurückwies[50], konnte man in Tokio diese Haltung nur als Desinteresse an maritimer Zusammenarbeit verstehen. Diese kurzsichtige Entscheidung der deutschen Kriegsmarine bestimmte sicherlich die weitere strategische Planung der Kaiserlichen Marine, die nach schnell errungenen Siegen bereits im Januar 1942 aktuell wurde[51].

Anfang Januar sagte die japanische Marine zu, einige Hilfskreuzer und U-Boote in den westlichen Indischen Ozean zu entsenden[52]. Kurz darauf beschloß die Verbindungskonferenz, die gegen Indien gerichteten Maßnahmen mit Deutschland abzustimmen und die Nachschublinien Australien—U.S.A. zu unterbinden[53]. Wenn auch die Marine den Seekrieg gegen die amerikanische Flotte als Hauptziel verfolgte, so war sie

45 Siehe unten S. 173.
46 Unterredung Ribbentrop—Oshima vom 2. Januar 1942 (Fragment, 1. Seite fehlt), F 20/211-192.
47 Ebenda.
48 KTB 1. Skl A 12. Dezember 1941: Wiedergabe eines Berichtes des Marineattachés Tokio.
49 KTB 1. Skl C XV 17. Dezember 1941: Ausführungen Frickes (Chef 1. Skl) vor den Verbindungsstäben der verbündeten italienischen und japanischen Marinen.
50 Siehe oben S. 83.
51 Mitte Januar 1942 war die Eroberung Singapores und Holländisch-Indiens nur noch eine Zeitfrage.
52 KTB 1. Skl A 4. Januar 1942.
53 Hattori II (3) S. 100 (10. Januar 1942).

sich im Januar 1942 noch nicht über die weitere Stoßrichtung ihrer Operationen schlüssig. Vermutlich ohne Absprache mit dem Admiralstab in Tokio plante Konteradmiral Matome Ugaki, der Stabschef der Vereinigten Flotte, nach dem Vorbild des gelungenen Angriffes auf Pearl Harbor die Midway- und Hawaii-Inseln zu besetzen[54]. Planspiele erwiesen die Undurchführbarkeit eines solchen Großunternehmens. Daraufhin arbeitete der erste Operationsoffizier, Kapitän zur See Kuroshima, eine Studie für einen Westvorstoß aus, der zeitlich mit dem deutschen Angriff auf die britischen Nahoststellungen zusammenfallen sollte. Diese Operation bezweckte, die „British Eastern Fleet" zu vernichten und eine Seeverbindung mit dem Machtbereich des europäischen Partners herzustellen[55]. Nicht der Abschluß des Militärvertrages mit Deutschland verhinderte dieses Unternehmen[56], hatte doch ein japanischer Admiral — Nomura — das Kernstück dieser Abmachung, den 70. Längengrad, gutgeheißen[57]. Vielmehr dürften die deutschen Abwehrkämpfe an der russischen Front[58] und das Zögern der deutschen Führung, den Japanern konkrete Zusagen für einen Vorstoß gegen den Suezkanal zu geben, das Kaiserliche Hauptquartier zu der richtigen Einschätzung veranlaßt haben, daß ein deutsch-italienischer Vorstoß in Nordafrika und ein siegreicher Feldzug über den Kaukasus bestenfalls im Sommer 1942 möglich sein würden[59]. So wurde der Plan eines Treffens im Indischen Ozean aufgesteckt. Stattdessen beabsichtigte die Marine, allein Landungsoperationen in diesen Gewässern durchzuführen. Diesem Vorhaben versagte das japanische Heer seine Mitwirkung[60]. Nach dem Ende der Operationen im Süden erschien den Generalen ein Feldzug gegen Rußland lohnender und weitaus geeigneter, um mit Deutschland zusammenzukommen.

54 Fuchida/Okumiya S. 49 f. und Hattori II (3) S. 131.

55 Fuchida/Okumiya S. 51 f.

56 Fuchida S. 52 behauptet, der japanischen Marine sei der Inhalt des Vertrages erst nach dem 18. Januar zugegangen. Wegen des 70° Längengrades als Operationsgrenze habe die Marine daraufhin von weiteren Planungen für einen Westvorstoß abgesehen.
Jacobsen/Rohwer S. 192 übernehmen diese These.

57 Siehe oben S. 52 (Nomura hat den Vertrag sogar mitunterzeichnet.)

58 Auch die Seekriegsleitung zögerte mit ihren global-strategischen Planungen und erkannte die Priorität des Rußlandfeldzuges an: Heeresakte III H 422/1 2. Januar 1942: In einem Vortrag vor den Verbindungsstäben der japanischen und italienischen Marinen betonte der Chef der Operationsabteilung der Skl, KzS Wagner, die „völlige Ausschaltung des russischen Gegners und die Inbesitznahme des kaukasischen Ölgebietes (als) Voraussetzung für die weitere siegreiche Kampfführung gegen England".

59 Bereits in einer Stellungnahme zur Weisung Nr. 32 (Planung nach Barbarossa) vom 1. Juli 1941 hatte die Marine auf den für eine Offensive gegen Suez unzureichenden Schiffsraum hingewiesen. (KTB 1. Skl B 5, Anlagen verschiedenen Inhalts, 1. Juli 1941) Hillgruber, Hitlers Strategie S. 545 Anm. Nr. 51: Ende Juli 1941 habe das OKW den beabsichtigten Angriff auf die britische Nahoststellung auf das Frühjahr 1942 verschoben. KTB 1. Skl A 12. Dezember 1941 Kommentar der Skl zu dem japanischen Vorschlag eines Vorrückens gegen Suez: „Wegen Brennstoffmangel Schwierigkeiten bei der Durchführung Operationen Nordafrika".
KTB 1. Skl C A 22. Januar 1942: Die Studie GenStdH/Abt Fr H Ost 550/42 g.Kdos „Beurteilung der britisch-amerikanischen Maßnahmen in Ostasien und ihre Rückwirkung auf britische Stellung im Mittleren Osten sowie auf die britisch-amerikanischen Operationsmöglichkeiten im Raum Europa/Nord-Westafrika" kommt zu dem Ergebnis, daß die „im Mittleren Osten verbleibenden Kräfte gegenüber Fortsetzung Angriffes gegen Tripolitanien oder zum Schutze Ägyptens" ausreichen.

60 Fuchida/Okumiya S. 52 f.

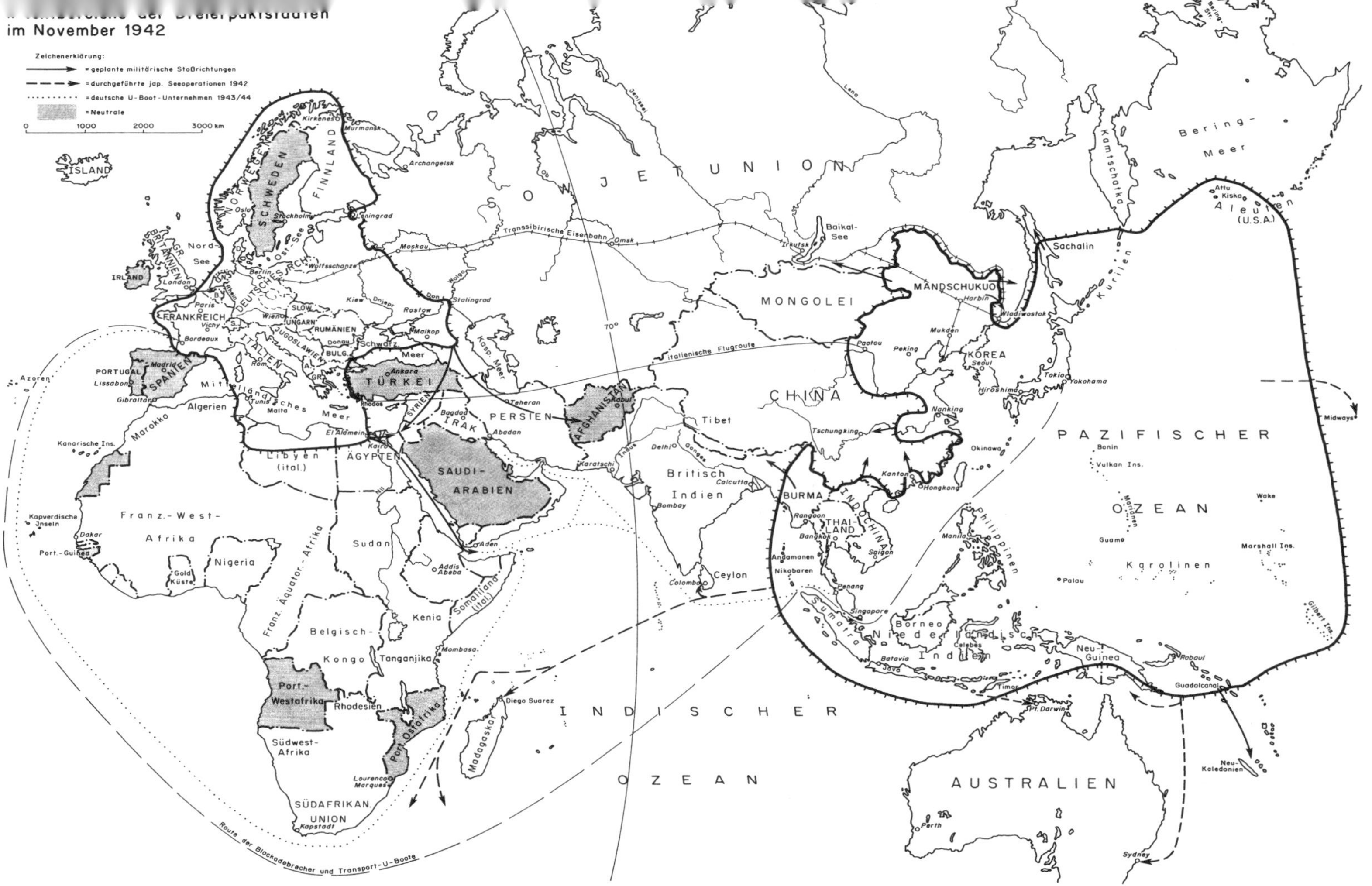
im November 1942
Zeichenerklärung:
= geplante militärische Stoßrichtungen
= durchgeführte jap. Seeoperationen 1942
= deutsche U-Boot-Unternehmen 1943/44
= Neutrale
0 1000 2000 3000 km
ISLAND
IRLAND
GR. BRITANNIEN
London
Nord-See
NORWEGEN
Oslo
SCHWEDEN
Stockholm
FINNLAND
Kirkenes
Murmansk
Leningrad
Archangelsk
Ost-See
DEUTSCHES REICH
Berlin
Wolfsschanze
FRANKREICH
Paris
Vichy
Bordeaux
PORTUGAL
Lissabon
SPANIEN
Madrid
Gibraltar
Azoren
ITALIEN
Rom
UNGARN
Wien
SLOW.
RUMÄNIEN
JUGOSLAWIEN
BULG.
Donau
GR.
Kiew
Dnjepr
Rostow
Maikop
Moskau
Don
Wolga
Stalingrad
Schwarz. Meer
TÜRKEI
Ankara
Rhodos
SYRIEN
Mittelländisches Meer
Tunis
Malta
Algerien
Marokko
Kanarische Ins.
Libyen (ital.)
El Alamein
Kairo
ÄGYPTEN
Bagdad
IRAK
Abadan
PERSIEN
Teheran
Kasp. Meer
SAUDI-ARABIEN
Aden
AFGHANISTAN
Kabul
Karatschi
Indus
Delhi
Ganges
Britisch Indien
Calcutta
Bombay
Ceylon
Colombo
Tibet
SOWJETUNION
Ob
Jenissei
Lena
Omsk
Transsibirische Eisenbahn
Irkutsk
Baikal-See
70°
MONGOLEI
italienische Flugroute
CHINA
Paotou
Peking
Tschungking
Nanking
Kanton
Hongkong
MANDSCHUKUO
Harbin
Mukden
Wladiwostok
KOREA
Seoul
Tokio
Yokohama
Hiroshima
Okinawa
Sachalin
Kurilen
Kamtschatka
Bering-Meer
Bering-Str.
Attu
Kiska
Aleuten (U.S.A.)
Midways
BURMA
Rangoon
THAILAND
Bangkok
INDOCHINA
Saigon
Andamanen
Nikobaren
Penang
Singapore
Sumatra
Borneo
Celebes
Niederländisch Indien
Batavia
Java
Timor
Manila
Philippinen
PAZIFISCHER OZEAN
Bonin
Vulkan Ins.
Marianen
Guam
Wake
Marshall Ins.
Karolinen
Palau
Gilbert Ins.
Neu-Guinea
Rabaul
Guadalcanal
Neu-Kaledonien
Pt. Darwin
AUSTRALIEN
Perth
Sydney
INDISCHER OZEAN
Diego Suarez
Madagaskar
Franz.-West-Afrika
Kapverdische Inseln
Dakar
Port.-Guinea
Nigeria
Gold Küste
Sudan
Addis Abeba
Somaliland (ital.)
Nil
Franz. Äquator-Afrika
Belgisch-Kongo
Kenia
Mombasa
Tanganjika
Port.-Westafrika
Rhodesien
Port. Ostafrika
Lourenco Marques
Südwest-Afrika
SÜDAFRIKAN. UNION
Kapstadt
Route der Blockadebrecher und Transport-U-Boote

Als die russische Winteroffensive im Februar 1942 abgefangen war, stiegen die Aussichten auf einen erfolgreichen deutschen Gegenschlag. Mitte Februar drängte Admiral Nomura die Seekriegsleitung, ihm die deutschen Operationspläne mitzuteilen[61]. Wahrscheinlich in Unkenntnis der japanischen Wünsche arbeitete zur gleichen Zeit der verantwortliche Admiralstabsoffizier für operative Planungen in der Seekriegsleitung eine Denkschrift aus, in der er die alte Konzeption von einem deutschen Angriff gegen den Suezkanal wieder aufgriff[62]. Nicht über den Kaukasus, sondern von Nordafrika aus sollte der Kanal in einem kombinierten See- und Landunternehmen genommen werden. An möglichen Auswirkungen eines solchen Sieges über die Briten führte die Denkschrift auf: Syrien, der Irak und Iran wären unmittelbar gefährdet. Überdies käme das Erdölgebiet von Basra, das nicht so leicht wie die kaukasischen Ölpumpwerke zu zerstören sei, in deutschen Besitz; ferner würde die russische Kaukasusstellung von Süden und Norden gleichzeitig bedrängt; und schließlich könne ein gemeinsamer deutsch-japanischer Angriff auf Aden diesen letzten britischen Stützpunkt ausschalten. Mögen diese erhofften Auswirkungen auf den ersten Blick phantastisch anmuten, so waren diese Pläne vielleicht doch leichter zu verwirklichen als das Vorhaben, über den Kaukasus hinweg die britische Nahoststellung anzugehen. Möglicherweise zu Recht hielt diese Studie das vorgeschlagene Unternehmen für kriegsentscheidend: „Wenn sich Deutschland und Japan am Indischen Ozean die Hand reichen, dürfte der Endsieg nicht mehr fern sein.“[63] Einen Tag später erläuterte Raeder sogleich Hitler gegenüber diese strategischen Vorstellungen. Auf dieser Unterredung wurde die Invasion der britischen Inseln nun endgültig aufgegeben; stattdessen bemühte sich der Marinechef, den Oberbefehlshaber des Heeres zu überzeugen, daß die Engländer am Suezkanal vernichtend zu treffen seien[64]. Mit diesen Plänen der Seekriegsleitung vereinbarte sich hingegen keineswegs der gleichzeitige Abzug einer Kampfgruppe der Kriegsmarine aus Brest. Entgegen den Bedenken Raeders[65] brachen die Schlachtschiffe „Scharnhorst“ und „Gneisenau“ sowie der schwere Kreuzer „Prinz Eugen“ in Sichtweite der Küstenbatterien von Dover bei Tag durch den Kanal, um auf Hitlers Befehl Norwegen gegen eine alliierte Landung zu schützen[66]. Wohl sank das Selbstvertrauen der größten Flottenmacht England vorübergehend auf einen Tiefpunkt[67], doch bedeutete diese Verlegung deutscher schwerer Einheiten nach Norden den Verzicht auf ozeanische Überwasserkriegführung. Als ein solcher wurde er sogleich von der Londoner Admiralität verstanden. Endlich konnte man auf den Schutz der Atlantik-Konvois durch schwere Einheiten verzichten und die durch Verluste geschwächte Mittelmeerflotte verstärken.

[61] KTB 1. Skl C XV: Unterredung Groos—Nomura vom 10. Februar und Fricke—Nomura vom 12. Februar 1942.
[62] KTB 1. Skl C XV Studie I opa (KzS Rost) der Skl, am 12. Februar 1942 abgezeichnet von Rost.
[63] Ebenda.
[64] Lagevorträge ObdM vor Hitler: Unterredung Hitler—Raeder vom 13. Februar 1942.
[65] Militärgeschichtliches Forschungsamt Freiburg i. Br. Quellensammlung Bidlingmaier „Der Einsatz der schweren Einheiten“ Band IX, 1, S. 30.
[66] Siehe Anm. Nr. 23 S. 84.
[67] Ebenda.

Drängte somit die Seekriegsleitung — nicht zuletzt auf Betreiben der Japaner — auf eine deutsch-japanische Operation im Mittelmeer und Nahen Osten, so zeigte sich General Jodl, der Chef des Wehrmachtführungsstabes, in der ersten Aussprache mit den japanischen Militärs am 13. Februar 1942[68] gegenüber solchen Plänen verschlossen. Um die japanische Eroberung Singapores mit deutschen Erfolgen aufzuwiegen, gab Jodl den japanischen Offizieren einen recht optimistischen Bericht über die deutsche Lage im Mittelmeer und an der Ostfront. Als Admiral Nomura Singapore mit Suez verglich und betonte: „Die Herstellung einer Verbindung zwischen Japan und den Achsenmächten werde in Tokio als von größter Wichtigkeit angesehen", wich Jodl aus und erkundigte sich nach der japanischen Einschätzung der amerikanisen Operationsabsichten. Seine Ausführungen schloß Nomura mit dem nochmaligen Hinweis, der Nahe Osten werde auch von den Amerikanern als „empfindlichster Punkt der angloamerikanischen Stellung erkannt". Obwohl der japanische Militärattaché den Admiral unterstützte, beantwortete der Chef des Wehrmachtführungsstabes schließlich die einhellig vorgebrachten japanischen Anfragen lakonisch, der Weg über den Kaukasus sei zur Eroberung des Nahen Ostens „wohl der einfachere"[69].

Hatte Hitler Oshima sogleich nach dem Kriegseintritt zweimal empfangen, so ließ sich Jodl zwei Monate Zeit, um die — ihm bis dahin unbekannten — höchsten Militärvertreter des stärksten Partners zu treffen. Man kann sich des Eindrucks kaum erwehren, daß der Repräsentant der deutschen Wehrmacht zu einem Zeitpunkt, Anfang 1942, als strategische und politische Alternativen noch gegeben waren, mit dieser Haltung bewußt den Bahnen folgte, die Hitler in seinen Aussprachen mit dem japanischen Botschafter vorgezeichnet hatte: Die Japaner sollten an den deutschen Operationen in keiner Weise Anteil haben und auch von deren Planungen nicht unterrichtet werden. Auch wenn die Seekriegsleitung und Außenminister Ribbentrop mit ihren eigenen Vorstellungen, die Japan in ein globales Planen einbezogen, bei Hitler letztlich nicht durchdrangen, so bemühten sie sich wenigstens darum und sprachen sich mit den Japanern aus. Offensichtlich wurden Jodls Ausführungen gegenüber den Japanern auch nicht im Generalstab des Heeres geteilt: Bevor Generalmajor Matzky, ehemals Militärattaché in Tokio, dem jetzt als Oberquartiermeister IV die ausländischen Militärattachés unterstanden, das Protokoll der Unterredung seinem Chef, Generaloberst Halder, vorlegte, unterstrich er im Text die „neuralgischen Punkte". Matzky hatte erkannt, daß die Japaner zu diesem Zeitpunkt eine Zangenoperation gegen die britische Nahoststellung beabsichtigten; deutlich strich er Jodls anmaßende Übertreibungen heraus[70]. Wahrscheinlich diskutierten Matzky und Halder die japanischen strategischen Absichten[71] —

[68] Siehe DOKUMENT Nr. 16 im Anhang S. 255. Farbfaksimile des Deckblattes S. 224/225.
[69] Ebenda.
[70] Ebenda.
Z. B. die Stellen: „die einheitliche Führung der deutschen Wehrmacht durch den Führer mit WFSt" und „die feindlichen Streitkräfte (im Mittelmeer) seien nahezu ausgeschaltet".
[71] Ebenda.
Siehe Vermerk auf dem Deckblatt bei der Unterschrift Halders: u. R. (ev. auch N. R.): um Rücksprache, bzw. nach Rücksprache.

über ihre Pläne oder etwa Kontaktgespräche mit den Japanern fehlen entsprechende Unterlagen.

Weder das Drängen Admiral Wennekers auf einen gemeinsamen japanisch-deutschen Vorstoß in Richtung Indischer Ozean[72] noch die Denkschrift der Seekriegsleitung über die weitere Kriegführung der Dreierpaktmächte[73] konnten die oberste Wehrmachtführung von ihrer Konzentration auf den Feldzug im Osten abbringen. Im Gegensatz zu dieser festgelegten Konzeption von der Weiterführung des Krieges waren die Meinungen in der japanischen Führungsspitze geteilt. Anfang März 1942 nahm die Verbindungskonferenz den Rahmenplan zur weiteren Kriegführung an und legte ihn schon am 13. März dem Kaiser vor[74]. In diesem Dokument wurden die Beschlüsse vom November 1941 für eine Zusammenarbeit mit Deutschland[75] bestätigt. Auch wurde erneut bekräftigt, wie bereits im Januar 1942, daß die zukünftige Stoßrichtung gegen Indien und Australien zielen solle. Die Ausführungsbestimmungen zu diesem Rahmenplan stellten schließlich einen Kompromiß strategischer Halbheiten dar, bestehend aus den Vorstellungen des Heeres, der Vereinigten Flotte und des Admiralstabes. Unweigerlich mußten sie die japanischen Kräfte verzetteln und aufreiben.

Die Vereinigte Flotte setzte ihr bereits Ende Februar in Planspielen erprobtes Vorhaben durch, gegen Ceylon ein reines Flottenunternehmen zu starten, da das Heer seine Mithilfe versagte. Der Admiralstab befürwortete eine Invasion Australiens, reduzierte aber sein Vorhaben auf eine Besetzung der Salomonen und Neukaledoniens, um wenigstens die Verbindungswege Amerika-Australien abzuschneiden. Auch diesem maritimen Vorstoß hatte sich das Heer entgegengestellt: Es wollte nur geringe Verbände für eine Besetzung von Pt. Moresby abstellen. Die japanische Armee hatte im März 1942 ihre Operationen gegen Burma noch nicht abgeschlossen. Vor allem plante sie weiterhin, sich zu einem günstigen, vom deutschen Vormarsch bestimmten Zeitpunkt gegen russisch Fernost zu wenden[76].

Diese internen japanischen Differenzen blieben der deutschen Führung in Berlin und selbst dem gut informierten Admiral Wenneker in Tokio weitgehend verborgen. Der deutsche Marineattaché konnte seinen Dienststellen daher genauso wenig eine definitive strategische Konzeption des Bündnispartners übermitteln wie der Arbeitsstab Nomuras aus Berlin an seine Tokioter Vorgesetzten. Hitler genehmigte in einer Unterredung mit Raeder am 12. März die Offensive gegen den Suezkanal unter dem Vorbehalt: „wenn er die Luftflotte ungeschwächt im Mittelmeer belassen kann“[77], d. h. die Flugzeuge nicht für die Sommeroffensive in Rußland benötigt würden. Drei Tage später bekundete Hitler jedoch in einer öffentlichen Rede seine hybriden Ziele, die

[72] St.S. Japan: Telegramm Wenneker/Ott—AA, Nr. 521 vom 22. Februar 1942.

[73] KTB 1. Skl C A 25. Februar 1942: Wiedergabe der Denkschrift der Skl „Welche strategischen Forderungen ergeben sich aus der gegenwärtigen Lage für die weitere Kriegführung der Dreierpaktmächte“.

[74] Siehe DOKUMENT Nr. 24, im Anhang S. 282.

[75] Siehe oben S. 47.

[76] Über diese Kontroverse in der japanischen Wehrmacht siehe Hattori II (3) S. 105-122. Eine gute, auf dieser Quelle basierende Zusammenfassung gibt Jacobsen/Rohwers Darstellung S. 190-196.

[77] Lagevorträge ObdM vor Hitler: Unterredung Raeder—Hitler vom 12. März 1942.

„bolschewistischen Horden“ noch in diesem Sommer zu vernichten[78] — sein strategisches Leitmotiv für 1942. Der Entscheidung des obersten Befehlshabers mußten sich Ribbentrop und die deutsche Seekriegsleitung beugen. Den Japanern wurde bedeutet, daß ein Angriff auf Britisch Nahost „von der noch nicht zu übersehenden Kriegsentwicklung in Rußland abhängt. Pläne und Absichten der deutschen Wehrmachtführung in dieser Hinsicht sind der Seekriegsleitung nicht bekannt“[79]. Eindeutig erkannte damit die Seekriegsleitung den Vorrang der Kaukasus-Offensive zur Eroberung des Nahen Ostens an und verzichtete überdies auf eine maritime Globalstrategie. Eine Abstimmung der Landoperationen mit der japanischen Seite fiel fortan dem Oberkommando der Wehrmacht zu.

In einer Denkschrift der Seekriegsleitung[80] vom März 1942 wurde dem OKW die Schuld zugeschrieben, die Japaner ungenügend über die deutschen Operationsabsichten in Rußland und Nordafrika unterrichtet zu haben. Aber auch von der Seekriegsleitung wurden die japanischen Marineoffiziere über den Ablauf der deutschen Landoperationen, die einen Vorstoß gegen den Suezkanal erst für den Herbst 1942 vorsahen[81], im unklaren gelassen; sie wurden von ihr und von Ribbentrop nur zu Vorleistungen für den deutschen Vorstoß und das geplante Treffen im Indischen Ozean angehalten[82]. Die japanische Marine sollte auf Ceylon und Madagaskar Stützpunkte einrichten und die Seewege des Gegners nach Indien (Nachschub für China), Iran (Nachschub für die Sowjetunion) und dem Roten Meer (Nachschub für die britische Afrikastellung) unterbinden. Erst nach der Kaukasus-Operation war eine Verbindung zwischen beiden Machtbereichen geplant.

Die japanische Flotte gedachte nicht, ihre Operationsplanung von deutschen, noch ausstehenden Erfolgen im — ohnehin mißbilligten — Krieg gegen Rußland[83] abhängig zu machen. In Tokio verfolgte man eigene Pläne, um die eroberten Gebiete durch neue Offensiven weiter zu sichern. Der Stab der Vereinigten Flotte griff den Plan eines Westvorstoßes auf und arbeitete eine Studie zur Besetzung der Midways aus. Bei diesem Landungsunternehmen hofften die Stabsoffiziere Yamamotos, die amerikanische Flotte zum Kampf zu stellen und vernichtend zu schlagen. Der Admiral, Kommandeur der Vereinigten Flotte, billigte Ende März persönlich dieses Unternehmen. Eine Ope-

[78] KTB OKW Bd. II S. 5, Warlimont S. 239, Goebbels Tagebücher 17. März 1942.

[79] KTB 1. Skl A 20. März 1942: Erklärung der Skl gegenüber dem japanischen Verbindungsoffizier (KzS Taniguti) vom 14. März 1942.
Vgl. dazu St.S. Japan: Telegramm Ribbentrop—Ott, Nr. 808 vom 18. März 1942: „Deutschland sei operativ gezwungen, den Weg zur Herstellung der Verbindung mit den japanischen Streitkräften nicht allein über Afrika und das östliche Mittelmeer, sondern auch über den Kaukasus zu nehmen“.

[80] Siehe DOKUMENT Nr. 17 im Anhang S. 259.

[81] KTB 1. Skl A 13. März 1942 „Chef Skl hält es für zweckmäßig, daß Japaner baldigst Operation gegen Persischen Golf nahegelegt wird, eventuell als Vorleistung für eigene Herbstaktion gegen Suez.“

[82] Ebenda und „Aufzeichnung über die Besprechung zwischen dem Herrn RAM und dem japanischen Botschafter Oshima in Steinort am 23. März 1942“, F 9/0072-0083.
KTB 1. Skl C XV 27. März 1942 Unterredung Fricke—Nomura.

[83] Siehe den Versuch der Kaiserlichen Marine vom 3. März 1942, einen Frieden zwischen Deutschland und Rußland zu vermitteln (oben S. 111 f.).

rationsstudie wurde Ende März dem Admiralstab in Tokio vorgelegt. Anfangs erhoben die Admiralstabsoffiziere, die defensiv und vorsichtiger kalkulierten, schwere Bedenken. Am 5. April billigten sie schließlich den Plan unter dem Vorbehalt, daß der angelaufene Vorstoß zur Besetzung der Fiji-Inseln, Samoas und Neukaledoniens zu Ende geführt werde[84].

Ohne daß die deutsche Kriegsmarine unterrichtet war, lief ein Trägerverband unter Admiral Nagumo zu dem Flottenvorstoß in den Indischen Ozean aus. Anfang April hatte der japanische Verbindungsoffizier lediglich bei der Seekriegsleitung verlauten lassen, die japanische Marine käme den deutschen Wünschen nach und werde ab Mitte Mai bis etwa Mitte Juli 4—5 U-Boote und 2 Hilfskreuzer vor der Ostküste Afrikas einsetzen[85]. Völlig überraschend für die deutsche Seite wurde am 5. April der Hafen von Colombo nach dem Vorbild des Überfalls auf Pearl Harbor von Trägerflugzeugen angegriffen[86]. Nachdem die „British Eastern Fleet" am Tage darauf nur durch Zufall ihrer sicheren Vernichtung entgangen war, befahl die Londoner Admiralität dem Verband, afrikanische Häfen anzulaufen[87]. Obwohl der deutschen Seekriegsleitung der erfolgreiche Angriff auf Colombo inzwischen bekannt war[88], befragte Admiral Fricke Nomura erneut nach dem Zeitpunkt einer japanischen Operation gegen Ceylon. Unbekümmert — oder tatsächlich noch nicht durch die Presse informiert — erklärte der japanische Marineoffizier, er wisse nichts von Planungen eines solchen Angriffes, zumal der Schwerpunkt der japanischen Marine im Pazifik liege[89].

Togos nachträglicher Versuch, dem Botschafter diesen japanischen Flottenvorstoß im Sinne der deutschen Wünsche zu interpretieren[90], konnte nicht darüber hinwegtäuschen, daß es eine gemeinsame maritime Planung einfach nicht gab. Eingedenk ihrer Forderungen, die Kaiserliche Marine solle in den Indischen Ozean vorstoßen, mußte sich die Seekriegsleitung durch dieses eigenmächtige Vorgehen der japanischen Flotte desavouiert fühlen. Wohl erkannte sie neidvoll an, daß durch diesen Vorstoß 6 Kriegsschiffe und 153 603 BRT Handelsschiffahrt versenkt worden waren[91], doch der Oberbefehlshaber der Kriegsmarine unterbreitete Hitler keine neuen Vorschläge wegen eines Angriffes gegen Suez.

Das Wissen um die eigene Schwäche dürfte die Seekriegsleitung bewogen haben, ihre Pläne nicht mehr allzu nachdrücklich im Führerhauptquartier vorzutragen. Zu ihrem

84 Fuchida/Okumiya S. 53 ff. und Hattori II (3) S. 132 f.: Am 16. April erging dann die kaiserliche Order zur Durchführung der Operation Midway.

85 1. Skl C XV 3. April 1942.

86 Siehe die Darstellung von Fuchida (S. 41 ff.), der als Commodore an den Raids teilnahm

87 Siehe Anm. Nr. 104 oben S. 73.
Churchill, Zweiter Weltkrieg IV, 1 S. 211: „Wir waren sozusagen messerscharf an einer katastrophalen Seeschlacht vorbeigekommen".

88 KTB 1. Skl A 6. April 1942.

89 KTB 1. Skl C XV 8. April 1942: Niederschrift über Besprechung mit dem japanischen Verbindungsstab 8. April bei C/Skl.

90 St.S. Japan: Telegramm Ott—Ribbentrop persönlich, Nr. 1135 vom 14. April 1942.

91 Jacobsen/Rohwer S. 193.
Japanisches Kriegstagebuch (Bd. II S. 43) erwähnt nur 140 000 BRT versenkte Handelstonnage.
KTB 1. Skl A 9. April 1942 „Die Erfolge der japanischen Kriegsmarine und Marineluftwaffe sind beneidenswert".

Kummer verfügte die deutsche Marine nicht über eine eigene Luftwaffe[92] und über eigene Landungstruppen, wie sie die japanische Marine besaß. Vielmehr beschränkte sich 1942 die deutsche Seekriegführung im wesentlichen auf den Einsatz von U-Booten. Allein mit dieser Waffe, so gefürchtet sie auch 1942 war, ließ sich kein Landungsunternehmen gegen den Suezkanal bewältigen. Raeders Stabsoffiziere waren darauf angewiesen, daß ihre Pläne zur Eroberung des Nildeltas von Einheiten des Heeres und der Luftwaffe ausgeführt würden. Anfang April versagte das Heer endgültig seine Unterstützung. Generalstabschef Halder ließ die Seekriegsleitung wissen: „Für das Unternehmen gegen Suez besteht die Gefahr, daß die Kräfte nicht ausreichen, um den Gegenstoß des Gegners . . . aufzuhalten. Diesem könnte nur durch eine Zangenoperation aus dem Kaukasusraum heraus begegnet werden“[93].

Unbeugsam war Hitler bei seinem Entschluß geblieben, auch 1942 alle verfügbaren Kräfte für den „Entscheidungskampf“ nach Osten zu werfen. Halder beugte sich dieser Anordnung und warnte — zu Recht — vor einer Verzettelung deutscher Kräfte. Nach den schwierigen Abwehrkämpfen an der deutschen Ostfront im Winter 1941/42 war diese taktische Überlegung des Generalstabschefs begründet; daß es schließlich auch in Nordafrika zu einer erfolgreichen Offensive kommen würde, konnte Halder Anfang April nicht voraussehen.

Wie erschrocken die Alliierten den japanischen Flottenvorstoß beobachteten, geht aus Churchills dringenden Bitten an Roosevelt hervor, sofort amerikanische Flotten- und Fliegereinheiten zum Entsatz der ausgewichenen britischen Flotte in den Indischen Ozean zu senden. Beängstigende Konsequenzen sah der englische Premier voraus, falls die Japaner Ceylon und Teile Indiens besetzen würden: Die gesamte alliierte Position im Vorderen und Mittleren Orient breche zusammen, die Petroleumzufuhren aus Abadan blieben aus, und die wichtigste Zufahrtroute für die Sowjetunion über den Persischen Golf werde unterbunden[94]. Mit ähnlichen Argumenten unterstützte der amerikanische Generalstabschef Marshall das britische Ersuchen um amerikanische See- und Luftunterstützung im Indischen Ozean[95].

Diese panische Furcht der Angelsachsen um ihre Positionen in Klein- und Mittelasien war nur zu gerechtfertigt. Was die militärischen Führungen in Tokio und Berlin im Überschwang der Siege übersahen, erkannten die Angelsachsen in der Defensive sogleich: Hier, im Indischen Ozean, lag eine wesentliche Chance der Dreierpartner, um entscheidend den Verlauf des Krieges zu beeinflussen. Natürlich war die deutsche militärische Führung zu diesem Zeitpunkt nicht in der Lage, dem japanischen Vorstoß nach Westen mit einer entsprechenden Offensive, zu Land oder zur See, nach Osten

[92] Siehe im KTB 1. Skl A 10. Dezember 1941 den Kommentar zum Untergang der ‚Prince of Wales‘ und ‚Repulse‘.

[93] 1. Skl C A 4. April 1942: Schreiben des Marineverbindungsoffiziers beim OKH (KzS Weygold) an 1/Skl (KaS Wagner) betr. Unternehmen Suez.

[94] Churchill, Zweiter Weltkrieg IV, 1 S. 202 f. und 215 f.: Telegramme an Roosevelt vom 7. und 15. April 1942. Für die über den Persischen Golf nach Rußland laufenden angelsächsischen Lieferungen (meist Kriegsmaterial) siehe Motter S. 177, 433 und 481 ff. Im Oktober 1942 liefen 52,9 % der Gesamtlieferungen an die Sowjetunion über Iran, um sogleich der zurückweichenden russischen Südfront zugeführt zu werden.

[95] Jacobsen/Rohwer S. 194 und KTB OKW, Bd. II, S. 17 f.

entgegenzukommen. Doch hätte nicht militärische Einsicht die japanische Marine veranlassen können, die „British Eastern Fleet“ zu vernichten und sich einer weiteren Schlüsselstellung — Madagaskars — zu bemächtigen, um den deutschen Vorstoß gegen Suez abzuwarten? Den eng zusammenarbeitenden Vereinigten Stabschefs der Angelsachsen wäre es mit Sicherheit gelungen, zeitlich verschiedene Offensiven einer großen strategischen Rahmenplanung unterzuordnen. Aber bei den Dreierpartnern waren ja entsprechende Versuche gleich im Anfangsstadium des gemeinsamen Krieges an egoistischen Kriegszielen und am Überschätzen der eigenen Kräfte gescheitert[96].

Unbekümmert um Feind oder Partner, doch gestärkt im Vertrauen auf die eigene Unbesiegbarkeit, drehte Nagumos Verband am 11. April bei und nahm Kurs auf das japanische Mutterland. Dort sollten die Träger für den geplanten Einsatz in der Südsee und gegen die Midways überholt werden. Der japanische Schlag nach Westen — den Deutschen entgegen — war militärisch und politisch verpufft; er riß nur unnötige Lücken in die Luftwaffe der Träger[97].

Die Vorbereitung eigener Operationen, auf deutscher Seite der Sommeroffensive in Rußland[98], auf japanischer des Flottenvorstoßes gegen die Midway-Inseln[99], verstärkte das Desinteresse an einer auf den Indischen Ozean gerichteten operativen Zusammenarbeit. In einem Gespräch am 13. April, das allgemein-strategischen Fragen gewidmet war, drängte Raeder den „Führer“, die Japaner von den deutschen Operationsabsichten im Osten zu unterrichten[100]. Hitler hingegen hielt Andeutungen, die er gegenüber Oshima gemacht habe[101], für ausreichend. Weitere Einzelheiten oder gar Termine der deutschen Sommeroffensive in Rußland gedachte er keinesfalls den japanischen Offizieren in Berlin mitzuteilen. Vergeblich bemühte sich die Seekriegsleitung, die Strategen des Landkrieges im Führerhauptquartier zu einer offenen Aussprache mit den Japanern noch vor Anlaufen der Offensive zu bewegen[102].

Auch die japanische Führung ließ den deutschen Partner über ihre weiteren Operationsabsichten im unklaren. Am 5. Mai ordnete das Kaiserliche Hauptquartier die „Midway Operation“ für die erste Juniwoche an[103]. Zur gleichen Zeit vereitelte die unentschieden ausgegangene erste Trägerluftschlacht der Geschichte — die Seeschlacht im Korallenmeer — die geplante Landung bei Pt. Moresby. Beides war in Berlin nicht bekannt. Botschafter Ott konnte nur mutmaßen, „daß der Schwerpunkt der zukünfti-

96 Siehe oben S. 54 das Kapitel „Die Dreierpaktkommissionen zu Berlin“.

97 Ruge S. 61 und Churchill, Zweiter Weltkrieg IV, 1 S. 221: Wegen der japanischen Flugzeugverluste seien von den fünf beteiligten Trägern nur noch zwei voll einsatzbereit. Der schlechtere Ausbildungsstand der neuen Flieger habe sich bei den Gefechten in der Korallensee und vor allem beim Midway-Unternehmen negativ ausgewirkt.

98 Hubatsch S. 183-188: Weisung Nr. 41 vom 5. April 1942.

99 Über die Planung und Durchführung des Midway-Unternehmens siehe die Darstellung von Fuchida/Okumiya und Jacobsen/Rohwer S. 189-227.

100 Lagevorträge ObdM vor Hitler: Unterredung Hitler—Raeder vom 13. April 1942. Hitler betonte, daß er Oshima gegenüber Andeutungen über die deutsche Offensive gemacht habe.

101 Siehe Anm. Nr. 41 und 43 S. 134.

102 Siehe unten S. 145.
Die Aussprache fand erst am 5. August 1942 statt, die deutsche Sommeroffensive lief hingegen am 28. Juni an.

103 Fuchida/Okumiya S. 72.

gen Operationen, über die man strengstes Stillschweigen wahrt, für die nächste Zeit im Südpazifik liegen wird"[104]. Gerüchten über einen japanischen Handstreich gegen Hawaii und die Alëuten wollte er sich nicht anschließen[105].

Der überraschende Fall Tobruks am 20. Juni 1942 schien Rommels Armee den Weg nach Kairo freizugeben. Erstmals lag der Suezkanal in greifbarer Nähe. In einer Besprechung am 22. Juni legte Admiral Fricke den japanischen Marineoffizieren eindringlich nahe, in Tokio auf einer Verlagerung „starker japanischer Streitkräfte" in den westlichen Indischen Ozean zu bestehen, um der fliehenden englischen Nordafrikaarmee den Nachschub abzuschneiden[106]. Wohl in Unkenntnis der japanischen Niederlage bei den Midways erwiderte Admiral Nomura, ein japanischer Sicherheitsgürtel (entlang der Alëuten-Midways bis in den Südpazifik) sei für Japans Existenz viel wichtiger. Entschieden widersetzte sich der Admiral einer Schwerpunktverlagerung der japanischen Seestreitkräfte. Am 29. Juni erklärte sich die Kaiserliche Marine in Berlin lediglich bereit, die Operationen der japanischen U-Boote und Hilfskreuzer an der Ostküste Afrikas zu verlängern[107].

In Tokio hatte die militärische Führung durchaus erkannt, welche Bedeutung dem deutschen Vormarsch in Nordafrika für eine Koalitionskriegführung beizumessen war. Am 29. Juni nahm der Generalstab die Planungen der Marine für eine Landungsoperation gegen Ceylon wieder auf[108]. Admiralstabschef Nagano eröffnete am 7. Juli in einer Audienz dem Kaiser die globalen Auswirkungen einer gemeinsamen deutsch-japanischen Zangenoperation gegen die britische Nahoststellung[109]. In einer Direktive setzte sodann am 11. Juli das Kaiserliche Hauptquartier fest, angesichts der Niederlage bei den Midways und der generellen Schwierigkeiten bei Landungsunternehmen (Pt.Moresby!) vorerst keine weiteren Flottenvorstöße in den Pazifik durchzuführen. Stattdessen sollten die Planungen auf den Indischen Ozean gerichtet sein, wo schwache britische Verbände stünden und sich eine Seeverbindung mit den europäischen Kriegspartnern herstellen lasse[110]. Diese Überlegungen waren nur möglich, da die Vereinigte Flotte das Ausmaß ihrer Niederlage — den Totalverlust von 4 Flugzeugträgern und eines schweren Kreuzers — vor Heer und Regierung verheimlichte[111]. Die Planungen für einen Indienvorstoß wurden daher beibehalten. Der deutschen Seite gab man sogar zu verstehen, daß mit diesem Unternehmen für den Herbst, nach der Monsunzeit, zu rechnen sei[112]. In Wirklichkeit war jedoch die japanische Marine nach ihrer Niederlage zu maritimen Großunternehmen außerstande. Ein offensiver Vorstoß nach Westen hätte

104 St.S. Japan: Telegramm Ott—AA, Nr. 1498 vom 15. Mai 1942.
105 KTB 1. Skl C XV 21. Mai 1942.
106 KTB 1. Skl C XV 27. Juni 1942: Niederschrift über die Besprechung mit dem japanischen Verbindungsstab am 22. 6. 1942 beim Chef des Stabes der Skl.
107 KTB 1. Skl C VIII 29. Juni 1942.
108 Jacobsen/Rohwer S. 227.
109 Hattori II (3) S. 157.
110 Hayashi S. 51.
111 Fuchida/Okumiya S. XIV und Shigemitsu S. 282.
Der Biograph Tojos, Browne S. 147, bemerkt dazu treffend: „Tojo, as a premier, ... was beginning to suffer the consequences of a system he had always supported, the independence of the armed forces command from political control".
112 KTB 1. Skl A 5. Juli 1942: Bericht Wennekers aus Tokio vom 2. Juli 1942.

das Gros der reduzierten Flotte beansprucht und die heimischen Inseln den amerikanischen Kriegsschiffen schutzlos preisgegeben. Allmählich rückte die Kaiserliche Marine von diesem Plan ab[113].

Die Niederlage bei Midway, über deren Ausmaß Berlin anfangs nicht informiert war[114], traf Japan als Seemacht schwer. Das Heer hatte noch keine Rückschläge erlitten. Nach dem Beginn der deutschen Rußland-Offensive (28. Juni 1942) bestand somit die einzige Möglichkeit einer strategischen Zusammenarbeit nur noch in einem Angriff der „Kwantung Armee" auf die russischen Fernostprovinzen. Nur hier, in einer gemeinsamen Zangenoperation gegen die Sowjetunion, lag im Juni/Juli 1942 die letzte Chance gemeinsamen Operierens. Eindringlich wies Ribbentrop am 9. Juli daher auf diese Möglichkeit hin; auch Hitler sei seiner Ansicht[115]. Doch am 30. Juli überbrachte der japanische Botschafter dem deutschen Außenminister den abschlägigen Bescheid seiner Regierung[116]. Diese Ablehnung vereitelte jede militärisch wirksame Zusammenarbeit — wenn auch beide Seiten noch nicht abschätzen konnten, in welchem Maße ab August der asiatische Kriegsschauplatz von dem europäischen getrennt wurde.

Seit März hatte die Seekriegsleitung mehrmals gedrängt, die Japaner offiziell von den deutschen Plänen zu unterrichten[117]. Auch die verbündeten Offiziere in Berlin wünschten immer stärker eine klärende Aussprache im Wehrmachtführungsstab[118]. Endlich, am 5. August, wurden sie zu Jodl gebeten — zu einem Zeitpunkt, als die deutsche Sommeroffensive bereits in vollem Schwung lief. Ein Vorstoß der Flotte in den Indischen Ozean wäre bestenfalls — wegen langwieriger Vorbereitungen — kaum vor dem Spätherbst möglich gewesen. Die deutsche Führung, die ihre europäischen Verbündeten bereits am 6. Februar auf die Sommeroffensive 1942 hingewiesen hatte[119], klammerte bei den Planungen des Ostfeldzuges bewußt jede Unterstützung durch Japan aus, sei es im Indischen Ozean, sei es durch einen Angriff gegen die Sowjetunion. Hitler hatte seine Vorstellungen im OKW durchgesetzt, wenn auch unter großem Widerstand des Auswärtigen Amtes und der Seekriegsleitung.

In der Aussprache[120] stellte der Chef des Wehrmachtführungsstabes den weitaus

[113] KTB 1. Skl A 4. August 1942: Bericht Admiral Wenneker vom 1. August 1942 aus Tokio: Der Angriff auf Ceylon werde voraussichtlich unterbleiben, ab Mitte August wolle die japanische Marine den U-Bootkrieg im westlichen Indischen Ozean verstärken, doch die Eroberung des Südausganges des Roten Meeres oder des Persischen Golfes könne niemals Sache der japanischen Wehrmacht sein.

[114] KTB 1. Skl A 11. Juni 1942.
St.S. Japan: Telegramm Ott—Ribbentrop persönlich, Nr. 1799 vom 13. Juni 1942.
St.S. Japan: Telegramm Kretschmer/Ott—AA/OKH-Att. Abt., Nr. 1768 vom 11. Juni 1942.

[115] IMT Doc 2911-PS, Bd. XXXI, S. 274-280: Unterredung Ribbentrop—Oshima am 9. Juli 1942.

[116] Aufzeichnung über die Unterredung zwischen dem Herrn RAM und dem Japanischen Botschafter General Oshima im Feldquartier des RAM am 30. Juli 1942, F 7/278-268.

[117] Siehe DOKUMENT Nr. 17 im Anhang S. 259.
KTB 1. Skl A 27. Juni 1942: Lagebesprechung Chef Skl.

[118] KTB 1. Skl C XV 27. März 1942: Unterredung Fricke—Nomura vom 27. März 1942.

[119] Heeresakte H 27/44: Briefe GFM Keitels vom 6. Februar 1942 an die Generalstabschefs in Rom, Bukarest, Budapest betr. Wiederaufnahme der Offensive im Osten.

[120] Siehe Randbemerkung Admiral Frickes DOKUMENT Nr. 18 im Anhang S. 261 und KTB

stärksten Bundesgenossen des Deutschen Reiches vor vollendete Tatsachen. Mit berechtigtem Stolz auf die deutschen Erfolge — selbst die Vereinigten Stabschefs der Angelsachsen kalkulierten im August eine Niederlage Rußlands ein[121] — gab Jodl den japanischen Offizieren einen optimistischen Großraumlagebericht. Wie einst die siegreichen Japaner bei der ersten Aussprache im Februar von den bedrängten Deutschen konkrete Zusagen verlangten, so forderte jetzt im August Jodl die japanische Marine auf, zur Entlastung des deutschen Vormarsches den gegnerischen Nachschub an der ostafrikanischen Küste zu unterbinden. Von einem Angriff gegen die Sowjetunion riet der Chef des Wehrmachtführungsstabes hingegen ab. In seiner Entgegnung wies Admiral Nomura auf die — tatsächlich vorhandenen — Schwierigkeiten eines japanischen Flottenvorstoßes nach Westen hin, erwähnte aber den eigentlichen Grund, die Niederlage bei den Midways, nicht. Stattdessen versteifte sich der Admiral darauf, die Unterschiede zwischen der deutschen und der japanischen Seestrategie zu erläutern: Die Kaiserliche Marine könne keinen Handelskrieg führen, da sie „in erster Linie feindliche Kriegsschiffe zu vernichten" habe[122]. Im Februar hatten deutsche Offiziere ihre strategische Defensive mit Ausflüchten umschrieben; jetzt zogen die Japaner es vor, allgemeine Fragen zu erörtern. Die asiatischen Verbündeten wollten ihr „Gesicht wahren" und nicht eingestehen müssen, daß ein Entlastungsangriff über See zur Unterstützung der deutschen Offensive nicht mehr möglich war.

Weitere Gespräche in Berlin waren einer strategischen Zusammenarbeit gewidmet, doch brachten sie wie entsprechende Meldungen der deutschen Botschaft keine Klarheit über die japanischen Operationsabsichten. Bis zu dem Zeitpunkt, zu dem die deutsche Angriffskraft an den Gebirgskämmen des Kaukasus erlahmte, bemühte sich die japanische Führung nicht ohne Erfolg, die angespannte Kriegslage vor dem Partner zu vertuschen. Waren doch am 7. August die ersten amerikanischen Truppen auf japanisch besetztem Gebiet gelandet, so daß nun auch das Heer in Defensivkämpfe verwickelt war. Die vagen Versprechungen der Japaner, im Herbst mit ihrer Flotte in den Indischen Ozean vorzustoßen[123], wurden immer unglaubwürdiger. Vielmehr mußte ein Drittel

1. Skl A 16. August 1942: Am 5. 8. habe die erste militärische Besprechung seit Kriegseintritt Japans zwischen Jodl und den japanischen Offizieren stattgefunden. (Die „Rücksprache" am 13. Februar 1942 — DOKUMENT Nr. 16 — kann kaum als gegenseitige militärische Unterrichtung bezeichnet werden. Wenn auch die Unterredung im August kaum die Bezeichnung „militärische Aussprache" verdient, so war sie doch als eine solche gedacht.)

[121] Morton, The War in the Pacific S. 377: Die „Joint Chiefs of Staff" billigten am 24. August 1942 eine Studie für den Fall einer russischen Niederlage, die den Übergang zur Verteidigung in Europa bei offensivem Vorgehen im Pazifik vorsah. Diese Überlegungen galten bis zur Niederlage der Deutschen bei Stalingrad.

[122] Die japanische Marine, einschließlich ihrer U-Bootwaffe, war tatsächlich nicht für den Handelskrieg konzipiert (siehe die Darstellungen von Ruge, Hashimoto und Rohwer). Über die Bemühungen der deutschen Seekriegsleitung, die japanische Marine nach der Niederlage der Trägerflotte zum Tonnagekrieg zu bewegen, siehe unten S. 207.

[123] St.S. Japan: Telegramm Ott—Ribbentrop persönlich, Nr. 2558 vom 20. August 1942: „Erst für Oktober werden neue Unternehmungen gegen Indien oder Landung in Ceylon für möglich erachtet".
Heeresakte H 27/44 30. August 1942: Optimistische Zusagen Kretschmers in einem Lagebericht an das OKH, der nicht über das AA lief.

der U-Boote, die vor der afrikanischen Ostküste kreuzten, Anfang September für die Abwehrkämpfe bei den Salomonen abgezogen werden[124]. Nur mit einigen Schwierigkeiten konnte der deutsche Hilfskreuzer „Thor" in Yokohama mit Öl versorgt werden[125]. Es nimmt daher nicht wunder, daß die deutsche Seekriegsleitung wegen künftiger Zusammenarbeit heftige Zweifel hegte. In einer Unterredung Anfang September brachen das Mißtrauen Admiral Frickes über die geringe japanische Unterstützung der Deutschen und der Mißmut Admiral Nomuras über den Rußlandfeldzug deutlich hervor: das Gespräch endete mit gegenseitigen Vorwürfen[126].

Zu jener Zeit betrachtete der deutsche Generalstab die Offensive in Nordafrika noch nicht als endgültig gescheitert[127]. Die Seekriegsleitung bezweifelte jedoch den Erfolg eines Stoßes gegen die Suez-Position von Osten (Kaukasus) her[128]. Nachdrücklich forderte eine Lagebetrachtung der Kriegsmarine, diese strategisch wichtige Feindstellung unverzüglich von Westen her einzunehmen[129]. Um den Teilabzug der japanischen U-Boote aus ostafrikanischen Gewässern auszugleichen und endlich den britischen Nachschub erfolgreich zu stören[130], wurden erstmals deutsche U-Boote in das Seegebiet vor Kapstadt beordert[131]. Das Kaiserliche Hauptquartier versuchte, den strategischen Rückzug mit einer propagandistischen Extrameldung über den „Vorstoß eines Teils der japanischen Flotte nach dem Atlantik" wettzumachen[132], allerdings war lediglich das

KTB 1. Skl C XV 5. September 1942: Schreiben Nomuras an Admiral Bürkner: Andeutung einer Flottenoffensive in den Indischen Ozean für Oktober.
Tatsächlich existierte im Kaiserlichen Hauptquartier der „Plan 21", im Herbst einen Vorstoß gegen Indien und in den Indischen Ozean durchzuführen (Hayashi S. 92).

124 KTB 1. Skl A 4. September 1942.

125 KTB 1. Skl A 6. September 1942: Das Anlaufen wurde von der japanischen Marine erst genehmigt, als der Hilfskreuzer und der deutsche Tanker „Charlotte Schliemann" zusagten, Tarkanöl (hochwertiges Dieselöl) für ihren Eigenbedarf und zusätzlich für die japanische Marine (!) in Balik Papan (Sundastraße) zu bunkern und nach Japan zu transportieren.

126 KTB 1. Skl C XV 7. September 1942: Niederschrift über die Besprechung zwischen C/Skl und Admiral Nomura am 7. 9. 1942.

127 KTB 1. Skl C A 9./10. September 1942: Niederschrift über die Dienstreise des Chefs der Skl, KzS Wagner, zum HQ vom 9. und 10. 9. 1942: Halder betonte, daß im „Abstoppen der Offensive DAK (Deutsche Afrika Korps) in der Alamein Stellung keine ernste Wende der Kriegsentwicklung zu sehen sei".
Ebenda: Unterredung Wagner—Warlimont: Warlimont äußerte sich ähnlich wie Halder.

128 KTB 1. Skl A 11. September 1942.

129 KTB 1. Skl C A Lagebetrachtung der Skl vom 20. September 1942.

130 KTB 1. Skl A 22. Juli 1942: Vom 15. Juni bis 25. Juli wurden laut Angaben der japanischen Marine nur 13 Schiffe mit 105 000 BRT in ostafrikanischen Gewässern versenkt und 2 Schiffe mit 15 000 BRT aufgebracht.
Vgl. dazu KTB OKW, Bd. II S. 155: 7 deutsche U-Boote versenkten im Oktober/November 1943 im Seegebiet vor Kapstadt 279 000 BRT alliierten Schiffsraums.

131 KTB 1. Skl A 23. September 1942.

132 KTB 1. Skl A 25. September 1942 und Ritter Japan 25. September 1942: Wiedergabe der Domei-Meldung.
Kommentar der Skl: „(Japaner haben) offenbar dem deutschen Auftreten im Indischen und Stillen Ozean gegenüber das Bedürfnis ..., ihre Mitwirkung auf dem europäisch-amerikanischen Kriegsschauplatz herauszustellen".
Ebenda: Sarkastischer Kommentar der Angelsachsen: „Es koste die Japaner überhaupt nichts,

erste japanische U-Boot („Sakura“ = „Kirschblüte“) in Lorient kampflos ein- und ausgelaufen[133]. Vertraulich gestanden japanische Diplomaten und Offiziere in Berlin die militärischen Rückschläge allmählich ein. Oshima sprach davon, „daß der Kampf auf (!) den Midway-Inseln für sie etwas unglücklich (!) verlaufen“ sei[134]. Admiral Nomura ließ die Seekriegsleitung wissen, ein Vorstoß in den Indischen Ozean sei auf das Frühjahr 1943 verschoben[135]. In ihrer zweiten Aussprache im Führerhauptquartier am 16. Oktober[136] mußten die japanischen Offiziere endgültig die defensive Lage ihres Landes bekennen. Im Vergleich zu seiner überschwänglichen Lagebetrachtung Anfang August war jetzt auch der Chef des Wehrmachtführungsstabes gezwungen, dem Bundesgenossen einen nüchternen Überblick über die deutsche Lage zu geben. Er äußerte seine Skepsis hinsichtlich eines Vormarsches in Nordafrika oder im Kaukasus, wenn er auch das Hauptziel der Rußlandoffensive als erreicht hinstellte und die militärische Gesamtlage „mit voller Zuversicht“ beurteilte. Präzise Fragen über die deutschen Operationsabsichten mußte Jodl ausweichend beantworten. Admiral Nomura gab unumwunden zu, daß „die für Anfang Oktober vorgesehene japanische Operation Richtung Ceylon usw. noch nicht begonnen“ habe, da zuvor erst die Amerikaner auf den Salomonen (Guadalcanal) geschlagen werden müßten. Zum Abschluß sagte Nomura, wenn erst einmal eine Verbindung zwischen beiden Mächten hergestellt wäre, sei der Krieg zu 70 Prozent gewonnen — eine Einsicht, die in Berlin und Tokio zu spät kam.

Eine Woche nach dieser Unterredung setzte die britische Offensive in Nordafrika ein. Damit war der Plan zur Eroberung des Suezkanals hinfällig. Dennoch vertraute die Verbindungskonferenz in Tokio Anfang November auf die ungebrochene deutsche Kampfkraft — man glaubte in Tokio nur an eine Verschiebung der Operationen auf das Jahr 1943[137]. Auch die japanischen Offiziere in Berlin hielten den Rückschlag der deutschen Mittelmeerstellung für vorübergehend. Sie rieten zur Besetzung Spaniens und Gibraltars, um nach dem Fehlschlag gegen Suez wenigstens den westlichen Ausgang des Mittelmeeres zu erobern[138]. Jedoch warnte die Marineleitung im Führerhauptquartier, ein alliiertes Festsetzen an der spanischen Nordküste werde „Deutschland am Einsatz z. Zt. einziger, vielleicht letzter Angriffswaffe gegen England—U.S.A.

für Propagandazwecke einige wenige U-Boote in den Atlantik zu entsenden, da sie nicht in der Lage schienen, diese im Pazifik richtig einzusetzen“.

133 Ritter Japan: Notiz Botschafter Ritter vom 25. September 1942. Am 5. August sei das japanische U-Boot in Lorient eingelaufen.

134 Aufzeichnung über die Fortsetzung der Besprechung vom 17. September 1942 zwischen dem RAM und Botschafter Oshima am 18. September in Feldmark, F 7/0023-0019.

135 KTB 1. Skl C XV 14. Oktober 1942: Niederschrift über die Besprechung mit Vizeadmiral Nomura am 14. Oktober 1942 bei C/Skl (Fricke).

136 DOKUMENT Nr. 19 im Anhang S. 265. Faksimile des Deckblattes S. 224/225.

137 Hattori II (4) S. 43: Verbindungskonferenzen vom 3., 4. und 7. November 1942.

138 KTB 1. Skl A 14. November 1942: Unterredung Nomura—Bürkner (Chef Amtsgruppe Ausland im OKW).
KTB 1. Skl C XV 20. November 1942: Unterredung Groos—Nomura vom 20. November 1942. Ebenda: Handschreiben Nomuras an Fricke vom 21. November 1942.

hindern", d. h. am Auslaufen der deutschen U-Boote durch die Biskaya[139]. Tatsächlich hatten die Angelsachsen im November 1942 verheerende Tonnageverluste[140] hinnehmen müssen.

Die Einschließung der 6. Armee bei Stalingrad (22. November 1942) hatte auch an der Ostfront den Rückschlag gebracht. Angesichts der Defensive an allen Fronten bekannte die Seekriegsleitung in ihrer „Betrachtung zur Lage" offen, daß eine Verbindung zwischen Europa und Ostasien nicht mehr hergestellt werden könne: „Im Gegenteil, Europa sowohl wie Japan kämpfen um die Verteidigung ihrer Lebensräume unter Einsatz aller verfügbaren Reserven"[141]. Das Ende einer global-strategischen Zusammenarbeit auf den Weltmeeren wurde durch zwei Ereignisse markiert: Anfang November beorderte die Tokioter Admiralität alle japanischen U-Boote hinter den 70. Längengrad[142], um sie bei den Kämpfen um Guadalcanal einzusetzen. Drei Wochen später, am letzten Tage des November, vernichtete eine Explosion drei deutsche Handelsschiffe und den Hilfskreuzer „Thor" im Hafen von Yokohama[143].

In der Besprechung zwischen Jodl und den japanischen Offizieren im Führerhauptquartier[144] versuchten beide Gesprächspartner der veränderten Kriegslage wenigstens einige positive Seiten abzugewinnen. Die deutsche Führung stellte die Bildung des Brückenkopfes in Tunesien als taktischen Erfolg heraus und sagte voraus, die russische Offensive werde sich totlaufen. Beide Seiten hielten an den — nicht erreichten — operativen Zielen des Jahres 1942 fest. Eine deutsche Landung in Spanien, wie sie die Japaner wünschten, lehnte der Chef des Wehrmachtführungsstabes ab.

Als das Ringen um Stalingrad begann, konnte Jodl als Sprecher der deutschen Wehrmacht den Japanern kaum weiterreichende Informationen geben. Sicherlich maß die deutsche Führung den militärischen Rückschlägen einige Bedeutung bei; ob die Abwehrkämpfe hingegen nur vorübergehend — wie im Winter 1941/42 — anhalten würden, oder ob sich — wie es tatsächlich geschah — die Wende des Krieges anbahnen würde, diese Frage ließ sich aus damaliger Sicht nicht eindeutig entscheiden. Allenfalls ist Jodl der Vorwurf zu machen, daß er sich in dieser Unterredung, wie in den beiden noch folgenden[145], nicht um einen engeren Kontakt mit den japanischen Offizieren be-

139 KTB 1. Skl C XV 10. Dezember 1942: Telegramm der Skl an Admiral Krancke im OKW/WFStab.
Lagevorträge ObdM vor Hitler: Unterredung Raeder—Hitler vom 22. Dezember 1942.

140 KTB OKW, Bd. II, S. 146: Im November 1942 verloren die Alliierten 743 000 BRT Schiffsraum — die höchste Verlustquote während des ganzen Krieges.

141 KTB 1. Skl C A: Lagebetrachtung der Skl vom 1. 12. 1942.

142 Lagevorträge ObdM vor Hitler: Unterredung Hitler—Raeder vom 17. November 1942.

143 Gronau S. 282 f., Hümmelchen S. 384 f., Brennecke, Deutsche Hilfskreuzer S. 258 ff. und Abshagen S. 166 f. (letzterer als Augenzeuge): Eine Explosion auf dem deutschen Tanker ‚Uckermark' löste diese Katastrophe aus. Die Schuld traf teilweise die japanische Marine, die hochexplosives Gasöl, das der Tanker aus Südostasien für die Japaner mitbrachte, als Schweröl bezeichnet hatte. Teilweise lag ein Verschulden in der mangelnden Vorsicht beim Reinigen des Tanks nach dem Entlöschen. Hier wurden sicherlich Eisenhämmer anstelle der vorgeschriebenen Bronzehämmer verwendet, und somit löste Funkenflug die Explosion aus. Sabotage läßt sich nicht nachweisen.

144 Siehe DOKUMENT Nr. 20 im Anhang S. 270. Faksimile des Deckblattes S. 224/225.

145 Siehe unten S. 179 und S. 185.

müht hat. War 1942 ein gemeinsames offensives Vorgehen schon nicht möglich, so hätte es nach den Niederlagen ein Gebot der Stunde sein müssen, sich wenigstens gemeinsam zu verteidigen. Doch aus Angst, eigene Schwächen eingestehen zu müssen, sollten fortan beide Seiten darauf bedacht sein, vor sich selbst und vor dem Partner die Fiktion der Stärke, der Unbesiegbarkeit aufrechtzuhalten.

General Tojo, der japanische Premierminister, sprach schlicht die Unwahrheit, als er öffentlich verkündete, daß im ersten Jahr des Bündnisses „aus den Kriegen in Europa und Asien ein einziger großer Kampf geworden (ist), in dessen Rahmen die drei Mächte ihre politischen, wirtschaftlichen und militärischen Kräfte gemeinsam einsetzen"[146]. Auch der glanzvolle Empfang in der japanischen Botschaft zum ersten Jahrestag des „Kriegsbündnisses"[147] konnte nicht darüber hinwegtäuschen, daß Deutschland und Japan sich nach einjährigen — getrennten — Kämpfen gemeinsam auf dem Rückzug befanden.

Die deutsche Seite, auch die Seekriegsleitung, unterließ es Anfang 1942, als die Japaner an gemeinsamen Operationen Interesse bekundeten, den Bündnispartner über ihre Operationspläne für den Sommer genau zu informieren. Als die Japaner etwa im April/Mai den Zenith ihrer militärischen Macht erreicht hatten, war die deutsche Seite zu einem offensiven Vorgehen noch nicht in der Lage. Als hingegen die deutsche Sommeroffensive Erfolge in Nordafrika und Rußland zeigte, waren die Japaner nach der Niederlage ihrer Flotte bei den Midways zu nach Westen gerichteten Großunternehmen zur See außerstande. Beide Seiten hatten somit zu verschiedenen Zeitpunkten ihre stärkste Offensivkraft entwickelt. Unumstößlich beharrte die deutsche Führung auf dem Landkrieg im Osten — eine Strategie, mit der sie 1942 noch einmal vorübergehend große Erfolge erzielte. Ebenso starr hielten die Japaner an ihrem Kriegsplan fest, allein die Angelsachsen zu bekämpfen. Damit liefen die strategischen Konzeptionen beider Seiten einander diametral entgegen. Nachdem Japan allerdings im März 1942 seine Kriegsziele erreicht hatte, lag vielleicht in der Stellung beider Mächte zur Sowjetunion das Versäumnis auf japanischer Seite, mit der Ablehnung eines Kriegseintritts eine mögliche weitere Chance gemeinsamen Operierens vertan zu haben.

Weder im Indischen Ozean noch über die Sowjetunion gelang daher Japan und Deutschland 1942 ein gemeinsames Vorgehen, um das beiderseitige Potential zusammenzufassen und den eurasisch-afrikanischen Raum gegen die Angelsachsen zu behaupten. Gegen Ende des Jahres 1942 konnten die Westmächte das Schwergewicht ihrer Kräfte gegen Europa einsetzen[148], um ihre Gegner Deutschland und Japan nach-

[146] Jacobsen, Zweiter Weltkrieg S. 229: Auszugsweise Wiedergabe der Rede Tojos vom 9. Dezember 1942.

[147] Microcopy T-179, Roll 74, Serial 74, Frame 4709582: Gästeliste der zum Empfang des japanischen Botschafters geladenen Personen (u. a. Göring, Ribbentrop und Goebbels).

[148] In den Sommermonaten 1942 hatte Roosevelt nur mit Mühe die von den Briten geforderte „Europe-first-strategy" gegenüber amerikanischen hohen Militärs durchsetzen können, die nach dem Sieg über die japanische Flotte und wegen des deutschen Vormarsches in Nordafrika und Südrußland auf eine sofortige Offensive im Pazifik drängten (Morton, The War in

einander niederzuringen. Den Militärs und Politikern der Dreierpaktmächte blieb für die restlichen Jahre der Defensive nur die Möglichkeit, über politische Verhandlungen den Krieg zu beenden, aus den Fehlern einer leichtfertig-offensiven Kriegführung die Konsequenzen für den Abwehrkampf zu ziehen und, als beides keine Erfolge zeigte, in ideologisch-mythisch begründeten Endsiegillusionen der totalen Niederlage entgegenzutaumeln.

the Pacific S. 308-310). Erst im November 1942 und endgültig auf der Konferenz in Casablanca, 14.-23. Januar 1943, wurde der Vorrang des europäischen Kriegsschauplatzes vor dem pazifischen wieder eindeutig festgelegt (Morton, The War in the Pacific S. 378-384).

Sechstes Kapitel

Handelsbeziehungen und die Entstehung des „Abkommens über wirtschaftliche Zusammenarbeit" vom 20. Januar 1943[1]

Lassen sich die deutsch-japanischen Differenzen im diplomatisch-politischen und militärischen Bereich des Jahres 1942 in einigen Fällen mit unterschiedlichem diplomatischen bzw. strategischen Kalkül erklären, so tritt die Rivalität zwischen den Verbündeten in den Wirtschaftsbeziehungen am deutlichsten hervor. In den Verhandlungen um materielle Güter offenbarte sich — von der Öffentlichkeit unbemerkt — ein Interessengegensatz, der sich nicht durch Propaganda oder diplomatische Schachzüge übertünchen ließ. Für Japan als hochentwickelte Industrienation stellte die Expansion auf dem asiatischen Festland und — nach Pearl Harbor — in Südostasien nicht zuletzt eine ökonomische Notwendigkeit dar, um sich Rohstoffquellen und Absatzmärkte in industriell zurückgebliebenen Gebieten zu sichern. Bei dem wirtschaftlichen Ausgreifen nach Südwest war es Japans vorrangiges Ziel, eine Mitwirkung und somit Einflußnahme aller „weißen" Industrienationen — auch der Deutschen — zu verhindern. Vor dieser Maxime mußten im ersten Jahr der Kriegspartnerschaft selbst japanische Wünsche nach dringend benötigten deutschen Kriegsmaterialien zurücktreten.

Der deutsche Entschluß anfangs des Jahres 1938, Japan im Konflikt mit China zu unterstützen[2], obgleich der Handel des Reiches mit China weitaus größer war als der mit Japan und Mandschukuo zusammen[3], entsprang weniger wirtschaftspolitischen Interes-

[1] Die Darstellung der deutsch-japanischen Wirtschaftsbeziehungen — eines äußerst wichtigen Gebietes innerhalb des Bündnisses — wird durch die Lücken in den Quellen sehr erschwert. Zu diesem Thema finden sich weder Aktenbestände von Ministerialdirektor Wiehl, dem Leiter der Handelspolitischen Abteilung (bis Dezember 1941 Wirtschaftspolitische Abteilung) im AA, noch von Ministerialdirigent Clodius, seinem Stellvertreter. Nur anhand der Wirtschaftsdokumente, die über den Staatssekretär liefen, läßt sich einige Klarheit in dieser überaus verwickelten Problematik gewinnen.

[2] Sommer S. 103-116. Vgl. dazu auch den „Freundschaftsvertrag zwischen dem Deutschen Reich und Mandschukuo vom 12. Mai 1938", Reichsgesetzblatt 1938, II, S. 285-287: In diesem Vertrag erkannte die Reichsregierung den japanischen Marionettenstaat, das „Kaiserreich Mandschukuo", diplomatisch an.

[3] Statistisches Handbuch von Deutschland 1928-1944. München 1949. S. 410: 1938 ging

sen der deutschen „Monopole“[4] als dem machtpolitischen Kalkül der nationalsozialistischen Führung: Im Bündnis mit der stärksten Macht im Fernen Osten (Japan) sollte die schwächere (China) politisch und damit zwangsläufig auch wirtschaftlich beherrscht werden. Wegen der Differenzen mit Japan[5] hatte sich Deutschland vor Beginn des Krieges in Europa nicht in einem größeren Abkommen mit dem fernöstlichen Partner die notwendige Rohstoffzufuhr von Kautschuk, Nickel, Zinn[6] und Wolfram sowie von Nahrungsfetten aus Ostasien sichern können. Ein im Juli 1939 paraphiertes Handelsabkommen benachteiligte die Japaner weit mehr als den späteren Hauptrohstofflieferanten des Reiches, die Sowjetunion[7]: es wurde durch den Kriegsbeginn hinfällig. Nach wie vor regelte den Warenverkehr ein Handelvertrag, den die Weimarer Republik am 20. Juli 1927 mit dem fernöstlichen Kaiserreich abgeschlossen hatte[8].

Frankreichs Niederlage im Juni 1940 führte sogleich zu einem deutsch-japanischen Wettlauf um die indochinesische Kautschukernte. Wohl hatte Deutschland indirekt in Artikel VIII des Waffenstillstandes von Compiègne den Fortbestand des französischen Kolonialreiches anerkannt[9]. Für kurze Zeit plante die deutsche Führung, Frankreich nach einem allgemeinen Friedensschluß als starken Faktor in die Neuordnung Europas einzubeziehen[10]. Die französischen Kolonien sollten daher beim Mutterland bleiben — nicht zuletzt aus wirtschaftlichen Überlegungen. Als jedoch Hitler, anstatt Europa zu ordnen, Gedanken an weltweite Eroberungen hegte, verlor Frankreich an Bedeutung. Um Japan, die stärkste Macht Ostasiens, warb die deutsche Führung im Sommer 1940, um es durch einen Vertrag der Politik des Reiches zu verpflichten. Als Köder hatte Ribbentrop ausdrücklich Deutschlands Desinteresse an Niederländisch-Indien in Tokio bekunden lassen[11]. Gegenüber den japanischen Forderungen, Indochina der großostasiatischen Wohlstandssphäre zumindest wirtschaftlich einzugliedern, konnte Berlin nicht viel unternehmen. Deutschland verhielt sich daher in dem französisch-japanischen

0,5 % des deutschen Exportes nach Japan, 0,3 % nach Mandschukuo, hingegen 2,2 % nach China.
Vgl. auch die Klagen Görings im Juni 1939, daß durch den Wegfall des Chinahandels Deutschland jährlich 200-300 Millionen RM an Devisen verliere (Sommer S. 277/8).

4 Die marxistische Darstellung von Drechsler betont diesen Aspekt zu sehr, doch ist der in diesem Werk gegen Sommer erhobene Vorwurf (S. 124 ff.), nur die Rekonstruktion „des äußeren Ablaufs des Geschehens, nicht seine innere Problematik“ erarbeitet zu haben, nicht ganz unbegründet, da Wirtschaftsfragen bei Sommer nur ungenügend berücksichtigt werden.

5 Dafür siehe die Darstellungen von Sommer; Presseisen, Germany and Japan; Iklé; Dirksen und Drechsler.

6 Statistisches Jahrbuch von Deutschland 1928-1944, München 1949 S. 399: 1938 importierte das Deutsche Reich 30 % des Kautschuks, 48 % des Nickels, 40 % des Zinns allein aus Holländisch-Indien.

7 Sommer S. 279 f.

8 „Gesetz über den Handels- und Schiffahrtsvertrag zwischen dem Deutschen Reich und Japan vom 5. November 1927“. Reichsgesetzblatt 1927, II, S. 1087-1100. (Entgegen den üblichen Gepflogenheiten war diesem Abkommen ein Notenwechsel beigegeben — ein einschränkender Zusatz, der später in allen japanisch-deutschen Verträgen zu finden ist.)

9 Hermann Böhme: Entstehung und Grundlagen des Waffenstillstandes von 1940. Stuttgart 1966. S. 364 f. und Jäckel S. 36 f.

10 Jäckel S. 46 ff.

11 Sommer S. 332 f. (Note der Reichsregierung vom 20. Mai 1940).

Streit um Indochina im Sommer 1940 und auch danach ständig neutral[12]. Mit dem Abschluß des Dreimächtepaktes wurde ausdrücklich Japans beherrschende Position in Ostasien anerkannt.

Noch bevor der Pakt in Tokio endgültig ausgehandelt war, mußte die Regierung Pétain den Japanern Wirtschaftspräferenzen in Indochina einräumen[13]. Nach der Vertragszeichnung bot Japan dem Deutschen Reich drei Abmachungen über den Warenverkehr an: ein Handelsabkommen (Maschinen gegen Rohstoffe auf Austauschbasis), ein technisches Abkommen, das Deutschland verpflichten sollte, technische Lizenzen auf Kredit, bzw. gegen Rohstoffe zu erteilen, und ein Zahlungsabkommen[14]. Bereits in diesem ersten Vorschlag waren die Japaner zu ihrem Vorteil darauf bedacht, technische Hilfeleistung von Deutschland möglichst ohne konkrete Gegenleistungen, d. h. auf Kredit- oder Tauschbasis, allenfalls gegen — noch nicht verfügbare — Rohstofflieferungen aus Südostasien zu erhalten. Die Handelspolitische Abteilung des Auswärtigen Amtes hatte diese japanischen Wirtschaftswünsche anscheinend nicht in ihrer Tragweite erkannt. Ministerialdirektor Wiehl, der Leiter dieses Ressorts, äußerte nur Bedenken gegen derartig umfangreiche, die deutsche Rüstungsproduktion beeinträchtigende Lieferungen. Gleichzeitig wies er auf die Schwierigkeiten hin, die von den Japanern der deutschen Einfuhr von Rohstoffen aus Niederländisch-Indien und Indochina bereitet würden[15]. Die deutsche Seite empfand die japanische Interpretation des Artikel 2 des Dreimächtepaktes[16] — ohne Konsultation Japans sollten keine Wirtschaftsverhandlungen mit der französischen Regierung über Indochina geführt werden — als Diskriminierung des deutschen Handels; sie wurde deswegen in Tokio vorstellig[17]. Unmittelbar nach dem Abschluß des Dreimächtepaktes, ein Jahr vor dem Kriegseintritt Japans, war die wirtschaftspolitische Leitidee der Tokioter Regierung offenkundig, nämlich, den Handel in Ostasien zu monopolisieren und alle westlichen Industrienationen vom direkten Handel mit den der japanischen Einflußsphäre bereits eingegliederten oder noch einzugliedernden Gebieten auszuschalten.

Größere handelspolitische Differenzen mit Deutschland wurden nur dadurch vermieden, daß Japan[18] und Mandschukuo[19] ihren Verpflichtungen innerhalb der Handels-

12 Ebenda S. 371 und oben S. 82.

13 Siehe Anmerkung Nr. 4, S. 81.
„Henry (französischer Botschafter Tokio)—Matsuoka Abkommen" vom 30. August 1940.

14 Telegramm Ott—AA, Nr. 1164 vom 30. Oktober 1940, zitiert bei Sommer S. 484.

15 ADAP D XI, Dokument Nr. 341: Memorandum Wiehls vom 15. (?) November 1940.

16 Sommer S. 514 f. Abdruck der englischen Fassung des Dreimächtepaktes vom 27. September 1940, Artikel 2: „Germany and Italy recognize and respect the leadership of Japan in the establishment of a new order in Greater East Asia."

17 Telegramm Wiehl—Ott, Nr. 1071 vom 2. Dezember 1940, zitiert nach Sommer S. 485.

18 Siehe Anm. Nr. 8.

19 Reichsgesetzblatt 1938, II, S. 819-828:
„Abkommen über den Waren- und Zahlungsverkehr zwischen dem Deutschen Reich und Mandschukuo vom 14. September 1938":
Deutschland verpflichtete sich, jährlich für 100 Millionen Yuan Waren aus Mandschukuo einzuführen; 75% der Summe waren in Devisen, die restlichen 25% in Reichsmark zu zahlen. Für den Reichsmarkbetrag konnte die Regierung von Mandschukuo in Deutschland einkaufen. Der Handelsvertrag war somit in erster Linie ein Abkommen über den Import von Nahrungsfetten; so weist die deutsche Einfuhrliste nur 6 Posten auf (Sojabohnen, Schweineborsten,

verträge auf Lieferung von Nahrungsmitteln und Fetten nachkamen und daß die Kapazität der sibirischen Eisenbahn eine wesentliche Erhöhung des Güteraustausches ohnehin nicht zuließ. Erst anläßlich des Besuches von Außenminister Matsuoka in Berlin zeigten die Japaner bei der Lieferung des dringend benötigten Rohstoffes Kautschuk vorübergehend Entgegenkommen.

Der „Engpaß“ Naturkautschuk in der deutschen Rüstungsproduktion[20] konnte nur teilweise mit Lieferungen aus dem ostasiatischen Raum überwunden werden. Im März 1941 gelangten täglich durchschnittlich 300 Tonnen Kautschuk über die transsibirische Bahn nach Deutschland[21]. Diese Transporte konnten noch durch die Entsendung einer Wirtschaftsdelegation unter Staatsrat Wohlthat nach Tokio[22] im April 1941 bis zum Beginn des Krieges gegen die Sowjetunion gesteigert werden[23]. Dennoch wurde die Herstellung synthetischen Kautschuks (Buna) in Deutschland vorangetrieben[24]. In der Wehrmacht wurden sogar die schweren Lastkraftwagen, für deren Bereifung Naturkautschuk unerläßlich war, größtenteils aus dem Verkehr gezogen[25].

Weder Matsuokas Gespräche in Berlin noch die Verhandlungen der Wohlthat-Delegation in Tokio konnten die Japaner bewegen, im Ostasienhandel die deutschen Firmen als gleichberechtigt anzuerkennen[26], geschweige denn, den Deutschen wirtschaftliche Präferenzen einzuräumen. Die indonesische Kautschukernte blieb trotz deutschem Ent-

Sojabohnenöl, Perillaöl, Mais und Erdnüsse), die Liste Mandschukuos hingegen weit über 100 Posten hochwertiger Industrieprodukte.
Dieses Abkommen wurde 1939 nach einjähriger Laufzeit erweitert. Siehe Reichsgesetzblatt, 1939, II, S. 841-845.

20 Treue S. 177: Am 1. September 1939 hätten die Vorräte an Naturkautschuk 14 815 Tonnen und an Buna 4568 Tonnen, insgesamt 19 383 Tonnen betragen, die für eine gleichbleibende Produktion von zwei Monaten gereicht hätten. Von 16 000 im Sommer 1939 gekauften Tonnen seien nur noch 8000 nach Deutschland gelangt (S. 171).

21 Treue S. 182.

22 ADAP D XII, Dokument Nr. 429: Telegramm Wohlthat/Ott—AA, Nr. 648 vom 30. April 1941.

23 Treue S. 182: Nach dem Stand vom 22. März 1941 hätten sich 5800 Tonnen auf dem Wege von der Mandschurei zur Reichsgrenze, 2000 in der Mandschurei, 4000 in Dairen, 3800 in Japan und 5700 auf dem Wege nach Japan befunden.
Ebenda S. 183: Die Transporte, für die die sibirische Eisenbahn 6-8 Wochen benötigte, seien bis zum 22. Juni 1941 ohne Verzögerung in Deutschland eingetroffen. Die sowjetische Regierung hatte lediglich am 30. April 1941 den Transit jeglicher Kriegsmaterialien durch die Sowjetunion untersagt (KTB 1. Skl A 30. April 1941). Eine Liste aller durch die Sowjetunion im Transit beförderten Waren und eine ausführliche Darstellung über dieses „Loch“ in der Blockade Deutschlands finden sich bei W. N. Medlicott: The Economic Blockade. Vol. I. London 1950, S. 688 und S. 648-659. Siehe auch den Aufsatz von W. Birkenfeld: Stalin als Wirtschaftspartner Hitlers. In „Vierteljahresschrift für Sozial- und Wirtschaftsgeschichte“, Bd. 53, Dez. 1966, S. 477-510, insbes. S. 540 ff.

24 Treue S. 185: 1939 wurden 80 200 Tonnen Naturkautschuk und nur 15 200 Tonnen Buna, 1940 nur 26 000 Tonnen Naturkautschuk und 39 800 Tonnen Buna verarbeitet.

25 Treue S. 178: Bei LKWs von über 4,5 Tonnen mußten die Reifen aus Naturkautschuk hergestellt werden. Bereits Anfang 1940 seien die schweren Lastwagen in der Wehrmacht durch leichte ersetzt worden.

26 ADAP D XII Dokument Nr. 190: Memorandum Wiehls vom 21. März 1941: Die deutschen Firmen in China unterlägen einschneidenderen Restriktionen als die amerikanischen und englischen.

gegenkommen[27] ein Zankapfel zwischen beiden Mächten[28]. Seit Mai 1941 belasteten die in Washington geführten Ausgleichsverhandlungen nicht nur das politische Verhältnis zwischen Berlin und Tokio[29], sondern wirkten sich auch in einer versteiften japanischen Haltung gegenüber den deutschen Wirtschaftswünschen aus[30].

Mit dem deutschen Angriff auf die Sowjetunion und dem Ausfallen der Landverbindung zwischen Deutschland und Japan wurde der Warenverkehr plötzlich nicht mehr wegen des Kaufes, sondern des Transportes halber zum Problem. Hatte doch General Thomas, der Chef des Wehrwirtschafts- und Rüstungsamtes, in einer Studie über den Ostfeldzug bereits im Februar 1941 die Versorgung Deutschlands mit Kautschuk und anderen Rohstoffen als ungelöst bezeichnet[31]. Obwohl die deutschen Firmen vorsorglich große Lager in Japan eingerichtet[32] und die Kriegsmarine vorausschauend deutsche Handelsschiffe in ostasiatischen Gewässern konzentriert hatten[33], war mit einem Großeinsatz von Blockadebrechern wegen der Überwachung der Biskaya durch die britische Flotte und Luftwaffe nicht vor den langen Winternächten zu rechnen[34]. Der japanischen Rüstungsproduktion wurde die Einfuhr von deutschen Werkzeugmaschinen und von schwedischen Erzen abgeschnitten. Der deutsch-sowjetische Krieg trug wesentlich dazu bei, daß Japan politisch und wirtschaftlich nach Süden auszugreifen begann. Dieses Vordringen nach Südindochina rief sogleich das Wirtschaftsembargo der Vereinigten Staaten, Großbritanniens und der Niederlande hervor. Japan wurde wirtschaftlich fast völlig isoliert. In Washington und in Berlin versuchte die japanische Regierung vergebens, diese wirtschaftliche und politische Isolierung nach

27 Treue S. 181 und Menzel S. 439: Am 17. Januar 1941 hatte Vichy mit Deutschland vereinbart, 26 500 Tonnen Kautschuk zur Hälfte an Japan und an das Deutsche Reich zu verkaufen.

28 Menzel S. 442: Am 6. Mai 1941 schlossen die Japaner ohne Benachrichtigung der Deutschen mit Vichy einen Vertrag über die Lieferung von 25 000 Tonnen indochinesischen Kautschuks ab. Daraufhin verschifften die Deutschen mit französischer Hilfe einen Teil des für Frankreich bestimmten Kautschuks als französischen Kargo getarnt nach Deutschland. Nun wiederum waren die Japaner über dieses eigenmächtige deutsche Vorgehen erbost und protestierten bei Wohlthat (Telegramm Wohlthat/Ott—AA, Nr. 1033 vom 26. August 1941, zitiert nach Menzel S. 453).

29 Siehe oben S. 26 ff.

30 KTB 1. Skl C XV 23. Mai 1941: Da die Japaner zum Transport des indochinesischen Kautschuks keine Hilfskreuzer einsetzen wollten, sollten ihnen keine deutschen Schiffe verchartert werden.
KTB 1. Skl C XV 27. Mai 1941: Beschwerdeschreiben der 1. Skl an das AA: „Die Seekriegsleitung muß dem Marineattaché (Wenneker) zustimmen, wenn er diese Einstellung dahin charakterisiert, ‚daß die Japaner sich zu keiner Handlung im deutschen Interesse aufraffen können, die mit irgendeinem Risiko verbunden ist'". Das Auswärtige Amt möge durch geeignete Schritte „eine Änderung der japanischen Einstellung herbeiführen, so daß in Zukunft mit einer Haltung der Japaner gerechnet werden kann, auf die Anspruch erhoben werden muß".

31 Der Chef des Wirtschafts- und Rüstungsamtes, betr. wehrwirtschaftliche Auswirkungen einer Operation im Osten Nr. 10/1941 geh. Kdos/Chef-Sache vom 13. 2. 1942. Vollständig abgedruckt bei Thomas S. 514-532.

32 Stahmer S. 190: Diese Lagervorräte hätten häufig den ganzen Krieg über gereicht.

33 Michaux S. 486. Befehl des OKM vom 14. November 1940.

34 Ebenda S. 488.

Osten wie Westen zu durchbrechen[35]. An diesem Versuch scheiterte am 4. Oktober 1941 das dritte Konoe-Kabinett. Auch dem folgenden „Kriegskabinett" unter General Tojo sollte schließlich kein anderer Weg als der des Angriffes auf Pearl Harbor bleiben[36].

Solange die Japaner zwischen den Vereinigten Staaten und dem deutschen Bündnispartner lavierten, zeigten sie kein Interesse an einem Handelsvertrag zwischen dem „großostasiatischen" und dem „großgermanischen" Raum. In Washington wäre ein solcher Vertrag als eine gegen die Westmächte gerichtete „ökonomische Allianz" zweier Großwirtschaftsräume verstanden worden. Der ursprünglich von Japan angeregte Plan[37] eines Handelsabkommens zwischen beiden Großräumen wurde das ganze Jahr 1941 über in Tokio dilatorisch behandelt. Japanische Wirtschaftskreise plädierten, von der Marine unterstützt, für einen wirtschaftlichen und politischen Ausgleich mit den Vereinigten Staaten[38]. In Tokio berücksichtigte man daher die deutschen Wünsche auf Lieferung von Rohstoffen auch weiterhin nicht gemäß dem Dreierpakt[39].

Bis zum Kriegseintritt zeigten die Japaner trotz des politischen Bündnisses in Wirtschaftsfragen dem Partner keinerlei Entgegenkommen. Den deutschen Firmen bereiteten die japanischen Behörden häufig größere Schwierigkeiten als den angelsächsischen[40]. Konsequent arbeitete man den deutschen Wünschen auf möglichst freien Warenaustausch durch eine rigorose „Blockautonomie" entgegen.

Nach den großen militärischen Anfangserfolgen verfolgte die Regierung in Tokio weiterhin das Ziel, den noch nicht vollständig eroberten Großraum politisch und wirtschaftlich nicht nur gegenüber Drittländern, sondern selbst gegenüber den Kriegspartnern abzusichern. Im Dezember 1941 wurde in diesem Sinn Artikel 3 des „Nichtsonderfriedensvertrages" abgeändert. Die vorgesehene Zusammenarbeit nach dem siegreichen Krieg wurde analog zu der Dauer des Dreimächtepaktes auf zehn Jahre beschränkt[41]. Auch die in dem Militärvertrag als Kernstück enthaltene Trennungslinie des 70. Längengrades zielte in erster Linie darauf ab, den deutschen Verbündeten in politischen und wirtschaftlichen Belangen der erstrebten „Großostasiatischen Wohlstands-

[35] KTB 1. Skl B V 6. August 1941 und KTB 1. Skl A 13. August 1941: Unterredung Groos—Nomura vom 6. August 1941.
ADAP D XIII Dokument Nr. 310: Telegramm Ott—AA, Nr. 1797 vom 13. September 1941: Unterredung Ott—Außenminister Toyoda.
KTB 1. Skl C XV 27. September 1941: Unterredung Groos—Nomura.
St.S. Japan: Telegramm Ott—Ribbentrop persönlich, Nr. 1974 vom 4. Oktober 1941: Unterredung Ott—Generalstabschef Sugiyama und Kriegsminister Tojo.
[36] KTB 1. Skl A 9. Dezember 1941: Offizielle japanische Presseverlautbarung (Nachrichtenagentur Domei): „... Der britisch-amerikanische Wirtschaftsdruck sei unmenschlicher als Waffengewalt."
[37] Siehe Anm. Nr. 14.
[38] St.S. Japan: Fernschreiben von Erdmannsdorff an von Rintelen vom 13. November 1941: Oshima habe als persönliche Ansicht geäußert, daß Kurusu von Wirtschafts- und Hofkreisen als Sondergesandter nach Washington geschickt worden sei.
[39] ADAP D XIII Dokument Nr. 216: Memorandum Wiehls vom 20. August 1941.
ADAP D XIII Dokument Nr. 278: Memorandum Weizsäckers vom 4. September 1941 über eine Oshima mündlich vorgetragene Demarche der Reichsregierung.
[40] Siehe Anm. Nr. 154.
[41] Siehe oben S. 44.

sphäre" auszuschalten[42]. Allerdings war auf deutscher Seite zumindest das Wirtschafts- und Rüstungsamt im OKW einer vertraglichen Abgrenzung der beiden Großwirtschaftsräume auch nicht abgeneigt[43]. In Berlin sah man hauptsächlich die militärisch-politische Seite und erkannte offenbar nicht den wahren Hintergrund. Das Vertragswerk wurde daher den entsprechenden Ressorts im Auswärtigen Amt nicht zur Begutachtung vorgelegt. Ihnen wäre vielleicht der von den Japanern beabsichtigte Ausbau einer „Blockhegemonialstellung" in Ostasien aufgefallen.

Nur bei der Diskussion um die Kompetenzen der Dreierpaktkommission im Dezember 1941 forderte Admiral Groos als Chef des „Sonderstabes Handelskrieg und wirtschaftliche Kampfmaßnahmen" (HWK) im OKW verstärkten Einsatz von Blockadebrechern, bei dem japanische Schiffe hinzugezogen werden sollten, sowie größere Gegenleistungen der Rüstungsindustrie Japans[44]. Ministerialdirektor Wiehl wollte dagegen der nach Tokio entsandten Wohlthat-Delegation diesen Aufgabenbereich weiterhin belassen[45]. Diese Differenzen zwischen dem militärischen Wirtschaftsstab und den zivilen Ressorts in der Wilhelmstraße wurden 1942 nicht völlig beigelegt und erschwerten ein einheitliches Auftreten der deutschen Seite gegenüber den Japanern, die in Berlin ihre Wirtschaftspolitik meist einhellig vertraten. Während die Handelspolitische Abteilung im Auswärtigen Amt eine dauerhafte, auf dem Prinzip der Gegenseitigkeit basierende Abmachung über den Warenverkehr mit Japan anstrebte, waren die militärischen deutschen Stellen häufig geneigt, japanischen Wünschen nach einmaligen rüstungstechnischen Lieferungen stattzugeben, zumal der durch die Blockadebrecher zur Verfügung stehende Transportraum äußerst gering war und einen großangelegten regelmäßigen Güteraustausch ohnehin nicht gestattete.

An dem Einsatz der wenigen deutschen Blockadebrecher[46] nahm nie ein japanisches Überwasserschiff teil. Zum einen wegen des in Japan herrschenden akuten Tonnagemangels[47], zum anderen aber sicherlich auch wegen des Einspruches der Kaiserlichen Marine, die einer Zusammenarbeit mit Deutschland reserviert gegenüberstand. Außerdem konnten in der Verschiffungsperiode des Winterhalbjahres 1941/42 von 15 in Japan ausgelaufenen Schiffen nur 11 nach Europa und in umgekehrter Richtung nur 5 Schiffe nach Japan gelangen[48]. Wenn die deutschen militärischen Stellen das Einbringen von 73 000 Bruttoregistertonnen Fetten und 2747 Tonnen hochwertiger Erze (vor allem

[42] Siehe oben S. 53 f.
[43] Siehe oben S. 50.
[44] Siehe oben S. 57.
[45] Siehe oben S. 57.
[46] KTB 1. Skl A 6. Februar 1942: Da für die Verschiffungsperiode im Winterhalbjahr 1942/1943 mindestens 25 Schiffe benötigt würden, sollten die Bemühungen um japanischen, italienischen, finnischen und französischen Schiffsraum verstärkt werden.
[47] Michaux und Brennecke, Blockadebrecher geben eine detaillierte Aufstellung der Fahrten der einzelnen Blockadebrecher.
St.S. Japan: Telegramm Wohlthat/Ott—AA, Nr. 336 vom 4. Februar 1942: Die Japaner lehnten einen Einsatz von Schiffen als Blockadebrecher wegen Knappheit ab.
[48] KTB 1. Skl C XI 28. Mai 1942: Bericht Admiral Groos über die Durchführung des Blockadebrechereinsatzes 1941/1942. Die bei Michaux (S. 488) angegebene Zahl von 12 aus Ostasien ausgelaufenen und 9 in Europa angekommenen Schiffen kann nicht den Tatsachen entsprechen.

Chromerz) auch als einen Erfolg buchen konnten, so vermochten diese Mengen doch nicht den von den einzelnen Ressorts angemeldeten Bedarf[49] zu decken. Der 6000 Seemeilen lange Fahrweg um das Kap der Guten Hoffnung, die zunehmende Überwachung der Bahia-Dakar-Enge und der Biskaya durch die englische und amerikanische Kriegsmarine[50] und die Weigerung der japanischen Marine, die deutschen Blockadebrecher mit allen Mitteln zu unterstützen[51], mußten an der Wiederholung eines erfolgreichen Blockadedurchbruches im Winterhalbjahr 1942/43 zweifeln lassen.

Noch während der Verhandlungen über die Militärkonvention überschritt General Oshima, ein glühender Apologet der deutsch-japanischen Waffenbrüderschaft[52], in einer Unterredung mit Ribbentrop am 2. Januar 1942[53] seine Kompetenz: Er überreichte ein Papier, „das die Anregung enthielt, Japan auf drei Jahre einen Kredit in Höhe von einer Milliarde Yen einzuräumen", und Interesse an dem Kohlehydrierverfahren der IG-Farben zur synthetischen Benzinherstellung verriet[54]. Dieses Memorandum[55] schlug, über die militärische Zusammenarbeit hinaus, konkrete Verhandlungen über die gegenseitige Ausnutzung der Wirtschaftskräfte vor: Deutschland sollte bestimmte Maschinenanlagen und Rüstungsmaterialien gegen ostasiatische Rohstoffe liefern[56]. Obwohl Ribbentrop die japanischen Wünsche erfüllt wissen wollte[57], ergab eine Ressortbesprechung der Wirtschaftsspezialisten im Auswärtigen Amt, daß dies — abgesehen von der Transportlage — unmöglich sein würde. Außerdem forderten die Sachverständigen in der „Wilhelmstraße", Japan habe Deutschland zum Einkauf von Rohstoffen einen entsprechnden Gegenkredit zu stellen.

[49] KTB 1. Skl C XI 24. Januar 1942: Abschrift einer „Niederschrift Besprechung beim Sonderstab HWK am 21. 1. 1942 über Blockadebrecherfahrten von Ostasien nach Europa". Auf dieser Besprechung hatte allein das Reichsernährungsministerium einen Fehlbedarf von 60 000 Tonnen an Nahrungsfetten angemeldet; und der Chef des Sonderstabes HWK hatte 40 000 Tonnen Frachtraum verlangt.

[50] Besonders gefährdete Zonen für die Blockadebrecher waren neben der Biskaya die Natal-Freetown Enge und das Seegebiet südlich von Kapstadt. Vgl. dazu die leicht populär geschriebene Darstellung von Brennecke, Blockadebrecher.

[51] KTB 1. Skl A 23. Januar 1942: Admiral Wenneker habe aus Tokio gemeldet, daß die japanische Marine Dieselöl für Blockadebrecher „vorbehaltlich günstiger Weiterentwicklung der Kriegslage in Aussicht" gestellt habe, jedoch rate, „mindestens die Hälfte des Dieselöls aus Heimat zu entsenden".
Ebenda 2. Juli 1942: Die japanische Marine habe trotz lebhafter Bemühungen Admiral Wennekers die Einrichtung einer deutschen Dienststelle in Singapore zur Abwicklung des Blockadebrecherverkehrs abgelehnt. Kommentar der Skl: „Unfreundliche und mißtrauische Haltung der japanischen Bundesgenossen" (1943 wurde diese Dienststelle eingerichtet).

[52] Siehe unten S. 192 f. Charakteristik Oshimas.

[53] Unterredung Ribbentrop—Oshima am 2. Januar 1942, (Fragment) F 20/211-192.

[54] Ebenda.

[55] Das von Oshima übergebene Memorandum war in den Akten unauffindbar.

[56] St.S. Japan: Telegramm Wiehl/Ritter—Ott, Nr. 154 vom 15. Januar 1942: „betr. japanisches Memorandum vom 2. Januar".

[57] St.S. Japan: Notiz Clodius vom 15. Januar 1942:
Bei der Überreichung einer Note, in der die Reichsregierung aufgefordert wurde, die Lieferung von Kriegsmaterial aus der Türkei an die USA zu unterbinden, habe der RAM gegenüber Oshima zum Ausdruck gebracht: „daß Japan ganz allgemein auf dem Gebiete der Zurverfügungstellung von Erfahrungen großes Entgegenkommen zu zeigen ist". U. a. sollte den Japanern das I. G. Verfahren für Kohleverflüssigung übergeben werden.

Der Wirtschaftssachverständige an der japanischen Botschaft in Berlin äußerte in einer Unterredung mit Wiehl den Wunsch nach einem Handelsabkommen für die Kriegszeit, einer Art „Kriegswirtschaftsallianz"; in Tokio hingegen sollten der Delegation Wohlthat die Verhandlungen über ein Friedensabkommen belassen werden. Die Handelspolitische Abteilung aber wollte zu den in Tokio auszuhandelnden Rahmenverträgen nur ergänzende Lieferverträge in Berlin abschließen und bat Wohlthat deswegen um eine entsprechende Stellungnahme[58].

Die Antworten des deutschen Sachverständigen aus Tokio[59] offenbarten, daß Oshima mit seinen eigenmächtigen Wirtschaftsplänen die bestehende Einigung in Tokio über einen Rahmenwirtschaftsvertrag und ein technisches Abkommen torpediert und das japanische Außenamt in eine peinliche Lage versetzt hatte. Wahrscheinlich ist Oshimas Vorgehen vom japanischen Generalstab gedeckt worden, der größtes Interesse vor allem an deutschen Patenten haben mußte. Darüber hinaus wollte der Botschafter-General mit diesem Coup die deutsch-japanischen Wirtschaftsverhandlungen von Tokio an die japanische Botschaft in Berlin verlagern — einen vom japanischen Heer indirekt kontrollierten Missionsposten —, um somit die Verhandlungen mit Deutschland zum Vorteil der Armee führen zu können, die häufig von der japanischen Industrie zugunsten der Marine vernachlässigt wurde[60].

Noch bevor in Berlin bekannt war, daß Oshima keine Weisung für sein Anliegen hatte, trafen Wiehl und Matsushima sich zu Verhandlungen über die japanischen Wünsche und die deutschen Gegenvorschläge. Als Antwort auf Oshimas Vorschlag überreichte Wiehl einen Kreditentwurf, der einen beiderseitig zu gewährenden Kredit von 1 Milliarde Yen gegen 600 Millionen Reichsmark mit einer Laufzeit von drei Jahren vorsah[61]. Wiehl betonte, die Kredite hätten gegenseitig zu sein; er wollte den deutschen Entwurf als Grundlage für Wohlthats Gespräche in Tokio verstanden wissen. Hingegen legte Matsushima den Plan eines wirtschaftlichen Bündnisses vor[62], das analog zu dem „Nichtsonderfriedensvertrag" propagandistisch ausgewertet und durch ein geheimes Protokoll ergänzt werden sollte, demzufolge Deutschland Japan für kriegswichtige Lieferungen einen einseitigen Kredit von 1 Milliarde Yen gewähren sollte. Wiehl wies dagegen auf die unsicheren Transportwege hin und verlangte gegenseitige Kredite, damit Deutschland dringend benötigte hochwertige Erze in Japan kaufen könne[63]; den Japanern sollte ein Überbrückungskredit von 50 Millionen Yen

[58] Siehe Anm. Nr. 56.

[59] St.S. Japan: Wohlthat/Ott—AA, Telegramme vom 23./24. Januar 1942 (ohne Nummer).

[60] Die alte Parteienrivalität zwischen der sich mehr aus dem landgebundenen Grundbesitz rekrutierenden Minsei-to-Partei und der von der Industrie- und Finanzwelt getragenen Seiyukai-Partei war nach dem Verbot der politischen Parteien am 21. Juli 1940 stärker denn je auf das Heer und die Marine übertragen worden. (Siehe auch die Darstellung von Maxon).

[61] St.S. Japan: Telegramm Wiehl—Wohlthat/Ott, Nr. 257 vom 27. Januar 1942. Wiedergabe der Aufzeichnung Dir Ha Pol 12 vom 23. Januar 1942 über Unterredung mit Matsushima. St.S. Japan: Wiehl Aufzeichnung über Gespräch mit Matsushima am 24. Januar 1942.

[62] Aufzeichnung Dir Ha Pol 12 vom 23. Januar 1942 in St.S. Japan: Telegramm Wiehl—Wohlthat/Ott, Nr. 257 vom 27. Januar 1942.

[63] St.S. Japan: Telegramm Wohlthat/Ott—AA, Nr. 227 vom 25. Januar 1942: Die Kreditfrage müsse beschleunigt geregelt werden.

jederzeit gewährt werden[64]. Japan wollte ein — propagandistisch auswertbares — Abkommen mit einem geheimen Protokoll über einen einseitigen Kredit Deutschlands. Unvereinbar stand dem gegenüber das deutsche Verlangen nach Abschluß eines dauerhaften, auf Gegenseitigkeit basierenden Vertragswerkes durch die Wohlthat-Delegation.

Um über einen wirtschaftlichen Bündnisvertrag schnell zu einem Kreditabkommen zu gelangen[65], griff Wiehl dennoch aus taktischen Gründen den japanischen Vorschlag auf. Er überreichte Matsushima am 3. Februar den Entwurf eines „Deutsch-japanischen Abkommens über wirtschaftliche Zusammenarbeit", das durch ein geheimes, auf Gegenseitigkeit beruhendes Kreditprotokoll ergänzt werden sollte[66]. Tatsächlich bedeutete dieser deutsche Entwurf eine Koppelung des von Japan gewünschten „Wirtschaftsbündnisses" mit dem von der deutschen Wirtschaftsdelegation in Tokio dringend benötigten japanischen Kredit zum Wareneinkauf.

Zusammen mit dem Wirtschaftsvertrag hatte Oshima am 2. Januar dem deutschen Außenminister in einem Memorandum auch eine japanische Wunschliste der aus Deutschland zu beziehenden kriegswichtigen Waren übergeben[67]. Dies sollte den Japanern ohnehin wichtiger sein als ein Handelsvertrag. Deswegen liefen parallel zu den Verhandlungen über ein Vertragswerk Besprechungen über die Waren, die demgemäß gegenseitig geliefert werden sollten. Mitte Februar übergab Ribbentrop General Oshima[68] eine von Wiehl ausgearbeitete und kommentierte „Vorschlagsliste für deutsche Rüstungslieferungen an Japan"[69]. Die deutsche Liste enthielt „hauptsächlich Lieferungen, die in der Überlassung von Nachbaurechten und von einzelnen Musterstücken der betreffenden Geräte und Anlagen bestehen", hingegen kaum zusätzliche Warenlieferungen, da die deutsche Rüstungsindustrie voll ausgelastet sei und gegenwärtig keine Transportmöglichkeit bestünde. Wohl war der deutsche Hinweis auf die fehlende Transportmöglichkeit begründet. Doch das Angebot — Lizenzen gegen Rohstofflieferungen — war letztlich nicht fair, zumal die Japaner dringend solche Kriegsgeräte benötigten, wie sie das Reich in großem Umfang an den italienischen Verbündeten lieferte[70]. Da die Schiffe erst im Spätherbst auslaufen konnten und die japanische Regierung Oshimas Liste nicht anerkannte, führte der deutsche Vorschlag in Tokio zu lang-

[64] Siehe Anm. Nr. 61.

[65] St.S. Japan: Notiz Wiehls für Ribbentrop vom 24. Januar 1942.

[66] Dieser Entwurf war in den Akten nicht zu finden, doch ist er aus dem japanischen Gegenentwurf vom 9. März 1942 (siehe DOKUMENT Nr. 10 im Anhang S. 239) und aus dem Telegramm Wiehl—Wohlthat/Ott, Ha Pol 656 g, vom 5. Februar 1942 in St.S. Japan teilweise rekonstruierbar.

[67] Siehe oben S. 159.

[68] St.S. Japan: In einer Aufzeichnung vom 15. Mai 1942, Dir Ha Pol Nr. 92, und vom 28. Mai 1942, Dir Ha Pol Nr. 104, spricht Wiehl davon, daß Ribbentrop am 18. Februar 1942 Oshima eine Liste der von deutscher Seite lieferbaren Waren als Antwort auf Oshimas Memorandum vom 2. Januar übergeben habe.

[69] St.S. Japan: Aufzeichnung Wiehl, Dir Ha Pol Nr. 36, vom 17. Februar 1942 für die bevorstehende Unterredung RAM—Botschafter Oshima: Abdruck dieser Liste.

[70] St.S. Japan:Aufzeichnung LR Dr. Braun, eo Pol VIII 2040 gRs, vom 30. September 1943: 1942 seien nur 1,9%des deutschen Maschinenexports nach Japan gegangen, hingegen 4,1% in die Slowakei und 20,4% nach Italien.

wierigen Prüfungen und Auseinandersetzungen innerhalb der zivilen und militärischen Ressorts.

Inzwischen übergab Matsushima Anfang März 1942 den vom japanischen Kabinett gebilligten[71] Gegenentwurf für ein Abkommen über wirtschaftliche Zusammenarbeit mit angehängtem geheimen Protokoll[72]. Dieser Vertrag sollte anstelle des von der Wohlthat-Delegation ausgearbeiteten Rahmenvertrages in Berlin gezeichnet werden. In Tokio sollten nur noch drei Ergänzungsverträge, ein Warenabkommen, ein Zahlungsabkommen und ein Abkommen über technische Zusammenarbeit ausgehandelt werden. Die wichtigsten japanischen Abänderungsvorschläge bestanden im Verzicht auf den Terminus „Kriegswirtschaftliche Waren" im Artikel 1, um damit Ansprüche auch auf bestimmte Produkte anzumelden, die von der deutschen chemischen Industrie nicht für den Export bestimmt waren. Außerdem wurden im Artikel 3 der eindeutige Begriff „Kredit" in „finanzielle Fazilität" abgeschwächt und die Dauer des Wirtschaftsvertrages analog zu der des Dreimächtepaktes auf zehn Jahre beschränkt. Bei der Aufzählung der Gebiete in Artikel 1 des Protokolls, für die das Abkommen Gültigkeit besitzen sollte, blieb das russische Territorium unerwähnt, da sich Japan mit der Sowjetunion nicht im Kriegszustand befand. Ferner wollten die Japaner sich nicht mit der Relation des Kredites — 1 Milliarde Yen gegen 600 Millionen Reichsmark — abfinden und gaben als „finanzielle Fazilität" „1 Milliarde Yen oder einen entsprechenden Betrag" an, um sich die Möglichkeit einer Kursänderung Yen — Reichsmark vorzubehalten.

Verärgert reagierte Wohlthat auf diesen Entwurf und betrachtete seine Mission als beendet, da sich das Auswärtige Amt auf Oshimas eigenmächtige Verhandlungen eingelassen habe. Gleichzeitig wies er auf die immer noch für deutsche Firmen in Ostasien geltenden Restriktionen hin[73] und verlangte deren Aufhebung als Vorbedingung für einen reibungslosen Warenaustausch[74]. Ungeachtet dieser grundsätzlichen Differenzen kamen Ribbentrop und Oshima am 23. März 1942[75] jedoch überein, die Richtlinien einer großzügigen wirtschaftlichen Vereinbarung zwischen der europäisch-afrikanischen Sphäre und dem großostasiatischen Raum in einem Rahmenvertrag festzulegen.

Der deutsche Handel in Ostasien war einschneidenden Beschränkungen unterworfen durch das Reiseverbot für Ausländer[76], die Schließung der Konsulate außerhalb des japanischen Mutterlandes[77] und vor allem durch die beharrliche Nichtanerkennung einer Rechtsverpflichtung, deutsches, durch die Kriegsereignisse in Ostasien verlorengegange-

[71] St.S. Japan: Telegramm Wiehl—Wohlthat/Ott, Ha Pol 1302 g, vom 7. März 1942.
[72] Siehe DOKUMENT Nr. 10 im Anhang S. 239.
[73] St.S. Japan: Telegramm Wohlthat/Ott—AA, Nr. 778, vom 12. März 1942.
[74] St.S. Japan: Aufzeichnung Wiehl, Dir Ha Pol Nr. 56, vom 12. März 1942.
[75] Aufzeichnung über die Besprechung zwischen dem Herrn RAM und dem japanischen Botschafter Oshima in Steinort am 23. März 1942. F 9/0072-0083.
[76] St.S. Japan: Telegramm Mackensen (Rom)—AA, Nr. 988 vom 26. März 1942: Die Italiener planten Gegenmaßnahmen gegen diese Reisebeschränkungen. Nicht einmal der italienische Botschafter dürfe sich in Japan frei bewegen.
[77] St.S. Japan: Telegramm Ott—AA, Nr. 966 vom 28. März 1942: Botschafter Ott schlug vor, im Zusammenhang mit dem Wirtschaftsvertrag ein Konsularabkommen auszuhandeln.

Feier im Außenministerium Tokio während der Unterzeichnung des Dreimächtepaktes in Berlin (27. Sept. 1940)
Teilnehmer der 1. Reihe von rechts: dt. Sonderbotschafter Stahmer, dt. Botschafter Ott, jap. Außenminister Matsuoka, (dahinter) ital. Botschafter Indelli, jap. Planungsminister Suzuki, jap. Kriegs(Heeres)minister Tojo, jap. Botschafter in Rom Shiratori

Empfang beim jap. Ministerpräsidenten Fürst Konoe anläßlich der Unterzeichnung des Dreimächtepaktes
1. Reihe v. links: ital. Botschafter Indelli, Fürst Konoe, dt. Botschafter Ott
2. Reihe v. links: Kriegs(Heeres)minister Tojo, dt. Sonderbotschafter Stahmer, jap. Außenminister Matsuoka

Hitler empfängt eine Abordnung der japanischen Armee. Generalleutnant Yamashita (rechts neben Hitler), stellt die Herren seiner Begleitung vor. Links Generalfeldmarschall Keitel (31. Jan. 1941)

Der Chef des japanischen Generalstabes überreicht dem deutschen Botschafter ein japanisches Schwert für General Rommel (Frühjahr 1941)

Botschafter Oshima bei Hitler auf dem Berghof. Überreichung des Beglaubigungsschreibens. Im Hintergrund Reichsaußenminister von Ribbentrop (28. Feb. 1941)

Kaiser Hirohito im Krönungsornat (1928)

Ministerpräsident und Kriegs(Heeres)minister General Hideki Tojo bei einer Rundfunkansprache 1943

Subhas Chandra Bose

Unterzeichnung der deutsch-japanisch-italienischen Militärkonvention am 18. Jan. 1942 in Berlin. Stehend mit Marschallstab: Generalfeldmarschall Keitel. Links neben Keitel sitzend: italienischer Militärattaché General Marras. Rechts neben Keitel sitzend: Admiral Naokuni Nomura, Chef der jap. Militärkommission in Berlin, General Banzai, jap. Militärattaché

„Militärische Zusammenarbeit". Großadmiral Raeder (rechts) nimmt in Lorient die Meldung des Kommandanten des ersten in Europa (5. Aug. 1942) eingetroffenen jap. U-Kreuzers entgegen. In der Mitte der jap. Marineattaché Yokoi

Reichsaußenminister von Ribbentrop im Gespräch mit dem jap. Botschafter Oshima (links) und dem italienischen Botschafter Alfieri (rechts) anläßlich des 2. Jahrestages der Unterzeichnung des Dreimächtepaktes (27. Sept. 1942).

Dokumente

Abschrift.

Pol I M 3578 gRs.

Geheime Reichssache

Entwurf zu einer militärischen Vereinbarung
zwischen Japan, Deutschland und Italien.

Japanische Armee und Marine, Deutsche und Italienische Wehrmächte schliessen hiermit, im Geist des Dreimächtepaktes vom 27.September 1940 und im Zusammenhang mit dem Abkommen zwischen Japan, Deutschland und Italien vom 11.Dezember 1941 eine militärische Vereinbarung ab, um die operative Zusammenarbeit untereinander sicherzustellen und so schnell wie möglich die feindliche Kampfkraft zu vernichten.

I. Aufteilung der Zonen für die Operationen:

Japanische Armee und Marine, Deutsche und Italienische Wehrmächte werden im Rahmen der ihnen folgendermaßen zugeteilten Zonen erforderliche Operationen ausführen.

1. Japan

a) das Gewässer östlich ca. 70 Grad östlicher Länge bis zur Westküste der amerikanischen Kontinente, sowie die auf demselben Gewässer befindlichen Kontinente und Inseln (Australien, Niederländisch-Indien, Neuseeland us.w.)

b) das asiatische Kontinent östlich ca. 70 Grad östlicher Länge.

2. Deutschland und Italien

a) das Gewässer westlich ca. 70 Grad östlicher Länge

310597

Dokument Nr. 5 (Deckblatt)

10.1.42

Entwurf

<u>einer Erklärung über ein Freies Indien.</u>

Am 26. Januar feiert ganz Indien die Wiederkehr des Tages, an dem im Jahre 1930 das Manifest der indischen Unabhängigkeit beschlossen wurde.

Die Deutsche, die italienische und die Japanische Regierung halten die Stunde für gekommen, zu erklären, daß das Recht des indischen Volkes auf eine freie Heimat und die Gestaltung des politischen und wirtschaftlichen Geschickes seines Landes nach eigener, freier Willensbildung unbeschränkt und unangreifbar ist. Auch der Mißbrauch dieses Rechtes für eigennützige Zwecke der Englischen Regierung kann dieses Recht weder jetzt noch in aller Zukunft auslöschen oder beseitigen.

<u>Die Deutsche, die italienische und die Japanische Regierung erkennen daher hiermit feierlich das unabänderliche Recht des indischen Volkes auf vollkommene und unbeschränkte Unabhängigkeit an.</u>

Deutschland, Italien und Japan sind sicher, daß das indische Volk sich von der politischen Beherrschung und wirtschaftlichen Ausbeutung durch den britischen Imperialismus frei machen wird und dann als Herr seines eigenen Geschickes nach eigenem Willen einen durchgreifenden Neuaufbau seines nationalen und staatlichen Lebens durchführen wird zum Segen des eigenen Volkes und als Beitrag für das Wohlergehen und den Frieden der Welt.

139310 England

Dokument Nr. 7

England ist der gemeinsame Feind des indischen Volkes und des deutschen, des italienischen und des japanischen Volkes. Trotzdem wird die indische Bevölkerung von ihrer Englischen Regierung gezwungen, sich als im Krieg mit Deutschland, Italien und Japan befindlich zu betrachten und Gut und Blut für die Erhaltung der Macht ihres Unterdrückers zur Verfügung zu stellen. Inder müssen sich nach britischeß Willen auf den Schlachtfeldern Europas, Asiens und Afrikas verbluten, damit die britische Herrschaft über Indien auch für die kommende Zeit erhalten bleibt. Das sind die wahren Auswirkungen der demokratischen Freiheit innerhalb des britischen Imperiums. Alle englischen Versprechen für die Selbstverwaltung Indiens haben sich als leerer Wahn erwiesen. Nicht der Sieg des britischen Imperialismus, sondern der Sieg der Achsenmächte und Japans wird dem indischen Volk die Wiederherstellung seines Rechtes auf Selbstbestimmung seines Geschickes und die wirkliche Unabhängigkeit und Freiheit bringen.

Deutschland, Italien und Japan begleiten den Freiheitskampf Indiens mit aufrichtigen Wünschen und erklären ihre Bereitschaft, Indien jede mögliche Hilfe zu leisten, damit das Ziel der Freiheit ohne Verzug erreicht wird. Sie erwarten jetzt den Tag, an dem ein Unabhängiges Indien seine eigene nationale Vertretung haben wird.

139311

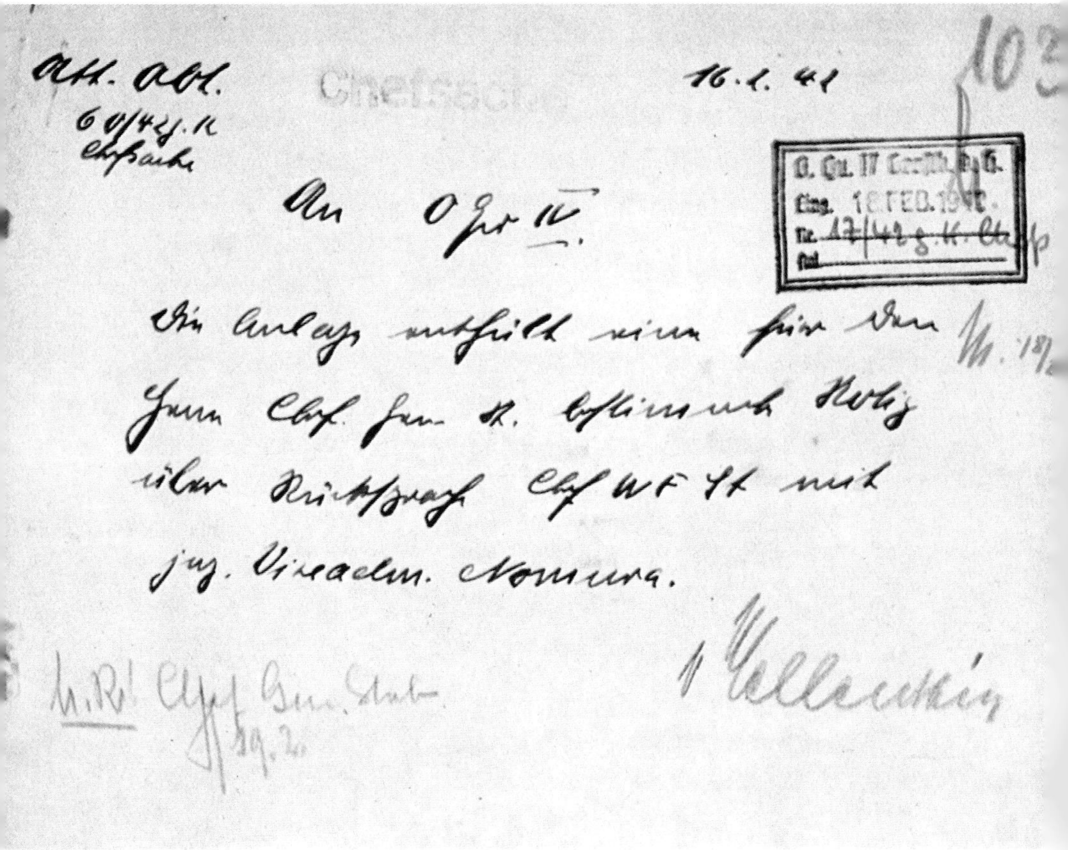
Att. Abt.
6 0/42 g.K.
Chefsache

Chefsache

16.1.42

O.Qu. IV Geh.Kdos.
Eing. 18 FEB.1942
Nr. 17/42 g.K. Chefs

An O Qu IV.

Die Anlage enthält einen für den Herrn Chef Gen St. bestimmten Notiz über Rücksprache Chef W F St mit jap. Vizeadm. Nomura.

m.R.! Chef Gen. Stab

Dokument Nr. 16 (Deckblatt)

Oberkommando der ~~Wehrmacht~~ den 8.8.1942
W F St/Ausl Nr.77/42 g Kdos Chefsache

Geheime Kommandosache

~~7 Ausfertigungen.~~
6.Ausfertigung.

Chef-Sache!
Nur durch Offizier!

Ob. d. M.
1581 / 42
Eing.: 14.8.42
Anlagen: —

Besprechung
Chef W F St, General d.Art. Jodl,
mit japanischem Vizeadmiral Nomura
und japanischem Generallt. Bansai im
F.H.Qu. am 5.8.1942.

Zugegen: Japanischer Oberstleutnant d.G. Nishii,
Chef Ausland, Konteradmiral Bürkner.

1.) Chef W F St gibt

a) ein Bild der Lage an der Kaukasusfront.

Hauptziel dieses Jahres sei erreicht, nämlich Sowjets von Hauptteil ihrer Ölversorgung abzuschneiden. Möglichkeit Sowjet-Wehrmacht bis zum letzten Mann zu vernichten, sei nicht gegeben, sonst müßte Deutschland bis Wladiwostock marschieren.

Maikop würde in absehbarer Zeit für eigene Ölversorgung zur Verfügung stehen. Vielleicht auch andere Ölplätze im Norden des Kaukasus; auch Batum könnte über Land noch erreicht werden und Baku nicht nur aus der Luft anzugreifen, sondern in Besitz zu nehmen, werden wir anstreben. Jrak und Jran liegen dann als kommende Ziele vor uns.

b) Großraumlage.

Zur Bildung einer "Zweiten Front" in Europa werde es in diesem Jahr wohl nicht mehr kommen; mit feindlichen Unternehmungen

geringeren

Verteiler:

1) Chef OKW = 1.Ausf.
2) W F St = 2.Ausf.
3) Chef Ausland = 7.Ausf.
4) Chef Sonderstab HWK = 4.Ausf.
5) Chef Gen St d H = 5.Ausf.
6) Ob d M zgl. für Chef Stab Skl = 6.Ausf.
7) RdL u Ob d L zgl. für Lw F St. = 3.Ausf.

Dokument Nr. 18 (Deckblatt)

Chef Amtsgruppe Ausland
Nr.99/42 g Kdos Chefsache

F.H.Qu., den 17.1o.1942

7 Ausfertigungen
6.Ausfertigung.

Geheime Kommandosache

**Chef-Sache!
Nur durch Offizier!**

Ob. d. M.
2113/42
Eing.: 22.10.42
Anlagen:

Niederschrift über die Besprechung am 16.1o.42 im Führerhauptquartier.

A) Zugegen: General der Art. J o d l
Konteradmiral B ü r k n e r
Oberstleutnant d.Genst.d.L. C h r i s t i a n

jap.Vizeadmiral N o m u r a
" Generallt. B a n z a i , Mil.-Attaché
" Kapt.z.See Y o k o i , Marine-Attaché
" Oberstlt.d.Gen.St. N i s h i

1) Chef W F St:
Übersicht über die militärische Lage:

a) Finnland:
Stark im Ausbau. Front ruhig. Winter über geringere Gefahr von Landungsversuchen.

b) Dänemark/Atlantikküste:
Atlantikwall. Genügend starke Kräfte, auch Reserven (Panzer). Wechsel mit Ostdivisionen. Im Winter kaum mit großen Landungsoperationen zu rechnen; ab Frühjahr Erfolgsaussichten wegen Ausbaus noch geringer.

c) Balkan:
Serbien ruhig. Kroatien Bandenkrieg.

d) Afrika:
aa) El Alamein = beste Stellung in Nordafrika, da kürzeste (6o km) und gute Flankensicherung. Nachschub schwierig, deshalb neue Luftangriffe auf Malta. Sizilien-Enge stark vermint.

- 2 -

Dokument Nr. 19 (Deckblatt)

Oberkommando der Wehrmacht
WFSt/A Ausl/Abw
Nr.127/42 g Kdos Chefs. Ag Ausland

Berlin, den 7.Dezember 1942

Geheime Kommandosache

4 Ausfertigungen
3.Ausfertigung.

Chef-Sache!
Nur durch Offizier!

Chefsache!
Nur durch Offizier!

Ob. d. M.
2642/42
Eing.: 9.12.42
Anlagen:

Niederschrift über die Besprechung am 4.12.1942
Führerhauptquartier mit Japanern.

Zugegen: Vizeadmiral Nomura
Generalltn. Banzai, Militärattaché
Generalmajor Komatsu, Neuer Militärattaché
Konteradmiral Yokoi, Marineattaché
Oberstleutnant Otiai

General der Artl. Jodl, Chef WFSt
Konteradmiral Bürkner, Chef Ag Ausland
Hauptmann Haus.

Generalleutnant Banzai:

Dank für gute Zusammenarbeit, beabsichtigt in Tokio über deutsche Lage und Wünsche deutscher Wehrmacht vorzutragen. Bittet um Entgegenkommen für Nachfolger.

General Jodl:

Sagt das zu.

Lage seit letzter Besprechung verändert. Zweite Front überraschend zu Tage getreten; könnte zu starker Einengung unserer Bewegungsfreiheit führen, deshalb Gegenmaßnahmen sofort angesetzt. Erleichtert durch Annahme, daß an anderer Stelle zunächst nicht mehr mit Großlandungen zu rechnen.

Wahrscheinlichste Landungsmöglichkeit Feindes: östliches Mittelmeer Kreta, Rhodos, alte Saloniki-Idee.

- 2 -

Dokument Nr. 20 (Deckblatt)

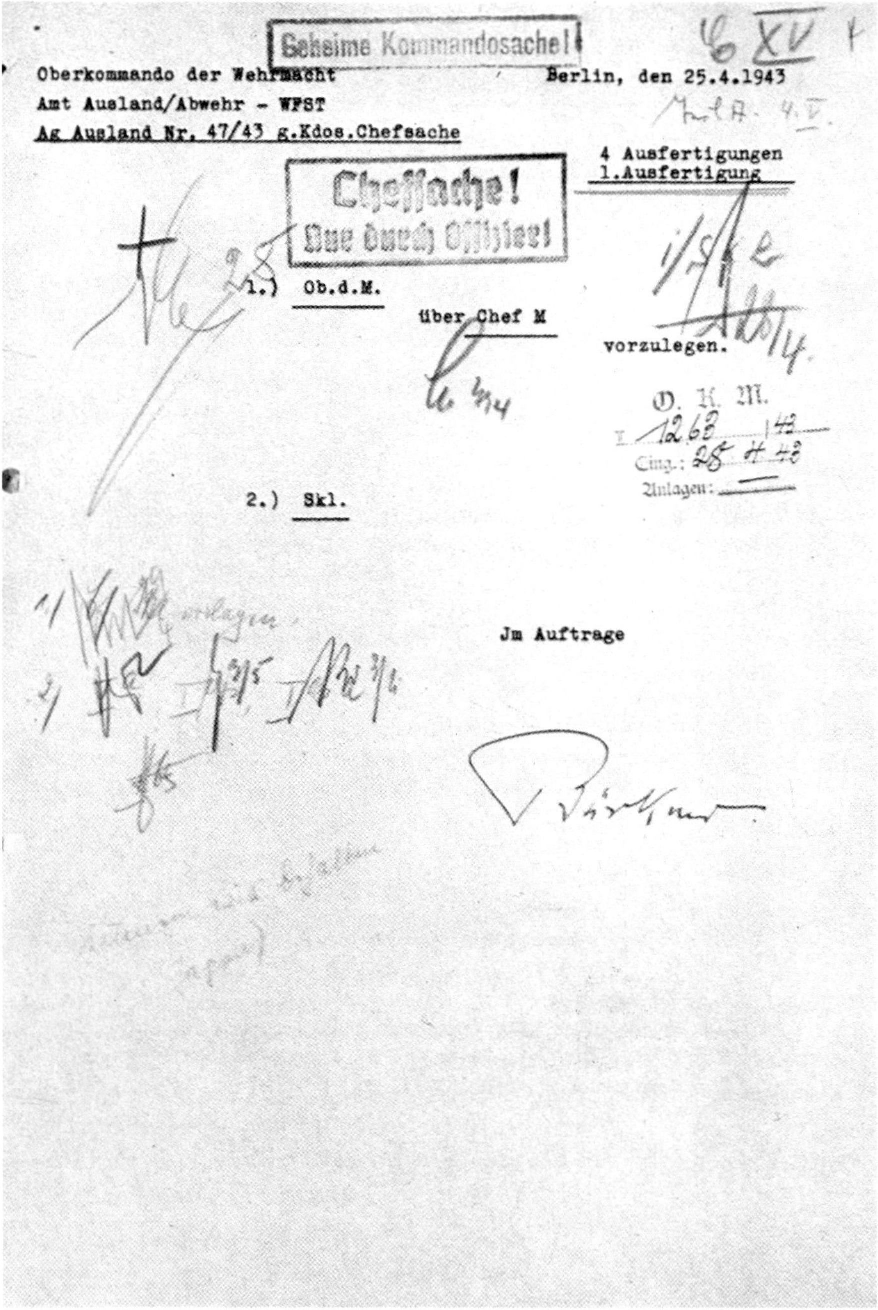

Geheime Kommandosache!

Oberkommando der Wehrmacht — Berlin, den 25.4.1943

Amt Ausland/Abwehr - WFST

Ag Ausland Nr. 47/43 g.Kdos.Chefsache

4 Ausfertigungen

1.Ausfertigung

Chefsache! Nur durch Offizier!

1.) Ob.d.M. über Chef M vorzulegen.

O. K. M. 1263 /43 Eing.: 28.4.43 Anlagen:

2.) Skl.

Jm Auftrage

Dokument Nr. 21 (Deckblatt)

nes Vermögen zu ersetzen[78]. Gegen alle diese Diskriminierungen sich zur Wehr zu setzen, war das Ziel einer vorläufigen deutschen Erwiderung auf den japanischen Abkommensentwurf in Form eines erweiterten Protokolles[79]. Den Japanern wurden jedoch nur der 1. und 2. Artikel des Protokolls ausgehändigt, in denen die deutsche Seite auf genaue geographische Abgrenzung der beiden Wirtschaftsräume und den wechselseitigen Kredit von 1 Milliarde Yen gegenüber 586 Millionen Reichsmark[80] bestand. Die Differenzen über die Behandlung deutscher Firmen in Ostasien und die von Japan in seinem Raum angestrebte Monopolisierung des Handels blieben ungelöst[81]. Dennoch kamen Ribbentrop und Oshima am 9. und 17. Mai endgültig überein, einen Hauptvertrag und ein geheimes Protokoll in Berlin auszuhandeln. Italien sollte erst nach Klärung der strittigen Fragen zu diesem Vertragswerk hinzugezogen werden. Die beiden Diplomaten waren sich um der von ihnen propagierten Einmütigkeit willen schnell einig, die strittigen Punkte der Wirtschaftsverhandlungen durch vorläufiges Ausklammern zu beseitigen[82]. Oshima schlug sogar die Aussetzung der finanziellen Verrechnung bis nach dem Kriege vor und überreichte ein entsprechendes Papier[83]. Nicht ohne Grund zweifelte Wiehl daher an der Realisierbarkeit der deutschen Forderungen. Er wollte deswegen unter Umständen auf den Firmenschutz und die Vermögensrückgabe verzichten, um die nötigen Rohstofflieferungen aus Japan sicherzustellen, die augenblicklich doch nicht mit entsprechenden Rüstungslieferungen Deutschlands abgegolten werden könnten[84].

Wahrscheinlich warnten Vertreter der deutschen Industrie und die Botschaft in Tokio — und zwar mit vollem Recht — vor einer solchen Preisgabe deutscher Rechte in Ostasien. Der am 2. Juni 1942 von Ribbentrop Oshima ausgehändigte deutsche Gegenentwurf[85] behielt daher auch die alten deutschen Forderungen ohne Einschränkung bei. Der „Hauptvertrag" dieses neuen deutschen Vorschlages unterschied sich von dem japanischen Entwurf im wesentlichen nur im Artikel 4, durch den sich die deutsche Wirtschaft ihre Interessen in Ostasien auch nach siegreicher Beendigung des Krieges

78 St.S. Japan: Telegramm Ott—AA, Nr. 996 vom 31. März 1942: Ein Memorandum der japanischen Regierung über die Freigabe deutschen Vermögens erkannte einen deutschen Rechtsanspruch nicht an, sondern versprach lediglich, diese Frage in „freundschaftlicher Gesinnung zur verbündeten Nation freundschaftlich zu behandeln unter der Voraussetzung, daß dadurch Maßnahmen für das besetzte Gebiet nicht behindert werden".

79 St.S. Japan: Telegramm Wiehl—Ott, Nr. 950 vom 31. März 1942: Übermittlung einer Paraphrase des deutschen Gegenentwurfes.

80 4 Millionen weniger als in dem ursprünglichen deutschen Kreditentwurf; siehe Anm. Nr. 62.

81 St.S. Japan: Aufzeichnung Wiehl für RAM vom 27. April 1942. Schlußsatz: „Durchsetzung dieser deutschen Wünsche wird von allen beteiligten Ressorts für unerläßlich gehalten zur Sicherstellung der deutschen Wirtschaftsinteressen im ostasiatischen Raum".

82 Unterredung Ribbentrop—Oshima am 9. Mai 1942 (Fragment), F 16/207-215.

83 Aufzeichnung über die Besprechung des Herrn RAM mit Botschafter Oshima am 17. Mai 1942 in Berlin, F 16/216-219.

84 St.S. Japan: Aufzeichnung Dir Ha Pol Nr. 104 (Wiehl) betr. Wirtschaftsbesprechungen mit Oshima und Matsushima für RAM vom 28. Mai 1942.

85 Aufzeichnung über die Besprechung des RAM mit Botschafter Oshima in Steinort am 2. Juni 1942, F 16/0252-0257.
Für den Entwurf siehe DOKUMENT Nr. 11 im Anhang S. 243.

sichern wollte. Hingegen differierte der Kern des von den Deutschen angestrebten Abkommens, das geheime Protokoll, grundlegend von dem japanischen. Unter dem deutschen Wirtschaftsraum wurden die „von deutschen Truppen besetzten Gebiete" aufgeführt. Auch wollte man die Relation des Kurses weiterhin mit 1 Milliarde Yen gegen 586 Millionen Reichsmark festsetzen. Artikel 4 des Protokolls beinhaltete, diplomatisch verklausuliert, die Deutschland vor Drittländern einzuräumenden Wirtschaftspräferenzen; schließlich forderte Artikel 7 eindeutig den Schutz deutscher Firmen in den von Japan beherrschten Gebieten. Dieser deutsche Gegenvorschlag berücksichtigte keines der japanischen Anliegen. Die Aussichten auf Abschluß eines über den Krieg andauernden Wirtschaftsbündnisses schienen geschwunden. Wie die militärischen Erfolge der beiden Partner eine politische Zusammenarbeit über den propagandistischen Rahmen hinaus unnötig erscheinen ließen, so rangierte bei unangefochtener wirtschaftlicher Beherrschung der eroberten Gebiete ein großzügiger Warenaustausch hinter dem imperialistischen Großmachtstreben der beiden „have-nots".

Erst nach der Niederlage bei den Midways (3.—7. Juni 1942) erkannte die japanische Marine den seit Kriegsbeginn latent vorhandenen, durch „Engpässe" in der Stahlerzeugung und unzureichende Werftkapazitäten bedingten Tonnagemangel in vollem Umfang. Noch bevor die amerikanischen U-Boote wirksam in den japanischen Gewässern operierten[86], waren die Japaner nicht in der Lage, die Rohstoffvorkommen des Südraumes — Kautschuk, Erdöl, Eisen, Zinn, Nickel, Bauxit und Kohle[87] — in erhofftem Ausmaß nutzbar zu machen. Unzureichender Transportraum[88] und gründliche Zerstörung der Häfen und Erdölquellen in Südostasien durch die abziehenden Angelsachsen[89] bedingten diese mißliche Lage. Auch war durch Besetzung dieser Gebiete die amerikanische Rüstungsindustrie ihres wichtigsten Lieferanten an Kautschuk nicht beraubt[90]. Die Reichsregierung hatte nämlich Anfang 1940 das Patent der „Elberfelder

86 Johnston S. 141: Die Handelsschiffahrt umfaßte im Dezember 1941 6 380 000 BRT, im Dezember 1942 6 110 000 BRT; somit verlor die japanische Handelsschiffahrt immerhin 270 000 BRT im ersten Kriegsjahr, hauptsächlich durch amerikanische U-Boote.

87 Siehe Anm. Nr. 6.

88 KTB 1. Skl A 19. Januar 1942: Der Präsident der staatlichen Industriegesellschaft habe bemerkt, daß das Transportproblem zur Ausbeutung der militärisch im Süden eroberten Rohstoffquellen ungelöst sei.
KTB 1. Skl A 15. April 1942: Laut Aussage des japanischen HQ in Saigon „fußt Problem japanischer wehrwirtschaftlicher Entwicklung besetzter Gebiete auf Tonnagemangel". 10 Millionen BRT würden benötigt, bestenfalls stünden 6 Millionen BRT zur Verfügung. Stahlmangel behindere die Quote der Neubauten, daher Experimentieren (4 Monate nach Kriegsausbruch!!) mit Holz und Zementschiffen.
Über die japanische Kriegswirtschaft siehe das Standardwerk von Cohen.

89 KTB 1. Skl A 19. Januar 1942: Präsident der staatlichen Industriegesellschaft bemerke, daß Japan 5-10 Jahre brauche, bis es von den Reichtümern Nutzen haben könne, die es im Pazifik erworben habe.
St.S. Japan: Telegramm Wenneker/Ott—AA, Nr. 1381 vom 6. Mai 1942: Wenneker meldete nach vierwöchiger Rundreise durch die eroberten Gebiete: Die Zerstörung in den Ölgebieten sei so gründlich, daß z. T. erst in 1½ Jahren mit der Produktionsaufnahme zu rechnen sei.
Vgl. auch KTB 1. Skl A 7. Mai 1942.

90 Brennecke, Blockadebrecher S. 345: 1941 bezogen die USA 610 000 Metrische Tonnen aus Malaya und 660 000 Metrische Tonnen aus Holländisch Indien.
KTB 1. Skl C XV 3. Februar 1941: Nach einem Bericht Wenneckers importierten die USA 90 % ihres Gummi- und 70 % ihres Zinnbedarfes aus Südostasien.

Farbwerke“ zur Buna-Herstellung an die „Standard Oil“ verkauft, so daß die Amerikaner inzwischen eine leistungsfähige Kunstkautschukindustrie aufgebaut hatten[91].

Auch der im Februar 1942 konstituierte „Rat für den Aufbau des Größeren Ostasien“[92] konnte nicht viel ändern. Daher bemühte sich Tokio stärker, die Verbindungswege zu den europäischen Partnern wieder zu öffnen, sei es durch militärische Operationen im Indischen Ozean[93], sei es durch eine Friedensvermittlung im deutsch-russischen Krieg[94]. Vier Tage nach der Niederlage bei den Midways äußerte die japanische Marine den Wunsch, den im Bau befindlichen deutschen Flugzeugträger „Graf Zeppelin“ zu kaufen[95]. Die am 2. Juli übergebene „Wunschliste“ der japanischen Streitkräfte[96] spiegelt am besten die „Engpässe“ in der japanischen Rüstungsproduktion wider. Diese Liste, als Antwort auf das deutsche Angebot vom 17. Februar gedacht, führte an erster Stelle das Kohlehydrierverfahren der IG Farben und komplette Werkanlagen an. Außerdem zeigten die Japaner an allen kriegstechnischen Neuigkeiten Interesse und wünschten Muster sowie Nachbaurechte. Die japanische Marineluftwaffe verlangte gleich eine vollständige Flugzeugfabrik und zwei Flugmotorenwerke, die als gemeinsame Einrichtungen in Japan aufgebaut werden sollten, sowie Unterlagen über die deutschen Radargeräte (Würzburg C Gerät). Alle gewünschten Waren konnten unmöglich geliefert werden[97]. Nach Rücksprache mit dem Reichswirtschaftsministerium und dem Wirtschafts- und Rüstungsamt im OKW sollten den Japanern — mit dem Vorbehalt, daß Hitler einwillige und daß die Nachbaurechte bezahlt würden — Posten im Werte von 60 Millionen Reichsmark offeriert werden[98]. Hitler genehmigte nach Vortrag von Keitel das ganze in der deutschen Liste enthaltene Material und ordnete sogar an, daß bei der Abgabe von Musterstücken nicht auf dem gleichzeitigen Erwerb der Nachbaurechte bestanden werden sollte[99]. Auch der Reichsminister für Bewaffnung und Munition Speer billigte diese Liste, so daß das deutsche Angebot am 8. August 1942 den Japanern übermittelt werden konnte[100]. Dieses großzügige deutsche Entgegenkommen ist möglicherweise auch auf das japanische Versprechen an die Delegation Wohlthat in Tokio zurückzuführen, Deutschland 60 000 Tonnen Rohgummi, 100 Tonnen Wolfram und 170 000 Tonnen Lebensmittel zu liefern[101]. Zum anderen ermunter-

[91] Vgl. dazu auch Brennecke, Blockadebrecher S. 245 und St.S. Japan: Telegramm Stahmer—AA, Nr. 2910 vom 27. September 1943: Nach einer Meldung des japanischen Generalstabes würden sogar synthetisch hergestellte Autoreifen in den Vereinigten Staaten seit Dezember 1943 für zivile Fahrzeuge zur Verfügung gestellt.

[92] St.S. Japan: Telegramm Ott—AA, Nr. 439 vom 13. Februar 1942: Am 13. Februar 1942 habe sich dieser Rat, dem 37 führende Persönlichkeiten aus der Wirtschaft und dem öffentlichen Leben angehörten, konstituiert.

[93] Siehe oben S. 141.

[94] Siehe oben S. 111.

[95] KTB 1. Skl A 11. und 15. Juni 1942: Abschlägige Antwort der Skl, da „Graf Zeppelin“ für eigenen Einsatz benötigt und eine Überführung für unmöglich gehalten werde.

[96] St.S. Japan: Aufzeichnung Wiehl, Dir Ha Pol Nr. 210, vom 2. Juli 1942.

[97] St.S. Japan: Wiehl an von Rintelen, Dir Ha Pol Nr. 223, vom 23. Juli 1942.

[98] St.S. Japan: Wiehl an RAM, Dir Ha Pol Nr. 227, vom 25. Juli 1942.

[99] St.S. Japan: Wiehl an von Rintelen, Dir Ha Pol Nr. 240, vom 6. August 1942.

[100] Ebenda.

[101] Telegramm Wohlthat/Ott—AA, Nr. 2048 vom 10. Juli 1942. — Tatsächlich hätten im

ten die versprochenen deutschen Hilfeleistungen die Japaner, der deutschen Regierung am 21. August zwei weitere Wunschlisten auf Lieferung von Spezialstahlsorten und Werkzeugmaschinen sowie Industrieerzeugnissen für den zivilen Bereich zu übergeben[102].

Angesichts der Erfolge der deutschen Wehrmacht in Nordafrika im Spätsommer[103] müssen die Japaner tatsächlich — nach Ausschaltung der britischen Position im Nahen Osten — mit einer ungestörten Seeverbindung durch den Indischen Ozean — Persischen Golf — Suezkanal in das Mittelmeer gerechnet haben. Anders sind die phantastisch anmutenden Wünsche, die Oshima am 31. August Ribbentrop überbrachte, kaum zu verstehen. Ohne jedes feste Wirtschaftsabkommen verlangten die Japaner, „gestützt auf beiderseitiges Vertrauen", 500 000 Bruttoregistertonnen Schiffsraum einschließlich deutscher Mannschaften, 1 Million(!) Tonnen Stahl und 20 000 Tonnen hochwertiges Aluminium[104]. Mit Hilfe eines Gutachtens[105] wies Ribbentrop am 1. September Oshima auf die völlige Unmöglichkeit derartig großer Lieferungen hin[106]. Der Außenminister erkundigte sich vorsorglich bei dem japanischen Botschafter, ob es sich bei der Forderung von 1 Million Tonnen Stahl nicht um einen Dechiffrierfehler handele, und unterstrich, als Oshima dies verneinte[107], die Ungleichheit des japanischen Ansinnens: Von Deutschland würden Großlieferungen der Rüstungsproduktion verlangt, während Japan nur seine Überschußwaren, Kautschuk und Rohprodukte, liefern wolle. Eine dennoch auf Anordnung Ribbentrops erneut vorgenommene Prüfung dieser phantastischen japanischen Wünsche kam zu dem Schluß, daß ein Entgegenkommen nur auf Kosten der eigenen Rüstung geschehen und im Höchstfall auf ausdrücklichen Führerbefehl die Überlassung von 120 000 Bruttoregistertonnen Schiffsraum umfassen könne. An eine Lieferung von Aluminium sei nicht zu denken: Göring wolle nicht die kleinste Menge dieses zum Flugzeugbau dringend benötigten Leichtmetalls an die Japaner abgeben; das japanische Verlangen von 1 Million Tonnen Stahl sei ohnehin völlig illusorisch[108]. Um ihren Wünschen Nachdruck zu verleihen, bewilligte die japanische Regierung definitiv der Wohlthat-Delegation die im August bereits versprochene Menge Kautschuk, so daß bei erfolgreicher Verschiffung der Kautschukbedarf des deutschen Wirtschaftsraumes für 1943 gedeckt gewesen wäre[109]. Daraufhin suchte Oshima in Berlin wenig-

Dezember 1942 in Japan 70 000 Tonnen auf Verschiffung nach Europa gewartet (Wohlthat-interrogation, IMTFE IPS File 334-5).
Beides zitiert nach Menzel S. 455.

102 St.S. Japan: Aufzeichnung Wiehl, Dir Ha Pol Nr. 256, vom 21. August 1942.

103 Seit dem 30. Juni 1942 stand Rommel vor El Alamein. Am 17. August 1942 gab das Commando Supremo die Order zur Eroberung Alexandrias und des Nildeltas.

104 Aufzeichnung über die Besprechung des Herrn RAM mit Botschafter Oshima am 31. August 1942 im Landhaus Fuschl und am 1. September, F 20/376-394.
Wörtliche Wiedergabe der japanischen Liste in der Aufzeichnung Wiehl, Dir Ha Pol Nr. 1102, vom 23. September 1942, St.S. Japan.

105 St.S. Japan: Wiehl—von Rintelen in Fuschl, Dir Ha Pol Nr. 275, vom 1. September 1942.

106 Siehe Anm. Nr. 104.

107 St.S. Japan: Vermerk Wiehl, Dir Ha Pol Nr. 279, vom 1. September 1942.

108 St.S. Japan: Wiehl an RAM, Dir Ha Pol Nr. 288, vom 8. September 1942.

109 St.S. Japan: Notiz Wiehl, Dir Ha Pol Nr. 1110, für RAM vom 24. September 1942.

stens um eine Teillieferung der von Japan benötigten Materialien nach[110]. Ribbentrop bat schließlich in einer „Notiz für den Führer“ vom 19. Dezember 1942 um weitestes Entgegenkommen gegenüber den japanischen Wünschen und Aufnahme der an Japan zu liefernden Waren in die deutsche Industrieplanung für 1942[111], um die Verhandlungen zu dem Handelsabkommen endgültig abschließen zu können.

Die Routineverhandlungen über ein Handelsabkommen waren unterdessen in Berlin weitergegangen. Auf den am 2. Juni 1942 überreichten deutschen Entwurf für ein „Abkommen über wirtschaftliche Zusammenarbeit“[112] reagierten die Japaner erst am 21. August mit ihren Abänderungswünschen zu diesem „Berliner Abkommen“[113]. Ihre Bedenken richteten sich nach wie vor gegen einen festgesetzten Verrechnungskurs Yen—Reichsmark und gegen die Verpflichtung, den deutschen Handelsfirmen in Ostasien verlorengegangenes Vermögen zurückzuerstatten und ihnen besonderen Schutz zu gewähren. Auf Drängen Wohlthats[114] sollten jedoch zumindest in einem abgeschwächten Artikel des zukünftigen Vertrages die Rechte der deutschen Firmen bestätigt werden[115]. Die folgenden langwierigen Verhandlungen mit den japanischen Wirtschaftssachverständigen in Berlin wurden durch einen Entscheid Hitlers beendet, der die Betätigung deutscher Firmen in den von Japan besetzten früheren Kolonien ablehnte, da „diese reichen Gebiete durch die Schuld Englands der weißen Rasse verlorengegangen sind und daß jede Betätigung unsererseits, selbst wenn sie von den Japanern erbeten würde, nur zeitlich begrenzt und deshalb eine Vergeudung eigener Kraft wäre“[116]. Der zukünftige deutsche Kolonialraum liege nicht in Ostasien, sondern in den Weiten Rußlands, denen die Bemühungen der deutschen Firmen gelten sollten[117]. Hitler verstand instinktiv die Bestrebung der Japaner, die auf einen autarken Block der „Gelben“ abzielten, eher als die Handelspolitische Abteilung des Auswärtigen Amtes, die mit der japanischen Sphäre ein bilaterales Handelsabkommen wie mit irgendeinem europäischen Staat vor Kriegsbeginn abschließen wollte und deswegen Hitlers Entscheid als taktisch unklug rügte[118].

Mit Hitlers Machtwort war der Weg zu einem Vertragsabschluß geebnet. Unterdessen wollten die Japaner auch einige Zugeständnisse in der Frage der deutschen Firmen machen; sie erhoben keine Einwände mehr gegen separate deutsche Handelsverträge mit den „souveränen“ Staaten Großostasiens[119]. In einem von beiden Seiten in Berlin

110 St.S. Japan: Notiz Wiehl, Dir Ha Pol Nr. 320, vom 29. September 1942.

111 St.S. Japan: Für Ribbentrop von Wiehl, Dir Ha Pol Nr. 392, ausgearbeitete Notiz für den Führer vom 19. Dezember 1942, betr. der japanischen Wirtschaftswünsche.

112 Siehe DOKUMENT Nr. 11 im Anhang S. 243.

113 St.S. Japan: Aufzeichnung Wiehl, Dir Ha Pol Nr. 257, vom 23. August 1942.

114 St.S. Japan: Telegramm Wohlthat/Ott—AA, Nr. 2458, vom 12. August 1942.

115 Siehe Anm. Nr. 113.

116 USt.S. Diplomatische Aufzeichnungen: Übersendung einer Notiz Hewels FHQu, den 20. Oktober 1942, durch von Rintelen an Wiehl und Weizsäcker vom 21. Oktober 1942.

117 Ebenda, Kommentar Hewels zu Hitlers Entscheid.

118 USt.S. Diplomatische Aufzeichnungen: Aufzeichnung Wiehl, Dir Ha Pol Nr. 352, vom 29. Oktober 1942, zu der Weisung vom 21. Oktober betr. Notiz vom Gesandten Hewel über deutsche Betätigung in Ostasien.

119 St.S. Japan: Aufzeichnung Wiehl, Dir Ha Pol Nr. 360, vom 8. November 1942.

gebilligten Entwurf[120] sollten nach dem Vorbild des Antikomintern- und des Dreimächtepaktes[121] in einem geheimen Notenwechsel zu dem Protokoll die strittigen Fragen der Kursrelation Yen—Reichsmark und des deutschen Firmenschutzes ausgeklammert bzw. vorläufig geklärt werden. Der Hauptvertrag entsprach im wesentlichen dem deutschen Entwurf. Im Protokoll waren lediglich die strittigen Artikel 2 (Kursfrage) und 7 (Firmenschutz) gegenüber der deutschen Fassung leicht abgeschwächt worden. In dem Notenwechsel (Zusatzabkommen) wurden — nach bewährtem Muster — eine Kurskorrektur Yen—Reichsmark offengelassen und der wirtschaftlichen Betätigung deutscher Firmen in Ostasien nur vage eine Unterstützung zugesagt[122]. Wegen der „Optik" in der Öffentlichkeit sollte dieses Abkommen am „1. Jahrestag der Kriegsallianz", dem 8. 12. 1942, gezeichnet und der Hauptvertrag veröffentlicht werden.

Eine Wortklauberei um den ersten Artikel des Protokolls (die geographische Abgrenzung der beherrschten Räume) und Schwierigkeiten von seiten der erst Ende November eingeweihten Italiener[123] sollten die Unterzeichnung noch bis zum 20. Januar 1943 verzögern. Mit Rücksicht auf die noch nicht endgültige Interessenabgrenzung zwischen Deutschland und Italien in Frankreich und auf dem Balkan wurde in dem nach Tokio durchgegebenen Abänderungsvorschlag im Artikel 1 „Serbien" gestrichen und „das besetzte Frankreich" in „Teile von Frankreich" umgewandelt[124]. Doch da Außenminister Tani (seit 17. 9. 1942) mit Rücksicht auf den Geheimen Staatsrat, der den Vertrag vor seiner Unterzeichnung ratifizieren mußte, grundsätzlich Bedenken gegen den Terminus „besetzte Gebiete" erhob[125] und eine paritätische Formulierung der beiden Wirtschaftsräume verlangte, sollte schließlich auch noch zu Artikel 1 des Protokolls eine Zusatzvereinbarung hinzutreten[126].

Ein Ende der Verhandlungen war nicht abzusehen. So konnte Außenminister Tani an dem Tag, der für den Vertragsabschluß vorgesehen war, nur die Angelsachsen in einer Rundfunkrede beschimpfen: „Sie sind so in ihrer materialistischen Weltanschau-

120 Siehe DOKUMENT Nr. 12 im Anhang S. 246.

121 Für den geheimen Notenaustausch anläßlich der Unterzeichnung dieser beiden Verträge siehe den Anhang von Sommer, S. 400, sowie Johanna M. Menzel: Der geheime deutsch-japanische Notenaustausch zum Dreimächtepakt. In „Vierteljahrshefte für Zeitgeschichte", 1957, S. 182-193.

122 Siehe DOKUMENT Nr. 12 im Anhang S. 246.

123 St.S. Japan: Wiehl, Ha Pol Nr. 6994/42 g, Aug III, an Mackensen vom 20. November 1942.
Bereits im Juli 1942 hatte die japanische Regierung in Rom über ein Parallelabkommen mit Italien Verhandlungen aufgenommen (St.S. Japan: Telegramm Ott—AA, Nr. 2324 vom 31. Juli 1942) und am 6. September ein Wirtschaftsabkommen abgeschlossen, in dem die Japaner ihre Forderungen durchsetzten, „die wir im Interesse unseres Außenhandels ablehnen" (St.S. Japan: Telegramm Wohlthat/Ott—AA, Nr. 2724 vom 6. September 1942). Sicherlich geschah der Abschluß dieses als „mager" bezeichneten Abkommens in der Absicht, über Rom einen Druck auf die in Berlin stagnierenden Gespräche auszuüben.

124 St.S. Japan: Telegramm Wiehl, Dir Ha Pol Nr. 7017 g II, an Wohlthat/Ott vom 21. November 1942.

125 St.S. Japan: Telegramm Wohlthat/Ott—AA, ohne Nr., vom 27. November 1942.
Ebenda: Telegramm Wiehl—Wohlthat/Ott, Ha Pol 7017 gRs, vom 4. Dezember 1942.

126 St.S. Japan: Aufzeichnung Wiehl, Dir Ha Pol Nr. 383, vom 10. Dezember 1942.
Siehe DOKUMENT Nr. 13 im Anhang S. 250.

ung befangen, daß sie nicht in der Lage sind, die Geburt einer neuen Welt zu erkennen, einer Welt, die auf ethischer und moralischer Weltanschauung beruht"[127].

Noch über vier Wochen lang feilschten die drei Regierungen der „neuen Welt" um unbedeutende Formulierungsabänderungen[128], obstruierten die Italiener den Vertragsabschluß[129], wurde um ein einheitliches Pressekommuniqué[130] und den Text der Glückwunschtelegramme[131] gerungen, bevor am 20. Januar 1943 endlich nach über einjährigen Verhandlungen der Hauptvertrag und das Protokoll mit den Zusatzvereinbarungen von Oshima und Ribbentrop in Berlin unterzeichnet werden konnten[132]. In Rom wurde nur der allein auf Propaganda abgestimmte Hauptvertrag zwischen Italien und Japan abgeschlossen[133]. Staatsrat Wohlthat zeichnete am selben Tage in Tokio im Auftrage der deutschen Regierung drei ergänzende Abkommen über den Warenverkehr, den Zahlungsverkehr und die technische Zusammenarbeit[134].

Alle diese Abmachungen über einen großangelegten Warenaustausch zwischen dem japanischen und dem deutschen Großraum ließen die Wandlung in der Kriegslage beider Partner und die erschwerte Seeverbindung mit Blockadebrechern außer acht. Der mißglückte Einsatz der Überwassereinheiten in der Verschiffungsperiode des Winters 1942/43 ließ die japanischen Forderungen nach Materiallieferungen und die mühevoll ausgehandelten Abkommen vollends zunichte werden. Von 13 in Westfrankreich ausgelaufenen Schiffen erreichten 8 japanische Häfen, während in umgekehrter Richtung von 13 Schiffen nur 4 ihre Ladung von etwa 30 000 Tonnen[135], in der Hauptsache Kautschuk[136], Zinn und Nahrungsfette, nach Europa transportierten.

[127] St.S. Japan: Telegramm Ott—AA, Nr. 3883 vom 10. Dezember 1942.
[128] St.S. Japan: Telegramm Wohlthat/Ott—AA, Nr. 4007 vom 19. Dezember 1942.
Ebenda: Aufzeichnung Wiehl, Dir Ha Pol Nr. 398, vom 24. Dezember und Aufzeichnung Wiehl, Dir Ha Pol Nr. 3, vom 12. Januar 1943.
[129] Ciano Tagebücher 7. Januar 1943.
[130] St.S. Japan: Wiehl an RAM, Dir Ha Pol Nr. 4, vom 12. Januar 1943.
Ebenda: Telegramm Ott—AA, Nr. 144 vom 14. Januar 1943.
[131] St.S. Japan: Telegramm Wohlthat/Ott—AA, Nr. 200 vom 18. Januar 1943 und Nr. 208 vom 19. Januar 1943.
Auf Ribbentrops Wunsch mußte Tani in seinem Glückwunschtelegramm den Passus: „Ich bin der festen Überzeugung, daß dadurch der Endsieg in den Händen der Achsenmächte liegt" in: „... daß durch wirtschaftliche Zusammenarbeit ... der Endsieg der Achsenmächte völlig gesichert wird" abändern.
[132] St.S. Japan: Telegramm Wohlthat/Ott—AA, Nr. 189 vom 16. Januar 1943.
Ebenda: 20. Januar 1943 Telegrammaustausch Tani—Ribbentrop anläßlich der Unterzeichnung.
Sommer (S. 14 und S. 484) datiert den Vertrag fälschlich auf den 20. Januar 1942.
[133] St.S. Japan: Telegramm Mackensen—AA, Nr. 292 vom 20. Januar 1943.
Die endgültig unterzeichneten Abkommen waren in den Akten unauffindbar. Nur der Hauptvertrag wurde veröffentlicht (Auswärtige Politik, März 1943, S. 221-223). Doch dürfte der endgültige Text der Zusatzvereinbarungen nur unwesentlich von dem am 8. November 1942 bereits ausgehandelten Entwurf (DOKUMENT Nr. 12) und der Modifizierung des Artikels 1 des Protokolls vom 10. Dezember 1942 (DOKUMENT Nr. 13) abweichen.
[134] St.S. Japan: Telegramm Ott—AA, Nr. 243 vom 21. Januar 1943. Wiedergabe der Abkommen und der gegenüber früheren Entwürfen vorgenommenen Änderungen.
[135] KTB 1. Skl C IX, Anlage 5. Juni 1943: OKW/Sonderstab HWK Nr. 01117/43 g.Kdos Chefs. betr. Blockadebruch Japan.
(Rechenschaftsbericht über die Verschiffungsperiode). Vgl. auch KTB 1. Skl A 21. April 1943.

Als reiner Hohn erscheinen jedoch sämtliche Wirtschaftsgespräche und Abmachungen, wenn man erfährt, daß bei der Gefährdung des Seeweges die acht in Japan angekommenen Schiffe nur 24 447 Tonnen Ware mitbrachten, d. h. zu etwa zwei Drittel mit Ballast gefahren sein müssen[137]. Man hatte sich nämlich bis Oktober 1942 in Berlin nicht über die nach Japan zu verschiffenden Lieferungen einigen können![138].

In der Bilanz stellen somit die Wirtschaftsbeziehungen das unerfreulichste Kapitel in dem deutsch-japanischen Bündnis während des Krieges dar. Hier hatten sich beide Seiten demaskieren müssen: Die deutsche militärische Führung, indem sie 1942 keine Rüstungslieferungen an Japan, den im Grunde wichtigeren Bundesgenossen als die Italiener, abzweigen wollte; die deutschen Großfirmen im eigensinnigen, von Hitler mißbilligten Festhalten an noch aus halbkolonialen Zeiten stammenden Wirtschaftspräferenzen in Ostasien; die Japaner in einer rigorosen Wirtschaftsautonomie der von ihnen beherrschten Sphäre und in den phantastischen, die eigene Rückständigkeit offenbarenden Forderungen an die deutsche Kriegswirtschaft.

Gerade im Zusammenhang mit den häufig phantastisch anmutenden Wirtschaftsgesprächen muß die Frage mit besonderer Eindringlichkeit gestellt werden: Inwieweit waren die Verhandlungen für die jeweilige militärisch-politische Führung nur „Augenwäsche", und wo begann eine echte Überzeugung vom „Endsieg"? Die deutschen Wirtschaftsspezialisten, Wiehl und Wohlthat, haben ihre Skepsis über diese Gespräche mehrfach kundgetan und mit dieser Einstellung die in Utopien befangenen Unterhändler Ribbentrop und Oshima gelegentlich auf die realen Möglichkeiten hinzuweisen vermocht. Doch der schmale Grat zwischen Loyalität und defaitistischer Insubordination ließ den nüchtern denkenden Wirtschaftssachverständigen wenig Spielraum; den anfänglich vielleicht begründeten, später jedoch fatalistischen Glauben ihrer Vorgesetzten

136 KTB 1. Skl A 8. April 1943: Nachdem der vierte Dampfer, der unter deutscher Besatzung fahrende „Pietro Orsolo", am 2. April 1943 in Bordeaux festgemacht hatte, war der Kautschukbedarf im deutsch-beherrschten Industrieraum bei einem Bedarf von 350 Tonnen monatlich für das nächste halbe Jahr gedeckt.

137 Diese für die deutsche Seite beschämende Tatsache wird ‚expressis verbis' in den Akten der Kriegsmarine nicht erwähnt, läßt sich aber eindeutig anhand der Ladekapazitäten einzelner Schiffe (siehe Ladeliste ‚Tannenfels', ‚Dresden' und ‚Kulmerland', KTB 1. Skl A 1., 3. und 7. November 1942) sowie durch die in dem Rechenschaftsbericht (siehe Anm. Nr. 135) kommentarlos aufgeführte nach Japan verschiffte Lademenge leicht rekonstruieren.

138 St.S. Japan: Aufzeichnung Wiehl, Dir Ha Pol Nr. 384, vom 12. Dezember 1942.
In einem „Memorandum über die Beschleunigung der Kriegslieferung für Japan" an Admiral Groos ging Wiehl auf die Klagen der Japaner über mangelnde Bereitwilligkeit der deutschen Seite ein (Nomura, Berlin S. 100, Schreiben des neuen Militärattachés Generalmajor Komatsu vom 27. November und Nomura vom 3. Dezember an Admiral Groos) und mußte eingestehen, daß noch nicht über alle von den Japanern am 2. Juli vorgebrachten Wünsche entschieden sei.
Nomura, Berlin S. 103, Antwortschreiben Groos, Chef HWK im OKW, an Nomura vom 15. (?) Dezember 1942: Bedauern, daß wegen des verspäteten Eingangs der japanischen Wünsche die jetzigen Schiffe nur die Hälfte des Gewünschten nach Japan mitnähmen. (Das Schreiben war nicht in den Marineakten zu finden; der Inhalt dürfte die Tatsachen jedoch eher noch verharmlosen).
Vgl. dazu auch Thomas S. 379 f, der die japanische Beschwerde — fälschlicherweise — für völlig unbegründet hält.

an den „Endsieg" werden sie dennoch nur bedingt geteilt haben. Eine ähnliche, etwas modifizierte Haltung wird ebenfalls für die japanischen Beamten in untergeordneten Positionen zutreffen. Aber es sollte bei den — in ihrer Art mehr zivilen — Wirtschaftsverhandlungen auch nicht übersehen werden, daß die an ihnen Beteiligten häufig meinten, den militärischen Erfolgen etwas Gleichwertiges auf diplomatisch-politischem Sektor entgegensetzen zu müssen. Viele waren von der Ernsthaftigkeit dieses „bürokratischen Einsatzes" überzeugt, manche — vor allem in den letzten Kriegsjahren — benutzten ihn bewußt, um allein ihre Daseinsberechtigung zu beweisen.

Siebentes Kapitel

Getrennte Partner — gemeinsames Handeln? Das Bündnis in den Jahren 1943 bis 1945

1. Unvereinbare Positionen im deutsch-russischen Krieg

Nach einem Jahr des gemeinsamen Kampfes waren alle Träume weltweiter militärischer Eroberungen geschwunden, ja selbst Hoffnungen auf begrenzte Erfolge wurden immer irrealer. Noch bevor sich die Führungen in Berlin und Tokio ernsthaft mit der Frage befassen konnten, wie dieser neuen Lage zu begegnen sei, handelten die Angelsachsen. Angesichts ihrer militärischen Erfolge prägten Roosevelt und Churchill auf der Konferenz von Casablanca (14.—23. Januar 1943) die folgenschwere Formel „unconditional surrender" — vor aller Welt forderten sie die bedingungslose Kapitulation ihrer Gegner. Gleichzeitig bekräftigten sie in ihrem strategischen Konzept eindeutig die Priorität des Krieges gegen das von Hitler beherrschte Europa[1].

Trotz dieser eindeutigen Absage der Westmächte, mit Hitler, dem erklärten Feind der Demokratie, am Verhandlungstisch zusammenzutreffen, glaubte der „Führer" auch in den letzten Kriegsjahren noch immer an einen Ausgleich mit England. Krampfhaft hielt er seinen ursprünglichen Plan — längst zum Phantom erstarrt — aufrecht: die Bolschewisten vernichtend zu schlagen, um England friedenswillig zu machen. Hitlers Auffassungen zufolge schied eine politische Lösung im Osten völlig aus; im Westen, wo sie ihm verwehrt war, strebte er sie unverwandt an. Vergeblich bemühten sich die Japaner — und später auch deutsche Militärs und Politiker — Hitler von dieser Konzeption, die in den sicheren Untergang führen mußte, abzubringen und ihm die einzige politische Lösung, einen Ausgleich mit der Sowjetunion, anzuraten. Da sich Stalin den Forderungen der angelsäsischen Staatsmänner nicht eindeutig angeschlossen hatte, wäre eine Außenpolitik, die den Frieden suchte, nur noch der Sowjetunion gegenüber möglich gewesen. Die Japaner zogen sofort diese Konsequenzen aus den Beschlüssen von Casablanca und bemühten sich ostentativ um ein gutes Verhältnis zu ihrem westlichen Nachbarn, den Russen. Doch ohne deutsche Mithilfe konnte den japanischen Ausgleichsbestrebungen kaum ein Erfolg beschieden sein. Stalin hat sich daher in der Folgezeit eindeutig den Angelsachsen, nicht den Dreierpartnern zugewandt.

[1] Morton, The War in the Pacific S. 380-384 („Germany First").

Das letzte, fast tragisch zu nennende Kapitel der deutschen Außenpolitik großen Stils ist 1943—1945 Deutschlands Verhältnis zur Sowjetunion. Auf Hitlers Weisung versuchte man diese Chance nicht, bzw. viel zu spät, zu nutzen. Was blieb, war daher die Chimäre des Endsieges — ein Trugbild, hinter dem sich in Wirklichkeit das apokalyptische Ende verbarg. Viele erkannten das wahre Bild, doch nur wenige handelten oder wagten auch nur, Hitlers Vorstellungen zu widersprechen. Nur ein kleiner Teil der Verantwortlichen nutzte den — allerdings geringen — Spielraum. Die Behauptung wäre zu einfach, daß Hitler allein und unaufhaltsam — gewissermaßen als deutsches „fatum" — die totale Katastrophe herbeigeführt habe. Willig und ohne jede Kritik folgten ihm viele Männer der deutschen Führungsspitze, obgleich sie die Möglichkeit hatten, Alternativen zu durchdenken und, unter Umständen, Hitler vorzutragen. Keinesfalls war nach den ersten Niederlagen und der Aufforderung der Angelsachsen zur bedingungslosen Kapitulation für Deutschland und Japan ab 1943 ein Weg vorgezeichnet, der zwangsläufig in einer Katastrophe von solchem Ausmaß enden mußte.

Anfang 1943 verneinten Nachrichten aus Moskau[2] und ein ungeschminkter Bericht Admiral Wennekers aus Tokio[3] eindeutig die Möglichkeit eines japanischen Angriffes auf die Sowjetunion. Dennoch forderte Hitler in einer Unterredung mit Oshima am 21. Januar 1943[4] nachdrücklich einen japanischen Entlastungsangriff gegen Rußland. Damit gedachte der „Führer" — wie einst mit der propagandistischen Auswertung des japanischen Überfalls auf Pearl Harbor — die vor der deutschen Öffentlichkeit noch geheimgehaltene neue Krise im Osten[5] zu überspielen. Er, der sich im Grunde immer gegen eine japanische Beteiligung im Krieg gegen Rußland ausgesprochen hatte, maß nun auf einmal dem Angriff Japans auf Sowjetisch Fernost „kriegsentscheidende Bedeutung" bei. Jetzt, im Januar 1943, als eine ganze deutsche Armee bei Stalingrad von einer überwältigenden Übermacht aufgerieben wurde, erinnerte sich der Oberbefehlshaber der Wehrmacht des japanischen Potentials. Immerhin bezweifelte Hitler wohl selbst, ob die Japaner die von ihm gewünschte Position beziehen würden. Er bot dem Widersacher eines Rußlandfeldzuges, der japanischen Marine, zwei deutsche U-Boote an[6]; mit diesem Geschenk gedachte Hitler seinen Willen zur Zusammenarbeit zu bekunden und die japanische Marine seinen Plänen gefügig zu machen. Doch Japan war kein europäischer Satellit der Achse. Marine und Regierung in Tokio ließen sich nicht

[2] KTB 1. Skl A 6. Januar 1943: Abwehrbericht aus Moskau: „... russische Kreise sind der festen Überzeugung, daß Japan Rußland unter keinen Umständen im Osten angreifen wird".

[3] KTB 1. Skl A 19. Januar 1943: Die Japaner zögen Einheiten aus Mandschukuo ab, so daß ein japanischer Angriff nicht zu erwarten sei.

[4] Ritter Japan: Undatierte Notiz über die Unterredung Hitler—Oshima vom 21. Januar 1943 mit dem Angebot des „Führers", der japanischen Marine zwei deutsche U-Boote zu überlassen. Daß Hitler auf dieser Unterredung eindeutig Japan zum Krieg gegen die Sowjetunion aufgefordert hat, geht aus der Unterredung Ribbentrop—Oshima vom 19. Februar 1943 (Ritter, Japan) und aus dem Telegramm Ribbentrop an Stahmer, Nr. 684 vom 9. März 1943 (St.S. Japan), hervor.

[5] KTB 1. Skl A 24. Januar 1943: Erstmalige Erwähnung der ernsten Lage bei Stalingrad in Presse und Rundfunk. Die Skl war über die Lage bestens informiert (siehe Eintragungen KTB 1. Skl A vom 11., 15. und 18. Januar 1943).

[6] Siehe Anm. Nr. 4.

ködern; trotz Oshimas Fürsprache[7] kamen sie nicht zu einem raschen Entschluß. Hitler konnte nicht umhin, abzuwarten und widerstrebend den Rückzug der deutschen Truppen in Südrußland zu genehmigen.

Wohl in Unkenntnis des Hitlerschen Angebotes verwahrte sich Admiral Nomura Ende Januar 1943 in einer Aussprache mit dem Chef des Stabes der Seekriegsleitung, Admiral Fricke[8], erneut gegen die deutschen strategischen Wünsche: der Japaner lehnte es wiederum ab, in Tokio auf eine Handelskriegführung[9] zu drängen. Trotz der schweren Kämpfe im Osten bezeichnete Nomura lapidar das Mittelmeer als den Hauptkriegsschauplatz der Achse. Ebenso weigerte sich die japanische Marine, das Verschiffen alliierten Nachschubs über Vladivostok zu unterbinden — ein Anliegen, das die deutsche Seite unmittelbar nach der Kapitulation Stalingrads vorgebracht hatte[10]. Der neue Botschafter Stahmer — am 4. Februar hatte er dem Tenno sein Beglaubigungsschreiben überreicht[11] — bagatellisierte zwar in einer seiner ersten Nachrichten an die Wilhelmstraße die Bedeutung des Verkehrs über Vladivostok[12], tatsächlich aber mußte das Auswärtige Amt einem japanischen in Berlin überreichten Memorandum entnehmen, daß im Jahre 1942 400 000 Tonnen alliierter Lieferungen in diesem sowjetischen Fernosthafen gelöscht worden seien[13]. Eindeutig war aus diesen Tatsachen ersichtlich, daß sich die japanische Marine nach wie vor gegen einen Rußlandfeldzug sträubte.

Als Oshima und Ribbentrop am 19. Februar zusammentrafen[14], stand eine offizielle Antwort auf Hitlers Ansinnen aus Tokio noch immer aus. Im Verlauf der Aussprache legte der Außenminister die Schuld an der Niederlage bei Stalingrad den Verbündeten

[7] Siehe Anm. Nr. 14.
Vgl. auch: St.S. Japan: Telegramm Mackensen (Rom)—AA, Nr. 682 vom 12. Februar 1943: Bericht über das Treffen der in Europa akkreditierten japanischen Militärattachés in Rom: „Stellung Botschafters Oshima habe nach Ansicht Militärattachés in Tokio gelitten, da er über militärische Lage an Ostfront zu optimistisch berichtet hätte."

[8] KTB 1. Skl C XV 28. Januar 1943: „Niederschrift über die Besprechung beim Chef des Stabes der Seekriegsleitung am 22. Januar 1943".

[9] KTB 1. Skl A 15. Januar 1943: Im Dezember 1942 hatten japanische U-Boote nur 3 Schiffe mit 12 000 BRT versenkt. Kommentar der Skl: „Das Dezemberergebnis ist das niedrigste, das die Japaner seit Kriegsbeginn bekanntgegeben haben."
Für das Umschwenken der japanischen Seekriegführung auf den Tonnagekrieg siehe unten S. 207.

[10] St.S. Japan: Notiz Weizsäcker, Nr. 77 vom 2. Ferbuar 1943, über Unterredung mit Oshima: „... Oshima zeigte sich erstaunt ..."
Ebenda: Antwort auf eine Order Ribbentrops an Stahmer vom 3. Februar 1943 im Telegramm Kretschmer/Stahmer—AA/OKM, Nr. 483 vom 6. Februar 1943.

[11] St.S. Japan: Telegramm Stahmer—AA, Nr. 472 vom 5. Februar 1943. Ziemlich naive Beschreibung der Zeremonie beim Überreichen des Beglaubigungsschreibens.

[12] St.S. Japan: Telegramm Kretschmer/Stahmer—AA/OKH und OKM, Nr. 483 vom 6. Februar 1943.

[13] St.S. Japan: Aufzeichnung LR Grote, Pol I M 321 gRs, vom 8. Februar 1943 über den Schiffsverkehr Vladivostok—USA anhand des japanischen am 3. Februar überreichten Memorandums.
Im Jahre 1942 seien etwa 400 000 Tonnen nach Vladivostok verschifft worden. (In Wirklichkeit waren es 1942 734 020 Tonnen, 29,9 % des gesamten an die Sowjetunion verschifften Cargos. Motter S. 481.)

[14] Botschafter Ritter: „Aufzeichnung über die Besprechung des Herrn RAM mit Botschafter Oshima am 19. Februar 1943 in Berlin."

zur Last und prophezeite die Unbesiegbarkeit der deutschen Waffen: „Deutschland verfüge noch über eine Reserve von 5 Millionen Mann ausgebildeter Soldaten"[15]. Indessen entschied die zweimal gegen Ende Februar zusammengetretene Liaison-Konferenz[16], eingedenk des Verlustes von 900 Marineflugzeugen bei den Kämpfen um Guadalcanal[17], daß Japan sich keinesfalls am Krieg gegen die Sowjetunion beteilige. Sie beschloß vielmehr, eine Delegation unter General Okamoto nach Deutschland zu entsenden[18], und nahm damit ihren Plan vom Sommer 1942[19] wieder auf. Diese Sondergesandtschaft sollte die Bündnispartner in Europa über die eigene Lage umfassend informieren und die strategischen Pläne der deutschen Wehrmachtführung erkunden.

Die japanische „Einschätzung der internationalen Lage" vom 27. Februar 1943[20] trug den Niederlagen bei Stalingrad und Guadalcanal Rechnung: Die Japaner erkannten klar die strategische Zielsetzung der Angelsachsen in Europa, mit einem Sieg in Tunesien die europäischen „Verbündeten" vom Reich zu trennen und jegliche Verbindung zwischen Japan und Deutschland — d. h. den Blockadebrecherverkehr — zu verhindern. Obwohl Deutschlands Potential den Japanern nach wie vor unbezwingbar erschien, bezweifelten sie, daß die Sowjetunion militärisch niedergerungen werden könne oder ein deutsch-russischer Ausgleich möglich sei. Die Vereinigten Staaten besäßen genügend Menschenreserven; auch in der Sowjetunion herrsche kein akuter Mangel an Reservisten; Deutschland aber verfüge nicht über ein ausreichendes Menschenpotential, vielmehr stehe die Wehrmacht vor zunehmenden Schwierigkeiten, die besetzten Gebiete unter Kontrolle zu halten. Das Verhältnis der europäischen Verbündeten untereinander wurde ebenfalls richtig beurteilt: die deutsch-italienische Partnerschaft werde allein von der Freundschaft zwischen Hitler und Mussolini bestimmt. Ihre eigene Lage betreffend sahen die Japaner genau voraus, daß bei weiterhin neutraler Haltung der Sowjetunion gegenüber Japan der Hauptstoß der Angelsachsen gegen Burma, die südwestpazifischen Inseln und die Aleuten gerichtet sein werde. In diesen Überlegungen mußte ein Rußlandfeldzug als ein nicht kalkulierbares Risiko, als Abenteuer erscheinen.

Bar guter Kontakte zu Militärs und Politikern konnte der neue deutsche Botschafter Stahmer[21] diese Gegebenheiten nicht nach Berlin melden. Seine mehr von Wunsch-

[15] Ribbentrop übertrieb maßlos: Wenn auch noch 5 Millionen Mann der Geburtsjahrgänge 1895-1925 in der Landwirtschaft und Rüstungsindustrie 1943 arbeiteten (KTB OKW, Bd. III, S. 1573), so waren diese, ganz abgesehen von der Frage der Ausrüstung, ohne Zusammenbruch der Produktion nicht einfach abkömmlich.

[16] Hattori II (4) S. 126-130 (am 20. und 24. Februar 1943).

[17] Morton, The War in the Pacific S. 369: Nach der Räumung Guadalcanals, am 17. Februar 1943, seien nur noch 200 japanische Marine- und 100 Heeresflugzeuge moderner Bauart im Südwestpazifik einsatzbereit gewesen.

[18] Über die Entsendung dieser „Okamoto-Delegation" siehe unten S. 204 f.

[19] Siehe oben S. 114.

[20] Siehe DOKUMENT Nr. 25, im Anhang S. 285.

[21] Interview des Verfassers mit Major a. D. Dr. Karsch, ehemaliger Gehilfe des Militärattachés General Kretschmer, am 15. März 1966 in Marburg: Botschafter Ott habe in privaten und offiziellen Unterredungen mit Japanern einhellig hohe Anerkennung erfahren, dagegen hätten die Japaner sich über Botschafter Stahmer ausgeschwiegen, d. h. ihn als Diplomaten und als Menschen abgelehnt und ihn dementsprechend schlechter informiert.

denken diktierten Telegramme mögen weniger das Auswärtige Amt als Hitler und Ribbentrop in ihren Hoffnungen auf eine japanische Beteiligung am Krieg gegen Rußland bestärkt haben[22]. Auch der japanische Botschafter in Berlin wurde von seiner Regierung nicht über alle Fragen eingehend unterrichtet. Objektive Meldungen über Japans wirkliche Situation — wie sie höchstens in den Berichten Admiral Wennekers unter Umgehung des Auswärtigen Amtes an die Seekriegsleitung gelangten — konnten kaum noch zur deutschen Führungsspitze vordringen. Zudem war aus Tokio noch immer keine offizielle Antwort auf das von Hitler vorgebrachte Ansinnen, gegen Rußland loszuschlagen, eingegangen. In Berlin konnte man sich nur ein dunkles, verworrenes Bild über die Pläne des Verbündeten machen. Hitlers wütender Ausfall über die Japaner in einer Lagebesprechung nimmt daher nicht wunder[23]. Der deutsche Diktator ließ sich aus Ärger über das selbständige Verhalten Japans zu Äußerungen hinreißen wie: „Sie lügen einem die Hucke voll, und ihre ganzen Darstellungen sind auch alle auf etwas berechnet, was sich hinterher als Täuschung erweist“[24]. Mit dieser Tirade überspielte Hitler jedoch nur seine verzweifelte Hoffnung, die er auf einen siegreichen japanischen Panzerangriff gegen die Sowjetunion setzte[25].

Endlich brachte der 6. März Klarheit. Oshima übermittelte dem deutschen Außenminister den abschlägigen Bescheid seiner Regierung[26]. In der Unterredung setzte Ribbentrop — beinahe beschwörend — dem japanischen Botschafter die militärpolitischen Folgen dieser Ablehnung auseinander: Getreu ihren in Casablanca verkündeten Kriegszielen würden die Alliierten zuerst Deutschland und dann Japan besiegen. Außerdem argwöhnte Ribbentrop, daß Japan seinen Herrschaftsbereich zu einem Zeitpunkt konsolidiere, zu dem das Reich die Hauptlast des gemeinsamen Krieges trage.

Tatsächlich hatten die Japaner 1942 ihre ohnehin unzureichende Rüstungsproduktion gedrosselt[27], während in Deutschland der „totale Krieg“ zivile und militärische Reserven mobilisierte[28]. Auch standen im Reich des Tenno bei etwa gleicher Bevölkerungszahl längst nicht so viel Männer unter Waffen wie in Deutschland[29]. Die militärische und rüstungstechnische Planung des Verbündeten stellte die Verteidigung der er-

[22] St.S. Japan: Telegramm Stahmer—AA, Nr. 635 vom 22. Februar 1943.

[23] Heiber S. 167-169 und S. 173-176 (Lagebesprechung vom 5. März 1943).

[24] Ebenda S. 169.

[25] Ebenda S. 175 f.: Hitler glaubte an einen japanischen Angriff mit modernen Panzern gegen die Russen und erwiderte auf den Einwand, die Japaner wären bei den Grenzstreitigkeiten (1938/1939) unterlegen gewesen: „Normalerweise hat der Japaner den Russen immer noch geschlagen, und bei annähernd gleicher Waffenausrüstung wird es auch wieder so sein“.

[26] IMT Doc 2954-PS, Band XXXI, S. 391-400: Aufzeichnung über die Besprechung des Herrn Reichsaußenministers mit Botschafter Oshima am 6. März 1943.
Hattori II (4) S. 128: Wiedergabe des Telegramms von Tani an Oshima vom 24. Februar 1943 mit der japanischen Absage.

[27] Cohen S. 357.

[28] KTB OKW, Bd. III, S. 1573: Am 18. Februar 1943 verkündete Goebbels im Berliner Sportpalast den totalen Krieg. In der Verwaltung wurde daraufhin die 60-Stunden-Woche eingeführt, die Rüstungsbetriebe stellten mehr Frauen ein und führten „freiwillige Schichten“ durch.

[29] Cohen S. 287 f.: Bei Kriegsende hatte Japan nur halb so viel Männer wie das Deutsche Reich eingezogen. Die Verluste der Japaner im Pazifischen Krieg, etwa eine halbe Million Soldaten, betrugen ungefähr ein Achtel der deutschen.

oberten Gebiete zugunsten des wirtschaftlichen und politischen Aufbaus des Großraumes zurück. Zwar entsprach diese Konzeption dem japanischen Kriegsplan, die Angelsachsen aus Südostasien zu vertreiben, um dann aus einer Position der Stärke — als Großmacht — einen Frieden auszuhandeln. Doch hätte die Führung in Tokio sich längst eingestehen können, daß diese Rechnung nicht aufgehen würde. Erst Ende 1943, als die amerikanischen Landoperationen im Südwestpazifik nicht aufzuhalten waren und die Tonnageverluste alarmierende Ziffern erreichten[30], sah man diese Fehler ein[31] und begann, viel zu spät, die Industrie auf totale Kriegsproduktion umzustellen.

Ribbentrops Argwohn gegenüber der japanischen Verteidigungspolitik war gerechtfertigt, nicht aber sein beharrlich vorgetragener Wunsch eines japanischen Rußlandfeldzuges. Zudem hätte ein Vorstoß der „Kwantung-Armee" über die mandschurische Grenze 1943 das japanische Heer und vor allem die schwer angeschlagene Luftwaffe überfordert. Diese militärische Lösung hätte nur 1942 einige Erfolgschancen gehabt[32]. Deutschland konnte den Krieg im Osten, wenn überhaupt, dann in einer politischen Übereinkunft beenden. Als Faustpfand für Unterhandlungen mit Stalin konnte das noch in deutscher Hand befindliche sowjetische Gebiet dienen. Nach Abschluß eines deutsch-russischen Sonderfriedens hätten die Dreierpaktmächte ihr Potential gegen die Angelsachsen konzentrieren können. Im Falle eines Ausgleiches mit Deutschland wären der Sowjetunion die weiteren großen Menschenverluste, die durch das Ausbleiben der „Zweiten Front" bedingt waren, erspart geblieben. Wahrscheinlich hätten sich Verhandlungen über eine sowjetische Einflußsphäre in Osteuropa mit den Deutschen nicht so langwierig gestaltet wie mit den westlichen Demokratien, von denen England 1939 in den Krieg getreten war, um Polens Freiheit zu retten. Zudem hatte sich nach dem ersten großen russischen Sieg bei Stalingrad in den Anfangsmonaten des Jahres 1943 die Front konsolidiert. Ansatzpunkte für ein politisches Gespräch boten sich genug, und so bekundeten beide Mächte zu Beginn des neuen Jahres inoffiziell und vorsichtig ihr Interesse daran, Forderungen und Ziele des Gegners auf dem Verhandlungsweg zu sondieren[33].

30 Ruge S. 256 f.: 1943 standen 770 000 BRT Neubauten 1 800 000 BRT versenkten Schiffsraums gegenüber.

31 Handakten Schmidt: Aufzeichnung über die Besprechung des Herrn RAM mit Botschafter Oshima am 11. Dezember 1943.

32 Siehe oben S. 109.

33 Diese deutsch-russischen meist über Stockholm laufenden Sondierungen für Friedensgespräche lassen sich wegen der fehlenden Quellen (siehe Anm. Nr. 76 S. 121) nur mosaikartig in ihren Umrissen rekonstruieren und können in dieser Arbeit nicht erschöpfend behandelt werden. Zu dieser Problematik siehe die bisher einzigen, unvollständigen Darstellungen von Sanders, Kleist und Minuth.
Laut einer Auskunft der „Chief Division of Orientalia", der „Library of Congress" in Washington USA, wo sämtliche erbeuteten japanischen militärischen und politischen Akten über den Zweiten Weltkrieg auf Microfilme aufgenommen sind, an den Verfasser vom 6. Juni 1966, existieren dort keine japanischen Dokumente über die in Stockholm ausgeübte Vermittlerrolle.
Es bleibt daher nach wie vor ein Verdacht, daß entsprechende Dokumente sich noch in amerikanischem Besitz befinden (siehe Anm. Nr. 76 S. 121). Wegen ihrer brisanten politischen Aktualität im Hinblick auf die von den Angelsachsen an die Sowjetunion 1943-1945 „verkauften" osteuropäischen Staaten — um ähnliche deutsche Angebote auszustechen — dürften sie auch in absehbarer Zeit nicht zugänglich gemacht werden.

Über den japanischen Marineattaché in Stockholm, der einer Deckung deutsch-russischer Gespräche durch die Tokioter Admiralität sicher sein konnte, müssen im Januar/Februar 1943 Friedensverhandlungen aufgenommen worden sein. Möglicherweise zielte diese Fühlungnahme darauf ab, den Krieg im Osten auf der Basis des „status quo ante“ zu beenden[34]. Recht verklausuliert riet auch Mussolini am 8. März Hitler zu einer politischen Lösung im Osten. In seinem nächsten Brief äußerte der „Duce“ diesen Gedanken unverblümt[35]. Inzwischen hatte der neue deutsche Gesandte in Stockholm Thomsen[36] die Vermittlerdienste der schwedischen Regierung in Anspruch genommen. Plötzlich, am 11. März, erteilte Ribbentrop jedoch Weisung, alle Friedensgespräche abzubrechen[37]. Hitler dürfte hinter dieser Order gestanden haben. Glaubte der „Führer“ doch im März, die Offensive im Osten wieder aufnehmen zu können[38]. In einer Unterredung am 13. März dementierte Ribbentrop gegenüber Oshima entschieden deutsche Friedensabsichten[39].

Der direkte Kontakt zu den Russen, wahrscheinlich der erste seit Ausbruch der Feindseligkeiten, wurde von deutscher Seite abgebrochen. Ein deutsch-russischer Ausgleich war in weite Ferne gerückt. Unter den Verbündeten und in der deutschen Führung mehrten sich die Stimmen, die auf eine Revision der deutschen Besatzungspolitik im Osten drängten: Die nationalen und antikommunistischen Kräfte in Rußland sollten an Deutschlands Seite gegen die Rote Armee eingesetzt werden. In der finnischen Presse wurden die bisherigen Fehler der deutschen Besatzungspolitik sogar offen erörtert. Auch die Seekriegsleitung bezeichnete die „Aufgabe des Propagandakrieges in und gegen die UdSSR“ als nicht gelöst[40]. Goebbels gedachte die Entdeckung der Leichen von 4100 ermordeten polnischen Offizieren bei Katyn zum Anlaß zu nehmen, um „den Krieg eindeutig gegen den Bolschewismus, aber nicht gegen das russische Volk zu führen“[41]. Sein Vorhaben orientierte der deutsche Propagandaminister an einer

[34] Sanders S. 521 und Mourin S. 188 zitiert auch bei Jones, Far East S. 112 f.

[35] Mussolini, Bd. XXXI, S. 250: „. . . mi domando se non sia troppo rischiare ripetere la lotta contro lo spazio infinito e praticamente irragiungibile e inafferrabile della Russia, mentre ad ovest aumenta il pericolo aglosassone.“
Ebenda: S. 254: „. . . Con una pace, se possibile, ed io la ritengo possibile, o con sistemazione difensiva — un imponiente vallo orientale — che i russi non riusciranno mai a varcare.“
Rintelen S. 192 gibt falsche Daten, führt aber die wesentlichen Punkte der Vorschläge von Mussolini an.

[36] St.S. Schweden: Telegramm Thomsen—AA, Nr. 580 vom 2. März 1943: Bericht über die Überreichung des Beglaubigungsschreibens an König Gustav Adolf V.

[37] St.S. Schweden: Telegramm Thomsen—AA, Nr. 691 vom 12. März 1943: Unter Bezugnahme auf ein Telegramm Nr. 503 vom 11. März aus Berlin, das in den Akten fehlt, führt Thomsen aus: „Habe auftragsgemäß heute im schwedischen Außenministerium vertraulich mitgeteilt, daß wir bäten, von der Überreichung des Briefes des Prinzen Carl von Schweden wie überhaupt von jeglichem Schritt bei den Russen Abstand zu nehmen“.

[38] Goebbels Tagebücher 20. März 1943: „Bezüglich der Ostlage ist der Führer sehr glücklich, daß es ihm gelungen ist, die Front wieder ganz zu schließen. Die Sowjets laufen jetzt auf deutsche Verteidigungsstellungen auf und erleiden enorme Menschen- und Materialverluste“. Weiter glaubt Hitler an einen zeitlich noch nicht zu fixierenden Zusammenbruch des russischen Kolosses.

[39] Aufzeichnung über die Besprechung des Herrn RAM mit Botschafter Oshima am 13. März 1943, F 12/045-046.

[40] KTB 1. Skl A 20. und 26. Februar 1943.

[41] Goebbels Tagebücher 14. April 1943.

Denkschrift Quislings und an der von ihm als beispielhaft bezeichneten japanischen Besatzungspolitik[42]. Als reiner Machtpolitiker war Goebbels in dieser Frage frei von weltanschaulicher Verblendung. An eine Politik im Osten, etwa nach dem Vorbild der deutschen Besatzungspolitik von 1918, knüpfte er sogar die Hoffung auf einen politischen Ausgleich mit Rußland[43]. Goebbels fand mit seinen Anschauungen ebenso wenig Gehör wie Oshima. Als der Botschafter am 18. April Ribbentrop ähnliche Überlegungen vortrug, lehnte dieser einen Frieden mit der Sowjetunion strikt ab. Auf Oshimas Vorschlag, durch „Zersetzungsarbeit“ in Rußland die Selbständigkeitsbestrebungen der verschiedenen Völker zu fördern, wie es die Japaner mit Erfolg in Südostasien praktizierten, hatte Ribbentrop nur die bündige Antwort zur Hand: „In der Offensive liege der baldige Sieg“[44]. Auch auf italienische Vorschläge, den osteuropäischen und russischen kleinen Völkern ihre nationale Selbständigkeit zu bestätigen, hatte Ribbentrop bereits ähnlich reagiert[45]. Am 8. Juni 1943 verbot Hitler endgültig unter Hinweis auf den geringen militärischen Nutzen der japanischen „neuen Chinapolitik“[46] die von der Wehrmacht bereits vorgenommene Eingliederung russischer Einheiten in das Heer. Den Aufbau einer russischen Armee bezeichnete er schlicht als „Phantom ersten Ranges“[47].

Als die japanischen Offiziere am 18. April von Jodl im Führerhauptquartier empfangen wurden[48], fügte sich der Chef des Wehrmachtführungsstabes Hitlers Grundsatzentscheidungen. Den japanischen Wunsch nach einem Sonderfrieden mit Rußland, den die Kaiserliche Marine drei Tage vor dieser Aussprache nach Berlin übermittelt hatte[49], wies Jodl entschieden zurück. Auch das japanische Heer hatte wenige Tage zuvor in seltener Eintracht mit der Marine ein augenfälliges Desinteresse am Krieg gegen Rußland kundgetan[50]. Um den verbündeten Offizieren ungebrochene Siegeszuversicht zu demonstrieren, übertrieb der Repräsentant der deutschen Wehrmacht in seinem Lagebericht: Die Schuld an dem Rückzug vor der Roten Armee lastete er den Verbündeten an; doch sei die „Front jetzt zweckmäßig verkürzt, (und) dahinter (stünden) stärkere Reserven denn je“. Die japanischen Offiziere dürften Jodl beide Behauptungen kaum

[42] Goebbels Tagebücher 29. April 1943: „Mir wird eine Denkschrift über die Behandlung der besetzten Gebiete durch die Japaner vorgelegt. Man könnte vor Neid erblassen, wie geschickt das in Ostasien gemacht wird“.

[43] Goebbels Tagebücher 30. April 1943.

[44] IMT Doc 2929-PS, Bd. XXXI, S. 305-315: „Aufzeichnung über die Unterredung des Herrn Reichsaußenministers mit Botschafter Oshima am 18. April 1943 in Fuschl“.

[45] IMT Doc 740-D, Bd. XXXV, S. 440-456: „Aufzeichnung über die Unterredung zwischen dem RAM und dem Staatssekretär Bastianini in der Anwesenheit der Botschafter Mackensen und Alfieri in Schloß Kleßheim am 8. April 1943 nachmittags“.
Vgl. auch Rintelen S. 192 f.

[46] Am 10. 1. 1943 hatte die Regierung Wang Tsching-wei in Nanking den Vereinigten Staaten und Großbritannien den Krieg erklärt, doch keine Soldaten gestellt.

[47] Heiber, S. 256: Lagebesprechung vom 8. Juni 1943.

[48] Siehe DOKUMENT Nr. 21 im Anhang S. 274. Farbfaksimile des Deckblattes S. 224/225.

[49] KTB 1. Skl C XV 15. April 1943: Telegramm Wennekers unter Umgehung des AA an das OKM.
Ebenda: Übermittlung des Inhaltes in einem Schreiben an das OKW vom 17. April 1943.

[50] Heeresakte III H 441 15. April 1943: Bericht des deutschen Militärattachés aus Tokio vom 14. April 1943: Die Generalität fordere eine Verlagerung des deutschen Schwerpunkts ins Mittelmeer.

abgenommen haben. In der Seekriegsleitung wurden diese Übertreibungen jedenfalls schonungslos von den höchsten Stabsoffizieren aufgedeckt[51]. Überhaupt drängt sich beim Lesen des Protokolls die Vermutung auf, daß der Chef des Wehrmachtführungsstabes seinem Vorbild Hitler etwas zu sehr nacheiferte. Diese als „Unterredung" bezeichnete Zusammenkunft bestand nämlich in Wirklichkeit aus einem Monolog Jodls; von den anwesenden Japanern gelang es lediglich Admiral Nomura, eine Bemerkung anzubringen.

Die deutsche Führung — voran Hitler — starrte 1943 gebannt nach Osten, doch über den Ural hinaus wanderten die Blicke nur noch selten. Bewußt verschloß man sich im Führerhauptquartier der Einsicht, daß gerade die Defensive eine enge, nun vor allem politische Zusammenarbeit erforderte, um beide Nationen vor dem Untergang zu bewahren.

Hingegen betrachteten die Japaner mit wachsender Sorge seit Mitte Mai die Erfolge der Alliierten in Afrika, auf dem Atlantik und im Pazifik. In Tunis kapitulierten die deutsch-italienischen Truppen (13. Mai); wenig später erlosch der letzte japanische Widerstand auf der Aléuteninsel Attu (30. Mai). Den größten Rückschlag für die Kriegführung der Dreierpartner bedeutete jedoch der Abbruch der Geleitzugschlachten im Atlantik. Seit dem 23. Mai[52] gelangten Truppen und Kriegsmaterial ungehindert auf den europäischen Kriegsschauplatz. Der neue japanische Außenminister Shigemitsu, ein erfahrener Diplomat[53], bemühte sich sogleich nach seinem Amtsantritt (21. April 1943), politische Konsequenzen aus der mißlichen militärischen Lage zu ziehen. Unter ihm intensivierte die Regierung in Tokio ihre Bemühungen um ein gutes Verhältnis zur Sowjetunion und um einen deutsch-russischen Ausgleich. In seiner ersten Unterredung mit Botschafter Stahmer kritisierte der Minister des Äußeren sogleich die deutsche Kriegführung im Osten und die Praktiken der dortigen Besatzungsstreitkräfte[54] — Äußerungen, die Botschafter Stahmer nicht an das Auswärtige Amt weitergab[55]. Außerdem ließ Shigemitsu in Berlin seine Diplomaten in ähnlichem Sinne vorstellig werden[56]. Selbst Oshima

[51] Siehe DOKUMENT Nr. 21 im Anhang S. 274.
Nur der Hinweis Jodls, daß die stärkste Angriffswaffe jetzt der U-Bootkrieg sei, entsprach der Wahrheit. Allein zwischen dem 16. und 20. März 1943 waren in der größten Geleitzugschlacht des Krieges bei Verlust eines deutschen U-Bootes 140 942 BRT alliierten Schiffsraumes versenkt worden.

[52] KTB 1. Skl A 23. Mai 1943: „Die schweren U-Bootverluste dieses Monats, welche bisher 30-34 U-Boote betragen, zwingen zu vorübergehenden Änderungen der bisherigen operativen Maßnahmen in der U-Boot-Kriegführung".

[53] Shigemitsu war als Botschafter 1936-1938 in Moskau, von 1938-1941 in London und bis zu seiner Ernennung zum Außenminister in Nanking tätig. Er galt daher in Deutschland als ein Mann des Ausgleiches mit China und der Sowjetunion (siehe Goebbels Tagebücher 22. April 1943).

[54] St.S. Japan: Telegramm Stahmer—AA, Nr. 1412 vom 6. Mai 1943.

[55] St.S. Japan: Telegramm Steengracht (Nachfolger Weizsäckers als Staatssekretär)—Stahmer persönlich, Nr. 1155 vom 10. Mai 1943: Übermittlung einer Rüge wegen ungenauer Berichterstattung.

[56] St.S. Japan: Telegramm Steengracht—Stahmer persönlich, Nr. 1149 vom 9. Mai 1943: Bericht über eine Unterredung des japanischen Botschaftsrates Kawahara mit Unterstaatssekretär Hencke.

mußte auf ausdrückliche Weisung[57] widerwillig[58] Ribbentrop die Ansichten der japanischen Führung übermitteln[59]. Der Botschafter wurde von Generalmajor Okamoto überwacht, der an der Spitze einer kleinen Delegation kurz zuvor aus Japan über Rußland und die Türkei nach Deutschland gekommen war[60].

Der Sowjetunion gegenüber bekundete die japanische Regierung im Zuge ihrer neuen Außenpolitik mehrfach ihre Bereitschaft zu einem gut nachbarlichen Verhältnis[61]. Mitte Mai entschied die Verbindungskonferenz, zwei russische Schiffe freizulassen, die internationalem Kriegsrecht zuwider die Flagge gewechselt hatten[62]. Proteste aus Berlin blieben unberücksichtigt[63]. Vielmehr gewann in der japanischen Führung der Gedanke an Boden, endlich das Versprechen einzulösen, welches Matsuoka bei der Unterzeichnung des Neutralitätsvertrages mit der Sowjetunion am 13. April 1941 eingegangen war: Die Öl- und Kohlekonzessionen auf Nord-Sachalin, die sich Japan 1925 gesichert hatte[64], sollten gegen eine Entschädigung aufgegeben werden[65]. Diese neue Ausrichtung der japanischen Außenpolitik gegenüber Rußland wurde vom deutschen Botschafter in Tokio und von Außenminister Ribbentrop nicht erkannt, bzw. absichtlich übersehen. Nach wie vor schien die offizielle deutsche Politik zu glauben, ein japanischer Angriff gegen die Sowjetunion stehe unmittelbar bevor[66].

Der Fehlschlag der letzten deutschen Offensive an der Ostfront im Raum von Kursk („Zitadelle", 5. bis 13. Juli 1943) erschien der japanischen Marine[67] — wohl auch deutschen Führungskreisen[68] — erneut als ein günstiger Ansatzpunkt, um mit Rußland

57 Hattori II (5) S. 96 f.

58 St.S. Japan: Telegramm Steengracht—Stahmer, Nr. 1149 vom 9. Mai 1943: „Botschafter Oshima ist entgegen seinem Willen zu Ribbentrop von Shigemitsu befohlen, um diese neuen Gedanken darzulegen."

59 Aufzeichnung über die Besprechung des Herrn RAM mit Botschafter Oshima und Generalmajor Okamoto in Fuschl am 19. Mai 1943, F 13/119-142.

60 Über die „Okamoto-Delegation" siehe unten S. 204.

61 Die Behauptung Israeljans (S. 166), Oshima habe Ribbentrop am 18. April 1943 eine japanische Kriegsbeteiligung in Aussicht gestellt, stimmt, verkennt jedoch, daß es sich um eine Privatmeinung Oshimas gehandelt hat. Die Unterredung Ribbentrop—Oshima vom 19. Mai 1943 und die vielen Versuche, die Sowjetunion in einen eurasischen Block nach einem deutsch-russischen Frieden einzubeziehen, werden hingegen bei Israeljan unterschlagen oder als „außenpolitische Manöver" abgetan.

62 Hattori II (5) S. 100.

63 KTB 1. Skl C XV: Schreiben 1. Skl I C/5927/43 vom 25. Februar 1943 an das AA: Anführen mehrerer Meldungen, die das Verschiffen von Kriegsmaterial über Vladivostok und Flaggenwechsel bestätigen.
St.S. Japan: Telegramm Ribbentrop—Stahmer, Nr. 872 vom 31. Mai 1943.
St.S. Japan: Telegramm Stahmer—AA, Nr. 2187 vom 15. Juli 1943.

64 Nach dem Abzug der Interventionstruppen aus Russisch-Fernost hatte sich die japanische Regierung in einem Vertrag mit der Sowjetunion 1925 Kohle- und Ölkonzessionen auf Nord-Sachalin gesichert.

65 Beschluß der Liaisonkonferenz vom 19. Juni 1943 (Hattori II (5) S. 101).
Das entsprechende Abkommen wurde jedoch erst am 30. März 1944 in Moskau unterzeichnet (siehe unten S. 190).

66 St.S. Japan: Telegramme Stahmer—AA, Nr. 1412 vom 6. Mai, Nr. 1848 vom 15. Juni, Nr. 2137 vom 9. Juli und Telegramme Ribbentrop—Stahmer, Nr. 717 vom 14. Mai, Nr. 847 vom 25. Mai 1943.

67 KTB 1. Skl A 15. Juli 1943: Bericht Admiral Wennekers aus Tokio.

68 Hassell Tagebücher 18. Juli 1943, Sanders S. 523. (Selbst Hitler scheint vor seiner Abreise

zu einem Sonderfrieden zu gelangen[69]. Zusätzlich bereitete Mussolinis Absetzung (25. Juli 1943) der deutschen Führung ihre erste große politische Niederlage. Weder Hitler[70], die Seekriegsleitung[71] noch die Japaner[72] glaubten an Italiens weitere Teilnahme am Krieg. Beide Länder trafen daher Vorbereitungen für den Fall eines italienischen Ausscheidens[73]. Anstatt in dieser kritischen Lage die Zusammenarbeit mit Japan zu verbessern, erließ das Oberkommando der Wehrmacht auf Hitlers Weisung einen entgegengesetzten Befehl: Im Fall japanischer militärischer Anfragen sollte das OKW sich zurückhalten. Der Schlußsatz dieser Anordnung: „Da wir die militärischen Verhältnisse Japans zu wenig kennen, können wir auch keinen Rat (in strategischen Fragen) geben"[74] zeugt von Ratlosigkeit und Desinteresse der deutschen Führung.

Während sich die deutsche Führung nach den Rückschlägen von ihrem Verbündeten abkapselte, nutzte Außenminister Shigemitsu die neue Situation für seine politischen Pläne. Am 29. Juli bat er Stahmer zu sich und unterbreitete ihm ein — angeblich echtes — Angebot der sowjetischen Regierung für einen Waffenstillstand. Vermutlich war dieser Vorschlag jedoch von Gaimusho fingiert, um Klarheit über eventuelle deutsche Forderungen an die Russen zu gewinnen. Allenfalls wäre es möglich, daß die japanische Regierung nach Absprachen mit den Russen mit deren Einwilligung — vielleicht auch auf deren Geheiß — die deutsche Friedensbereitschaft erkunden wollte. In den Kernpunkten sah diese Friedensofferte die großzügige Wiederherstellung der russischen Grenzen von 1914 vor und forderte deutsche Reparationen zum Wiederaufbau der zerstörten Industrieanlagen[75]. Auf dieses vermeintliche russische Friedensangebot reagierte Deutschland offiziell sogleich ablehnend[76]. Über die Motive läßt sich aus den Akten keine Klarheit gewinnen. Doch dürfen wir annehmen, daß nach wie vor Hitler

nach Feltre zum letzten Gespräch mit Mussolini vor dessen Sturz diesen Gedanken eines politischen Ausgleiches im Osten erwogen zu haben, zumal die Italiener seit langem auf eine Beendigung des Rußlandfeldzuges drängten.)

69 Kleist S. 244: Die Russen hätten Ende Juni 1943 in Stockholm wieder ihre Sondierungsgespräche wegen eines deutsch-russischen Friedens aufgenommen. (Möglicherweise angesichts der bevorstehenden deutschen Sommeroffensive, deren erfolgloser Ausgang sich Ende Juni 1943 nicht vorhersagen ließ.) Nach dem Mißerfolg dieser letzten deutschen Ostoffensive verlangte nun auch die Seekriegsleitung eine japanische Kriegsbeteiligung: KTB 1. Skl A 16. Juli 1943: Lagebetrachtung im kleinsten Kreis.

70 Heiber S. 316: Lagebesprechung vom 25. Juli 1943.

71 KTB 1. Skl A 25. Juli 1943.

72 Heeresakte III H 422/2: Schreiben OKH/Att. Abt. Ia Nr. 1094/43 gKdos an Adjutant Chef GenStab vom 31. Juli 1943: Bericht (Kretschmers) aus Tokio über die Reaktion im japanischen Generalstab wegen des Sturzes von Mussolini.

73 KTB 1. Skl A 2. August 1943: Japaner halten die italienischen Schiffe in Ostasien zurück. Hubatsch S. 227-230: Weisung Nr. 49 „Alarich" bzw. „Achse". Plan zur Besetzung Italiens durch deutsche Truppen im Falle eines Ausscheidens von Italien aus dem Krieg vom 31. Juli 1943 (ging nicht heraus, wurde aber in mehreren Einzelbefehlen am gleichen Tage weitergegeben).

74 Microcopy T-82, Roll 90, Item GD 470, Frame 0246978: OKW/WFStab Op. Nr. 003856/43 g. K.; F.H.Qu., 30. 7. 1943 betr. Zusammenarbeit mit Japan.

75 St.S. Japan: Telegramme Stahmer—AA, Nr. 2319 und 2320 vom 29. Juli 1943.
Unabhängig davon siehe die Darstellung von Sanders S. 523 f.

76 Ritter Rußland: Telegramm Ribbentrop—Stahmer persönlich, Nr. 1146 vom 1. August 1943.

jegliche politische Lösung im Osten kompromißlos ablehnte, falls der Außenminister ihm diese Offerte überhaupt mitgeteilt hat.

Im Widerspruch zur offiziellen Außenpolitik brachte die Seekriegsleitung intern, erstmals in einer Lagebesprechung am 20. August[77], offen ihre Zweifel am Endsieg zum Ausdruck: „Trotzdem erscheint es unter Abwägung der vorhandenen Kräfte und Möglichkeiten sehr zweifelhaft, ob Deutschland den Krieg mit militärischen Mitteln allein beenden kann". Die Führung der Kriegsmarine sprach sich für den Versuch einer politischen Lösung aus, „so lange die sich widerstrebenden Kräfte der feindlichen Verbündeten sich noch die Waage halten und so lange wir selbst dem Druck der Russen wie auch dem der Angelsachsen an allen Fronten standzuhalten vermögen"[78]. Tatsächlich war das Verhältnis unter den Alliierten wegen der von den Russen kategorisch geforderten „Zweiten Front" im Sommer 1943 ziemlich gespannt. Diese Differenzen hätten der deutschen Seite Ansatzpunkte zu Friedensgesprächen bieten können. Während der Konferenz in Quebec (14. bis 24. August 1943) wies daher die japanische Regierung den deutschen Botschafter auf die angebliche oder tatsächliche Furcht vor einem deutsch-russischen Ausgleich im angelsächsischen Lager hin[79]. Wegen des mit Sicherheit zu erwartenden Einspruches von Hitler fühlte sich jedoch Ribbentrop zu Friedensgesprächen nicht autorisiert. Der Außenminister hielt — wenn überhaupt — nur private Kontakte zur russischen Botschaft in Stockholm aufrecht[80].

Die Kapitulation Italiens am 8. September ließ die Frage einer politischen Lösung erneut aktuell werden. Nach der Entwaffnung der italienischen Verbände wurden deutsche Kräfte zur Sicherung der Ägäis, des Balkans sowie Italiens benötigt und mußten zum Teil von der Ostfront abgezogen werden. Die japanische Regierung nahm die neue Chance für eine Friedensvermittlung sofort wahr. Bereits am 8. September schickte sie Botschaftsrat Kawahara in das Auswärtige Amt. Dort wies der Diplomat erneut auf die Differenzen zwischen den Alliierten hin, die — nach Auffassung seiner Regierung — Stalin entweder zu weiteren Opfern oder zum Ausgleich mit Deutschland zwingen würden[81]. Diesem — erfolglosen — Sondierungsversuch in Berlin ließ Shigemitsu am 10. September einen weiteren Schritt in Moskau folgen. Der japanische Botschafter Sato fragte bei Molotov an, ob die sowjetische Regierung mit der Entsendung einer Spezialkommission einverstanden sei. Nach anfänglicher Zusage lehnte der sowjetische Außenminister den Vorschlag am 13. Dezember ab und benachrichtigte die amerikanische Regierung von dem japanischen Friedensvermittlungsversuch[82]. Vermutlich sollten die Angelsachsen mit diesem Loyalitätsbeweis gegenüber sowjetischen Forderungen gefügiger gemacht werden. Vielleicht bewog Stalin noch ein anderer Grund,

[77] KTB 1. Skl C A 20. August 1943: 1. Skl B Nr. 2474/43 Chefs., Lagebesprechung der Skl vom 20. August 1943.
[78] KTB 1. Skl A 12. August 1943.
[79] St.S. Japan: Telegramm Stahmer—AA, Nr. 2552 vom 20. August 1943.
[80] Kleist S. 256 ff.: Er (Kleist) habe am 16./17. August 1943 mit Ribbentrop eine Aussprache gehabt. Der Minister habe ihn aufgefordert, weiterhin private Kontakte zur russischen Botschaft in Stockholm zu halten.
[81] St. S. Japan: Aufzeichnung USt.S. Hencke, Pol Nr. 512 vom 8. September 1943.
[82] Israeljan S. 167 f.; Hull S. 1263 f.

Japan als Mediator abzulehnen: Da die Sowjetunion in Ostasien die russische Einflußsphäre von 1904 wiederherstellen wollte, war unter Umständen eine japanische Vermittlerrolle unerwünscht[83] und ein direktes Gespräch mit den Deutschen auf neutralem Boden vorteilhafter[84].

Nach dem Ausscheiden Italiens erwogen auch Goebbels und Ribbentrop einen politischen Ausgleich mit der Sowjetunion[85]. Trotz Goebbels' Fürsprache lehnte Hitler wegen der angespannten Verteidigungslage im Osten und wohl auch aus grundsätzlichen Überlegungen Friedensverhandlungen mit Stalin ab[86]. Vielmehr hegte er weiterhin die Hoffnung auf Verständigung mit den Engländern: Nach der Annektierung Korsikas und Sardiniens durch Großbritannien — so wähnte der Diktator — würde sich Churchill eventuell für ein Arrangement zugänglich zeigen[87]. Vielleicht erschienen Hitler auch die russischen Forderungen zu weitgehend.

Wegen Hitlers „Nein" war der günstige Zeitpunkt für Friedensgespräche mit den Russen bzw. für eine japanische Vermittlung ungenützt verstrichen. Erst im Dezember 1943 in Teheran sollte sich die Zusammenarbeit zwischen den Angelsachsen und den Russen so weit festigen, daß Stalin versprach, drei Monate nach Beendigung des Krieges in Europa gegen Japan loszuschlagen.

Die Regierung in Tokio erkannte durchaus, welche Gefahren ihr von Westen her, von der Sowjetunion, drohen konnten. Als im September 1943 Versuche zur Friedensvermittlung gescheitert waren, suchte Japan eine weitere Annäherung an Rußland. Wegen der amerikanischen Großoffensive im Südwestpazifik wurden von einigen japanischen Kreisen — in erster Linie hohen Marineoffizieren — Friedensfühler über Tschiang Kaischek zu den Angelsachsen ausgestreckt; doch Premierminister Tojo unterband sie schnell und wirksam mit Hilfe der Kempeitai (japanische Geheimpolizei)[88]. In der offiziellen Politik gewann hingegen der Gedanke, zusammen mit der Sowjetunion einen asiatischen Block zu bilden, im September 1943 an Boden[89]. Am 25. September entschied die Liaisonkonferenz, den japanischen Kriegsschauplatz als völlig unabhängig von dem europäischen anzusehen. Die Partnerschaft mit Deutschland sei im wesentlichen ein gegenseitiges Aufmuntern zum Kämpfen[90]. Als Ziel der Außenpolitik propa-

[83] Sanders S. 523: Bereits der Friedensvorstoß über Sofia sei unter Umgehung der Japaner erfolgt, um über die russischen Ansprüche auf Dairen und Pt. Arthur im neutralen Bulgarien mit den Deutschen zu verhandeln.

[84] Kleist S. 265 ff.: Im September 1943 hätte der Mittelsmann der russischen Botschaft in Stockholm als Verhandlungsgrundlage die Grenzen von 1914, die Dardanellen und freie Hand in Ostasien für die Sowjetunion gefordert.
Zu den deutsch-russischen Kontakten im September/Oktober 1943 siehe besonders die Darstellung von Minuth. Der Verfasser ist von der Echtheit dieser Gespräche überzeugt und hält die sowjetische Bereitschaft für ein taktisches Mittel, um von den Westmächten politische Konzessionen zu erlangen.

[85] Goebbels Tagebücher 10. September 1943 und Ribbentrop S. 264.

[86] Goebbels Tagebücher 23. September 1943.

[87] Goebbels Tagebücher 10. September 1943.

[88] Fishel S. 390 ff.

[89] St.S. Japan: Telegramm Stahmer—Steengracht, Nr. 2732 vom 9. September 1943.
Ebenda: Aufzeichnung LR Dr. Braun, eo Pol VIII 2040 gRs., vom 30. September 1943.

[90] Hattori III (6) S. 11 ff.: „The relation between Germany and Japan which had at first inspired a positive hope of mutual help and support had come to assume the negative nature

gierten Politiker und Militärs ein gutes Verhältnis zur Sowjetunion und eine Vermittlung im deutsch-russischen Krieg. Am 30. September 1943 billigte die Kaiserliche Konferenz als höchste Regierungsinstanz diese Überlegungen im Zusammenhang mit einer neuen defensiven Strategie. Zur „absoluten nationalen Verteidigungszone" wurde der Raum Kurilen—Bonin-Inseln—Marianen—Westguinea, die Sunda-Inseln und Burma erklärt, eine Linie, hinter die es keinen Rückzug geben sollte. Ferner sollten die Seewege in dieser Verteidigungszone gesichert werden[91].

Hegte die Führung in Tokio noch begründete Zuversicht und faßte sie realistische Beschlüsse, so herrschte in Berlin Ratlosigkeit. Die Offensive der Roten Armee hatte den Dnjepr erreicht; die Angelsachsen hielten ganz Süditalien in ihren Händen. Dieser Situation trug die Besprechung japanischer Offiziere mit General Jodl im Führerhauptquartier am 29. September 1943 Rechnung[92]. Die politischen Konzeptionen waren allen Beteiligten nur zu gut bekannt, als daß sie eingehend hätten erörtert werden müssen. In einem längeren Lagebericht stellte Jodl die deutsche Besetzung Italiens und der von dem ehemaligen Bundesgenossen gehaltenen Gebiete des Balkan als einen Erfolg hin. Eine eingehende Schilderung der Lage an der Ostfront umging er mit dem Hinweis, daß dies eine Angelegenheit des Oberkommandos des Heeres sei. Zwar war er tatsächlich seit Oktober 1942 nicht mehr unmittelbar für den Kriegsschauplatz im Osten zuständig, doch hätte er in seiner Eigenschaft als Chef des Wehrmachtführungsstabes die Fragen der Japaner beantworten müssen[93].

Wich Jodl Fragen, die den wichtigsten deutschen Kriegsschauplatz — den Osten — betrafen, aus, so gab er bereitwillig dem japanischen Marineattaché Komatsu Auskunft über die angelsächsischen Verbände im Mittelmeer. Deren geringe Kampfkraft, so führte er aus, und ihre Taktik, sich vorwiegend auf den Luftkrieg zu konzentrieren, könnten den deutschen Widerstand nicht brechen. Der Chef des Wehrmachtführungsstabes bagatellisierte die Kriegsanstrengungen der Angelsachsen, um den Japanern zu verstehen zu geben, daß Deutschland seine politischen Chancen, den Krieg zu beenden, im Westen sähe. Trotz der Proklamation von Casablanca („unconditional surrender") glaubte die deutsche Führung noch immer an einen Ausgleich mit den Westmächten. Spekulationen, wie sie Jodl den japanischen Offizieren unterbreitete, daß nämlich die feindliche Koalition auseinanderbrechen werde, erschienen im September 1943 nicht abwegig; phantastisch hingegen seine Schlußfolgerung, daß Deutschland sich auf die Seite der Westmächte schlagen werde.

Selbstverständlich durfte der Chef des Wehrmachtführungsstabes gegenüber verbündeten Militärs keine eigenen Gedanken entwickeln. Niemand hätte ihn jedoch hindern können, die Japaner öfter als nur fünfmal während der ersten zwei Jahre des gemeinsamen Krieges zu empfangen. Überdies drängt sich bei Lektüre dieser Unterredungs-

of encouraging each other to put up good fight, and it resulted in forcing Japan to resolve to carry on a protracted war independently".

[91] Siehe DOKUMENT Nr. 26 im Anhang S. 289.

[92] Siehe DOKUMENT Nr. 22 im Anhang S. 278.

[93] Jodls Ausweichen vor konkreten Anfragen stand im Gegensatz zu der Weisung vom 30. Juli 1943 (siehe Anm. Nr. 74), laut der es Aufgabe des OKW sein sollte, die Japaner zu unterrichten.

protokolle die Vermutung auf, daß Jodl alle Besprechungen ohnehin mehr als lästige Pflicht, denn als ernsthaftes Anliegen der deutschen Führung ansah. Im Jahre 1942, als strategische Alternativen gegeben waren, vermied er es, offen mit dem Partner, der immerhin einen erheblichen Teil angelsächsischen Kriegspotentials band, Fragen eines Weltkrieges zu erörtern. Ein Jahr später, als die Kriegsschauplätze auseinandergefallen waren, bediente sich Jodl der üblichen Sprachregelung, nach der militärische Rückschläge nicht existieren durften. An Berichten über die Lage in Ostasien oder über Offensivvorhaben der Japaner zeigte sich Jodl niemals interessiert. Mußten sich Generalstabsoffiziere wie Jodl schon Hitlers Weisungen fügen, so wäre es gerade ihre Pflicht gewesen, sich wenigstens zu informieren und Alternativen zu durchdenken.

Der Wehrmachtführungsstab hatte es in den beiden Aussprachen 1943 nicht einmal für nötig gehalten, die Forderung Hitlers und des Auswärtigen Amtes nach einer japanischen Kriegsbeteiligung gegen die Sowjetunion zu verfechten[93a]. Nach der japanischen Absage dürfte Hitler auf eine weitere Einflußnahme in Tokio verzichtet haben[94]. Ribbentrop hingegen bemühte sich verzweifelt weiterhin um das Bündnis. Als Ende 1943, nach dem Zerfall der Achse, auch die Kriegspartnerschaft mit Japan zu scheitern drohte, unternahm er abermals einen Versuch, sowohl die deutsche als auch die japanische Führung durch eine — wahrscheinlich von ihm selbst lancierte — Falschmeldung[95] zu gemeinsamem Handeln zu bewegen. Die Annäherung Japans an den Hauptfeind der Deutschen, die Russen, aufzuhalten und von der Tokioter Regierung eine klare Stellungnahme zu erzwingen[96], waren dabei die Hauptanliegen des Außenministers.

In einer Unterredung am 3. Oktober 1943[97] überreichte Ribbentrop dem japanischen Botschafter eine als „vertraulich" und „zuverlässig" deklarierte Abwehrmeldung aus Vladivostok, nach der die Russen mehr als 1 Million (!) Soldaten vom Fernen Osten nach Westen abgezogen hätten. Die asiatischen Teile der Sowjetunion seien von Fremdarbeitern aus Persien, Indien (!) und China „überschwemmt", so daß sich die Verteidigung der fernöstlichen Provinzen auf eine durch Entbehrungen geschwächte, korrumpierte Zivilbevölkerung stütze. Mit Recht bestritt Oshima diese unglaubwürdigen Angaben, sagte jedoch eine Prüfung durch die Behörden in Tokio zu.

Am 11. Oktober schickte daraufhin der deutsche Militärattaché Kretschmer ein entsetztes Telegramm direkt an das Oberkommando des Heeres: Der japanische Generalstab sehe in den deutschen Behauptungen ein Eingeständnis der Schwäche des deut-

[93a] In den beiden Unterredungen (siehe DOKUMENTE Nr. 21 und 22) waren die Japaner von Jodl nicht auf einen Krieg gegen die Sowjetunion gedrängt worden. Hinter dieser Unterlassung dürften weniger strategische Überlegungen gestanden haben, Japan werde einem solchen Angriff 1943 nicht mehr gewachsen sein, sondern einfach Desinteresse des WFStab wie des ganzen OKW am zweiten Schauplatz des Weltkrieges.

[94] In den Dokumenten existieren keine Hinweise, daß Hitler die Japaner nochmals zum Handeln gegen die Sowjetunion aufgefordert hat.

[95] Siehe DOKUMENT Nr. 23 im Anhang S. 281.

[96] Heeresakte H 27/57: Vortrag Chef GenSt d H (Zeitzler) vom 21. Oktober 1943: Der Hauptgrund für Ribbentrops Vorgehen sei es gewesen, „Japaner wegen ihres nicht ganz durchsichtigen Verhältnisses zu Rußland auf die Finger zu klopfen".

[97] Handakten Schmidt: Aufzeichnung über die Besprechung des Herrn RAM mit Botschafter Oshima am 3. Oktober 1943 in Steinort.

schen Ostheeres und reagiere auf diese Meldung verärgert[98]. Auch die deutsche Heeresführung entrüstete sich über Ribbentrops „Naivität". General Jodl, der nie Interesse an Japan gezeigt hatte, entwarf sogleich handschriftlich eine Antwort für den deutschen Militärattaché[99]. Auf Grund dieser Falschmeldung nahmen sich das OKH und das OKW dieser Frage in mehreren Besprechungen an[100]. General Kretschmer bekam erstmals aus Berlin einen ziemlich objektiven Bericht über den bisherigen Abzug russischen Militärs aus Fernost übermittelt. Diese Information schloß mit dem Hinweis, daß Ribbentrop die Japaner nur „auf die Ausnutzung der einmaligen Gelegenheit einer Schwächung Rußlands" hingewiesen habe, damit auch die deutsche Wehrmacht entlastet werde, „die seit langem (die) Hauptlast der Dreierpaktmächte trage"[101]. Als der Wehrmachtführungsstab Ende Oktober endlich im Sinne Ribbentrops sich für Japans Kriegsbeteiligung einsetzte, war es natürlich längst zu spät. Dieser ziemlich undiplomatische Schritt Ribbentrops wirbelte zwar — wie bezweckt — viel Staub auf. Doch anstatt das Bündnis zu stärken, wie es der deutsche Außenminister beabsichtigt hatte, schwächte er es in Wirklichkeit.

Deutschlands militärische Niederlagen und die sachlichen Gegensätze wurden in Tokio immer offenkundiger. Dort bemühte man sich nicht, im Sinne des deutschen Partners die Öffentlichkeit zu beeinflussen, ließ vielmehr offen durchblicken, daß dem Bündnis mit Deutschland nicht mehr derselbe Wert beigemessen werde wie im Jahre 1942. Mit Einwilligung der Regierung — in Japan unterlag die Presse wie in Deutschland strenger Zensur — übernahmen japanische Zeitungen den russischen Heeresbericht[102] und Lagemeldungen aus der „Zürcher Zeitung"[103]. Die Japaner unterliefen bewußt die deutsche Sprachregelung, nach deren Richtlinien der japanische Militärattaché in Berlin und sein deutscher Kollege in Tokio informiert wurden[104].

Auch Ribbentrop unterrichtete seinen alten Vertrauten, General Oshima, Ende 1943 nicht mehr über die tatsächliche militärische Lage in Europa. Anläßlich eines Gespräches Ende November[105] über die Moskauer Außenministerkonferenz forderte Ribbentrop den Botschafter zum letzten Mal indirekt auf, Japan solle militärisch in

98 Microcopy T-82, Roll 90, Item GD 470, Frames 0246940-41: Direktes Telegramm Kretschmer—OKW/WFSt/Amt Ausland-Abwehr, Nr. 187/43 vom 11. Oktober 1943.
99 Ebenda, Frame 0246939: Handschriftlicher Entwurf Jodls.
100 Heeresakte H 27/56 19. Oktober 1943: Meldung Chef Att. Abt., Oberst i. G. Schuchardt, an Chef Fr. Heere Ost, Oberst i. G. Gehlen.
Heeresakte H 27/57 21. Oktober 1943: Wiedergabe eines Vortrages des Chefs GenSt d H.
101 Microcopy T-82, Roll 90, Item GD 470, Frames 0246935-36: WFSt/Ic Nr. 473/43 Telegramm an Mil.Att. Tokio vom 2. November 1943.
102 St.S. Japan: Aufzeichnung LR Dr. Braun, eo Pol VIII 2040 gRs. vom 30. September 1943.
103 Heeresakte H 27/57: Vortrag Chef GenSt d H vom 9. November 1943.
Vgl. dazu auch St.S. Japan: Telegramm Kretschmer/Stahmer—AA/OKH Att. Abt., Nr. 3293 vom 29. Oktober 1943.
104 Heeresakte H 27/57: Vortrag Chef GenSt d H vom 28. Oktober 1943: Der japanische Militärattaché General Komatsu wolle „dringend über den Ernst der Lage (im Osten)" informiert werden. Dem japanischen General solle genau dasselbe wie Militärattaché Kretschmer mitgeteilt werden.
105 Handakten Schmidt: Aufzeichnung über die Besprechung des Herrn RAM mit Botschafter Oshima am 28. November 1943 in Berlin.

Rußland eingreifen. Oshima nahm dieses Thema gar nicht erst auf, sondern strich — völlig unbegründet — die großen Erfolge der japanischen Marine bei Bougainville heraus. Indes zwangen gerade die schweren Verluste der Kaiserlichen Flotte bei Bougainville und den Gilbert Inseln auch die Japaner zu einer Art „Sprachregelung". Mitte Dezember 1943[106] verlas Botschafter Oshima Ribbentrop eine Loyalitätserklärung seiner Regierung, deren nichtssagende Phrasen deutschen Durchhalteparolen durchaus ähnelten. Tokio veröffentliche aus taktischen Gründen nicht alle Verluste der Amerikaner — obwohl die Versenkungsziffern der japanischen Marine wenig Vertrauen einzuflößen vermochten[107].

Ein militärischer Sieg beider Mächte — auch Japans — war Ende 1943 zu einer Illusion geworden. Die Konferenzen der Alliierten ließen auf schwerwiegende Differenzen schließen[108]. Abermals kamen daher Gedanken an eine Beendigung des Krieges auf. In den letzten Novembertagen wurden die Kontakte zur russischen Botschaft in Stockholm mit Hilfe der japanischen Gesandtschaft wieder angeknüpft. Der Initiator dieser neuerlichen Friedensgespräche läßt sich nicht feststellen. Alle drei Mächte mögen aus verschiedenen Gründen Interesse an der Wiederaufnahme gehabt haben: Deutschland wegen des Verlustes der Ukraine, Japan wegen des angestrebten eurasischen Blockes und die Sowjetunion zu diesem Zeitpunkt wohl nur noch, um politischen Druck auf die Westmächte ausüben zu können[109]. Da die deutschen Forderungen nach den Grenzen des Friedens von Brest-Litovsk nunmehr für die Russen unannehmbar waren[110], versuchte Außenminister Shigemitsu in einem Vermittlungsvorschlag Deutschland zum Verzicht auf die „Kornkammer" (Ukraine) zu bewegen[111]. Die Verhandlungen zogen sich in die Länge und wurden Anfang Februar 1944 — wohl wieder auf Hitlers Weisung — abgebrochen. Hitler wollte nun erst die Invasion der Angelsachsen abwarten, um mit England zum Frieden zu gelangen. Ob er nach diesem Erfolg im Westen mit Stalin noch über einen politischen Ausgleich verhandelt hätte, wie er es angeblich vorhatte[112], muß fraglich bleiben. In den offiziellen Aussprachen Hitlers und Ribbentrops mit Oshima Mitte Januar 1944 wurden diese Stockholmer Friedensgespräche nicht erwähnt[113].

106 Handakten Schmidt: Aufzeichnung über die Besprechung des Herrn RAM mit Botschafter Oshima am 11. Dezember 1943 in Berlin.

107 KTB 1. Skl A 8. Dezember 1943: Tokio habe gemeldet, daß zwischen dem 27. Oktober und dem 3. Dezember 1943 5 Schlachtschiffe, 8 Träger, 7 große Kreuzer, 9 Kreuzer, 4 große Zerstörer und 8 Zerstörer der Amerikaner versenkt worden seien. Die Eigenverluste hätten 2 (!) Zerstörer betragen.

108 KTB 1. Skl A 25. Oktober 1943 und Goebbels Tagebücher 12. November 1943: Auf der Moskauer Außenministerkonferenz (19.-30. Oktober 1943) sei es zu Meinungsverschiedenheiten über die „Zweite Front" gekommen.

109 Sanders S. 525: Die Notiz der „Pravda" vom 17. Januar 1944, Deutschland verhandele mit den Westmächten über einen Sonderfrieden, sei ein diplomatisches Druckmittel gewesen, um definitive Zusagen wegen der „Zweiten Front" von den Westmächten zu erhalten.

110 Mourin S. 188 f. und Sanders S. 525 ff.

111 Jones, Far East S. 116 nach IMTFE „Miscellaneous Documents": Unterredung Stahmer—Shigemitsu am 24. Januar 1944.

112 Ebenda: Telegramm Ribbentrop—Stahmer vom 13. Februar 1944.

113 Handakten Schmidt: Aufzeichnung über die Besprechung des Herrn Reichsaußenministers mit Botschafter Oshima am 22. Januar 1944 in Steinort. — Ebenda: Aufzeichnung

Die Führung in Tokio ließ sich durch das Scheitern der Vermittlungsversuche nicht entmutigen. Konsequent verfolgte man weiterhin die Politik einer Annäherung an den westlichen Nachbarn. Immer wieder wurde der deutsche Partner auf die hoffnungslose militärische Lage in Rußland hingewiesen. Konnten die Japaner ihre „absolute nationale Verteidigungszone" immerhin bis Mitte Mai 1944 halten, so hatte die Rote Armee in den ersten Januartagen bereits die ehemalige polnische Ostgrenze überschritten. Auf Weisung Tokios äußerte sich der Militärattaché in Berlin mehrfach pessimistisch über die deutsche Lage im Osten[114]. Selbst Botschafter Stahmer gewann in einer Aussprache mit Shigemitsu Anfang Februar 1944 den Eindruck, daß sich das russisch-japanische Verhältnis entspanne[115]. Wenige Tage zuvor hatte die Verbindungskonferenz beschlossen, ohne Rücksicht auf Deutschland die asiatische Blockpolitik nunmehr offiziell zu verfolgen und die bestehenden Verträge mit der Sowjetunion zu revidieren. Im Zuge einer generellen Bereinigung aller Differenzen mit Rußland war die japanische Führung bereit, auf die Öl- und Kohlekonzessionen in Nord-Sachalin definitiv zu verzichten, ein großzügiges Fischereiabkommen auszuhandeln und den Warenverkehr zwischen Japan/Mandschukuo und der UdSSR auszubauen[116]. Von einem solchen gegen die Westmächte gerichteten asiatischen Block erhoffte selbst Hitler vorübergehend im März 1944 positive Rückwirkungen auf den europäischen Kriegsschauplatz[117]. Solange Deutschland nicht diesem Block beitrat, mußte sich eine sowjetisch-japanische Übereinkunft jedoch immer negativ auf die militärische Lage an der Ostfront auswirken. Konnte doch Rußland dann seine fernöstlichen Truppen nach Westen werfen, und japanische Rohstofflieferungen stärkten das sowjetische Rüstungspotential. Einen Kompromiß mit Stalin aber lehnte Hitler nach wie vor ab; vielmehr hielt er auch noch Anfang 1944 an vagen Hoffnungen auf ein Nachgeben der Engländer fest[118].

über den Empfang des Botschafters Graf Oshima beim Führer am 22. Januar 1944. Anwesende: RAM, Botschafter Hewel.

[114] Heeresakte H 27/58: Generalmajor Komatsu und Oberstleutnant Nishi im HQu des OKH bei Chef GenSt d H am 6. Januar 1944.
Microcopy T-82, Roll 90, Item GD 470, Frame 0246920: OKW/WFSt/Amt.Ausl/Abw. Nr. 208/44 vom 24. Januar 1944: Generalmajor Komatsu habe über die Besprechung der japanischen Militärattachés in Budapest (11.-15. Januar 1944) gemeldet: „In fast allen Ländern pessimistische Auffassung von der Lage im Osten."

[115] Ebenda, Frame 0247142: Abschrift Drahtbericht deutsche Botschaft Tokio vom 6. Februar 1944. Noch am 27. Dezember 1943 (St.S. Japan) hatten Kretschmer/Stahmer aus Tokio in ihrem Jahresabschlußbericht zur militärischen Lage gemeldet: „... prophylaktischer japanischer Überfall auf die Sowjetunion in unverminderter Stärke vorbereitet. Sein Antritt jedoch zur Zeit nur äußerste Notmaßnahme".

[116] Hattori II (5) S. 102.

[117] Handakten Schmidt: Aufzeichnung über die Unterredung zwischen dem Führer und den Mitgliedern des bulgarischen Regentschaftsrates auf Schloß Kleßheim im Anschluß an die Abendtafel am 16. März 1944 in Anwesenheit des RAM, GFM Keitel und Generaloberst Jodl.

[118] Handakten Schmidt: Aufzeichnung über die Unterredung zwischen dem Führer und Marschall Antonescu auf Schloß Kleßheim am 24. März 1944 in Anwesenheit des RAM, des Vizeministerpräsidenten Mihai Antonescu, des GFM Keitel und des Generals Steflea.
Hitler bemerkte: „... der jetzige Konflikt (mit Rußland) könne durch keinen Kompromiß beendet werden. Nur ein Sieg könne die Substanz der europäischen Völker erhalten". Vielmehr hoffte Hitler wiederum indirekt auf ein Nachgeben der Engländer, da der japanische und russische Druck auf Indien zunehme.

Mittlerweile erkannten die Verantwortlichen in Tokio immer deutlicher, daß Japan auf sich allein gestellt den Krieg nicht durchzustehen vermochte. Die bisherige Aufgliederung der Kompetenzen hatte es der japanischen Regierung unmöglich gemacht, den alarmierenden Verlusten an Schiffstonnage[119] und dem Vorrücken der Amerikaner im Südwestpazifik[120] wirksam entgegenzuarbeiten. Daher übernahmen Premier Tojo und Marineminister Shimada zusätzlich den Posten des Generalstabs- bzw. Admiralstabschefs[121]. Diese Reorganisation der japanischen Führung sollte die mangelnde Koordination beider Wehrmachtteile und den Dualismus zwischen Streitkräften und Regierung beseitigen.

Ende März unterzeichneten der stellvertretende Volkskommissar des Äußeren Lozovskij und der japanische Botschafter Sato in Moskau mehrere Abkommen[122]. Dieser außenpolitische Schritt unterstrich die in der Regierungsumbildung offenkundig gewordenen Bemühungen Japans, sich die westliche Flanke zu sichern. Die Aufgabe der japanischen Konzessionen auf Nord-Sachalin und der Abschluß eines auf fünf Jahre befristeten Fischereiabkommens, in dem die Sowjetunion erstmals als gleichberechtigter Partner anerkannt wurde, konnten die Angelsachsen kaum schrecken, hatte doch Stalin bereits in Teheran eine Kriegsbeteiligung der Sowjetunion nach dem Ende der Kampfhandlungen in Europa zugesagt[123]. Zudem kam die Verpflichtung Japans, die Gewässer östlich der Halbinsel Kamčatka und im Gebiet von Kap Oljutorsk zu meiden, einer Versicherung gleich, den Schiffsverkehr von Amerika nach Sowjetisch Fernost in Zukunft nicht mehr zu behelligen. Die Verschiffungsziffern alliierter Kriegslieferungen über Vladivostok, die im März 1944 während der Verhandlungen in Moskau ihren tiefsten Stand seit September 1942 erreicht hatten, stiegen für den Rest des Jahres um das Dreifache. Wie schon 1943, so betrugen diese Lieferungen auch im Jahre 1944 annähernd 50 % aller in die Sowjetunion verschifften Waren[124]. Ein Jodl und Hitler vorgelegter Bericht der deutschen Abwehr[125], in dem der ungehinderte Verkehr alliierter

[119] KTB 1. Skl A 26. März 1944: Die Verluste an Tonnage überträfen die Neubauten fast um das Doppelte. Anfang 1944 seien monatlich 200 000 BRT versenkt, aber nur 113 000 BRT gebaut worden.

[120] Amerikanischer Vorstoß gegen die Marshall-Inseln (Kwajalein 5. Februar, Eniwetok 17. Februar), die allerdings außerhalb der „absoluten nationalen Verteidigungszone" (DOKUMENT Nr. 26) lagen.

[121] Botschafter Stahmer berichtete — bar guter Kontakte — über diese Regierungsumbildung erst am 23. Februar 1944 nach Berlin: Microcopy T-82, Roll 90, Item GD 470, Frame 0247065.

[122] KTB 1. Skl A 1. April 1944.
Moore S. 202-210: Englischer Abdruck des „Protokolls über die Übergabe der japanischen Öl- und Kohlekonzessionen auf Nord-Sachalin vom 30. März 1944", der „Durchführungsbestimmungen vom 10. März 1944", des „Protokolls über die Verlängerung des Fischereiabkommens zwischen der UdSSR und Japan für den Zeitraum von fünf Jahren vom 30. März 1944" und des „Notenwechsels betreffs der Fischereivereinbarung vom 30. März 1944" (eigene Übersetzung).

[123] Morton, Soviet Intervention S. 655.

[124] Motter S. 482/83: 1942 wurden 29,9 %, 1943 49,9 % und 1944 45,5 % aller an die Sowjetunion verschifften Lieferungen über den Fernen Osten geleitet.

[125] Microcopy T-82, Roll 90, Item GD 470, Frame 0247158: Reichssicherheitshauptamt/Militärisches Amt Nr. 586/44 an OKW/WFSt vom 8. Juni 1944. Original, handschriftlich von Jodl abgezeichnet und mit dem Vermerk versehen: „Führer hat K(enntnis)".

Schiffe unter sowjetischer Flagge und das Löschen von Kriegsmaterial in Vladivostok beschrieben wurden, entsprach gewiß den Tatsachen. Die japanische Marine war 1944 nicht in der Lage und nicht willens, die in diesem Jahr insgesamt gelöschten 2 842 500 Tonnen[126] im Interesse des deutschen Partners zu kontrollieren.

Vielmehr bemühte sich die japanische Regierung, die sich der Rückwirkungen einer militärischen Niederlage Deutschlands auf den pazifischen Kriegsschauplatz durchaus bewußt war[127], im Sinne ihrer neuen Politik um den Bundesgenossen. Die günstige Situation nach dem Vertragsabschluß mit der Sowjetunion versuchte sie zu einer weiteren Friedensvermittlung in Moskau zu nutzen. Im Auftrage Shigemitsus erinnerte der japanische Botschafter Sato am 8. April 1944 Molotov an den japanischen Vorschlag vom September 1943[128], eine japanische Mission nach Moskau zu entsenden. Als Sato Molotovs Frage, ob ein deutscher Wunsch zu einer Friedensvermittlung bestünde, verneinte, wies der sowjetische Außenminister am 12. April den japanischen Vorschlag zurück[129]. Im April 1944 dürfte die sowjetische Regierung nicht mehr an ernsthaften Friedensgesprächen mit den Deutschen interessiert gewesen sein. Die Konferenz von Teheran hatte das Bündnis der Angelsachsen mit den Russen gefestigt, die „Zweite Front" war definitiv für die nächsten Monate zugesagt und das sowjetische Territorium bereits weitgehend von deutschen Truppen befreit — Deutschlands militärische Niederlage konnte als sicher gelten. Vielmehr wurden die verbündeten Angelsachsen von diesem japanischen Vorstoß in Kenntnis gesetzt[130].

Während des japanischen Vermittlungsversuches in Moskau arbeitete Goebbels — möglicherweise auf japanische Anregung — ein Memorandum über die Beendigung des Krieges im Osten aus[131]. Der Minister gedachte Hitler für seinen Plan zu gewinnen, ein konkretes Friedensangebot über die Japaner an Stalin zu senden. Der sowjetischen Einflußsphäre wollte er Finnland, Nordnorwegen, die baltischen Staaten, Polen, Rumänien, Bulgarien und Griechenland eingliedern. Außenminister Ribbentrop, dessen Politik Goebbels als erstarrt und steril ansah[132], sollte abgelöst werden. Der Propagandaminister erklärte sich bereit, das Ressort des Äußeren im Zusammenhang mit diesem Friedensfühler selbst zu übernehmen[133].

126 Motter S. 483: 2 848 181 long tons (britische Gewichtseinheit) entsprechen etwa 2 842 500 Tonnen.
1 Tonne = 0 9842 long tons (britisch)
= 1 1020 short tons (amerikanisch)

127 Hattori III (6) S. 2 ff.: Die Verbindungskonferenz am 25. September 1943 habe die möglichen Auswirkungen einer deutschen Niederlage auf Japan diskutiert.

128 Siehe oben S. 183.

129 Jones, Far East S. 116; Israeljan S. 244 f.; Hattori III (8) S. 301.

130 Hull S. 1462: Am 13. April 1944 habe der damalige Chargé d'affaires Gromyko ihn (Hull) unterrichtet.

131 Semmler Tagebucheintragungen vom 10., 12., 16. und 20. April 1944.

132 Vgl. auch Goebbels Tagebücher 14. November 1943: „Man kann nur darüber staunen, mit welchem Fanatismus das Auswärtige Amt und insbesondere Ribbentrop Fragen von so untergeordneter Bedeutung behandeln, dagegen aber Fragen von höchster Wichtigkeit einfach beiseite liegen lassen. Unsere Außenpolitik von heute ist vollkommen erstarrt und steril geworden".

133 Semmler Tagebucheintragungen vom 12. und 16. April 1944.

Goebbels hat, obwohl möglicherweise von alten Ressentiments beeinflußt, die Lage richtig beurteilt. Ribbentrop, der in den Anfangsjahren des Krieges zielbewußt die „weltpolitische Allianz" mit Japan verfochten hatte, nutzte diplomatisch-politische Möglichkeiten, den aussichtslosen Krieg im Osten zu beenden, nur sehr zurückhaltend. In dieser Frage wagte es der Außenminister anscheinend nicht, Hitler zu widersprechen und ihm Alternativen vorzutragen. Es bleibt natürlich Spekulation, ob sich Hitler seinen Ratgebern hätte entziehen können, wären sie geschlossen aufgetreten. Goebbels' vereinzelter Vorschlag blieb jedenfalls unerwidert[134]. Ohnehin war der japanische Friedensvorstoß vom April 1944 an der ablehnenden Haltung der Russen gescheitert.

Außenminister Shigemitsu blieb trotz dieses Mißerfolges bei seiner Politik des Ausgleiches mit der Sowjetunion. Er informierte Botschafter Stahmer über den demonstrativen Abzug japanischer Truppen aus der Mandschurei[135]. Diese Kräfte, so führte der Minister unverblümt aus, könnten in der seit Mitte April angelaufenen China-Offensive[136] sinnvoller eingesetzt werden als zur überflüssigen Grenzsicherung gegen die Sowjetunion. Auch die Dementis des Außenamtes und selbst die Shigemitsus[137] über angebliche Lieferungen von Kopra an die UdSSR[138] klangen wenig glaubhaft.

Gab die Regierung in Tokio deutlich ihre Absichten zu verstehen, so keinesfalls ihr Botschafter in Berlin. Unbekümmert über die diametral entgegengesetzte Rußlandpolitik beider Länder und die defensive Lage auf den isolierten Kriegsschauplätzen redete Oshima dem deutschen „Führer" bei einer Zusammenkunft am 27. Mai 1944[139] nach dem Munde. Ribbentrop wohnte dieser Aussprache als Statist bei. Anstatt außenpolitische Fragen aufzugreifen, versprach er in einer einzigen Zwischenbemerkung, seinem alten Freund Oshima einen neuen Motor für dessen Volkswagen zu besorgen! Hitlers Fatalismus kam im Schlußwort deutlich zum Ausdruck: „Der Führer schloß die Unterhaltung mit dem Hinweis darauf, daß wir den Krieg gewinnen müßten, wovon er überzeugt sei, da unsere Völker sonst vernichtet würden."[140]

Die Frage, ob Oshima nicht ein geschicktes Doppelspiel betrieb, läßt sich mit ziemlicher Sicherheit verneinen. Als Botschafter einer verbündeten Macht hatte er das

134 Semmler Tagebucheintragung vom 20. April 1944: Acht Tage nach der Überreichung des Memorandums wartete Goebbels ungeduldig auf Hitlers Antwort.
Semmler Tagebucheintragung vom 2. Mai 1944: Bormann habe das Memorandum Hitler vorenthalten. Doch Hitler, als er es endlich zu lesen bekam, habe sich uninteressiert gezeigt.

135 KTB 1. Skl A 21. Mai 1944: Shigemitsu habe Stahmer informiert, daß vier bis fünf Divisionen aus Mandschukuo für die Chinaoffensive abgezogen worden seien.

136 Diese letzte große Offensive des japanischen Heeres führte zur Herstellung einer Landverbindung von Hankau nach Kanton. Damit wurden die amerikanischen Flugbasen im östlichen China ausgeschaltet. Außerdem bewies dieser offensive Schlag die 1944 noch ungebrochene Kraft der japanischen Armee bei Festlandsoperationen, die nicht vom Nachschub über See abhängig waren.

137 Ritter Japan: Telegramme Stahmer—AA, Nr. 1499 vom 3. Juni und Nr. 1531 vom 9. Juni 1944.

138 Ritter Japan: Telegramm Deutsches Konsulat Shanghai—AA, Nr. 413 vom 20. Mai 1944: Japan liefere aus Manila (Philippinen) an die Sowjetunion Kopra im Werte von 5 Millionen Yen, zahlbar in Gold.

139 IMT Doc 3780-PS, Band XXXIII, S. 74-80: Aufzeichnung über die Unterredung des Führers mit dem japanischen Botschafter Oshima in Anwesenheit des RAM und des Gesandten von Sonnleithner auf dem Berghof am 27. Mai 1944 von 16.35-17.45 Uhr.

140 Ebenda.

Dekorum zu wahren und konnte Hitler nicht ungeniert widersprechen. Hingegen fällt bei allen Unterredungen der letzten Kriegsjahre mit Hitler oder Ribbentrop auf, daß der japanische Emissär von seiner Regierung häufig nicht informiert war. Auf Drängen des japanischen Heeres hatte Oshima 1938 seinen Posten als „germanophiler Interpret der Tokioter Politik“[141] angetreten; während des Krieges fiel der Japaner in zunehmendem Maße der deutschen Endsiegpropaganda anheim. Seine Berichte, die er vor der Invasion über die deutsche Kampfkraft nach Tokio leitete, wurden im japanischen Außenamt belächelt[142], galt doch Oshima dort seit langem als „Ribbentrop's Messenger Boy“[143]. Auch Botschafter Ott bezeichnete seinen japanischen Kollegen als „einen gegenüber dem Nationalsozialismus und seiner Führung positiv-optimistisch eingestellten Diplomaten“, der für ihn selbst „ein unangenehmer Gegenpol“ gewesen sei[144]. Grundlegende Entscheidungen der japanischen Politik, die das Verhältnis zur Sowjetunion betrafen, wurden der deutschen Botschaft in Tokio übermittelt, die sie — allerdings unter Stahmer oft positiv interpretiert — nach Berlin weiterleitete; oder Oshima mußte unter Aufsicht eines Sondergesandten widerstrebend der deutschen Führung Grundsatzentscheidungen seiner Regierung erläutern[145]. Das „Gaimusho“ hätte den Botschafter-General durch einen Berufsdiplomaten, wie sie bei den europäischen Neutralen akkreditiert waren[146], ablösen können. Ein solcher Schritt hätte jedoch das Verhältnis der zivilen Regierungsinstanzen zu den Spitzen des Heeres unnötig belastet; vielleicht waren entsprechende Pläne — falls sie überhaupt existierten — auch auf den Widerstand der Generalität gestoßen. Als die Ziele der beiden Verbündeten ab 1943 immer weiter auseinanderklafften und die Allianz mit dem Reich als gescheitert angesehen werden konnte, erübrigte sich eine Ablösung Oshimas.

Die militärische und politische Niederlage des Deutschen Reiches war mit der Invasion besiegelt. Nachdem die Rote Armee bisher die Hauptlast des Kampfes getragen hatte, begann jetzt jener großangelegte Zweifrontenkrieg, den die Führung in Berlin ursprünglich durch das Bündnis mit Japan zu vermeiden getrachtet hatte[147]. Von der deutschen Seekriegsleitung wurde diese direkte Konfrontation mit den Angelsachsen, die Raeder einst vergeblich von Hitler gefordert hatte[148], als „letzte deutsche Chance“ anfangs begrüßt[149]; doch bereits am 10. Juni mußten die Stabsoffiziere der Marine die Landung als geglückt bezeichnen[150]. Damit erklärten sie indirekt den Krieg für mili-

[141] Sommer S. 386.
[142] Kase S. 90.
[143] Kordt, Wahn und Wirklichkeit S. 329.
[144] Interview des Verfassers mit Botschafter i. R. Eugen Ott, München, am 11. Juni 1966 (sinngemäß wiedergegebene Meinung Otts).
[145] Unterredung Ribbentrop—Oshima—Okamoto vom 19. Mai 1943, siehe Anm. Nr. 59.
[146] Siehe DOKUMENT Nr. 28 im Anhang S. 292.
Zusammenstellung der in Europa tätigen höheren japanischen Diplomaten.
[147] Siehe oben S. 19 und S. 131.
[148] Siehe oben S. 130.
[149] KTB 1. Skl A 6. Juni 1944: „Noch einmal bietet sich die Möglichkeit, eine schnelle Entscheidung des Krieges durch einen kurzen, aber wuchtigen Waffengang herbeizuführen“.
[150] KTB 1. Skl A 10. Juni 1944: „Angesichts der Fortschritte, die der Gegner in beiden Landeköpfen gemacht hat, muß festgestellt werden, daß die Invasion geglückt ist“.
Doch Keitel, Jodl und Hitler glaubten noch an eine Isolierung des Brückenkopfes und klam-

tärisch verloren. Außerdem bereinigte die Invasion den Streitpunkt zwischen Angelsachsen und Russen und festigte die politische Front der Gegner des Reiches. Am 12. Juni 1944 veröffentlichte die amtliche sowjetische Nachrichtenagentur erstmals die Ziffern aller kriegswichtigen Waren, welche die Westmächte zur Unterstützung der russischen Widerstandskraft geliefert hatten[151]. Mit diesem Schritt machte die Regierung in Moskau deutlich, daß zwischen den gegen Deutschland kämpfenden Großmächten keine schwerwiegenden Differenzen mehr bestanden. Die ohnehin geringe Chance eines deutsch-russischen Sonderfriedens war im Juni 1944 endgültig illusorisch geworden.

Zu diesem verspäteten Zeitpunkt nahm der Generalstab des Heeres — offenbar mit Hitlers Einwilligung — jetzt über die schwedische Regierung in Stockholm Verhandlungen mit den Russen auf[152]. Ob diese — nunmehr offiziellen — deutschen Gespräche, die über die Attachéabteilung im Generalstab des Heeres liefen, auf japanisches Drängen zurückzuführen sind, läßt sich nicht klären. Jedenfalls riet der japanische Generalstab zur gleichen Zeit wiederum dem Reich zu einem politischen Ausgleich mit der Sowjetunion[153]. Über die Einzelheiten dieser Sondierung ist ebenfalls nichts bekannt. Für den Fall, daß die Verhandlungen scheitern sollten, griff die deutsche Seite auf die oft geäußerte japanische Anregung zurück, die Besatzungspolitik im Osten zu revidieren. Mit Hitlers stillem Einverständnis wurden im Juli 1944 das „Vlassov-Komitee" konstituiert und antikommunistische Verbände durch die Wehrmacht aufgestellt[154], beides allerdings zu einem Zeitpunkt, da kaum noch sowjetisches Territorium von deutschen Truppen besetzt war.

Für Japan bedeutete die amerikanische Großlandung auf Saipan (12. Juni) ebenfalls eine Invasion. Von den Marianen her geriet das Mutterland in den Aktionsradius der modernsten amerikanischen Fernbomber vom Typ „B-29". Die Gleichzeitigkeit der amerikanischen Offensiven in Europa und im Pazifik ließ die Überlegenheit des angelsächsischen Kriegspotentials offenkundig werden[155]. Diese alliierten Siege sollten in beiden Ländern unterschiedliche Rückwirkungen zeitigen. Nach der geglückten Invasion rang sich der deutsche Widerstand zu dem Entschluß durch, Hitler zu ermorden. Alle Versuche, den deutschen Diktator zum Einlenken zu bewegen, waren gescheitert: der politische Mord erschien als einzig möglicher Ausweg. In Japan hingegen, wo das soldatische Tapferkeitsideal — der Bushido-Geist — oft genug den Mord an Politikern

merten sich an die Möglichkeit eines weiteren, mißglückten (!) Landungsversuches der Angelsachsen (Lagevorträge ObdM vor Hitler, 12. Juni 1944).

151 KTB 1. Skl A 12. Juni 1944.

152 Heeresakte H 27/6: GenSt d H/Att. Abt. Nr. 1388/44. 30. Juni 1944. „Betr. Einschaltung Schwedens bzw. Möglichkeit neuer (!) russischer Friedensbedingungen".
Leider handelte es sich bei dieser äußerst wichtigen Quelle nur um den Ausgangsvermerk einer an den deutschen Militärattaché in Stockholm abgegangenen Weisung.

153 Microcopy T-82, Roll 90, Item GD 470, Frame 0246986: Telegramm Kretschmer Tokio an Att. Abt. des Gen StdH vom 29. Juni 1944.

154 Heeresakte H 3/513 3. Juli 1944: „Teile einer Ausarbeitung des Wlassow-Komitees über die Kriegführung gegen Rußland vom 3. Juli 1944".

155 KTB 1. Skl A 9. Juli 1944: „Inselverlust (Saipan) wird als sehr schwerwiegend angesehen, mehr jedoch noch (die) Tatsache, daß es bei stärkster Bindung in Europa Amerikanern überhaupt gelang, Besetzung durchzuführen".

gerechtfertigt hatte[156], zeichnete sich nach der amerikanischen Bedrohung nur eine Kabinettskrise ab[157]. Die Niederlage des Kaiserreiches war längst nicht so offenkundig wie die deutsche; noch schienen militärische Rückschläge nur vorübergehend zu sein. Um sie aufzufangen, gedachte man in Tokio nur die Verantwortlichen auszuwechseln, ohne das politische System — die autoritäre Oligarchie — abzuändern. Im Verlauf dieser Krise wurde der aus Berlin Anfang 1943 abberufene Admiral Naokuni Nomura für einen Tag Marineminister[158]. Doch auf Drängen des Jushin (Rat der älteren Staatsmänner)[159] demissionierte das gesamte Tojo-Kabinett am 18. Juli 1944. An die Stelle der „Diktatur" Tojos trat vier Tage später eine von General Koiso und Admiral Yonai gemeinsam geführte Regierung[160]. Die Rivalität zwischen Heer und Marine wurde nun in der Regierungsspitze manifest und ließ — wie Admiral Wenneker zutreffend nach Berlin berichtete[161] — keine grundlegende Änderung der japanischen Politik erwarten.

Am 24. Juli befaßte sich die Kaiserliche Konferenz zunächst mit der japanischen Lage und legte eine neue Verteidigungszone entlang der Linie Philippinen—Formosa—Ryukyu-Inseln—Mutterland—Kurilen fest[162]. Nach dem mißglückten Attentat auf den deutschen „Führer", das die Japaner mit einem Anschlag auf den „göttlichen" Tenno verglichen, gab das Heer die Hoffnung auf den Verbündeten auf[163]. Als Folge einer Niederlage des europäischen Partners kalkulierten die Militärs in Tokio eine Revision der sowjetischen, bisher neutralen Haltung gegenüber Japan/Mandschukuo ein[164]. Obwohl der deutsche Außenminister wiederum einen Ausgleich mit der Sowjetunion abgelehnt hatte[165], beschloß die Kaiserliche Konferenz am 19. August 1944, ihre Beziehungen zu Rußland noch mehr zu verbessern und sich weiterhin intensiv um einen deutsch-russischen Frieden zu bemühen[166]. Der „Oberste Kriegsrat", der zur gleichen Zeit an die Stelle der von den Militärs beherrschten Verbindungs(Liaison-)konferenz getreten war[167], diskutierte den alten Plan, eine Sondergesandtschaft nach Moskau zu

[156] Über die Verschwörungen junger Heeresoffiziere 1932 und den Militärputsch vom 26. Februar 1936 siehe die Darstellungen von Shigemitsu; Presseisen, Germany and Japan und — ein wenig journalistisch gehalten — Mosley.

[157] KTB 1. Skl A 14. Juli 1944: Bericht Admiral Wennekers aus Tokio.

[158] KTB 1. Skl A 18. Juli 1944.

[159] Siehe Anm. Nr. 22 S. 30.

[160] Hattori III (6) S. 151-184: Ausführliche Beschreibung der Regierungskrise. Zum Rücktritt Tojos siehe auch die Biographie von Browne S. 165 ff.

[161] KTB 1. Skl A 27. Juli 1944.

[162] Hayashi S. 114.

[163] Hayashi S. 112.

[164] Hattori III (8) S. 270: Auszug aus dem Kriegsplan des Kaiserlichen Hauptquartiers vom 27. Juli 1944, der den beiden neuen Premiers vorgelegt wurde: „Unless the German authorities take appropriate measures to cope with the political and military situation, it will become extremely difficult for them to carry on their war aims. Furthermore, it must be anticipated that, after the end of this year, the Soviet Union might change her attitude towards Japan".

[165] Handakten Schmidt: Aufzeichnung über die Unterredung zwischen dem RAM und Botschafter Oshima in Steinort am 23. Juli 1944 (mit 45 Seiten bei weitem die längste und inhaltloseste Unterredung).

[166] Hattori III (8) S. 289 ff.

[167] Kase S. 88 und Shigemitsu S. 334 f.: Am 8. August 1944 reorganisierte der neue Premierminister Koiso die Verbindungskonferenz. An den Sitzungen des neu geschaffenen „Obersten Kriegsrates" nahmen 3 Zivilisten (Premier, Außenminister, Chefsekretär des Kabinetts) und

schicken[168]. Armee und Marine konnten sich jedoch in einer weiteren Sitzung Ende August nicht einigen, welche Persönlichkeit diese Delegation anführen sollte[169].

Bevor über diese Gesandtschaft entschieden war, hatte die japanische Marine mit Admiral Wenneker Fühlung genommen, um erneut die deutsche Bereitschaft zu einem Ausgleich mit der Sowjetunion zu sondieren: Stalin brauche für die bevorstehende Auseinandersetzung mit den Westmächten das Deutsche Reich und wolle eine Besetzung Deutschlands unbedingt vermeiden[170]. Wahrscheinlich auf Grund dieser Nachrichten entwarf Ribbentrop seine erste Denkschrift für einen Frieden mit der Sowjetunion[171]. Inzwischen zog der japanische Außenminister auch Botschafter Stahmer wegen dieser Friedensvermittlung ins Vertrauen und erteilte Oshima Ende August nach Berlin entsprechende Weisungen[172]. Vor seinem offiziellen Empfang durch Hitler und Ribbentrop besprach Oshima dieses Anliegen am 4. September mit Goebbels; dessen Eintreten für einen Frieden mit Rußland dürfte der japanischen Diplomatie bekannt gewesen sein. Zu Recht wies Goebbels auf die geringen Chancen eines solchen Rapprochements hin[173]. Als der Botschafter weisungsgemäß zwei Tage später vor Hitler und Ribbentrop den Wunsch seiner Regierung erläuterte, mußte er sich von der unnachgiebigen Haltung des Oberbefehlshabers der deutschen Wehrmacht überzeugen. Ohne auf den japanischen Vorschlag einzugehen, verglich Hitler den augenblicklichen Kampf des Reiches mit der Situation Roms nach der Niederlage bei Cannae im zweiten Punischen Krieg und forderte die japanische Regierung auf: „... in dieser Beziehung von Schritten irgendwelcher Art bei der Sowjetregierung nach wie vor abzusehen"[174]. Tatsächlich blieb dem Reich im September 1944 nur noch die Kapitulation.

Ohne eine deutsche Stellungnahme abzuwarten, hatte Außenminister Shigemitsu bereits auf der Zusammenkunft des „Obersten Kriegsrates" am 4. September durchgesetzt, daß der ehemalige Botschafter in Moskau und spätere Außen- bzw. Premierminister Hirota als Sondergesandter nach Moskau reisen solle[175]. Der erfahrene Diplo-

6 Offiziere (Generalstabschef, stellv. Generalstabschef, Admiralstabschef, stellv. Admiralstabschef, Direktor des Militärbüros, Direktor des Marinebüros) teil. In der Praxis unterschied sich dieses Gremium kaum von der Verbindungskonferenz; nach wie vor waren die Militärs in der Überzahl.

168 Hattori III (8) S. 305 (am 26. August 1944).

169 Ebenda: Expremier Tojo, Admiral Suzuki, der ehemalige Außenminister Matsuoka und der amtierende Minister des Äußeren Shigemitsu waren im Gespräch.

170 Ritter Japan: Telegramm Stahmer—AA, Nr. 2323 vom 26. August 1944.

171 Ribbentrop S. 265: Am 30. August habe er (Ribbentrop) Hitler eine Denkschrift über einen Frieden mit Rußland vorgelegt und um Vollmachten gebeten. Hitler habe diese nach anfänglichem Zögern erteilt, doch seien die russischen Unterhändler nicht in Stockholm erschienen.

172 Jones, Far East S. 117 zitiert nach IMTFE, Record of Proceedings, pp. 24483-4 und 32284. Aussagen Stahmers und Oshimas.
Hattori III (8) S. 307 f.

173 Semmler Tagebucheintragung vom 2. September 1944: Oshima sei bei Goebbels gewesen und habe ihm, den die japanische Regierung für pro-russisch halte, den Vorschlag seiner Regierung nach einer deutsch-russischen Allianz auseinandergesetzt. Goebbels habe sich interessiert gezeigt, doch die Chancen für gering erachtet.

174 Ritter Japan: Telegramm Ribbentrop—Stahmer persönlich, Nr. 1953 vom 6. September 1944: Bericht über die Unterredung Oshimas mit Hitler/Ribbentrop am 4. September 1944.
Hattori III (8) S. 308: Am 14. September habe Botschafter Stahmer diese Entscheidung Hitlers im Gaimusho erläutert.

175 Hattori III (8) S. 305.

mat erhielt den Auftrag, der Sowjetunion einen Frieden mit Deutschland anzuraten. Falls es nicht dazu käme, sollte er eine Verlängerung des Neutralitätspaktes aushandeln, notfalls unter großen japanischen Zugeständnissen, wie Grenzrevisionen in Mandschukuo, Aufgabe der Fischereirechte in sowjetischen Hoheitsgewässern und Aufkündigung des Antikomintern- und Dreimächtepaktes[176]. Trotz diesem Entgegenkommen lehnte Molotov sowohl einen Frieden mit Deutschland als auch einen weitgehenden Ausgleich mit Japan ab. Die sowjetische Regierung, deren Truppen bereits im Baltikum und auf dem Balkan nicht mehr weit von den Grenzen des „Großdeutschen Reiches" standen[177], sah keinen Anlaß, das den Angelsachsen gegebene Versprechen nicht einzulösen. Stalin war gewillt, nach dem Sieg über die deutsche Wehrmacht in den Krieg gegen Japan einzugreifen. Als Botschafter Sato aus Moskau am 16. September Molotovs abschlägigen Bescheid übermittelte[178], erkannte die japanische Regierung, daß Deutschland in absehbarer Zeit militärisch geschlagen sein und die Sowjetunion gegenüber Japan eine andere Haltung einnehmen werde. Am 19. September 1944 deklarierte daher der „Oberste Kriegsrat" die seit langem verfolgte asiatische Blockpolitik offiziell zum Hauptanliegen der japanischen Außenpolitik[179]. In einer weiteren Sitzung (am 21. September) diskutierte er vorbereitende Maßnahmen für den Fall der deutschen Kapitulation und beschloß, daß Japan den Krieg auf jeden Fall auch allein bis zu einem „erfolgreichen Abschluß" weiterführen werde[180]. Die militärische Zusammenarbeit mit dem Deutschen Reich und die entsprechenden Verträge, der Dreimächtepakt und der „Nichtsonderfriedensvertrag", sollten sogleich aufgekündigt werden. Mit dieser demonstrativen Abkehr von einem geschlagenen Deutschland hofften die Verantwortlichen in Tokio, die Sowjetunion weiterhin neutral zu halten.

Zwar erwog man nochmals die Möglichkeit eines deutsch-russischen Friedens; im Grunde hatte jedoch die japanische Regierung ihre Bemühungen um den europäischen Partner eingestellt und somit das Deutsche Reich als politische und militärische Macht abgeschrieben. Den sicheren Untergang des Partners vor Augen, den eigenen drohend vor sich, griff die japanische Führung nach einem letzten „Strohhalm": Sie gab sich der Hoffnung hin, daß sie mit ihrer Abkehr von Deutschland dessen Todfeind, die Russen, für eine gemeinsame Asienpolitik gewinnen könne. Auf diese Weise hoffte man, Großostasien wenigstens mit sowjetischer Hilfe zu behaupten. Stalin zerstörte schnell die japanischen Erwartungen: In seiner Rede zum 27. Jahrestag der russischen Revolution[181] brandmarkte er Japan als „Aggressornation"[182]. Mitte November 1944

176 Ebenda.

177 Am 31. August 1944 wurde Bukarest, am 19. September Sofia von der Roten Armee besetzt. Finnland schloß am 19. September einen Waffenstillstand mit der Sowjetunion und zwang die deutschen Truppen zum Verlassen des Landes. Am 16. September begann die Heeresgruppe Nord mit der Räumung Estlands.

178 Jones, Far East S. 117; Kase S. 165; Hattori III (8) S. 306.

179 Hattori III (8) S. 306.

180 Siehe DOKUMENT Nr. 27 im Anhang S. 291.

181 7. November 1944 (Am selben Tage wurde Richard Sorge in Tokio hingerichtet. Stahmer S. 85, Deakin/Storry S. 363).

182 Dallin S. 187 und Hattori III (8) S. 307.

zog daraufhin der „Oberste Kriegsrat“ einen Krieg mit der Sowjetunion in Betracht[183]. Im Dezember 1944 hat Stalin gegenüber dem amerikanischen Sonderbotschafter Harriman seine territorialen Ziele im Fernen Osten aufgedeckt[184]. Auf der Konferenz von Yalta (Februar 1945) haben die Westmächte — als Preis für eine russische Kriegsbeteiligung gegen Japan — zugestanden, daß die Sowjetunion ihre Grenzen und Einflußgebiete von 1904 im Fernen Osten zurückerhalten sollte[185].

Die sowjetische Kriegsdiplomatie, allein von machtpolitischen Überlegungen ausgehend, hatte in den Kriegsjahren 1943—1945 die von deutscher Seite inoffiziell und von den Japanern zaghaft vorgebrachten Bemühungen um einen politischen Ausgleich gegen das Werben der Angelsachsen um die Kriegspartnerschaft der Russen ausgespielt. Andererseits hatte die Sowjetunion nicht ein einziges Mal einer geschlossenen diplomatischen Front Japans und Deutschlands gegenübergestanden. Einer solchen politischen Einmütigkeit wäre — wie dem gemeinsamen Auftreten der Angelsachsen — vielleicht eine erneute Übereinkunft mit Stalin gelungen.

Da die Angelsachsen in Casablanca die bedingungslose Kapitulation gefordert hatten und da Japan allein mit ihnen im Krieg stand, bot sich nur ein Sonderfriede mit der Sowjetunion an. Trotz der entgegengesetzten Ziele Hitlers und Stalins bestand — wenn überhaupt — nur in einer Übereinkunft zwischen beiden eine Chance, den Weltkrieg gegen die Engländer und Amerikaner zu bestehen. Politiker und Militärs in Tokio sahen diesen Ausweg — jedoch anfangs nicht dessen Tragweite — und drängten mehrfach in Berlin und Moskau auf einen Sonderfrieden. Als Hitler keinerlei Bereitschaft zu einer solchen Verständigung zeigte, hätte sich die japanische Führung vom Reich lossagen können. Weniger übergroße Loyalität dem Partner gegenüber als vielmehr Fehleinschätzung der eigenen Stärke sowie Rivalitäten innerhalb der Führungsspitze bewirkten, daß Japan nicht bereits Ende 1943 der Sowjetunion einen großzügigen Ausgleich offerierte. Daß sich Stalin allerdings durch japanische Angebote hätte verleiten lassen, die Koalition mit den Angelsachsen zugunsten einer Partnerschaft mit dem asiatischen Japan aufzugeben, ist nicht sehr wahrscheinlich. In Europa verteidigte die Rote Armee historischen russischen Boden gegen die eingefallenen Deutschen; hier lagen mit Abstand die wichtigsten Kriegsziele der Russen. Hatte Asien schon immer in der russischen Politik hinter Europa zurückstehen müssen, so erst recht während des Zweiten Weltkrieges. Eine Allianz mit Japan hätte Stalin niemals zu seinem beherrschenden Einfluß in Osteuropa verholfen; seine territorialen, rein imperialistischen For-

183 Hattori III (8) S. 307 (Sitzung vom 16. November 1944).

184 Morton, Soviet Intervention S. 657 (15. Dezember 1944).

185 Dallin S. 194: Abdruck der Vereinbarung über die Bedingungen für den sowjetischen Kriegseintritt gegen Japan.
Morton, Soviet Intervention S. 657 ff.: Die militärischen Gutachten von Admiral Nimitz und von General MacArthur hätten eine sowjetische Kriegsbeteiligung befürwortet, so daß Roosevelt den politischen Forderungen Stalins nachgegeben habe. Das Resumé Mortons: „The decision to seek Soviet participation provides one of the clearest examples in recent history of the subordination of the political to the military considerations of policy. No one can study these negotiations and not be struck by the almost complete absence of political representation“ würde auch auf andere der Sowjetunion gemachte Zusicherungen, vor allem hinsichtlich Osteuropas, zutreffen.

derungen in Ostasien wurden ihm auch ohne ein Bündnis mit den Japanern von ihren Feinden, den Angelsachsen, zugestanden.

Der Ausgang des Krieges für Deutschland wie für Japan wurde in Berlin von einem einzelnen — Hitler — diktiert, eine Tatsache, über die anfangs in Japan keine Klarheit herrschte. Zur Zeit der Niederlagen auf beiden Kriegsschauplätzen, als die japanische Außenpolitik über keinerlei Bewegungsfreiheit mehr verfügte, begannen die Verantwortlichen in Tokio zu begreifen, daß Japans Schicksal — nunmehr nur noch auf Verderb — mit dem des Reiches verknüpft war. An dem Verhältnis zwischen Berlin und Moskau hatte sich Japans Zukunft entschieden. Eine einzige vage Möglichkeit, den weltweiten Krieg wenigstens an einer Front zu bestehen, hätte in einem deutsch-russischen Sonderfrieden gelegen. Daß diese mögliche politisch-diplomatische Chance ungenutzt blieb, war die eindeutige Schuld Hitlers, der starr einen rassischen Vernichtungskrieg gegen die „bolschewistischen Horden" verfocht, und der ihm hörigen Politiker und Militärs, die erst nach der Invasion — viel zu spät — politische Alternativen erwogen. Diese Schuld wog viel schwerer als das Versäumnis der Kaiserlichen Marine, in der strategisch-militärischen Koalition Mitte 1942 die Chance eines gemeinsamen Zangenangriffes gegen die Sowjetunion vereitelt zu haben[186].

2. Verspätete Ansätze zu einer politischen, seestrategischen und wirtschaftlichen Zusammenarbeit

Sämtliche Bemühungen um eine Zusammenarbeit während der defensiven Kriegführung blieben im Ansatz stecken. Sie waren von untergeordneter Bedeutung im Vergleich zu den Differenzen in der Rußlandpolitik. Diese Bemühungen um einen politischen Interessenausgleich wurden erst möglich, als beide Kriegsschauplätze endgültig isoliert waren. In den letzten Kriegsjahren übte Deutschland einen weitaus geringeren Einfluß in der „Großostasiatischen Wohlstandssphäre" aus als das fernöstliche Kaiserreich in Europa[1]. Der Neutralen wegen vermochte Hitler nie vollständig die „Festung Europa" zu beherrschen; hingegen stand ganz Südostasien unter strenger, zentralistischer Militärverwaltung der Kaiserlichen Marine bzw. des Heeres[2].

Auf die japanische Politik in den besetzten Gebieten, die unter dem wirkungsvollen Schlagwort „Asien den Asiaten" auf Unabhängigkeit dieser Länder unter japanischem Patronat abzielte, hatte die deutsche Außenpolitik so gut wie keinen Einfluß. Im Januar 1943 leitete die Kriegserklärung „Nanking-Chinas" an die Westmächte die sogenannte „Neue China-Politik" der Regierung in Tokio ein. Außenminister Shigemitsu zwang Japans Verbündete wie Gegner, ihre exterritorialen Rechte und Konzessionen in China

[186] Siehe oben S. 110.

[1] Siehe DOKUMENT Nr. 28, Faksimile, im Anhang S. 292: Zusammenstellung der höheren japanischen Diplomaten, die in Europa tätig waren.
Während die Japaner 5 Botschaften (Ankara, Rom, Madrid, Vatikan, Vichy) und 6 Gesandtschaften (Budapest, Bern, Helsinki, Lissabon, Sofia, Stockholm) 1942 in Europa hatten, verfügte das Deutsche Reich nur über 4 diplomatische Vertretungen in Ostasien (Tokio, Hsingking, Nanking und Bangkok).

[2] Über die Aufteilung der Besatzungszonen siehe oben S. 67.

aufzugeben[3]. Das Land der Mitte erhielt seine seit über hundert Jahren von den „Weißen" eingeschränkte Souveränität zurück, die es bis auf Hongkong und Macao auch über das Kriegsende behaupten konnte. Gegenüber dieser Entwicklung in China verhielt sich das Auswärtige Amt neutral; hatte doch Deutschland nach dem Ersten Weltkrieg seine Rechte aus den Boxerprotokollen[4] an Japan abtreten müssen. Zudem war es 1942 in den Wirtschaftsverhandlungen nicht gelungen, dem deutschen Chinahandel jene Präferenzen zu verschaffen, zu deren Aufgabe von 1943 ab die europäischen nichtkriegführenden Mächte gezwungen wurden.

Der Botschafterposten in Nanking bei der Regierung Wang Tsching-wei wurde erst nach siebenmonatiger Vakanz[5] Ende Juli 1943 wieder besetzt[6]. Wohl verfolgte der deutsche Generalstab aus traditionellen Bindungen zu China[7] aufmerksam die Kämpfe auf dem asiatischen Festland[8]. Aber weder besaßen die deutsche Diplomatie, geschweige denn das deutsche Militär 1943 genügend Einfluß, um in den chinesisch-japanischen Konflikt vermittelnd eingreifen zu können.

Auch Indien wurde vom Jahre 1943 ab von der deutschen Führung unwidersprochen dem japanischen Einflußgebiet zuerkannt. Gegen den Widerstand der Armee[9] gelang es Außenminister Shigemitsu, den aus Deutschland eingetroffenen Bose[10] im Rahmen seiner Politik „Asien den Asiaten" einzusetzen. Etwa einen Monat nach seiner Ankunft in Tokio kündigte Bose die Bildung einer provisorischen Indischen Regierung an[11]. Die Hungersnot in Bengalen vom Herbst 1943 lieferte den Japanern und Exilindern genügend Propagandamaterial. Von den langwierigen Verhandlungen, die Bose über seine Re-

[3] Siehe ausführlich bei Jones, Far East S. 18 ff.

[4] Der Aufstand der Boxer, eines chinesischen Geheimbundes, führte 1900 zur gemeinsamen militärischen Intervention der europäischen Mächte, der Vereinigten Staaten und Japans. Im Boxerprotokoll (7. September 1901) sicherten sich die Beteiligten Truppenstationierungsrechte in Nordchina und, zum Teil, Konzessionen in den Häfen. So wurde z. B. das italienische Truppenkontingent nach der Kapitulation Italiens von den Japanern entwaffnet (St.S. Japan: Telegramm Stahmer—Steengracht, Nr. 2732 vom 9. September 1943).

[5] Botschafter Heinrich Stahmer hatte das Reich von Januar bis Dezember 1942 in Nanking vertreten, bevor er Mitte Dezember nach Tokio reiste, um die Nachfolge Botschafter Otts anzutreten (St.S. Japan: Telegramm Stahmer (Nanking)—Ribbentrop, Nr. 424 vom 15. Dezember 1942).

[6] Unterstaatssekretär Woermann übernahm diese zweitrangige Mission. Er traf nach einer Überfahrt auf einem deutschen U-Boot am 16. Juli 1943 in Penang ein (St.S. Japan: Telegramm Woermann—AA, Nr. 310 vom 29. Juli 1943).

[7] Sommer S. 56-82.

[8] Microcopy T-82, Roll 113, Item 987 b und 987 c: Verschiedene Kriegstagebücher über den Krieg in China; Nachrichten und Studien über die Streitkräfte Tschiang Kai-scheks, der chinesischen Kommunisten und über die amerikanische Militärhilfe.

[9] St.S. Indien: Telegramm Stahmer—AA, Nr. 1637 vom 27. Mai 1943: Differenzen zwischen Shigemitsu und der Armee über den Einsatz von Bose.
St.S. Indien: Telegramm Stahmer—AA, Nr. 1828 vom 12. Juni 1943: Das japanische Außenministerium habe die Übermittlung von Nachrichten aus Deutschland an Bose übernommen. Ein direkter Kontakt mit dem indischen Nationalistenführer sei abgelehnt worden.

[10] Über die Abfahrt Boses aus Deutschland siehe oben S. 80; Bose sprach am 27. Mai 1943 in der deutschen Botschaft in Tokio vor (St.S. Indien: Telegramm Stahmer—AA, Nr. 1637 vom 27. Mai 1943).

[11] St.S. Indien: Telegramm Stahmer—AA, Nr. 2094 vom 5. Juli 1943.
Toye S. 80 ff.

gierungsbildung in Tokio führte, waren weder die in Berlin organisierten Inder noch die „Wilhelmstraße" informiert. Boses mehrfache Versuche, mit der deutschen Regierung in Verbindung zu bleiben[12], unterbanden die japanischen Behörden[13]. Erst am 20. Oktober 1943 informierte Außenminister Shigemitsu den deutschen Botschafter, daß am folgenden Tag in Shonan (Singapore) eine „Regierung Freies Indien" proklamiert werde, und sprach die Bitte um deutsche diplomatische Anerkennung aus[14]. Nachdem das japanische Außenamt diesen Wunsch wiederholt hatte[15], erkannte das Deutsche Reich die neue Regierung an[16].

Sogleich nach ihrer Konstituierung erklärte die „Regierung Freies Indien" Großbritannien und den Vereinigten Staaten den Krieg. Im Sommer 1942 hätte ein solcher Schritt die englische Herrschaft in Indien bedrohen können[17]. Ein gutes Jahr später hatte diese Kriegserklärung wie diejenige „Nanking-Chinas" allenfalls propagandistischen Wert. Nur mühsam vermochte Shigemitsu die Militärs zu bewegen, die besetzten Gebiete nicht weiterhin wie Kolonien auszubeuten, sondern deren Völker wenigstens nach außen hin als „Verbündete" zu behandeln. Die Diskrepanz zwischen politischen Versprechungen und harter Besatzungspolitik mußte bei den ehemaligen Kolonialvölkern Zweifel an den japanischen Absichten wecken. Doch entstanden in den besetzten Gebieten keine Partisanenbewegungen, die ernsthaft die japanische Besatzung hätten gefährden können[18].

Die erste „Großostasienkonferenz" Anfang November 1943 kam den Vorstellungen der Militärs und der Beamten im „Gaimusho" gleichermaßen entgegen. Es trafen sich die Regierungschefs der „unabhängigen" Staaten Mandschukuo, Nanking-China, Philippinen, Burma, Thailand und Freies Indien mit Tojo und Shigemitsu[19], um die Politik „Asien den Asiaten" zu bekräftigen. Als Auftakt zu diesem Treffen schloß Japan am 30. Oktober mit der chinesischen Regierung (Nanking) ein Bündnis und einen Freund-

12 St.S. Indien: Telegramm Stahmer—AA, Nr. 1777 vom 8. Juni 1943: Bose lege größten Wert darauf, seine in Berlin angeknüpften Beziehungen zu Deutschland aufrechtzuhalten.
St.S. Indien: Telegramm Wendler (Bangkok)—AA, Nr. 418 vom 29. Juli 1943: Bose möchte ständige Verbindung mit der deutschen Mission in Bangkok halten.

13 Siehe Anm. Nr. 9.

14 St.S. Japan: Telegramm Stahmer—Steengracht, Nr. 3185 vom 20. Oktober 1943.
Über die Proklamation der Regierung „Freies Indien", die in einem Kino in Singapore stattfand, siehe Toye S. 88 ff.

15 St.S. Japan: Telegramm Stahmer—St.S. Keppler, Nr. 3240 vom 25. Oktober 1943.

16 St.S. Japan: Telegramm Stahmer—AA, Nr. 3234 vom 2. November 1943 : Er (Stahmer) habe heute Bose das Telegramm Nr. 2770 vom 28. Oktober 1943 (fehlt in den Akten) mit der Anerkennung überreicht.
Auch die faschistische Republik Mussolinis erkannte am 1. November 1943 die Regierung Bose an (Mussolini, Opera Omnia, Bd. XXXII, S. 215).

17 Über die Unruhen in Indien im Sommer 1942 siehe oben S. 79.

18 Über die Praktiken der japanischen Besatzungspolitik siehe die Darstellung von Jones, Far East, in der alle besetzten Gebiet abgehandelt werden. Für weitere Literatur zur japanischen Besatzungspolitik und zur Problematik der „Neuen Ordnung" Großostasiens siehe: Martin, B.: Indien und die „Großostasiatische Wohlstandssphäre" — Phasen der japanischen Besatzungspolitik in Asien. In: „Wehrwissenschaftliche Rundschau", Nr. 4, 1969, S. 196-216.

19 Hattori II (5) S. 94 und Shigemitsu S. 304 ff.
Burma war am 1. August 1943 unter dem Premier Dr. Ba Maw, die Philippinen am 14. Oktober 1943 unter Dr. José Laurel als erstem Präsidenten unabhängig geworden.

schaftsvertrag[20], in dem es sämtliche Rechte aus den Boxerprotokollen aufgab und sich verpflichtete, nach dem Krieg alle Truppen abzuziehen. Selbst diese weitreichenden Zugeständnisse konnten die Masse der Chinesen nicht für die Okkupanten gewinnen. Tschiang Kai-schek konnte sich weiterhin mit angelsächsischer Hilfe gegen die japanischen Truppen behaupten, an deren Seite nicht ein einziger chinesischer Soldat focht.

Auch der jüngste Staat, „Freies Indien", erhielt auf der „Großostasienkonferenz" sein Territorium zugewiesen. Die Inselgruppe der Andamanen und Nikobaren, das einzige von den Japanern besetzte indische Gebiet, wurde dem Regierungschef Bose nominell überantwortet. Aber die Kaiserliche Marine wußte zu verhindern, daß diese strategisch wichtige Inselkette, die wie ein Schutzschild vor der malayischen Westküste liegt, der neuen Regierung unterstellt wurde. Boses Kommissar billigten die Marineoffiziere lediglich den Sektor Bildungswesen zu, um die „Souveränität" der neuen Regierung auszuüben[21].

Auch der propagandistisch groß angekündigte „Feldzug zur Befreiung des Vaterlandes" blieb nach einigen Anfangserfolgen im Mai 1944 vor Imphal stecken. Die von Bose als Oberbefehlshaber geführte „Indian National Army" zeichnete sich vor allem durch Massendesertionen aus[22]. Auch die in Deutschland aufgestellte „Indische Legion" galt bereits Ende 1943 als kampfunfähig und wurde noch vor der Invasion wegen Unzuverlässigkeit der SS unterstellt[23]. Hitlers im März 1945 geäußertes Mißfallen über den Kampfwert indischer Verbände: „Es gibt Inder, die können keine Laus umbringen, die lassen sich lieber auffressen"[24], ist wohl aus der Situation heraus zu verstehen, entbehrt aber nicht einiger realer Gründe.

Längst dürfte es sich unter den indischen Soldaten, die während des britischen Debakels in Singapore Anfang 1942 zu den Japanern übergelaufen waren, herumgesprochen haben, daß die Dreierpaktmächte nicht die Sieger dieses Krieges sein würden. Trotz der defensiven Kriegführung der britisch-indischen Armee in Burma (bis Juni 1944) war den Deserteuren ihre Zwangslage bewußt, so daß viele von ihnen ein zweites Mal die Front wechselten. Zudem schloß die Konsolidierung der britischen Herrschaft in Indien eine Wiederholung der Unruhen von 1942 aus[25]. Obwohl die

[20] Wörtliche Wiedergabe des Vertrages in St.S. Japan: Telegramm Woermann (Nanking)—AA, Nr. 430 vom 1. November 1943.

[21] Toye S. 97 f.: Bose habe die Insel am 29. Dezember 1943 besucht.

[22] Toye S. 120: Von den 6000 an der Front eingesetzten Indern — das Gros der Indian National Army leistete ohnehin nur Etappendienste — desertierten 1500 Mann.
Hattori II (5) S. 84 ff. heroisiert die indische Unabhängigkeitsbewegung unter Bose zu stark und übersieht völlig die Schwächen, denen diese Organisation 1943/44 bei der defensiven Kriegführung der Dreierpartner anheimfallen mußte.

[23] Toye S. 151 sowie das Kapitel über die Indische Legion bei Selter S. 174 ff.

[24] Heiber S. 940, Lagebesprechung vom 23. März 1945. Die Indische Legion wurde im April 1945 aufgelöst (Toye S. 152).

[25] Microcopy T-82, Roll 90, Item GD 470, Frame 024716: Auszug aus einem Telegramm Wendlers (Bangkok) an das AA vom 2. Mai 1944: Der Imphal-Feldzug mache auf die indische Bevölkerung überhaupt keinen Eindruck. „Die politische Lage in Indien sei unverändert. Eine Wendung zu den Achsenmächten sei trotz antibritischer Tendenzen der politischen Parteien nicht festzustellen".
(Subhas Chandra Bose kam bei einem Flugzeugabsturz am 18. August 1945 ums Leben. Toye S. 165 f.)

Reichsregierung die japanische Indienpolitik ab 1943 unterstützte — die Möglichkeit eines inneren und gleichzeitig von außen herangetragenen Umsturzes in Indien war im Sommer 1942 ein für allemal vertan worden.

Nur über Timor sollte im Januar 1944 eine Einigung zwischen beiden Verbündeten erzielt werden. Diese war allerdings nicht das Verdienst der Diplomaten, sondern wurde den Militärs durch die Defensivlage diktiert. Nachdem Flüchtlinge aus Timor in Australien über die Greueltaten japanischer Militärbehörden berichtet hatten[26], verschärften sich die Spannungen zwischen Lissabon und Tokio im September 1943[27]. Als die portugiesische Regierung am 12. Oktober 1943 den Alliierten die Azoren als Stützpunkte zur Verfügung stellte und damit ihre strikte Neutralität aufgab, schaltete sich das Auswärtige Amt in den japanisch-portugiesischen Konflikt ein. Das „Gaimusho" zeigte sich außerstande, den deutschen Wünschen zu entsprechen und seine Vorstellungen gegenüber den Besatzungsbehörden durchzusetzen. Resignierend gab man in der „Wilhelmstraße" die Verhandlungen mit den Japanern an die Kriegsmarine ab. Als Grund für diesen ungewöhnlichen Schritt führte Botschafter Ritter ausdrücklich an, das japanische Außenministerium könne die Kaiserliche Marine nicht bewegen, den portugiesischen Staatsbürgern auf Timor Zugeständnisse zu machen[28]. Nur zu gern übernahm die Kriegsmarine diese außenpolitischen Aufgaben[29]. Großadmiral Dönitz brachte den Konflikt um Timor sogleich vor die höchste Instanz, Hitler.

Zu Recht maß jedoch der „Führer" dieser Frage keine größere Bedeutung bei, nur zögernd erteilte er seine Zustimmung zu einer Vermittlungsaktion der Marine[30]. Schon einen Tag später legte der Chef des Stabes der Seekriegsleitung[31] dem japanischen Vizeadmiral Abe[32] eingehend dar, welche Folgen ein Abbruch der Beziehungen zu Portugal für den Verbündeten haben müßte: Deutschland sei auf den Import von Wolfram angewiesen, das es aus keinem anderen Land beziehen könne. Außerdem verfüge die Wehrmacht nicht über die Kräfte, gegen Portugal militärisch vorzugehen[33]. Der verbündete Admiral erkannte den deutschen Standpunkt an und bewog die Kaiserliche Marine zum Nachgeben[34]. Letztlich dürfte in Tokio aber nicht Rücksicht auf den deutschen Partner entscheidend gewesen sein, sondern die Furcht, daß die Angelsachsen von Australien her im Einvernehmen mit Portugal auf Timor landen könnten.

26 St.S. Japan: Telegramm Huene (Lissabon)—AA, Nr. 30 vom 4. September 1943.

27 KTB 1. Skl A 2. Oktober 1943: Englische Zeitungen erörtern die Möglichkeit einer portugiesischen Kriegserklärung an Japan.

28 KTB 1. Skl A 17. Dezember 1943.

29 Im Februar 1942 hatte die Kriegsmarine noch vergeblich versucht, ihre Konzeption im Konflikt um Timor gegenüber der „Wilhelmstraße", durchzusetzen.
Siehe oben S. 91.

30 Lagevorträge ObdM vor Hitler: Unterredungen Dönitz—Hitler vom 19. und 20. Dezember 1943.

31 Seit dem 22. Februar 1943 Vizeadmiral Meisel.

32 Abe löste im April 1943 den nach Japan zurückgerufenen Admiral Nomura ab.

33 KTB 1. Skl C XV 24. Dezember 1943: Niederschrift über die Besprechung zwischen dem Kaiserlichen japanischen Vizeadmiral Abe und dem Chef des Stabes der Seekriegsleitung, Vizeadmiral Meisel, am 21. Dezember 1943.

34 KTB 1. Skl A 19. Januar 1944 (Die Seekriegsleitung war auf diese geglückte Vermittlung im Konflikt um Timor sehr stolz und hielt sich sogleich für diplomatisch befähigter als das Auswärtiges Amt.)

Trotz dieser wenigen politischen Berührungspunkte in den letzten Jahren des Krieges zeigte man im Jahre 1943 in der japanischen Hauptstadt größere Bereitschaft zu einer militärischen Zusammenarbeit als in Berlin. Die unermüdlichen Versuche, einen deutsch-russischen Frieden zu vermitteln[35], und die Entstehung einer Delegation unter Generalmajor Okamoto[36] nach Deutschland bekundeten diesen Willen nach einer besseren Verständigung. Am 30. Februar 1943 hatte die Verbindungskonferenz entschieden, Okamoto unverzüglich nach Berlin zu schicken[37]; bereits am 19. Mai brachte der General die Vorschläge seiner Regierung vor Ribbentrop zur Sprache[38]. Sicherlich aus Furcht vor den Ausführungen Okamotos hatte Botschafter Oshima wenige Tage zuvor im Auswärtigen Amt offen eingestanden, „daß seiner Berichterstattung in Tokio nicht immer voll Glauben geschenkt würde"[39]. Tatsächlich wich die recht objektive Darstellung der Lage Japans, wie sie der Sondergesandte vor dem Außenminister gab, von den überschwenglichen Berichten des Botschafters ab. Doch weder Ribbentrop noch die Spitzen der Wehrmacht maßen den Ausführungen Okamotos Bedeutung bei. Mit seiner nüchternen Betrachtungsweise dürfte der japanische Heeresoffizier für die deutsche Führung ein unangenehmer Gesprächspartner gewesen sein. Seinem Wunsch, von Generalstabschef Zeitzler und Hitler empfangen zu werden, wurde erst nach dem Scheitern des Unternehmens „Zitadelle" Ende Juli 1943 entsprochen[40]. Offensichtlich gedachten die deutschen Militärs, dem japanischen Sondergesandten Erfolge der Waffen aufzuweisen. Als die erhofften Siege ausblieben, kam man nicht umhin, den Japaner zu einem Gespräch zu bitten, das sicherlich kaum mehr als den Charakter eines Höflichkeitsbesuches hatte[41]. Dennoch gestattete der Generalstab dem verbündeten Heeresoffizier, die wichtigsten Frontabschnitte zu besuchen und gab ihm mehrfach bis zu seiner Abreise nach Bern[42] die Möglichkeit zu offenen Aussprachen[43]. Zeitweilig

[35] Siehe oben S. 178 ff.

[36] Okamoto war als Vorgänger von General Banzai Militärattaché in Berlin, 1941 wurde er Chef der Abteilung Fremde Heere im japanischen Generalstab und übernahm 1942 das 2. Büro der Armee (Abwehr).
Über diese Delegation siehe oben S. 181.

[37] Hattori II (4) S. 127.

[38] Siehe oben S. 181.

[39] St.S. Japan: Aufzeichnung Gottfriedsen vom 13. Mai 1943.

[40] Heeresakte H 27/56 19. Juli 1943: General Heusinger empfahl, die japanischen Offiziere erst später zu empfangen. (Am 15. Juli war das Unternehmen „Zitadelle" als gescheitert abgesagt worden.)
Heeresakte H 27/56 30. Juli 1943: Notiz für Chef (Att. Abt. des GenStab) Oberst i. G. Schuchardt: „Am 29. Juli Ribbentrop und Okamoto bei Hitler".
Heeresakte III H 422/2 31. Juli 1943: GenSt d H/Att. Abt. (Chef), Nr. 1173/43 gK. „Aufzeichnung über Vortrag des japanischen Generalmajors Okamoto beim Herrn Chef des Generalstabes des Heeres am 31. Juli 1943".

[41] Über die Unterredungen Okamotos mit Hitler bzw. Zeitzler existieren keine Berichte, auch werden die aufgegriffenen Themen nirgends erwähnt.

[42] Heeresakte H 27/57: Vortrag Chef GenSt d H 9. November 1943.

[43] Siehe Heeresakte H 27/57 8. Juni 1943: Gespräch General Heusinger (Chef Op. Abt. Gen St d H)—Okamoto.
8.-12. Juni 1943 Reise Okamotos an die Ostfront.
Heeresakte H 27/58: 9. August 1943 Unterredung Zeitzler—Okamoto. 9.-16. August 1943 Besuch des Atlantikwalls.
Heeresakte H 27/57 8. November 1943: Unterredung Chef Fr. Heere Ost (Oberst i. G. Geh-

erwog General Zeitzler sogar, den Militärattaché in Tokio, General Kretschmer, durch dessen Vorgänger, General Matzky, abzulösen[44]. Möglicherweise hatte Okamotos Besuch offenbart, daß Kretschmer nicht in gleichem Maße wie sein Vorgänger das Vertrauen der Japaner genoß und darüber hinaus seine Berichterstattung häufig zu unkritisch war[45]. Doch die militärischen Rückschläge im Osten und das geringe Interesse in den obersten Spitzen der Wehrmacht vereitelten auch diese bescheidenen Ansätze, die militärisch-politischen Beziehungen zwischen beiden Ländern im Jahre 1943 — viel zu spät — zu verbessern.

Von einigem Erfolg waren lediglich die Bemühungen um eine Zusammenarbeit zur See. Der Einsatz japanischer und deutscher U-Boote im Indischen Ozean stellte das einzige gemeinsame militärische Handeln beider Mächte dar, das jedoch den Kriegsverlauf kaum beeinflußte. Die Kaiserliche Marine, deren Strategie sich auf die schweren Überwassereinheiten stützte, sah in ihren U-Booten in erster Linie eine Hilfswaffe der Schlachtflotte[46]. Im Militärvertrag vom 18. Januar 1942 hatte die Tokioter Admiralität ihre Konzeption durchgesetzt und allein der deutschen Kriegsmarine den Tonnagekrieg auferlegt[47]. Der unzureichende Einsatz japanischer U-Boote im westlichen Indischen Ozean war somit nicht nur auf mangelnde Bereitschaft des Verbündeten zurückzuführen, sondern auch auf die technischen Schwierigkeiten, große U-Boote mit für den Handelskrieg nicht ausgebildeten Mannschaften in Küstengewässern operieren zu lassen. Schon in den ersten Monaten des Kriegsbündnisses hatte die Seekriegsleitung die Kaiserliche Marine wiederholt gedrängt, den Handelskrieg nicht völlig außer acht zu lassen. Als Antwort hatte Admiral Nomura bereits im Mai 1942 die Möglichkeit eines späteren Einsatzes deutscher U-Boote von Singapore aus angedeutet[48]. Doch erst nach den Seegefechten bei den Salomonen, die den Abzug der japanischen U-Boote aus dem Indischen Ozean bedingten, bot der Admiralstab in Tokio am 3. Dezember 1942 offiziell der deutschen Kriegsmarine Stützpunkte in Südostasien an [49]. Da die japanischen Ver-

len)—Okamoto/Oshima. (Wahrscheinlich haben weitaus mehr Unterredungen stattgefunden, die in den unvollständigen Heeresakten nicht zu finden sind.)

44 Heeresakte H 27/56: Vortrag von Chef GenSt d H am 15. Mai 1943.
Heeresakte H 27/57: Vortrag von Chef Att. Abt. Oberst i. G. Schuchardt bei Gen. St. Chef des Heeres am 15. Juli 1943: Zeitzler: Kretschmer solle vorläufig in Tokio bleiben, schon wegen der unsicheren Verbindungen.

45 Vgl. die zahlreichen zu optimistischen Meldungen 1942 und noch 1943 über einen japanischen Angriff gegen sowjetisch Fernost und die kritiklose Weitergabe von Informationen (z. B. meldete Kretschmer am 20. August 1943, daß die Japaner 35 amerikanische Divisionen, 4000 Flugzeuge und fast die ganze amerikanische Flotte binden würden. KTB 1. Skl A 20. August 1943).
Botschafter Ott äußerte sich in einem Interview mit dem Verfasser am 11. Juni 1966 in ähnlichem Sinn: „Kretschmer ließ sich zu leicht etwas vormachen und zeigte in der Beurteilung der japanischen Kriegsbeteiligung gegen die Sowjetunion häufig ein Wunschdenken" (sinngemäße Wiedergabe).

46 Siehe dazu die Darstellung von Rohwer: Die japanische U-Bootwaffe im Zweiten Weltkrieg.

47 Siehen oben S. 48 f.

48 KTB 1. Skl C XV 13. Mai 1942: Niederschrift über Besprechung mit Vizeadmiral Nomura am 13. Mai bei C/Skl (Admiral Fricke).

49 KTB 1. Skl A 4. Dezember 1942.

senkungsziffern lächerlich gering waren[50], die „Schlacht im Atlantik" jedoch gerade einen neuen Höhepunkt erreichte[51], nahm die Seekriegsleitung das Angebot im Dezember 1942 an[52]. Darauf stellte die Tokioter Admiralität der verbündeten deutschen Marine Penang (Westküste von Malaya) als Stützpunkt zur Verfügung[53]. In Berlin zogen sich die technischen Verhandlungen bis in den September 1943 hin und standen häufig kurz vor dem Abbruch: Anfangs weigerten sich die Japaner, für die deutschen Boote Brennstoff und Proviant zu liefern[54]. Als diese Schwierigkeiten überwunden waren, hielten die Unterhändler in Berlin unnachgiebig am 70. Längengrad als Operationsgrenze zwischen deutschen und japanischen Booten fest[55]. Für die Seekriegsleitung war diese Forderung unannehmbar. Auf ihr Prestige bedacht, mutete die Kaiserliche Marine den deutschen U-Booten zu, von ihrer Basis Penang kampflos eine Strecke von nahezu 4000 Kilometern bis westlich des 70. Längengrades zurückzulegen und nach Abschluß der Operationen denselben Weg wiederum ohne Feindberührung auf dem Rückmarsch zu bewältigen. Schließlich wurde der deutsche Marineattaché, der über gute Kontakte zu japanischen Marinekreisen verfügte, in die Verhandlungen eingeschaltet. Erst Mitte September, zehn Monate nach Aufnahme der Gespräche, gelang es Admiral Wenneker endlich, ein gemeinsames Operieren durchzusetzen[56]. Inzwischen kreuzten die ersten deutschen Boote bereits im westlichen Indischen Ozean und erreichten im Oktober/November 1943 Penang[57]. Im August 1944 trafen weitere sieben deutsche U-Boote in diesem Stützpunkt ein[58]. Zunehmende Luftgefährdung in Penang und Schwierigkeiten in der Treibstoff- und Torpedobeschaffung[59] zwangen die Seekriegs-

[50] Japanische U-Boote versenkten vom 8. 12. 1941 bis 31. 12. 1942 insgesamt 105 alliierte Handelsschiffe mit zusammen 492 219 BRT- d. h. im Monatsdurchschnitt nur 38 000 BRT. (Rohwer, U-Boot-Erfolge).

[51] KTB OKW, Bd. II, S. 146: Im November 1942 wurde die monatliche Höchstzahl des ganzen Krieges von 743 000 BRT Versenkungen erzielt. Im Jahre 1942 überschritt die Zahl der alliierten Gesamtverluste von 7.706 Millionen BRT die Neubauten von 7.09 Millionen BRT, so daß die Schiffsraumfrage vorübergehend zum dringendsten Problem der angelsächsischen Kriegführung wurde.

[52] KTB 1. Skl C XV 23. Dezember 1942: Schreiben der Skl an den japanischen Marineattaché mit den Wünschen der Kriegsmarine für den Einsatz deutscher U-Boote von japanischen Stützpunkten.

[53] KTB 1. Skl C XV 16. Januar 1943: Vermerk über die Mitteilung Tanigutis: Erfüllung aller deutschen Wünsche bis auf Funkstation; Penang Stützpunkt, Shonan (Singapore) zum Docken.

[54] KTB 1. Skl A 27. Januar und 2. Juli 1943.
Die Heizöllage der japanischen Marine und Armeetransportflotte war 1943 tatsächlich sehr angespannt. Einem Bedarf von 9 Millionen Tonnen stand die Gesamtproduktion von nur 6,6 Millionen Tonnen gegenüber, da die Produktion in Burma und auf Nordborneo ohne Bedeutung blieb (KTB 1. Skl A, Bericht Mar.Att. Tokio vom 13. 7. 1943).

[55] KTB 1. Skl A 15. und 17. September 1943.

[56] KTB 1. Skl A 22. September 1943.

[57] Über die Operationen der deutschen U-Boote und die hohen Verluste — nur jedes zweite in Westfrankreich ausgelaufene Boot erreichte Penang — siehe die ausführliche Darstellung von Michaux und die etwas populär gehaltene Beschreibung von Brennecke, Deutscher U-Bootkrieg in Asiens Gewässern.

[58] Michaux S. 504.

[59] Ebenda und Cohen S. 143: Die restlichen sechs in Ostasien verbliebenen U-Boote mußten Anfang 1945 für die japanische Marine Treibstoff aus dem Südraum nach Kobe transportieren. Nach der deutschen Kapitulation wurden sie von der japanischen Marine übernommen.

leitung Ende 1944, die meisten Boote mit dem Befehl, Kautschuk zu laden, nach Deutschland zurückzubeordern. Insgesamt versenkten die deutschen U-Boote von ihrem ersten Auftreten im Oktober 1942 bis Februar 1945 im Indischen Ozean 150 alliierte Handelsschiffe mit zusammen 902 294 BRT[60].

Parallel zum Einsatz deutscher U-Boote in asiatischen Gewässern liefen die Bemühungen der Seekriegsleitung, die Kaiserliche Marine nach dem Verlust ihrer Flottenübermacht bei den Midways und Salomonen zu einer Revision ihrer Strategie zu bewegen: Die noch schlagkräftige Flotte sollte hinfort die überlegenen amerikanischen Einheiten nicht mehr zum direkten Kampf stellen, sondern mit allen Kriegsschiffen systematisch die alliierten Seeverbindungen angreifen. Zweifelsohne hätte diese Taktik das „Inselspringen" der Amerikaner stark behindert und das amerikanische Flottenkommando genötigt, einen Geleitzugverkehr wie im Atlantik zu organisieren. Die Offiziere im Tokioter Admiralstab sahen wohl die Notwendigkeit ein, den ungehinderten alliierten Nachschubverkehr zu stören, aber ihre mächtigen Kriegsschiffe gedachten sie nicht dafür einzusetzen. Vielmehr begannen sich die Stäbe der Marine für den deutschen U-Bootkrieg zu interessieren und zeigten Bereitschaft, wenigstens die Taktik der U-Bootkriegführung nach deutschem Vorbild umzuändern.

Möglicherweise gab Hitlers Geschenk zweier deutscher U-Boote den Anstoß zu diesem Umdenken. Ohne Wissen der Seekriegsleitung[61] hatte er am 21. Januar 1943 Oshima zwei Boote für die Kaiserliche Marine versprochen[62]. Was der Seekriegsleitung in über einjährigen Aussprachen mit den japanischen Marineoffizieren nicht gelungen war — noch Ende Januar 1943 lehnte Nomura den Handelskrieg der japanischen Flotte ab[63] — erreichte Hitler mit einer großzügigen Geste binnen kurzer Zeit. Am 19. Februar 1943 überreichte Oshima im deutschen Außenministerium ein Memorandum, in dem sich die japanische Marine verpflichtete, den U-Bootkrieg zu intensivieren[64]. Die Seekriegsleitung wollte diese Zusage des Verbündeten als Erfolg ihrer Bemühungen buchen, lehnte es jedoch ab, dem Partner die beiden U-Boote zu überlassen[65]. Persönlich mußte Hitler dem Oberbefehlshaber der Marine den Befehl erteilen, das den Japanern gegebene Versprechen einzulösen[66]. Mit seinen Argumenten, die Kaiserliche Marine könne aus Materialgründen die Boote nicht nachbauen, sollte Dönitz zwar Recht behalten, aber im Grunde lehnte die Kriegsmarine, die theoretisch immer ihre globale Strategie verfocht, die Abgabe der weitaus wirksamsten deutschen Angriffs-

[60] Rohwer, U-Boot-Erfolge S. 263 ff.
[61] KTB 1. Skl A 24. Februar 1943 und Nomura, Berlin S. 92 f.
[62] Siehe oben S. 173.
[63] KTB 1. Skl C XV 28. Januar 1943: Niederschrift über die Besprechung beim Chef des Stabes der Seekriegsleitung am 22. Januar 1943.
[64] Ritter Japan: Aufzeichnung über die Besprechung des Herrn RAM mit Botschafter Oshima am 19. Februar 1943 in Berlin.
KTB 1. Skl C XV 18. Februar 1943: Nomura sagte erstmalig der Seekriegsleitung zu, die Kaiserliche Marine werde in Zukunft Handelskrieg führen.
KTB 1. Skl A 21. Februar 1943.
[65] KTB 1. Skl A 24. Februar 1943.
[66] Lagevorträge ObdM vor Hitler: Unterredung Dönitz—Hitler vom 26. Februar 1943.

waffe aus denselben egoistischen Motiven ab[67], aus denen das deutsche Heer während des Vormarsches im Osten eine japanische Kriegsbeteiligung für überflüssig erachtet hatte[68].

Obwohl der Seekriegsleitung bekannt war, daß Admiral Nomura nach Tokio zurückgerufen worden war, um die japanische U-Bootwaffe nach deutschem Vorbild aufzubauen[69], wurde der verbündete Marineoffizier nicht in Taktik und Arbeitsweise der deutschen U-Bootkriegführung eingeweiht. Dem Wunsch des Japaners, vor seiner Abreise die „Befehlsstelle des Operationsstabes des Befehlshabers der U-Boote" kennenzulernen, gab Großadmiral Dönitz nur widerwillig nach. Um eine längere Besichtigung oder gar tagelange Einweisung zu vereiteln, führte der Oberbefehlshaber der Kriegsmarine höchstpersönlich seinen Gast kurz durch die Kommandozentrale der U-Boote[70].

Unerfreuliche Verhandlungen über technische Fragen, wie diese beiden U-Boote nach Japan überführt werden sollten, belasteten weiterhin das Verhältnis der japanischen Marineoffiziere zur Seekriegsleitung[71]. Am 10. Mai konnte sich der Admiral endlich auf dem ersten Boot (U 511) einschiffen. Unter deutscher Besatzung erreichte dieses erste Geschenk wohlbehalten am 7. August Kure[72]. Obwohl die Kaiserliche Marine sogleich das Boot in Erprobungsfahrten testete und vollständig auseinanderbaute, scheiterte der geplante Seriennachbau. Andere Industrienormen und vor allem Materialmangel verhinderten[73], daß deutsche U-Boote vom Typ IX C unter dem Sonnenbanner auf Feindfahrt in den Pazifik ausliefen.

Trotz dieses Mißerfolges bemühte sich die Kaiserliche Marine um einen wirksamen Handelskrieg mit dafür ungeeigneten U-Booten und setzte zeitweilig sogar Überwasserschiffe ein[74]. Immerhin erreichte man mit dieser Maßnahme, daß ab April 1943 die durchschnittlichen monatlichen Versenkungsziffern für etwa ein Jahr lang bei 36 000 BRT lagen[75]. Außerdem stellte die Tokioter Admiralität auf deutsche Anfrage mehrere

[67] Siehe Anm. Nr. 65: „... Chef Skl sieht in dem geäußerten Wunsch einen Versuch, deutsche Baumuster in die Hand zu bekommen ...".

[68] Siehe oben S. 107 f.

[69] IMT Doc 2954-PS, Bd. XXXI, S. 391-400: Aufzeichnung über die Besprechung des Herrn Reichsaußenministers mit Botschafter Oshima am 6. März 1943.
KTB 1. Skl A 6. April 1943.

[70] KTB 1. Skl A 6. April 1943: „Eine längere — tageweise — Einweisung in den Betrieb des BdU Op. Stabes kommt jedoch nicht in Frage".

[71] KTB 1. Skl C XV 11. und 24. März 1943.
KTB 1. Skl C XV 4. April 1943.

[72] Michaux S. 498 und Nomura, Berlin S. 159 ff.
(Michaux S. 498 und Rohwer S. 162 lassen fälschlicherweise den japanischen Marineattaché mit diesem Boot zurückfahren. Jedoch fuhr Admiral Tadao Yokoi erst im September mit dem japanischen U-Kreuzer „Flieder" nach Ostasien zurück. KTB 1. Skl A 31. August 1943.)

[73] Rohwer S. 162.
Das zweite geschenkte U-Boot, für das der japanische U-Kreuzer „Flieder" am 29. September 1943 eine japanische Besatzung nach Brest gebracht hatte, wurde am 15. März 1944 auf der Überfahrt bei den Kapverdischen Inseln versenkt (Michaux S. 499).

[74] Ruge S. 196: Im März 1944 führten die schweren Kreuzer „Aoba" und „Tone" Handelskrieg im Indischen Ozean. Ihnen fiel jedoch nur ein Motorschiff von 7840 BRT zum Opfer.

[75] Japanische U-Boote versenkten im Pazifik und im Indischen Ozean in der Zeit vom 1. 3. 1943 bis 31. 3. 1944 52 alliierte Handelsschiffe mit zusammen 451 539 BRT. (Vgl. Rohwer, U-Boot-Erfolge).

große U-Boote zur Kautschukverschiffung nach Europa ab[76], obwohl diese zur Versorgung der eigenen Stützpunkte im Pazifik dringend benötigt wurden. Das Verhältnis beider Marinen besserte sich 1944 mit dem freimütigen Austausch technischer Neuerungen für U-Boote[77]. Den alliierten Tonnageverkehr beeinträchtigte diese spät eingeleitete Zusammenarbeit allerdings kaum.

Ebenfalls bemühten sich 1943 beide Seiten um eine Luftverbindung, was 1942 an politischen Gegensätzen und deutschem Desinteresse gescheitert war[78]. Wohl hatte Göring Anfang 1943 erneut bei Hitler erwirkt, daß vorerst kein regelmäßiger Flugdienst nach Ostasien vorgesehen wurde, aber sein Stellvertreter, der Generalinspekteur der Luftwaffe, dürfte erkannt haben, welche Bedeutung einer Luftverbindung mit Japan beizumessen war. In einem Schreiben an Staatssekretär Weizsäcker drängte Milch, daß diese Frage von Ribbentrop erneut Hitler vorgelegt werde[79]. Jetzt stimmte Hitler zu, nachdem er 1942 keinen klaren Entscheid für einen deutschen Ostasienflug gegeben hatte[80]. In einer Weisung bestand der „Führer" darauf, „daß die Verbindung noch in diesem Jahr hergestellt werden müsse"[81]. Zum Einsatz sollte nach seiner Auffassung das am häuftigsten vorhandene Fernflugzeug „Condor" kommen[82]. Als Stahmer jedoch aus Tokio meldete, die japanische Armee werde gegebenenfalls einen Flug selbst organisieren[83], stellte man auf deutscher Seite die Vorbereitungen abermals zurück. Ein japanisches Armeeflugzeug, das über sowjetisches Territorium fliegen sollte, mußte

[76] KTB 1. Skl A 18. Juni 1943.
Treue S. 184: Das japanische Transport-U-Boot I 29 („Kiefer"), das am 11. März 1944 in Bordeaux festmachte, hatte 85 Tonnen Kautschuk, 49 Tonnen Gummi, 25 Tonnen Wolfram, 2 Tonnen Chinin und 2 Tonnen Opium an Bord.
Über die Fahrten der japanischen U-Kreuzer, der italienischen Transport-U-Boote und deutschen Kampfboote als Kautschuktransporter siehe die Darstellung von Michaux. Insgesamt erreichten von 22 aus Ostasien ausgelaufenen U-Booten nur 8 den deutschen Herrschaftsbereich, 8 wurden versenkt, 5 kehrten um, und eins lief nach der Kapitulation einen englischen Hafen an.

[77] KTB 1. Skl A 15. Mai 1944 und 24. Mai 1944.
IMT Doc 3780-PS, Bd. XXXIII, S. 74-80: Aufzeichnung über die Unterredung des Führers mit dem japanischen Botschafter Oshima in Anwesenheit des Reichsaußenministers und des Gesandten von Sonnleithner auf dem Berghof am 27. Mai 1944 von 16.35-17.45 Uhr.
KTB 1. Skl C XV 24. Juli 1944.
(Die japanische Marine übergab in erster Linie Unterlagen über Kleinkampfmittel (Klein-U-Boote, von Menschen gesteuerte Torpedos); die deutsche Seite stellte technische Pläne des Geräuschtorpedos „Zaunkönig" und der „Schnorchel-U-Boote" den Japanern zur Verfügung).

[78] Siehe oben S. 115.

[79] St.S. Japan: Aufzeichnung Weizsäcker, St.S. Nr. 130, vom 1. März 1943.

[80] Siehe oben S. 117.

[81] St.S. Japan: Aufzeichnung Weizsäcker, St.S. Nr. 144/223 gRs., vom 12. März 1943.

[82] Kens, Karlheinz und Heinz Nowarra: Die deutschen Flugzeuge 1933-1945, München 1961, S. 219-221: Von dem Typ FW 200 (Condor) wurden 1940-1944 insgesamt 262 Stück gebaut, allein 1943 wurden noch 76 Maschinen fertiggestellt. Über die technischen Möglichkeiten eines Ostasienfluges mit diesem bzw. weiteren anderen Flugzeugen siehe Anm. Nr. 61 S. 118.

[83] St.S. Japan: Telegramm Stahmer—AA, Nr. 860 vom 16. März 1943.
(Der deutsche Luftwaffenattaché, General Wolfgang von Gronau, der diese Ansicht des Botschafters unterstützte, hätte eigentlich wissen müssen, daß die Japaner nicht über derart weit entwickelte Fernflugzeuge verfügten wie die deutsche Luftwaffe.)

wegen des Einspruches der Regierung die Route Singapore-Indien-Krim wählen[84]. Am 28. Juni 1943 startete die Maschine in Tokio[85], stürzte jedoch unterwegs — wahrscheinlich über dem Indischen Ozean — ab[86]. Erneut baten die Japaner, entsprechende deutsche Fernflugzeuge bereitzustellen[87]. Noch Ende 1943 verfolgte man auf deutscher Seite die Planung eines Ostasienfluges weiter[88]. Aber die Überforderung der deutschen Luftwaffe mit Transportaufgaben[89] und die Ausfälle von Großflugzeugen, die wegen des forcierten Jägerprogrammes nicht mehr ersetzt werden konnten, verhinderten diese — technisch durchaus mögliche — Luftverbindung. Ohnehin wäre einem Flugverkehr bei der defensiven Lage keine große Bedeutung mehr zugekommen.

Selbst in dem unerfreulichsten Kapitel in den Beziehungen beider Länder, den Wirtschaftsfragen, bahnte sich in den letzten Kriegsjahren eine Verständigung an. Noch Anfang 1943 hatte sich die japanische Armee, die uneingeschränkt über die südostasiatischen Rohstoffgebiete herrschte, einer wirtschaftlichen Beteiligung deutscher Firmen in diesem Raum schärfstens widersetzt[90]. Gegen Ende des Jahres zwangen hingegen offenkundige Mängel der Kriegswirtschaft[91] auch die konservativen Armeekreise, einen Beschluß der Verbindungskonferenz vom 25. September 1943 nicht weiter zu ignorieren, demzufolge Deutschland am wirtschaftlichen Aufbau Großostasiens teilnehmen sollte[92]. Auf deutscher Seite befahl Hitler, den Japanern großzügig Kriegsgerät jeglicher Art, einschließlich der Nachbaurechte, ohne Bezahlung zu überlassen — ein Entscheid, der vom Reichswirtschaftsministerium und der Handelspolitischen Abteilung des Auswärtigen Amtes „als kostenlose Preisgabe des gesamten technischen Entwicklungsstandes der deutschen Industrie“ kritisiert wurde[93]. Diese Order wurde

84 St.S. Japan: Telegramm Stahmer—AA, Nr. 1002 vom 26. März 1943.

85 Microcopy T-82, Roll 135, Item GD 1150 (Akten der japanischen Botschaft Berlin über die Vorbereitung des Fluges „GOA“.)
Die bei Gronau (S. 239) gegebene Darstellung, hohe Persönlichkeiten hätten sich an Bord der Maschine befunden, um über einen deutsch-russischen Waffenstillstand zu verhandeln, läßt sich mit japanischen und deutschen Akten nicht belegen. Vielmehr führt die japanische Passagierliste nur zwei unbekannte Heeresoffiziere als Mitfliegende auf.

86 Heeresakte H 27/57: Vortrag von Oberst i. G. Schuchardt bei Chef GenSt d H vom 15. Juli 1943: Das japanische Militärflugzeug sei seit einer Woche überfällig.

87 KTB 1. Skl A 26. Juli 1943: Bericht des Mil.Att. aus Tokio.

88 KTB 1. Skl A 3. und 12. November 1943.

89 KTB OKW, Bd. III, S. 1593 f.: Räumung Korsika und des Kuban-Brückenkopfes im September/Oktober 1943 mit großer Transporthilfe der Luftwaffe.

90 St.S. Japan: Telegramm Stahmer—AA, Nr. 1139 vom 9. April 1943.

91 St.S. Japan: Telegramm Niemöller/Kretschmer/Stahmer—AA/OKH Att. Abt, Nr. 3010 vom 3. Oktober 1943: Stand der japanischen Kriegswirtschaft: Die japanische Industrie sei nicht in der Lage, die reichen Rohstoffquellen des Südraumes auszunutzen. Von 1 Million Tonnen Rohgummiprodukten würden nur 10% verarbeitet, die pflanzlichen Öle würden an Ort und Stelle zur Treibstoffgewinnung (!) benutzt. In Japan selbst seien Kohlen, Schrott und Eisen äußerst knapp.
Vgl. auch Heeresakte III H 422/2: OKH/GenSt d H/Abt. Fr. H. West Nr. 5230/43 11. Oktober 1943. Vortragsnotiz: Die Produktionslage Japans und der Stand der Entwicklung des südasiatischen Raumes: Auf den Philippinen herrsche Arbeitslosigkeit, da die Tabakerzeugnisse nicht abgesetzt werden könnten. Der Rohgummi werde in Südostasien in Ermanglung von Verschiffungsmöglichkeiten an Ort und Stelle zu Straßenbelag verwertet.

92 Hattori III (6) S. 16 f.

93 St.S. Japan: Aufzeichnung Wiehl, Dir Ha Pol Nr. 97, vom 29. April 1943.

deswegen entweder von Hitler selbst zurückgezogen oder von den zuständigen Stellen umgangen. Nach wie vor forderte das Auswärtige Amt die Japaner auf, die Nachbaurechte für die geschenkten U-Boote zu bezahlen[94]. Ein Gegenvorschlag Oshimas, zu dem dieser kaum autorisiert war, zielte darauf ab, die beiderseitigen Lieferungen nicht zu bezahlen, sondern durch Gegengeschenke auszugleichen. Mit Recht verwarf Ministerialdirektor Wiehl diesen Verrechnungsmodus als vollständiges Novum in bilateralen Wirtschaftsbeziehungen; er widersprach überdies den Bedingungen des Handelsvertrages vom 20. Januar 1943[95]. Endlich, Anfang Oktober 1943, als das erste deutsche U-Boot längst in japanischen Gewässern erprobt wurde, erklärte sich Oshima zur Bezahlung der Nachbaurechte bereit, allerdings nur, sofern sie in Anspruch genommen würden[96].

Während diese Verhandlungen in Berlin weiterliefen, waren die letzten fünf einsatzbereiten deutschen Blockadebrecher mit Kautschuk aus Japan ausgelaufen. Unter Großeinsatz deutscher Kriegsschiffe sollte ihre wertvolle Ladung nach Bordeaux eingeholt werden[97]. Mit Hilfe von einem Drittel der Überwassereinheiten der Kriegsmarine[98] gelang es lediglich, den Blockadebrecher „Osorno“ Ende Dezember 1943 in die Gironde einzubringen[99]. Die vier anderen Blockadebrecher und drei deutsche Kriegsschiffe gingen bei diesem Unternehmen verloren. Allerdings deckte die eingebrachte Menge Kautschuk den geringen deutschen Bedarf bis November 1944[100]. Angesichts dieses Mißerfolges untersagte Hitler entgegen den Vorstellungen von Dönitz den weiteren Einsatz von Blockadebrechern im Ostasienverkehr[101].

Das Ende des Überwasserverkehrs mit Japan mag die deutsche Seite zum Einlenken in der Frage der Nachbaurechte bewogen haben: Nach dem angelsächsischen Vorbild des „Lend and Lease“ sah ein deutscher Vertragsentwurf vom Februar 1944 vor, kriegswichtige Nachbaurechte ohne Bezahlung auszutauschen; nach dem Krieg sollten die beiderseitigen Leistungen verrechnet werden[102]. Am 2. März zeichneten Wiehl und Matsushima in Berlin eine „Vereinbarung über die gegenseitige Zurverfügungstellung von Nachbaurechten und Rohstoffen zwischen Deutschland und Japan“[103]. In diesem Abkommen machte die deutsche Seite größere Zugeständnisse als ursprünglich vorge-

94 St.S. Japan: Telegramm Ritter—Stahmer, Nr. 839 vom 23. Mai 1943.
95 St.S. Japan: Aufzeichnung Wiehl, Dir Ha Pol Nr. 112 gRs, vom 10. Juli 1943.
96 St.S. Japan: Telegramm Ritter—AA. Nr. 1583 vom 4. Oktober 1943.
97 Michaux S. 499-503.
98 Ebenda S. 500: 6 Zerstörer und 6 Torpedoboote liefen zum Unternehmen „Bernau“, dem Einbringen des Blockadebrechers „Osorno“ durch die Biskaya, aus.
99 KTB 1. Skl A 26. Dezember 1943.
100 KTB 1. Skl A 2. Januar 1944.
Vgl. Treue S. 185: 1944 wurden nur noch 2300 Tonnen Naturkautschuk in Deutschland verarbeitet, während 97 %, gleich 79 600 Tonnen, auf die Bunaproduktion entfielen.
101 Lagevorträge ObdM vor Hitler: Unterredungen Hitler—Dönitz vom 18., 19. Januar 1944.
102 Microcopy T-82, Roll 90, Item GD 470, Frames 0247139-40.
Zu den amerikanischen „lend and lease“-Lieferungen vgl. KTB 1. Skl A 31. Dezember 1943: Nach einer amerikanischen Veröffentlichung hätten die amerikanischen „lend and lease“-Lieferungen an die Sowjetunion bis einschließlich Oktober 1943 einen Wert von 3½ Milliarden US Dollar gehabt und u. a. 7000 Flugzeuge, 3600 Panzer und 150 000 LKWs umfaßt.
103 Siehe DOKUMENT Nr. 14 im Anhang S. 251.
Die Darstellung von Kordt, Wahn und Wirklichkeit S. 331 über die als „Ritter-Oshima-Abkommen“ bezeichnete Vereinbarung vom 2. März 1944 entspricht nicht den Tatsachen.

sehen. Auch industrielle Herstellungsverfahren (z. B. das Kohlehydrierverfahren der I G Farben) sollten in Verhandlungen mit den entsprechenden Firmen — allerdings bei Bezahlung — gegenseitig zur Verfügung gestellt werden. Im Artikel I einer Zusatzvereinbarung wurden den Japanern die Nachbaurechte für die beiden U-Boote nun doch kostenlos zugestanden. Etwas beziehungslos bestätigte Artikel II die weitere Gültigkeit des Handelsabkommens vom 20. Januar 1943. Natürlich konnte dieser Zusatz nicht darüber hinwegtäuschen, daß der mühsam abgeschlossene Handelsvertrag vom Januar 1943 mit dem neuen Abkommen unterhöhlt wurde und nun auch seine theoretische Bedeutung verlor.

Im Sommer 1944, als die deutsche Niederlage weder militärisch noch politisch aufzuhalten war, planten die Japaner sogar, deutsche Facharbeiter und Ingenieure auf U-Booten nach Japan zu überführen, um sie vor dem Zugriff der Angelsachsen zu bewahren[104]. Da dieses Vorhaben selbstverständlich in großem Umfang undurchführbar war, konzentrierte sich ihr Interesse auf kriegswichtige Erfindungen und Patente sowie auf einige wenige Spezialisten.

Da der technische Stand der japanischen Kriegswirtschaft seit jeher hinter dem deutschen[105] und dem angelsächsischen zurücklag, wären diese Überlegungen der Diplomaten aus dem Fernen Osten zu verstehen gewesen, wenn sie 1941/42 aufgetaucht wären. Gegen Ende des Jahres 1944 bedachte man offensichtlich in der japanischen Botschaft in Berlin nicht, daß es auch einigen resoluten deutschen Technikern mit Hilfe der großartigsten Erfindungen nicht gelingen würde, das komplette Chaos in der Rüstungswirtschaft[106] „Großostasiens" zu beheben. Sicherlich in Kenntnis dessen, was die Angelsachsen und Russen mit deutschen Spitzentechnikern und ihren Erfindungen vorhatten, ließ sich die deutsche Seite auf entsprechende Verhandlungen mit dem Bundesgenossen ein. Im November/Dezember 1944 erklärte sich die Reichsregierung mit einem solchen Abkommen grundsätzlich einverstanden[107]. Über einen entsprechenden Vertrag, der als wahrscheinlich gelten kann, waren keine Unterlagen zu finden. Möglicherweise wurden auf Grund dieser Übereinkunft die IG Farben im Januar 1945 von der Reichsregierung gezwungen, in einer Zwangslizenz den Japanern das Verfahren

[104] Microcopy T-82, Roll 92, Item GD 601, Frames 0643984-85: Reichsführer SS, Reichssicherheitshauptamt Nr. 20887/8.44 g C/L vom 24. August 1944 betr. „Japanischer Plan, deutsche Fachkräfte nach Japan einzuführen".

[105] Siehe oben S. 132 das Gutachten General Yamashitas über den technischen Stand der japanischen Rüstung im Vergleich zur deutschen.

[106] Mangelnde Koordinierung zwischen den Bedürfnissen des Heeres und der Marine, die Unterbindung der Schiffahrtslinien nach Südostasien und Mandschukuo durch amerikanische U-Boote sowie die Großangriffe der amerikanischen Luftwaffe auf die japanischen Industriezentren hatten die Rüstungswirtschaft Ende 1944 weitgehend lahmgelegt. (Siehe dazu die ausführliche Darstellung von Cohen).

[107] Microcopy T-179, Roll 74, Item GD 116, Frames 4708436-42: Verbalnote des AA vom 16. November 1944: „Entwurf eines Abkommens zwischen dem Großdeutschen Reich und dem Kaiserreich Japan über kriegswichtige Erfindungen", das den Vertrag vom 2. März 1944 ergänzen sollte.
Ebenda: Frame 4708455: Japanische Fragen zu dem deutschen Entwurf.
Ebenda: Frames 4708463-65: Verbalnote des AA vom 5. Dezember 1944: Beantwortung der japanischen Anfragen.

zur synthetischen Benzinherstellung abzutreten[108], um das schon Außenminister Matsuoka im April 1941 gebeten hatte. Auch erklärte sich das Auswärtige Amt bereit, deutschen Technikern die Ausreise nach Japan zu gestatten. Im Dezember 1944 lag ein entsprechender Plan vor, zusammen mit dem neuen deutschen Luftwaffenattaché, General der Flieger Kessler, 27 deutsche Spezialisten für den Düsenjägerbau und die V-Waffen nach Japan zu „evakuieren“[109]. Zwei Wochen vor der deutschen Kapitulation verließ diese Technikerdelegation auf einem U-Boot den deutschen Machtbereich[110]. Doch mußte das Boot nach dem Waffenstillstand einen amerikanischen Hafen anlaufen.

Über Ansätze zu einer politischen, maritimen und rüstungstechnischen Zusammenarbeit kamen die Verbündeten erst hinaus, als sie schon hoffnungslos in die Defensive geraten waren. Nicht Einsicht oder etwa guter Wille, sondern allein die immer aussichtslosere militärische Situation diktierte dieses „Zusammenrücken“. Hitler und die Kaiserliche Marine, die sich beide so lange gegen eine engere Zusammenarbeit gesträubt hatten, wurden nach der Katastrophe des deutschen Ostheeres bei Stalingrad und den japanischen Flottenniederlagen bei den Midways und den Salomonen zu Befürwortern einer engeren Partnerschaft. Aber nach 1942 fehlten Deutschland und Japan die Machtmittel, um solcher Zusammenarbeit die nötige militärische und politische Wirksamkeit zu verleihen. Selbst bei bestem Einverständnis und gemeinsamer strategischer und politischer Planung war der Krieg für die Dreierpaktmächte im Jahre 1943 militärisch nicht mehr zu gewinnen. Nur die vergeblichen Versuche der Japaner, den deutsch-russischen Konflikt politisch zu lösen und dann das gemeinsame Potential gegen die Angelsachsen einzusetzen, hätten 1943 noch eine Chance geboten, den Krieg vorteilhaft zu beenden — alle anderen Ansätze zu einer Verständigung zwischen beiden Verbündeten haben ihn höchstens zu ihren Ungunsten verlängert.

3. Endsiegillusionen bis zur deutschen Kapitulation

In Berlin nahmen Gespräche auf höchster Ebene immer mehr den Charakter gegenseitiger Aufmunterungsversuche an. Konkrete politische und militärische Fragen kamen nur noch selten zur Sprache. Stattdessen erhitzten sich die Gemüter mehrere Monate lang über die Frage, ob dem japanischen Ministerpräsidenten ebenfalls das „Großkreuz des Verdienstordens vom deutschen Adler in Gold“ zuerkannt werden sollte, das Hitler bereits am 13. Dezember 1941 an Oshimas Brust geheftet hatte[1]. Ribbentrop verwahrte sich bei Keitel gegen diese geplante Ordensverleihung und wies nachdrücklich auf eine entsprechende Entscheidung Hitlers hin[2]. Im deutschen Generalstab war

108 Menzel S. 492 f.

109 Ritter Japan: Aufzeichnung St.S. Steengracht, St.S. Nr. 352 gRs, vom 28. Dezember 1944.

110 Gronau, S. 303 beschreibt diesen geplanten Vorgang seiner Ablösung etwas zu sarkastisch und übersieht die Hintergründe dieser „Evakuierung“ von Technikern nach Japan.

1 IMT Doc 2932-PS, Bd. XXXI, S. 316-321:
Besprechung Hitlers mit dem japanischen Botschafter Oshima am 14. (tatsächlich am 13.) Dezember 1941 von 13-14 Uhr in Anwesenheit des RAM: „Der Führer überreicht zunächst dem Botschafter Oshima das Großkreuz des Verdienstordens vom Deutschen Adler in Gold.“

2 St.S. Japan: Schreiben Ribbentrop—Keitel vom 18. Dezember 1943. — Vgl. auch Heeres-

sogar von einem deutsch-japanischen „Ordenskrieg" die Rede — eine Bezeichnung, auf die Generalmajor Komatsu, der japanische Militärattaché, nur mit Verwunderung reagieren konnte[3].

Selbst die Seekriegsleitung, deren Lageberichte bis Kriegsende von ziemlicher Objektivität geprägt waren, konnte sich diesem in die Öffentlichkeit getragenen Wunschdenken nicht ganz verschließen. Am 4. April 1944 diskutierte der Chef der Seekriegsleitung[4], Vizeadmiral Meisel, mit dem japanischen Vizeadmiral Abe[5] anstelle von Sachfragen den Einfluß der „Juden und Freimaurer" auf die Gesamtlage[6].

In der deutschen Botschaft in Tokio führte dieser Zwiespalt zwischen der hohlen „Endsiegpropaganda" und der militärisch hoffnungslosen Lage zu einer fast einjährigen Kontroverse zwischen dem Landesgruppenleiter der „NSDAP" in Japan Spahn und dem dienstältesten Offizier der Botschaft, Admiral Wenneker. Die nüchterne, der Wirklichkeit entsprechende Berichterstattung des Marineattachés stand in eklatantem Widerspruch zu den phrasenreichen Telegrammen des Parteigenossen Botschafter Stahmer[7]. Der Landesgruppenleiter nahm eine nicht in seinem Sinne gehaltene Rede Wennekers am Heldengedenktag zum Vorwand, sich über „mangelnde Disziplin" und „fehlende Überzeugung" des Admirals in Berlin zu beklagen[8]. Da der Wortlaut der Ausführungen zu keiner Kritik Anlaß bot, bestanden die Seekriegsleitung und Wenneker auf Spahns Maßregelung. Das Auswärtige Amt war 1944 nicht mehr in der Lage, sich gegenüber den Parteidienststellen durchzusetzen[9]. Im Januar 1945 sah deswegen Dönitz davon ab, eine volle Rehabilitierung des Marineattachés zu erreichen[10].

Japans Führungsspitze, die nicht wie die deutsche von den Gedankengängen eines einzelnen abhängig war, beurteilte die militärische Lage des Kaiserreiches bis etwa September 1944 einigermaßen realistisch. Auch die japanischen, in Berlin akkreditierten Offiziere des Heeres und der Marine wurden — im Gegensatz zu Missionschef Oshima — noch nicht ausschließlich von Illusionen geleitet. Natürlich führte die japanische

akte H 27/56 8. Dezember 1943: „... der Führer sei nämlich sehr zurückhaltend mit Ordensverleihungen an Japaner".

[3] Heeresakte H 27/56 25. April 1944.

[4] Im April 1944 wurde die Amtsbezeichnung „Chef des Stabes der Seekriegsleitung" in "Chef-Seekriegsleitung" umgeändert.

[5] Seit April 1943 war Abe als Nachfolger von Nomura Chef der japanischen militärischen Kommission des Dreimächtepaktes zu Berlin.

[6] KTB 1. Skl C XV 6. April 1944: Niederschrift über die Besprechung zwischen dem Kaiserlich japanischen Vizeadmiral Abe und dem Chef der Seekriegsleitung Vizeadmiral Meisel am 4. April 1944: Meisel: „Bei der Betrachtung der Gesamtlage darf der Kampf um die Ideen nicht vergessen werden. Die Juden und Freimaurer wissen, daß ihre Stellung gefährdet ist, wenn es ihnen nicht gelingt, den Nationalsozialismus zu vernichten".

[7] Interview des Verfassers mit Botschafter i. R. Ott, München, am 11. Juni 1966 und Major a. D. Dr. Karsch, Gehilfe des Militärattachés, am 15. März 1966 in Marburg. Beide Herren sagten, daß Botschafter Stahmer sogleich 1943 die Botschaft im nationalsozialistischen Geist „ausgerichtet" habe und zu Admiral Wenneker in einem distanzierten, spannungsgeladenen Verhältnis gestanden habe.

[8] KTB 1. Skl Ic Japan: Schreiben des AA an OKM vom 22. Mai 1944.

[9] Siehe die zahlreichen mit Tokio und der Seekriegsleitung gewechselten Telegramme des AA in dem Aktenordner: KTB 1. Skl Ic Japan.

[10] Ebenda: Schreiben OKM an St.S. Steengracht vom 18. Januar 1945.

Presse die Öffentlichkeit genauso systematisch irre[11] wie die deutsche. Doch die Verantwortlichen in Tokio wußten klar zu unterscheiden zwischen Propaganda und Realitäten. Erst gegen Ende 1944, als politische Alternativen nicht mehr gegeben waren und sich die Niederlage immer deutlicher abzeichnete, flüchteten sich auch die Japaner in Wahnvorstellungen eines „Endsieges". Nachdem die letzte japanische Friedensvermittlung im deutsch-russischen Konflikt gescheitert und der deutsche Verbündete fallengelassen worden war[12], bediente sich auch der japanische Militärattaché in Berlin der ihm sicherlich längst vertrauten Phraseologie[13]. Nach den ersten amerikanischen Trägervorstößen gegen die Philippinen und den großen Verlusten der japanischen Marine und Luftwaffe bei der amerikanischen Landung auf Leyte[14] wurde auch in Tokio die mißliche militärische Lage durch Wunschdenken verschleiert. Nach der Luftschlacht bei Formosa (10.-13. Oktober 1944) meldete der japanische Marineattaché in Berlin, daß die Luftwaffe 16(!) amerikanische Träger, 1 Schlachtschiff und weitere Kriegsschiffe versenkt habe[15]. In Wirklichkeit waren nur zwei amerikanische Schiffe beschädigt worden[16]. Diese Meldungen waren indessen keine reinen Propagandalügen, sondern basierten auf Fehlbeobachtungen der japanischen Flieger. Die japanischen Führungsstellen haben dies auch bald darauf erkannt; allerdings wurden die übertriebenen Erfolgsmeldungen nie dementiert.

Auf deutscher Seite mußte man diesen Sinneswandel der Japaner erleichtert vermerken, brauchte man doch fortan keine peinlichen Fragen der japanischen Offiziere mehr zu befürchten. Großadmiral Dönitz, in den letzten Kriegsmonaten einer der engsten Vertrauten Hitlers[17], honorierte das Einschwenken der Japaner auf die gemeinsame Propagandafront sogleich. Ohne die Angaben über die angeblichen Siege bei Formosa zu überprüfen, sandte der Marinebefehlshaber ein begeistertes Glückwunschtelegramm an den Marineminister nach Tokio. Die Versicherung, „Er (der japanische Sieg) wird auch uns Ansporn sein zum weiteren Kampf gegen unsere gemeinsamen Feinde"[18] war ein leeres Versprechen, da die Kriegsmarine, auf die norwegischen Basen zurückgedrängt, dem alliierten Tonnageverkehr Ende 1944 nur noch Nadelstiche zufügen konnte. Auch ein nüchterner Bericht Admiral Wennekers vom 29. Oktober 1944

[11] James S. 268: Nach den zusammengerechneten japanischen Zeitungsmeldungen sei die gesamte amerikanische Flotte 1944 statistisch mehrere Male untergegangen.

[12] Siehe oben S. 197.

[13] Microcopy T-82, Roll 113, Item GD 987, Frame 0258191: Aussprache Komatsu/Nishi mit Chef Att. Abt. am 7. September 1944.
Heeresakte H 27/6: „Bericht über die Reise des Kaiserlich japanischen Militärattachés Berlin, Herrn Generalmajor Komatsu, und seines Gehilfen, Herrn Oberstleutnant i. G. Nishi, zum Chef GenSt d H am 19. September 1944".
(Komatsu und Nishi hatten die HGr Mitte der Ostfront besucht.)

[14] In der zweiten Seeschlacht bei den Philippinen verlor die japanische Flotte allein 4 Träger, 5 Schlachtschiffe, 10 Kreuzer und 5 Zerstörer.
Siehe dazu Jacobsen/Rohwer S. 483-521: „Die Schlacht um Leyte 1944".

[15] KTB 1. Skl A 16. Oktober 1944.

[16] Jacobsen/Rohwer S. 494.

[17] Siehe die Lagevorträge ObdM vor Hitler.
Ab 1. Januar 1945 nahm Dönitz fast täglich an der „Führerlage" teil.

[18] KTB 1. Skl A 17. Oktober 1944.

über die erfolgreiche amerikanische Landung auf Leyte[19] konnte in Berlin den Glauben an einen japanischen Sieg in dieser von allen als entscheidend erkannten Schlacht nicht erschüttern. Vergebens ersuchte Ribbentrop den „Führer", die japanischen Offiziere aus Anlaß der „Siege" bei Formosa zu empfangen[20].

Am 3. Dezember 1944 bat der Oberbefehlshaber der Kriegsmarine Hitler, zehn bis fünfzehn deutsche Marineoffiziere nach Japan zum Studium des „Großen Seekrieges" abkommandieren zu dürfen, „um diese Erfahrungen später beim Aufbau einer deutschen Flotte anwenden zu können"[21]. Es erscheint wenig glaubhaft, daß Dönitz und Hitler in der Hoffnung auf einen jederzeit einsetzenden Konflikt zwischen den Alliierten deutsche Offiziere nach Japan entsandten. In einem solchen Fall hätten sie nämlich übersehen, daß die Japaner auf einen Ausgleich mit der Sowjetunion, dem „Todfeind" der Deutschen, hinarbeiteten. Wären die politischen Vorstellungen der letzten Kriegsmonate in Berlin und Tokio in Erfüllung gegangen, dann hätten Deutschland und Japan in zwei einander sich bekämpfenden Lagern gestanden: Die deutsche Wehrmacht mit den Angelsachsen in gemeinsamer Front gegen den Bolschewismus, Japan mit sowjetischer Hilfe gegen die „weißen Imperialisten" in Asien. Da Dönitz seine Offiziere kaum in ein Land senden konnte, mit dessen möglicher Gegnerschaft er rechnen mußte, dürften hinter seinem Schritt weniger politische Motive als ein unerschütterlicher Glaube an den „Endsieg" gestanden haben. Die Kaiserliche Marine, die nach den schweren Niederlagen bei den Philippinen weitgehend als Kampfmittel ausgefallen war[22], fühlte sich durch die Abkommandierung geehrt und gab nur zu gern ihre Zustimmung[23].

Selbst als die Schlacht um die Philippinen längst entschieden war, glaubten japanische Regierungskreise noch immer an einen Sieg. An ihn knüpften sie die völlig unbegründete Hoffnung auf eine Friedensbereitschaft Tschiang Kai-scheks; außerdem wähnte man in Tokio, daß sich ein gut nachbarliches Verhältnis zur Sowjetunion wiederherstellen lasse[24]. Auch auf die letzte deutsche Offensive in den Ardennen[25] setzten die deutsche und die japanische Führung gleichermaßen Hoffnungen. Bei den Japanern herrschte Genugtuung über die Verlagerung des Schwerpunktes der deutschen Kriegführung vom Osten in den Westen, auf die man seit 1941 in Berlin gedrungen hatte. Überschwenglich empfand die japanische Führung den Vorstoß sogar als eine „mittelbare Entlastung für die schwer ringende Philippinenfront". Der deutsche Militärattaché meldete nach Berlin, die psychologischen Auswirkungen des deutschen „Überganges

[19] KTB 1. Skl A 29. Oktober 1944.
[20] Ritter Japan: Notiz Ribbentrops für den Führer vom 10. November 1944.
Ebenda: Aufzeichnung LR Dr. Mohr vom 20. Dezember 1944: Die japanischen Offiziere würden beim nächsten Empfang Oshimas von Hitler begrüßt werden.
[21] Lagevorträge ObdM vor Hitler: Unterredung Dönitz—Hitler vom 3. Dezember 1944.
[22] Jacobsen/Rohwer S. 520.
[23] KTB 1. Skl C XV 13. Dezember 1944: „Besprechung ObdM mit Vizeadmiral Abe".
[24] KTB 1. Skl Ic Japan 27. Dezember 1944: Rundschreiben des AA, Pol VIII 9182/44 g vom 27. Dezember 1944, über die Botschaftsberichte aus Tokio vom 17. und 20. Dezember 1944.
[25] Jacobsen/Rohwer S. 527-560, Beginn der Offensive am 16. Dezember 1944.

zum Angriff" in den japanischen Führungskreisen hätten seine Erwartungen weit über troffen[26].

Botschafter Stahmer warf dem amtierenden Kabinett Koiso/Yonai, das die Lage kritischer einschätzte, Defaitismus vor. Seinen Berliner Vorgesetzten versprach er, mit den „nationalen Gruppen", d. h. den radikalen Heeresoffizieren, Verbindung zu halten. Gleichzeitig beschwerte sich Stahmer über die ablehnende Haltung der japanischen Marine gegenüber deutschen Diplomaten[27]. Da sich diese Berichterstattung mit den Nachrichten des Marineattachés nicht vereinbaren ließ, forderte die Seekriegsleitung bei Admiral Wenneker eine Stellungnahme zu den Ausführungen des Botschafters an. Wenneker, der bereits in einem ausführlichen Lagebericht vom 23. Januar 1945 eine weitere Kriegführung Japans nach dem Verlust der Philippinen als fraglich bezeichnet hatte[28], bezichtigte in seiner Antwort Stahmer schlicht mangelnder diplomatischer Fähigkeiten[29].

Andererseits erwartete die japanische Führung in einer Lagebetrachtung vom 11. Februar 1945 realistisch den deutschen Zusammenbruch für die Jahresmitte, knüpfte aber an den Untergang des Partners die Hoffnung, daß dann die alliierte Koalition auseinanderfallen werde[30]. Im März 1945 unterstützte sogar das Heer diese Gedanken[31]. Die Landung der Amerikaner auf Iwojima, deren erfolgreicher Abschluß Mitte März eine Invasion der heimischen Inseln befürchten ließ[32], und die formelle Aufkündigung des Neutralitätsvertrages durch die Sowjetunion am 5. April 1945[33] ließen diese Hoffnungen weiter schwinden. Schließlich erschütterte die amerikanische Invasion auf Okinawa, einer Insel 500 km südlich des japanischen Mutterlandes, die Regierung. Die Niederlage des Kaiserreiches war nicht mehr abzuwenden. Geschlossen demissionierte das Kabinett Koiso/Yonai am 5. April 1945.

Auf Vorschlag des Jushin (der älteren Staatsmänner), in dem Gedanken an eine Kapitulation immer mehr an Boden gewannen, berief der Kaiser den Präsidenten des Geheimen Staatsrates[34], Admiral Suzuki, zum neuen Premierminister. Damit stand erst-

[26] KTB 1. Skl Ic Japan 29. Dezember 1944: Telegramm des Mil.Att. Tokio (General Kretschmer) vom 29. Dezember 1944: „In Japan psychologische Auswirkung deutschen Überganges zum Angriff und bisherige Erfolge bei höchsten Heer- und zivilen Stellen weit über meine Erwartungen".

[27] KTB 1. Skl Ic Länderakten 22. Januar 1945: Drahtbericht Nr. 45 der deutschen Botschaft Tokio an das AA vom 9. Januar 1945.

[28] KTB 1. Skl A 23. Januar 1945.

[29] KTB 1. Skl Ic Länderakten 14. Februar 1945: Bericht Wennekers an 1. Skl: „Ansehen Botschafters zudem durch frühere Ungeschicklichkeiten stark gelitten".

[30] Hattori II (9) S. 22.

[31] Kase S. 349.

[32] KTB 1. Skl A 18. März 1945: Bericht Wennekers: „Japanische Führungsstellen erwarten Landung in Kanto-Ebene und zwar westlich Tokio bei Oiso und Ostseite Hiba-Halbinsel".

[33] Geschichte des Großen Vaterländischen Krieges, Bd. 5, S. 613.

[34] Als Nachfolger von Hara bekleidete Admiral Suzuki dieses Amt vom 18. 7. 1944 bis 7. 4. 1945. Der „Geheime Staatsrat" setzte sich aus etwa 20 vom Kaiser ernannten Persönlichkeiten, die sich um den Staat verdient gemacht hatten, und den jeweiligen Kabinettsmitgliedern zusammen. Dieses Gremium — weitgehend unabhängig von Regierung und Militärs — mußte internationale Verträge Japans billigen (siehe Anm. Nr. 12 S. 96). Der Präsident des „Geheimen Staatsrates" war bei Vollsitzungen des Jushin (siehe Anm. Nr. 22 S. 30) stimm-

mals seit Kriegsbeginn ein hoher Marineoffizier an der Spitze der Regierung. Das Heer, unermüdlicher Anwalt eines heroischen Kampfes bis zum ehrenhaften Untergang, hatte gegenüber den kompromißbereiten Kreisen des Hofes und der Marine an Einfluß verloren. Mit großer Vorsicht konnten in der Führungsspitze Japans jetzt Überlegungen angestellt werden, wie der hoffnungslose Krieg am besten beendet werden könne[35]. Admiral Wenneker meldete die Aussicht auf japanische Verhandlungen mit den Amerikanern, die über die Sowjetunion laufen sollten, in einem Bericht Mitte April 1945 nach Berlin[36]. Dort gab am 17. April, als die Rote Armee bereits zum Stoß auf die deutsche Hauptstadt ansetzte und die Amerikaner die Elbe erreicht hatten, Botschaftsrat Kawahara einen letzten Frühstücksempfang für deutsche Diplomaten[37]. In Berlin wie in Tokio warteten die befreundeten Ausländer seit langem untätig auf das Ende des Krieges, sprachen aber nicht über militärische Rückschläge und die drohende Kapitulation[38].

Am 20. April 1945 bekräftigte der „Oberste Kriegsrat" seine Beschlüsse vom 21. September 1944[39], denen zufolge alle Verträge Japans mit dem Deutschen Reich im Fall der Kapitulation des Partners aufgekündigt werden sollten[40]. Auf Himmlers Friedensfühler zu dem schwedischen Grafen Bernadotte, die am 28. April 1945 durch Meldungen des Londoner Rundfunks in Tokio bekannt wurden, reagierte das japanische Außenministerium erschrocken[41]. Während des ganzen Krieges hatte man in Tokio befürchtet, daß Deutschland eines Tages mit den Westmächten einen Frieden schließen könne und dann Japan im Stich ließe. Immerhin bestand die Möglichkeit, daß die deutsche Wehrmacht nur im Westen kapitulieren, im Osten hingegen den Kampf fortsetzen würde. Daß Eisenhower entsprechende deutsche Ansinnen entschieden zurückweisen würde[42], konnte die Führung in Tokio kaum ahnen. Die Befürchtungen, es könne in letzter Minute zu einem deutsch-angelsächsischen Rapprochement kommen, waren nicht völlig abwegig, zumal die Alliierten über die Neuordnung Europas schon zerstritten waren. Der überraschend schnelle militärische Zusammenbruch des Reiches im April 1945 bewahrte hingegen die Angelsachsen davor, sich mit dem deutschen Vorschlag einer Teilkapitulation auseinandersetzen zu müssen.

berechtigt und hatte somit ein Mitspracherecht bei der Benennung des zukünftigen Premierministers.

35 Siehe Maxon S. 195 f., Kase S. 110 und Shigemitsu S. 369 ff. Als beste Monographie über die japanische Kapitulation: Robert J. C. Butow: Japan's Decision to Surrender. Stanford University Press, California 1954.

36 KTB 1. Skl A 12. April 1945 (letzte Lagemeldung Wennekers in den Akten der Marine).

37 Microcopy T-179, Roll 74, Item 110, Frame 4708329 (diesem Frühstücksempfang waren 1945 vier weitere vorausgegangen).

38 Interview des Verfassers mit Major a. D. Dr. Karsch, ehem. Gehilfe des Militärattachés, in Marburg am 15. März 1966.

39 Siehe oben S. 197.

40 Hattori IV (10) S. 268 f.

41 Kase S. 124 ff.

42 Über entsprechende Versuche der Regierung Dönitz siehe die Memoiren des Großadmiral Karl Dönitz: Zehn Jahre und zwanzig Tage. Bonn 1958. S. 460 ff., sowie die fundierten Darstellungen von Steinert, insbes. S. 165-193, und Reimer Hansen: Das Ende des Dritten Reiches. Die deutsche Kapitulation. Stuttgart 1966, insbes. S. 85-163.

Hitlers vorgeblicher Heldentod (30. April)[43] und die Kapitulation Berlins (2. Mai) veranlaßten den japanischen Premierminister Suzuki, noch vor der endgültigen Niederlage des Bundesgenossen die japanische Bevölkerung in einer Rundfunkansprache auf die Folgen des bevorstehenden Kriegsendes in Europa hinzuweisen[44]. Am 5. Mai empfahl Admiral Wenneker in einem persönlichen Telegramm Dönitz, angesichts der jüngsten Entwicklung und der zu erwartenden Schwierigkeiten Heinrich Stahmer durch Staatsrat Wohlthat abzulösen[45]. Endlich, nach Hitlers Tod und dem Regierungsantritt von Dönitz, sah der Marineattaché eine Möglichkeit, den fanatischen Parteigenossen auf dem Botschafterposten durch eine integre Persönlichkeit — den Wirtschaftsspezialisten Wohlthat — zu ersetzen. Doch diese Nachricht kreuzte sich mit einer Weisung des neuen Außenministers Graf Schwerin von Krosigk an Botschafter Stahmer vom 5. Mai 1945. Außenminister Togo sollte von dem bevorstehenden Waffenstillstand mit den Westalliierten und dem „Heldentod des Führers" unterrichtet werden[46]. In zwei Unterredungen, die noch vor der deutschen Kapitulation stattfanden[47], beschuldigte Togo die deutsche Regierung, durch eigenmächtige Kapitulationsverhandlungen mit den Westmächten den „Nichtsonderfriedensvertrag" vom 11. Dezember 1941 gebrochen zu haben. Den Vorwurf des Vertragsbruchs nahm Togo jedoch zurück, als Stahmer auf die Forderung der Alliierten nach einer Gesamtkapitulation hinwies. Dennoch nutzte der Minister die Friedensverhandlungen der deutschen Regierung als Vorwand, um Japan von seinen Vertragspflichten gegenüber dem Reich zu lösen. Ohne Umschweife forderte der erfahrene Politiker von Botschafter Stahmer, er solle eine schriftliche Erklärung der deutschen Regierung über den Fortbestand aller Verträge abgeben. Dieses Ansinnen konnten weder Stahmer noch die Regierung Dönitz erfüllen. Deutschen Vorstellungen zufolge sollte lediglich der Dreimächtepakt auf politischem und wirtschaftlichem Sektor beibehalten werden, ein Vorgehen, dem sich Togo selbstverständlich widersetzen mußte. Eine Einigung konnte daher nicht erzielt werden[48].

Im Grunde waren die Pläne beider Seiten völlig phantastisch. Deutschland, besiegt, von fremden Truppen besetzt und in seiner staatlichen Einheit zerstört, versuchte einen Vertrag aufrechtzuhalten, den es einst abgeschlossen hatte, um ungestört den

[43] KTB 1. Skl A 30. April und 1. Mai 1945: Funksprüche zwischen Plön (Dönitz) und der Reichskanzlei in Berlin über den Amtsantritt von Dönitz als Nachfolger Hitlers.

[44] Kase S. 126/7 nach „New York Times" vom 4. Mai 1945.

[45] Steinert S. 276 zitiert nach „Bundesarchiv Koblenz, Bestand R 62/2 fol 10".
Über Dönitz Reaktion ist nichts bekannt. Doch sprach Außenminister Krosigk in seinem letzten Telegramm nach Tokio vom 8. Mai Stahmer Dank und Vertrauen aus (Steinert S. 277).

[46] Martienssen S. 240 f., Stahmer S. 191 f. und Steinert S. 276 f.

[47] Steinert S. 277 zitiert nach „Bundesarchiv Koblenz, Bestand R. 62/2 fol 5/6": Am 6. Mai habe der neue Außenminister nochmals an Stahmer telegraphiert. Der Botschafter solle vor Togo darauf hinweisen, daß Deutschland nur Waffenstillstands- und keine Friedensverhandlungen führe und somit die Verträge mit Japan nicht gebrochen seien. Auf den Unterredungen Togo—Stahmer wurden diese Fragen erörtert, wie aus dem Antworttelegramm des Botschafters hervorgeht (siehe Anm. Nr. 48).

[48] Heeresakte OKW 2033: Telegramm von Stahmer, eingegangen am 10. Mai 1945 in Flensburg und am 11. Mai von Admiral Bürkner als Protokollchef der Regierung Dönitz abgezeichnet.
Vgl. auch Steinert S. 277 f., die noch ein zweites Antworttelegramm Stahmers anführt, das der Botschafter nach erneuter Aussprache mit Togo als letzte Nachricht nach Plön durchgab.

Krieg in Europa siegreich zu beenden. Im Mai 1945 konnte auch eine japanische Geste, wie die Aufkündigung aller Verträge mit dem besiegten Deutschland, die Sowjetunion nicht mehr zum Einlenken gegenüber Japan bewegen. Vielmehr mußten die Verantwortlichen in Tokio täglich mit einer sowjetischen Kriegserklärung rechnen, nachdem die Regierung in Moskau den Neutralitätspakt am 5. April 1945 aufgekündigt hatte.

Inzwischen wurde die öffentliche Meinung in Japan durch entsprechende Meldungen der Presse — wie Vergleiche mit Italiens Abfall — gegen Deutschland aufgebracht[49]. Die japanischen Massen sollten sich einer Welt von Feinden, ohne jeden Verbündeten, gegenübersehen und ihre Bereitschaft zum Ausharren und Kämpfen verstärken. Noch vor der Kapitulation des Partners gab Außenminister Togo am 6. Mai eine offizielle Verlautbarung heraus: Japan betrachte sich frei von allen mit dem Reich eingegangenen Verträgen und werde allein weiterkämpfen[50]. Nach der Kapitulation der deutschen Wehrmacht am 7./9. Mai 1945 erließ die japanische Regierung abermals eine offizielle Erklärung, in der sie erneut ihren Willen kundtat, den Krieg auch ohne den Partner weiterzuführen[51]. Am 15. Mai hielt dann Regierungschef Suzuki eine Rundfunkansprache über die Folgen der deutschen Kapitulation. Den mahnenden Worten des Admirals an seine Landsleute, den Kampf gegen die Angelsachsen weiter zu verstärken, folgte ein offizielles Kommuniqué mit dem Wortlaut aller deutsch-japanisch-italienischen Verträge[52]. Mitte Mai wurden dann die diplomatischen Vertretungen und Parteiorganisationen des faktisch nicht mehr existierenden Deutschen Reiches in Ostasien aufgelöst[53]; die deutschen Staatsbürger wurden von den japanischen Behörden unter großzügigen Bedingungen interniert[54].

Trotz aller in der Öffentlichkeit verkündeter Durchhalteparolen und der Hinweise auf die harten, den Deutschen auferlegten Kapitulationsbedingungen[55], bezog die japanische Armee die Kapitulation des Kaiserreiches in ihre Überlegungen ein[56]. Japan, das bereits im Augenblick der deutschen Niederlage nicht mehr voll kampffähig war, wurde durch die Luftoffensive der Amerikaner, den Abwurf der ersten Atombombe (6. Au-

[49] Ebenda.

[50] Kase S. 127 f.

[51] Kase S. 129: „The surrender of Germany which had pledged to fight as one with Japan is indeed very regrettable. Our war aims are based upon self-existence and self-defense. This being the unshakable faith of Japan, the swift change in the European situation will not cause the slightest change“ (am 9. Mai 1945).

[52] Jones, Far East S. 117 sowie Geschichte des Großen Vaterländischen Krieges, Bd. 5, S. 618. Steinert S. 278 irrt in ihrer Behauptung, die japanische Regierung habe ihre Verträge mit dem Reich nicht gelöst. Eine Veröffentlichung aller bisher geheim gehaltenen Abmachungen durch den Rundfunk kam einer offiziellen Aufkündigung gleich. Zudem erscheint es unwahrscheinlich, daß die entsprechenden Beschlüsse des „Obersten Kriegsrates“ (siehe DOKUMENT Nr. 27 im Anhang S. 291) nicht ausgeführt wurden.

[53] Stahmer S. 192: Am 25./26. Mai 1945 wurde das inzwischen leerstehende deutsche Botschaftsgebäude in Tokio durch einen Bombenangriff zerstört.
Abshagen S. 339: Im Mai 1945 löste sich auch die Ortsgruppe Peking der NSDAP auf.

[54] Siehe die Akten über die Internierungslager (Militärgeschichtliches Forschungsamt Freiburg i. Br.): III M 30/1; III M 30/2; III M 30/3; III M 30/4; III M 30/9; III M 31/2; III M 31/3.

[55] Hayashi S. 178 und Kase S. 223.

[56] Maxon S. 199.

gust 1945) und den sowjetischen Angriff (9. August 1945) weiter geschwächt. Das persönliche Eingreifen des Kaisers am 10. bzw. 14. August bewirkte schließlich, daß die Führung des Landes die alliierten Kapitulationsbedingungen annahm. Der mutige Befehl des als Gott verehrten Monarchen bewahrte die Nation vor der physischen Vernichtung, einem zweifelhaften „ehrenvollen" Untergang, wie ihn jüngere Heeresoffiziere vor Augen hatten[57]. Am 2. September 1945 unterzeichnete Außenminister Shigemitsu[58] an Bord des amerikanischen Schlachtschiffes „Missouri" die Kapitulationsurkunde[59].

In einem Schuldbekenntnis, wie es in dieser Form kein verurteilter Deutscher abgab[60], bekannte „Kriegsminister" Tojo im Rückblick auf diesen größten Krieg vor seinen Richtern:

> „Hito ga seido o tsukau —
> seido ni hito ga tsukawareru ni arazu"
> (Men use systems —
> they should not be used by systems)[61]

[57] Maxon S. 207 f., Hattori IV (10) S. 330 ff., Kase S. 234, Togo S. 275 ff.

[58] Seit dem 16. August 1945 in dem Kabinett unter dem Prinzen Higashikuni (siehe Shigemitsu S. 384).

[59] Kase S. 1-14 (Kase war als Sekretär Shigemitsus anwesend) und Shigemitsu S. 387 ff.

[60] Zu der unterschiedlichen Haltung der deutschen Kriegsverbrecher, die sämtliche Schuld Hitler anzulasten versuchten, und den japanischen, die den Tenno jeder Verantwortung entheben wollten, siehe die aufschlußreiche Darstellung des Gefängnisgeistlichen im Sugamo Gefängnis, dem Aufenthaltsort der japanischen Kriegsverbrecher, Shinsho Hanayama.

[61] Maxon S. 218 zitiert nach: IMTFE Exhibit 3336, Transcript 306 26-32, Interrogation of Tojo Hideki, March 19, 1946.

Verzeichnis der Dokumente

Dokumente

Dokument Nr. 1
Japanischer Vorschlag für einen bilateralen „Nichtsonderfriedensvertrag“
(3. Dezember 1941)

(Quelle: Politisches Archiv, Auswärtiges Amt, Bonn. Botschaft: Rom (Quir.-) Geheim (50/4). Kriegszustand Japan/England/Vereinigte Staaten (auch Deutschland/Italien an USA). Veröffentlicht mit geringfügigen orthographischen Abweichungen bei: Ciano, Galeazzo: L'Europa verso la catastrofe. Milano 1948. S. 696.)

Geheime Reichssache

Telegramm

Rom, No. 3152 vom 3. Dezember 1941

Citissime!

Für Herrn Reichsaußenminister persönlich.

Im Anschluß an Telegramm No. 3151 von heute.

Japanischer Vorschlag lautet:

Déclaration

Le Gouvernement imperial du Japon et le Gouvernement de l'Italie font la déclaration suivante:

Les deux Gouvernements s'engagent à ne conclure sans accord parfait entre eux, ni d'armistice ni de paix soit avec les Etats-Unis d'Amérique soit avec l'Empire Britannique, leurs ennemis communs.

En foi de quoi, les soussignés ont signé la présente déclaration et y ont apposé leurs cachets.

Fait en deux exemplaires, en langues Japonaise et Italienne.

A . . . . . , le . . . . . ème jour du . . . . . ème mois de la seizième année de Showa, correspondant au . . . . .

Milneufcentquarante-et-un (Vingtième année de l'Ere Fasciste.)

Dokument Nr. 2

Deutscher Gegenentwurf zu dem japanischen Vorschlag eines „Nichtsonderfriedensvertrages" (5. Dezember 1941)

(Quelle: Politisches Archiv, Auswärtiges Amt, Bonn. Botschaft: Rom (Quir.-) Geheim (50/4). Kriegszustand Japan/England/Vereinigte Staaten (auch Deutschland/Italien an USA).)

Telegramm (G-Schreiber)

Berlin ab: 5. 12. 41 1.50 Uhr
Botsch. an:

Nr. 3295 vom 5. 12. 41
Citissime!

Geheime Reichssache. Für Botschafter persönlich.

Auf Tel. Nr. 3151 vom 3. Dezember.
Ich bitte Sie, sofort den Grafen Ciano und den Duce aufzusuchen und ihnen von nachstehendem Textentwurf Kenntnis zu geben, den wir hier dem japanischen Botschafter in Beantwortung seines Schrittes übergeben wollen, sobald die Zustimmung des Duce hier vorliegt.

Folgt Text des Entwurfes:
„Angesichts des immer stärker in Erscheinung tretenden Willens der Vereinigten Staaten von Amerika und Englands, mit allen ihnen zu Gebote stehenden Machtmitteln eine gerechte Neuordnung zu vereiteln und dem deutschen, dem italienischen und dem japanischen Volke die Lebensmöglichkeiten abzuschneiden, haben sich die Deutsche Regierung, die Italienische Regierung und die Japanische Regierung zur Abwehr dieser die Existenz ihrer Völker bedrohenden Gefahren über folgende Bestimmungen geeinigt:

Artikel 1.
Falls zwischen Japan und den Vereinigten Staaten von Amerika der Kriegszustand eintritt, werden sich Deutschland und Italien sofort auch ihrerseits als im Kriegszustand mit den Vereinigten Staaten befindlich betrachten und diesen Krieg mit allen ihnen zur Verfügung stehenden Machtmitteln führen.
Falls zwischen Deutschland und Italien einerseits und den Vereinigten Staaten von Amerika andererseits der Kriegszustand eintritt, wird sich Japan sofort auch seinerseits als im Kriegszustand mit den Vereinigten Staaten befindlich betrachten und diesen Krieg mit allen ihm zur Verfügung stehenden Machtmitteln führen.

Artikel 2.
Deutschland, Italien und Japan verpflichten sich, im Falle eines gemäß Artikel 1 dieses Abkommens von den drei Mächten gemeinsam gegen die Vereinigten Staaten von Amerika geführten Krieges ohne volles gegenseitiges Einverständnis keinen Waffenstillstand oder Frieden mit den Vereinigten Staaten zu schließen.
Sie übernehmen die gleiche Verpflichtung auch hinsichtlich eines Waffenstillstands oder Friedens mit England für den Fall, daß zwischen Japan und England der Kriegszustand eintritt.

Artikel 3.

Die drei Regierungen sind darüber einig, daß dieses Abkommen auf das Strengste geheim gehalten wird. Sie werden jedoch die von ihnen in Artikel 2 übernommene Verpflichtung in einer noch zu verabredenden Form bekanntgeben, sobald sich Deutschland, Italien und Japan gemeinsam im Kriegszustand mit den Vereinigten Staaten von Amerika oder England oder mit diesen beiden Mächten befinden.

Artikel 4.

Dieses Abkommen tritt sofort mit seiner Unterzeichnung in Kraft und bleibt ebenso lange wie der am 27. September 1940 abgeschlossene Dreimächtepakt in Geltung."

Schluß des Entwurfes.

Erläuternd wird hinzugefügt, daß hier Wert darauf gelegt wird, nicht nur die Zusage bezüglich des Waffenstillstands und Friedensschlusses, sondern auch die Abreden wegen des gemeinsamen Kriegseintritts schriftlich festzulegen. Bitte Stellungnahme des Duce unverzüglich hierher mitteilen, da wir jeden Verzug in der Erteilung der Antwort nach Tokio vermeiden möchten. Dortige Regierung wird, falls mit unserem Entwurf einverstanden, wohl, wie ich annehme, gleichlautenden Vorschlag dortigem japanischem Botschafter in Beantwortung seines Schrittes machen.

Ribbentrop

Dokument Nr. 3

Aufzeichnung des deutschen Botschafters in Rom, Hans Georg von Mackensen, vom 5. Dezember 1941

(Quelle: Politisches Archiv, Auswärtiges Amt, Bonn. Botschaft: Rom (Quir.-) Geheim (50/4). Kriegszustand Japan/England/Vereinigte Staaten (auch Deutschland/Italien an USA).)

Btsch/Kr.

Aufzeichnung

Gestern abend um 21.30 Uhr hat mich im Auftrage des Herrn Reichsaußenministers der Gesandte *von Rintelen* angerufen und mir mitgeteilt, daß ich im Laufe der nächsten Stunden drahtlich einen Auftrag erhalten würde, dessen Ausführung beim Grafen Ciano und gegebenenfalls dem Duce der Herr Reichsaußenminister noch im Laufe der Nacht wünsche. Herr von Rintelen bat mich, schon jetzt sicherzustellen, daß Graf Ciano zu entsprechender Stunde für mich erreichbar sei, vermochte jedoch nicht — auch nur ungefähr — anzugeben, wann die Drahtweisung hier eintreffen würde.

Ich habe daraufhin den Kabinettschef Marchese Lanza d'Ajeta telephonisch angerufen und ihn gebeten, Graf Ciano entsprechend zu verständigen.

Marchese d'Ajeta teilte bald darauf mit, daß dieses geschehen sei und daß er — d'Ajeta — meinen Anruf erwarte, sobald feststände, zu welcher Stunde ich den Grafen Ciano sehen wolle.

Um 1.30 Uhr früh hat mir Herr Sieber gemeldet, daß der Drahterlaß auf dem G-Schreiber im Anlauf sei, und zwar unverziffert. Ich habe daraufhin dem Grafen Ciano durch den Marchese d'Ajeta sagen lassen, daß ich ihn bäte, mich um 2.20 Uhr früh zu empfangen. Um 2.20 Uhr habe ich dem Grafen Ciano in seiner Wohnung von dem mir drahtlich übermittelten Textentwurf Kenntnis gegeben, indem ich ihm, da bei der Kürze der Zeit eine italienische Übersetzung schriftlich nicht mehr anzufertigen war, den deutschen Text mündlich auf Italienisch vorgelesen habe. Zugleich habe ich darauf hingewiesen, daß der Herr Reichsaußenminister großen Wert darauf lege, jeden Verzug in der Erteilung der Antwort nach Tokio zu vermeiden.

Auf meine Bemerkung, daß ich die italienische Stellungnahme noch im Laufe der Nacht nach Berlin durchgeben solle, wir mithin wohl noch den Duce aufsuchen müßten, erklärte Graf Ciano, er könne namens der Italienischen Regierung das volle Einverständnis zu dem Entwurf erklären, da dieser sich ganz in den Grenzen dessen halte, was der Duce sich hinsichtlich der Weiterbehandlung der Angelegenheit denke. Absatz 2 des Artikels 1 erschiene ihm sogar eine erfreuliche Erweiterung zu unseren Gunsten. Wir einigten uns daraufhin darauf, unter diesen Umständen davon abzusehen, den Duce noch in der Nacht zu stören, und ich stellte nochmals fest, daß ich durch die Erklärung des Grafen Ciano ermächtigt sei, in Berlin die uneingeschränkte Zustimmung der Italienischen Regierung zu erklären. Graf Ciano hat dieses bestätigt und hinzugefügt, er würde den Duce am Morgen sofort verständigen, was gegen 9 Uhr der Fall sein werde.

Bei der Unterhaltung über die Frage, wann Graf Ciano dem japanischen Botschafter die analoge Erklärung überreichen werde, einigten wir uns darauf, daß es zweckmäßig sei, dieses möglichst zur gleichen Stunde in Berlin und in Rom zu tun. Ich erklärte mich bereit, dieserhalb nochmals in Berlin rückzufragen, um die Stunde genau festzulegen.

Graf Ciano fügte weiter hinzu, daß er bei der Übergabe des Entwurfs dem Japanischen Botschafter mitteilen werde, daß, da es sich um einen Entwurf aus Berlin handele, unter allen Umständen der *deutsche* Text maßgebend sei. Er fügte hinzu, daß ihm dies erforderlich scheine, um bei eventuellen, auch harmlosen, Differenzen zwischen dem deutschen und italienischen Text Wortklaubereien der Japaner vorzubeugen.

Ich übergab schließlich dem Grafen Ciano den Entwurf des Textes in der Form eines Durchschlages des an mich gerichteten Telegrammes, von dem ich den ersten und letzten Absatz abgeschnitten hatte.

Ich habe alsdann von der Botschaft aus um 2.45 Uhr dem Gesandten Rintelen das Ergebnis meiner Besprechung mit dem Grafen Ciano mitgeteilt, der sich für die Schnelligkeit der Ausführung des Auftrages bedankte und erklärte, daß damit die Angelegenheit zunächst in Ordnung sei. Auf meine Frage, wann der Herr Reichsaußenminister beabsichtige, dem Japanischen Botschafter den Entwurf zu übergeben, erwiderte Herr von Rintelen, das werde vermutlich sofort, also noch im Laufe der Nacht, geschehen. Ich habe ihn darauf hingewiesen, daß hier der Wunsch bestanden hätte, die Übergabe möglichst zur gleichen Stunde zu machen und daß ich ihn noch um eine Mitteilung bäte, wann die Übergabe in Berlin erfolgt sei, damit die Italiener sich, falls sie noch in der Nacht vor sich ginge, morgen früh so rasch als möglich anschließen könnten.

Heute früh um 9.30 Uhr rief Marchese d'Ajeta bei mir an, um im Auftrage des Grafen Ciano mitzuteilen, daß dieser den Duce informiert und dessen volle Zustimmung gefunden habe. Er werde nunmehr sofort den Japanischen Botschafter zur Entgegennahme der Erklärung empfangen, und bäte mich, noch festzustellen, wann die Übergabe in Berlin erfolgt sei. Auch lege Graf Ciano Wert darauf, daß dem Japanischen Botschafter in Berlin zum Ausdruck gebracht werde, daß hier gleichzeitig ein analoger Schritt bei Herrn Horikiri erfolgen werde.

Ich habe daraufhin Herrn von Rintelen angerufen und von ihm gehört, daß die Überreichung an den Japanischen Botschafter in Berlin schon heute früh um 4 Uhr stattgefunden und der Herr Reichsaußenminister dabei ausdrücklich darauf hingewiesen hat, daß hier in Rom der gleiche Schritt erfolgen werde.

Ich habe diese Mitteilung telephonisch an den Marchese d'Ajeta weitergegeben und darauf hingewiesen, daß es mir gut schiene, den Japanischen Botschafter hier nunmehr mit größter Beschleunigung zu empfangen. D'Ajeta stimmte dem zu und erklärte, daß der Japanische Botschafter auf 10 Uhr zum Grafen Ciano gebeten worden sei.

Ich habe daraufhin diese letztere Mitteilung an den Gesandten von Rintelen telephonisch durchgegeben.

Um 10.25 Uhr hat mich Marchese d'Ajeta erneut angerufen und gefragt, ob und was für Instruktionen in dieser Angelegenheit an unseren Botschafter in Tokio ergangen seien. Ich habe ihm die sofortige Feststellung und Beantwortung in Aussicht gestellt.

Rom, den 5. Dezember 1941.
Mackensen

Um 10.40 Uhr habe ich dem Gesandten von Rintelen telephonisch die Frage des Marchese d'Ajeta hinsichtlich der Instruktionen für Tokio vorgelegt. Herr von Rintelen erwiderte, daß bisher keinerlei Instruktion oder Information an den Botschafter Ott abgegangen sei und daß, wenn je eine solche erfolge, sie jedenfalls nur ganz summarisch sein werde. Ich habe ihm erklärt, daß nach meinen Eindrücken die Italiener im Interesse der Geheimhaltung es für das Beste hielten, wenn die beiderseitigen Botschafter in Tokio keine Information ihrer Regierung in dieser Sache erhielten. Herr von Rintelen zeigte für diese Auffassung Verständnis, schien aber nicht ganz sicher zu sein, sich mit ihr durchsetzen zu können. Wir sind so verblieben, daß, falls je in dieser Sache noch eine Mitteilung unmittelbar an Botschafter Ott ergeht, ich unverzüglich zwecks Informierung der Italiener orientiert werde.

In unmittelbarem Anschluß an das Telephongespräch habe ich Vorstehendes fernmündlich dem Marchese d'Ajeta mitgeteilt, der sich für diese Nachricht bedankte.

Rom, den 5. Dezember 1941.
Mackensen

Dokument Nr. 4
Deutsch-italienisch-japanisches Abkommen vom 11. 12. 1941 über die gemeinsame Kriegführung

(Nichtsonderfriedensvertrag)

(Quelle: Reichsgesetzblatt 1942, II, S. 132. Veröffentlicht bei Jacobsen, Hans-Adolf: 1939/1945. Der Zweite Weltkrieg in Chronik und Dokumenten. Darmstadt 1961[5]. S. 282—283).

In dem unerschütterlichen Entschluß, die Waffen nicht niederzulegen, bis der gemeinsame Krieg gegen die Vereinigten Staaten von Amerika und England zum erfolgreichen Ende geführt worden ist, haben sich die Deutsche Regierung, die Italienische Regierung und die Japanische Regierung über folgende Bestimmung geeinigt:

Artikel I

Deutschland, Italien und Japan werden den ihnen von den Vereinigten Staaten von Amerika und England aufgezwungenen Krieg mit allen ihnen zu Gebote stehenden Machtmitteln gemeinsam bis zum siegreichen Ende führen.

Artikel II

Deutschland, Italien und Japan verpflichten sich, ohne volles gegenseitiges Einverständnis weder mit den Vereinigten Staaten von Amerika noch mit England Waffenstillstand oder Frieden zu schließen.

Artikel III

Deutschland, Italien und Japan werden auch nach siegreicher Beendigung des Krieges zum Zwecke der Herbeiführung einer gerechten Neuordnung im Sinne des von ihnen am 27. September 1940 abgeschlossenen Dreimächtepaktes auf das engste zusammenarbeiten.

Artikel IV

Dieses Abkommen tritt sofort mit seiner Unterzeichnung in Kraft und bleibt ebensolange wie der Dreimächtepakt vom 27. September 1940 in Geltung. Die Hohen Vertragschließenden Teile werden sich rechtzeitig vor Ablauf dieser Geltungsdauer über die weitere Gestaltung ihrer im Artikel 3 dieses Abkommens vorgesehenen Zusammenarbeit verständigen.

Zu Urkund dessen haben die Unterzeichneten, von ihren Regierungen gehörig bevollmächtigt, dieses Abkommen unterzeichnet und mit ihren Siegeln versehen.

Ausgefertigt in dreifacher Urschrift, in deutscher, italienischer und japanischer Sprache, in Berlin am 11ten Dezember 1941 — im XXten Jahre der Faschistischen Ära — entsprechend dem 11ten Tage des 12ten Monats des 16ten Jahres der Ära Syowa.

v. Ribbentrop Dino Alfieri Oshima

Dokument Nr. 5
Japanischer Entwurf zu einer militärischen Vereinbarung zwischen Japan, Deutschland und Italien (15. Dezember 1941)

(Quelle: Politisches Archiv, Auswärtiges Amt, Bonn. Botschafter Ritter: 1. Deutsch-italienisch-japanische Militärkonvention. 2. Die japanische Kriegswehrmacht gKdos, Stand 1. 9. 1941.)

Abschrift

Pol I M 3578 gRs.

Geheime Reichssache

Entwurf zu einer militärischen Vereinbarung
zwischen Japan, Deutschland und Italien.

Japanische Armee und Marine, Deutsche und Italienische Wehrmächte schließen hiermit, im Geist des Dreimächtepaktes vom 27. September 1940 und im Zusammenhang mit dem Abkommen zwischen Japan, Deutschland und Italien vom 11. Dezember 1941 eine militärische Vereinbarung ab, um die operative Zusammenarbeit untereinander sicherzustellen und so schnell wie möglich die feindliche Kampfkraft zu vernichten.

I. Aufteilung der Zonen für die Operationen:
Japanische Armee und Marine, Deutsche und Italienische Wehrmächte werden im Rahmen der ihnen folgendermaßen zugeteilten Zonen erforderliche Operationen ausführen.

1. Japan
   a) das Gewässer östlich ca. 70 Grad östlicher Länge bis zur Westküste der amerikanischen Kontinente, sowie die auf demselben Gewässer befindlichen Kontinente und Inseln (Australien, Niederländisch-Indien, Neuseeland usw.)
   b) das asiatische Kontinent östlich ca. 70 Grad östlicher Länge.
2. Deutschland und Italien
   a) das Gewässer westlich ca. 70 Grad östlicher[1] Länge bis zur Ostküste der amerikanischen Kontinente, sowie die auf demselben Gewässer befindlichen Kontinente und Inseln (Afrika, Island usw.).
   b) der Nahe Ost, der Mittlere Ost und Europa westlich ca. 70 Grad östlicher Länge.
3. im Indischen Ozean können die Operationen je nach der Lage über die oben vereinbarte Grenzlinie hinaus durchgeführt werden.

[1] Randbemerkungen z. S. 1 des Entwurfes vergleiche Farbfaksimile auf S. 224/225: Oben rechts von Botschafter Ritter abgezeichnet.
nur militärisches
... vom 11. Dezember 1941 folgende Vereinbarung für ausschließlich militärische Zwecke ab. Die Vereinbarung verfolgt nur den Zweck, die militärische operative Zusammenarbeit untereinander ...
... Politischen Gesichtspunkten soll durch diese Vereinbarung nicht vorgegriffen werden.
Warum Operationsgrenze für „asiatischen Kontinent", wenn Rußland nicht in japanische Operationen einbezogen?

II. Grundriß der Operationen:

1. Japan

Japan unternimmt, mit den deutschen und italienischen Operationen gegen England und U.S.A. mitwirkend, die Operationen in Südseeraum und Pazifik durchzuführen.

a) wichtige Stützpunkte von England, U.S.A. und Holland im Großostasien auszurotten, ihre dortigen Territorien anzugreifen oder zu erobern
b) die Vernichtung amerikanischer und englischer Land-, See- und Luftstreitkräfte im Pazifik und im Indischen Ozean anzustreben, um die Seeherrschaft im westlichen Pazifik sicherzustellen[2]
c) im Falle, wo englische und amerikanische Flotten sich größtenteils im Atlantik konzentrieren, im ganzen Gebiet des Pazifiks und des Indischen Ozeans seinen Handelskrieg (zu) verstärken, zugleich aber einen Teil seiner Marine-Streitkräfte nach Atlantik zu entsenden, um dort mit den deutschen und italienischen Marinen direkt zusammenarbeiten zu können.

2. Deutschland und Italien

Deutschland und Italien unternehmen, mit den japanischen Operationen in Südseeraum und Pazifik mitwirkend, die Operation gegen England und USA durchzuführen.

a) Wichtige Stützpunkte von England und USA in Nahen und Mittleren Osten, in Mittelmeer und Atlantik auszurotten, ihre dortigen Territorien anzugreifen oder zu erobern.
b) Englische und amerikanische Land-, See- und Luftstreitkräfte im Atlantik und im Mittelmeer zu vernichten und die Zerstörung des feindlichen Handels anzustreben.
c) Im Falle, wo englische und amerikanische Flotten sich größtenteils im Pazifik konzentrieren[3], einen Teil ihrer Marinestreitkräfte nach Pazifik entsenden, um dort mit der japanischen Marine direkt zusammenarbeiten zu können.

III. Umriß der militärischen Zusammenarbeit:

1. Gegenseitige Verbindung betreffend die nötigen Punkte der Operationspläne.
2. Zusammenarbeit im Rahmen der Handelskriege.
   a) Gegenseitige Verbindung betreffend die Pläne der Handelskriege.
   b) Gegenseitige Verbindung betreffend die Verläufe der Handelskriege, die nötigen Informationen und andere wichtige Dinge.
   c) Im Falle, wo ein Vereinbarungspartner außerhalb der ihm zugeteilten Operationszone den Handelskrieg durchführen will, so wird er die anderen Partner über seinen eigenen Plan im Voraus unterrichten, um die Zusammen-

[2] Randbemerkung: „Fassung anders als in II 2 b"
[3] Randbemerkung: „anders als in II 1 c"

arbeit und die gegenseitige Unterstützung im Rahmen der Benutzung der Operationsbasen[4], der Versorgung, der Erholung, der Reparatur usw. sicherzustellen.

3. Im Rahmen der Sammlung und des Austausches der für die Operationen notwendigen Informationen eng zusammenzuarbeiten.
4. Im Rahmen der militärischen Zersetzungsarbeit erforderliche Maßnahmen gemeinsam zu treffen.
5. Über die gegenseitige militärische Funkverbindung erforderliche Maßnahmen zu treffen.
6. Für die Herstellung der militärischen Luftverbindung zwischen Japan, Deutschland und Italien[5], für die Wiederherstellung der Seeverkehrsstraße, sowie für den Seetransport über den Indischen Ozean zusammenzuarbeiten.

[4] Handschriftlicher Zusatz: „des Nachschubs"
[5] Randbemerkung: „OKW-Nomura"

Dokument Nr. 6
Militärische Vereinbarung zwischen Deutschland, Italien und Japan vom 18. Januar 1942

(Quelle: Politisches Archiv, Auswärtiges Amt, Bonn. Botschafter Ritter: 1. Die deutsch-italienisch-japanische Militärkonvention. 2. Die japanische Kriegswehrmacht gKdos, Stand 1. 9. 1941. Veröffentlicht bei: Jacobsen, Hans-Adolf: Der Zweite Weltkrieg. Grundzüge der Politik und Strategie in Dokumenten. Fischer Bücherei Frankfurt am Main 1965. S. 157—159.)

Die Deutsche und die Italienische Wehrmacht sowie die Japanische Armee und Marine schließen hiermit, im Geist des Dreimächtepakts vom 27. September 1940 und im Zusammenhang mit dem Abkommen zwischen Deutschland, Italien und Japan vom 11. Dezember 1941, eine militärische Vereinbarung ab, um die operative Zusammenarbeit untereinander sicherzustellen und so schnell wie möglich die feindliche Kampfkraft zu vernichten[1].

I. Aufteilung der Zonen für die Operationen.
Die Deutsche und die Italienische Wehrmacht sowie die Japanische Armee und Marine werden im Rahmen der ihnen nachstehend zugeteilten Zonen die erforderlichen Operationen ausführen.
1. Japan
a) die Gewässer ostwärts etwa vom 70. Grad östlicher Länge bis zur Westküste des amerikanischen Kontinents sowie das Festland und die Inseln (Australien, Niederländisch-Indien, Neuseeland usw.), die in diesen Gewässern liegen,
b) der asiatische Kontinent ostwärts etwa vom 70. Grad östlicher Länge.

[1] Präambel fehlt bei Jacobsen S. 157.

2. Deutschland und Italien
   a) die Gewässer westwärts etwa vom 70. Grad östlicher Länge bis zur Ostküste[2] des amerikanischen Kontinents sowie das Festland und die Inseln (Afrika, Island usw.), die in diesen Gewässern liegen,
   b) der Nahe Osten, der Mittlere Osten und Europa westwärts etwa vom 70. Grad östlicher Länge.
3. Im Indischen Ozean können die Operationen je nach der Lage über die oben vereinbarte Zonengrenze hinaus durchgeführt werden.

II. Allgemeiner Operationsplan.

1. Japan
   wird, im Zusammenwirken mit den deutschen und italienischen Operationen gegen England und die Vereinigten Staaten von Nordamerika, die Operationen im Südseeraum und im Pazifik durchführen.
   a) Es wird wichtige Stützpunkte Englands, der Vereinigten Staaten von Nordamerika und Hollands in Großostasien vernichten, deren dortige Gebiete angreifen oder besetzen.
   b) Es wird die Vernichtung der nordamerikanischen und englischen Land-, See- und Luftstreitkräfte im Pazifik und im Indischen Ozean anstreben, um sich die Seeherrschaft im westlichen Pazifik zu sichern.
   c) Wenn die nordamerikanische und die englische Kriegsflotte sich größtenteils im Atlantik konzentrieren, wird Japan im ganzen Gebiet des Pazifiks und des Indischen Ozeans seinen Handelskrieg verstärken und außerdem einen Teil seiner Marinestreitkräfte nach dem Atlantik entsenden und dort mit der deutschen und der italienischen Kriegsmarine unmittelbar zusammenarbeiten.
2. Deutschland und Italien
   werden, im Zusammenwirken mit den japanischen Operationen im Südseeraum und im Pazifik, die Operationen gegen England und die Vereinigten Staaten von Nordamerika durchführen.
   a) Sie werden wichtige Stützpunkte Englands und der Vereinigten Staaten von Nordamerika[3] im Nahen Osten und im Mittleren Osten, im Mittelmeer und im Atlantik vernichten, deren dortige Gebiete angreifen oder besetzen.
   b) Sie werden die Vernichtung der englischen und nordamerikanischen Land-, See- und Luftstreitkräfte im Atlantik und im Mittelmeer und die Zerstörung des feindlichen Handels anstreben.
   c) Wenn die englische und die nordamerikanische Kriegsflotte sich größtenteils im Pazifik konzentrieren, werden Deutschland und Italien einen Teil ihrer Marinestreitkräfte nach dem Pazifik entsenden und dort mit der japanischen Marine unmittelbar zusammenarbeiten.

[2] Jacobsen S. 157 (fälschlich): ... „bis zur Westküste des amerikanischen Kontinents“ ...
[3] Jacobsen S. 158 (fälschlich): ... „und der Vereinigten Staaten im Nahen Osten“ ...

III. Hauptpunkte der militärischen Zusammenarbeit:

1. Gegenseitige Fühlungnahme hinsichtlich wichtiger Punkte der operativen Planung.

2. Zusammenarbeit im Rahmen des Handelskriegs, darunter

   a) gegenseitige Fühlungnahme hinsichtlich der Planung des Handelskriegs,

   b) gegenseitige Fühlungnahme hinsichtlich des Verlaufs des Handelskriegs, wichtiger Informationen und anderer notwendiger Einzelheiten,

   c) falls ein Partner der Vereinbarung außerhalb der ihm zugeteilten Operationszone den Handelskrieg durchführen will, wird er die anderen Partner über seinen eigenen Plan im voraus unterrichten, um die Zusammenarbeit und gegenseitige Unterstützung hinsichtlich der Benutzung der Operationsbasen, des Nachschubs, der Versorgung, der Erholung der Besatzungen, der Reparaturen usw. sicherzustellen.

3. Zusammenarbeit bezüglich der Sammlung und des Austauschs der für die Operationen wichtigen Informationen.

4. Zusammenarbeit bezüglich der militärischen Zersetzungsarbeit.

5. Zusammenarbeit zur Sicherstellung der gegenseitigen militärischen Nachrichtenübermittelung.

6. Zusammenarbeit zwecks Herstellung der militärischen Luftverbindung zwischen Deutschland, Italien und Japan, soweit die technischen Voraussetzungen gegeben sind, sowie für die Eröffnung des Seewegs und des Seetransports über den Indischen Ozean.

Zu Urkund dessen haben der Chef des Oberkommandos der Deutschen Wehrmacht, der Bevollmächtigte des Oberkommandos der Italienischen Wehrmacht und die Bevollmächtigten des Chefs des Kaiserlich Japanischen Großen Generalstabs und des Chefs des Kaiserlich Japanischen Admiralstabs diese Vereinbarung unterzeichnet.

Ausgefertigt in deutscher, italienischer und japanischer Urschrift in Berlin am 18. Januar 1942 — im XX. Jahr der Faschistischen Ära — entsprechend dem 18. Tage des 1. Monats des 17. Jahres der Ära Syōwa.

Keitel

Marras

Nomura

Banzai

Dokument Nr. 7
„Entwurf einer Erklärung über ein Freies Indien“
(10. Januar 1942)

(Quelle: Politisches Archiv, Auswärtiges Amt, Bonn. Büro des Staatssekretärs, Akten betreffend: Indien, Band 1.)

Entwurf
einer Erklärung über ein Freies Indien[1]

Am 26. Januar feiert ganz Indien die Wiederkehr des Tages, an dem im Jahre 1930 das Manifest der indischen Unabhängigkeit beschlossen wurde.

Die Deutsche, die Italienische und die Japanische Regierung halten die Stunde für gekommen, zu erklären, daß das Recht des indischen Volkes auf eine freie Heimat und die Gestaltung des politischen und wirtschaftlichen Geschickes seines Landes nach eigener, freier Willensbildung unbeschränkt und unangreifbar ist. Auch der Mißbrauch dieses Rechtes für eigennützige Zwecke der Englischen Regierung kann dieses Recht weder jetzt noch in aller Zukunft auslöschen oder beseitigen.

Die Deutsche, die Italienische und die Japanische Regierung erkennen daher hiermit feierlich das unabänderliche Recht des indischen Volkes auf vollkommene und unbeschränkte Unabhängigkeit an.

Deutschland, Italien und Japan sind sicher, daß das indische Volk sich von der politischen Beherrschung und wirtschaftlichen Ausbeutung durch den britischen Imperialismus frei machen wird und dann als Herr seines eigenen Geschickes nach eigenem Willen einen durchgreifenden Neuaufbau seines nationalen und staatlichen Lebens durchführen wird zum Segen des eigenen Volkes und als Beitrag für das Wohlergehen und den Frieden der Welt.

England ist der gemeinsame Feind des indischen Volkes und des deutschen, des italienischen und des japanischen Volkes. Trotzdem wird die indische Bevölkerung von ihrer Englischen Regierung gezwungen, sich als im Krieg mit Deutschland, Italien und Japan befindlich zu betrachten und Gut und Blut für die Erhaltung der Macht ihres Unterdrückers zur Verfügung zu stellen. Inder müssen sich nach britischem Willen auf den Schlachtfeldern Europas, Asiens und Afrikas verbluten, damit die britische Herrschaft über Indien auch für die kommende Zeit erhalten bleibt. Das sind die wahren Auswirkungen der demokratischen Freiheit innerhalb des britischen Imperiums. Alle englischen Versprechen für die Selbstverwaltung Indiens haben sich als leerer Wahn erwiesen. Nicht der Sieg des britischen Imperialismus, sondern der Sieg der Achsenmächte und Japans wird dem indischen Volk die Wiederherstellung seines Rechtes auf Selbstbestimmung seines Geschickes und die wirkliche Unabhängigkeit und Freiheit bringen.

[1] Dieses Schriftstück wurde auf der sogenannten „Führerschreibmaschine“ getippt. Dokumente, die u. U. Hitler vorgelegt werden sollten, wurden in der Regel mit dieser großen Type geschrieben, damit Hitler zum Lesen keine Brille benötigte. Siehe Faksimile auf S. 224/225.

Deutschland, Italien und Japan begleiten den Freiheitskampf Indiens mit aufrichtigen Wünschen und erklären ihre Bereitschaft, Indien jede mögliche Hilfe zu leisten, damit das Ziel der Freiheit ohne Verzug erreicht wird. Sie erwarten jetzt den Tag, an dem ein Unabhängiges Indien seine eigene nationale Vertretung haben wird.

Dokument Nr. 8
Deutscher Entwurf einer „Draft declaration on India"
(23. Februar 1942)

(Quelle: Politisches Archiv, Auswärtiges Amt, Bonn. Büro des Staatssekretärs, Akten betreffend: Indien, Band 1; bzw. Akten betreffend Japan, Band 6.)

Telegramm
(G-Schreiber)

Sonderzug, den 3. März 1942 — 14.00 Uhr
Ankunft: „ 3. „ „ — 14.40 Uhr

Nr. 221 vom 3. 3. 42.
RAM 47/R.

1.) Telko mit der Weisung des Herrn RAM, das Telegramm unverzüglich und vor allen anderen abzufertigen.
2.) Chiffrierbüro AA Berlin.
3.) Diplogerma Tokio.
Sofort mit Vorrang.
Tel. in Ziffern (geh.Ch.V.

Im Auftrage des Herrn Reichsaußenministers lasse ich Ihnen vorsorglich nachstehend den Wortlaut des Entwurfes für die im früheren Telegramm bereits erwähnte Regierungserklärung der Dreierpaktmächte betr. Indien[1] zugehen. Da nach allen hier vorliegenden Nachrichten damit zu rechnen ist, daß die Engländer in nächster Zeit entscheidende Schritte betreffend Indien bekanntgeben werden, und da es geboten erscheint, den Engländern mit der Bekanntgabe des Standpunktes der Dreierpaktmächte zuvorzukommen, hält der Herr Reichsaußenminister es für notwendig, nunmehr zwischen den Regierungen der Dreierpaktmächte die Frage der Bekanntgabe einer gemeinsamen Regierungserklärung zu klären. Er läßt Sie aber bitten, einen entsprechenden Schritt bei der dortigen Regierung erst zu tun, nachdem Ihnen deswegen noch eine ausdrückliche Weisung zugegangen ist. Zu Ihrer Information bemerke ich noch, daß der Herr Reichsaußenminister den Entwurf bereits vor einiger Zeit dem Botschafter Oshima

[1] Diese „Regierungserklärung der Dreierpaktmächte betr. Indien" war am 23. Februar 1942 von Ribbentrop gebilligt worden (St.S. Indien), wurde aber erst am 3. März nach Tokio gesandt.

übergeben hat, der darüber nach Tokio berichten wollte. Das Einverständnis der italienischen Regierung, an dem nicht zu zweifeln ist, wird noch nach Tokio mitgeteilt werden.

Wortlaut der Regierungserklärung:
Draft declaration on India.

In this defensive war which has been forced upon them, Germany, Italy and Japan are fighting against the powers that have dominated the world up to now by means of the subjugation and exploitation of other peoples. Their struggle serves a high ethic purpose. Germany, Italy and Japan are fighting at the same time for the freedom of all the peoples that have been outraged by British imperialism. It is their earnest desire to see these peoples, too, once again free from the British yoke and in a position to shape unhampered their political and economic fate according to their own demand. Amongst those nations which have had to suffer longest and most cruelly under British domination is numbered the ancient Indian people, a nation which during its great past has conferred such rich cultural benefits on humanity. In the endeavour to open the gate of freedom to the Indian people also, at this historical moment when the British Empire is beginning to reel under the blows delivered by the armed might of the tripartite powers, the German, Italian and Japanese Governments hereby solemnly declare that they recognize the inalienable right of the Indian people to independence and self-determination. India for the Indians! Germany, Italy and Japan are convinced that the Indian nation will break the political and economic bonds of British imperialism and then as master of its own fate will carry out a sweeping transformation of its national life for the last benefit of its own people and as contribution to the welfare and the peace of the world. It is no concern of the tripartite powers what form the Indian people, after their liberation, will in future give to their interior political organization. It is matter to be decided upon by the Indian people themselves and their leaders what constitution is the most suitable for their country and how it is to be put into practice. The tripartite powers are concerned to end — on a basis of social justice — the misery and poverty of the Indian people, and to see the exploited masses assisted to a proper standard of living as well as to employment and prosperity.

Britain is the common enemy of the Indian people and of the peoples of the tripartite pact. The tripartite powers have always cherished friendly feelings towards the Indian people, and the close cultural and economic relations which they enjoyed with India have helped to cement this friendship. Nevertheless the people of India are compelled by their alien British Government to consider themselves at war with Germany, Italy and Japan and to sacrifice both lives and property for the maintenance of the rule of their oppressors. As in the first world war, India's sons must again, at Britain's best, give their lives on the battlefields of the West and of the East, in order that India is also in future to remain under British domination. Once more, Indian workers and peasants are compelled, by their own war work, to tighten the bonds which Britain intends shall hold them in slavery. That is what the British call democracy and freedom. All the promises of self-government made by Britain to India have proved so far to be lies. Fresh promises will be given by Britain simply to mislead the Indian people, they, again, will be broken. It will not be the victory of British imperialism that will bring true freedom to the Indian people but solely the victory of the tripartite powers. India has never had a more favourable opportunity of attaining freedom, the hour has struck when the Indian people themselves must act to shape their own destiny. The sincere wishes of the peoples and governments of Germany, Italy and Japan are with the people of India in their struggle for liberty, and the three powers declare their readiness to afford India every possible assistance. They are joyfully awaiting the day when India, at last a free country, will take up her rightful position in a community of free nations.

Schluß der Regierungserklärung.

Gaus[2]

[2] Dr. Friedrich Gaus, Chef der Vertragsabteilung im Auswärtigen Amt.

Dokument Nr. 9

Japanischer Entwurf für eine „Gemeinsame Erklärung Japans, Deutschlands und Italiens über Indien und Arabien" vom 13. April 1942

(Quelle: Politisches Archiv, Auswärtiges Amt, Bonn. Büro des Staatssekretärs, Akten betreffend: Indien, Band 2.)

JAPANISCHE BOTSCHAFT
BERLIN

Gemeinsame Erklärung Japans, Deutschlands und Italiens über Indien und Arabien.

(Entwurf)

Es ist der größte Schandfleck der Zivilisation der Gegenwart, daß Indien und Arabien trotz ihrer glorreichen kulturellen Tradition, zum Gegenstand der Ausbeutung durch den britischen Imperialismus gemacht, heute noch in seinen Fesseln schmachten. Diese tragische Tatsache wird auf das Tiefste bedauert von Japan, Deutschland und Italien, die, von dem Wunsche geleitet, jede Nation der Welt den ihr gebührenden Raum erhalten zu lassen, für die Errichtung einer neuen Weltordnung kämpfen. Die Völker Indiens und Arabiens sind sich, wie wir überzeugt sind, völlig bewußt, daß wenngleich Großbritannien sein ungeheures Empire durch die beispiellose verräterische und durchtriebene Politik „divide et impera" erhalten hat, die militärische Macht Großbritanniens ebenfalls zur Erhaltung seines Empires beigetragen hat. Nun sind jedoch die militärischen Stütztpunkte Großbritanniens in Ostasien völlig zerschlagen worden; in Europa ist der britische Einfluß durch die Wehrmacht Deutschlands und Italiens bereits hinweggefegt. Angesichts dieser geschichtlichen Krise setzt Großbritannien alle Kraft dafür ein, Volk und Land Indiens und Arabiens zu mobilisieren und an die vorderste Front seiner eigenen Verteidigung zu stellen. Dies ist in der Tat ein kritischer Augenblick für Indien und Arabien. Die gegenwärtigen Manöver Sir Stafford Cripps' dienen dabei der Verschärfung der Krise.

Es ist nun die Stunde da, in der die Völker Indiens und Arabiens sich entscheiden müssen, entweder als Handlanger des Britischen Empire dem dahinsinkenden britischen Imperialismus bis zum letzten Tag zu dienen, oder sich zu erheben, um den Imperialismus Großbritanniens, ihres Erzfeindes, in Indien und Südwestasien auszuschalten und das glorreiche Ideal „Indien den Indern" und „Arabien den Arabern" zu verwirklichen. Das Britische Empire ist der gemeinsame Feind Japans, Deutschlands und Italiens, und diese drei Mächte sind fest entschlossen, bis zu seiner völligen Vernichtung zu kämpfen. Deshalb können die drei Mächte nicht untätig zusehen, wenn Indien und Arabien zur Zitadelle für die Verteidigung des zerfallenden Britischen Empire werden sollten.

Japan, Deutschland und Italien haben jedoch durchaus nicht den Hintergedanken, Großbritannien in Indien oder Arabien zu ersetzen. Was die drei Mächte tatsächlich wünschen, ist die unverzügliche Verwirklichung des Ideals „Indien den Indern" und „Arabien den Arabern" sowie der möglichst baldige Anbruch des Tages, da diese Völker wieder als freie Nationen wertvolle Beiträge zum Fortschritt der Kultur und Zivilisation der Welt leisten. Aus diesem Grunde erklären Japan, Deutschland und Italien hiermit feierlich, daß die drei Mächte mit Freude den Indern und Arabern alle mögliche Unterstützung geben werden, wenn sie ihrer beim Anmarsch zur Erringung der Freiheit bedürfen sollten.

Dokument Nr. 10
Japanischer Entwurf eines „Abkommens zwischen Deutschland und Japan über die wirtschaftliche Zusammenarbeit" vom 7. März 1942

(Quelle: Politisches Archiv, Auswärtiges Amt, Bonn. Büro des Staatssekretärs, Akten betreffend: Japan, Band 6.)

Geheim!

Ha Pol 57 *Berlin, den 9. März 1942*

Aufzeichnung
betr. deutsch-japanische Wirtschaftsverhandlungen

Gesandter Matsushima sagte sich am 7. März eilig bei mir an und übergab mir den abschriftlich beiliegenden Entwurf eines „Abkommens zwischen Deutschland und Japan über die wirtschaftliche Zusammenarbeit" nebst Protokoll. Diese Schriftstücke sind als japanischer Gegenentwurf und Antwort auf die Entwürfe gedacht, die ich am 3. Febr. 1942 Matsushima übergeben hatte. Nach den Mitteilungen von M. soll dieser Gegenentwurf, soweit Deutschland und Japan in Frage kommen, an die Stelle des von der Delegation Wohlthat in Tokio mit den Japanern vorbereiteten „Vertrags über wirtschaftliche Zusammenarbeit zwischen dem Deutschen Reich und Japan und Mandschukuo" treten und in Berlin gezeichnet werden, während die von der Delegation Wohlthat gleichfalls vorbereiteten Entwürfe für ein Warenabkommen, ein Zahlungsabkommen und ein Abkommen über technische Zusammenarbeit zwischen Deutschland und Japan wie vorgesehen in Tokio gezeichnet werden sollten. Mit Mandschukuo sollte eine getrennte Regelung stattfinden.

Zu einzelnen Bestimmungen des Gegenentwurfs wies Matsushima auf folgendes hin:

Die Abstellung des deutschen Entwurfs auf „kriegswirtschaftliche" Zusammenarbeit und „kriegswirtschaftliche" Waren sei in dem Gegenentwurf fallen gelassen worden, weil sich nach japanischer Auffassung die Zusammenarbeit auf Lieferung von allen Waren erstrecken sollte.
Der Ausdruck „Kredit" sei ersetzt durch „finanzielle Facilitäten".
Art. 6 des Gegenentwurfs knüpfe die Geltungsdauer des Abkommens an den Dreimächtepakt, statt an das Kriegsende.
In Art. 1 des Protokolls seien im Gegenentwurf die geographischen Namen der einzelnen Gebiete gewählt worden, nach japanischer Auffassung gebe es z. B. den Begriff „Niederländisch-Indien" nicht mehr.
Art. 2 des Protokolls entspreche den Bestimmungen des Artikels 1 und 2 des Dreimächtepakts.
In Art. 3 habe der Gegenentwurf die Erwähnung der Ausfuhrbewilligungen weggelassen, weil darüber in dem Warenabkommen Bestimmung getroffen sei.
In Art. 4 des Protokolls sei nur der Betrag von 1 Milliarde Yen genannt, jedoch anstelle der Ziffer von 600 Millionen RM der Ausdruck „entsprechender Betrag" eingesetzt worden, denn die Japanische Regierung könnte vielleicht in Zukunft vorschlagen, die Kursrelation zwischen Reichsmark und Yen zu ändern.
Absatz 3 des Art. 4 des Protokolls sollte den Kredit von 100 Millionen Yen aufrecht erhalten, der im Wohlthat-Entwurf für die technische Zusammenarbeit vorgesehen ist.

Ferner bemerkte Matsushima, das Abkommen sollte veröffentlicht werden, worauf Botschafter Oshima aus propagandistischen Gründen besonderen Wert lege, das Protokoll dagegen nicht. Botschafter Oshima halte es für zweckmäßig, den zweiten Absatz von Artikel 5 des Abkommens als einen besonderen Artikel 5 in das Protokoll zu übernehmen, möchte jedoch diese Änderung, da ihm die Entwürfe von Tokio aus vorgeschrieben seien, nicht von sich aus vorschlagen, sondern stelle uns einen entsprechenden Vorschlag anheim. Botschafter Oshima würde es begrüßen, wenn die Zeichnung des hiesigen Hauptabkommens stattfinden würde, bevor die drei übrigen Abkommen in Tokio gezeichnet würden.

Ich hatte für die Unterredung mit Matsushima nur wenige Minuten Zeit und sagte ihm deshalb, ich könne weder zu dem Gegenentwurf noch zu seinen Ausführungen jetzt irgendwie Stellung nehmen. Ich würde sie im Verein mit den zuständigen Ressorts prüfen und ihn dann wieder zu mir bitten.

gez. Wiehl

Entwurf

von Gesandten Matsushima am 7. 3. 1942 übergeben

Abkommen zwischen Deutschland und Japan über die wirtschaftliche Zusammenarbeit

Die Regierung des Deutschen Reiches und die Kaiserlich Japanische Regierung haben in dem Wunsche, die wirtschaftliche Zusammenarbeit der beiden Staaten noch enger zu gestalten, um den jetzt in Durchführung begriffenen gemeinsamen Krieg zum siegreichen Ende zu führen und die neue Wirtschaftsordnung in Großostasien und in Europa aufzubauen, folgendes vereinbart:

Artikel 1

Deutschland und Japan werden bei dem Erwerb der von ihnen benötigten Waren und Anlagen zusammenarbeiten und sich gegenseitig unterstützen.

Artikel 2

Deutschland und Japan werden eine enge technische Zusammenarbeit durchführen.

Artikel 3

Deutschland und Japan werden, um die sich aus den Bestimmungen der Artikel 1 und 2 ergebenden Zahlungen zu erleichtern, sich gegenseitig die erforderliche finanzielle Fazilität gewähren.

Artikel 4

Die zuständigen Stellen der beiden Regierungen werden Einzelheiten zur Durchführung dieses Abkommens vereinbaren.

Artikel 5

Die beiden Regierungen werden die Entwicklung der beiderseitigen Wirtschaftsbeziehungen ständig beobachten und sie so regeln, daß sie den Erfordernissen der Bestimmungen dieses Abkommens entsprechen. Zu diesem Zwecke werden die von ihren Regierungen zu ernennenden Vertreter mindestens zweimal oder, falls erforderlich, noch öfter im Jahre in Berlin und in Tokio zusammenkommen.

Artikel 6

Dieses Abkommen tritt am Tage seiner Unterzeichnung in Kraft und bleibt ebenso lange wie das Abkommen zwischen Deutschland, Italien und Japan vom 11. Tage des 12. Monats des 16. Jahres der Ära Syowa in Geltung.

Zu Urkund dessen haben die von ihren Regierungen gehörig Bevollmächtigten dieses Abkommen unterzeichnet und mit ihren Siegeln versehen.

Ausgefertigt in zweifacher Urschrift, in deutscher und in japanischer Sprache, in Berlin am ...... 1942, entsprechend dem ...... Tage des ...... Monats des 17. Jahres der Ära Syowa.

Für die Kaiserlich Japanische Regierung:
Für die Regierung des Deutschen Reiches:

Protokoll

Anläßlich der heutigen Unterzeichnung des Abkommens zwischen Deutschland und Japan über die wirtschaftliche Zusammenarbeit haben die von ihren Regierungen gehörig Bevollmächtigten folgendes vereinbart:

Artikel 1

Die Bestimmungen dieses Abkommens finden von jeder Seite zu Gunsten der anderen Seite hinsichtlich des Erwerbs von Waren und Anlagen und hinsichtlich der technischen Zusammenarbeit in folgenden Gebieten Anwendung:

a) Mandschukuo, China, Indochina, Thailand, Malayen-Halbinsel und -Inseln, Ostindische Inselgruppe, Burma und Philippinen.

b) Zuständigkeitsbereich des Deutschen Generalgouvernements, Dänemark, Norwegen, Holland, Belgien, Luxemburg, das besetzte Frankreich und das zum Zuständigkeitsbereich des deutschen Militärbefehlshabers gehörende Serbien.

Falls in Zukunft eine Änderung der vorstehenden Aufzählung notwendig werden sollte, wird sie nach Beratungen zwischen den zuständigen Stellen der beiden Regierungen beschlossen werden.

Artikel 2

Deutschland und Japan werden gegenseitig, die eine Seite die Führung der anderen Seite hinsichtlich der wirtschaftlichen Betätigung in den unter b und a des vorstehenden Artikels aufgezählten Gebieten respektieren.

Artikel 3

Zur Durchführung der Artikel 1 und 2 des Abkommens werden Deutschland und Japan in Bezug auf Transport, Lagerung und Versicherung der Güter zusammenarbeiten.

Artikel 4

Die Grenze der finanziellen Fazilität, die gemäß Artikel 3 des Abkommens Deutschland und Japan sich gegenseitig gewähren, wird vorläufig für den Zeitraum von 3 Jahren auf 1 Milliarde Yen oder einen entsprechenden Betrag festgesetzt.

Deutschland und Japan werden sich bemühen, soweit die eigenen Kriegsbedürfnisse es zulassen, gegenseitig einander die völlige Verwendung der finanziellen Fazilität bis zu dem in dem vorstehenden Absatz festgesetzten Betrag zu ermöglichen.

Die im Absatz 1 erwähnte finanzielle Fazilität schließt die Gewährung von Krediten von Deutschland an Japan auf dem Gebiet der technischen Zusammenarbeit nicht aus.

Artikel 5

Dieses Protokoll bildet eine untrennbare Einheit mit dem vorstehenden Abkommen und tritt gleichzeitig mit diesem in Kraft.

Zu Urkund dessen haben die Bevollmächtigten der beiden Regierungen dieses Protokoll unterzeichnet und mit ihren Siegeln versehen.

Ausgefertigt in zweifacher Urschrift, in deutscher und in japanischer Sprache, in Berlin am ...... 1942, entsprechend dem ...... Tage des....... Monats des 17. Jahres der Ära Syowa.

Für die Kaiserlich Japanische Regierung:

Für die Regierung des Deutschen Reiches:

Dokument Nr. 11

Deutscher Entwurf für ein „Abkommen zwischen Deutschland und Japan über die wirtschaftliche Zusammenarbeit" vom 2. Juni 1942

(Quelle: Politisches Archiv, Auswärtiges Amt, Bonn. Büro des Staatssekretärs, Akten betreffend: Japan, Band 8: Ha Pol 268, Aufzeichnung betreffend Abkommen mit Japan über wirtschaftliche Zusammenarbeit vom 29. August 1942. Anlage: „Deutscher Vertragsvorschlag und Geheimes Protokoll vom 2. Juni 1942".)

Abkommen zwischen Deutschland und Japan über die wirtschaftliche Zusammenarbeit

Die Regierung des Reichs und die Kaiserlich Japanische Regierung haben beschlossen, ihre wirtschaftliche Zusammenarbeit noch enger zu gestalten. Sie sind gewillt, ihre wirtschaftlichen Kräfte in dem Kampfe für die Zukunft ihrer Völker gemeinsam zum Einsatz zu bringen und nach dem Endsieg in ihren Wirtschaftsräumen durch eine gemeinsame umfassende Planung eine Neuordnung durchzuführen, die für alle beteiligten Völker bessere und gerechtere Lebensbedingungen sicherstellt. Sie haben daher folgendes vereinbart:

Artikel 1

Deutschland und Japan werden den Austausch wirtschaftlicher Leistungen zwischen ihren Wirtschaftsräumen in jeder Hinsicht und mit allen Kräften fördern und ausbauen. Sie werden sich bei der Beschaffung von Waren und der Errichtung von Anlagen gegenseitig unterstützen und eine enge technische Zusammenarbeit durchführen.

Artikel 2

Um die finanzielle Durchführung des sich aus Artikel 1 ergebenden Güter- und Leistungsaustausches zu erleichtern, werden Deutschland und Japan sich gegenseitig die erforderlichen Zahlungsmöglichkeiten gewähren.

Artikel 3

Die beiden Regierungen werden die Entwicklung ihrer gegenseitigen Wirtschaftsbeziehungen durch Sonderbeauftragte ständig beobachten lassen und sie so gestalten, daß sie den Bestimmungen dieses Abkommens entsprechen.

Artikel 4

Die beiden Regierungen werden die zur Durchführung dieses Abkommens notwendigen Einzelheiten vereinbaren. Sie werden insbesondere enge Verbindung miteinander halten, um die Maßnahmen vorzubereiten und festzusetzen, die die Durchführung einer gemeinsamen Wirtschaftspolitik und der weitere Ausbau der Zusammenarbeit zwischen den beiden Wirtschaftsräumen nach der siegreichen Beendigung dieses Krieges erfordern.

Artikel 5

Dieses Abkommen tritt mit seiner Unterzeichnung in Kraft und bleibt ebenso lange in Geltung wie der Dreimächtepakt zwischen Deutschland, Italien und Japan vom 27. September 1940, entsprechend dem 27. Tage des 9. Monats des 15. Jahres der Aera Syowa.

Zur Urkund dessen haben die von ihren Regierungen gehörig Bevollmächtigten dieses Abkommen unterzeichnet und mit ihren Siegeln versehen.

Geschehen in doppelter Urschrift, in deutscher und japanischer Sprache, in Berlin am . . . . . , entsprechend dem . . . . . . Tage . . . . . . des Monats . . . . . . des Jahres . . . . . . der Aera Syowa.

Geheimes Protokoll

Anläßlich der heute erfolgten Unterzeichnung des Abkommens zwischen Deutschland und Japan über die wirtschaftliche Zusammenarbeit haben die von ihren Regierungen bevollmächtigten Vertreter folgendes vereinbart:

Artikel 1

Die Bestimmungen des Abkommens sollen zu Gunsten der vertragschließenden Teile hinsichtlich des Austauschs wirtschaftlicher Leistungen außer in Deutschland und Japan zunächst auch in folgenden Gebieten zur Anwendung kommen:

a) Generalgouvernement, Dänemark, Norwegen, Holland, Belgien, Luxemburg, die von deutschen Truppen besetzten Ostgebiete, das besetzte Frankreich und das unter deutscher Militärverwaltung stehende ehemalige Serbien.

b) Mandschukuo, China, Hongkong, Indochina, Thailand, Malayen-Halbinsel und -Inseln, ostindische Inselgruppe, Neu-Guinea, Burma und Philippinen.

Falls in Zukunft Änderungen hinsichtlich der vorstehend aufgeführten Gebiete erforderlich werden sollten, werden sie zwischen den vertragschließenden Teilen vereinbart werden.

Artikel 2

Die Zahlungsmöglichkeiten, die sich Deutschland und Japan in Durchführung von Art. 2 des Abkommens neben dem sonstigen Zahlungsverkehr gegenseitig gewähren, werden vorläufig für den Zeitraum von 3 Jahren auf Beträge von 586 Mill. RM und 1 Milliarde Yen festgesetzt. Die vertragschließenden Teile werden sich bemühen, die volle Inanspruchnahme dieser Beträge auch während des gegenwärtigen Krieges zu ermöglichen, soweit es die eigenen Kriegsbedürfnisse zulassen.

Die vorstehend erwähnte Gewährung von Zahlungsmöglichkeiten schließt die Einräumung von Sonderkrediten nicht aus.

Artikel 3

Jeder der vertragschließenden Teile wird die Führung des anderen Teils hinsichtlich der wirtschaftlichen Betätigung in dessen Wirtschaftsraum respektieren.

Artikel 4

Die vertragschließenden Teile werden bei dem inneren Ausbau ihrer Wirtschaftsräume und beim Wirtschaftsaustausch zwischen den beiderseitigen Wirtschaftsräumen die Bedürfnisse des anderen Teiles mit größtmöglichem Wohlwollen, jedenfalls unter Bevorzugung vor den Bedürfnissen von Ländern anderer Wirtschaftsräume berücksichtigen.

Ebenso werden die vertragschließenden Teile die Waren des anderen Wirtschaftsraumes, soweit möglich, bei der Einfuhr gegenüber Waren aus Ländern anderer Wirtschaftsräume bevorzugt behandeln.

Artikel 5

Die gegenseitige Unterstützung bei dem Ankauf von Waren und der Errichtung von Anlagen erstreckt sich auch auf die Beschaffung der erforderlichen Zahlungsmittel, die Gewährung von Zubringerdiensten und sonstiger Transporthilfe, von Lagerungsmöglichkeiten, Versicherungsschutz und grundsätzliche Freistellung von Beschlagnahme.

Artikel 6

Die vertragschließenden Teile werden geeignete Maßnahmen ergreifen, um eine unangemessene Preissteigerung der zum Austausch gelangenden Erzeugnisse zu verhindern, indem sie die Preise ähnlicher Erzeugnisse in dritten Wirtschaftsräumen in Betracht ziehen.

Artikel 7

Die vertragschließenden Teile werden die Interessen der Angehörigen und Firmen der anderen Seite, die sich bisher im zwischenstaatlichen Handel betätigt haben, gebührend berücksichtigen und die zum Schutz dieser Interessen erforderlichen Maßnahmen treffen. Hinsichtlich der Maßnahmen der Handelskontrolle sollen diese Angehörigen und Firmen nach dem Grundsatz der Gegenseitigkeit die gleiche Behandlung erfahren wie die Angehörigen und Firmen des eigenen Landes.

Artikel 8

Die vertragschließenden Teile werden nach Beendigung dieses Krieges Wirtschaftsbeziehungen mit solchen Staaten, die sich mit ihnen im Kriege befunden oder die Beziehungen abgebrochen haben, nur nach gegenseitiger Fühlungnahme aufnehmen.

Artikel 9

Die vertragschließenden Teile werden vorstehenden Grundsätzen in ihren vertraglichen Abmachungen sowohl untereinander wie auch mit den übrigen selbständigen Staaten des anderen Wirtschaftsraums Rechnung tragen und, soweit möglich, darauf hinwirken, daß dies auch von den übrigen selbständigen Staaten in ihrem Wirtschaftsraum geschieht.

Artikel 10

Die gemäß Atrikel 3 des Abkommens eingesetzten Sonderbeauftragten werden mindestens zweimal im Jahr, und falls erforderlich öfter, in Berlin oder Tokyo zusammentreffen.

Artikel 11

Dieses Protokoll gilt als untrennbarer Bestandteil des Abkommens über die wirtschaftliche Zusammenarbeit, es soll jedoch nicht veröffentlicht werden.

Zu Urkund dessen haben die Bevollmächtigten dieses Protokoll unterzeichnet und mit ihren Siegeln versehen.

Geschehen in doppelter Urschrift, in deutscher und japanischer Sprache, in Berlin am ....., entsprechend dem ...... Tage ...... des Monats ...... des Jahres ...... der Aera Syowa.

Dokument Nr. 12
„Abkommen zwischen Deutschland und Japan über die wirtschaftliche Zusammenarbeit“. Entwurf vom 8. November 1942

(Quelle: Politisches Archiv, Auswärtiges Amt, Bonn. Büro des Staatssekretärs. Akten betreffend: Japan, Band 10.)

Entwurf

Abkommen
zwischen Deutschland und Japan über die wirtschaftliche Zusammenarbeit.

Die Regierung des Reichs und die Kaiserlich Japanische Regierung haben beschlossen, ihre wirtschaftliche Zusammenarbeit noch enger zu gestalten, um in diesem Krieg für den Aufbau der Neuen Ordnung in Europa und Ostasien mit ihren gesamten wirtschaftlichen Kräften einander zu unterstützen und nach siegreicher Beendigung des Krieges jede in ihrem Wirtschaftsraum durch umfassende Aufbauplanung eine Neuordnung durchzuführen, die Wohlstand und Gedeihen aller beteiligten Völker sicherstellt. Sie haben daher folgendes vereinbart:

Artikel 1

Deutschland und Japan werden den Austausch wirtschaftlicher Leistungen zwischen ihren Wirtschaftsräumen in jeder Hinsicht und mit allen Kräften fördern und ausbauen. Sie werden sich bei der Beschaffung von Waren und der Errichtung von Anlagen gegenseitig unterstützen und eine enge technische Zusammenarbeit durchführen.

Artikel 2

Um die sich aus der Durchführung des Artikels 1 ergebenden Zahlungen zu erleichtern, werden Deutschland und Japan eine enge finanzielle Zusammenarbeit durchführen.

Artikel 3

Die beiden Regierungen werden die Entwicklung ihrer gegenseitigen Wirtschaftsbeziehungen durch Sonderbeauftragte ständig beobachten lassen und sie so gestalten, daß sie den Bestimmungen dieses Abkommen entsprechen.

Artikel 4

Die beiden Regierungen werden enge Verbindung miteinander halten, um die gegenseitige Zusammenarbeit für die Durchführung der Wirtschaftspolitik beider Länder immer wirksamer zu gestalten.

Artikel 5

Die beiden Regierungen werden die zur Durchführung dieses Abkommens notwendigen Einzelheiten vereinbaren.

Artikel 6

Dieses Abkommen tritt mit seiner Unterzeichnung in Kraft und bleibt ebensolange in Geltung wie der Dreimächtepakt zwischen Deutschland, Italien und Japan vom 27. Sept. 1940, entsprechend dem 27. Tage des 9. Monats des 15. Jahres der Ära Syowa.

Zu Urkund dessen haben die von ihren Regierungen gehörig Bevollmächtigten dieses Abkommen unterzeichnet und mit ihren Siegeln versehen.

Geschehen in doppelter Urschrift, in deutscher und japanischer Sprache, in Berlin am ....., entsprechend dem ...... Tage ...... des Monats ...... des Jahres ...... der Aera Syowa.

Geheimes Protokoll

Anläßlich der heute erfolgten Unterzeichnung des Abkommens zwischen Deutschland und Japan über die wirtschaftliche Zusammenarbeit haben die von ihren Regierungen bevollmächtigten Vertreter folgendes vereinbart:

Artikel 1

Die Bestimmungen des Abkommens sollen zu Gunsten der vertragschließenden Teile hinsichtlich des Austauschs wirtschaftlicher Leistungen außer in Deutschland und Japan zunächst auch in folgenden Gebieten zur Anwendung kommen:

a) Generalgouvernement, Dänemark, Norwegen, Holland, Belgien, Luxemburg, die von deutschen Truppen besetzten Ostgebiete, das besetzte Frankreich und das unter deutscher Militärverwaltung stehende ehemalige Serbien.

b) Mandschukuo, China, Hongkong, Indochina, Thailand, Malayen-Halbinsel und -Inseln, ostindische Inselgruppe, Neu-Guinea, Burma und Philippinen.

Falls in Zukunft Änderungen hinsichtlich der vorstehend aufgeführten Gebiete erforderlich werden sollten, werden sie zwischen den vertragschließenden Teilen vereinbart werden.

Artikel 2

Japan und Deutschland werden sich in Durchführung des Artikels 2 des Abkommens vorläufig für den Zeitraum von drei Jahren gegenseitig Zahlungsmöglichkeiten in Höhe von 586 Mill. RM und einer Milliarde Yen gewähren. Die vertragschließenden Teile werden sich bemühen, die volle Inanspruchnahme dieser Beträge auch während des gegenwärtigen Krieges zu ermöglichen, soweit es die eigenen Kriegsbedürfnisse zulassen.

Die vorstehend erwähnte Gewährung von Zahlungsmöglichkeiten schließt die Zahlung auf anderem Wege und die Einräumung von Sonderkrediten nicht aus.

Artikel 3

Jeder der vertragschließenden Teile wird die Führung des anderen Teils hinsichtlich der wirtschaftlichen Betätigung in dessen Wirtschaftsraum respektieren.

Artikel 4

Die vertragschließenden Teile werden bei dem inneren Ausbau ihrer Wirtschaftsräume und beim Wirtschaftsaustausch zwischen den beiderseitigen Wirtschaftsräumen die Bedürfnisse des anderen Teiles mit größtmöglichem Wohlwollen, jedenfalls unter Bevorzugung vor den Bedürfnissen von Ländern außerhalb der beiden Wirtschaftsräume, berücksichtigen.

Ebenso werden die vertragschließenden Teile die Waren des anderen Wirtschaftsraumes, soweit möglich, bei der Einfuhr gegenüber Waren aus Ländern außerhalb der beiden Wirtschaftsräume bevorzugt behandeln.

Artikel 5

Die gegenseitige Unterstützung bei dem Ankauf von Waren und der Errichtung von Anlagen erstreckt sich auch auf die Beschaffung der erforderlichen Zahlungsmittel, Gewährung von Zubringerdiensten und sonstiger Transporthilfe, von Lagerungsmöglichkeiten und Versicherungsschutz und grundsätzlicher Freistellung von Beschlagnahme.

Artikel 6

Die vertragschließenden Teile werden geeignete Maßnahmen ergreifen, um eine unangemessene Preissteigerung der zum Austausch gelangenden Erzeugnisse zu verhindern.

Artikel 7

Die vertragschließenden Teile werden in den von ihnen militärisch besetzten Gebieten den Angehörigen und Firmen des anderen Teiles, die sich bisher im zwischenstaatlichen Handel betätigt haben, den sich aus dem Geiste des Dreimächtepaktes ergebenden Schutz, mindestens einen gegenüber den Angehörigen und Firmen der Länder außerhalb der beiden Wirtschaftsräume bevorzugten Schutz zuteil werden lassen.

Über nähere Abmachungen nach Wiederherstellung des Friedens soll später unter den vertragschließenden Teilen beraten werden.

Artikel 8

Die vertragschließenden Teile werden nach Beendigung dieses Krieges Wirtschaftsbeziehungen mit solchen Staaten, die sich mit ihnen im Kriege befunden oder die Beziehungen abgebrochen haben, nur nach gegenseitiger Fühlungnahme aufnehmen.

Artikel 9

Die vertragschließenden Teile werden vorstehenden Grundsätzen in ihren vertraglichen Abmachungen sowohl untereinander wie auch mit den übrigen selbständigen Staaten des anderen Wirtschaftsraumes Rechnung tragen und, soweit möglich, darauf hinwirken, daß dies auch von den übrigen selbständigen Staaten in ihrem Wirtschaftsraum geschieht.

Sollte einer der beiden vertragschließenden Teile mit selbständigen Staaten des anderen Wirtschaftsraumes, die in Artikel 1 unter a oder b genannt sind, Vereinbarungen treffen, dann soll er sich im voraus mit dem anderen Teil in Verbindung setzen.

Artikel 10

Die gemäß Artikel 3 des Abkommens eingesetzten Sonderbeauftragten werden mindestens zweimal im Jahr, und falls erforderlich öfter, in Berlin oder Tokyo zusammentreten.

Artikel 11

Dieses Protokoll gilt als untrennbarer Bestandteil des Abkommens über die wirtschaftliche Zusammenarbeit, es soll jedoch nicht veröffentlicht werden.

Zu Urkund dessen haben die Bevollmächtigten dieses Protokoll unterzeichnet und mit ihren Siegeln versehen.

Geschehen in doppelter Urschrift, in deutscher und japanischer Sprache, in Berlin, am ...... entsprechend dem ...... Tage des ...... Monats des Jahres der Aera Syowa.

Geheim!

Entwurf.

Notenwechsel betreffend Kursänderung.

Mit Bezug auf Artikel 2 Absatz 1 des Geheimen Protokolls zu dem heute gezeichneten Abkommen zwischen Deutschland und Japan über die wirtschaftliche Zusammenarbeit beehre ich mich Euerer Excellenz folgende zusätzliche Vereinbarung zu bestätigen:

Die in Artikel 2 Absatz 1 genannten Beträge von 586 Millionen Reichsmark und 1 Milliarde Yen geben nur die vereinbarte Begrenzung für das Ausmaß der zu gewährenden Zahlungsmöglichkeiten in dem einen und dem anderen Lande an. Die Nennung der beiden Beträge bedeutet keine Festlegung des in Berlin amtlich notierten Kurses für telegrafische Auszahlung Japan und des in Tokio notierten Kurses für telegrafische Auszahlung Berlin für die Dauer des Abkommens.

Die Deutsche und die Japanische Regierung werden möglichst bald nach dem Zustandekommen dieses Abkommens Verhandlungen über die Frage einer angemessenen Änderung des Devisenkurses aufnehmen und bei einer etwaigen Änderung des Devisenkurses die vorgenannten Beträge entsprechend dieser Änderung anpassen.

Genehmigen Sie, ...

Geheim!

Entwurf.

Notenwechsel betreffend Firmenschutz.

Mit Bezug auf Artikel 7 des Geheimen Protokolls zu dem heute gezeichneten Abkommen zwischen Deutschland und Japan über die wirtschaftliche Zusammenarbeit beehre ich mich, Eurer Excellenz die nachfolgende zusätzliche Vereinbarung zu bestätigen:

Die vertragschließenden Regierungen haben nicht nur nicht die Absicht, in der Zukunft nach Erreichung des Endsieges die wirtschaftliche Tätigkeit der Ausländer in ihren Wirtschaftsräumen zu erschweren, sondern sie wollen auf diese auch gegenwärtig, soweit es die Umstände zulassen, angemessene Rücksicht nehmen. Besonders gegenüber den Angehörigen des anderen Teils als Angehörigen der verbündeten Nationen soll nach Möglichkeit wohlwollende Rücksicht geübt und ihnen im Verhältnis zu den Angehörigen und Firmen der Länder außerhalb der beiden Wirtschaftsräume ein bevorzugter Schutz gewährt werden. Im Hinblick darauf, daß es jedoch Fälle geben könnte, wo die Angehörigen und Firmen der verbündeten Nationen in den besetzten Gebieten aus militärischen Gründen während der Kriegsdauer keinen vollkommen zufriedenstellenden Schutz ihrer Interessen finden, sollen in jedem Einzelfall auf Grund eines zu stellenden Antrags stattfindende Beratungen zu gegenseitiger Übereinstimmung führen.

Genehmigen Sie, ...

Dokument Nr. 13
Japanischer Vermittlungsvorschlag für Artikel I des „Geheimen Protokolls" des „Abkommens zwischen Deutschland und Japan über die wirtschaftliche Zusammenarbeit" (10. Dezember 1942)

(Quelle: Politisches Archiv, Auswärtiges Amt, Bonn. Büro des Staatssekretärs, Akten betreffend: Japan, Band 10.)

Artikel 1

Die Bestimmungen des Vertrags sollen hinsichtlich des Austausches wirtschaftlicher Leistungen, an denen einer der vertragschließenden Teile beteiligt ist, außer in Deutschland und Japan zunächst auch in folgenden Gebieten zur Anwendung kommen:

a) Generalgouvernement, Dänemark, Norwegen, Holland, Belgien, Luxemburg, die von deutschen Truppen besetzten Ostgebiete, Teile von Frankreich,

b) Mandschukuo, China, Indochina, Thailand, Hongkong, Malayen-Halbinsel- und Inseln, Ostindische Inselgruppe, Neuguinea, Burma und Philippinen.

Änderungen, die sich in Zukunft hinsichtlich der vorstehend aufgeführten Gebiete ergeben, werden zwischen den vertragschließenden Teilen vereinbart werden.

Zusatzvereinbarung

Durch die Aufzählung in Art. I unter a) und b) des Zusatzprotokolls sollen nicht die Wirtschaftsräume der vertragschließenden Teile in Europa und in Großostasien endgültig festgelegt, sondern nur diejenigen Gebiete bezeichnet werden, auf welche die vertragschließenden Teile unter den gegenwärtigen Umständen die Bestimmungen des Vertrags vorläufig anzuwenden beabsichtigen.

Dokument Nr. 14
„Vereinbarung über die gegenseitige Zurverfügungstellung von Nachbaurechten und Rohstoffen zwischen Deutschland und Japan“
(2. März 1944)

(Quelle: National Archives and Records Service, Washington, D. C., USA. Microcopy T-82, Roll 90, Item GD 470, Frames 0247136-37.)

Abschrift

Vereinbarung über die gegenseitige Zurverfügungstellung von Nachbaurechten und Rohstoffen zwischen Deutschland und Japan[1]

Auf Grund der Bestimmungen der Artikel 1 und 4 des Vertrages zwischen Deutschland und Japan über die wirtschaftliche Zusammenarbeit vom 20. Januar 1943, entsprechend dem 20. Tage des 1. Monats des 18. Jahres der Ära Syowa, haben die hierfür zuständigen Stellen der Deutschen Regierung und der Kaiserlich Japanischen Regierung folgendes vereinbart:

Artikel 1

Die Regierung des Deutschen Reiches und die Kaiserlich Japanische Regierung werden zur Benutzung während des Krieges alle für Kriegsgerät eigentümlichen Nachbaurechte sowie alle Rohstoffe, die für die Kriegswirtschaft notwendig sind, sich gegenseitig zur Verfügung stellen.

Für die Auslegung des Begriffs Kriegsgerät sind die einschlägigen Gesetze und Verordnungen des Landes, von welchem die Zurverfügungstellung des Nachbaurechtes erfolgt, maßgebend.

Der Regierung des Deutschen Reiches kommt es in erster Linie auf die Zurverfügungstellung von Molybdän, Wolfram, Zinn und Kautschuk an. Die Deutsche Regierung wird der Kaiserlich Japanischen Regierung den mengenmäßigen Rohstoffbedarf für die deutsche Kriegführung jeweils mitteilen.

Artikel 2

Die Zurverfügungstellung erfolgt, ohne daß zwischen den beiden Regierungen ein Preis berechnet oder bezahlt wird. Die Regierung des Deutschen Reiches und die Kaiserlich Japanische Regierung übernehmen es, Forderungen deutscher oder japanischer Berechtigter intern abzufinden.

Artikel 3

Unbeschadet des Grundsatzes gemäß Artikel 2 werden mit den an dem Nachbau berechtigten deutschen oder japanischen Stellen die bisher üblichen Bedingungen, unter denen die Nachbaurechte überlassen werden, insbesondere die Präzisierung des Gegenstandes, des Umfanges, der Dauer und der Geheimhaltung des Nachbaurechtes vereinbart.

[1] Aus einem Begleitschreiben (Frame 0247135) des WFSt/Ag Ausland Nr. 1958/44 geh. Ausl. II A 4 vom 25. 3. 1944 an den WFSt/VO Ag. Ausl. geht hervor, daß es sich um den „endgültigen“ Text des Abkommens handelt.

Artikel 4

Der Wert der beiderseitigen Leistungen wird erst nach Erringung des gemeinsamen Sieges festgestellt werden.

Über die Regelung eines etwaigen Überschusses werden sich die beiden Regierungen dann verständigen.

Die beiden Regierungen werden sich nur zum Zwecke der vorläufigen Unterrichtung die von ihnen einseitig festgestellten Werte gegenseitig mitteilen.

Artikel 5

Die beiden Regierungen sagen sich gegenseitig zu, daß auch besondere kriegswichtige industrielle Herstellungsverfahren und Nachbaurechte, die nicht kriegsgerät-eigentümlich sind, dem anderen Vertragsteil zur Benutzung während des Krieges entgeltlich zur Verfügung gestellt werden.

Über den Erwerb dieser Verfahren und Nachbaurechte sind dann die geschäftsüblichen Verträge mit den Berechtigten abzuschließen.

Bei den Verhandlungen über die abzuschließenden Verträge betreffend den Erwerb dieser Verfahren und Nachbaurechte werden die beiden Regierungen ihre Unterstützung gewähren.

Artikel 6

Für die Feststellung der Werte gilt der Grundsatz, daß die Werte unabhängig von den durch den Krieg herbeigeführten besonderen Einflüssen festgestellt werden.

Artikel 7

Diese Vereinbarung tritt mit der Unterzeichnung in Kraft. Sie ist als vertraulich zu behandeln.

Geschehen in doppelter Urschrift, in deutscher und japanischer Sprache, in Berlin am 2. März 1944, entsprechend dem 2. Tage des dritten Monats des neunzehnten Jahres der Ära Syowa.

gez. Wiehl gez. Matsushima

Zusatz-Vereinbarung

Anläßlich der heutigen Unterzeichnung der Vereinbarung über die gegenseitige Zurverfügungstellung von Nachbaurechten und Rohstoffen zwischen Deutschland und Japan haben sich die hierfür zuständigen Stellen der Deutschen Regierung und der Kaiserlich Japanischen Regierung über folgendes geeinigt:

1) Der Artikel 4 der heute unterzeichneten Vereinbarung über die gegenseitige Zurverfügungstellung von Nachbaurechten und Rohstoffen gilt nicht für die beiden Unterseeboote und die damit zusammenhängenden Nachbaurechte, die von Deutschland geschenkweise an Japan geliefert worden sind.

2) Durch die Vereinbarung über die gegenseitige Zurverfügungstellung von Nachbaurechten und Rohstoffen werden die in Artikel 2 des Zusatzprotokolls des Vertrages über die wirtschaftliche Zusammenarbeit zwischen Deutschland und Japan vom 20. Ja-

nuar 1943 vereinbarten Bestimmungen über die gegenseitige Gewährung von Zahlungsmöglichkeiten nicht berührt.

Geschehen in doppelter Urschrift, in deutscher und japanischer Sprache, in Berlin am 2. März 1944, entsprechend dem 2. Tage des dritten Monats des neunzehnten Jahres der Ära Syowa.

gez. Wiehl gez. Matsushima

Dokument Nr. 15
„Die japanische Kriegswehrmacht, Stand 1. September 1941"
(Resumé der Studie)

(Quelle: Politisches Archiv, Auswärtiges Amt, Bonn. Botschafter Ritter: 1. Deutsch-italienisch-japanische Militärkonvention, 2. Die japanische Kriegswehrmacht gKdos, Stand 1. 9. 1941. OKH Generalstab des Heeres OQu. IV/Abt. Fr. H. Ost III Nr. 1695/41 gKdos vom 17. September 1941.)

IX. Werturteil

Das *japanische Volk* ist in soldatischem Geist erzogen. „Bushido" — der Weg des Kriegers — ist das Höchstziel der japanischen Nationalethik seit Jahrhunderten.

Die *japanische Wehrmacht* hat seit ihrer Reorganisation in der Meiji-Epoche nur erfolgreiche Kriege geführt. In neuester Zeit hat sie im Kriege gegen China eine Probe ihres Könnens abgelegt. Ein hierauf begründetes Urteil über ihren Kampfwert kann allerdings nur mit Einschränkung Anspruch auf allgemeine Gültigkeit erheben, da die chinesische Wehrmacht insbesondere nach Vernichtung ihrer Kerndivisionen in der Schlacht bei Schanghai und in den Kämpfen um Nanking kein vollwertiger, gut geführter und modern ausgerüsteter Gegner ist. Auch die Kämpfe am Chalcha Fluß (Mai—Sept. 1939), in denen sich japanische Truppen überlegenen russischen Kräften gegenüber örtlich nicht gewachsen zeigten, können zu einer Beurteilung nur mit Vorbehalt herangezogen werden, da die japanische Führung hier aus politischen Erwägungen heraus in der vollen Entfaltung ihres Könnens gehemmt wurde.

Das *japanische Offizierskorps* ist von einem glühenden Nationalbewußtsein und hoher Opferbereitschaft durchdrungen. Dieser Einstellung entspricht das insbesondere bei dem japanischen Offizierkorps des *Heeres* hervorstechende Verantwortungsgefühl für die japanische Politik, die von dieser Seite aus oftmals im aktivistischen Sinne beeinflußt worden ist. Das Erbfeindschaftsgefühl gegen Rußland ist im Offizierskorps nie ganz erloschen und hat demgemäß der politischen Zielsetzung eine mehr kontinentale Tendenz gegeben. Durch den Chinakrieg und die hierbei oft durchgeführten Aktionen über See ist jedoch auch hier Verständnis für eine in den pazifischen Raum gerichtete Politik geweckt worden.

Die *japanische Führung* hat gezeigt, daß sie in der Lage ist, kühne Entschlüsse zu fassen. Das Durchringen zum Entschluß erscheint — dem insularen Volkscharakter entsprechend — oft schwerfällig, sich bietende günstige Gelegenheiten werden mitunter nicht zu entsprechenden Erfolgen ausgenutzt. Dagegen scheinen Planungen bisweilen die Grenze des Möglichen zu überschreiten, da hierbei oft die eigenen Kräfte überschätzt werden.

Das *Heer* hat im Chinakrieg, allerdings gegen einen nicht gleichwertigen Gegner, gute Erfolge errungen. Die Truppe hat Mut, Ausdauer und Krisenfestigkeit bewiesen, die lange Kriegsdauer hat jedoch in der inneren Haltung der in China eingesetzten Besatzungstruppen gewisse Spuren hinterlassen.

Die *Bewaffnung und Ausrüstung* entspricht, nach europäischen Begriffen, nicht neuzeitlichen Anforderungen. Die Motorisierung ist noch nicht weit fortgeschritten, es fehlen stärkere mot.-mech.- und Panzerverbände.

Die *Marine,* die sich in Japan als Hauptträger des Reichsgedankens fühlt, ist personell besser ausgestattet als das Heer. Sie ergänzt sich fast ausschließlich durch Freiwillige, die — völkisch bedingt — durch ihre Herkunft alle Voraussetzungen zu diesem Dienst mitbringen. Politisch hat sich die Marine in den letzten Jahren gegenüber dem Heer mehr zurückgehalten.

Die Leistungen des japanischen *Kriegsschiffbaues* werden von englischer und amerikanischer Seite bisweilen als nicht auf großer Höhe stehend beurteilt. Es kann jedoch angenommen werden, daß diese Mängel grundsätzlich behoben worden sind, und daß die japanische Flotte materialmäßig den Flotten der übrigen Großmächte mehr und mehr gleichwertig wird. Im Chinakrieg ist die Marine an vielen Erfolgen maßgeblich beteiligt gewesen. Insbesondere sind hier ihre Leistungen bei Landungen großen Stils in Zusammenarbeit mit dem Heere hoch zu beurteilen. Wenn auch aus den Beobachtungen auf dem fernöstlichen Kriegsschauplatz keine weitgehenden Rückschlüsse auf den Kampfwert der japanischen Marine gezogen werden dürfen, so kann doch nach dem Gesamteindruck angenommen werden, daß sie befähigt ist, auch der stärksten Seemacht mit Aussicht auf Erfolg entgegenzutreten. In den fernöstlichen Gewässern, in der Nähe ihrer Stützpunkte, kann sie als unbedingt überlegen gewertet werden.

Die *Luftwaffe* hat mit der Heeres- und Marinefliegertruppe während des Chinakrieges erfolgreich in die Kämpfe eingegriffen. Es ist ihr gelungen, die unbedingte Luftüberlegenheit gegen einen allerdings absolut unterlegenen Gegner zu erringen.

Die Leistungen, die die japanische Luftwaffe bei den Angriffen gegen die chinesischen Versorgungseinrichtungen und Nachschubstraßen vollbracht hat, sind angesichts der weiten Flugstrecken beachtlich. Neben der Marinefliegertruppe, die zunächst wegen ihrer größeren Erfahrungen im Langstreckenflug Träger dieser Angriffe war, tritt neuerdings hier auch die Heeresfliegertruppe hervor.

Die *japanischen Flugzeuge* werden in eigenen Fabriken im Lande selbst hergestellt. Der Flugzeugbau war bisher von ausländischen Lizenzen abhängig, die eigene Entwicklung ist gegenüber ausländischen Modellen noch im Rückstand.

Die *japanischen Flugzeugbesatzungen* werden als schneidig und draufgängerisch geschildert. Da dem Japaner aber ein allgemein tieferes technisches Verständnis fehlt, muß mit entsprechend hohem Materialverbrauch gerechnet werden. Die japanische

Luftwaffe erreicht demgemäß einem personell und materiell hochwertigen Gegner gegenüber nicht die volle Ebenbürtigkeit.

Die *japanische Wehrmacht* hat im *fernöstlichen-kontinentalen Raum* nur einen starken Gegner: Rußland. Die russische Fernost-Armee wird sicher in beachtlicher Stärke bestehen bleiben. Es erscheint fraglich, ob die japanische Wehrmacht gegen sie erfolgreich angreifen kann. Der im jetzigen Kriege zu Tage getretenen modernen und reichlichen russischen Ausrüstung, der Zähigkeit in der Verteidigung und den nach den Erfahrungen der russischen Westfront zu erwartenden starken und neuzeitlichen Befestigungen sind die Japaner, zum mindesten materiell unterlegen.

Im *südostasiatisch-pazifischen Raum* trifft Japan auf die dort verankerten Interessen des Britischen Weltreiches und der Vereinigten Staaten. Militärisch hat das Britische Weltreich seine Stellung durch den Flottenstützpunkt Singapore gesichert. Da zur Zeit die britische Flotte in anderen Räumen gebunden, die Flotte der Vereinigten Staaten nicht stark genug ist, um ihre Aufgaben im Atlantischen Ozean und im Pazifik zu erfüllen, und die übrigen Staaten, Niederländisch-Indien und Thailand, militärisch nicht wesentlich ins Gewicht fallen, hat Japan hier trotz seiner Bindung in China eine unbedingte militärische Überlegenheit. Der Grund, daß diese günstige militärische Lage bisher noch nicht ausgenutzt wurde, lag darin, daß Japan sich nicht der Gefahr eines langandauernden Wirtschaftskrieges mit den Vereinigten Staaten auszusetzen wagte, den die schwache wirtschaftliche Struktur dieses Landes auf die Dauer nicht ausgehalten hätte.

Dokument Nr. 16

„Rücksprache Chef WFSt, General der Art. Jodl, mit japanischen Offizieren am 13. 2. 1942 in der Reichskanzlei"

(Quelle: Militärgeschichtliches Forschungsamt Freiburg i. Br. Heeresakten H 27/44: (Generalstab des Heeres/Attaché-Abteilung) Chefsachen Att. Abt. Ia, Jahrgang 1942)

Handschriftliche Zusatznotiz[1]

Att. Abt. — 16. 2. 42

60/42 gK

Chefsache

(Eingangsstempel des Oberquartiermeister IV, rechts darunter) M. 18/2. (mit weinrotem Stift = Matzky, Generalmajor, Oberquartiermeister IV, dem die Att. Abt. unterstand)

An OQu IV.

Die Anlage enthält eine für den Herrn Chef Gen.St. bestimmte Notiz über Rücksprache Chef WFSt mit jap. Vizeadm. Nomura.

v. Mellenthin (mit blauem Stift abgezeichnet, Oberst i.G. von Mellenthin, Chef der Att. Abt.)

[1] Vergleiche Farbfaksimile S. 224/225.

U. (?) R! Chef Gen.Stab (mit grünem Stift, Schriftoffizier)
H 19. 2.
(Um Rücksprache! vom Chef Generalstab des Heeres, Generaloberst Franz Halder am 19. 2. abgezeichnet)

aus Akte H 27/44

Oberkommando der Wehrmacht
Amt Ausland/Abwehr
Abt. Ausland Nr. 25/42 g.Kdos.Chefs. 15. 2. 42

Chef-Sache!
Nur durch Offizier! 8 Ausfertigungen
Geheime Kommandosache 1. Ausfertigung.

Verteiler:

1) Chef Gen St d H
über Chef Att.Abt.[1]
2) Chef Gen St d L
über Luftw.Führ.
3) Stab Ic
Chef des Stabes der Seekriegsleitung
über Leiter M.Att.
4) Admiral Groos
5) Stellv. Chef WFSt
6) Chef Amt Ausl/Abw
7)
8) Entwurf[2]

Aktenvermerk

Betr.: Rücksprache Chef W F St, General der Art. Jodl, mit japanischen Offizieren am 13. 2. 42 in der Reichskanzlei.

1.) Zugegen:
a) Vizeadmiral Nomura, Bevollmächtigter Admiral der japanischen Kriegsmarine für die Dreimächtepakt-Militärkommission,
b) Generalleutnant Banzai, Japan. Mil.Attaché in Berlin,
c) Kapitän z. S. Yokoi, Japan. Mar.Attaché in Berlin,
d) Major Endo, Gehilfe des Mil.Attachés,
außerdem Kapitän z. S. Bürkner, Chef Abt. Ausland.

2.) Chef WFSt begrüßt die japanischen Offiziere, beglückwünscht sie zur Eroberung von Singapur und führt aus, daß er die seltene Gelegenheit, wo er sich in

[1] Im Original hier handschriftliche Kurzsignatur *M* mit blauem Stift, d. h. von Oberst i. G. Mellenthin, Chef der Att. Abt., abgezeichnet.

[2] Im Original darunter Unterschrift von Konteradmiral Bürkner, Chef der Abteilung bzw. Amtsgruppe Ausland im OKW/WFSt.

Berlin befände, benutzen möchte, die Verbindung mit der Berliner Vertretung der japanischen Wehrmacht aufzunehmen, um die Offiziere kennenzulernen.

Chef WFSt weist zunächst auf die einheitliche Führung der deutschen Wehrmacht durch den Führer mit WFSt[3] hin und betont sodann die Notwendigkeit, die Operationspläne Japans und Deutschlands laufend aufeinander abzustimmen. —

Chef WFSt erläutert anschließend die Gründe, die zur Verlegung der schweren deutschen Seestreitkräfte von Brest nach der Nordsee geführt haben. (Zu starke Luftbedrohung in Brest, Möglichkeit eines Versuches der Anglo-Amerikaner, in Norwegen zu landen, Notwendigkeit, auf die Verbindungslinien des Feindes nach Archangelsk einzuwirken u. a.).

Chef WFSt geht dann auf die Lage im Mittelmeer ein:
Die feindl. Seestreitkräfte seien nahezu ausgeschaltet; Feindeinwirkung im wesentlichen durch die englische Luftwaffe. Während Ende 1941 bei den Transporten Schiffsverluste bis zu 50% eingetreten wären, sei innerhalb der letzten 4 Wochen nur ein Schiff auf der Fahrt von Italien nach Tripolis versenkt worden. Italien habe an sich genügend Divisionen verfügbar, die nach Afrika verlegt werden könnten; ihr Transport nach Afrika und ihre Versorgung blieben aber immerhin umständlich.

Chef WFSt stellt dann kurz die Lage an der deutschen Ostfront in Sowjet-Rußland dar: Die Front habe zwar teilweise zurückgenommen werden müssen. Die Bolschewisten hätten indessen keinerlei Erfolge von entscheidender Bedeutung erringen können. Die deutsche Front stände weiter nur etwa 120 km von Moskau entfernt. Nach Ende des Winters komme die unangenehme Zeit der Schneeschmelze und damit des Schlammes; danach werde sich indessen die große Beweglichkeit der deutschen Streitkräfte wieder operativ auswirken können. Der Höhepunkt der Schwierigkeiten, die vornehmlich solche des Transportes gewesen wären, sei inzwischen im wesentlichen überwunden.

3.) Admiral Nomura legt dar:

a) Die Lage in Europa — Mittelmeer — Naher Osten sei der in Ostasien sehr ähnlich. Singapur sei dabei Suez zu vergleichen; beide Plätze sicherten kanalähnliche Seeverbindungen. Die Brücke nach Ostasien sei Indien, zum europäischen Raum Arabien. China könne bei diesem Vergleich als Vorfeld der Sowjet-Union gegenübergestellt werden. Dabei erinnerte Admiral Nomura daran, daß Japan seit 4 Jahren in China kämpfe, ohne bisher entscheidende Erfolge errungen zu haben.

| Die Herstellung einer Verbindung zwischen Japan und den Achsenmächten werde in Tokio als von größter Wichtigkeit angesehen.

b) Auf Frage des Chefs WFSt, wie von japanischer Seite die Absichten der USA-Streitkräfte beurteilt würden:

[3] Alle folgenden, im Druck nachvollzogenen Unterstreichungen und Marginalien sind im Original weinrot, d. h. von Generalmajor Matzky, Chef OQ IV, angebracht worden.

USA seien sowohl in der Rüstung wie in dem Ausbau ihrer Wehrmacht soweit rückständig, daß 1942 mit größeren Aktionen nicht gerechnet zu werden brauche. Für die Flotte hätten die Amerikaner ihrerseits immer eine Überlegenheit von mindestens 5 zu 3 als den nordamerikanischen Interessen entsprechend angesehen. Das Personal der Kriegsmarine (Offiziere wie Mannschaften) sei ganz auf diese Stärkeverhältnisse eingestellt. Die Schlacht von Hawai habe aber die Hälfte der USA-Seestreitkräfte vernichtet; deren Ergänzung durch anlaufende Neubauten werde mindestens $1^1/_2$ bis 2 Jahre erfordern.

Die Operationen der USA-Flotte würden deshalb zunächst auf defensiven Schutz der amerikanischen Küsten abgestellt sein. Gelegentliche Unternehmungen z. B. mit Flugzeugträgern gegen japanische Positionen im Stillen Ozean seien möglich, größere im Südteil des Stillen Ozeans, z. B. gegen Australien, dagegen unwahrscheinlich. In Frage kämen noch Raids im Norden über die Aleuten in den japanischen Raum hinein. Alle diese Maßnahmen seien jedoch wenig erfolgversprechend.

Deshalb sei anzunehmen, daß die USA, sobald sie sich stark genug fühlten, Erfolge im Atlantik-Bereich suchen würden:

Über Island nach Norwegen,
gegen Irland,
gegen Nordafrika.

Auf jeden Fall hätten auch die Amerikaner den Nahen Osten als empfindlichsten Punkt der anglo-amerikanischen Stellung erkannt und schickten laufend durch und um Afrika Kriegsgerät usw.

4.) Kapitän z. S. Yokoi

weist auf den großen Nutzen hin, den ein Lahmlegen von Malta für die Bereinigung des Mittelmeeres bringen würde.

Chef WFSt entgegnet,
daß Italiener selbst jetzt bedauerten, den Krieg nicht — statt durch eine Kriegserklärung an England — mit der Wegnahme von Malta begonnen zu haben.

Zunächst würden die Angriffe der Achsen-Luftwaffe auf Malta laufend verstärkt werden.

5.) General Banzai führt aus:

a) Es sei sowohl politisch wie militärisch wichtig, im Laufe des Sommers Moskau zu nehmen und der Sowjet-Union neue schwere Schläge zu versetzen. Deutschland dürfe aber seiner Ansicht nach nicht zu weit in den unendlichen russischen Raum vormarschieren. Denn der Hauptfeind bleibe England, und das wichtigste operative Ziel sei nach japanischer Ansicht — wie schon Admiral Nomura ausgeführt habe — zunächst die Herstellung einer Verbindung zwischen den Bundesgenossen.

Auf seine Frage, ob Deutschland beabsichtigte, nach dem Nahen Osten auf dem Landwege (Kaukasus) oder über Tripolis — Ägypten vorzugehen, erwidert Chef WFSt: der erste Weg sei wohl der einfachere.

b) Auf die Frage des Generals Banzai, warum Deutschland nicht die englische Insel angreife, erklärt Chef WFSt, man sei sich darüber durchaus klar, daß die Einnahme der englischen Insel den Krieg sofort beenden würde. Die Vorbereitungen zu einer Landung hätten auch niemals aufgehört und würden weiter getrieben. Es wäre indessen zu einem solchen Unternehmen der Einsatz der gesamten deutschen Luftwaffe erforderlich. Ein solcher Masseneinsatz sei jedoch mit Rücksicht auf die Erfordernisse der Ostfront z. Zt. nicht angebracht.

c) General Banzai führt dann weiter aus, daß Japan die feidl. Inseln im Stillen Ozean einschließlich Niederländisch-Indien besetzen und militärisch sichern werde.

6.) Chef WFSt erklärt, daß man eine solche Zusammenkunft im Frühjahr, wenn die Operationen sich klarer abzeichnen würden, wiederholen wolle.

Dokument Nr. 17
Vermerk betr. Unterrichtung der Japaner vom 21. März 1942

(Quelle: Militärgeschichtliches Forschungsamt Freiburg i. Br., Marineakten, Kriegstagebuch der 1. Seekriegsleitung, Teil C, Heft XV.)

Geheime Kommandosache!

Ib (plan)[1] Berlin, den 21. März 1942

Chefsache! [3]
Über I op, Ia
Chef 1./Skl. C/Skl.
vorzulegen.[2]

Vermerk:

Nach bisher bei der Seekriegsleitung vorliegenden Unterlagen ist die Durchführung der deutschen Heeresoffensive in Richtung Ölgebiet Maikop — Kaukasus für etwa Mai/Juni geplant. Es ist damit zu rechnen, daß Sowjetrußland alle verfügbaren Kräfte an dieser Front, an der es mit Sicherheit eine Offensive erwartet, zum Einsatz bringen wird. Insbesondere wird auch die über Basrah/Iran nach Rußland fließende Zufuhr der

1 Denkschrift des Ib der 1. Skl, des Referenten in der Operationsabteilung, Kapitän zur See Heinz Assmann.

2 Dieser „Vermerk" war über den I op, Kapitän zur See Heinrich Gerlach, und den Ia, Kapitän zur See Hubert Frhr. von Wangenheim, an den Chef der 1. Skl (Operationsabteilung), Kapitän zur See Gerhard Wagner, und an den Chef des Stabes der Seekriegsleitung, Vizeadmiral Kurt Fricke, gerichtet.

3 Unter dem Datum abgezeichnet vom Iba, Korvettenkapitän Mejer, dem verantwortlichen Offizier für die Kriegstagebücher: KTB A 21/III Iba M.

russischen Südfront zugeführt werden. *Jede* nach Rußland einlaufende Zufuhr an englischem oder amerikanischem Kriegsmaterial über den Weg Vorderer Orient—Kaukasus wirkt sich daher äußerst nachteilig auf die eigene Offensive aus. Darüber hinaus stellt jede Tonne, die vom Gegner nach dem Vorderen Orient durchgebracht wird eine Stärkung des Gegnerpotentials dar und verhindert unsere eigenen Kriegführungsabsichten gegen den Kaukasus und die britische Stellung im Vorderen Orient—Ägypten.

Die deutsche Kriegführung hat also das allergrößte Interesse daran, daß diese britisch-amerikanische Zufuhr durch den Indischen Ozean und das Arabische Meer so frühzeitig und so entschlossen wie möglich angepackt, gestört und geschädigt wird. Hierzu ist nach Lage der Dinge nur der Japaner in der Lage. Die bei jeder Gelegenheit an die Seekriegsleitung herangetragenen Anfragen der Japaner über unsere eigenen Operationsabsichten in Rußland und in Nordafrika zeigen, welche Bedeutung Japan den deutschen Entschlüssen für die weitere Kriegführung beimißt. Aus vielen Äußerungen und Nachrichten kann geschlossen werden, daß Japan selbst bereits ist, die Zufuhr nach Indien in seinem eigenen Interesse mit seinen Seestreitkräften zu stören und auch bereit wäre mit U-Booten im westlichen Indischen Ozean und im Arabischen Meer gegen die feindlichen Seeverbindungen nach dem Vorderen Orient zu operieren. Die Entschlüsse der Japaner werden jedoch stark gehemmt durch einen völligen Mangel an offizieller Unterrichtung über die deutschen Absichten. Es ist festzustellen, daß eine großzügige strategische und operative Zusammenarbeit mit der japanischen Wehrmachtführung nicht besteht. Die Initiative zu dieser Zusammenarbeit müßte an sich vom Wehrmachtführungsstab ausgehen. Das OKW scheint jedoch auf eine gemeinsame strategische und operative Planung mit den Japanern keinen Wert zu legen.

Ich halte es für dringend erforderlich, daß so schnell wie möglich eine offizielle Unterrichtung des Vizeadmirals Nomura darüber stattfindet, welche Operationsabsichten die deutsche Wehrmachtführung im Süden Rußlands für den Frühsommer dieses Jahres hat. Bei dieser Gelegenheit ist den Japanern offiziell der Wunsch der deutschen Wehrmachtführung vorzutragen, daß die japanische Kriegsmarine, soweit es ihre militärische Lage irgend zuläßt, gegen die feindlichen Seeverbindungen im westlichen Indischen Ozean und im Arabischen Meer zum Einsatz gebracht wird, da die Rückwirkungen einer Schädigung der Feindzufuhr von ausschlaggebender Bedeutung für die Durchführung der deutschen Offensive ist. Es genügt m. E. keineswegs, daß von dem Referenten der Seekriegsleitung bei gelegentlichen Besprechungen mit den japanischen Verbindungsoffizieren auf die Möglichkeit einer deutschen Offensive gegen Südrußland, Richtung Kaukasus, hingewiesen wird oder der Gedanke einer deutschen Offensive gegen Ägypten inoffiziell erörtert wird. Hier muß baldmöglichst eine offizielle Unterrichtung durch die deutsche Wehrmachtführung erfolgen. Es ist nach meiner Ansicht mit Sicherheit zu erwarten, daß die Entschlüsse der Japaner zum Operieren im Indischen Ozean von einer solchen Unterrichtung ganz wesentlich beeinflußt werden im Sinne einer für unsere Operationen äußerst wertvollen Unterstützung.

Mit Rücksicht auf Vorbereitungs- und Anlaufzeit für japanische Operationen ist es erforderlich, daß eine solche Unterrichtung sehr bald erfolgt. Da das OKW/WFSt von sich aus offenbar eine solche Unterrichtung nicht beabsichtigt, halte ich es für notwendig, einen entsprechenden Antrag beim Wehrmachtführungsstab einzureichen, zumal die Skl. wahrscheinlich die einzige Stelle ist, die die wechselseitige Auswirkung der japanischen und deutschen Land- und Seeoperationen in ihrer Bedeutung voll übersieht.

A(ssmann) $^{21}/_{3}$

Dokument Nr. 18

„Besprechung Chef WFSt, General d. Art. Jodl, mit japanischem Vizeadmiral Nomura und japanischem Generalleutnant Banzai im Führerhauptquartier am 5. August 1942"

(Quelle: Militärgeschichtliches Forschungsamt Freiburg i. Br., Marineakten, Kriegstagebuch der 1. Seekriegsleitung, Teil C, Heft XV.)

Oberkommando der Wehrmacht
WFSt/Ausl Nr. 77/42 g Kdos Chefsache — den 8. 8. 1942
Geheime Kommandosache — 7 Ausfertigungen
Chef-Sache! — 6. Ausfertigung
Nur durch Offizier!

Verteiler:

Chef OKW	= 1. Ausf.
W F St	= 2. Ausf.
Chef Ausland	= 7. Ausf.
Chef Sonderstab HWK	= 4. Ausf.
Chef Gen St d H	= 5. Ausf.
Ob d M zgl. für Chef Stab Skl	= 6. Ausf.
RdL u Ob d L zgl. für Lw F St	= 3. Ausf.

Besprechung

Chef WFSt, General d. Art. J o d l, mit japanischem Vizeadmiral N o m u r a und japanischen Generallt. B a n z a i im F.H.Qu. am 5. 8. 1942.

Zugegen: Japanischer Oberstleutnant d. G. Nishi,
Chef Ausland, Konteradmiral Bürkner.

1.) Chef WFSt gibt

a) ein Bild der *Lage an der Kaukasusfront.*

Hauptziel dieses Jahres sei erreicht, nämlich Sowjets von Hauptteil ihrer Ölversorgung abzuschneiden. Möglichkeit Sowjet-Wehrmacht bis zum letzten Mann zu vernichten, sei nicht gegeben, sonst müßte Deutschland bis Wladiwostock marschieren.

Maikop würde in absehbarer Zeit für eigene Ölversorgung zur Verfügung stehen. Vielleicht auch andere Ölplätze im Norden des Kaukasus; auch Batum könnte über Land noch erreicht werden und Baku nicht nur aus der Luft anzugreifen, sondern in Besitz zu nehmen, werden wir anstreben. Irak und Iran liegen dann als kommende Ziele vor uns.

b) *Großraumlage.*

Zur Bildung einer „Zweiten Front" in Europa werde es in diesem Jahr wohl nicht mehr kommen; mit feindlichen Unternehmungen[1] geringeren Umfanges müsse dagegen gerechnet werden. Die entsprechenden Gegenmaßnahmen seien getroffen. Im übrigen würden England und Amerika sich bemühen, die Front der Sowjets zu verstärken.

In Afrika sei ein Wettlauf der Anglo-Amerikaner mit den Achsenmächten um personelle und materielle Verstärkung auf dem Kampfplatz des GFM Rommel im Gange.

[1] Vergleiche das Farbfaksimile des Deckblattes S. 224/225.
In der Seekriegsleitung zeichneten mit folgenden Farben:
Großadmiral Erich Raeder mit grünem Stift.
Vizeadmiral Kurt Fricke, Chef des Stabes der Skl, mit rotem Stift.
Kapitän zur See Gerhard Wagner, Chef der 1. Skl (Operationsabteilung), mit hellblauem Stift.
Kapitän zur See Heinz Assmann, Ib Referent in der Op.Abt. der 1. Skl, mit lila Stift.
Korvettenkapitän Mejer, verantwortlicher Offizier für die Kriegstagebücher der Marine, mit grüngrauer Tinte.
Der verantwortliche Schriftoffizier mit mittelblauem, starken Stift.
Alle anderen zeichneten mit Bleistift.
Linke Randspalte: Eingangsstempel vom Ob. d. M.
Darunter blaues Kreuz (Schriftoffizier, dessen Kurzsignatur mit Datum vom 17./8. schräg rechts unter dem Kreuz, nicht zu identifizieren.)
Rechts neben dem Kreuz von Fricke am 15. 8. abgezeichnet für Ob. d. M.
Zwischen dem Kreuz und Frickes Kurzsignatur von Raeder abgezeichnet.
Direkt unter dem Kreuz: „bei U zur Vorlage bei ObdM" (Vermerk, daß dieses Schriftstück auch der Amtsgruppe U-Bootwesen (Skl U), Konteradmiral Werner Lange, vorgelegen hat.)
Rechte Randspalte (von oben nach unten):
i. V. He 17./8.
(in Vertretung, Korvettenkapitän Hans Henigst, OKM/1. Skl Referent und Gruppenleiter).
1. Skl
(Adm. Krancke gelegentlich K.(enntnis) geben). Mit rot von Fricke geschrieben. Von Vizeadmiral Theodor Krancke, dem ständigen Vertreter des ObdM im Führerhauptquartier, über seinem Namen abgezeichnet.
Ia W 18, (Kapitän zur See, Hubert Frhr. von Wangenheim am 18. 8. abgezeichnet).
Ib K 18/8 (Korvettenkapitän Kranzfelder, eigentlich als Ic Admiralstabsoffizier für außenpolitische Fragen, unterschrieb in Vertretung für Assmann, der gerade von Kapitän zur See Werner Pfeiffer als Ib abgelöst wurde).
Iop G 20/8 (Kapitän zur See Heinrich Gerlach)
Iopa R 21/8 (Korvettenkapitän Hansfrieder Rost).
⊕ = Dienststellenleiter nach Rückkehr vorlegen. Kapitän zur See Gerhard Wagner, Chef der 1. Skl (Operationsabteilung), am 31. 8. abgezeichnet.
Links daneben: Ma 28 = Kapitän zur See Bruno Machens, ständiger Vertreter des Chefs Quartiermeisteramt (Chef Skl Qu A) in der Skl.
Links daneben: 1) Bei Vizeadm. Krancke. 2) An I b — unleserlich —
z. d. A. (zu den Akten) KTB C XV
Durchgestrichen: ev. a. 24. 8. zwecks Unterrichtung Adm. Krancke.

Verlust mittleren Ostens könne England nicht ertragen im Hinblick auf

Ölversorgung,
Araberfrage und
Haltung der Türkei.

Der Nachschubverkehr des Feindes nach Ägypten und dem mittleren Osten (Geleitzüge) müsse deshalb angepackt werden und zwar
in der Enge Afrika/Südamerika durch die Deutsche Kriegsmarine und
an der ostafrikanischen Küste durch Japan, gegebenenfalls auch mit Überwasserstreitkräften.

Wenn Sowjet-Union geschlagen, Krieg entschieden[2]. Japan könne durch den vorerwähnten Einsatz erheblich dazu beitragen. Auch Führer halte japanischen Angriff auf sowjetrussischen Fernen Osten nur für ratsam, wenn einwandfreie japanische Überlegenheit und Sicherheit schneller Erledigung gegeben[3]. Sonst Schaffung neuen Kriegsschauplatzes für Japan zu große Belastung.

Sowjet-Union ziehe z. Zt. Kräfte vom fernen Osten nach Westen ab, bisher 3 bis 4 Divisionen.

c) *Westfront.*

Früher schwach, jetzt erheblich verstärkt. Starke bewegliche Reserven, die schnell an jede mögliche Landestelle geworfen werden könnten.

2.) V. A. Nomura:

Grundbeurteilung der Lage wie in Deutschland. Japanische Wehrmacht noch drei Aufgaben:

Indien,
Australien und
Indischer Ozean.

Deutschlands Aufgaben in diesem Zusammenhange:

Mittlerer Osten und
Mittelmeer.

Die Operationen für die vorgenannten Japanischen Ziele seien in Vorbereitung, lediglich Zeitpunkt Durchführung noch offen. Deutsche fragten immer: warum Japan nicht stärker offensiv auch mit Überwasserstreitkräften im westl. Indischen Ozean? In diesem Seegebiet hätten die Anglo-Amerikaner indessen sowohl viele Flugplätze an allen Küsten und auf den umliegenden Inseln, als auch erhebliche Seestreitkräfte (3 Schlachtschiffe und 2 Flugzeugträger). Feindliche Aufklärung deshalb gut. Englische Seestärke dort nicht zu unterschätzen. Das Seegebiet, in dem feindliche Geleitzüge angegriffen werden müßten, um Wirkung zu erzielen, liege ebensoweit von Tokio entfernt wie St. Franzisko.

Japanische Kriegsmarine sei z.Zt. für eine Seekriegführung auf so weite Entfernungen nicht vorbereitet. Besonders gute Vorbereitungen aber nötig.

[2] Handschriftliches Fragezeichen und Unterstreichung von Raeder.
[3] Marginalien am Rand von Fricke.

Japanische Kriegsmarine sei in weiten Gebieten bereits eingesetzt gewesen, Schiffe deshalb augenblicklich wiederherstellungsbedürftig; müßten auch docken wegen Geschwindigkeitsabnahme infolge starker Bewachsung.

Schlechte Zeit für Operationen im westl. Indischen Ozean wegen Monsunen. Bordflugzeuge können zwar katapultiert, aber wegen schwerer See nicht wieder eingesetzt werden. Einsatz japanischer Flugzeugträger ohne Zerstörerschutz erfahrungsgemäß nicht möglich. Mitnahme von Zerstörern bedinge Ölabgabe; diese — gleichfalls erfahrungsgemäß — unmöglich.

U-Boote wären eingesetzt, müßten indessen verhältnismäßig oft zu ihren weit abliegenden Stützpunkten zurück. U-Boots-Einsatz würde indessen allmählich vermehrt. Operationen von Seestreitkräften (Seeschlacht) ohne Flugzeuge unmöglich und sehr gefährlich. Verhältnisse seien ähnlich wie s. Zt. für deutsche Kriegsmarine in Dänemarkstraße.

Taktische und strategische Gedanken Japans seien von denen Deutschlands verschieden.

Japanische Kriegsmarine müßte darauf eingestellt sein, in erster Linie feindliche Kriegsschiffe zu vernichten, um Seeherrschaft zu erringen und behaupten zu können; auch U-Boote müßten diesem Zweck dienen.

Auf deutscher Seite Überwasserstreitkräfte zu schwach. U-Boote müßten vornehmlich feindl. Handelsschiffahrt angreifen.

Japanische Kriegsmarine habe drei Fronten zu beherrschen, nämlich nach Osten, Süden und Westen. Mehr zuviel.

Japan würde sich allmählich über Indien vorarbeiten, Deutschland, Italien entsprechend im mittleren Osten[4]. Man solle von Japan nicht zuviel verlangen.

Beiderseitiges Vertrauen nötig; Japan würde alles tun, was möglich.

3.) Generallt. Banzai:

Vor 1½ Jahren sei Entschluß gefaßt worden, japanischen Angriff nach Süden durchzuführen, obwohl man eigentlich lieber nach Norden gegangen wäre. Nachdem Südangriff nun einmal angelaufen, schwer auch noch Nord anzufassen. Für Japan. Armee vielleicht noch möglich; Luftwaffe aber zuviel Aufgaben und in zu weiten Räumen.

B. habe selbst in Mandschurei Operationspläne ausgearbeitet. Ohne Luftwaffe nicht zu machen z. B. Wladiwostock, wie Sewastopol gezeigt habe. China verschlucke zuviel von der japan. Luftwaffe.

Deutschland brauche nicht zu sorgen, daß Japan nicht weiter wolle. Dies sei nicht der Fall, aber Pause für gründliche Vorbereitung weiterer Operationen nötig.

Deutscher Angriff auf Ägypten wichtig.

Die Art der deutschen Operationen zu kennen, sei für Japan wegen der eigenen Operationsabsichten wichtig.

[4] Handschriftliche Notiz von Fricke: „Einer Koalitionskriegführung müssen u. U. eigene Ziele den gemeinsamen Interessen untergeordnet werden".

4.) Chef WFSt, Gen. Jodl:

pflichtet Ausführungen Japaner bei und stimmt zu, daß Besprechungen etwa alle 4 Wochen wiederholt werden. Veranlassung durch Chef Ausland[5].

gez. Jodl.
Für die Richtigkeit:
Bürkner[6]
Konteradmiral

[5] Handschriftliche Randnotiz von Fricke: „Erste militärische Besprechung seit Kriegseintritt Japans am 7. 12. 41!" (Wahrscheinlich war es Fricke nicht bekannt, daß Jodl die japanischen Offiziere bereits am 13. 2. 1942 zu einer „Rücksprache" in der Reichskanzlei empfangen hatte) Siehe DOKUMENT Nr. 16, S. 255.

[6] Signatur von Konteradmiral Bürkner, Chef der Abteilung bzw. Amtsgruppe Ausland im OKW/WFSt.

Dokument Nr. 19
„Niederschrift über die Besprechung am 16. 10. 42 im Führerhauptquartier" (Jodl mit japanischen Offizieren)

(Quelle: Militärgeschichtliches Forschungsamt Freiburg i. Br., Marineakten, Kriegstagebuch der 1. Seekriegsleitung, Teil C, Heft XV.)

Chef Amtsgruppe Ausland
Nr. 99/42 g Kdos Chefsache
Geheime Kommandosache!
Chef-Sache!
Nur durch Offizier!

F.H.Qu., den 17. 10. 1942
7 Ausfertigungen
6. Ausfertigung.

Niederschrift über die Besprechung am 16. 10. 42 im Führerhauptquartier.

A) Zugegen: General der Art. Jodl
Konteradmiral Bürkner
Oberstleutnant d. Genst. d. L. Christian
jap. Vizeadmiral Nomura
„ Generallt. Banzai, Mil.-Attaché
„ Kapt. z. See Yokoi, Marine-Attaché
„ Oberstlt. d. Gen.St. Nishi

1. Chef WFSt:

Übersicht über die militärische Lage:

a) *Finnland:*
Stark im Ausbau. Front ruhig. Winter über geringere Gefahr von Landungsversuchen.

b) *Dänemark/Atlantikküste:*
Atlantikwall. Genügend starke Kräfte, auch Reserven (Panzer). Wechsel mit Ost-

divisionen. Im Winter kaum mit großen Landungsoperationen zu rechnen; ab Frühjahr Erfolgsaussichten wegen Ausbaus noch geringer.

c) *Balkan:*
Serbien ruhig. Kroatien Bandenkrieg.

d) *Afrika:*

aa) El Alamein = beste Stellung in Nordafrika, da kürzeste (60 km) und gute Flankensicherung. Nachschub schwierig, deshalb neue Luftangriffe auf Malta. Sizilien-Enge stark vermint[1].
Frage, wann wieder angreifen, schwer zu beantworten. Vielleicht besser, erst Engländer angreifen lassen, möglichst viel feindliche Panzer abschießen und dann selbst angreifen.

bb) Gibraltar mehr belegt als sonst, aber nicht stark genug für Operation auf Mittelmeerküste unbesetzten Frankreichs. Glauben nicht an derartige fdl. Operation, da franz. Flotte englandfeindlich und für Darlan.

cc) Für Westafrika Franzosen Erleichterungen an Waffen und Truppen vom Waffenstillstandsvertrage zugestanden, um Verteidigungsmöglichkeiten in Dakar zu verbessern. Gegen engl.-amerik. Luftüberlegenheit in diesem Raum (Einwurf Admiral Nomura) ließe sich allerdings nicht sehr viel tun.

dd) Kreta reizt vielleicht Engländer zu Landungsunternehmen, ist aber jetzt wieder ausreichend gesichert.

e) *Ostfront:*
Nordabschnitt: Nichts zu bemerken; eigene Operationen dort keineswegs aufgegeben.
Mitte: wie oben; auf sowjetruss. Angriffe ist man vorbereitet.
Süd: Gebiet, das neu besetzt, fast so groß wie Frankreich. Wolga erreicht. Versorgungs-Schiffahrt des Feindes abgeschnitten. Bahnmäßig nicht zu ersetzen.

[1] Siehe schwarz-weiß Faksimile des Deckblattes S. 224/225. (Für die Farben, mit denen gezeichnet wurde, siehe DOKUMENT Nr. 18, S. 261 f.).
Linke Randspalte: Eingangsstempel des Ob. d. M.
Rechte Randspalte:
Neben dem Stempel „Chefsache! Nur durch Offizier“: F 20/10. Admiral Fricke, Chef des Stabes der Skl, abgezeichnet.
Rechts daneben: 1/Skl von Fricke geschrieben und von Kapitän zur See Gerhard Wagner am 20. 10. mit W überzeichnet.
Rechts oberhalb: Ia von Fricke geschrieben und von Kapitän zur See Hubert Frhr. von Wangenheim mit W am 21. abgezeichnet.
Darunter: Lage von Fricke geschrieben und ebenfalls von Wangenheim abgezeichnet.
Darunter: Ib von Fricke geschrieben und von Kapitän zur See Werner Pfeiffer am 22. mit Pf. abgezeichnet.
Links daneben: Iop Kapitän zur See Heinrich Gerlach mit G am 2. 11. abgezeichnet.
Darunter: Iopa Korvettenkapitän Hansfrieder Rost mit Ro am 2. 11. abgezeichnet.
Rechts daneben: Ib Korvettenkapitän Kranzfelder, Admiralstabsoffizier für außenpolitische Fragen, mit Kz abgezeichnet.
Darunter: C XV (Band des Tagebuches).
Darunter: KTB A 21/10 von Korvettenkapitän Mejer, dem verantwortlichen Offizier für die Kriegstagebücher, abgezeichnet.

aa) *Stalingrad:* Ausdehnung Stadtgebiet wie Entfernung Berlin/Brandenburg. Geringe Zahl deutscher Angriffsdivisionen. Verteidigung offenbar für Stalin Ehrensache. Empfindliche Beeinträchtigung Sowjet-Versorgung Kohle, Öl, Wasserkraft, Eisen und Stahl.

bb) *Kaukasus:* Sehr schwieriges Gelände und lange Nachschubentfernungen. Bahn jetzt fertig. Nach Erledigung Stalingrads freie Kräfte zur Kaukasusfront, besonders Luftwaffe. Wie lange Winter über weitere Angriffe möglich, noch nicht zu übersehen, sonst Frühjahr. Ziel bleibt, Durchstoßen nach Süden über Kaukasus in zwei Richtungen: Basrah und Syrien. Lange Operationspause wie im letzten Jahr tritt sicher nicht ein.
Operationen auf Suez vom Kaukasus größere Aussicht als von Nordafrika aus. Trotzdem bleibt Absicht bestehen, Alexandrien und Nil zu erreichen, falls Kräfte ausreichen. Angriffe über Kaukasusausläufer schwierig, später weiter südlich leichter.

Zu e): Ziel Rußland-Feldzuges: Sowjet-Wehrmacht so zu schwächen, daß Truppen und Luftwaffe abgezogen werden können für Hauptfeind England.
Erreicht:
Donez-Industrie-Gebiet,
Stalingrad (unersetzlicher Ausfall Edelstahl, Panzerfertigung usw.)
Grosny zerstört (Ölausfall für Sowjet-Union),
Verminderung des Ernährungsraumes der Sowjet-Union
und erhebliche Erweiterung des eigenen.
Dies Ergebnis noch schwerwiegender als militärisches. Sowjet-Armee kaum jemals *ganz* zu zerschlagen, da notfalls immer nach Osten ausweichen kann. Für Winter nach Erfahrungen letzten Jahres gut vorgesorgt.

f) *Syrien:*
Schwache Feindkräfte (2—3 Div.), dazu Polen, de Gaulle-Truppen u. dergl.

g) *Iran:*
Etwas stärker belegt, vornehmlich mit Indern. Noch keine USA-Division mit Sicherheit festgestellt.

h) (auf Frage Generallt. Banzai) *Türkei:*
Wird solange wie möglich — am liebsten ganzen Krieg über — neutral bleiben, aber auch nicht gegen uns. Günstig, daß Türken Dardanellen dicht halten.

i) *Gesamt-Schlußbeurteilung:*
Militärische Lage wird mit voller Zuversicht beurteilt. Müssen Fliegerangriffe auf Westdeutschland in Kauf nehmen vorläufig. Schäden mehr bei Bevölkerung als an Kriegsindustrie. Haltung Bevölkerung sehr gut.
Wenn Sowjet-Union genügend geschwächt, werden wir uns wieder vermehrt mit England befassen.

2. *Admiral Nomura:*

a) Fragen zu 1.:

aa) Wird mit *sowjetruss. Angriffen im Winter* gerechnet?
Ja, aber im geringeren Maße als im letzten Winter vielleicht gegen die Donfront. Keine Sorge, da Front genügend stark besetzt und ausgebaut.

bb) Sowjet-Wehrmacht bis *Frühjahr 43* erholt?
Glauben nicht, daß Sowjet-Rüstung wieder auf Höhe von 42 kommt; wird laufend weiter absinken. Anglo-amerik. Kriegsgerät minderwertig an Moskau geliefert.

cc) *Anglo-amerik. Operationsabsichten gegen Europa?*
Schwerpunkt wohl in Nordafrika; (wir) sind darauf vorbereitet.

dd) *Angriffe auf Portugal?*
Unwahrscheinlich; eher Atlantik-Inseln besetzen, vielleicht mit Brasilianern[2].

ee) *Dakar?*
Besetzung durch Feind gewisse Erschwerung deutschen U-Boot-Krieges, aber nicht erheblich. Wir können solche Aktion kaum verhindern.

ff) Zeitpunkt *Operationsbeginnes* über Kaukasus und voraussichtliche *Dauer?*
Schwer zu übersehen, abhängig von Wetter in Wintermonaten dort.

b) Eigene Angaben:
Eigentlich für Anfang Oktober vorgesehene jap. Operation Richtung Ceylon usw. noch nicht begonnen, da USA-Angriff Salomon-Inseln großzügiger als erwartet. Nötig, erst Amerikaner dort zu zerschlagen.
Absicht, Achse in europ. Krieg durch Vorstoß nach Westen zu unterstützen, besteht weiter[3].

3. *Kapt. z. See Yokoi:*

Salomon-Inseln jap. See- aber nicht Luftherrschaft; letztere wechselnd.
Japanische Seestreitkräfte bereits an ostafrik. Küste operiert, leider wenig Feindschiffahrt angetroffen. Sehr große Entfernung von jap. Basis.
Erfolge bei Salomon-Inseln 10. 10.
„ „ Ceylon: zwei große Tanker.
Trotz des Vorgesagten würde Operation im Indischen Ozean fortgesetzt und verstärkt werden, sobald Bedrohung Ostflanke und Nachschubes durch Amerikaner beseitigt sei. Zeitpunkt Beginns deshalb noch nicht zu übersehen.
Im Norden[4] keine Gefahr, da Nebelzeit bereits eingesetzt.

4. *Generalleutnant Banzai:*

a) *In Burma* noch nicht weiter, da Operation ohne jap. Kriegsmarine nicht möglich; diese, wie oben gesagt, noch gebunden.

[2] Randnotiz von Wangenheim: „Besetzung der Inseln m. E. nur zu erwarten, wenn USA sie gegen den Willen der Engländer durchführen. An die Brasilianer glaube ich nicht Ia W 20"

[3] Doppelmarginalie von Wagner.

[4] Zusatz „Pazifik?" von Fricke.

b) *In China* keine Schwierigkeiten, koste aber eine Million Soldaten.
c) Im Gebiet *Sunda-Inseln* usw. keine Schwierigkeiten mit Landeseinwohnern, viele dort lebende Chinesen etwa unsicher.

5. *Oberstlt. d. G. Nishi* (auf Frage Chef WFSt):

Kapazität Wladiwostocks sehr gering; im Frieden höchstens 200.000 tons[5].

6. *Admiral Nomura:*

a) Herstellung Verbindung Tokyo/Berlin (Flugzeug) zum Austausch von Personen (Offiziere) usw. sehr erwünscht.
b) Wenn Landverbindung operativ hergestellt, Krieg zu 70 % gewonnen. USA-Rüstung würde aber anhalten (25 Flugzeugträger, Kriegsschiffe, Flugzeuge, Panzer u. a.). Japan müsse deshalb gleichfalls stark weiterrüsten; es fehle an Werkzeugmaschinen und Stahl. Japanische Stahl/Eisenproduktion nur 5 Millionen Tons. Deutschland produziere erheblich mehr, deshalb jap. Wunsch nach entsprechender Hilfe an Werkzeugmaschinen.
c) Japan viel Rohstoffe gewonnen, es fehle aber an Schiffsraum zur Verteilung.
d) Bittet dringend die sehr vertraulichen Mitteilungen entsprechend geheimzuhalten und auch nur zur Kenntnis des unbedingt notwendigen Kreises zu bringen.
e) Nomura dankt für das Entgegenkommen und gibt der Hoffnung Ausdruck, daß auch seine Mitteilungen[6] für Feldmarschall Keitel und den Führer von Interesse sein würden.

B) Vermerk:

Der Abschluß der Besprechung fand in Gegenwart Chef OKW, Feldmarschall Keitel, statt.

Gesehen: Jodl, General d. Art.
Für die Richtigkeit:
Bürkner[7]
Konteradmiral

Verteiler:

Chef OKW	= 1. Ausf.
W F St	= 2. Ausf.
jap. Vizeadmiral Nomura	= 3. Ausf.
„ Generallt. Banzai	= 4. Ausf.
Chef Ag Ausland	= 5. Ausf.
C Skl Adm. Fricke	= 6. Ausf. zgl. **Ob d M**
Entwurf	= 7. Ausf.

5 Zusatz „pro Stunde!" von Fricke.
6 Randnotiz „welche?" und entsprechende Unterstreichung von Fricke.
7 Signatur von Konteradmiral Bürkner, Chef der Abteilung bzw. Amtsgruppe Ausland im OKW/WFSt.

Dokument Nr. 20
„Niederschrift über die Besprechung am 4. 12. 1942 Führerhauptquartier mit Japanern"

(Quelle: Militärgeschichtliches Forschungsamt Freiburg i. Br., Marineakten, Kriegstagebuch der 1. Seekriegsleitung, Teil C, Heft XV.)

Oberkommando der Wehrmacht
WFSt/A Ausl/Abw
Nr. 127/42 g Kdos Chefs. Ag Ausland
Geheime Kommandosache!
Chef-Sache!
Nur durch Offizier!

Berlin, den 7. Dezember 1942

4 Ausfertigungen
3. Ausfertigung.
Chefsache!
Nur durch Offizier!

Niederschrift über die Besprechung am 4. 12. 1942
Führerhauptquartier mit Japanern.

Zugegen: Vizeadmiral Nomura
Generalltn. Banzai, Militärattaché
Generalmajor Komatsu, Neuer Militärattaché
Konteradmiral Yokoi, Marineattaché
Oberstleutnant Otiai
General der Artl. Jodl, Chef WFSt
Konteradmiral Bürkner, Chef Ag Ausland
Hauptmann Haus.

Generalleutnant Banzai:

Dank für gute Zusammenarbeit, beabsichtigt in Tokio über deutsche Lage und Wünsche deutscher Wehrmacht vorzutragen. Bittet um Entgegenkommen für Nachfolger.

General Jodl:

Sagt das zu.

Lage seit letzter Besprechung verändert. *Zweite Front* überraschend zu Tage getreten; könnte zu starker Einengung unserer Bewegungsfreiheit führen, deshalb Gegenmaßnahmen sofort angesetzt. Erleichtert durch Annahme, daß an anderer Stelle zunächst nicht mehr mit Großlandungen zu rechnen.

Wahrscheinlichste Landungsmöglichkeit Feindes: östliches Mittelmeer Kreta, Rhodos, alte Saloniki-Idee[1].

[1] Siehe schwarz-weiß Faksimile des Deckblattes S. 224/225. (Für die Farben, mit denen gezeichnet wurde, siehe DOKUMENT Nr. 18, S. 261 f.)
Linke Randspalte: 1/Skl.
Darunter Eingangsstempel des ObdM.
Links darunter von Admiral Kurt Fricke, Chef des Stabes der Skl, am 9. 12. abgezeichnet.

Anzahl französischer Führer habe zweifellos von *USA-Landung Französisch/Nordafrika* gewußt. Franzosen innerlich derart zerbrochen, daß Pétain-treu eingestellte Kriegsmarine nicht unterrichteten und opferten. Verhalten französischer Truppen Nordafrika ausgesprochener Verrat. Kämpfe nur Spiegelfechterei. Hätten sich sammeln und, bis Achsen-Hilfe kam, verteidigen können. Daraufhin Frankreich besetzt. Versenkung der Flotte auf flachem Wasser keine heroische Großtat.

Frankreich wird völlig entwaffnet, behält nur starke Polizei. Frankreichs Mittelmeerküste wird zur Verteidigung stark ausgebaut. 600 000 t französischer Handelsschiffe zur Verfügung Italiens. Balkanküste und Kreta werden gleichfalls stark gesichert.

Für *Afrika* genügend Kräfte vorhanden, aber abhängig vom Schiffstransport, dieser von Wirksamkeit italienischer Kriegsmarine. Luftwaffe allein für Schutz nicht ausreichend. Rommel stand gegen unerhörte Menschen- und Materialüberlegenheit. Engländer mit Hilfe Ortungsgerätes ziemlich viel Schiffsraum versenkt. Menschenverluste bei Rommel verhältnismäßig gering, bei Italienern stärker. Rommel jetzt in Agedabia, hat aber Erlaubnis, noch weiter zurückzugehen. Dann 300 km wasserlose Wüste vor sich. Beabsichtigt, Brückenkopf Nordafrika zu halten, um unmittelbare Seeverbindung durch Mittelmeer für Feind unterbrochen zu halten. Seeverbindung Sizilien—Tunis kurz und wegen guter Straßen in Tunesien auch nützlich für Tripolitanien.

Annehmen, daß Feind in *Spanien* nicht landen wird, weil u. a. Spanier gute Kämpfer im Kleinkrieg und zu wenig sonstige Vorteile[2], höchstens in Verbindung mit Revolutionierung des Landes.

Landung in *Osteuropa* zunächst mit den Hauptzielen:

Druck auf Türkei,
Aufstand im früheren jugoslawischen Gebiet zu unterstützen und um
rumänisches Öl anzugreifen.

Überall dort, wohin wir Kräfte zu Lande bringen können, sind wir unserer Sache sicher; wo sie über See hingefahren werden müssen, ist es etwas schwieriger.

Offensichtlich abgesprochen, gleichzeitig *Stalin-Offensive* im Osten. Russische Angreifer würden sich bald totlaufen. Manstein unterwegs. Vielleicht nächster russischer

Rechts daneben von Kapitän zur See Gerhard Wagner, Chef der 1/Skl, (Op.-Abt.), am 9. 12. abgezeichnet.
Rechts daneben nicht zu identifizierender Schriftoffizier.
Unter Frickes Zeichen Kurzsignatur des Ia der 1/Skl, Kapitän zur See Hubert Frhr. von Wangenheim, vom 9. 12.
Rechts daneben von Kapitän zur See Werner Pfeiffer, Ib in der 1. Skl, am 10. 12. abgezeichnet.
Darunter Korvettenkapitän Kranzfelder, 1. Admiralstabsoffizier für außenpolitische Fragen, ohne Datum abgezeichnet.
Links daneben Kurzsignatur von Korvettenkapitän Mejer, dem verantwortlichen Offizier für die KTBs.

Rechte Randspalte:
Zwischen den beiden Stempeln blaues Kreuz des Schriftoffiziers für den ObdM. Unterschrift Raeders rechts oberhalb des Kreuzes.
Links oberhalb des Kreuzes Vermerke von Mejer: C XV, KTB A, z. d. A. (zu den Akten).
Links unterhalb des Kreuzes nur „ObdM" zu identifizieren.

[2] Unterstreichungen und Fragezeichen am Rand von Wagner.

Angriff gegen die italienische Armee. Deutsche Kräfte bereitgestellt. Lage in Rußland zweifellos schwieriger geworden. Wir rechnen jetzt bei Sowjetunion mit rund 13 000 Flugzeugen und etwa 3 000 Panzern. Qualität zurückgegangen. Russische Offensive im Norden gleichfalls ziemlich bereinigt. Große Menschenverluste der Bolschewisten. Bei russischen Mannschaften sehr junge und viele reichlich alte Leute. Vielleicht noch russische Offensive gegen Italiener, aber vorgesorgt. Werden Stalingrad- und Donfront wieder aufbauen.

Kaukasus: Hochgebirgswinter, Wolkenbrüche. Im nächsten Frühjahr möglichst viele Gebirgstruppen zum Kaukasus.

Vielleicht stärkere Belastung *Italiens durch Luftangriffe.* Duce wird aber durchhalten. Italiener bekommen 100 Flak-Batterien von uns.

Gut, daß große Rüstungskammer in Europa aufgebaut. Kein Zweifel, daß dieser Krieg nicht mit ein paar leichten Siegen zu erledigen ist, eher mit Kämpfen um Karthago oder denen Friedrichs des Großen zu vergleichen. Es wird sich zeigen, wer längeren Atem und härteren Willen hat. Können USA nicht angreifen, aber U-Boots-Erfolge werden zunehmen. Werden auch Sowjetunion allmählich klein bekommen. Ziel bleibt Vormarsch über Kaukasus nach Südosten. Sonst jetzt keine anderen größeren operativen Absichten.

Mit Vormarsch Rommel auf *Ägypten* in absehbarer Zeit nicht mehr zu rechnen.

Jetzige Haltung Japans gegenüber Sowjetunion auch im Sinne Deutschlands. Wenn Ansicht entsteht, daß Zusammenarbeit USA/England mit Moskau im Fernen Osten einsetzt, dann müßte Japan natürlich rechtzeitig Rußland angreifen.

Bleibt starkes deutsches Interesse an japanischem Unternehmen gegen Indischen Ozean, sobald japanische Wehrmacht dazu in der Lage ist.

Deutsche Fragen:

1. Gruppierung und Gliederung sowjetrussischer Streitkräfte im Fernen Osten (Sibirien),
2. Austausch West- und Ostdivisionen,
3. Stärke sowjetrussischer Luftwaffe,
4. Höhe britischer und amerikanischer Kriegsgerät-Lieferungen,
5. Zustand der beiden sibirischen Bahnen. Zweigleisig, auch über Brücken?

Im Ganzen gesehen: Gewisse Erleichterung, daß 2. Front nunmehr entstanden. Ungewißheit zwang zu starken Schutzmaßnahmen auf mehreren Kriegsschauplätzen.

Admiral Nomura: Erläutert seine Ansicht über Grundzüge Achsen-Verteidigung Mittelmeer; fragt, ob deutsch-italienischer Angriff von Tunesien aus nach Westen sicher oder unsicher sei.

General Jodl: Insofern nicht sicher, als von Transportlage abhängig.

Admiral Nomura: U-Boote im Mittelmeer nötig. Wenn es gelänge, Spanien mitzureißen, könnten Flugzeuge mit U-Booten dort zusammenarbeiten. Gibraltar zu nehmen, sehr wichtig. Vorstoß in Nordafrika nach Westen auch wichtig, um Basis Algier/Marokko für USA-Kriegsschiffe auszuschalten. Schnelligkeit dieses Vorstoßes entscheidend für Haltung Spaniens.

General Jodl: Bedauert, daß Spanien im Januar 41 mit Angriff auf Gibraltar nicht einverstanden war, da damals reichlich deutsche Divisionen bereit standen. Spanien fehlen Nahrungsmittel, Brennstoff, Kriegsgerät.

Generalleutnant Banzai: Türkei wird bis Kriegsende neutral bleiben; große Sorge vor Russen.

Admiral Nomura: Japanische Kriegslage gegen letzte Besprechung wenig verändert. Tokio habe deshalb keine neuen Absichten gedrahtet. USA bemühe sich im Gebiet Salomonen sehr. Durch Kämpfe bei Salomonen versuchen Amerikaner Schaffung japanischer Flugzeugbasis gegen Australien zu verhindern. Kämpfe sehr hartnäckig, werden noch länger dauern. Kriegsschauplatz Indischer Ozean von Japan sehr weit entfernt. Operationen müßten deshalb sehr genau vorbedacht werden. Taktische und strategische Notwendigkeit in Tokio indessen erkannt. Absicht, diese Operationen möglichst bald durchzuführen, bliebe bestehen.

Admiral Yokoi: Vorteil Salomonenkämpfe, daß ideenlose Amerikaner immer nur Teile ihrer Flotte einsetzten, die japanische Flotte leicht zerschlagen könne, als es vielleicht bei Einsatz gesammelten USA-Flotte möglich sein würde.

Chef OKW: gibt gleichfalls zusammenfassende Lageübersicht in großen Zügen,
dankt Generalleutnant Banzai für seine Tätigkeit in Deutschland,
sagt dem Nachfolger gleiche Aufnahme zu,
bittet Generalleutnant Banzai — auch im Auftrage des Führers — S. M. dem Tenno ehrerbietigste Grüße zu übermitteln.

gez. J o d l
F. d. R.:
Bürkner[3]

Verteiler:

WFSt	1. Ausf.
Vizeadmiral Nomura/ Gen.Ltn. Banzai	2. Ausf.
C Skl, Admiral Fricke	3. Ausf.
Entwurf	4. Ausf.

[3] Signatur von Konteradmiral Bürkner, Chef der Abteilung bzw. Amtsgruppe Ausland im OKW/WFSt.

Dokument Nr. 21

„Niederschrift über Besprechung mit japanischen Offizieren im F.H.Qu. am 18. 4. 1943“

(Quelle: Militärgeschichtliches Forschungsamt Freiburg i. Br., Marineakten, Kriegstagebuch der 1. Seekriegsleitung, Teil C, Heft XV.)

Geheime Kommandosache!

Oberkommando der Wehrmacht
Amt Ausland/Abwehr — WFSt
Amt Ausland Nr. 47/43 g.Kdos.Chefsache — Berlin, den 25. 4. 1943
Chefsache! — 4 Ausfertigungen
Nur durch Offizier! — 1. Ausfertigung
1.) Ob. d. M.
über Chef M
vorzulegen.
2.) Skl.

Im Auftrage
Bürkner[1]

Geheime Kommandosache!

Oberkommando der Wehrmacht
WFSt/Amt Ausland/Abwehr
= Ag Ausland Nr. 47/43 Chefs. — Berlin, den 27. 4. 1943
Chefsache! — 4 Ausfertigungen
Nur durch Offizier! — 1. Ausfertigung

Niederschrift über die Besprechung mit japanischen Offizieren im F.H.Qu. am 18. 4. 1943

Chef WFSt:

Lage am 18. 4.:

Im Gegensatz zu 1941 gelang es Feind 1942, sich deutschen Vernichtungsschlägen während der Sommeroffensive teilweise zu entziehen.

Deutschland ging mit weitgespannter Front in den Winter. Teilweise mußten Frontabschnitte von Verbündeten übernommen werden, deren Kampfwert nur beschränkt war.

[1] Siehe Farbfaksimile des Deckblattes S. 224/225. (Für die Farben, mit denen in der Skl gezeichnet wurde, siehe DOKUMENT Nr. 18 S. 261 f.)
Oben rechts Vermerke des Kriegstagebuchführers.
Darunter (vom Schriftoffizier) 1/Skl, am 26. 4. von Kapitän zur See Gerhard Wagner abgezeichnet.
Darunter Eingangsstempel des O. K. M.
Links daneben nicht zu identifizierender Schriftoffizier.
Links daneben (vom Schriftoffizier) blaues Kreuz für ObdM. bei dem Großadmiral Karl Dönitz am 28. 4. abzeichnete.

Feindliche Angriffe nur gegen die Frontabschnitte der Verbündeten. Es gelang den Sowjets durchzubrechen, mit Teilen bis fast zum Dnjepr durchzustoßen und das wichtige Donez-Industriegebiet zu bedrohen. Trotz Verlustes von 5 Armeen (3. u. 4. rum., ital. 8. Armee, ung. 2. Armee, 6. dt. Armee) gelang es mit Hilfe der aus dem Westen, der Heimat und anderen Frontabschnitten zugeführten neuen Verbände eine neue Front aufzubauen, durchgebrochene starke sowjetische Verbände zu vernichten und Charkow wiederzunehmen. Halten für Sowjetunion und Deutschland gleichwichtiger Wirtschaftsgebiete (Donez/Kohle, Mangan, Kraftwerk Saporoshje) damit gelungen. | Front jetzt zweckmäßig verkürzt. Dahinter stärkere Reserven denn je[2]. Wiederaufstellung 6. Armee in stetem Fortschreiten.

Auf Frage v. Admiral Nomura: Kriegsgerät wesentlich nur in Stalingrad und bei Rückzug gegen den Donez verloren. Ersatz durch laufend sich steigernde deutsche Fertigung sichergestellt.

Ziel Sommer 1943: Weniger Raumgewinn als Sowjetunion zu hohen Menschenverlusten durch kurze Vernichtungsschläge und Anrennen-Lassen bringen. Menschenfrage in Sowjetunion bereits schwierig. Abgesunkener Wert sowjetrussischer Infanterie. Dazu kommt Schwierigkeit in der Beschaffung von Rohstoffen und Lebensmitteln. Hauptfeind naturgemäß England/Amerika. Trotzdem japanischer Gedanke an Sonderfrieden mit einem Gegner wie die Sowjetunion nicht zu verwirklichen[3]. Bleibt also nur, Sowjetunion so zu schwächen, daß sie nicht mehr angriffsfähig im großen; dann Divisionen und Luftwaffe frei für anderweitige Verwendung. Bis dieses Ziel erreicht ist, wird es noch einige Zeit dauern. Aber es wird erreicht werden.

Kriegsgerätfertigung Sowjetunion ausreichend.

Auf Frage V.Adm. Nomura nach voraussichtlicher Kriegsdauer: Fortdauer Winter 43/44 sicher; darüber hinaus Vorausberechnungen nicht möglich.

Norden: Gemeinsame Operationen Sowjetrussen ebenso unerwünscht wie Engländern/Amerikanern. Keine Sorge in Deutschland wegen Liebeswerbens USA um Finnland (verläßlicher Verbündeter).

Norwegen: Bei gebirgigem Gelände, schwer ausgebauter Küstenverteidigung und starker deutscher Luftwaffe[4] feindliche Unternehmungen sehr schwierig. Hätten sonst Landung, da Norwegen günstiger Ausgangspunkt für Angriffe auf Deutschland, längst versucht.

Frankreich: Starke deutsche Besatzung. Die Schwierigkeit, von See aus eine schwer befestigte Küste anzugreifen, ist Engländern bekannt. Vielleicht große Kommandounternehmungen mit Luftlandetruppen unter Opferung dieser.

Darunter „1.) C/Skl vorlegen" (von Wagner geschrieben) von Vizeadmiral Meisel, seit dem 22. 3. 43 Chef des Stabes der Seekriegsleitung, am 29. 4. abgezeichnet.
Darunter von Wagner geschrieben „2.) Ia, Iop. Iopa, Ib". Von Kapitän zur See Wangenheim, K. z. S. Gerlach am 3. 5. und K. z. S. Pfeiffer am 5. 5. abgezeichnet.
Darunter Bleistiftnotiz: Können wir behalten (Japan).
Rechts daneben von Konteradmiral Bürkner, dem Chef der Abteilung bzw. Amtsgruppe Ausland im OKW/WFSt. unterschrieben.

2 Marginalie und Fragezeichen von Meisel.

3 Marginalie und Unterstreichung wahrscheinlich von Rost.

4 Fragezeichen am Rand und Unterstreichung vom Schriftoffizier (Hinweise für Dönitz).

Iberische Halbinsel/Tunis: Tunis-Front nun sehr verkleinert. Nicht gelungen, die Truppen in Afrika so zu verstärken, wie wir gewünscht hatten. Versorgung Truppe mit Betriebsstoff, Munition und Verpflegung schwierig, ersteres jetzt nicht mehr in hohem Maße nötig. Halten Brückenkopf solange, wie irgend durchführbar. Solange er besteht, wird mit anderen Landeunternehmen nicht gerechnet[5].

Japanischer Gedanke Angriffs auf Gibraltar strategisch richtig. Spanier gute Kämpfer, aber schlecht mit Waffen versehen. Gegen Spanien müßte Deutschland

35 spanische Divisionen schlagen,
Portugal besetzen,
30 deutsche Divisionen für Küstenschutz einsetzen,
Anti-Guerillakrieg führen.

Angriff auf Gibraltar deshalb gegen Willen Spanier unmöglich. Bei Beteiligung Spaniens Lage verändert. Frage also politisch[6]!

Achse wird also Tunis-Brückenkopf möglichst halten und die anderen für feindliche Landungen in Frage kommenden Plätze sichern.

Sizilien stark besetzt,
Verteidigung Sardiniens schon schwieriger, wegen der Versorgung über See,
Landung auf Korsika geländemäßig sehr schwierig.

Südostraum: Unzahl Nachrichten über Landungsabsichten deuten auf feindliche Irreführung. Anstreben Bereinigung Unruheherd im früheren Jugoslawien. Raum wird langsam mit deutschen Divisionen aufgefüllt[7] (auch italienische in Griechenland und Dodekanes sind gut) sowie mehr und mehr zur Verteidigung hergerichtet.

Schlußbetrachtung: Aus allgemeiner Berechnung oder Überlegung heraus Kriegsbeendigung schwer abzusehen; das aber eigentlich selten in Kriegen (auch Friedrich der Große hat in den letzten Jahren des 7jährigen Krieges nicht gewußt, wie er den Krieg beenden wird).

Stärkste Angriffswaffe jetzt U-Bootkrieg. Großräumige Flugzeuge zu besserem Auffinden Geleitzüge gebaut. USA-Schnellbauten kein vollwertiger Ersatz für Ausfälle Handelsschiffstonnage.

Eigene Versorgung über See läuft gut (36 Millionen Tonnen im Jahr)[8].

Also:

U-Bootskrieg wird weiter wirken,
europäisches Festland gesichert,
im Osten Sowjetunion menschenmäßig schwächen,
Luftangriffe auf Kontinent zwar unangenehm, aber

zu 80 % Häuserschäden; Industrieschäden lassen sich ausgleichen. Feind wird bei Erfolgen deutscher Luftabwehr zwar vielleicht Maschinen, auf die Dauer Besatzungen aber nicht ersetzen können.

5+6 Marginalien von Meisel.
7 Unterstreichung durch Wagner.
8 Marginalie vom Schriftoffizier (Hinweis für Dönitz).

Kriegseintritt Spaniens wenig wahrscheinlich. Wenn dagegen Portugal nach kalter Revolution Feind ins Land lassen sollte, tritt Gibraltarfrage in ein anderes Licht. Auch englisch/amerikanische Unternehmungen gegen spanische Insel würden Madrid wohl in den Krieg bringen.

Deutscher Wunsch an Japan: Bei Vernichtung feindlicher Handelstonnage mitzuwirken. Feind muß merken, daß seine Rechnung nicht mehr aufgeht.

Störung Friedenspläne: Man könnte sich überlegen, ob vermehrte Hinweise auf laufende Verstärkung der japanischen Position in den besetzten Gebieten nicht die Zweifel beim Gegner aufleben ließe, ob es richtig war, den Schwerpunkt auf den Angriff gegen Europa zu legen.
Deutscherseits würde nichts hierzu geschehen, ohne japanische Zustimmung.

V.Adm. Nomura: wiederholt Schwerpunkte an der Karte.

General Jodl (auf Frage V.Adm. Nomura): glaubt nicht an ein Eingreifen der Türkei. Hoffen im Sommer auch im Westen stärkere Angriffe mit deutscher Luftwaffe durchführen zu können; im Osten deutsche Luftüberlegenheit einwandfrei.
Deutschland führt Krieg weiter, solange er geführt werden muß.

Das deutsche Volk und seine Führung sind sich völlig darüber klar, daß gar keine Möglichkeit besteht, diesen Krieg aufzugeben. Der Wille bei Führung und Volk durchzuhalten, ist nicht zu brechen.

Zugegen siehe Anlage.

Verteiler:
Chef WFSt
Ob d M
Ag Ausland
V.Adm. Nomura

Zugegen: General der Artl. J o d l
Admiral Dr. h. c. G r o o s
Konteradmiral B ü r k n e r
Konteradmiral V o s s
Oberstleutnant d. G. d. Lw. C h r i s t i a n
Hauptmann W a i z e n e g g e r
Oberleutnant Dr. N e h r k o r n
Vizeadmiral N o m u r a
Vizeadmiral A b e
Konteradmiral Y o k o i , Marineattaché
Generalmajor K o m a t s u , Militärattaché
Korvettenkapitän T a n i g u t i , Gehilfe Mar.Att.
Major E n d o , Militärattaché[9]

[9] Major Endo war nicht Militärattaché, sondern Dolmetscher an der japanischen Botschaft zu Berlin.

Dokument Nr. 22
„Niederschrift über die Besprechung im F.H.Qu. am 29. 9. 43 mit japanischen Offizieren"

(Quelle: Militärgeschichtliches Forschungsamt Freiburg i. Br., Marineakten, Kriegstagebuch der 1. Seekriegsleitung, Teil C, Heft XV.)

Oberkommando der Wehrmacht
WFSt/Amt Ausland/Abwehr
388/43 Ag Ausl (Chef) g Kdos

O.U., den 30. 9. 1943
4 Ausfertigungen
3. Ausfertigung

Geheime Kommandosache!

Niederschrift über die Besprechung im F.H.Qu. am 29. 9. 43
mit japanischen Offizieren:

Zugegen: Chef WFSt, General d. Artl. J o d l ,
Chef Ag Ausland, Konteradmiral B ü r k n e r ,
Jap. Vizeadmiral A b e ,
Konteradmiral Y o k o i , jap. Marineattaché
Generalmajor K o m a t s u , jap. Militärattaché
Major E n d o , Gehilfe des jap. Militiärattachés,
K.Kpt. F u z i m u r a , Gehilfe jap. Marineatt.

A) Chef WFSt:

1.) *Gesamtlage:*

a) Italien: Verändert durch Verrat Italiens. Befriedigt festgestellt, daß auch Japan mißtrauisch gegen Loyalitätserklärungen Badoglios war.

Für oberste deutsche Führung unverkennbar, daß Bestreben Italiener deutsche Kräfte in Süditalien und Sizilien zu isolieren. Nur um dem zu begegnen Sizilien geräumt, was militärisch nicht nötig gewesen wäre.

Deutscher Einmarsch in Oberitalien — unbekümmert um ital. Einsprüche — zu Fuß. Sicherung Alpenpässe, Brücken usw. Alliierte Pläne sämtlich gescheitert, vor allem Abschneiden nicht gelungen. Nebenbei Entwaffnung ital. Streitkräfte (800.000 Mann), Besetzung Roms usw. durchgeführt; deshalb[1] Einsatz aller deutschen Kräfte in Salerno-Schlacht nicht möglich.

Von Ostfront nur eine Division nach Italien abgezogen; Rest aus Zentralreserve (wiederaufgestellte Stalingrad-Divisionen) zugeführt. Diese Kräfte fehlten aber Ostfront.

Ital. Gebiet im allgemeinen jetzt befriedet.

Zwei Stunden Differenz Bekanntgabe Waffenstillstandes durch USA gab Möglichkeit — bevor Italiener ihre Befehle gegeben hatten — alle Maßnahmen deutscherseits erfolgreich durchzuführen.

[1] Im Original unter dieser letzten Zeile des Deckblattes Eingangsstempel der Seekriegsleitung: 1. Skl 28784 gKdos.

Beschreibung Einnahme Inseln sowie sonstiger Operationen im Balkan- und östlichen Mittelmeerraum. Große Beute an ital. Waffen.

Übergang Flotte zum Feind so schnell, daß Ansatz U-Boote nicht mehr möglich.

Weitere Absicht:

Entweder in Süditalien schlagen oder Balkan verstärken, um Landung dort zu begegnen. Sardinien, Korsika freiwillig geräumt, um Zersplitterung Kräfte zu vermeiden.

b) *Westeuropa:*

Starker Einsatz engl. Luftwaffe und große Minenräumaktion erweckte Anschein Angriffes auf Kanalküste. Vielleicht auch engl. Absicht: Abzug deutscher Kräfte nach Italien zu verhindern oder Wirkung Luftangriffe zu erproben.

Französ. Küste so stark ausgebaut, daß deutscherseits keine Beunruhigung.

c) *Nordraum:*

Finnland ziemliche Ruhe, Norwegen keine besondere Sorge.

d) *Ostfront:*

(Nur ganz allgemeiner Überblick, da Angelegenheit Gen. d. Heeres).

Reserven zehrten sich allmählich auf. Heeresgruppe Nord: Alle Angriffe unter schwersten Verlusten für Feind abgewiesen; Front wie bisher. Mittel- und Südabschnitt: Beschreibung der neuen Front (Dnjepr-Linie) bei der man mit Sicherheit wird rechnen können, sie halten zu können; gefährlichster Punkt südlichster Abschnitt, da Krim bedroht. Kuban-Brückenkopf wird geräumt, Krim gehalten.

Absatzbewegung planmäßig; Durchführung ohne daß Truppen eingekesselt oder abgeschnitten. Gründliche Zerstörung in Sowjetunion geräumten insbesondere Donez-Gebietes (ebenso in Süditalien).

Angenommene Feindabsicht: Angriffe in Richtung Riga oder im Süden.

2.) *Allgemein:*

Deutschland und Japan kämpfen um ihre Existenz. Bei England und Amerika ist das nicht der Fall; deshalb Wille auf unserer Seite stärker, Kampf mit aller Energie fortzusetzen. Feind wird zur Erkenntnis kommen müssen, daß Wille Deutschland/Japans nicht zu brechen. Schwere Krieges fängt für England/USA erst an. Feind legt sich vor allem fest auf Luftkrieg. Will erst zerschlagen, dann leicht besetzen.

Mittel gegen *Luftangriffe* allmählich so verbessert, daß Augenblick kommen kann, wo Verluste dem Feind zu groß werden.

U-Boot-Krieg jetzt wieder begonnen, nachdem Mittel gegen Feindeinwirkung gefunden.

B) *Generalmajor Komatsu:*

1.) *Fragen:*

a) Zahl der engl. Divisionen im Mittelmeerraum?

Antwort:

Süditalien und Sizilien:	13 Inf.-Divisionen
	4 Panzer-Divisionen
	5—6 selbständige Brigaden
Nordafrika:	3—5 engl./amerik. Divisionen
	2 Panzerbrigaden
	7 franz. Divisionen in Aufstellung.
Östl. Mittelmeer, Libyen und Ägypten:	
	4 Inf.-Divisionen
	2 Panzer-Divisionen
Palästina-Syrien:	
	6 Inf.-Divisionen
	2 Panzer-Divisionen

Anmerkung: Im östl. Mittelmeerraum in der Masse Divisionen minderer Güte (polnische, indische, griechische, tschechische, usw.).
Kräfte für Kampf an zwei Fronten (Balkan und Italien) zu schwach. Außerdem fraglich, ob Sowjetrußland engl./amerik. Angriff auf Balkan zuläßt.

b) Sind engl. Kräfte über Suez-Kanal nach Osten abgezogen?
Antwort: Kein Beweis, aber möglich, da Luftfern-Aufklärung zur Zeit schwierig.

c) Hat Sowjet-Union Hauptreserven bereits in den Kampf geworfen?
Antwort:
Anscheinend ja, mit Ausnahme von frisch aufgestellten Divisionen und Kavallerie; Masse offensichtlich eingesetzt.

d) Höhe sowjetrussischer Verluste?
Antwort:
Kann nur Generalstab des Heeres beantworten; aber etwa Dreifaches der deutschen Verluste.

e) Kampfwert amerikanischer Truppen?
Antwort: Fallschirmtruppen brauchbar. Allgemein gutes Menschenmaterial, aber ohne Härte; ergeben sich in aussichtslosen Lagen sofort. Angriffe außerordentlich vorsichtig; greifen nie an, solange auf deutscher Seite noch eine Waffe feuert. Immer erst nach Luft- bzw. Panzerangriffen.
Engländer härter und besser, besonders kriegserfahren 8. Armee. Gute Führung durch geschicktes und tüchtiges Offizierkorps.
9/10 Kriegsgefangener Amerikaner. Sehr viele englisch/amerik. Kriegsgefangene in Italien übernommen.

f) Verteilung amerik. und engl. Truppen?
Antwort: Ziemlich gleich, halb und halb; getrennt angesetzt.

g) Zusammenarbeit USA/England?

Antwort: Eigentlich politische Frage, aber auch milit. Sektor (für General Jodl persönlich) kein Zweifel, daß Krieg auf der anderen Seite nicht auf jetziger gemeinsamer Konstellation England/USA/Sowjetunion enden wird. Japan/Deutschland keine sich überschneidenden Kriegsziele. Auf andere Seite umgekehrt; unüberbrückbarer Riß nach Ansicht Chef WFSt unvermeidlich.

2.) General Komatsu bittet, japanischer Wehrmacht neue Nachrichten gemäß 1.) b) (Verschiebung Feindtruppen über Suez-Kanal nach Osten) zugänglich zu machen, was Chef WFSt zusagt.

C) *Vizeadmiral Abe:*

glaubt, daß für Invasion in Westeuropa 2 Millionen alliierter Soldaten nötig und sehr viel Tonnage.

General Jodl stimmt dem zu, wiederholt, daß Plan Feindes durch Luftangriffe allein zum Ziel zu kommen, bei Härte deutschen Volkes und solange Abwehr genügend stark, niemals Erfolg würde haben können.

Bei Angriffen über den Kanal würde Feind außerdem dort auf deutsche Divisionen stoßen, nicht auf Italiener.

gez. Jodl.
Für die Richtigkeit:
Bürkner[2]
Vizeadmiral

Verteiler:

W F St	1. Ausf.
Kaiserl. Jap. Vizeadmiral Abe Generalmajor Komatsu	2. Ausf.
Ob.d.M.	3. Ausf.
Entwurf	4. Ausf.

[2] Vizeadmiral Bürkner, Chef der Abteilung bzw. Amtsgruppe Ausland im OKW/WFSt.

Dokument Nr. 23
Abwehrmeldung aus Vladivostok vom 3. Oktober 1943

(Quelle: Politisches Archiv, Auswärtiges Amt, Bonn. Büro des Staatssekretärs, Akten betreffend: Japan, Band 13.)

Hier vorliegende vertrauliche und zuverlässige Meldungen aus Wladiwostok besagen[1]: Seit Septemberbeginn werde verstärkter Abtransport von Truppen und Materialien aus Fernost Mongolei nach dem Westen beobachtet. Der Gesamtabzug werde auf rund

[1] Dieses Schriftstück wurde — wie DOKUMENT Nr. 7 — auf der sogenannten „Führerschreibmaschine" geschrieben, damit Hitler beim Lesen keine Brille benötigte.

1 Million Mann geschätzt, die in geschlossenen Formationen mit sämtlichem schweren Material abgingen. Auch starke Einheiten der Luftwaffe, einschließlich Transportflugzeugen, würden nach dem Westen verlegt. Ersatz treffe infolge schleppender Aushebungen nur langsam ein. Die Verteidigung stütze sich deshalb jetzt im wesentlichen auf die ausgebildete Zivilbevölkerung, deren allgemeiner Körperzustand durch Entbehrungen sehr geschwächt sei. Die Lager der wichtigsten Städte seien bereits halbleer. Auch zahlreiche stationäre und mobile Reparaturwerkstätten seien nach Westen abgegangen. Die eintreffenden USA-Lieferungen, namentlich Kleidung, Schuhwerk, gingen sämtlich nach Westen; daher herrsche im Fernost steigender Mangel an wichtigsten Tagesbedürfnissen. Aus diesem Grunde erfolgten neue Requisitionen unter den Vorräten der Zivilbevölkerung. Die Korruption in der Armee nehme zu, namentlich bei den Militärbeamten. Der Schwarzhandel steige an. Turkestan, Kasachstan, Sibirien seien mit chinesischen Arbeitern überschwemmt, denen bei der Anwerbung in China hohe Löhne, teilweise in Silber, zugestanden worden seien, die nun unmenschlich ausgenützt würden und vom Verkehr mit der Heimat abgeschnitten seien. Das Gleiche gelte von der Armee persischer Arbeiter in den Gruben und Erdölfeldern Turkestans und des Kaukasus, sowie von den indischen Arbeitern in den Baumwoll- und Reiskulturen. Neuerdings würden auch viele dieser ausländischen Arbeiter zur Aufräumung und zum Wiederaufbau der Städte nach Westen gesandt.

3. Oktober 1943.

Dokument Nr. 24

"General Outline of Policy of Future War Guidance. Adopted by Liaison Conference, 7 March 1942, and Report of Prime Minister and Chiefs of Staff to Emperor, 13 March 1942"

(Quelle: Morton, Louis: The War in the Pacific. Strategy and Command: The First Two Years. Washington D. C., 1962. S. 611—613. Auf deutsch veröffentlicht bei: Jacobsen, Hans-Adolf: Der Zweite Weltkrieg. Grundzüge der Politik und Strategie in Dokumenten. Fischer Bücherei, Frankfurt am Main 1965. S. 221—224.)

1. In order to bring BRITAIN to submission and to demoralize the UNITED STATES, positive measures shall be taken by seizing opportunities to expand our acquired war gains, and by building a political and military structure capable of withstanding a protracted war.

2. By holding the occupied areas and major communication lines, and by expediting the development and utilization of key resources for national defense; efforts shall be made to establish a self-sufficient structure, and to increase the nation's war potential.

3. More positive and definite measures of war guidance shall be adopted by taking the following situations into consideration: Our national power, the progress of operations, the German-Soviet war situation, the relations between the UNITED STATES and the SOVIET UNION, and the trend in CHUNGKING.

4. Our policy toward the SOVIET UNION shall be based on the "Plan for Expediting the Termination of the War against the UNITED STATES, BRITAIN, the NETHERLANDS, and CHIANG Kai-shek," adopted on 5 Nov 41; and the "Measures to be Immediately Effected in Line with the Development of the Situation," adopted on 10 Jan 42. However, under the present circumstances, no efforts shall be made to mediate a peace between GERMANY and the SOVIET UNION.

5. Our policy toward CHUNGKING shall be based on the "Matters Concerning Measures to be taken toward CHUNGKING, in Line with the Development of the Situation," adopted on 24 Dec 41.

6. Cooperation with GERMANY and ITALY shall be based on the "Plan for Expediting the Termination of the War against the UNITED STATES, BRITAIN, the NETHERLANDS and CHIANG Kai-shek", adopted on 5 Nov 41.

Report to the Throne

We humbly report to Your Majesty on behalf of the Imperial General Headquarters and the Government.

At this point, when our initial operations are about to come to a favorable end by dint of the august virtue of Your Majesty, the Imperial General Headquarters and the Government have, after a careful appraisal, since the latter part of February, of our acquired war gains and their effect, the changes in the world situation, and the present war potentialities of our Empire, agreed on the "General Outline on Future War Guidance." We will now give our explanations.

1. Regarding the general outline on war guidance to be effected hereafter in the war against the UNITED STATES and BRITAIN:

Various measures must be planned and executed in anticipation of a protracted war. It will not only be most difficult to defeat the UNITED STATES and BRITAIN in a short period, but, the war cannot be brought to an end through compromise.

It is essential to further expand the political and military advantages achieved through glorious victories since the opening of hostilities, by utilizing the present war situation to establish a political and strategic structure capable of withstanding a protracted war. We must take every possible step, within the limits of our national power, to force the UNITED STATES and BRITAIN to remain on the defensive. Any definite measure of vital significance to be effected in this connection will be given thorough study, and will be presented to Your Majesty for approval each time.

2. Regarding the need for building national power and fighting power for the successful prosecution of a protracted war.

We deem it highly essential to constantly maintain resilience in our national defense, and build up the nation's war potential so that we will be capable of taking the steps necessary to cope with the progress of situation.

If a nation should lose its resilience in national defense while prosecuting a war, and become unable to rally from an enemy blow; the result would be short of her desired goal, no matter what victory she might achieve in the process. This is amply proved in the precious lessons learned from the annals of war.

Consequently, in our Empire's war guidance policy, we have especially emphasized that, while taking steps to bring the enemy to submission, we must fully build up the nation's war potential to cope with a protracted war.

3. Regarding the adoption of a new and more positive measure of war guidance.

We have made it clear that the question of whether to adopt new and more positive measures for war guidance for the attainment of the objective of the Greater East Asia War should be decided after careful study, not only of the war gains acquired so far, but other factors of extensive and profound significance; such as, the enemy's national power and our's, especially the increase in the fighting power on both sides; the progress of our operations, our relations with the SOVIET UNION and CHINA, the German-Soviet war, and various other factors.

By "more positive measures of war guidance" we mean such measures as the invasion of INDIA and AUSTRALIA.

4. Regarding the measures to be immediately taken toward the SOVIET UNION.

We have made it clear that the measures to be taken toward the SOVIET UNION will be based on the established policy which was adopted earlier at a liaison conference. The essentials of that policy are as follows:

a. Utmost efforts shall be made to prevent the expansion of hostilities.

b. JAPAN shall endeavor to the utmost to prevent war with the SOVIET UNION while operations are being conducted in the Southern Area.

c. While maintaining peace between JAPAN and the SOVIET UNION, efforts shall be made to prevent the UNITED STATES and BRITAIN from strengthening their cooperation with the SOVIET UNION, and to alienate the latter from the former, if possible. However, this does not imply that our military preparations against the SOVIET UNION will be neglected, and it is our belief that all possible operations preparations should be made to achieve a quick and decisive victory in case of war.

With regard to the peace between GERMANY and the SOVIET UNION, not only does a compromise seem utterly hopeless, under the present circumstances, but we fear that our mediatory efforts at this point would be detrimental to Japanese-German relations, and would also mean risking a complication in Japanese-Soviet relations. Consequently, we have made it clear that we have no intention of taking any positive steps toward mediation.

5. Regarding the measure to be immediately taken toward Chungking:

We have made it clear that measures toward Chungking will be based on the policy which was adopted at the earlier conference that, "taking advantage of the restlessness in the Chungking Regime which was caused by our application of strong pressure on a vulnerable spot of theirs; our measures toward Chungking shall be shifted, at a proper time, from intelligence activities to activities to bring the regime to submission. The time and method therefore shall be decided at a liaison conference."

Meanwhile, the campaign in BURMA is progressing faster than originally expected, and RANGOON is already in our hands. We believe that our progress in BURMA is already having serious effects on the Chungking Regime, but since we greatly fear that any attempt to bring the Chunking Regime to submission, at too early a stage, would produce an adverse result, our intention is to postpone it to a date that will be decided later.

6. Regarding measures to be taken toward GERMANY and ITALY.

Since we keenly realized that strengthening cooperation with GERMANY and ITALY will become increasingly necessary to achieve our war aims, we have decided that we must adhere closely to the established policy regarding cooperation with GERMANY and ITALY.

We hereby respectfully report to Your Majesty.

13 Mar 42
Prime Minister TOJO Hideki
Chief of the Naval General Staff
NAGANO Osami
Chief of the Army General Staff
SUGIYAMA Gen

Dokument Nr. 25
"Estimate of International Situation"
Imperial General Headquarters, 27 February 1943

(Quelle: Hattori, Takushiro: The Complete History of the Greater East Asia War. 4 Bände, 10 Bücher, Tokio 1953. Microgefilmte Übersetzung des japanischen Originals „Dai To-A Senso Zenshi" im Besitz der Bibliothek für Zeitgeschichte/Stuttgart, II. Band, 4. Buch S. 131—135.)

1. UNITED STATES and GREAT BRITAIN.

The UNITED STATES and GREAT BRITAIN are planning to defeat GEMANY and ITALY and, at the same time, they are undertaking preparation for attacking JAPAN itself. In other words, they are striving to effect a rapid increase in their military strength by furthering their cooperation in all matters, and are planning to defeat the Axis Powers by gradually launching an offensive with powerful elements. It is estimated that the offensive will reach its peak in the latter part of 1943. During this time, the UNITED STATES will place both NORTH and SOUTH AMERICA under its power, and, at the same time, she will strive to take control of AFRICA, AUSTRALIA, INDIA, West ASIA, and the Chungking Regime. In this way, she is planning to become the ruler of the world after the termination of hostilities, and it is estimated that she will take all possible political, as well as strategic measures to attain this end. It is estimated that:

a. The UNITED STATES and GREAT BRITAIN, in concert with the SOVIET UNION, will strive to exhaust the military strength of GERMANY and ITALY, and to alienate the German satellite nations from GERMANY, and at the same time, envelope GERMANY, mainly from the MEDITERRANEAN Sea. The success of this attempt will largely depend on the outcome of the Tunisian operation. Moreover, it is not improbable that the UNITED STATES and GREAT BRITAIN will form a new front in NORWAY and the western share of the Iberian Peninsula.

In the PACIFIC and INDIAN Ocean areas, the UNITED STATES, with cooperation from GREAT BRITAIN, will commit her powerful force in the operation to reoccupy BURMA and the Islands in the Southwest PACIFIC and ALEUTIAN Areas now occupied by the Japanese Forces. At the same time, she will strive to strengthen her preparations for a counteroffensive against the Japanese homeland from CHINA, and launch air and submarine operations in order to disrupt JAPAN's surface transportation.

Furthermore, there is a great possibility that the UNITED STATES and GREAT BRITAIN will launch air attacks on the Japanese homeland and vital sectors of occupied territories.

b. The UNITED STATES and GREAT BRITAIN will provide all possible aid to the SOVIET UNION. On the other hand, the UNITED STATES will secretly occupy bases in eastern Soviet territory.

c. The UNITED STATES and GREAT BRITAIN will take various measures to urge the Chungking Regime to take further positive action in the war.

d. The UNITED STATES and GREAT BRITAIN will make further efforts to disrupt communications between JAPAN, GERMANY, and ITALY by securing West ASIA and AFRICA.

e. AUSTRALIA has furthered her will to fight, and being actually under the influence of the UNITED STATES, she is striving to strengthen her military power, solely through aid from the UNITED STATES, and will continue her war against JAPAN.

f. In connection with the anti-Gandhi measures, the anti-British movement in INDIA may be considerably intensified, but because of suppression by the British authorities, it is expected that no remarkable results will be obtained, and INDIA will remain to be a base for a counteroffensive against JAPAN.

2. Chungking Regime.

a. Although the morale of the Chungking Regime is gradually declining, and the realization of Japan's basic policy for settling the war with CHINA has dealt a considerable blow to her anti-Japanese elements, she has faith in the final victory of the UNITED STATES and GREAT BRITAIN, and it is felt that she will not lose her will to fight.

b. Through enormous material aid from the UNITED STATES, the Chungking Regime is striving to effect a tie-up with the SOVIET UNION, and is planning to cooperate in the intensification of air operations against JAPAN, and in the operation to reoccupy BURMA, all of which are expected to be undertaken by the UNITED STATES and GREAT BRITAIN. Furthermore, it is estimated that it will take some steps against FRENCH INDOCHINA.

3. GERMANY and ITALY.

It is estimated that GERMANY, with her indomitable strength will strive to expend the fighting power of the SOVIET UNION, as much as possible, and, by maintaining her present position in the ATLANTIC Ocean and MEDITERRANEAN sea, she will intensify her operations to disrupt the enemey's surface transportation to frustrate the war plans of the UNITED STATES and GREAT BRITAIN.

a. Although it is estimated that the German Forces will launch further offensives to destroy the Soviet Forces, it will be difficult for them to deal a blow that will enable them to hold the advantage until next year. The Caucasus Operation will encounter difficulties during the rest of this year.

b. It is estimated that GERMANY will be able to sink an average of 600.000 tons of enemy vessels each month, through her operations against American and British surface transportation.

c. As long as HITLER and MUSSOLINI are in power, the German-Italian tie will not become weak.

4. SOVIET UNION.

a. The SOVIET UNION will continue to concentrate her efforts on the war with GERMANY. Although she will have to resort to defensive warfare in spring, she will again launch a winter offensive.

b. It is estimated that the SOVIET UNION will not declare war on JAPAN for the time being. She will not provide the UNITED STATES with bases. However, precautions must be taken against a secret UNITED STATES — SOVIET RUSSIA tie-up for actions against JAPAN, which be made in conjunction with American aid to the SOVIET UNION through East Soviet ports.

5. Neutral Nations.

a. TURKEY will strive to maintain her neutral position.

b. SPAIN will make all possible efforts to maintain her neutral position.

c. Although PORTUGAL will strive to maintain her neutral status, it is not altogether improbable that, depending on future developments, she will be drawn into the American and British camp.

d. It is estimated that AFRICA will eventually succumb to conciliatory measures by the UNITED STATES.

e. The attitude of the VATICAN must be observed with utmost care.

6. European Peace.

Under the prevailing situation, there is very little possibility that either of the parties will propose a peace settlement between GERMANY and the SOVIET UNION, and between GERMANY and GREAT BRITAIN, but it is necessary to cautiously observe any future movements for a settlement which may arise as a result of a turn in the war situation. Furthermore, precautions should be taken with regard to the movement of minor nations within the Axis camp.

7. War Potential of Various Nations.

a. Military power of the UNITED STATES and GREAT BRITAIN.

(1) Since the UNITED STATES is capable of maintaining a wartime strength of seven million men, it is unlikely that she will run short of manpower in the immediate future. The manpower of the British Isles has been almost exhausted.

(2) The fighting power of the UNITED STATES is expected to reach its peak within a year or two. However, it is estimated that her naval strength will be further expanded until about 1946. Although it is believed that conversion to war will give rise to various economic and social problems, there is, at present, no evidence of its affecting her military power.

(3) At present, it is estimated that GREAT BRITAIN will be able to maintain her present military strength.

(4) The fighting power of the UNITED STATES and GREAT BRITAIN depends largely on their sea transportation capacity. Consequently, a loss of ships will have grave effects on their military power. Nevertheless, from the present outlook, the total capacity of the UNITED STATES and GREAT BRITAIN will be increased as a result of the increase in the shipbuilding capacity of the UNITED STATES.

b. The military power of the Chungking Regime. For the time being, it is capable of offering a passive resistance.

(1) It is maintaining an abundant manpower reserve.

(2) Although it is confronted with considerable financial and economic difficulties, it is inconceivable that its war preparations will be frustrated in the near future, because it is capable of supplying itself with provisions and light weapons.

(3) It maintains a ground force of about 300 divisions (of which 110 are Kuomintang divisions), and an air force composed of 150 aircraft. Although its equipment is poor, it is capable of fighting a passive war. The UNITED STATES Air Force in CHINA has recently increased its strength to 90 aircraft, and is striving to effect a further increase.

(4) CHIANG Kai-shek still maintains a strong hold, and his authority has not weakened in the least.

c. War potential of GERMANY and ITALY.

(1) Generell speaking, GERMANY will be able to maintain her present national power.

(a) Although she does not have sufficient manpower reserves, it is estimated that she will be capable of supplying provisions to meet the needs of the areas under her control.

(b) Although she is capable of producing sufficient war materials, it is considerably difficult for her to obtain some necessary war materials.

(c) The military and the civilians alike have considerable faith in HITLER, and are imbued with a fighting spirit. Consequently, the nation as a whole, is making efforts to carry on the war, staking the fate of the state and the race. However, it is not altogether improbable that she will find considerable difficulties in preserving public peace in her occupied territories, and in leading her allies.

(2) Although ITALY's military strength is greatly reliant on GERMANY, MUSSOLINI still maintains firm political power. Consequently, from the present outlook, it can be presumed that she will not find it very difficult to maintain her fighting power.

d. Military strength of the SOVIET UNION.

After spring of this year, it is presumed that she will be capable of pursuing the war by committing her present strength (370 poorly equipped infantry divisions, 6000 to 7000 tanks, and 4000 to 5000 aircraft). She will be able to maintain her present military strength in the eastern part of the SOVIET UNION (ground forces composed of about 700.000 men, and about 1000 tanks and aircraft).

(1) Although she has sufficient manpower reserves, it is estimated that after next year she will be faced with a manpower shortage in case a great blow is dealt to her field army during this year.

(2) By the end of this year, she will be able to produce munitions at about 60 to 70 percent of her prewar level.

(3) Although the food shortage is gradually becoming serious, it is unlikely that this will cause disturbances in the country.

(4) Stalin still maintains strong political power, and the military and civilians alike are imbued with a fighting spirit.

8. Over-all Estimate.

There has been no change since the previous estimate.

Dokument Nr. 26

"Japanese General Outline of the Future War Direction Policy, Adopted at the Imperial Conference, 30 September 1943"

(Quelle: Morton, Louis: The War in the Pacific. Strategy and Command: The First Two Years. Washington D. C., 1962. S. 655—656. Auf deutsch veröffentlicht bei: Jacobsen, Hans-Adolf: Der Zweite Weltkrieg. Grundzüge der Politik und Strategie in Dokumenten. Fischer Bücherei, Frankfurt am Main 1965. S. 274—276.

Policy

(1) JAPAN will speedily establish a strategic position to gain victory over the UNITED STATES and BRITAIN while crushing enemy offensives in order to decide the issue of war during this year or the next, and at the same time, rapidly build up the decisive battle strength, especially air power, and prosecute the war against the UNITED STATES and BRITAIN on our own initiative.

(2) JAPAN will further strengthen co-operation with GERMANY and strive relentlessly for the successful conclusion of the joint war and will also take the initiative in improving relations with the SOVIET UNION.

(3) JAPAN will promptly establish the domestic structure for the decisive battle and will further solidify the unity of Greater East Asia.

Procedure

(1) The strategic posture to meet the Anglo-American invasion will be established, at the latest by around the middle of 1944 by surmounting all difficulties, and in the meantime the enemy offensive forces will be attacked and destroyed whenever occasion arises.

The strategic areas to be held at all costs in the PACIFIC and the INDIAN Ocean areas in prosecuting the war will be the KURILES, the BONINS, the Inner South Seas (central and western parts), and the area covering western NEW GUINEA, the SUNDA Islands, and BURMA.

Sea communications within the absolute national defense sphere will be safeguarded throughout the duration of the war.

(2) JAPAN will strive to the utmost to prevent the outbreak of the war with the SOVIET UNION and will take the initiative in improving the Soviet-Japanese relations and will also endeavor to mediate for peace between the SOVIET UNION and GERMANY at proper opportunities.

(3) JAPAN will maintain unremitting pressure against CHUNGKING and will take the earliest possible opportunity to settle the Chinese problem while checking especially the enemy air forces based in CHINA from bombing our homeland and disrupting our sea traffic.

(4) JAPAN will take every possible measure to strengthen co-operation with GERMANY. However, every precaution will be exercised to prevent the outbreak of war with the SOVIET UNION.

(5) JAPAN will win the confidence of the nations and the peoples of Greater East Asia and will guide them in order to receive and further encourage their co-operation with JAPAN's war efforts. Vigilance will be exercised over enemy political stratagem toward the nations and the peoples of Greater East Asia, and necessary steps will be taken to forestall such enemy endeavors.

(6) The Imperial General Headquarters and the Government will further strengthen co-operation in their joint endeavor and will direct the war with renewed vigor.

(7) Resolute measures will be taken to build up the decisive military capability, especially the air power. The dauntless spirit to face the national crisis will be encouraged in order to bring the total national power into full play.

(8) The propaganda effort against the enemy will be conducted under a consistent policy, and will be directed mainly toward propagation of the Axis cause, diffusion of JAPAN's policy in Greater East Asia, demoralizing our major enemy, the UNITED STATES, alienation of the UNITED STATES, BRITAIN, CHINA and the SOVIET UNION, and helping INDIA achieve her independence.

Dokument Nr. 27
"Plan of Diplomatic Measures in Case of a Sudden Change in the German Situation", 21 September 1944

(Quelle: Hattori, Takushiro: The Complete History of the Greater East Asia War. 4 Bände, 10 Bücher. Tokio 1953. Microgefilmte Übersetzung des japanischen Originals „Dai To-A Senso Zenshi" im Besitz der Bibliothek für Zeitgeschichte/Stuttgart. III. Band, 8. Buch, S. 308—310.)

At the meeting of the Supreme War Direction Council held on 21 September, a "Plan of Diplomatic Measures in Case of a Sudden Change in the German Situation" was discussed. In this plan, the stand to be taken by JAPAN in the event of a sudden change in the German situation, was taken up. At any rate, the plan contained as its basic policy, the following: "Even if GERMANY succumbs or concludes a separate peace, JAPAN will have confidence in certain victory with the unity of the entire nation, will defend the homeland, and continue the war to a successful conclusion." The Council decided to prepare in accordance with the following outline:

1. Should GERMANY communicate with us in advance regarding peace with the SOVIET UNION or GREAT BRITAIN and the UNITED STATES, JAPAN, will try insofar as possible to bring about an understanding between GERMANY and the SOVIET UNION, upon confirming GERMANY's position, and will strive to direct that nation to continue the war against the UNITED SATES and GREAT BRITAIN.

2. If GERMANY concludes a separate peace with the UNITED STATES, GREAT BRITAIN and the SOVIET UNION:

a. Action against GERMANY

(1) Appropriate action will be taken to make all arrangements with regard to war cooperation specified in the Tripartite Treaty and the Tripartite Pact.

(2) Military cooperation with GERMANY will be completely suspended. The breaking-off of diplomatic relations or commencing of hostilities with GERMANY will depend upon the attitude of GERMANY towards JAPAN.

(3) Honorable action applicable to nationals of a neutral nation will be taken against German officials and nationals and interests in EAST ASIA. However, communications of these German officials and nationals will be disrupted and counterespionage measures will be strengthened. Measures will be taken to prevent German vessels from falling into the hands of the enemy.

b. Action on the SOVIET UNION

(1) Action will be taken to have the SOVIET UNION remain neutral toward JAPAN.

(2) Efforts will be exerted to have the SOVIET UNION concentrate on European problems and to intensify the friction between the UNITED STATES and GREAT BRITAIN.

3. If GERMANY concludes separate peace with the UNITED STATES and GREAT BRITAIN and continues the war against the SOVIET UNION.

a. Action against GERMANY

We will generally follow the procedure given in the preceding paragraph. However, the treatment of German officials and nationals and their interests in East ASIA will depend on the treatment accorded Japanese officials and nationals and their interests in GERMANY.

b. Action on the SOVIET UNION

Efforts will be exerted to have the SOVIET UNION take positive action in favor of an alliance with JAPAN. If possible, efforts will be exerted to conclude a Soviet-Japanese Alliance against the UNITED STATES and GREAT BRITAIN.

4. In the event of a Soviet-German peace

The alliance with GERMANY will be strengthened that much more, and efforts will be exerted to have the SOVIET UNION take positive action in favor of an alliance with JAPAN. If possible, efforts will be exerted to conclude an alliance between JAPAN, GERMANY and the SOVIET UNION against the UNITED STATES and GREAT BRITAIN.

5. Action regarding the East Asian nations

a. Various measures will be taken to check their restlessness and secure their co-operation in the war effort with JAPAN.

b. They will be brought into line with Japanese policies regarding GERMANY and the SOVIET UNION.

6. Preparatory actions

a. Means to learn the moves of various countries will be strengthened (For example, disposition of consulate members abroad at key points, strengthening of intelligence net).

b. Measures directed at the SOVIET UNION and CHUNGKING will be expedited.

Dokument Nr. 28

„Aufzeichnung über die am 11. November 1942 in Berlin zusammentreffenden japanischen Missionschefs"

(Quelle: Politisches Archiv, Auswärtiges Amt, Bonn. Büro des Staatssekretärs, Akten betreffend: Japan, Band 13.)

Ref.: LR. Dr. Braun
/WHA. Dr. Stobbe

e.o. Pol VIII 7395/42 g

Aufzeichnung

über die am 11. November 1942 in Berlin zusammentreffenden japanischen Missionschefs.

1) Zembei *Horikiri,* Botschafter z.b.V. seit Oktober 1942.

Horikiri wurde 1882 geboren. Er studierte in Harvard und Cambridge, war Mitglied der Seiyukai-Partei bis zu deren Auflösung. Horikiri ist nicht aus der Diplomatenlaufbahn hervorgegangen. Er hat sich vornehmlich wirtschaftlich betätigt und war einige

Jahre parlamentarischer Vizefinanzminister. Seine Ernennung nach Rom 1940 bedeutete eine Konzession des damaligen Außenministers Matsuoka an die Seiyukai. Er war nicht Persönlichkeit genug, um sich dort eine besondere Stellung zu verschaffen.

Im Oktober 1942 wurde Horikiri Botschafter in besonderer Mission zum Studium wirtschaftlicher Fragen Europas. Es besteht Grund zu der Annahme, daß er in dieser Eigenschaft die Berichterstattung Oshimas ergänzen soll.

Horikiri beherrscht an europäischen Sprachen nur ausreichend Deutsch, um zu lesen.

2) Sho *Kurihara,* Botschafter in Ankara seit September 1940.

Kurihara wurde 1890 geboren. Er war I. Sekretär in Brüssel, Generalkonsul in Tientsin und Gesandter in Bukarest. Als Leiter der Ostasien-Abteilung im Außenministerium war er der Vertraute der Botschafter Shiratori und Oshima. Wohl aus diesem Grunde ist er 1939, kurz nach Ernennung Nomuras zum Außenminister und des damals stark westlich orientierten Tani zum Vizeaußenminister, aus der Zentrale entfernt worden. Er war dann bis Herbst 1940 in Bern Missionschef und wurde anschließend nach Ankara versetzt.

Kurihara galt in japanisch diplomatischen Kreisen als überzeugter Anhänger des Anschlusses Japans an die Achse. In Tokyo hat er sich als einer unserer zuverlässigsten Freunde im japanischen Auswärtigen Dienst erwiesen.

3) Yakichiro *Suma*[1], Botschafter in Madrid seit November 1940.

Suma wurde 1892 geboren. Vor seiner Ernennung zum Botschafter war er Ministerialdirektor und Leiter der Presse-Abteilung im Außenministerium. Er war eine einflußreiche Stütze des pro-angelsächsischen Kurses des früheren Außenministers Arita. Suma hatte, im Bestreben, einen japanisch-amerikanischen Ausgleich zu erreichen und möglichst Botschafter in Washington zu werden, dem deutsch-japanischen Zusammengehen in Tokyo häufig entgegengewirkt. Bezeichnend war auch seine ausgesprochene Bevorzugung amerikanischer Pressevertreter gegenüber deutschen. Suma ist zweifellos einer der fähigsten japanischen Diplomaten, von außerordentlichem Ehrgeiz. Er zeigte jedoch auf seinen Auslandsposten vor seiner Tätigkeit in Tokyo gegenüber unserer Botschaft in Washington und jetzt in Madrid große Anpassungsfähigkeit an die jeweilige Lage. Er hat dabei stets Bereitwilligkeit zur Zusammenarbeit mit unseren Vertretungen gezeigt.

In Madrid nimmt Suma insofern eine besondere Stellung ein, als der dortigen Botschaft die Erfassung angelsächsischer Nachrichten besonders obliegt. Suma widmet sich dieser Aufgabe mit großem Eifer. Er scheint außerdem über einflußreiche Beziehungen zum Außenministerium zu verfügen.

Suma besitzt gute deutsche Sprachkenntnisse.

4) Takanobu *Mitani*[2], Botschafter in Vichy seit März 1942.

Mitani wurde 1892 geboren. Von 1930 bis 1936 war er Botschaftsrat in Paris. Seit 1937 war er Leiter der Rechts- und Kultur-Abteilung im Außenministerium und hat als

[1] Yakichiro Suma war nicht Botschafter sondern nur Gesandter in Madrid.

[2] Randnotiz „fällt aus, dafür Ges. Chiba (vgl. Anl.)" Wie aus der Anlage, zu Pol VIII 7395/42 g vom 10. 11. 1942 hervorgeht, war Chiba seit Oktober 1942 Botschaftsrat — nicht Gesandter — in Vichy.

solcher am deutsch-japanischen Kulturabkommen vom November 1938 führend mitgearbeitet und sich auch für das Zustandekommen der großen japanischen Kunstausstellung in Berlin, März 1939, ernstlich eingesetzt. 1940 wurde Mitani Gesandter in Bern.

Mitani ist der Typ des korrekten, gut geschulten Beamten. Durch seine langjährige Tätigkeit in Frankreich neigte er ursprünglich wohl mehr zu den demokratischen Ländern. Im Verkehr mit unseren Vertretungen in Paris und insbesondere in Bern hat er sich jedoch stets entgegenkommend gezeigt. Er hat einen guten politischen Blick und hat es verstanden, unter den schwierigen Verhältnissen des japanischen Kriegseintritts, die Interessen seines Landes geschickt wahrzunehmen.

September 1939 wurde Mitani mit dem Stern des Deutschen Adlerordens ausgezeichnet. Mitani versteht recht gut Deutsch, spricht aber besser Französisch.

5) Ken *Harada,* Botschafter beim Heiligen Stuhl seit Mai 1942.

Harada wurde 1892 geboren. Er war von 1919 bis 1937 beim Völkerbund in Genf. Nach vorübergehender Tätigkeit in Tokyo kam er nach Paris, wo er bis zur Evakuierung der Botschaft blieb. Bis März 1942 war er Botschaftsrat und japanischer Geschäftsträger in Vichy.

Harada ist Protestant. 1937 heiratete er in Tokyo eine katholische Japanerin. Während seiner Tätigkeit in Genf unterhielt er sehr enge Beziehungen mit der deutschen Völkerbunds-Kommission und versorgte sie mit wertvollen Informationen.

6) Tadashi *Sakaya,* Gesandter in Helsinki seit November 1940.

Sakaya wurde 1887 geboren. Er war während seiner Ausbildungszeit im Haag und in Hamburg tätig und kam 1928 als Sekretär in das Außenministerium. Von 1933 bis 1939 war er als II. und I. Botschaftssekretär in Berlin.

Sakaya hat nach seiner Rückkehr nach Tokyo mit den Mitgliedern der Botschaft engste Fühlung gehalten und auch unter den angelsächsisch eingestellten Außenministern Nomura und Arita aus seiner pro-deutschen Gesinnung nie ein Hehl gemacht. Anläßlich der Woll- und Pelzsammlung überreichte er im letzten Winter dem deutschen Gesandten in Helsinki spontan seine Pelzgarnitur.

Am 18. November 1937 erhielt Sakaya die Erste Stufe des Deutschen Adlerordens. Er spricht fließend Deutsch.

7) Kiyoshi *Tsutsui,* Gesandter in Bukarest seit Dezember 1940.

Tsutsui ist 1896 geboren. Er gehörte der japanischen Delegation beim Völkerbund in Genf an. Nach längerer Tätigkeit in Hsinking wurde er 1935 zum Direktor des Informations- und Handelsbüros im mandschurischen Außenministerium ernannt. Im Dezember 1937 wurde er I. Botschaftssekretär in Paris.

Tsutsui wurde im Zuge des außenpolitischen Revirements Matsuokas nach Rumänien entsandt. Seine Einstellung zu Deutschland ist positiv, wenn auch etwas zurückhaltend. Er ist politisch interessiert, tritt mit aktiven Vorschlägen hervor und legt großen Wert auf Beschaffung von Nachrichtenmaterial.

8) Toshitaka *Okubo,* Gesandter in Budapest seit Februar 1941.

Okubo wurde 1895 geboren. Nach seiner Tätigkeit in Rom und Brüssel wurde er

1934 nach Tokyo zurückberufen, wo er zunächst ein Jahr persönlicher Sekretär des Ministerpräsidenten Okada war. 1936 wurde er zum Leiter der Rechtsabteilung ernannt und war an den Vorarbeiten zum Dreimächtepakt beteiligt.

Am 7. November 1938 erhielt Okubo den Stern des Deutschen Adlerordens. Er spricht gut Englisch und Französisch und etwas Deutsch.

9) Akira *Yamaji,* Gesandter in Sofia seit November 1941.

Yamaji wurde 1896 geboren. Er war zunächst in Washington und von 1927 bis 1934 in Hamburg bzw. an der Botschaft in Berlin zuletzt als II. Sekretär tätig. Nach seiner Ernennung zum Sektionschef im Außenministerium wurde er 1938 als Generalkonsul nach Wien versetzt.

Yamaji hat an dem Zustandekommen des Antikominternpaktes von Tokyo aus aktiv mitgewirkt. Er ist ein Freund des Botschafters Oshima und hat dem nationalsozialistischen Deutschland Sympathien entgegengebracht. Yamaji ist zu den aktivsten japanischen Diplomaten in Europa zu rechnen. In der Nachrichtenbeschaffung zeigte er besonderen Eifer. Die panslawistische Einstellung seines Presseattachés ist mehrfach unangenehm aufgefallen.

Am 18. November 1937 erhielt Yamaji die Erste Stufe des Deutschen Adlerordens. Er spricht fließend Deutsch und hat für seine Kinder eine deutsche Erzieherin angestellt.

10) Morito *Morishima*[3], Gesandter in Lissabon seit Oktober 1942.

Morishima wurde 1896 geboren. Er war Mitglied der japanischen Delegation der Washington-Konferenz 1921. Seit 1928 war er mehrere Jahre in der Mandschurei. 1935 wurde er I. Botschaftssekretär in Berlin und war anschließend in Tokyo, Peking und zuletzt als Generalkonsul in New York.

Morishima steht dem angelsächsischen Kulturkreis nahe. Seine Einstellung zu Deutschland ist jedoch freundschaftlich.

Er spricht fließend Englisch.

Die Teilnahme Morishimas an der Konferenz der Missionschefs ist fraglich.

11) Shunichi *Kase,* Gesandter und Geschäftsträger in Rom seit Juni 1942.

Kase wurde 1897 geboren. Er war vor seinem Aufenthalt in Berlin, in Warschau und je zweimal in Moskau und Washington tätig.

Kase, der ein aufrichtiger Freund des Achsenbündnisses ist, ist aus seiner Tätigkeit in Berlin von 1940—1942 bekannt.

12) Tamao *Sakamoto* wurde im August 1942 zum Gesandten in Bern ernannt.

Sakamoto wurde 1897 geboren. Er war von 1927 bis 1933 Botschaftssekretär in Paris. Nach mehrjähriger Tätigkeit in der Wirtschafts- und Rechts-Abteilung des Außenministeriums in Tokyo wurde er 1937 zum I. Botschaftssekretär in Washington und 1938 in gleicher Eigenschaft in Rom ernannt. September 1940 kehrte er nach Tokyo zurück, um die Leitung der Europa-Abteilung im Außenministerium zu übernehmen. Im März 1941 begleitete er Außenminister Matsuoka auf seiner Europa-Reise.

Sakamoto kann als einer der fähigsten Beamten des Außenministeriums bezeichnet

[3] Randnotiz „fehlt".

werden. Er unterhielt zur Botschaft in Tokyo stets freundschaftliche Beziehungen, die sich vor allem während der amerikanisch-japanischen Verhandlungen 1941 bewährten. Im Mai 1942 erhielt er wegen seines geschwächten Gesundheitszustandes einen längeren Erholungsurlaub und wurde im August d. Js. auf seinen neuen Posten berufen.

Am 1. September 1941 wurde ihm das Verdienstkreuz des Deutschen Adlerordens mit Stern verliehen.

Sakamoto reiste im August d. J. von Tokyo über Lourenco Marquez ab und wird an der Konferenz in Berlin noch vor der Überreichung seines Beglaubigungsschreibens in Bern teilnehmen.

13) Jotaro *Koda,* Geschäftsträger in Stockholm seit Februar 1941.

Koda ist ungefähr 46 Jahre alt. Er war 1925 bis 1927, dann 1930/31 und 1937 bis 1941 an der japanischen Botschaft in Berlin.

Koda gehört infolge seines siebenjährigen Aufenthaltes in Berlin zum deutschen Kreis des japanischen Auswärtigen Dienstes. Er ist besonders an kulturellen Fragen interessiert. Koda ist ein zuverlässiger Arbeiter. An der hiesigen japanischen Botschaft konnte er sich jedoch nicht ganz durchsetzen und wurde daher auf Veranlassung von Botschafter Oshima nach Stockholm abgegeben.

Koda wurde am 18. November 1937 mit der Ersten Stufe des Deutschen Adlerordens ausgezeichnet. Er spricht fließend Deutsch.[4]

Die Missionschefs sind ihrem Dienstalter nach angeführt. Eine Rückfrage bei der japanischen Botschaft über die genaue Rangordnung wird gegebenenfalls anheimgestellt.

Hiermit
über Dg.Pol.
dem Herrn U.St.S.Pol.
vorgelegt.

Berlin, den 7. November 1942
Braun

[4] Zusätzlich nahm an der Konferenz noch der japanische Geschäftsträger in Bern, Taro Tokunaga, teil (Anlage zu Pol VIII 7395/42 g vom 10. 11. 1942, ebenfalls im Band 13 der Akten Staatssekretär Japan).

Quellen- und Literaturverzeichnis

I. Unveröffentlichte Quellen

A. *Politisches Archiv, Auswärtiges Amt, Bonn*

1. Büro Reichsminister
   Handakten Dolmetscher Schmidt
   Akten betreffend:
   Aufzeichnungen, Januar 1942—1. September 1942
   Aufzeichnungen, September 1942—Dezember 1942
   Aufzeichnungen, Januar 1943—April 1943
   Aufzeichnungen, Mai 1943—Dezember 1943
   Aufzeichnungen, Januar 1944—März 1944
   Aufzeichnungen, April 1944—5. August 1944
   (*zitiert:* Handakten Schmidt)

2. Büro des Staatssekretärs
   Akten betreffend:
   Aufzeichnungen über Nicht-Diplomatenbesuche
   Band 2, Januar 1940—Juni 1943
   (*zitiert:* St.S. Nicht-Diplomatenbesuche)

3. Büro des Staatssekretärs
   Akten betreffend:
   Indien
   Band 1, 5. Februar 1941—31. März 1942
   Band 2, 1. April 1942—30. September 1942
   Band 3, 1. Oktober 1942—31. Juli 1943
   (*zitiert:* St.S. Indien)

4. Büro des Staatssekretärs
   Akten betreffend:
   Japan
   Band 5, 1. Oktober 1941—9. Februar 1942
   Band 6, 10. Februar 1942—31. März 1942
   Band 7, 1. April 1942—30. Juni 1942
   Band 8, 1. Juli 1942—31. August 1942
   Band 9, 1. September 1942—31. Oktober 1942
   Band 10, 1. November 1942—31. Dezember 1942
   Band 11, 1. Januar 1943—31. März 1943

Band 12, 1. April 1943—31. Juli 1943
Band 13, 1. August 1943—31. Dezember 1943
(*zitiert:* St.S. Japan)

5. Büro des Staatssekretärs
Akten betreffend:
Krieg Amerika
3. Dezember 1941—30. November 1943
(*zitiert:* St.S. Krieg Amerika)

6. Büro des Staatssekretärs
Akten betreffend:
Schweden
Band 6, 1. Januar 1943—15. Mai 1943
Band 7, 16. Mai 1943—31. Oktober 1943
Band 8, 1. November 1943—3. April 1944
(*zitiert:* St.S. Schweden)

7. Unterstaatssekretär
Akten betreffend:
Diplomatische Aufzeichnungen
September 1942—Oktober 1942
(*zitiert:* USt.S. Diplomatische Aufzeichnungen)

8. Unterstaatssekretär
Akten betreffend:
Japan—Amerika
Mai 1941—Januar 1942
(*zitiert:* USt.S. Japan—Amerika)

9. Botschafter Ritter
1. Deutsch-italienische-japanische Militärkonvention
2. Die japanische Kriegswehrmacht gKdos Stand 1. 9. 1941
(*zitiert:* Ritter Militärkonvention; da die Dokumente in diesem Faszikel nicht chronologisch abgeheftet sind, werden zusätzlich neben dem Datum noch die durchlaufenden amerikanischen Nummern angeführt)

10. Botschafter Ritter
Japan
Mai 1942—März 1943
20. Mai 1944—28. Dezember 1944
(*zitiert:* Ritter Japan)

11. Botschafter Ritter
1. OKW August 1941—Mai 1942
2. Eingänge OKW September 1944—Oktober 1944
(*zitiert:* Ritter OKW)

12. Botschafter Ritter
Rußland
Juli 1941—Mai 1944
(*zitiert:* Ritter Rußland)

13. Botschaft: Rom (Quir.-) Geheim (50/4)
Kriegszustand Japan/England/Vereinigte Staaten (auch Deutschland/Italien an USA)
(zitiert: Rom Quirinal)

14. RAM — Filme
Gefilmte Aufzeichnungen von Unterredungen Hitlers bzw. Ribbentrops mit ausländischen Diplomaten
(zitiert: F . . / . . . - . . .)

B. ***Militärgeschichtliches Forschungsamt (jetzt Bundesarchiv/Militärarchiv), Freiburg i. Br.***

a) *Marineakten:*

1. Kriegstagebuch der 1. Seekriegsleitung

Teil A

Heft 18 Februar 1941
Heft 19 März 1941
Heft 20 April 1941
Heft 21 Mai 1941
Heft 22 Juni 1941
Heft 23 Juli 1941
Heft 24 August 1941
Heft 25 September 1941
Heft 26 Oktober 1941
Heft 27 November 1941
Heft 28 Dezember 1941
Heft 29 Januar 1942
Heft 30 Februar 1942
Heft 31 März 1942
Heft 32 April 1942
Heft 33 Mai 1942
Heft 34 Juni 1942
Heft 35 Juli 1942
Heft 36 August 1942
Heft 37 September 1942
Heft 38 Oktober 1942
Heft 39 November 1942
Heft 40 Dezember 1942
Heft 41 Januar 1943
Heft 42 Februar 1943
Heft 43 März 1943
Heft 44 April 1943
Heft 45 Mai 1943
Heft 46 Juni 1943
Heft 47 Juli 1943
Heft 48 August 1943
Heft 49 September 1943
Heft 50 Oktober 1943
Heft 51 November 1943
Heft 52 Dezember 1943
Heft 53 Januar 1944
Heft 54 Februar 1944
Heft 55 März 1944

Heft 56 April 1944
Heft 57 Mai 1944
Heft 58 Juni 1944
Heft 59 Juli 1944
Heft 60 August 1944
Heft 61 September 1944
Heft 62 Oktober 1944
Heft 63 November 1944
Heft 64 Dezember 1944
Heft 65 Januar 1945
Heft 66 Februar 1945
Heft 67 März 1945
Heft 68 1.-20. April 1945
(Heft 69) Kriegstagebuch des Oberbefehlshabers der Kriegsmarine 21. April—1. Mai 1945
(*zitiert:* KTB 1. Skl A + jeweiliges Datum)

2. Kriegstagebuch der 1. Seekriegsleitung
Teil B
Heft 1
Überblick über die Lage im Atlantik
Überblick über die außerheimische Kriegführung
(letzter enthaltener Überblick 1.-15. März 1944)
(*zitiert:* KTB 1. Skl B 1)
Heft 5
Anlagen allgemeinen Inhalts
Februar 1940—September 1942
Juni 1943—Dezember 1943
(*zitiert:* KTB 1. Skl B 5, Anlagen allgemeinen Inhalts)
Heft 5
Anlagen verschiedenen Inhalts
Januar 1941—Dezember 1941
Dezember 1941—Juli 1942
Januar 1943—Juni 1943
(*zitiert:* KTB 1. Skl B 5, Anlagen verschiedenen Inhalts)

3. Kriegstagebuch der 1. Seekriegsleitung
Teil C
Heft A
Grundlegende Fragen der Kriegführung
Januar 1942—Januar 1943
Januar 1943—Dezember 1943
(*zitiert:* KTB 1. Skl C A)
Heft I
Kreuzerkrieg Außerheimische Gewässer 1941
(*zitiert:* KTB 1. Skl C I)
Heft VIII
Völkerrecht, Propaganda und Politik
Januar 1942—Dezember 1942
(*zitiert:* KTB 1. Skl C VIII)

Heft IX
Versorgungsfragen
Januar 1942—Dezember 1943
(zitiert: KTB 1. Skl C IX)
Heft XI
Handelsschiffahrt
(zitiert: KTB 1. Skl C XI)
Heft XIII
Italienische Kriegführung
Juli 1940—April 1944
(zitiert: KTB 1. Skl C XIII)
Heft XIV
Deutsche Kriegführung im Mittelmeer
Januar 1942—Dezember 1942
(zitiert: KTB 1. Skl C XIV)
Heft XV
Zusammenarbeit mit Japan
Januar 1941—Dezember 1942
Januar 1943—Dezember 1944
(zitiert: KTB 1. Skl CXV)
Heft XVI
Verhältnis zu Frankreich
Oktober 1940—März 1943
(zitiert: KTB 1. Skl C XVI)

4. Kriegstagebuch der 1. Seekriegsleitung
Teil D
Lagebericht Ostasien
7. Dezember 1941—9. Dezember 1944
(zitiert: KTB 1. Skl D)

5. Kriegstagebuch der 1. Seekriegsleitung Ic
Länderakten Ostasien (Japan)
6. Mai 1944—10. Februar 1945
(Signatur des Militärgeschichtlichen Forschungsamtes III M 101/6)
(zitiert: KTB 1. Skl Ic, Japan)
Länderakten
9. Januar 1945—16. März 1945
(Signatur des Militärgeschichtlichen Forschungsamtes III M 101/7)
(zitiert: KTB 1. Skl Ic, Länderakten)

6. Kriegstagebuch der 1. Seekriegsleitung I. m. I-1
Lagemeldungen Deutsches Marinekommando Italien
Januar 1942—Juli 1942
(zitiert: KTB 1. Skl l. m. I-1)

7. Kriegstagebuch der 3. Seekriegsleitung
Politische Übersicht
Band 14, 1. Dezember 1941—31. Januar 1942
Band 16, 1. April 1942—30. Mai 1942
Band 17, 1. Juni 1942—31. Juli 1942
(zitiert: KTB 3. Skl)

8. Oberkommando der Kriegsmarine
Akten betreffend Vorgeschichte zum Kriege
23. Juli 1941—27. März 1942
Signatur des Militärgeschichtlichen Forschungsamtes III M 3001/1)
(zitiert: OKM, Akten betreffend Vorgeschichte zum Kriege)
Akte Übersee 1939—1944
Verschiedene Berichte
14. November 1939—16. Februar 1944
(Signatur des Militärgeschichtlichen Forschungsamtes III M 3001/3)
(zitiert: OKM, Akte Übersee)
Akte Allgemeines 1941/42
21. Dezember 1941—1. April 1942
(Signatur des Militärgeschichtlichen Forschungsamtes III M 3001/8)
(zitiert: OKM, Akte Allgemeines)

b. *Heeresakten:*

1. OKW/WFSt/Abt. L (I op) Lageberichte SO, O, W, N, Mittelmeer, Africa vom 1.—23. 5. 1941	(Signatur des Militärgeschichtlichen Forschungsamtes:) III W 2/11
2. OKW/WFSt/Qu Chefsachen Italien	III W 57
3. OKW/WFSt/LIV Chefsachen „Barbarossa" Februar—Mai 1941	III W 59/1
4. OKW Funkspruch H. Gr. Kurland: Antrag des lettischen Nationalkomitees auf Umwandlung in selbständige provisiorische Regierung Bericht Stahmer aus Tokio (vom 10. 5. 1945)	OKW 2033
5. GenSt d H/Op. Abt. II b Naher Osten vom 2. 7. 1941	III H 421
6. GenSt d H/Op. Abt. II Ferner Osten — Allgemein, Band I 23. 1. 1942—5. 7. 1942	III H 422/1
7. GenSt d H/Op. Abt. II Ferner Osten — Allgemein, Band II 24. 7. 1942—11. 11. 1943	III H 422/2
8. GenSt d H/Op. Abt. II Madagaskar 12. 9. 1942—9. 11. 1942	III H 423
9. GenSt d H/Op. Abt. II Allgemein, Chefsachen, Band II 27. 7. 1940—29. 4. 1943	III H 441
10. GenSt d H/Op. Abt. II Verschiedenes, Chefsachen 9. 11. 1940—2. 7. 1944	III H 442
11. GenSt d H/Abt. Fremde Heere Ost Verschiedenes (März 1941—3. 4. 1945)	H 3/513

12. (GenSt d H/Abt. Fremde Heere Ost) Wirkungsbereich der japanischen Flotte im Stillen Ozean Anlage 8 zu Abt. Fr. H. Ost (IId) Nr. 770/41 geh., Stand Febr. 1941 — H 3/1804
13. (GenSt d H/Abt. Fremde Heere Ost) Anlage zu Fr. H. Ost (III) Nr. 4812/41 geh. Kräftegegenüberstellung Japan—Vereinigte Staaten von Nordamerika, Stand: Ende Dezember 1941 — H 3/1811
14. (GenSt d H/Abt. Fremde Heere Ost) (Befehlsstruktur und Einsatz der japanischen Armee 1943 und 1944, Kartei nach AOKs und Divisionen aufgeschlüsselt) — H 3/1820
15. (GenSt d H/Abt.) Fremde Heere Ost (20. 1. 1944—3. 3. 1945, antibolschewistische Propaganda, Vlassov-Armee) — H 3/1824
16. OKH/GenSt d H/Op. Abt. II Kaukasus (8. 8. 1941—7. 10. 1941) — H 22/365
17. (GenSt d H/Att. Abt.) Kriegstagebuch Nr. 1 der Attaché Abteilung Juli 1942—Febr. 1943 — H 27/5
18. (GenSt d H/Att. Abt., bzw. ab 23. 7. 1944 OKW/WFStab/Amtsgr. Ausl./Att. Abt.) (Tätigkeitsberichte und Anlagen der Ressorts der Attaché Abteilung März 1944—Oktober 1944) — H 27/6
19. (GenSt d H/Att. Abt.) (Aufzeichnungen für Chef Att. Abt., Oberst i. G. Schuchardt, 2. 6. 1944—23. 7. 1944) — H 27/7
20. (GenSt d H/Att. Abt.) Kriegstagebuchentwurf (für die Attaché Abteilung) 30. 12. 1943—9. 1. 1944 (GenSt d H/Att. Abt.) Kriegstagebuchentwurf der Attaché Abteilung, auf Befehl des Abteilungs-Chefs geführt ab 10. 1. 1944 durch Rittmeister Hampe (bis 22. 1. 1944) — H 27/8
21. (GenSt d H/Att. Abt.) Deutsche Militärattachés vom 1. 2. 1940 bis (1. 8. 1940) — H 27/34
22. (GenSt d H/Att. Abt.) Chefsachen Att. Abt. Ia Jahrgang 1942 — H 27/44
23. (GenSt d H/Att. Abt.) Kriegstagebuch der Att. Abt. GenSt d H, Teil I, 1. März 1943—31. Mai 1944 — H 27/56
24. (GenSt d H/Att. Abt.) Kriegstagebuch der Att. Abt. GenSt d H, Band III, Anlagen (zu Teil I) 1. März 1943—31. Mai 1944 — H 27/57

25. (GenSt d H/Att. Abt.)
Tätigkeitsberichte (und Anlagen der Ressorts der Att. Abt. und der Militärattachés, März 1943—Juni 1944) H 27/58

Da die Titel der Heeresakten meist unvollständig sind, wurden sie dem Inhalt entsprechend in Klammern ( ) ergänzt.
(zitiert: Heeresakte + entsprechende Signatur)

c. *Luftwaffenakten:*

1. R. d. L. u. Ob. d. L.
Generalflugzeugmeister
Einsatzaufgaben für Fernstflugzeuge
GL/A—Rü/Nr. 208/42 gKdos vom 27. 4. 1942 III L 313
(zitiert: Luftwaffenakte III L 313)

C. *Bibiliothek für Zeitgeschichte, Stuttgart*

German Naval Archives
Admirality London
Führer Conferences on Naval Affairs 7 September 1939—18 April 1945
Microfilm
(zitiert: Lagevorträge ObdM vor Hitler)

D. *National Archives and Records Service, Washington, D. C., U. S. A.*

American Historical Association
American Committee for the Study of War Documents

1. Microfilm: Microcopy T-82, Roll 90
Nr. GD 455
Azad Hind (Freies Indien), Zeitschrift für, Nr. 5/6, 1944
Nr. GD 509
RLM, Generalflugzeugmeister/A, Rüstung IV:
„Japan, Luftrüstungsindustrie und Fluggerät, Stand 1. Januar 1942"
Nr. GD 470
OKW/WFSt/VO
Ag Ausland
„1. Indien; 2. Besuche, Besprechungen, politische Verlautbarungen; 3. Mil.Att. Tokio; 4. Japan (politisch und wirtschaftlich); 5. japanische Marine und Luftwaffe; 6. China; 7. Überblick Frd. Heere mit Vorlagen; 8. Vorlage Mil.Att. Tokio"
(Militärische und politische Informationen über den Fernen Osten, die zwischen 1943 und 1945 beim Oberkommando der Wehrmacht/Wehrmachtführungsstab eingingen)
2. Microfilm: Microcopy T-82, Roll 92
OKW
Wirtschafts- und Rüstungsamt
Geheim-Archiv
Nr. GD 574, 575, 571, 572, 576, 578, 579, 580, 582, 583, 584, 601—613, 615—657.
(In der Hauptsache Denkschriften zu Wirtschaftsfragen des Fernen Ostens 1940/41, einige Dokumente betreffs der wirtschaftlichen Zusammenarbeit Deutschlands mit Japan 1944/45. Für eine genaue Inhaltsangabe der einzelnen Faszikel siehe No 6 der „Guides to German Records, Microfilmed at Alexandria, VA.", Washington 1959)

3. Microfilm: Microcopy T-82, Roll 113
Nr. GD 987 a
OKH/GenSt d H
„Meldungen (des GenSt d H/Abt. Fr. H. Ost (III), Gehlen) an japanischen Militärattaché (1942—1944)"
„Zusammenarbeit Deutschland—Japan im Rahmen des Dreimächtepaktes (1941—1943)"
Nr. GD 987
OKH/GenSt d H/Abt. Fr. H. West
(Berichte der Militärattachés Bangkok 1943—Februar 1945, Nanking 1944—1945 und Tokio November 1943—März 1945)
Nr. GD 987 b
OKH/GenSt d H
„Kriegstagebuch, chinesisch-japanischer Krieg 7. 5. 1941—3. 4. 1942"
„Heere Ostasien"
„Kriegstagebuch China (7./8. 12. 1941—15. 2. 1945)"
„Kriegstagebuch Japan (15. 6. 1944—1. 3. 1945)"
„Kriegstagebuch Mandschukuo (29. 7. 1944—21. 12. 1944)"
„Kriegstagebuch Malayische Halbinsel und Thailand (7./8. 12. 1941—5. 3. 1945)"
„Kriegstagebuch Philippinen-Marianen (7./8. 12. 1941—5. 3. 1945)"
„Kriegstagebuch Pazifik (7./8. 12. 1941—30. 10. 1944)"
„Kriegstagebuch Niederl. Indien, Borneo, Australien, Neu Guinea (8. 12. 1941—6. 3. 1945)"
Nr. GD 987 c
OKH/GenSt d H
OQuIV/Abt. Fr. H. Ost III
Nr. 4870/41
„Die chinesische Kriegswehrmacht, Stand 1. 10. 1941"
(Allgemeine Informationen über die Streitkräfte Tschiang Kai-scheks und die kommunistischen chinesischen Armeen, 1941—1945)
4. Microfilm: Microcopy T-82, Roll 135
Nr. GD 1150
(Japanische Botschaft, Berlin)
(Vorbereitung eines Fluges Tokio—Berlin, Mai—Juli 1943)
5. Microfilm: Microcopy T-179, Roll 74
Japanische Botschaft, Berlin
Nr. GD 110, 114, 115, 116, 118, 119, 120, 123, 124, 126, 127, 128, 130
(Im wesentlichen Dokumente in japanisch und deutsch über Wirtschaftsfragen, militärische Lagen sowie über Gesellschaften an der japanischen Botschaft in Berlin. Für eine genaue Inhaltsangabe der einzelnen Faszikel siehe No 15 der „Guides to German Records, Microfilmed at Alexandria, VA.", Washington 1960)
(*zitiert* werden bei den amerikanischen Microfilmen die Nr. der Microcopy, die Nr. der Roll, die Item-Nr. und sogenannte Frame-Nr., d. h. die durchlaufenden amerikanischen Nummern)
(E. nur sekundär, *International Military Tribunal, Far East, Tokyo*
Record of Proceedings, Exhibits, Judgements, Dissenting Judgements)
(*zitiert:* IMTFE .....)

II. Amtliche Aktenpublikationen und sonstige veröffentlichte Dokumente

Akten zur deutschen auswärtigen Politik 1918—1945. Aus dem Archiv des Auswärtigen Amts. Serie D (1937—1945), Band XI. Bonn 1965.
(zitiert: ADAP D XI)

Documents on German Foreign Policy 1918—1945. Series D. Volume XII. The War Years. February 1—June 22, 1941. London 1962.
(zitiert: ADAP D XII)

Documents on German Foreign Policy 1918—1945. Series D. Volume XIII. The War Years. June 23—December 11, 1941. London 1964.
(zitiert: ADAP D XIII)

Churchill, Winston S.: Reden 1940—1941. Der unerbittliche Kampf. Gesammelt von Charles Eade. Zürich 1947.
Reden 1942. Das Ende des Anfanges. Gesammelt von Charles Eade. Zürich 1948.
Reden 1943. Vorwärts zum Sieg. Gesammelt von Charles Eade. Zürich 1948.
Reden 1944. Das Morgengrauen der Befreiung. Gesammelt von Charles Eade. Zürich 1949.
Reden 1945. Endsieg. Gesammelt von Charles Eade. Zürich 1950.
(zitiert: Churchill, Reden + Jahrgang)

Ciano, Galeazzo: L'Europa verso la catastrofe. 184 colloqui con Mussolini, Hitler, Franco, Chamberlain, Sumner Welles, Rustu Aras, Stoiadinović, Göring, Zogu, François-Poncet ecc. Genua 1948.
(zitiert: Ciano, L'Europa)

Heiber, Helmut (Hrsg.): Hitlers Lagebesprechungen. Die Protokollfragmente seiner militärischen Konferenzen 1942—1945. Stuttgart 1962.

Hillgruber, Andreas (Hrsg.): Staatsmänner und Diplomaten bei Hitler. Vertrauliche Aufzeichnungen über Unterredungen mit Vertretern des Auslandes 1939—1941. Frankfurt am Main 1966.
(zitiert: Hillgruber, Unterredungen Hitlers)

Hubatsch, Walther (Hrsg.): Hitlers Weisungen für die Kriegführung 1939—1945. Dokumente des Oberkommandos der Wehrmacht. Frankfurt am Main 1962.

Ike, Nobutaka (Hrsg.): Japan's Decision for War. Records of the 1941 Policy Conferences. Stanford, California 1967.

Internationaler Militärgerichtshof, Nürnberg. Der Prozeß gegen die Hauptkriegsverbrecher. 42 Bände. Nürnberg 1947—1949.
(zitiert: IMT . . .)

Jacobsen, Hans-Adolf: 1939—1945. Der Zweite Weltkrieg in Chronik und Dokumenten. Darmstadt 1961[5].

Kriegstagebuch des Oberkommandos der Wehrmacht (Wehrmachtführungsstab)
Band I:
1. August 1940—31. Dezember 1941. Zusammengestellt und erläutert von Hans-Adolf Jacobsen. Frankfurt am Main 1965.
Band II:
1. Januar 1942—31. Dezember 1942. Zusammengestellt und erläutert von Andreas Hillgruber. 2 Halbbände. Frankfurt am Main 1963.
Band III:
1. Januar 1943—31. Dezember 1943. Zusammengestellt und erläutert von Walther Hubatsch. 2 Halbbände. Frankfurt am Main 1963.
Band IV:
1. Januar 1944—22. Mai 1945. Eingeleitet und erläutert von Percy Ernst Schramm. 2 Halbbände. Frankfurt am Main 1961.
(zitiert: KTB OKW)

Lohmann, Walter und Hans H. Hildebrand: Die deutsche Kriegsmarine 1939—1945. Gliederung—Einsatz—Stellenbesetzung. 3 Bände. Bad Nauheim 1956—1964.

Mussolini, Benito: Opera Omnia di Benito Mussolini, Firenze 1960.
Band XXX:
Dall'Intervento dell'Italia nella seconda Guerra mondiale al Discorso al Direttorio

Nazionale del P. N. F. (Partito Nazionale Fascista) del 3 Gennaio 1942. (11 Guigno 1940—3 Gennaio 1942).
Band XXXI:
Dal Discorso al Direttorio Nazionale del P. N. F. del 3 Gennaio 1942 alla Liberazione di Mussolini. (4 Gennaio 1942—12 Settembre 1943).
Band XXXII:
Dalla Liberazione di Mussolini all'Epilogo La Repubblika Sociale Italiana. (13 Settembre 1943—28 Aprile 1945).
Picker, Henry: Hitlers Tischgespräche im Führerhauptquartier 1941—1942. Im Auftrage des Verlages neu herausgegeben von Percy Ernst Schramm in Zusammenarbeit mit Andreas Hillgruber und Martin Vogt. Stuttgart 1963.

III. Memoiren und Tagebuchaufzeichnungen

Abetz, Otto: Das offene Problem. Ein Rückblick auf zwei Jahrzehnte deutscher Frankreichpolitik. Köln 1951.
Abshagen, Karl-Heinz: Im Lande Arimasen. Als Journalist im Fernen Osten 1941—1946. Stuttgart 1948.
Bose, Subhas Chandra: The Indian Struggle 1935—1942. Calcutta 1952.
Churchill, Winston S.: Der Zweite Weltkrieg. Vierter Band: Schicksalswende. Erstes Buch: Die Sturmflut aus Japan. Stuttgart—Hamburg 1952.
Der Zweite Weltkrieg. Vierter Band: Schicksalswende. Zweites Buch: Die Befreiung Afrikas. Stuttgart—Hamburg 1952.
Der Zweite Weltkrieg. Fünfter Band: Der Ring schließt sich. Erstes Buch: Italien kapituliert. Stuttgart—Hamburg 1953.
Der Zweite Weltkrieg. Fünfter Band: Der Ring schließt sich. Zweites Buch: Von Teheran bis Rom. Stuttgart—Hamburg 1953.
(zitiert: Churchill, Zweiter Weltkrieg)
Ciano, Galeazzo: Tagebücher 1939—1943. Bern 1947.
(zitiert: Ciano Tagebücher)
Dirksen, Herbert von: Moskau — Tokio — London. Erinnerungen und Betrachtungen zu 20 Jahren deutscher Außenpolitik 1919—1939. Stuttgart 1950.
Fuchida, Mitsuo und Masatake Okumiya: Midway, the Battle that Doomed Japan. The Japanese Navy's Story. United States Naval Institute Annapolis, Maryland 1955.
Goebbels Tagebücher. Aus den Jahren 1942—43, mit anderen Dokumenten herausgegeben von Louis P. Lochner. Zürich 1948.
Grobba, Fritz: Männer und Mächte im Orient. 25 Jahre diplomatischer Tätigkeit im Orient. Göttingen 1967.
Gronau, Wolfgang von: Im Lande der aufgehenden Sonne. In: „Weltflieger Erinnerungen 1926—1947". Stuttgart 1955. S. 234—316.
Halder, Generaloberst: Kriegstagebuch. Band III: Der Rußlandfeldzug bis zum Marsch auf Stalingrad. (22. 6. 1941—24. 9. 1942). Bearbeitet von Hans-Adolf Jacobsen. Stuttgart 1964.
Hanayama, Shinsho: The Way of Deliverance. Three Years with the Condemned Japanese War Criminals. New York 1950.
Hashimoto, Mochitsura: Sunk. The Story of the Japanese Submarine Fleet 1942—1945. London 1954.
Hassell, Ulrich von: Vom andern Deutschland. Aus den nachgelassenen Tagebüchern 1938—1944. Zürich 1948.
Hull, Cordell: The Memoirs of Cordell Hull. In two volumes. New York 1948.
James, David Henry: The Rise and Fall of the Japanese Empire. New York 1951.
Kase, Toshikazu: Eclipse of the Rising Sun. London 1951.

Kleist, Peter: Zwischen Hitler und Stalin 1939—1945. Aufzeichnungen. Bonn 1950.
Kordt, Erich: Nicht aus den Akten... Die Wilhelmstraße in Frieden und Krieg. Erlebnisse, Begegnungen und Eindrücke 1928—1945. Stuttgart 1950.
(zitiert: Kordt, Nicht aus den Akten)
Kordt, Erich: Wahn und Wirklichkeit. Herausgegeben unter Mitwirkung von Karl-Heinz Abshagen. Stuttgart 1947.
(zitiert: Kordt, Wahn und Wirklichkeit)
Leahy, William D.: I Was There. The Personal Story of the Chief of Staff to Presidents Roosevelt and Truman. Based on His Notes and Diaries Made at the Time (1942—1945). London—New York—Toronto 1950.
Murphy, Robert: Diplomat unter Kriegern. Zwei Jahrzehnte Weltpolitik in besonderer Mission. Berlin (1964).
Nomura, Kichisaburo: Beikoku ni shishite, Nichi-Bei kosho no kaiko (Im Dienst in Amerika, Erinnerungen an die Verhandlungen zwischen Japan und Amerika). Iwanami Verlag Tokio 1946 (umfassender englischsprachiger Dokumentenanhang).
Nomura, Naokuni: Memoirs and Documents. German—Italian and Japanese Joint Strategical Cooperation in the World War II. (Arbeitstitel eines 1955 abgeschlossenen Manuskriptes, im Besitz von Dr. J. Rohwer/Stuttgart).
Ott, Eugen: (Kurzer, in englisch abgefaßter Tätigkeitsbericht über seine Amtszeit als Botschafter, Peking 1947. Manuskript im Privatbesitz von Botschafter i. R. Eugen Ott, München).
Raeder, Erich: Mein Leben. Band II. Von 1935 bis Spandau 1955. Tübingen 1957.
Ribbentrop, Joachim von: Zwischen London und Moskau. Erinnerungen und letzte Aufzeichnungen. Aus dem Nachlaß herausgegeben von Annelies von Ribbentrop. Leoni am Starnberger See 1954.
Rintelen, Enno von: Mussolini als Bundesgenosse. Erinnerungen des deutschen Militärattachés in Rom 1936—1943. Tübingen—Stuttgart 1951.
Semmler, Rudolf: Goebbels — the man next to Hitler. London 1947.
Shigemitsu, Mamoru: Die Schicksalsjahre Japans. Vom ersten bis zum Ende des zweiten Weltkrieges 1920—1945. Denkwürdigkeiten des letzten japanischen Außenministers im zweiten Weltkrieg. Frankfurt am Main 1959.
Stahmer, Heinrich Georg: Japans Niederlage — Asiens Sieg. Aufstieg eines größeren Ostasiens. Bielefeld 1952.
Thomas, Georg: Geschichte der deutschen Wehr- und Rüstungswirtschaft (1918—1943/45). Boppard am Rhein 1966.
Togo, Shigenori: Japan im Zweiten Weltkrieg. Erinnerungen des japanischen Außenministers 1941—42 und 1945. Bonn 1958.
Tsuji, Masanobu: Singapore, the Japanese Version. London 1962.
Warlimont, Walter: Im Hauptquartier der deutschen Wehrmacht 1939—1945. Grundlagen — Formen — Gestalten. Frankfurt am Main 1962.
Weizsäcker, Ernst von: Erinnerungen. München 1950.

IV. Darstellungen

Aron, Robert: Histoire de Vichy 1940—1944. Paris 1954.
Assmann, Kurt: Deutsche Schicksalsjahre. Historische Bilder aus dem zweiten Weltkrieg und seiner Vorgeschichte. Wiesbaden 1950.
Azād Hind (Freies Indien), Zeitschrift für. Herausgegeben von Pandit K. A. Bhatta.
1. Jahrgang: 1942 Hefte 1 bis 12.
K. Vowinckel Verlag Heidelberg—Berlin—Magdeburg.
2. Jahrgang: 1943 Hefte Nr. 1/2, 3/4, 5/6.
3. Jahrgang: 1944 Hefte Nr. 1, 2, 3/4.
Eigenverlag Zentrale Freies Indien, Berlin.

Bersihand, Roger: Geschichte Japans von den Anfängen bis zur Gegenwart. Stuttgart 1963.
Brennecke, Jochen: Das große Abenteuer. Deutsche Hilfskreuzer 1939—1945. Biberach/Riß 1958.
(zitiert: Brennecke, Deutsche Hilfskreuzer)
Brennecke, Jochen: Haie im Paradies. Der deutsche U-Bootkrieg in Asiens Gewässern 1943—1945. Preetz 1961.
(zitiert: Brennecke, deutscher U-Bootkrieg in Asiens Gewässern)
Brennecke, Jochen: Schwarze Schiffe — Weite See. Die geheimnisvollen Fahrten deutscher Blockadebrecher. Oldenburg—Hamburg 1958.
(zitiert: Brennecke, Blockadebrecher)
Brown, Delmer M.: Nationalism in Japan. An Introductory Historical Analysis. Berkeley and Los Angeles 1955.
Browne, Courtney: Tojo: The Last Banzai. London 1967.
Butow, Robert J. C.: The Nomura—Hull Conversations: A Fundamental Misconception. In „The American Historical Review", Volume LXV, No. 4, July 1960, S. 822—836.
(zitiert: Butow, Nomura—Hull Conversations)
Butow, Robert J. C.: Tojo and the Coming of the War. Princeton 1961.
(zitiert: Butow, Tojo)
Byas, Hugh: Government by Assassination. New York 1942.
Cohen, Jerome B.: Japan's Economy in War and Reconstruction. Minneapolis 1949.
Colbert, Evelyn S.: The Left Wing in Japanese Politics. New York 1952.
Compton, James W.: Hitler und die USA. Die Amerikapolitik des Dritten Reiches und die Ursprünge des Zweiten Weltkrieges. Oldenburg—Hamburg 1968.
Dallin, David D.: Soviet Russia and the Far East. Yale University Press 1948.
Darlan, Alain: L'Amiral Darlan parle . . . Paris 1952.
Deakin, F. W.: The Brutal Friendship. Mussolini, Hitler and the Fall of Italian Fascism. London 1962.
Deakin, F. W. und G. R. Storry: Richard Sorge. Die Geschichte eines großen Doppelspiels. München 1965.
Drechsler, Karl: Deutschland — China — Japan 1933—1939. Das Dilemma der deutschen Fernostpolitik. (Ost)Berlin 1964.
Engel, Josef: Pearl Harbor und der Eintritt der Vereinigten Staaten in den Zweiten Weltkrieg. In: „Historische Forschungen und Probleme". Peter Rassow zum 70. Geburtstage dargebracht. Herausgegeben von Karl Erich Born. Wiesbaden 1961, S. 358—373.
Epstein, Fritz T.: National Socialism and French Colonialism. In „Journal of Central European Affairs". Volume III, April 1943, S. 52—64.
Falk, Stanley L.: Organization and Military Power. The Japanese High Command in World War II. In: „Political Science Quarterly". Volume LXXVI, December 1961, No 4, S. 503—518.
(zitiert: Falk, Japanese High Command)
Falk, Stanley S.: Japanese Strategy in World War II. In: Military Review". June 1962, S. 70—81.
(zitiert: Falk, Japanese Strategy)
Farago, Ladislas: Codebrecher am Werk. Trotzdem kam es zu Pearl Harbor. Frankfurt—Berlin 1967.
Fishel, Wesley R.: A Japanese Peace Maneuver in 1944. In: „The Far Eastern Quarterly". Volume VIII, August 1949, No 4, S. 387—397.
Friedländer, Saul: Auftakt zum Untergang. Hitler und die Vereinigten Staaten von Amerika 1939—1941. Stuttgart—Berlin—Köln—Mainz 1965.
Geschichte des Großen Vaterländischen Krieges der Sowjetunion, in 6 Bänden. Herausgegeben vom Institut für Marxismus-Leninismus beim Zentralkomitee der Kommunistischen Partei der Sowjetunion.

Band 2:
Die Abwehr des wortbrüchigen Überfalls des faschistischen Deutschlands auf die Sowjetunion. Die Schaffung der Voraussetzungen für den grundlegenden Umschwung im Kriege. Berlin 1963.
Band 3:
Der grundlegende Umschwung im Verlauf des Großen Vaterländischen Krieges. Berlin 1964.
Band 4:
Die Vertreibung des Gegners vom Territorium der Sowjetunion und der Beginn der Befreiung Europas vom faschistischen Joch. Berlin 1965.
Band 5:
Die siegreiche Beendigung des Krieges mit dem faschistischen Deutschland. Die Niederlage des imperialistischen Japans. Berlin 1967.

Glasneck, Johannes und Inge Kircheisen: Türkei und Afghanistan. Brennpunkte der Orientpolitik im Zweiten Weltkrieg. (Ost)Berlin 1968.

Goldberg, D. J.: Vnešnjaja politika Japonii. Sentjabr' 1939 g.—Dekabr' 1941 g. Moskva 1959.

Grenfell, Rusell: Das Ende einer Epoche. Tübingen 1955.

Hass, Gerhart: Von München bis Pearl Harbor. Zur Geschichte der deutsch-amerikanischen Beziehungen 1938—1941. (Ost)Berlin 1965.

Hattori, Takushiro: The Complete History of the Greater East Asia War. 4 Bände, 10 Bücher. Masu Publishing Company, Tokio 1953. Microgefilmte Übersetzung des japanischen Originals „Dai To-A Senso Zenshi". Angefertigt von der „500th Military Intelligence Group APO 613" des amerikanischen Hauptquartiers in Tokio. Microfilmkopie im Besitz der Bibliothek für Zeitgeschichte, Stuttgart.

Hayashi, Saburo: KOGUN. The Japanese Army in the Pacific War. Quantico, Va. 1959.

Hillgruber, Andreas: Hitlers Strategie. Politik und Kriegführung 1940—1941. Frankfurt am am Main 1965.
(zitiert: Hillgruber, Hitlers Strategie)

Hillgruber, Andreas und Gerhard Hümmelchen: Chronik des Zweiten Weltkrieges. Frankfurt am Main 1966.

Hirszowicz, Łukas: The Third Reich and the Arab East. London 1966. (Polnische Originalausgabe: III Rzesza i Arabski Wschód. Warszawa 1963).

Hümmelchen, Gerhard: Handelsstörer. Handelskrieg deutscher Überwasserstreitkräfte im Zweiten Weltkrieg. München 1967².

Iklé, Frank William: German-Japanese Relations 1936—1940. New York 1956.

Israeljan, V. L.: Diplomatičeskaja Istorija Velikoj Otečestvennoj Vojny 1941—1945 gg. Moskva 1959.

Istorija Vojny na Tichom Okeane, v Pjati Tomach. Izdatel'stvo Inostrannoj Literatury, Moskva 1958.
Tom III: Pervyj Period Vojny.
Tom IV: Vtoroj Period Vojny.
(Russische Übersetzung einer kommunistischen japanischen Darstellung).

Ito, Masanori und Roger Pineau: The End of the Imperial Japanese Navy. London 1962.

Jacobsen, Hans-Adolf: Zur Konzeption einer Geschichte des Zweiten Weltkrieges 1939—1945. Disposition mit kritisch ausgewähltem Schrifttum (bearbeitet unter Mitwirkung von Joachim Röseler). Frankfurt am Main 1964.
(zitiert: Jacobsen, Konzeption einer Geschichte des Zweiten Weltkrieges).

Jacobsen, Hans-Adolf: Der Zweite Weltkrieg. Grundzüge der Politik und Strategie in Dokumenten. Frankfurt am Main 1965.
(zitiert: Jacobsen, Zweiter Weltkrieg)

Jacobsen, Hans-Adolf und Jürgen Rohwer (Hrsg.): Entscheidungsschlachten des Zweiten Weltkrieges. Frankfurt am Main 1960.
(zitiert: Jacobsen/Rohwer).

Jäckel, Eberhard: Frankreich in Hitlers Europa. Die deutsche Frankreichpolitik im Zweiten Weltkrieg. Stuttgart 1966.

Japanisches Kriegstagebuch: Band I: Von Hawai bis Singapur. Band II: Von Singapur bis Mandalay und Corregidor. Herausgegeben in Verbindung mit der Kaiserlich Japanischen Militärmission, Berlin 1943.

Johnston, B. F. with Mosaburo Hosada and Yoshio Kusumi: Japanese Food Management in World War II. Stanford 1953.

Jones, F. C., H. Borton und B. R. Pearn: The Far East 1942—1946. In: „Survey of International Affairs 1939—1946". Oxford University Press 1955.
(zitiert: Jones, Far East)

Jones, F. C.: Japan's New Order in East Asia. Its Rise and Fall 1937—1945. London— Toronto—New York 1954.
(zitiert: Jones, Japan's New Order)

Kirby, S. Woodburn: The War Against Japan. Volume I: The Loss of Singapore. London 1957.
(zitiert: Kirby, Singapore)

Kirby, S. Woodburn: The War Against Japan. Volume II: India's Most Dangerous Hour. London 1958.
(zitiert: Kirby, India)

Lupke, Hubertus: Japans Rußlandpolitik von 1939 bis 1941. Frankfurt am Main—Berlin 1962.

Martienssen, Anthony K.: Hitler and his Admirals. New York 1949.

Martin, Bernd: Indien und die „Großostasiatische Wohlstandssphäre". Phasen der japanischen Besatzungspolitik in Asien. In: „Wehrwissenschaftliche Rundschau". Nr. 4, 1969, S. 196—S. 216.

Maxon, Yale Candee: Control of Japanese Foreign Policy. A Study of Civil-Military Rivalry 1930—1945. Berseley, California 1957.

Menzel, Johanna: German-Japanese Relations during the War 1939—1945. Chicago, Ill. 1957. (Unpublizierte Dissertation).

Michaux, Theo: Rohstoffe aus Ostasien. Die Fahrten der Blockadebrecher. In: „Wehrwissenschaftliche Rundschau". Nr. 11, 1955, S. 485-507.

Minuth, Karl-Heinz: Sowjetisch-deutsche Friedensfühler 1943. In: „Geschichte in Wissenschaft und Unterricht". Jhg. 16. Heft 1, 1965. S. 38—44.

Moore, Harriet L.: Soviet Far Eastern Policy 1931—1945. Princeton 1945.

Morton, Louis: The War in the Pacific, Strategy and Command: The First Two Years. Vol. 10th of the series „United States Army in World War II". Washington, D. C., 1962.
(zitiert: Morton, The War in the Pacific)

Morton, Louis: Soviet Intervention in the War with Japan. In: „Foreign Affairs, An American Quarterly Review". Volume XL, No 4, July 1962, S. 653—662.
(zitiert: Morton, Soviet Intervention)

Mosley, Leonard: Hirohito, Emperor of Japan. Englewood Cliffs, New Jersey 1966.

Motter, T. H. Vail: The Persian Corridor and Aid to Russia. Washington, D. C., 1952.

Mourin, Maxime: Les tentatives de paix dans la Seconde Guerre Mondiale (1939—1945). Paris 1949.

Presseisen, Ernst L.: Germany and Japan. A Study in Totalitarian Diplomacy 1933—1941. The Hague 1958.
(zitiert: Presseisen, Germany and Japan)

Presseisen, Ernst L.: Le Racisme et les Japonais (Un Dilemme Nazi). In: „Revue d'histoire de la deuxième guerre mondiale". No 51, Juillet 1963, pp 1—14.
(zitiert: Presseisen, Racisme)

Rohwer, Jürgen: Die japanische U-Bootwaffe im Zweiten Weltkrieg. In: „Marine Rundschau", Nr. 5, 1953, S. 129—145 und Nr. 6, 1953, S. 161—176.

Rohwer, Jürgen: Die U-Boot-Erfolge der Achsenmächte 1939—1945. München 1968. *(zitiert:* Rohwer, U-Boot-Erfolge)
Roskill, S. W.: The War at Sea 1939—1945.
Volume I: The Defence. London 1954.
Volume II: The Period of Balance. London 1956.
Ruge, Friedrich: Entscheidung im Pazifik. Die Ereignisse im Stillen Ozean 1941 bis 1945. Hamburg 1954².
Russell of Liverpool, Lord: The Knights of Bushido. A Short History of Japanese War Crimes. London 1958.
Sanders, Donald B. (Pseudonym): Stalin Plotted a Separate Peace. In: „The American Mercury". Volume LXV, November 1947, S. 519—527.
Sansom, George Bailey: Japan in World History. New York 1951.
Schechtmann, Joseph B.: The Mufti and the Fuehrer. The Rise and Fall of Haj Amin el-Husseini. New York—London 1965.
Schnabel, Reimund: Tiger und Schakal. Deutsche Indienpolitik 1941—1943. Wien 1968.
Schrenck-Notzing, Caspar: Hundert Jahre Indien. Die politische Entwicklung 1857—1960. Eine Einführung. Stuttgart 1961.
Schroeder, Paul W.: The Axis Alliance and Japanese-American Relations 1941. Ithaca, N. Y., 1958.
Selter, Gerhard: Zur Indienpolitik der faschistischen deutschen Regierung während des zweiten Weltkrieges. Phil. Diss. Leipzig 1965.
Seth, Ronald: Secret Servants. A History of Japanese Espionage. New York 1957.
Shiomi, Saburo: Japan's Finance and Taxation 1940—1956. New York 1957.
Shukow, J. M.: Die internationalen Beziehungen im Fernen Osten (1870—1945). (Ost)Berlin 1955.
Sommer, Theo: Deutschland und Japan zwischen den Mächten. Vom Antikominternpakt zum Dreimächtepakt. Eine Studie zur diplomatischen Vorgeschichte des Zweiten Weltkrieges. Tübingen 1962.
Spear, Percival: India. A Modern History. Ann Arbor, Michigan 1961.
Steinert, Marlis G.: Die 23 Tage der Regierung Dönitz. Düsseldorf—Wien 1967.
Storry, Richard: A History of Modern Japan. Penguin Books, Harmondsworth 1960.
Swearingen, Rodger und Paul Langer: Red Flag in Japan. International Communism in Action. Cambridge, Mass., 1952.
Tansill, Charles Callan: Die Hintertür zum Kriege. Das Drama der internationalen Diplomatie von Versailles bis Pearl Harbor. Düsseldorf 1956.
Tasaki, Hanama: Long the Imperial Way. Boston 1950.
Telpuchowski, Boris Semjonowitsch: Die sowjetische Geschichte des Großen Vaterländischen Krieges 1941—1945. Deutsche Ausgabe. Herausgegeben und kritisch erläutert von Andreas Hillgruber und Hans-Adolf Jacobsen. Frankfurt am Main 1961.
Tillmann, Heinz: Deutschlands Araberpolitik im Zweiten Weltkrieg. (Ost)Berlin 1965.
Toye, Hugh: The Springing Tiger. A Study of a Revolutionary (S. C. Bose). London 1959.
Trefousse, H. L.: Germany and Pearl Harbor. In: „Far Eastern Quarterly". Volume XI, No 1, November 1951, S. 35—50.
Treue, Wilhelm: Gummi in Deutschland 1933 und 1945. In: „Wehrwissenschaftliche Rundschau". Nr. 4, 1955, S. 169—185. (Auszug aus dem Buch: „Gummi in Deutschland. Die deutsche Kautschukversorgung und Gummiindustrie im Rahmen weltwirtschaftlicher Entwicklungen". München 1956.)
Werth, Alexander: Russia at War 1941—1945. New York 1964.
Wohlstetter, Roberta: Pearl Harbor. Signale und Entscheidungen. Zürich 1966.

Danksagung

Zum Abschluß der vorliegenden Arbeit bleibt die mit dem Gefühl der Erleichterung verbundene angenehme Aufgabe, vielfachen Dank all denen abzustatten, die mit Kritik, Rat und Ermunterung sowie technischen Hilfen zur Fertigstellung dieses Buches beitrugen. Vorab gilt mein Dank zu gleichen Teilen meinen beiden akademischen Lehrern, dem Marburger Ordinarius für osteuropäische Geschichte, Professor Dr. Peter Scheibert, und dem jetzt in Freiburg lehrenden Historiker, Professor Dr. Andreas Hillgruber. Letzterer gab vor nunmehr vier Jahren die Anregung zu diesem Thema, führte mit wertvollen Hinweisen den im Bereich der Zeitgeschichte noch Unerfahrenen in diese Wissenschaft ein und überwachte sorgsam die Entstehung des Manuskriptes. Während dieser Zeit gewährte Professor Scheibert dem Doktoranden eine feste Bleibe in der persönlichen und anregenden Atmosphäre seines Seminars; auch unterzog er sich der Mühe, das endgültige Manuskript gründlich durchzuarbeiten und kritisch zu begutachten.

Für die Beschaffung der zahlreichen Quellenmaterialien sei den Archivaren des Politischen Archivs im Auswärtigen Amt Bonn (Dr. Ullrich, Dr. Lange) und des Militärgeschichtlichen Forschungsamtes, jetzt Bundesarchiv-Militärarchiv, in Freiburg i. Br. gedankt. Aus der riesigen Fülle von Materialien des Freiburger Archives halfen besonders die Herren Dr. Arenz und Dr. Maierhöfer, viele bis dahin unbekannte Aktenfaszikel zu bergen. Auch war der fachmännische Rat von Herrn Kapitän zur See Bidlingmaier unentbehrlich, um die einzelnen Farbschlüssel der Seekriegsleitung zu entschlüsseln.

Dank gebührt ebenfalls den verschiedenen Bibliotheken. Unpublizierte Manuskripte aus der „Bibliothek für Zeitgeschichte“ in Stuttgart (Dr. Rohwer) füllten bis zu einem gewissen Grad die Lücke an japanischer Literatur zur Problematik der Arbeit und bewahrten die Darstellung vor den Mängeln, die eine allein aus deutscher Sicht geschriebene Studie hätte aufweisen müssen. Weitere Spezialliteratur konnte mit Hilfe der „Staatsbibliothek der Stiftung Preußischer Kulturbesitz“, der Universitätsbibliothek Marburg sowie der Bibliotheken der historischen Seminare an der Philipps-Universität beschafft werden.

Neben der Auseinandersetzung mit unübersehbaren Bergen von totem Material war es eine besondere, nur dem Zeitgeschichtler zufallende Gunst, die gewonnenen Ergebnisse in zwei Besprechungen mit noch lebenden Zeugen bestätigt zu sehen. Dem ehemaligen Gehilfen des deutschen Militärattachés in Tokio, Major a. D. Dr. Karsch (Kassel), sowie vor allem dem ehemaligen deutschen Botschafter in Tokio, General a. D. Eugen Ott (München) gebührt Dank für ihre — leider nicht bei allen Beteiligten anzutreffende — selbstverständliche Bereitwilligkeit, mit der sie auf die Fragen eines jungen am Geschehen unbeteiligten Historikers eingegangen sind.

Durch die liebenswürdige Vermittlung des heutigen Marineattachés an der Deutschen Botschaft in Tokio, Kapitän zur See Dr. Schünemann, konnte der Dialog mit japanischen Fachhistorikern noch vor dem Erscheinen des Buches eröffnet werden. Dem Nestor der japanischen Zeitgeschichte, Professor Dr. Jun Tsunoda (Tokio), sei auch an dieser Stelle nochmals für seine aufmerksame Durchsicht des Manuskriptes und seine wertvollen Kommentare gedankt. Auch einem seiner Schüler, Professor Dr. Masaki Miyake, der im Sommer 1968 eine Gastprofessur an der Freien Universität Berlin innehatte, sei Dank ausgesprochen für sein genaues Studium des Manuskriptes. Durch die freundliche Einladung von Professor Dr. Jäckel (Stuttgart) zu einem Colloquium über Fragen der japanischen Zeitgeschichte konnte der Verfasser Ende Juni 1968 persönlich mit Prof. Miyake zusammentreffen und die angeknüpften Kontakte vertiefen.

Zum Schluß möchte ich dem „Arbeitskreis für Wehrforschung“ und ganz besonders seinem Geschäftsführer, Dr. Gerhard Hümmelchen, Dank sagen für die nicht allein auf finanzielle Unterstützung beschränkte Hilfe, um das Buch in der vorliegenden, vom Musterschmidt-Verlag sauber gestalteten Fassung der Öffentlichkeit zugänglich zu machen. Die vielen Helfer bei der mehr technischen Fertigstellung des Manuskriptes und bei der Korrektur der Fahnen aufzuführen, würden den Rahmen sprengen, doch seien auch sie ausdrücklich in den allgemeinen Dank des Autors mit einbezogen.

Die Philosophische Fakultät der Philipps-Universität Marburg nahm die Arbeit im November 1967 als Dissertation an.

Marbach/Marburg-Lahn, im November 1968 Bernd Martin

Stellungnahme von Professor Dr. Jun Tsunoda/Tokio

Zu S. 17 5. Zeile von oben:

In the period 1938—9, that is about a year before the German-Soviet Pact was concluded, the navy as well as the army was strongly in favour of concluding a military alliance with Germany. It is not proper during that period to call the army alone "der Träger" usw.

10. Zeile von oben:

The essence of "Kontinentalpolitik" had consistently been defence against Russia, whether Tsarist or Communist. It was sanctified by Imperial Consent to the "Principle of Imperial Defence" in 1907, which assumed Russia as the enemy in land-warfare. The colonial consideration was allowed to take only the second or third position with regard to that sacred "Principle".

3. Zeile von unten:

By the "Principle of Imperial Defence" of 1907, which had not been fundamentally amended till 1945, the assumed enemy of the navy was established as the United States. As the colonial consideration was to the army, so the economic consideration was to the navy only the second or third one. As to the "Angelsächsischen Seemächte", the established enemy of the navy had been the United States since 1907, Great Britain assuming the second place in the enemy-list only around 1938, owing to her assistance to the Chiang-Kai-Shek régime during the Sino-Japanese war.

Zu S. 18 8. Zeile von oben:

The "Principle of Imperial Defence" was drafted, reported to the Throne, and given Imperial Sanction without governmental knowledge in 1907. The same process was thereafter repeated in two minor amendments to that "Principle". But the Government thought, though it was ignorant of this "Principle", that it could keep control of the military by budgetary measures.

13. Zeile von oben:

At the moment of the break-out of the European War (September 1939) the Government, formed just at that moment, declared the Japanese position as "non-committed to the hostilities in Europe", the main reasons for the Government being:

a) Strong feeling of distrust towards Germany, which had concluded a Nonaggression Pact with the Soviet Union.

b) Strong political necessity to pacify the internal political situation, which had been divided deeply on the issue of military alliance with Germany over the period August 1938—August 1939; the best way was considered to be to drop the issue of contact with Germany.

Zu S. 21 6. Zeile von oben:

There was no difference between the two parties as to their relations to the military. For example, the Washington Naval Treaty (1920) was concluded by the Seiyukai Government, whereas the London Naval Treaty (1930) was concluded by the Minseito Government.

8. Zeile von oben:

After the German break-through of the Maginot Line the army was foremost in calling for the southward advance, begging the navy to consent to their programme.

17. Zeile von oben:

Between June and July 1940 the army got the consent of the navy to their southward advance programme. It was originally land war against Britain and Holland in the South. But next spring, when te navy insisted categorically that it was impossible to divide Britain and the United States, and that the southward advance should be based on the plan of hostilities against Britain and the United States at the same time, it was now the army's turn to consent to this naval insistence. From then on the whole military programme was directed towards the imminent probability of hostilities with the "Anglo-Saxons" in the south. The importance of the Soviet Union was seen in the possibility that she could upset that programme by undertaking offensive actions towards Japan. So from the point of view of the Japanese military in 1940 and even later it was of utmost importance to keep the Soviet Union quiet in North East Asia without regard to Soviet relations to Germany at any given period. Whether these two countries were on friendly or hostile terms, or even at war, Japan would have made every effort to keep the Soviet Union quiet and to keep relations with the Soviet Union peaceful.

13. Zeile von unten:

Since 1907 the navy had regarded the United States as its sole enemy and had strongly inclined to be pro-German since Hitler's seizure of power. The navy urged war with China very strongly on the army in 1936, one year before the actual outbreak of the Sino-Japanese war, but in vain. The navy was thus originally not against the war with China in principle, but was against deep inland-operations on the Chinese mainland, wishing rather to occupy peripheral islands up to Spratly Is., owing to their usefullness in a southward advance and in the probable hostilities with the United States.

10. Zeile von unten:

During the negotiations in 1938—1939 on the issue of a military alliance between Japan and Germany, the navy (excluding the Minister of the Navy, Admiral Yonai, and the Vice-Minister, Admiral Yamamoto) was as earnest as the army in support of this alliance plan. As for the Nomura Mission and the ensuing so-called negotiations, its origin was to be found not in navy but in unofficial circles in Japan and the United States. The navy's attitude towards these so-called negotiations was from the start rather discouraging, later developing into clear opposition.

Zu S. 24 11. Zeile von unten:

In the decision taken in the Imperial Headquarters in March, 1942 there was no paragraph concerning, and indeed no consideration either in the army or in the navy of, actual strategical cooperation between Japan and Germany. This consideration appeared in June 1942 (fall of Tobruk) in the Imperial Headquarters' draft plan of operations to take Ceylon in a combined army and naval operation. But that possibility vanished soon afterwards because of Midway and Guadalcanal.

Zu S. 28 6. Zeile von unten:

The original idea, indeed the original draft of the decision of the Imperial Conference of September 6th came from the navy. The navy's ideas and the draft itself were the strong reaction to the oil-embargo of the United States in June. As is noted above, the so-called negotiations between Nomura and Hull bore no substantial relation to the intentions of the navy, still less did they have navy backing.

Zu S. 32 5. Zeile von oben:

In the "Diplomatic Measure relating to the Decision of the Imperial Conference of Nov. 5th" no such clause as "Frieden ... werden solle" existed. See Ike pp. 241-2.

Zu S. 47 letzte Zeile:

One fundamental assumption in the decision to begin war against the United States was, of course, that Germany would at the least not be defeated in her European theatre of war. The basic principle of the Japanese war effort was that in their respective theatres of war (Germany in Europe and the Atlantic, Japan in China and the Pacific) Germany and Japan should operate hand in hand, even though there was no actual strategic cooperation. Towards Germany, then, there existed rather strong feelings of comeradeship, comeradeship at arms, and no "superiority feeling" existed. It should not be confused with the political educational programme adopted in the occupied South, teaching each native people that they were in the essentials not inferior to the western peoples.

Zu S. 48 oben:

The demarcation line was adopted not from the strategic point of view, whether originating from the navy or army, but from the point of view of the routine business of bureaucrats. It was at any rate thought necessary to adopt the demarcation line, and the E 70° line was adopted rather mechanically on the ground that it represented roughly the middle point geographically between Japan and Germany. These were the facts as far as Japan was concerned.

Zu S. 98 12. Zeile von oben:

In March, i.e. about 3 or 4 months before, the army had already given its consent to the naval programme of southward advance at the risk of hostilities with the United States.

After the outbreak of the Russo-German war in June the army began to concentrate forces in Manchuria, calculating on an easy local war with the Soviet Union. It was speculating on the day when it would be obvious

a) that the Russo-German war would soon end in total German victory
b) it could be reasoned that the Eastern Soviet Forces would be reduced to about half strength in army divisions, to one third strength in air and mechanized forces. Then the Japanese army in Manchuria could, it was thought, march into Siberia almost unresisted, without having to fight any major engagement. So the actual forces concentrated during July and August in Manchuria were almost only infantry, lacking such vital units as supply, communication units etc., which meant that the army was expecting peaceful occupation only.

Zu S. 102 8. Zeile von unten:

Before the Liaison Conference of March 7th, 1942 there certainly existed between the army and the navy different ideas as to the principle to be adopted for further war effort. But these differences were not based on the issue relating to the Soviet Union, but solely on that of operations against Australia. Therefore, the decisions of March 7th were not new. They reaffirmed the decisions already taken at the Liaison Conferences of November 15th, 1941 and January 10th, 1942 in respect to the Soviet Union. See Ike pp. 248/9 for the former decision. The latter runs as follows:

> "To keep Russo-Japanese relations quiet and to endeavour to check strengthening of cooperation between the Soviet Union on the one hand and Britain and the United States on the other hand and if possible to divide the two by political manoeuvre".

Zu S. 103 erste Zeile:

But for them the control of the War Ministry and the General Staff on the line of the Imperial Conference decisions of July 2nd was absolute.

Zu S. 109 14. Zeile von oben:

In the spring the army judged the future on two basic assumptions:

a) Germany's second offensive in Russia could prove to be decisive.
b) An American counter-offensive in the Pacific could not begin till the spring of the following year (1943).

On these assumptions the army's plan envisaged not an attack on the Soviet Union but an attack against Chiang-Kai-Shek, then in Chungking. The draft plan was made and preparations were being ordered, but everything was upset by the unexpectedly early American counter-offensive begun at Guadalcanal in August. So the actual intentions of the Japanese army could not be carried out. As is repeatedly pointed out, the basic attitude of the Japanese military in regard to the Soviet Union was, throughout, to keep her quiet as far as possible during the war with the United States.

Zu S. 131 10. Zeile von unten:

After March 1941 there was no discrepancy between the army and the navy as to the coming theatre of war — it being the South, the enemy the United States.

Zu S. 131 unten:

The army in June and July of 1940, while on the one hand urging the navy to consent to their southward advance plan (local war against Britain and Holland), on the other hand began secret study of operations to occupy the South quite independently of the navy. The discussion between the army and the navy on this subject also began in autumn, 1940.

Zu S. 132 3. Zeile von oben:

It was made utterly impossible by the Tripartite Pact. On the one hand, Japan became the ally of Germany, who was fighting Great Britain. On the other hand, using the same logic, China, who had been fighting Japan for three years, became *de facto* ally of Britain, who was the enemy of Japan's ally. After that Pact China got the *de facto* status of an ally of Britain, quasi-ally of the United States, she being the ally of Britain short of war.

Zu S. 132 unten:

On October 20th . . . principles of operation decided within the navy.

On November 5th . . . Imperial Consent war granted to:

a) all operational plans of the army and the navy
b) central contract (synonymous with "field contract" usually made at each theatre of war between commanders of the army and the navy) between the army and the navy.

Personenregister